# 엔치클로페디

## 제1부

## 논리의 학

*Enzyklopädie der philosophischen Wissenschaften im Grundrisse*

# 엔치클로페디

## 제1부

## 논리의 학

G. W. F. 헤겔

이신철 옮김

도서출판 b

| 일러두기 |

1. 이 책의 원제는 『철학적 학문들의 엔치클로페디 강요: 제1부 논리의 학』이라고 할 수 있는데 요약하여 이 번역본에서는 『엔치클로페디: 제1부 논리의 학』이라고 한다. G. W. F. Hegel, *Enzyklopädie der philosophischen Wissenschaften im Grundrisse 1830*, Werke in zwanzig Bänden 8, Theorie Werkausgabe, Suhrkamp Verlag, 1986을 저본으로 하여 옮긴 것이다.

2. 번역에서는 William Wallace에 의한 영역인 G. W. F. Hegel, *Hegel's Logic* (1873), T. F. Geraets, W. A. Suchting, H. S. Harris에 의한 영역인 G. W. F. Hegel, *The Encyclopaedia Logic*, Hackett Publishing Company, Inc., Indianapolis/Cambridge, 1991, 그리고 Klaus Brinkmann, Daniel O. Dahlstrom에 의한 영역인 G. W. F. Hegel, *Encyclopedia of the Philosophical Sciences in Basic Outline, Part I: Science of Logic*, Cambridge University Press, 2010을 참조했다.

3. 본문에서 들여쓰기가 되어 있는 부분은 헤겔의 주해이다.

4. 본문에서 〈보론〉은 헤겔의 사후 헤겔 전집을 출간할 때 편집자에 의해 헤겔의 수강생 노트로부터 덧붙여진 것이다.

5. 본문 중의 [8/77]과 같은 표시는 위의 주어캄프 판 전집의 권수와 쪽수를 나타낸다.

6. 본문에서 [ ] 속에 놓여 있는 것은 괄호 앞에 있는 용어에 대한 다른 가능한 번역어를 제시한 것이다.

7. § 84 이후 각 절 번호 옆의 【 】 안에 놓인 제목과 각 절의 본문 마지막에 '다음 절로의 전개'라는 제목으로 붙인 각주들은 주로 야마우치 기요시(山内清), 「헤겔 『소논리학』의 논리」(ヘーゲル『小論理学』の論理)(그 1. 존재론, 그 2. 본질론, 그 3. 개념론), 鶴岡工業高等専門学校研究紀要, 제44호, 제45호를 참조하여 옮긴이가 붙인 것이다.

8. 옮긴이의 주해 작업을 위해서는 주어캄프 판의 편자 주해와 앞의 영역들에서의 역자 주해 그리고 『헤겔사전』(도서출판 b) 등을 참조했다.

# 차례

# 제1부 논리의 학

# 제1판 서문[1]

나의 철학 강의들에 대한 길잡이를 청강자들에게 건네주고자 하는 욕구가 가장 가까운 동기가 되어 나는 철학의 범위 전체에 대한 이 개관을 이전에 생각했던 것보다 더 일찍 세상에 내놓게 되었다.

강요의 본성은 이념들을 그 내용에 따라 좀 더 남김없이 상세히 논의하는 것을 배제할 뿐만 아니라 특히 사람들이 이전에 **증명**이라는 것에서 이해했

---

1. 『철학적 학문들의 엔치클로페디 강요』는 헤겔의 하이델베르크 시기(1816년부터 1818년 가을까지)의 주저이다. 이것은 그의 강의 청강자들을 위한 집약적인 '강요'로서 1817년에 출간되었다. 시간이 지나면서 이 '강요'는 본질적으로 확대된다. 1827년에 헤겔은 자신의 논리학적 입장이 이전의 형이상학, 경험주의와 비판철학 그리고 직접지에 대해 지니는 역사적 관계에 관한 긴 역사학적 「예비 개념」을 덧붙이고 '본문'의 대대적인 개정과 스스로가 덧붙인 '주해'를 갖춘 새로운 형태로 『엔치클로페디』를 출간한다. 그에 반해 1830년 판은 약간의 사소한 변화들만을 담고 있다. 『엔치클로페디』는 원래 '강의용 편람'이었다. 하지만 헤겔의 체계 전체를 취급한 저작이 이것밖에 없는 까닭에, 그것에는 헤겔학파의 성전이라는 위치가 부여되었으며, 헤겔 사후 최초의 전집 판에서는 편집자들에 의해 다양한 강의 필기록에서 선택된 '보론'이 덧붙여짐에 따라 양적으로 확대되어 세 권의 책으로 되었다. 이는 이후의 판들로도 계승된다.
    지금 이 제1판에 대한 짧은 「서문」에서 헤겔은 『엔치클로페디』의 의도와 성격을 지적한 후, 시대의 철학적 상황을 개관한다. 독일 정신은 두 가지 노선, 즉 한편으로는 '더 깊은 연구 없이 곧바로 이념의 향유'를 가지고자 했던 천재 시기의 모험적이고 방탕한 감정과 환상 주관주의로 인해, 다른 한편으로는 열매를 맺지 못한 '자기 스스로 영리한 회의주의'로 인해 철학의 해소를 겪고 있다는 것이다. 이는 시대의 정신적 경향들에 대한 헤겔의 오랜 양면적인 근본적 대립을 보여준다. 헤겔은 『정신현상학』「서문」에서도 그러한 대립을 전면적으로 전개한 바 있었다. 다만 거기서의 헤겔의 태도와 비교하여 지금 이 「서문」이 보여주는 특수성은 분명히 '더 꺼림칙한' 것으로 표현되는 두 번째 노선에 대한 대립이 여전히 날카로운 데 반해, 첫 번째 노선은 '새로운 시대의 젊음의 환희'로서 용서된다는 점이다. ──이하에서 옮긴이에 의한 주해에서 헤겔 저작의 인용은 예를 들어 *Su.* 8/11의 형식으로 주어캄프 판 전집의 권과 쪽에 따라서, 또는 『엔치클로페디』와 『법철학 요강』의 경우에는 헤겔에 의한 절(§) 번호에 따라서 이루어진다.

고 학문적 철학에 없어서는 안 되는 바의 것이 포함해야만 하는 이념들의 체계적 도출에 대한 상세한 논의도 제한한다. 책 제목[2]은 한편으로는 전체라는 범위를, 다른 한편으로는 개별적인 것은 구두 강의에 미루어 놓겠다는 의도를 가리켜 보여야 했다.

그러나 더 나아가 강요에서는 의도적으로 짧게 진술되어야 할 것이 이미 전제되고 잘 알려진 내용일 때는 단지 배열과 정돈이라는 외면적 합목적성만이 고려된다. 현재의 서술이 이 경우에 있는 것이 아니라 내가 바라기로는 유일하게 참다운, 즉 내용과 동일한 것으로서 인정되게 될 방법에 따라 철학을 새롭게 갈고닦아 낸 것을 제시한다는 점에서,[3] 내가 전체의 제1부인 논리학에 대해 독자들에게 좀 더 상세한 작업을 넘겨준 바 있듯이[4] 철학의 다른 부분들에 대해서도 그와 같은 것을 앞세울 수 있는 상황이 내게 허락되었더라면, 나는 그것을 이 서술의 독자들에게 좀 더 유리한 것으로 간주할 수 있었을 것이다. 어쨌든 나는 비록 현재의 서술에서 내용이 표상이나 경험적으로 잘 알고 있는 것에 좀 더 가까이 놓여 있는 측면이 제한되어야만 했을지라도, 오직 개념을 통해 이루어져야 하는 매개일 수 있을 뿐인 이행들과 관련해서는 [8/12]전진의 방법적인 것이 다른 학문들이 추구하는 한갖 외면적인 순서뿐만 아니라 또한 철학적 대상들에서 통상적으로 된 수법Manier, 즉 도식을 전제하고 따라서 첫 번째 방식이 행하는 것과 마찬가지로 외면적으로나 좀 더 자의적으로 자료들을 나열하고, 너무나도 기이한 오해로 인해 개념의 필연성을 연결

---

2. 『철학적 학문들의 엔치클로페디 강요』(*Enzyklopädie der philosophischen Wissenschaften im Grundrisse*). 이『엔치클로페디』는 제1부로서 「논리의 학」, 제2부로서 「자연철학」, 제3부로서 「정신철학」을 포함한다.
3. 헤겔은 철학을 위한 학문적 방법의 요구를 단적으로 견지한다. 이와 관련해서는 『정신현상학』「서문」에서의 상세한 논의가 대표적이다. 물론 그는 자신의 방법을 근대 철학에서 지배적으로 된 수학적 방법과 구분한다.
4. 1812년에서 16년에 걸쳐 그 제1권의 제1책과 제2책 그리고 제2권이 간행된 『논리의 학』(*Wissenschaft der Logik*)을 가리킨다. 그 제1권의 제1책, 즉 「존재론」은 헤겔 사후인 1832년에 개정판이 간행된다.

의 우연성과 자의를 가지고서 충족시키고자 하는 그러한 수법과 충분히 구별될 만큼은 명백히 밝혔다고 믿는다.[5]

우리는 그와 같은 자의가 또한 철학의 내용도 장악하고 사상의 모험에 나서 진지하고 성실하게 노력하는 자들에게 한동안 깊은 감명을 주기도 했지만, 다른 경우에는 심지어 정신착란으로까지 치달은 어리석음으로 여겨졌던 것도 보았다.[6] 하지만 그 내실은 감명받을 만한 것이나 정신 착란적인 것 대신에 좀 더 본래적으로나 좀 더 자주 잘 알려진 진부한 것들을, 그와 마찬가지로 그 형식은 의도적이고 방법적이며 쉽게 가질 수 있는 재치로 기이하게 연결하고 억지로 기묘하게 만드는 단순한 수법을, 아울러 일반적으로 진지한 표정 뒤에서 스스로와 대중에 대한 기만을 알아보게 한다. 그에 반해 다른 한편에서 우리는 천박함이 **사상의 결여**에 자기 스스로 영리한 회의주의와 이성에 관해 겸손한 비판주의라는 인장을 찍고, 이념들에서의 공허함을 가지고서 똑같은 정도로 자기의 망상과 허영심을 증대시키는 것을 보았다.[7] ― 정신의 이 두 노선은 상당한

---

5. 여기서 헤겔은 '표상이나 경험적으로 잘 알고 있는 것'에 '개념'을 대립시킨다. 하지만 여기서 개념으로 생각되는 것은 경험적인 것이 단지 그 밑에 포섭될 뿐인 추상적 개념 체계가 아니라 바로 내용에서 '우연성'과 '자의'에 한계를 정립하고 개념으로부터 개념으로의 '이행'과 '전진'에서 사태 자신의 연관이 드러나게끔 하는 바의 것이다. 한편 여기서 도식을 전제하는 철학적 수법은 『정신현상학』 「서문」에서 비판된, 주로 셸링의 추종자들에 의한 '동일철학'의 '형식주의적' 타락을 가리킨다.

6. 헤겔의 공격이 향하는 주된 과녁은 '셸링학파'이다. 하지만 여기에 셸링 그 자신도 포함된다는 것은 명확해 보인다. 왜냐하면 헤겔이 『정신현상학』에서 그들의 자연철학이 도식화하는 형식주의에 빠져 있다고 비판한 것은 분명 슈테펜스(Henrich Steffens, 1773-1845), 괴레스(Johann Joseph von Görres, 1776-1848) 그리고 바그너(Johann Jacob Wagner, 1775-1841)와 같은 이들이었지만, 이미 그 시기에 헤겔은 셸링이 지속적인 사유 실험을 통해 '자신의 철학교육을 공공연히 행했다'라고 언명하고 있기 때문이다. 여기서 '사상의 모험'은 확실히 그것을 가리킨다. 다른 한편 여기서 '정신착란'은 장 파울(Jean Paul, 1763-1825)에 의해 (소설 『타이탄』(Titan)에서) 창조된 학생의 경우를 가리키는데, 그 학생은 동일철학 연구에 전적으로 몰두한 결과 정신병원에 갇혀야 했다.

7. 여기서 보듯이 헤겔이 비판하는 두 노선은 '사상의 모험'을 한편으로 하고 '사상의 결여'를 다른 한편으로 하는 대립으로 특징지어진다. 이는 『정신현상학』 「서문」에서의 비판을 상기시킨다. 그러나 거기서 등장하는 것은 '천재성'과 '직접적 계시'의 주창자들과 더불어 다른 노선의 주창자로서 '상식'의 옹호자들이지 아직은 회의주의를 주창하는 자들이 아니었다. 어쨌든 예나 시대 초기의 비판적 논문들로부터 우리는 헤겔이 여기서

시간 동안 독일적인 진지함을 조롱해 왔고, 그것의 좀 더 심오한 철학적 욕구를 지치게 했으며, 철학이라는 학문에 대한 무관심을, 아니 심지어는 그에 대한 경멸을 결과로 낳았던바, 이제는 스스로 겸손하다고 자처하는 자들마저도 철학의 가장 심오한 것에 관해 이러쿵저러쿵 함부로 말하고, 그 심오한 것에 대해 사람들이 이전에 그 형식을 증명들에서 파악했던 이성적 인식을 감히 부인해도 좋다고 생각하는 것이다.

위에서 언급한 현상들 가운데 첫 번째 것은 부분적으로 정치적 나라에서와 마찬가지로 학문의 나라에서도 떠오른 새로운 시대의 젊음의 환희로서 여겨질 수 있다. [8/13]이러한 환희가 젊어진 정신의 여명을 도취한 채 맞아들이고 더 깊은 연구 없이 곧바로 이념의 향유로 나아가며 이 이념이 제시하는 희망과 전망에 한동안 탐닉했을지라도, 그것은 자기의 방탕과 좀 더 쉽게 화해한다. 왜냐하면 그것의 근저에는 하나의 핵심이 놓여 있고, 그것이 그 핵심 주위에 뿜어놓은 표면의 안개는 저절로 걷힐 수밖에 없기 때문이다.[8] 그러나 다른 현상은 더 꺼림칙하다. 왜냐하면 그것은 분명히 기진맥진함과 무기력함을 보이면서도 그러한 것을 모든 세기의 철학적 정신들을 극복하겠다는, 하지만 그 정신들과 대개는 자기 자신을 오인하는 망상을 가지고서 덮으려 애쓰기 때문이다.

그러나 더욱더 기쁜 일은 이 두 가지에 맞서 어떻게 좀 더 고차적인 인식에 대한 철학적 관심과 진지한 사랑이 순진무구하고도 허영심에 사로잡히지 않은 채 유지되어왔는지를 인지할 수 있고 또 언급할 수

---

염두에 두고 있는 것이 슐체(Gottlob Ernst Schulze, 1761–1833)와 크룩(Wilhelm Traugott Krug, 1770–1842)임을 알 수 있다. 그 시기에 '다른 한편'에 속하는 다른 많은 이가 있었지만, 이 두 사람은 '영리한 회의주의'와 '겸손한 비판주의'의 전형에 완전히 들어맞는다. 조금 뒤에서 언급되는 '모든 세기의 철학적 정신들을 극복하겠다는…… 망상'으로 지적되는 것은 아마도 『이론철학 비판』(Kritik der theoretischen Philosophie, 전 2권, 1801)에서의 슐체일 것이다.

8. 회의주의나 비판주의와 비교해 낭만주의를 더 선호하는 이러한 태도는 이보다 10년 전에 쓰인 『정신현상학』「서문」에서도 엿보인다고 할 수 있다. 여기에서의 '도취'는 거기에서의 '디오뉘소스적인 도취'를 떠올리게 한다.

있다는 점이다. 이 관심이 때때로 오히려 **직접지**와 감정의 형식을 취했을지라도, 그에 반해 그것은 인간에게 존엄을 부여하는 유일한 것인 이성적 통찰의 내적이고 더 멀리 나아가는 충동을 입증하는데, 무엇보다도 우선 인간 자신에게는 저 입장이 오직 철학적 앎의 **결과**로서만 생성되며, 그리하여 경멸해야 할 것으로 보이는 바로 그 철학적 앎이 인간에 대해서는 적어도 조건으로서 인정되어 있다는 점을 통해 입증하는 것이다.[9] ── 진리의 인식에 대한 이러한 관심에 나는 그것을 만족시키기 위한 입문 또는 기여를 제공하고자 하는 이 시도를 바친다. 아무쪼록 그러한 목적에서 이 시도가 호의적으로 받아들여졌으면 한다.

하이델베르크, 1817년 5월

---

9. '직접지'에 대해 비교적 우호적인 이러한 언급은 야코비(Friedrich Heinrich Jacobi, 1743–1819)를 가리킨다. 그리고 1827년 제2판에서는 야코비의 입장이 칸트의 추종자 대부분이 지니는 비판적 경험주의로부터 고유하게 사변적인 철학으로의 이행을 위해 사용된다. 그러나 슐라이어마허(Friedrich Daniel Ernst Schleiermacher, 1768–1834)의 직접적 경험의 신학, 즉 감정신학에 대한 헤겔의 태도는 베를린 시기 내내 우여곡절의 논쟁적 모습을 보여준다.

# 제2판 서문[1]

호의적인 독자께서는 이 새로운 판에서 다소 많은 부분이 고쳐 쓰이고 좀 더 자세한 규정들로 전개된 것을 발견할 것이다. 그렇게 하는 데서 나는 진술의 형식적인 것을 완화, 감소시키고, 또한 좀 더 자세한 [8/14]공교적인 주해들을 통해 추상적 개념들이 그것들에 대한 통상적인 이해와 좀 더 구체적인 표상들에 더 가까이 다가갈 수 있도록 하고자 노력했다. 그러나 그렇지 않아도 난해한 자료들을 어쩔 수 없이 짧게 다루지 않을 수 없는 강요의 필요로 인해 이 제2판도 제1판과 마찬가지로 필요한 해명은 구두 강의를 통해 얻어야 하는 강의 교재로 사용되는 것으로 규정되지 않을 수 없다. 물론 나는 엔치클로페디라는 제목이 보여주듯이

---

1. 제2판에 대한 이 「서문」은 『엔치클로페디』에 대한 서문으로서는 예상과 달리 거의 배타적이라 할 만큼 철학과 종교의 관계 문제에 바쳐져 있어 헤겔 사유의 이해를 위해 결정적인 그의 종교철학 견지를 밝혀주고 있다. 놀(H. Nohl)이 편집한 『헤겔의 신학적 청년기 저술들』(Hegels theologische Jugendschriften, Tübingen, 1907)이 보여주듯이 헤겔의 사유는 근원적으로 종교적·신학적 문제들과의 대결 속에서 형성되었다. 이 문제들은 그것들이 겉보기에 뒤로 물러서는 곳에서도 계속해서 헤겔 사유의 살아 있는 지반이었다. 왜냐하면 그에게 근본 확신은 철학과 종교가 '절대자'를 공동의 내용으로 지닌다는 점이었기 때문이다. 즉, 종교는 감정과 표상의 형식에서, 철학은 개념의 형식에서 '절대자'를 내용으로 지닌다는 것이다. 그러나 주의해야 할 것은 헤겔에게서 종교와 철학의 관계가 단순하지 않다는 점이다. 헤겔의 「서문」은 바로 이 관계의 '몰정신적인' 단순화에 반대하며, 나아가 헤겔이 실정 종교에 철학적·주관적인 교양 종교를 대립시킨다고 말할 수도 없다는 것을 보여준다. 헤겔은 오히려 계몽의 추상적인 이성 종교뿐만 아니라 주관적인 감정 종교의 '한 점으로 집중하는' 경건함에 대립하여 '신조와 교설 그리고 교의학'을 요구하며, 그에 의해 비로소 종교는 '정신의 종교'로서 특수하게 인간적인 의식 단계로 고양된다. 따라서 이 「서문」은 그리스도교적–서구적 사유의 근원적 주제에 관한 헤겔의 성찰이 지니는 연관의 깊이와 넓이를 보여준다고 할 수 있다.

처음부터 학문적 방법의 엄밀성에 그리 얽매이지 않은 채 외면적 편성에 여지를 남겨두어야 했다. 하지만 사태의 본성은 스스로 논리적 연관이 계속해서 기초를 이루지 않을 수 없게 만든다.

나에게 시대 형성의 정신적이고 몰정신적인 움직임들에 대한 나의 철학함의 외적인 입장에 관해 설명하라고 요구하는 것으로 보이는 아주 많은 동기와 자극이 현존하는 것이야 당연할 것이다. 하지만 그러한 설명은 서문에서처럼 오직 공교적인 방식으로만 이루어질 수 있다. 왜냐하면 이 움직임들은 비록 그것들이 철학과 관계가 있다 하더라도 학문적으로 관여하는 것은 아니며, 그리하여 결코 철학에 관여하는 것이 아니라 철학 바깥으로부터 그리고 그 바깥에서 이런저런 소리를 늘어놓기 때문이다. 학문에 낯선 그러한 지반에 발을 들여놓는 것은 꺼림칙하고 불쾌하기조차 한 일이다. 왜냐하면 그러한 설명과 논의는 참다운 인식을 위해 유일하게 문제가 될 수 있는 바로 그 이해를 촉진하지 않기 때문이다. 그러나 몇 가지 현상에 대해 논평하는 것은 유용하거나 필요할 수 있을 것이다.

내가 일반적으로 나의 철학적 노력에서 목표로 해왔고 또 하는 것은 진리의 학문적 인식이다.[2] 그것은 가장 어려운 길이지만, 정신이 일단 사상의 길로 들어서서 거기서 허영에 빠지지 않고 진리에 대한 의지와 용기를 보존해왔다면, 오로지 그 길만이 정신에 있어 관심과 가치를 지닐 수 있다. 정신은 곧바로 오로지 방법만이 사상을 제어하여 그것을 사태로 이끌고 그 속에서 유지할 수 있다는 것을 발견한다. 그러한 이끌어감은 그 자신이 다름 아니라 [8/15]사상이 우선은 넘어서고자 노력하여 자기를 그 너머에 정립했던 바로 그 절대적 내실의 회복, 그러나 정신의 가장 특유하고도 가장 자유로운 터전에서의 회복인 것으로 입증된다.

철학이 학문들 및 교양과 손에 손을 잡고 나아가고, 온건한 지성 계몽이

---

2. 이 「서문」에서 본격적인 논의가 시작되는 이 단락은 사유의 도정으로서 철학의 학문적 방법에 대한 집중적인 정식화를 제공한다.

통찰의 욕구 및 종교와 동시에 충족되며,[3] 그와 마찬가지로 자연법이 국가 및 정치와 조화를 이루고 경험적 물리학이 자연철학이라는 명칭을 지녔던 순진무구하고도 겉보기에 따라서는 행복한 상태가 불과 얼마 전에 지나갔다. 그러나 평화는 충분히 표면적이었으며, 특히 앞의 통찰은 종교와 그리고 뒤의 자연법은 국가와 사실상 내적인 모순에 처해 있었다. 그 후 분열이 생겨나고 모순이 전개되었다.[4] 그러나 철학에서는 정신이 자기 자신과의 자기의 화해를 누렸으며, 그리하여 이 학문은 오직 저 모순 자신 및 그 모순의 겉치레와만 모순 속에 있다.[5] 철학이 마치 신중한 경험 지식과 법의 이성적 현실 및 순진무구한 종교나 경건함에 대립하는 것처럼 생각하는 것은 나쁜 선입견들에 속한다. 이 형태들은 철학에 의해 인정되며, 아니 심지어 정당화된다. 사유하는 감각은 오히려 그것들의 내실에서 깊어지며, 자연과 역사와 예술의 위대한 직관들에서처럼 그것들에서도 배우고 힘을 얻는다. 왜냐하면 이 옹골찬 내용은 그것이 사유되는 한에서 사변적 이념 자신이기 때문이다.[6] 철학에 대한 충돌은 다만 이 지반이 자기의 특유한 성격에서 벗어나 그 내용이 범주들로 파악되고 그러한 범주들에 의존하게 되어야 하되, 그 범주들을 개념으로까지 이끌어 이념으로 완성하지 못하는 한에서만 등장한다.

---

3. 여기서 헤겔이 생각하는 종교는 계몽의 '자연 종교' 또는 '이성 종교'일 것이다.
4. 우리는 여기서 무엇보다도 우선 경건주의와 요한 게오르크 하만(Johann Georg Hamann, 1730–88)을 떠올릴 수 있다. 그들은 계몽의 과도한 경향들에 의한 종교의 억압에 저항한다. 그러나 하만은 동시에 이미 '구체적인 것'을 향한 그의 충동으로 인해 단지 주관적일 뿐인 경건주의를 넘어서 있다. 헤겔은 1828년의 『학문적 비판 연보』(*Jahrbücher für wissenschaftliche Kritik*)에 이 '북방의 현자'의 저술에 관한 방대하고도 비판적인 비평을 게재했다. *Su.* 11/275–352를 참조.
5. 철학에서는 정신의 '자기 자신과의 자기의 화해', 요컨대 철학이 참다운 것인 한에서 철학과 종교의 화해가 존재한다. 따라서 철학은 철학에 대한 종교의 단적인 모순, 즉 추상적 이원론과 대립할 뿐만 아니라 또한 대립을 한편으로 치워놓는 무관심의 평화와도 대립한다. 철학이 종교와 모순된다고 생각하는 것은 곧이어 논의되듯이 철학이 경험 지식이나 법의 이성적 현실과 대립한다고 생각하는 것과 마찬가지로 '나쁜 선입견'이다. 철학은 현실의 이러한 '형태들'에 대한 사상적 '정당화'에 이바지한다.
6. 따라서 '사변적 이념'은 현실로부터 멀리 떨어진 추상적 구성물이 결코 아니다. 오히려 그것은 '사유되는 한에서' 현실의 '옹골찬 내용'이다.

일반적인 학문적 교양의 지성Verstand이 처해 있는 중요한 부정적 결론, 즉 유한한 개념의 도정에서는 [8/16]진리와의 어떠한 매개도 가능하지 않다는 결론은 결국 직접적으로 그 속에 놓여 있는 것과는 대립된 결과를 지니곤 한다.[7] 요컨대 저 확신은 인식에서 유한한 관계들을 제거하는 대신 오히려 범주들의 탐구에 관한 관심과 그 범주들을 적용하는 데서의 주의와 신중함을 없애버린 것이다. 범주들의 사용은 마치 절망 상태에서처럼 다만 더욱더 노골적이고 무의식적이며 무비판적으로 되었을 뿐이다. 진리에 대한 유한한 범주들의 불충분함이 객관적 인식의 불가능성을 초래한다는 오해에서 감정과 주관적 의견으로부터 왈가왈부하는 것이 정당화되고, 더 무비판적이면 무비판적일수록 그만큼 더 순수한 것으로 여겨지는 의식 속에서 사실들로 발견되는 것에 대한 단언과 이야기들이 증명을 대신한다.[8] 정신의 최고의 욕구들이 **직접성**과 같은 그토록 메마른

---

7. 이 문장을 포함하여 지금 이 단락은 많은 것을 해명해준다. 칸트 철학의 행로가 보여주듯이 지성 인식이란 유한하며, 따라서 진리 파악을 위해서는 충분하지 않다는 '부정적' 통찰은 범주들에 대한 좀 더 깊은 비판적 성찰로 나아가지 못하고 그것들을 '마치 절망 상태에서처럼' 무비판적으로 사용하는 데 이르렀다. 더 나아가 그것은 범주들에 의한 사유하는 인식을 대신하여 감정의 단적인 직접성을 정립했을 뿐이다. 그러나 직접성은 헤겔이 보기에 '정신의 최고의 욕구들'과 관련하여 너무도 '메마른 범주'일 뿐이다. 이와 관련하여 우리는 누구보다도 우선 슐라이어마허를 떠올릴 수 있다. 그가 종교를 파악하는 데서 기반으로 삼은 '감정'에 대한 헤겔의 판단에 대해서는 힌리히스(Hermann Friedrich Wilhelm Hinrichs, 1794-1861)의 『학문에 대한 내적 관계에서의 종교』(*Die Religion im innern Verhältnis zur Wissenschaft*, Berlin, 1822)에 붙인 1822년의 서문, 「힌리히스의 종교철학에 대한 서문」("Vorrede zu Hinrichs' Religionsphilosophie")을 참조할 수 있다. '만약 감정이 인간 본질의 근본 규정을 이루어야 한다면, 인간은 동물과 동등하게 정립된다. 왜냐하면 동물의 고유한 것은 그 규정인 바의 것을 감정에서 지니고 그 감정에 따라 사는 것이기 때문이다. 만약 인간에게서 종교가 단지 감정 위에 근거 지어질 뿐이라면, 그러한 감정은 사실상 인간의 의존성 감정이라는 것 이외의 다른 규정을 지니지 않으며, 그래서 개가 가장 훌륭한 그리스도교인일 것이다. 왜냐하면 개는 이 의존성 감정을 가장 강력하게 자기 안에 지니며 무엇보다도 특히 이 감정 속에서 살기 때문이다.' *Su*. 11/58을 참조.

8. 칸트 이후 세대의 독일 철학자들 가운데 '의식의 사실들'의 이론가들에 대해서는 프레더릭 바이저, 『이성의 운명 — 칸트에서 피히테까지의 독일 철학』, 이신철 옮김, 도서출판 b, 2018(Frederick Beiser, *The Fate of Reason: German Philosophy from Kant to Fichte*, Cambridge: Harvard Univ. Press, 1987)과, George Di Giovanni, "The Facts of Consciousness" in *Between Kant and Hegel: Texts in the Development of Post-Kantian Idealism*, 3-50. Albany: SUNY Press, 1985를 참조. 그러나 이들은 헤겔의 이 「서문」보다 2-30년 이전

범주 위에 그리고 그 범주를 계속해서 탐구함이 없이 세워지고 그에 의해 결정되어야 한다는 것이다.[9] 특히 종교적 대상들이 다루어지는 곳에서 우리가 발견할 수 있는 것은 거기에서 마치 철학함을 버림으로써 모든 해악이 추방되고 오류와 기만에 대한 안전 보장이 획득되거나 할 것처럼 분명히 철학함이 제거된다는 점과 그리고 나서는 진리에 대한 탐구가 어딘가에서 만들어진 전제들로부터와 이치 추론<sup>Räsonnement</sup>에 의해 실행된다는 점인바, 다시 말하면 본질과 현상, 근거와 귀결, 원인과 결과 등등과 같은 통상적인 사유 규정들이 사용되는 가운데 이런저런 유한성의 관계들에 따른 관례적인 추론에서 시도된다는 점이다. '그들은 악한 것들에서 벗어났으나 악은 남아 있다',[10] 그리고 그 악은 이전 것보다 훨씬 더 나쁘다. 왜냐하면 그것은 아무런 의혹이나 비판도 받지 않은 채 신뢰받기 때문이다. 제거된 것으로 여겨지는 저 악, [8/17]즉 철학이 마치 모든 내용을 결합하고 규정하는 사유 관계들의 본성과 가치에 대한 의식을 가지고서 이루어지는 진리 탐구와는 다른 어떤 것이라는 듯이 말이다.

그러함에 있어 철학 자신은 그렇게 시도하는 자들이 철학에 관계하여 철학을 한편으로 파악하고 다른 한편으로 판정할 때 그들의 손에서 최악의 운명을 경험하지 않을 수 없다.[11] 자연적이거나 정신적인, 특히 또한

---

시기를 다루고 있다.

9. '직접성'의 철학에 대해서는 『정신현상학』「서문」에서 집중적인 비판이 이루어진다. 이 『엔치클로페디』「서문」에서 그 철학에 대한 헤겔의 논의는 종교적인 것의 영역에서 나타나는 '직접성' 문제에 집중되고 있다. '직접지'의 위대한 대변자는 야코비였다. 이에 대해서는 이 『엔치클로페디』의 §§ 61-78을 참조. 그러나 야코비는 이미 10여 년 전에 사망했다. 헤겔의 베를린 시기에 직접지의 주창자는 슐라이어마허였다.

10. 괴테의 『파우스트』, 제I부, 마녀의 주방, V. 2,509를 참조. 거기서는 다음과 같이 되어 있다. '그들은 악한 것들에서 벗어났으나 악한 것들은 남아 있다.'

11. 이 단락에서는 '자연적이거나 정신적인, 특히 또한 종교적인 생동성의 사실'을 '파악할 능력이 없는 반성의 추상적인 지성 사유로 인해 사변철학이 처해 있는 오해들이 다루어지고 있다. 헤겔은 한편의 '무비판적 지성'의 고정된 범주들 및 전제들과 다른 한편의 '사변철학의 이념' 사이에, 다시 말하면 철학의 '추상적 정의'와 그것의 '사변적 전개' 또는 '추상적인 몰정신적 동일성'과 자기 안에 구별을 포함하는 '구체적이고 정신적인

종교적인 생동성의 사실,[12] 바로 그것이 그것을 파악할 능력이 없는 저 반성에 의해 손상된다. 그렇지만 이 파악은 그 자체로[13] 사실을 알려진 것으로 비로소 고양한다고 하는 의미를 지니며, 어려움은 사태로부터 인식에로의 이 이행에 놓여 있는바, 이 이행은 추사유[14]에 의해 야기된다. 이 어려움은 학문 자신에서는 더는 현존하지 않는다. 왜냐하면 철학의 사실은 이미 마련된 인식이며, 이리하여 파악은 다만 뒤따르는 사유라는 의미에서 추사유일 뿐이기 때문이다. 판정에 이르러서야 비로소 통상적인 의미에서의 추사유[숙고]가 요구된다. 하지만 저 무비판적인 지성은 규정적으로 언명된 이념을 있는 그대로 파악하는 데서도 마찬가지로 충실하지 못한 것으로 증명된다. 그것은 자기가 포함하고 있는 고정된 전제들에 대해 거의 의혹이나 의심을 지니지 않음으로써 심지어는 철학적 이념의 단적인 사실을 따라 말할 능력조차 없는 것이다. 이러한 지성은 기이하게도 다음과 같은 이중적인 것을 자기 안에 통합한다. 즉, 지성은 이념에서 자기의 범주 사용과는 전적으로 다르고 심지어는 그것에 명백히 모순되는 것에 주목하면서도, 동시에 자신의 것과는 다른 사유 방식이 현존하고 행사되며 그리하여 여기에서는 지금까지와는 다르게 사유하는 태도를 보여야만 한다는 어떠한 의혹도 나타내지 못하는 것이다. 그러한 방식으

---

통일' 사이에 존재하는 불균형을 강조하고 있다.

12. 여기서 사실로 번역된 Faktum은 마찬가지로 사실로 번역되는 Tatsache와 구별된다. 후자는 일상적 의미에서의 사실을 의미한다. 그와 달리 Faktum은 이미 표현된 것으로서 주어져 있긴 하지만 더 나아간 해석에 열려 있는 경험의 내용을 나타낸다.

13. für sich를 옮긴 것이다. 헤겔의 용어들 가운데 'an sich', 'für sich', 'an und für sich'는 보통 '즉자적', '대자적', '즉자대자적'으로 옮겨지지만, 좀 더 일반적인 맥락에서 'an sich'는 '그 자체에서', '자체', '자체적', '자체적으로', 'für sich'는 '홀로', '혼자서', '그 자체로', '대자적', '대자적으로', 그리고 'an und für sich'는 '그것만으로', '다른 것과 무관하게', '본래적으로', '그 자체에서도 그 자체로도', '자체적이고도 대자적인', '자체적이고도 대자적으로' 등으로 다양하게 옮겨질 수 있다. 옮긴이는 그 어느 하나로 한정하지 않은 채 문맥에서의 적절성을 고려하여 주로 '그 자체에서'와 '자체적', '그 자체로'와 '대자적' 그리고 '자체적이고도 대자적인', '자체적이고도 대자적으로'로 옮기고자 한다.

14. 여기서 추사유(Nachdenken)는 다른 곳들에서와 마찬가지로 데카르트의 방법론적 절차를 나타내는 헤겔의 용어이다.

로 곧바로 사변철학의 이념이 그에 대한 추상적 정의 속에 고정되는 일이 벌어지는데, 그 까닭은 정의란 그 자체로 명확하고 확정된 것으로 나타나야만 하고 오직 전제된 표상들에서만 자기의 조정자와 시금석을 지닌다고 생각하기 때문이며, 적어도 정의의 의미와 필연적 [8/18]증명은 오로지 그 정의의 전개 속에서만 그리고 그 정의가 이 전개로부터 결과로서 출현한다는 데에만 놓여 있다는 것을 알지 못하기 때문이다. 그런데 좀 더 정확히 하자면 이념 일반은 **구체적이고 정신적인 통일**이지만, 지성은 개념 규정들을 오직 그것들의 **추상**에서, 따라서 그것들의 일면성과 유한성 에서 파악하는 데 존립한다는 점에서, 저 통일이 추상적인 몰정신적 동일성으로 만들어지며, 그리하여 그러한 동일성에서는 구별은 현존하지 않고 모든 것은 하나이며 특히 선과 악도 한 가지이다. 따라서 사변철학에 대해서는 동일성 체계, 동일철학이라는 명칭이 이미 수용된 이름이 되었 다.[15] 만약 누군가가 '나는 하늘과 땅의 창조주이신 하나님 아버지를 믿는다'[16]고 신앙 고백을 할 때, 다른 사람이 이미 이 말의 첫 부분에서 고백자가 하늘의 창조주 하나님을 믿으며 그러므로 땅을 창조되지 않은 것으로, 물질을 영원한 것으로 여기고 있다고 추측한다면, 우리는 기이하 게 여길 것이다. 고백자가 그의 고백에서 하늘의 창조주 하나님을 믿는다 고 언명한 사실은 올바르지만, 다른 사람에 의해 파악된 바의 사실은

---

15. 헤겔은 사변철학을 동일성 체계(Identitätssystem), 동일철학(Identitätsphilosophie)으로 잘못 이해하는 것에 대해 이 『엔치클로페디』의 § 573에서 다음과 같이 비판하고 있다. '그리하여 그들은 철학에 대해 무미건조한 동일성이 그것의 원리이자 결과이며 그것이 곧 동일성 체계라고 하는 것 이외에 아무것도 진술할 줄 모른다. 동일성의 이러한 몰개념적인 사상을 견지하는 가운데 그들은 바로 철학의 구체적 통일과 개념 그리고 내용에 관해서는 아무것도 파악하지 못하고 오히려 그 반대를 파악했다.' 이보다 몇 문장 앞에서는 다음과 같이 말하고 있기도 하다. '철학이 물론 통일 일반과 관계해야 하지만 추상적이고 단순한 동일성과 공허한 절대자가 아니라 구체적 통일(개념)과 관계하여 그 과정 전체에서 전적으로 그것과만 관계해야 하는 까닭에, ─ 전진의 각각의 모든 단계는 이러한 구체적 **통일**의 특유한 규정이며, 통일의 규정들 가운데 가장 심오하고 최종적인 것은 절대정신의 그것이다.' 그러나 추상적 지성 사유는 구체적 전체로부터 단지 그 절반만을 파악한다고 헤겔은 말한다. *Su.* 10/389–390을 참조.

16. 'Ich glaube an Gott den Vater, den Schöpfer Himmels und der Erde.'

완전히 거짓이다. 그러한 만큼 이 예는 터무니없고 진부한 것으로 여겨지지 않을 수 없다. 하지만 철학적 이념을 파악할 때는 이러한 억지스러운 양분화가 벌어진다. 그리하여 단언에 따르자면 사변철학의 원리인 동일성이 어떤 성질의 것인지 오해하지 않을 수 있기 위해 가령 주관은 객관과 서로 다르며[상이하며], 마찬가지로 유한한 것은 무한한 것과 서로 다르다는 등등의 분명한 가르침과 각각의 반박이 뒤따른다. 그것은 마치 구체적인 정신적 통일이 자기 안에서 몰규정적이고 그 스스로 구별을 자기 안에 포함하지 않는다는 듯이 생각하는 것이며, 또한 그 어떤 사람도 주관이 객관과 서로 다르고 무한한 것이 유한한 것과 서로 다르다는 것을 알지 못한다는 듯이, 또는 자신의 학교 지혜에 침잠해 있는 철학은 저 상이성을 잘 알고 있는 지혜가 학교 밖에 존재한다는 점을 상기해야 한다는 듯이 생각하는 것이다.

[8/19]철학이 잘 알지 못한다고 하는 상이성과 관련하여 좀 더 규정적으로 말하자면,[17] 철학에서는 그와 더불어 또한 선과 악의 구별도 떨어져 나간다는 식으로 철학이 중상모략을 받게 됨으로써, 종종 '철학자들은 그들의 서술에서 자신들의 명제와 결합해 있는 썩어빠진 결론들을 언제나 전개하는 것은 아니다( — 그렇지만 아마도 이 결론들이 그들에게 속하지 않기 때문은 아닐 것이다 — )'라고 승인하는 공정함과 관대함이 행사되곤 한다.[18] [8/20]철학은 사람들이 자기에게 베풀어주고자 하는 이러한 자비를

---

17. 이하에서 헤겔은 자기의 철학이 상이성을 알지 못한다는 의견에 맞서기 위해 선과 악의 관계 물음을 끄집어낸다. 그 까닭은 그것이 신학적-철학적 논의의 초점에 놓여 있을 뿐만 아니라 여기서 '단순한 가상으로' 될 위험에 처해 있는 그것이 바로 삶의 근본 대립이기도 하기 때문이다.

18. [헤겔의 주해] 『동양 신비학 명구집』(*Blütensammlung aus der morgenländischen Mystik*, Berlin, 1825), 13쪽에서의 톨룩(*Tholuck*) 씨의 말. 심오한 감정을 지닌 톨룩도 거기서 철학을 파악하는 통상적인 대로를 따라가야 한다는 유혹을 받고 있다. 그는 지성이 오로지 다음과 같은 두 가지 양식으로만 추론할 수 있을 거라고 말한다. 즉, 모든 것을 조건 짓는 근원 근거가 존재한다면 또한 나 자신의 최종 근거도 그 속에 놓여 있을 것인바, 나의 존재와 자유로운 행위는 그저 기만일 뿐이거나, 아니면 나는 현실적으로 근원 근거와는 서로 다른 본질인바, 그 행위가 근원 근거에 의해 조건 지어지거나 야기되는 것이 아니라면, 근원 근거는 절대적이고 모든 것을 조건 짓는 본질이 아닐

것이고, 따라서 하나의 무한한 신이 아니라 다수의 신들이 존재할 것이다, 등등. 좀 더 심오하고 좀 더 날카롭게 사유하는 모든 철학자는 첫 번째 명제에 대해 고백해야 한다(나로서는 왜 첫 번째 일면성이 두 번째 것보다 더 심오하고 더 날카로워야 하는지 모르겠다). 그렇지만 그들이 위에서 언급된 방식으로 언제나 전개하지는 않는 귀결은 '인간의 윤리적 척도도 절대적으로 참된 것이 아니라 본래(저자 자신의 강조) 선과 악은 같으며 단지 겉보기에 따라서만 서로 다르다'라는 것이다. 아무리 심오한 감정을 지닐지라도 여전히 지성의 일면성에 사로잡혀 있는 한에서 우리는 개인적 존재와 그의 자유가 그 속에서는 한갓 기만일 뿐인 근원 근거와 개인들의 절대적 자립성의 이것-아니면-저것(Entweder–Oder)에 대해 알기 위해서는, 그리고 톨룩 씨가 말하는 대로 하자면 위험한 딜레마의 이러한 두 가지 일면성 가운데 이것도-저것도(Weder–Noch) 경험으로 가져오지 않기 위해서는 철학에 관해 전혀 언급하지 않는 것이 훨씬 더 훌륭하게 행위하는 것일 터이다. 실로 그는 14쪽에서 그러한 정신을 지닌 자들에 대해 언급하는데, 이들은 두 번째 명제(하지만 이것은 아마도 앞에서 첫 번째 명제가 의미했던 바로 그것일 것이다)를 가정하고 무조건적 존재와 조건 지어진 존재의 대립을 각각의 모든 대립이 그 속에서 서로 삼투되는 무차별적 근원 존재를 통해 지양하는 본래적인 철학자들이다. 그러나 그렇게 말할 때 도대체 톨룩 씨는 과연 대립이 그 속에서 삼투되어야 할 무차별적 근원 존재가 그 일면성이 지양되어야 할 저 무조건적 존재와 전적으로 똑같은 것이며, 그가 그렇듯 단숨에 저 일면적인 것을 정확하게 똑같이 일면적인 것인 그러한 것에서 지양한다고 말할 때 결국 일면성의 지양이 아니라 존속을 언명하고 있다는 것을 알아차리지 못했을까? 정신을 지닌 자들이 행하는 것을 말하고자 할 때 우리는 정신을 가지고 사실(Faktum)을 파악할 수 있어야만 한다. 그렇지 않으면 [B20]남모르는 사이에 사실은 거짓이 되어버린다. ──어쨌든 내가 여기서나 앞으로 계속해서 철학에 대한 톨룩 씨의 표상에 관해 말하는 것이 이를테면 그에 관한 개인적인 것일 수 없고 또 그래서도 안 된다는 것은 말할 필요조차 없을 것이다. 우리는 그와 같은 것을 수백 권의 책들에서, 그중에서도 특히 신학자들의 서문들에서 읽게 된다. 내가 톨룩 씨의 서술을 인용한 것은 한편으로는 그것이 우연히 내게 아주 가까이 놓여 있었기 때문이고, 다른 한편으로는 그의 저술들을 지성-신학과는 전혀 다른 쪽에 놓는 것처럼 보이는 심오한 감정이 깊은 통찰에 아주 가까이 서 있는 것이기 때문이다. 왜냐하면 그것의 근본 규정인 화해는 무조건적인 근원 존재나 그와 같은 추상물이 아닌 것으로서 사변적 이념이자 사변적 이념이 사유적으로 표현하는 내실 자신이기 때문인바, ─ 그 내실은 저 심오한 감각이 이념 속에서 알아보지 못할 것은 전혀 아니다.

그러나 톨룩 씨는 그의 저술들의 다른 모든 곳에서와 마찬가지로 바로 거기서도 범신론에 관한 널리 퍼져 있는 이야기에 빠져들고 마는데, 그에 관해 나는 『엔치클로페디』의 마지막 주해들 가운데 하나[§ 573에 대한 주해]에서 좀 더 자세하게 언급한 바 있다. 여기서는 다만 톨룩 씨가 빠져 있는 특유의 미숙함과 전도에 대해서만 지적하고자 한다. 그는 그의 이른바 철학적 딜레마의 한편에 근원 근거를 놓고 이것을 나중의 33, 38쪽에서 범신론적이라 부르며, 다른 편을 소키누스주의자, 펠라기우스주의자 그리고 대중 철학자의 편이라 특징짓고는, 이 후자 편에는 '하나의 무한한 신이 아니라 아주 많은 수의 신들, 요컨대 이른바 근원 근거와는 서로 다르고 고유한 존재와 행위를 지니는 모든 수의 본질이 저 이른바 근원 근거와 더불어 존재한다'라고 하고 있다. 따라서 실제로 이 후자 편에는 단순히 아주 많은 수의 신들이 있는 것이 아니라 모든 것(여기서는 모든 유한한 것이 고유한 존재를 지니는 것으로 여겨진다)이 신들이다.

거부해야만 한다. 왜냐하면 철학은 자기의 원리들의 현실적 결과들에 대한 통찰을 결여할 수 없는 것과 마찬가지로 도덕적 정당화를 위해서도 그와 같은 자비가 필요하지 않기 때문이며, 또한 철학은 분명한 추론을 결여하지도 않기 때문이다. 나는 선과 악의 상이성을 단순한 가상으로 만들어 버리는 저 이른바 추론을 짧게 조명하고자 하는데, 그것은 철학에 대한 그러한 파악의 공허함을 정당화하기 위해서가 아니라 오히려 그 공허함의 하나의 예를 제공하기 위해서이다.[19] 우리는 이를 위해 스피노자주의만을, 즉 그 속에서는 신이 실체로서 규정될 뿐 주체와 정신으로서는 규정되지 않는 철학만을 다루고자 한다. 이 [8/21]구별은 통일의 규정에 관계된다. 오로지 이 규정이야말로 관건이 되는 것이지만, 철학을 동일성 체계라고 부르곤 한다든지 심지어 철학에 따르면 모든 것이 하나의 같은 것이며 또한 선과 악도 **똑같**다는 표현까지 사용하는 사람들은 비록 통일이 사실이라 할지라도 이 **규정**에 대해 아무것도 알지 못한다― 그 모든 것은 사변철학에서 그에 대해 전혀 이야기될 수 없고 오히려 여전히

---

그러므로 톨룩 씨는 이 후자 편에서 사실상 그의 **만신론**(*Allesgötterei*), 즉 그의 범신론을 지니는 것이지, 그가 분명히 하나의 근원 근거를 신으로 삼고 그리하여 다만 일신론일 뿐인 첫 번째 편에서 범신론을 지니는 것이 아니다. [옮긴이 ― 톨룩(Friedrich August Gottreu Tholuck, 1799–1877)은 1824년 이래로 베를린대학의 신학 원외 교수이자 1826년 이후로는 할레대학의 정교수였다. 또한 그는 프로테스탄트 신학의 경건주의 노선의 지도적인 인사들 가운데 한 사람이었다. 이 주해에서 톨룩과의 대결의 핵심을 형성하는 것은 톨룩의 '이것-아니면-저것'에 대한 헤겔의 비판이다. 헤겔은 이러한 양자택일에서 시대의 사유에 대해 특징적인 방식으로 아주 '심오한 감정'을 지닌 사람마저도 지배하는 추상적 지성 사유의 일면성이 작용하고 있음을 보며, 그것에 이 두 가지 일면성의 '이것도-저것도 아님'을 대립시킨다. 물론 헤겔은 톨룩이 '추상물'이 아닌 '사변적' 근본 규정, 즉 '화해'의 규정을 소유하고 있다고 본다.]

19. 헤겔이 이 단락에서 철학에 대한 통상적인 논박을 지배하는 '공허한' 파악의 예로 선택한 것은 바로 스피노자 철학이다. 그런데 그가 여기서 스피노자 철학을 선택한 까닭은, 비록 그가 그 철학을 항상 공격해왔을지라도, 신학적 비판이 생각하듯이 사정이 그렇게 단순하지 않다는 것을 보이기 위해서이다. 왜냐하면 스피노자의 실체 철학에서도 선과 악의 대립은 지워져 있지 않기 때문이다. 다만 대립은 신에 관한 학설에서가 아니라 헤겔의 확신에 따라서도 오직 거기서만 대립이 '본래적으로' 존재하는 인간에 관한 학설에서만 자기의 장소를 지닌다. 그러나 이렇듯 스피노자에게서조차 구별의 문제가 간과되지 않고 있다면, 결국 삶과 정신에서의 대립들에 대한 경험에서 자신의 변증법적 방법을 발전시킨 헤겔의 철학에서는 더욱더 그렇지 않다.

야만적인 사유만이 이념들에서 사용할 수 있는 통일의 가장 나쁜 방식들이다. 그런데 저 철학에서는 그 자체에서나 본래적으로 선과 악의 상이성이 타당하지 않다는 진술과 관련해서 도대체 이 '본래적으로'라는 것이 무엇을 뜻하는지 물어볼 수 있다. 하지만 그것이 신의 본성을 뜻한다면 이 신의 본성 속으로 악이 옮겨 놓이게 될 것은 기대되지 않을 것이다. 저 실체적 통일은 선 자신이다. 악은 다만 분열일 뿐이다. 그리하여 저 통일 속에는 선과 악의 한 가지임이 전혀 존재하지 않으며, 악은 오히려 배제된다. 그리하여 신 그 자체 속에는 그와 마찬가지로 선과 악의 구별이 존재하지 않는다. 왜냐하면 이 구별은 오직 분열된 것, 즉 그 속에 악 자신이 존재하는 그러한 것 안에만 있기 때문이다. 그런데 더 나아가 스피노자주의에서는 또한 인간과 신이 서로 다르다는 구별도 나타난다. 그 체계는 이 측면에 따라서는 이론적으로 만족스러울 수 없다. 왜냐하면 인간과 유한한 것 일반은, 비록 유한한 것이 나중에 양태로 격하될지라도, 고찰에서는 실체와 나란히 나타날 뿐이기 때문이다. 그런데 구별이 본질적으로도 선과 악의 구별로서 실존하는 것은 여기, 즉 구별이 실존하는 인간에서인바, 구별이 본래적으로 존재하는 곳은 오직 여기일 뿐이다. 왜냐하면 오직 여기서만 구별의 특유한 규정이 존재하기 때문이다. 우리가 스피노자주의에서 오직 실체만을 염두에 둔다면, 실체 속에는 물론 선과 악의 구별이 존재하지 않지만, 그 까닭은 바로 유한한 것이나 세계 일반(§ 50 주해를 참조)과 마찬가지로 악도 이 입장에서는 전혀 존재하지 않기 때문이다. 그러나 이 체계에서 또한 인간과 실체에 대한 인간의 관계가 [8/22]등장하고 오직 거기서만 선과 구별된 악이 자기의 자리를 차지할 수 있는 입장을 염두에 둔다면, 체계의 도덕적 추론들에 관해 이야기할 수 있기 위해 우리는 바로 그 입장, 즉 정서 및 인간의 예속과 인간의 자유를 다루는 『에티카』의 부분들을 찾아보았어야만 한다. 의심할 여지 없이 우리는 신에 대한 티 없는 사랑을 원리로 하는 이 도덕의 고귀한 순수성을, 그리고 그와 마찬가지로 도덕의 이러한 순수성이야말로 그 체계의 결론이라는 것을 확신하게 될 것이다. 레싱은 그의 시대에 사람들이 스피노자를 죽은 개처럼 취급한다고 말했다.[20] 우리는 근래에도 스피노자주의와 더 나아가 일반적으로 사변철학에 대해 논평하고 판단하는 사람들이 사실들을 올바르게 파악하고 그것들을 올바르게 제시하며 설명하고자 전혀 노력하지 않는 것을 볼 때 그것들이 더 좋게 취급된다고는 말할 수 없다. 하지만 이러한 것[21]은 최소한의 정의일 것인바, 사변철학은 어떤 경우에도 그러한 것을 요구할 수 있을 것이다.

철학의 역사는 철학의 대상인 절대적인 것[절대자]에 관한 **사상들의 발견사**이다. 그래서 예를 들어 소크라테스는 목적의 규정을 발견했고, 이 규정이 플라톤과 특히 아리스토텔레스에 의해 다듬어지고 규정적으로 인식되었다고 할 수 있다. 브루커의 철학사[22]는 역사적인 것의 외면적인 것에 따라서 뿐만 아니라 사상들의 진술에 따라서도 아주 무비판적인데, 우리는 고대 그리스 철학자들에 대해 2–30개 이상의 명제들이 그들의 철학설로서 제시되는 것을 보게 되지만, 그것들 가운데 단 하나도 그들에게 속하지 않는다. 그것은 브루커가 자기 시대의 조악한 형이상학에 따라 끌어내 저 철학자들에게 그들의 주장들로서 뒤집어씌운 추론들이다. 추론들은 두 종류인데, 한편으로는 다만 원리에 대한 좀 더 세부적인 상론들일 뿐이고, [823]그러나 다른 한편으로는 좀 더 심오한 원리들로의

---

20. 이 유명한 언명은 야코비의 『스피노자의 학설에 대하여』(*Über die Lehre des Spinoza*, 1785, 개정증보판, 1789)에서 유래한다. 헤겔의 인용은 기억에 의존하고 있다. 야코비에 따르면 레싱이 말한 것은 다음과 같다. '사람들은 언제나 스피노자에 관해 여전히 마치 그가 죽은 개인 것처럼 이야기한다.'
21. 사실들에 대한 올바른 파악 및 올바른 제시와 설명.
22. Johann Jakob Brucker, 『비판적 철학사』(*Historia critica philosophiae*), Leipzig 1742–1744, 5권; 신판, 1766, 『부록』, 1767. 브루커(1696–1770)는 다수의 철학 편람의 저자이다. 그의 저서들 가운데서는 특히 『철학사로부터의 물음들』(*Fragen aus der philosophischen Historie*), 7권, 1731–36과 『비판적 철학사』를 제시할 수 있는데, 이것들은 오늘날에는 완전히 낡은 것이라 할 수 있다. 독일에서 현실적인 철학적 철학사 서술은 헤겔과 더불어 시작된다. 헤겔은 『철학사 강의』에서도 브루커의 철학사에 대해 비판적으로 언급한다.

돌아감이다. 역사적인 것은 바로 사상의 그러한 한층 더 나아간 심화와 그 원리들의 드러냄이 어떤 개인들에게 속하는지를 제시하는 데 존립한다. 그러나 저 방도Verfahren가 부적절한 것은 단순히 저 철학자들이 그들의 원리 속에 놓여 있어야 할 결론들을 스스로 끌어내지 않았고 따라서 분명히 언명하지 않았기 때문만이 아니라, 오히려 그러한 추론에서 사변적 정신을 지닌 철학자들의 감각에는 단적으로 어긋나고 철학적 이념을 오히려 불순하게 만들고 변조시킬 뿐인 유한성의 사상 관계들에 대한 타당화와 그 사용이 그들에게 부당하게 요구되기 때문이다. 우리에게 단지 소수의 명제만이 보고된 옛 철학들에서 그러한 변조가 자칭 올바른 추론이라고 변명할 수 있을지라도, 자기의 이념 자신을 한편으로는 규정된 사상들에서 파악하고 다른 한편으로는 범주들의 가치를 분명히 탐구하여 규정한 철학에서는, 그럼에도 불구하고 만약 그 이념이 단절적으로 파악되고 서술로부터 오직 하나의 계기만이 끄집어내어져 (동일성이 그랬듯이) 총체성으로 내세워진다면, 그리고 만약 범주들이 전적으로 순진무구하게 그것들이 일상적 의식을 관통하고 있는 바의 가장 가까운 최선의 방식에 따라 그것들의 일면성과 비진리에 놓이게 된다면, 그러한 변명은 통하지 않는다. 사상 관계들에 대한 도야된 인식은 철학적 사실을 올바르게 파악하는 첫 번째 조건이다. 그러나 사상의 조야함이 명시적으로 직접지의 원리에 의해 정당화될 뿐만 아니라 법칙으로 만들어진다. 하지만 사상의 인식과 따라서 주관적 사유의 도야는 그 어떤 학문이나 예술 그리고 숙련된 솜씨와 마찬가지로 직접지가 아니다.

종교는 진리가 모든 인간을 위해, 즉 모든 교양의 인간을 위해 존재하는 바의 의식의 양태이다. 그러나 진리의 학문적 인식은 그 노동을 [824]모두가 아니라 오히려 오직 소수만이 떠맡는 진리 의식의 특수한 양식이다. 내실은 똑같다. 그러나 호메로스가 몇 개의 것에 대해 그것들은 두 개의 이름을 가지는데,[23] 그 가운데 하나는 신들의 말이고 다른 하나는 하루살이와 같은 인간들의 말이라고 말하고 있듯이, 저 내실에 대해서도 두 개의 말이 존재하는바, 그 가운데 하나는 감정과 표상 및 유한한 범주들과 일면적 추상들에 둥지를 트는 지성적 사유의 말이고 다른 하나는 구체적 개념의 말이다. 만약 우리가 종교로부터 또한 철학을 논의하고 판정하고자 한다면, 단지 하루살이와 같은 의식의 언어 습관만을 지니는 것 이상이 요구된다. 학문적 인식의 토대는 내적 내실이자 내재하는 이념이요 정신 속에서 약동하는 그 이념의 생동성이며, 그에 못지않게 종교도 철저히 갈고 닦여진 마음이자 자각으로 일깨워진 정신이요 다듬어진 내실이다. 최근에 종교는 점점 더 자기 내용의 도야된 외연을 수축시켜 경건함 내지 감정의, 게다가 종종 아주 보잘것없고 빈약한 내실을 드러내는 그러한 감정의 강렬한 내포로 물러났다. 신조와 교설 그리고 교의학을 가지는 한에서 종교는 철학이 몰두할 수 있고 그 속에서 철학 그 자체가 종교와 합일될 수 있는 그러한 것을 지닌다. 그렇지만 이 점이 또다시 근대의 종교심이 그에 사로잡혀 있고 그에 따라 철학과 종교 양자를 하나가 다른 하나를 배제한다거나 그 둘이 일반적으로 분리될 수 있어 분리된 연후에 오직 밖으로부터만 결합한다는 식으로 표상하는 그러한 분리하는 나쁜 지성에 따라 받아들여져서는 안 된다. 오히려 지금까지 말한 것에는 또한 종교는 아마도 철학 없이 있을 수 있지만, 철학은 종교 없이 있을 수 없고 오히려 종교를 자기 안에 포함한다는 것이 놓여 있다. 참다운 종교, 즉 정신의 종교는 그러한 신조, 즉 내용을 지녀야만 한다. 정신은 본질적으로 의식이며, 그리하여 대상화된 내용에 대한 의식이다. 하지만 감정으로서의 정신은 비대상적인 내용 자신이며(J. 뵈메의 표현을 빌리자면 오로지 고뇌할*qualiert* 뿐이며),[24] [8/25]심지어는 동물과

---

23. 호메로스, 『일리아스』1. 401, 2. 813, 14. 290, 20. 74. 1827년에 헤겔은 실제로는 '몇 개의 별'이라고 썼다. 그는 이 잘못을 1829년의 「괴셸 논평」에서도 반복했지만, 1830년에 자신이 잘못을 범했음을 알게 되었다.

24. 뵈메(Jacob Böhme, 1575-1624)는 괴를리츠의 구둣방에서 '튜턴의 철학자'로 일컬어진 신지학자이다. 1620년의 『여섯 가지 신지학적 요점』(*Sex puncta theosophica*) 등 많은 저작이 있다. 여기에서의 qualiert라는 표현은 실제로는 뵈메에게서 발견되지 않는다. 그는 qualificirt를 사용하고 있다. 그러나 헤겔이 생각하고 있는 것은 뵈메의 사변에서의

공유하는 영혼의 형식 속에 있는 의식의 가장 낮은 단계일 뿐이다. 사유가 동물도 갖추고 있는 영혼을 비로소 정신으로 만들며, 철학은 저 내용, 즉 정신과 그의 진리에 관한 의식일 뿐이되, 또한 정신을 동물로부터 구별하고 종교의 능력을 지닐 수 있게 하는 저 정신의 본질성의 형태와 방식에서의 의식이다. 심정의 한 점으로 집중하는 수축된 종교심은 심정의 참회와 고뇌를 그 심정의 다시 태어나는 본질적 계기로 삼아야만 한다. 그러나 그 종교심은 동시에 스스로가 정신의 심정에 관계하며 정신이 심정의 위력으로 임명되어 있고 오직 정신 자신이 다시 태어나는 한에서만 이러한 위력일 수 있다는 것을 상기해야만 할 것이다. 자연적 무지뿐만 아니라 또한 자연적 오류로부터 정신이 이렇게 다시 태어나는 것은 객관적 진리, 즉 내용에 대한 가르침에 의해 그리고 정신의 증언을 통해 이루어지는 그에 대한 믿음에 의해 생겨난다. 정신의 이러한 다시 태어남은 특히나 직접적으로는 유한한 것이 무한한 것과 서로 다르다든지 철학은 다신론이거나 아니면 날카롭게 사유하는 사상가들에게서는 범신론일 수밖에 없다는 것 등등과 같은 것들을 안다고 큰소리치는 일면적 지성의 허영심으로부터 심정이 다시 태어나는 것이기도 한바, ─ 다시 말하면 경건한 겸허가 철학 및 신학적 인식에 반대하여 자부심을 지니는 그러한 가련한 통찰들로부터 다시 태어나는 것이다. 종교심이 확장되지 못하고 따라서 몰정신적인 자기의 내포적 강렬함을 고집한다면, 말할 것도 없이 그것은 다만 자기의 이러한 고루하고 편협한 형식이 종교적 교설 그 자체 및 철학적 교설의 정신적 확장에 대립한다는 것을 알게 될 뿐이다.[25] 그러나 사유하는 정신은 [8/26]자기를 좀 더 순수하고 순진무구

---

고뇌(Qual, 성질)의 중요성이다.

25. [헤겔의 주해] 다시 한번 경건주의 노선의 열광적 대표자로서 여겨질 수 있는 톨룩 씨에게로 되돌아온다면, (지금 막 내 눈에 띈) 그의 저술 『죄론』(*Die Lehre von der Sünde*) 제2판(Hamburg, 1825)에서의 교설의 결함이 두드러진다. 그가 자신의 저술 『후기 오리엔트의 사변적 삼위일체론』(*Die spekulative Trinitätslehre des späteren Orients*) ─ 이 저술에서 부지런히 끄집어낸 역사학적 증거들에 대해 나는 그에게 진심으로 감사드린 다─에서 삼위일체론을 취급한 것은 나의 눈길을 끌었다. [8/26]그는 이 교설을 스콜라적

한 종교심에서의 만족에 제한하지 않을 뿐만 아니라 오히려 저 입장이야말로 그 자신에서 반성과 이치 추론으로부터 생겨난 결과이다. 피상적 지성의 도움을 받아 저 입장은 거의 모든 교설로부터의 이러한 고상한 해방을 이루어 냈던 것인바, [82]자기가 그에 감염된 사유를 철학에 대항하는 열망을 위해 사용함으로써 저 입장은 추상적 감정 상태의 메마르고

교설이라고 부른다. 그러나 어느 경우이든 그것은 우리가 스콜라적이라고 말하는 것보다 훨씬 더 오래되었다. 그는 그 교설을 오로지 성서 구절들에 관한 그리고 플라톤과 아리스토텔레스 철학의 영향 아래 이루어진 사변으로부터의 이른바 한갓 역사학적일 뿐인 발생이라는 외면적 측면에 따라서만 고찰한다(41쪽). 그러나 죄에 관한 저술에서 그는 이를테면 무례하게 이 교의를 다룬다고 할 수 있는데, 왜냐하면 그는 그것을 거기서 신앙론(어떤?)이 정돈될 수 있는 골조일 수 있을 뿐이라고 설명하기 때문이다(220쪽). 아니 우리는 이 교의에 대해 그것이 물가에(가령 정신의 강가에?) 서 있는 자들에게는 신기루(Fata Morgana)로 나타난다고 표현해야만 한다는 것이다(219쪽).[옮긴이 — Fata Morgana는 고유하게는 메시나 해협의 신기루였다. 노르만족의 전통은 아서 왕의 누이인 마녀 모건 르 페이가 칼라브리아에 산다는 것이었다.] 그러나 삼위일체론은 '결코 더는 그 위에 신앙이 근거 지어질 수 있는 토대(그래서 톨룩 씨는 같은 책 221쪽에서 삼각대에 대해 말한다)가 아니다.' 하지만 가장 성스러운 것으로서의 이 교설은 옛날부터 —또는 최소한 어느 정도 오래전부터?—신조로서 신앙 자신의 주된 내용이고 이 신조는 주관적 신앙의 토대가 아니었던가? 이 교의가 없다면 톨룩 씨가 앞에서 인용한 저술에서 그토록 정력적으로 감정으로 이끌어가고자 하는 속죄[화해]론이 어떻게 도덕적인 또는 그렇게 말하고자 한다면 이교적인 의미 이상을 지닐 수 있겠으며, 나아가 어떻게 그것이 그리스도교적인 의미를 지닐 수 있겠는가? 또한 다른 좀 더 특수한 교의들 가운데 아무것도 이 저술에서 발견되지 않는다. 톨룩 씨는 자신의 독자들을 예를 들어 언제나 다만 그리스도의 수난과 죽음으로 이끌긴 하지만, 그의 부활과 아버지 우편에로의 오르심, 그리고 성령(der Heilige Geist)의 부어주심으로 이끌지는 않는다. 속죄론에서의 주된 규정은 죄에 대한 벌이다. 이 죄에 대한 벌은 톨룩 씨의 119쪽 이하에서는 고통스러운 자기의식이자 그것과 결합한 불행인바, 행복과 신성함의 유일한 원천인 신을 떠나 사는 모든 이는 이 불행 속에 있다. 그리하여 죄와 죄의식 그리고 불행은 서로가 없이는 사유될 수 없다(그러므로 여기에서는 또한 120쪽에서 어떻게 그 규정들도 신의 본성으로부터 흘러나오는 것으로서 제시되는지 사유된다). 죄에 대한 벌이라는 이 규정은 죄에 대한 자연적 형벌이라고 불렸던 것이자 (삼위일체론에 대한 무관심과 마찬가지로) 톨룩 씨에 의해 이전부터 무척이나 야유받은 이성과 계몽의 결과이자 교설인 바의 것이다. ── 얼마 전 영국 의회의 상원에서는 유니테리언 종파에 관계된 법안이 부결되었다. 이 기회에 한 영국 신문은 유럽과 아메리카에서의 유니테리언 교도의 엄청난 수에 관한 증거를 제시하고서는 다음과 같이 덧붙이고 있다. '유럽 대륙에서 프로테스탄티즘과 유니테리어니즘은 현재 거의 동의어이다.'[옮긴이 — 유니테리어니즘에 관한 영국 신문의 보도는 *Morning Chronicle*, 1825년 6월 6일의 것이다.] 신학자들은 톨룩 씨의 교의학이 과연 하나나 기껏해야 두 가지보다 더 많은 점에서 계몽의 통상적인 이론과 구별되는지 아닌지를, 그리고 그것들이 좀 더 자세하게 고찰된다면 과연 이 점들에서도 결국 그 이론과 구별되는지 아닌지를 결정할 수 있을 것이다.

내용 없는 정점을 억지로 유지하는 것이다. — 나는 『인식의 누룩』, 5권[1823], 서문 IX쪽 이하에서 그러한 경건함의 형태화에 대한 프란츠 폰 바더 씨의 훈계를 발췌하여 인용하지 않을 수 없다.[26]

그는 다음과 같이 말한다. '종교와 종교의 교의들에 다시금 학문 측으로부터 자유로운 연구와 그리하여 참다운 확신에 근거 지어진 존경이 마련되지 않는 한, …… 그런 한에서 그대들은 경건한 자들이든 경건하지 않은 자들이든 그대들의 어떠한 명령과 금지령으로도 그리고 그대들의 어떠한 말과 행동으로도…… 해악을 제거할 수 없을 것이며, 그런 한에서 또한 존경받지 못하는 이 종교는 사랑받지도 못할 것이다. 왜냐하면 사람들은 진정으로 존경받는 것으로 여기고 존경할 만한 것으로 의심 없이 인식하는 것만을 진심으로 그리고 진정으로 사랑할 수 있기 때문이며, 그와 마찬가지로 종교도 오직 그러한 고결한 사랑에 의해서만 섬겨질 수 있기 때문이다……. — 달리 말해 종교의 실천이 다시금 번성하기를 바란다면, 그대들은 우리가 다시금 종교의 이성적 이론에 다다르기 위해 애써야 하며, 또한 그대들의 적대자들(무신론자들)에게서 그러한 종교론은 불가능한 사태로서 단연코 생각될 수 없다느니 종교는 순전한 심정의 사태이므로 여기서는 마땅히 머리를 포기할 수 있거나 심지어 포기해야만 한다는 저 비이성적이고 신성모독적인 주장을 지닌 영역을 깨끗이 치워버려야 한다.'[27]

---

26. Franz von Baader, *Fermenta Cognitionis*, Berlin, 1824. 인용에서의 강조는 헤겔의 것이다. 바더(1765–1841)는 뵈메와 셸링 등의 영향 아래 신비주의 사상을 전개한 가톨릭 신학자이자 철학자이다. 그는 1822년 러시아 여행 때 베를린의 헤겔을 방문했다. 헤겔은 예나 시대에 쓴 단편 「신적 삼각형에 대하여」에서 삼위일체성을 기하학적 표상에 기초하여 해명하고자 하는데, 로젠크란츠에 따르면 이는 바더의 저작 『자연에서 퓌타고라스 사각형에 대하여』(*Über das pythagoreische Quadrat in der Natur*, 1798)의 영향에 의한 것이다. 이후 헤겔은 기하학적 표상 형식이 순수한 사유에 적합하지 않다는 점에서는 바더와 선을 그으면서도 이하에서 볼 수 있듯이 바더의 신비적 지식(그노시스)을 높이 평가한다.

27. [헤겔의 주해] 톨룩 씨는 여러 차례 안셀무스의 논고 『왜 신은 인간이 되었는가?』(*Cur Deus homo*)의 구절들을 인용하며[옮긴이 — 실제로 톨룩이 안셀무스를 인용하는 것은 두 군데뿐이다], 127쪽[『죄론』]에서 '이 위대한 사상가의 심오한 겸허'를 찬양한다.

내용상의 빈약함과 관련하여 또 하나 지적될 수 있는 것은 [8/28]이 빈약함이라는 것이 특수한 한 시대에 종교의 외면적 상태가 보여주는 현상일 뿐이라고 말할 수 있다는 점이다. 고상한 야코비에게 아주 절실했던 것이지만 단지 신에 대한 순전한 신앙을 산출하고 더 나아가 집중된 그리스도교적인 감각을 일깨우는 것만이 그러한 긴급한 과제였다면, 그러한 시대는 유감스럽게 생각될 수 있을 것이다. 하지만 동시에 좀 더 고차적인 원리들이 간과되어서는 안 되는데, 그 원리들 자신은 그러한 감각 속에서 고지된다(논리학에 대한 서론 § 64의 주해를 참조). 그러나 학문 앞에는 수백, 수천 년에 걸쳐 인식 활동이 산출한 풍부한 내용이 놓여 있는바, 그 내용은 학문 앞에 무언가 역사학적인 것으로서, 즉 다만 다른 이들이 소유했을 뿐이어서 우리에게는 지나가 버린 것이고 그저 기억의 앎이나 이야기를 비판하는 명민함을 위한 일거리에 불과할 뿐, 정신의 인식이나 진리의 관심을 위한 일거리는 아닌 그러한 역사학적인 것으로서 놓여 있는 것이 아니다. 가장 숭고하고 가장 심오하며 가장 내적인 것은 종교들과 철학들 그리고 예술작품들에서 좀 더 순수하게든지 좀 더 불순하게든지, 좀 더 명확하게든지 좀 더 흐릿하게든지 때때로 아주 전율할 만한 형태로 드러나 있다. 프란츠 폰 바더 씨가 계속해서 그러한 형식들을 상기시킬 뿐만 아니라 그 형식들로부터 철학적 이념을 드러내고 확증함으로써 심오하게 사변적인 정신을 가지고서 그 형식들의 내실에 분명히 학문적인 영예를 안겨준 것은 특별한 공로로 존중되어야 한다. 야콥 뵈메의 심오함은 특히 이를 위한 기회와 형식들을 제공한다. 이 강력한 정신에는 정당하게도 튜턴의 철학자라는 이름이 주어졌다.[28]

그렇다면 왜 그는 같은 논고로부터 (엔치클로페디 § 77에서 인용된) 그 구절, 즉 '우리가 믿는 것을 알려고 노력하지 않는다면…… 내게는 게으름으로 보인다(Negligentiae mihi videtur si … non studemus quod credimus, *intelligere*)'를 숙고하거나 내세우지 않는 것인가? —물론 신조가 겨우 두서넛의 몇 안 되는 항목으로 수축해 있다면, 인식될 소재는 거의 남아 있지 않으며 인식으로부터 거의 아무것도 생성될 수 없다.

28. 헤겔은 자신의 뵈메 판본(Hamburg, 1715)에서 뵈메의 친구 발타사르 발터(Balthasar Walter, 1558–1631)가 이 명칭을 그에게 부여했다는(「야콥 뵈메의 삶과 죽음」에서 프랑켄

그는 한편으로 물론 **삼위일체** 이외에 다른 것이 아닌 신의 형상에 따라 인간의 정신과 모든 사물이 창조되었고 오직 자기들의 근원 형상의 상실에서 벗어나 그것으로 재통합되는 것만이 생명이라는 것을 기초로 삼음으로써 종교의 내실을 그 자체로 보편적 이념으로 확대했으며, 그 내실 속에서 이성의 최고 문제를 파악했고 또 정신과 자연을 그것들의 좀 더 특정한 영역들과 형태화들에서 파악하려고 시도했다. 다른 한편으로 그는 역으로 [8/29](유황, 초석 등등, 신 것, 쓴 것 등등과 같은) 자연적 사물의 형식들을 무리하게 정신적 사상 형식들로 사용했다.[29] 그와 같은 형태화들에 연결되는 폰 바더 씨의 그노시스는 철학적 관심을 불붙이고 촉진하는 특유한 방식이다. 그것은 타락한 계몽의 내용 없는 불모성에 안주하거나 그저 내포적으로만 머무르고자 하는 경건함에 강력하게 대립한다. 그러함에 있어 폰 바더 씨는 그의 모든 저술에서 자신이 이 그노시스를 인식의 배타적 방식으로 받아들이는 것과는 거리가 멀다는 것을 증명해 보인다. 그노시스는 그 자체로 나름의 번거로운 것들을 지니며, 그 형이상학은 범주들 자신에 대한 고찰과 내용의 방법적 전개로까지는 나아가지 못한다. 그것은 그러한 거칠거나 재기발랄한 형식들과 형태화들에 개념이 걸맞지 않다는 어려움을 겪고 있다. 아울러 그것은 일반적으로 그것이 절대적 내용을 전제로서 지니고서 바로 그것으로부터 설명하고 이치 추론하며 반박한다고 하는 어려움을 겪기도 한다.[30]

---

베르크(Abraham von Franckenberg, 1593–1652)에 의해 주어진) 정보를 발견했다.

29. 『철학사 강의』 제3권에서 야콥 뵈메를 논의할 때도 헤겔은 이와 유사한 방식으로 이야기한다.

30. [헤겔의 주해] 나로서는 폰 바더 씨의 많은 최근 저술의 내용을 통해서나 이름을 들어 언급한 나의 여러 명제에서 그가 나의 명제들에 동의한다는 것을 볼 수 있게 되기를 바라지 않을 수 없다. 그가 이의를 제기하는 것의 대부분이나 어쩌면 모든 것에 관해 나를 그에게 이해시키는 것, 다시 말하면 그것이 실제로는 그의 견해들과 다르지 않다는 것을 보여주는 것은 어렵지 않을 것이다. 나는 다만 『우리 시대의 몇 가지 반종교적 철학설에 대한 논평』(Bemerkungen über einige antireligiöse Philoso-pheme unserer Zeit), 1824, 5쪽(56쪽 이하 참조)에 나오는 하나의 비난만을 거론하고자 한다. 거기서는 다음과 같은 철학설, 즉 자연철학의 학파로부터 출현했던바, '이 세계의

[8/30]우리는 — 종교들과 신화들, 옛 시대와 근래의 그노시스적이고 신비화하는 철학들에서 — 좀 더 순수하게든지 좀 더 흐릿하게든지 진리의 형태화들을 충분히 그리고 넘쳐날 정도로 가지고 있다고 말할 수 있다. 우리는 이 형태화들에서 이념을 발견하고서는 철학적 진리가 무언가 그저 고독한 것이 아니라 오히려 그 형태화들에서 철학적 진리의 작용력이 최소한 발효제로서 현존해왔다는 데서 만족을 얻는 나름의 기쁨을 누릴 수 있다. 그러나 폰 바더 씨의 모방자가 그랬듯이 미숙한 자의 망상이 그러한 발효의 산물들을 다시 끄집어내는 데 빠져들 때, 그러한 주제넘음은

───

무상하고도 타락을 자기 안에 간직하고 있는 본질에 관해 그러한 것이 직접적으로 그리고 영원히 신으로부터 출현했고 또 출현하면서 신의 영원한 나감(외화)이 그의 영원한 (정신으로서) 다시 들어옴을 영원히 조건 짓는다고 주장함으로써' 물질에 대한 잘못된 개념을 내세우는 철학설에 관해 언급한다. 이 표상의 첫 번째 부분, 즉 신으로부터 물질의 출현(이것은 일반적으로 다만 구상적 표현일 뿐 범주가 아닌 까닭에 내가 사용하지 않는 범주이다)에 관한 한, 나는 다름이 아니라 이 명제가 신이 세계의 창조주라는 규정 속에 포함되어 있다고 본다. 그러나 영원한 나감이 정신으로서 신의 다시 들어옴을 조건 짓는다는 다른 부분에 관한 한, 폰 바더 씨는 이 자리에 한편으로 그 자체에서도 그 자체로도 부적절하고 마찬가지로 이러한 관계에 대해 내가 사용하지 않는 범주인 조건 짓기를 놓고 있다. 나는 내가 위에서 사상 규정들의 무비판적 혼동에 대해 지적했던 것을 상기시키고자 한다. [8/30]그러나 물질의 직접적이거나 매개된 출현을 논의하는 것은 다만 전적으로 형식적인 규정들로 이어졌을 뿐이다. 폰 바더 씨 자신이 54쪽 이하에서 물질 개념에 대해 제시하는 것을 나는 이와 관련된 나의 규정들과 다르지 않다고 생각한다. 아울러 나는 세계의 창조를 개념으로서 파악하는 절대적 과제를 위한 어떤 대책이 바더 씨가 58쪽에서 제시하는 것, 즉 물질은 '통일의 직접적 산물이 아니라 그것이 이 목적을 위해 야기한 그것의 원리들(전능자들, 엘로힘)의 산물'이라는 것에 놓여 있는지 이해하지 못한다. 그 의미가 다음과 같은 것(왜냐하면 문법적 배치에 따르면 그 의미가 완전히 명확하지는 않기 때문이다), 즉 물질이 원리들의 산물이라는 것이거나 아니면 다음과 같은 것, 즉 물질이 스스로 이 엘로힘을 야기하고 스스로가 그에 의해 산출되도록 한다는 것이라면, 저 엘로힘이나 이 원환 전체는 엘로힘의 삽입으로 밝혀지지 않는 신에 대한 관계 속으로 함께 정립될 수밖에 없다. [옮긴이 — 니콜린(Friedhelm Nicolin, 1926–2007)과 푀겔러(Otto Pöggeler, 1928–2014)는 그들이 편집한 『엔치클로페디』 판본(Hamburg: Meiner, 1959)에서 6권으로 이루어진 프란츠 폰 바더의 『인식의 누룩』 제1권에서 헤겔에 대한 바더의 감사의 말을 인용하고 있다. 헤겔이 여기서 다루고 있는 (1824년의 또 다른 논쟁에서 유래하는) 구절에서 폰 바더는 특히 1817년 『엔치클로페디』의 § 193을 언급하며 비판한다. 바더는 지금 이 주해에서 헤겔에 의해 제공되는 공격적 방어에 대해서는 「엔치클로페디 제2판 서문에서 나의 학설에 대한 헤겔의 논의」라는 짧은 논문에서 대답하고 있다. 그의 *Sämtliche Werke*, series I, 10:306–309와 1824년의 논문에 대해서는 *Sämtliche Werke*, series I, 2를 참조. 『인식의 누룩』은 이 전집의 처음 두 권에 실려 있다.]

망상은 학문적 사유에 태만하고 무능한 가운데 쉽사리 그러한 그노시스를 인식의 배타적 방식으로 고양한다. 왜냐하면 그러한 형성물들을 늘어놓고 그것들에 단정적인 철학설들을 연결하는 것은 개념의 전개를 받아들여 자기의 사유 및 자기의 마음을 개념의 논리적 필연성에 종속시키는 것보다 더 손쉽기 때문이다. 또한 그러한 망상은 타인들에게서 얻어 배운 것을 자기의 발견으로 돌리기 쉬우며, 타인들을 공격하거나 깎아내릴 때는 더욱더 쉽게 그렇게 믿는다. 또는 오히려 그러한 주제넘은 망상은 그들에 대해 격분하는데, 그 까닭은 바로 자기의 통찰을 그들로부터 얻어냈기 때문이다.

우리가 이 머리말에서 살펴본 시대 현상들에서 [83]비록 손상되었을지라도 사유의 충동이 고지되듯이, 이전에 신비로서 계시되었지만, 그 계시의 좀 더 순수한 형태화들에서나 더 나아가서는 좀 더 흐릿한 형태화들에서 형식적 사상에 대해서는 비밀스러운 것으로 남아 있는 것이 사유 자신에 대해 계시되는 것은 자체적이고도 대자적으로 정신의 높이로 도야된 사상 자신과 그의 시대를 위한 욕구이며 따라서 우리의 학문에 유일하게 어울리는 일이다. 그러한 사유는 오직 옹골찬 내용이 동시에 자기 자신에게 가장 어울리는 형태, 즉 내용과 사상의 모든 것을 결합하고 바로 그렇게 하는 가운데 자유롭게 하는 개념과 필연성의 형태를 자기에게 부여할 수 있는 한에서만 자기의 자유의 절대적 권리 속에서 이 옹골찬 내용과 화해하는 집요함을 고수한다. 낡은 것, 다시 말하면 낡은 형태화가 새로워져야 한다면 — 왜냐하면 내실 자신은 영원히 젊기 때문이다 —, 가령 플라톤과 훨씬 더 심오하게는 아리스토텔레스가 부여한 것과 같은 이념의 형태화야말로 무한히 상기할 만한 가치를 지닌다. 그 까닭은 우리의 사상 형성에 전유함으로써 그 형태화를 밝히 드러내는 것은 직접적으로 그에 대한 이해일 뿐만 아니라 학문 자신의 진보이기 때문이기도 하다. 그러나 그와 마찬가지로 이념의 그러한 형식들을 이해하는 것은 그노시스적이고 카발라적인 환상들을 파악하는 것처럼 피상적이지 않으며, 더더군다나 이념의 형식들을 계속 도야해 나가는 것은 이념의 이러한 유사물들을 지시하거나 암시하는 것처럼 저절로 이루어지지 않는다.

참된 것에 대해서는 그것이 **자기와 거짓의 지표***index sui et falsi*이지만[31] 거짓으로부터는 참된 것이 알려지지 않는다고 올바르게 말해졌듯이, 개념은 자기 자신과 몰개념적인 형태에 대한 이해이지만 이 몰개념적인 형태는 자기의 내적 진리로부터 개념을 이해하지 못한다. 학문은 감정과 신앙을 이해하지만, 학문은 오직 스스로 그에 기반하는 것으로서의 개념으로부터만 판정되며, 학문은 개념의 자기 전개인 까닭에 학문에 대한 개념으로부터의 판정은 학문에 관한 판단이라기보다는 함께 전진하는 것이다. [8/32]내가 오직 그러한 판단만을 존중하고 유념할 수 있듯이 나는 이 시도에 대해서도 그러한 판단을 원하지 않을 수 없다.

베를린, 1827년 5월 25일

---

31. 참된 것은 자기와 거짓의 표준이다(Verum norma sui et falsi)는 스피노자 『에티카』 제2부 정리 43의 주해에서의 언명이다. 그는 헤겔이 여기서 인용하는 것과 정확히 일치하는 표현을 (앨버트 버그에게 보낸) 서간 76에서 사용하고 있다. 헤겔은 Spinoza, *Opera*, H. E. G. Paulus, ed. 2 vols. Jena, 1802–03을 사용하고 있는데, 지금 우리는 *Opera*, ed. Gebhardt, 4 vols. Heidelberg, 1924 4:320을 참조할 수 있다.

# 제3판 머리말[1]

　이 제3판에서는 여기저기서 여러 방면의 개선이 이루어졌으며, 특히 해설의 명확성과 규정성을 보완하는 데 주의가 기울여졌다. 하지만 개요를 제시하는 교과서의 목적을 위해 문체는 어쩔 수 없이 계속해서 형식적이고 추상적일 수밖에 없었다. 본서는 필요한 해명들은 구두 강의를 통해 비로소 얻게 된다는 자기의 규정을 유지한다.

　제2판 이래로 나의 철학함에 대한 다양한 판정들이 나타났지만, 그 대부분은 그러한 과업에 대한 소명을 거의 보여주지 못했다. 여러 해 동안 고심하고 대상과 학문적 요구를 전적으로 진지하게 고려하여 갈고 닦은 저작에 대한 그러한 경솔한 대응들은 망상과 오만, 시기와 경멸 등 그로부터 나타나는 역겨운 열정들만 보여주어 즐거운 것은 전혀 주지 못하며, 더더군다나 무언가 교훈적인 것은 조금도 제공하지 못한다. 키케로는 『투스쿨룸 대화*Tusculanae disputationes*』, 1. Ⅱ[4]에서 다음과 같이 말한다. '철학은 소수의 심판자에 만족하여 스스로 일부러 다수를 피하나 그들 자신은 철학을 싫어하고 의심한다. 따라서 만약 누군가가 모든 철학을 비난하려고만 한다면 그는 대중의 호의를 받으며 그렇게 할 수 있을 것이다.'[2] 철학을 들이받는 것은 더 적은 통찰과 더 적은 철저함으로

---

1. 제1, 2판에서는 '서문(Vorrede)'이라 한 데 반해, 제3판에 대해서는 '머리말(Vorwort)'이라고 하고 있다. 여기서 헤겔은 다시 한번 특히 '그리스도교 신앙의 소유'를 '주관적으로 뽐내는' 모든 '오만함' 및 형식주의와 계몽신학의 내용의 빈곤함에 대한 대립을 강조하고, '신앙의 토대'로서 '교설의 형성'을 통한 종교적 내실의 객관적 전개, 즉 '정신적 확대'에 대한 요구를 새롭게 정식화한다.

이루어질수록 더욱더 대중적이다. 편협하고 불쾌한 열정이 그것이 다른 이들에게서 불러일으키는 반항에서 파악될 수 있으며, 무지는 [833]똑같은 이해력을 가지고서 그것과 서로 한패가 된다. 다른 대상들은 감각에 속하거나 직관들 전체에서 표상 앞에 서 있다. 그 대상들에 대해 함께 이야기할 수 있으려면 비록 적은 정도라 할지라도 대상들에 대한 지식이 필요하다고 느껴진다. 또한 그것들은 좀 더 쉽게 상식을 상기시킨다. 왜냐하면 그것들은 잘 알려진 확고한 현재 속에 서 있기 때문이다. 그러나 이 모든 것을 결여하는 까닭에 철학에 대해서는, 아니 오히려 무지가 철학에 관해 상상하고 떠들어대는 그 어떤 환상적인 공허한 이미지에 대해서는 거침없는 비난이 쏟아진다. 그 무지는 스스로 방향을 잡을 수 있는 것을 아무것도 지니지 못하며, 그래서 전적으로 무규정적인 것, 공허한 것 안에서, 따라서 무의미한 것 안에서 떠돌아다닌다. — 나는 다른 곳에서 열정들과 무지로 엮어진 그와 같은 현상의 몇 가지에 대해 그 정체를 폭로하여 조명하는 불쾌하고도 결실 없는 과업을 떠맡은 바 있다.[3]

최근에는 겉보기에 마치 신학과 심지어 종교심의 지반으로부터 신과 신적 사물들 및 이성에 대한 좀 더 진지한 탐구가 좀 더 광범위한 영역에서 학문적으로 환기되어야 하는 것으로 보일 수 있었던 듯하다.[4] 하지만

---

2. 헤겔은 본문에서 라틴어 원문으로 인용하고 있다. 키케로의 원문은 다음과 같다. 'Est philosophia paucis contenta judicibus, *multitudinem* consulto ipsa fugiens, eique ipsi et *invisa* et *suspecta*; ut, si quis universam velit vituperare, *secundo id populo* facere possit.'

3. 『학문적 비판 연보』(*Jahrbüchern für wissenschaftliche Kritik*), 1829에서 헤겔은 자신의 철학을 다루는 다섯 개의 저술에 관한 비평을 예고한다. 이 저술들 가운데 두 개에 관한 비평, 즉 『학문적 비판 연보』 1829, Nr. 10과 11, 13과 14에 게재된 두 개의 비평만이 출간되었다. *Su.* 11권, 390쪽 이하의 '1. Über die Hegelsche Lehre oder absolutes Wissen und moderner Pantheismus — 2. Über Philosophie überhaupt und Hegels Enzyklopädie der philosophischen Wissenschaften insbesondere' [1829](1. 「헤겔의 학설 또는 절대지와 근대 범신론에 대하여」 — 2. 「철학 일반과 특히 헤겔의 철학적 학문들의 엔치클로페디에 대하여」)를 참조.

4. 여기서 헤겔이 생각하고 있는 것은 1830년에 있었던 헹스텐베르크(Ernst Wilhelm Hengstenberg, 1802-1869)의 『복음주의 교회 신문』(*Evangelischen Kirchenzeitung*)과 할레대학

움직임이 시작되었다고 해서 곧바로 그러한 희망이 생겨날 수는 없었다. 왜냐하면 동기는 사람과 관련된 것들에서 출발했고, 비난하는 경건함의 요구도 공격받는 자유로운 이성의 요구도 모두 사태로 고양되지 못했으며, 더더군다나 사태를 논구하기 위해서는 철학의 지반에 들어서야만 한다는 의식으로 고양되지 못했기 때문이다. 종교의 아주 특수한 외면성들에 근거한 저 인신공격은 개인들의 그리스도교 신앙을 자기의 [834]완전한 권력으로부터 부인하고자 하고, 따라서 그들에게 현세적이고도 영원한 단죄의 낙인을 찍으려는 엄청난 오만불손함으로 나타났다. 단테는 신적인 시문의 영감의 힘으로 감히 베드로의 열쇠를 관장했으며, 그의 ―그렇지만 이미 고인이 된―여러 동시대인, 특히 교황과 황제에게까지 지옥에 떨어지는 형벌을 선고했다.[5] 근래의 철학에 대해서는 그것에서는 인간 개인이 자기를 신으로 정립한다고 하는 불명예스러운 비난이 퍼부어졌다.[6] 그러나 그릇된 결론을 지닌 그러한 비난에 비해 세계 심판자로 행동하며 개인들의 그리스도교 신앙에 대해 유죄 판결을 내리고 그럼으로써 그들에 대해 가장 내적인 단죄를 선언하는 것은 전적으로 다른 현실적인 오만불손함이다. 이 완전한 권력의 증표Schibboleth는 주 그리스도의 이름이요 주가 이 심판자의 심정 속에 거하신다는 단언이다. 그리스도

---

신학부의 이성주의적인 몇몇 대표자 사이의 이른바 할레 논쟁이다.
5. 이는 어느 정도 잘못이다. 단테는 여전히 육체가 지상에 살아 있는 한 사람의 영혼을 지옥에 떨어지게 하였으며, 그것과는 별도로 베드로에게 두 교황이 죽기 전에 지옥에 떨어지는 형벌을 선고하도록 했다. 그러나 그 두 사람은 그가 쓴 것을 읽기 전에 죽었다.
6. '인간 개인이 자기를 신으로 정립한다'라고 하는 것은 인간이 절대자로까지 고양될 수 있다고 이야기하는 헤겔 철학에 대해 계속해서 퍼부어져 온 비난이다. 헤겔은 그렇게 비난하고 저주하는 '세계 심판자'들 자신이 오히려 절대적 진리와 참된 그리스도교 신앙을 그 자체로, 그것도 유일하게 소유하고 있다고 주장하는 '오만불손함'을 지적함으로써 그 비난을 그들에게 되돌려준다. 다른 한편 '인간 개인이 자기를 신으로 정립한다', 즉 das menschliche Individuum sich als Gott setze라는 부분의 본래 텍스트는 불완전했다. 거기에는 관사가 없는 단수 주어와 복수 동사가 있었다. 라손(Georg Lasson)은 자신의 판본에서 가장 단순하게 '인간 개인들은 그들 자신을 신으로 정립한다'라고 교정한다. 니콜린(Friedhelm Nicolin)과 푀겔러(Otto Pöggeler)는 정관사를 집어넣고 동사를 단수로 만드는데, 이는 그 진술에 좀 더 명확한 '철학적' 형식을 부여한다고 할 수 있을 것이다.

께서는(「마태복음」, 7장 20절) '너희는 그 열매로 그 사람들을 알아야한다'라고 말씀하시지만, 단죄하고 저주하는 엄청난 뻔뻔스러움은 좋은 열매가 아니다. 그리스도께서는 계속해서 말씀하신다. '나더러 주여, 주여, 하는 사람이라고 해서 다 하늘나라에 들어가는 것이 아니다. 그날에 많은 사람이 나에게 말하기를 주여, 주여, 우리가 당신의 이름으로 예언을 하고, 당신의 이름으로 귀신을 내쫓고, 또 당신의 이름으로 많은 기적을 행하지 않았습니까? 할 것이다. 그때 내가 그들에게 밝히 말할 것이다. 나는 너희를 도무지 알지 못한다. 너희 불법을 행하는 자들아 다 나에게서 물러가라!' 그리스도교 신앙을 소유하는 자는 자기들뿐이라고 단언하고 다른 사람들에게 자기들에 대한 이러한 믿음을 요구하는 자들은 귀신을 내쫓는 데까지 이르지 못했으며, 오히려 그들 대다수는 프레포르스트의 시령녀의 신도들처럼[7] 망령들의 하인과 사이좋게 지내고 그에 대해 외경심을 갖는 것을 자랑으로 여길 뿐, 반그리스도교적이고 노예적인 미신의 이러한 거짓말을 몰아내며 추방하지는 못했다. 그와 마찬가지로 그들은 지혜를 말할 능력을 보여주지 못하며, 그들의 사명이자 의무인 인식과 학문의 위대한 행위를 행할 능력이 전혀 없는 것으로 나타난다. [8/35]박학다식은 아직 학문이 아니다. 그들은 신앙과는 아무런 상관도 없는 여러 외적인 것에 관해서는 광범위하게 몰두하면서도, 그에 반해 신앙 자신의 내실 및 내용과 관련해서는 그만큼 더 메마르게 주 그리스도의 이름에 머무르며 의도적이고 모욕적으로 그리스도교회 신앙의 토대인 교설의 형성을 경멸한다. 왜냐하면 정신적이고 완전히 사유적이며 학문적인 확대는 그들이 그리스도교 신앙을 소유하고 있고 그것을 오로지

---

7. 헤겔은 유스티누스 케르너(Justinus Kerner, 1786–1862)의 책 『프레포르스트의 시령녀. 인간의 내면생활과 정신세계의 우리 세계로의 투영에 관한 해명』(*Die Seherin von Prevorst. Eröffnungen über das innere Leben der Menschen und über das Hereinragen einer Geisterwelt in die unsere*, Stuttgart, 1829)에 대한 논평을 계획했었다. 그러나 『학문적 비판 연보』에는 그 대신에 뤼더(Lüder)의 논평이 실렸다. 시령녀의 비전들은 이 세계를 넘어서는 정신세계의 증거로 여겨졌다.

자기들만 자기 것으로 한다는 단언, 즉 좋은 열매는 맺지 못하고 단지 악한 열매만 많이 맺는 몰정신적인 단언을 주관적으로 뽐내는 오만함을 방해하고 심지어는 금지하며 근절시킬 것이기 때문이다. — 이러한 정신적 확대는 성서에서 너무나도 명확한 의식을 지니고서 단순한 신앙과는 구별되는바, 후자는 전자에 의해 비로소 진리가 된다. 그리스도께서는 말씀하신다(「요한복음」, 7장 38절). '나를 믿는 사람은 그의 배에서 살아 있는 물이 강처럼 흘러나올 것이다.' 그러나 이 말은 곧바로 39절에서 그리스도의 시간적이고 감성적이며 현재적인 인격에 대한 신앙 그 자체가 그러한 것을 생기게 하는 것이 아닌바, 그것은 아직 진리 그 자체가 아니라고 해명되고 규정되어 있다. 그리고 뒤이어서(39절) 그 신앙은 그리스도께서 그를 믿는 사람이 받아야 할 정신[성령]*Geist*에 대한 것이라고 말씀하신 것으로 규정되어 있다. 왜냐하면 예수께서 아직 **변용되시지 않은** 까닭에 성령이 아직 계시지 않기 때문이라는 것이다. — 아직 변용되지 않은 그리스도의 형태란 그 당시 시간 속에서 감성적으로 현재하는 인격 또는 같은 내용이지만 신앙의 직접적 대상인 바의 나중에 그렇게 표상된 인격이다. 이 현재 속에서 그리스도는 그의 제자들 자신에게 자기의 영원한 본성 및 신과 자기 자신을 화해시키고 인간들과 신을 화해시킬 자기의 사명 그리고 구원의 길과 윤리적 가르침을 입으로 계시하셨던바, 제자들이 그에 대해 지녔던 신앙은 이 모든 것을 자기 안에 포함한다. 그럼에도 불구하고 너무나도 강력한 확신으로 꽉 차 있었던 이 신앙은 다만 시원이자 [836]조건 짓는 기초로, 즉 아직은 완성되지 않은 것으로 선언된다. 그렇게 믿었던 자들은 아직은 정신을 갖고 있지 않으며 그것을 비로소 **받아야** 한다— 진리 자신인 그것은 저 신앙보다 나중에야 비로소 있는 것으로서 모든 진리로 이끌어주는 바로 그것이다. 그러나 저들은 그러한 확신, 즉 조건에 머문다. 그러나 확신은 그 자신이 단지 주관적일 뿐이며, 형식적으로는 다만 단언이라는 주관적 열매만을, 그리고 나서는 바로 그 점에서 오만, 중상모략 그리고 저주의

열매만을 맺는다. 그들은 성서에 어긋나게 인식의 확대이자 비로소 진리
인 정신에 반대해 오직 확신만을 견지한다.[8]

학문적이고 일반적으로 정신적인 내실에서의 이러한 불모성을 이 경건
함은 자기가 직접적으로 고발과 저주의 대상으로 삼는 것과 공유한다.
지성 계몽은 저 경건함이 신앙을 '주여, 주여'라는 증표로 환원시킴으로써
종교의 모든 내용을 비워버렸듯이 자기의 형식적이고 추상적이며 내실
없는 사유를 통해 그렇게 했다. 그 점에서 양자는 서로 더하고 덜한
것이 없다. 그리고 그들이 서로 투쟁하면서 만나는 가운데, 그들이 그
속에서 서로 접촉하여 함께 탐구하고 더 나아가 인식과 진리에 도달할
공통의 지반과 가능성을 획득할 수 있는 그런 소재는 존재하지 않는다.[9]
계몽된 신학은 그 스스로 이를테면 양심의 자유, 사상의 자유, 교수의
자유, 심지어 이성과 학문에 호소하는 자신의 형식주의를 견지해왔다.
그러한 자유는 물론 정신의 무한한 권리의 범주이자 진리의 저 첫 번째
조건, 즉 신앙과는 다른 진리의 **특수한 조건**이다. 하지만 그들은 참답고
자유로운 양심이 어떤 이성적 규정들과 법칙들을 **포함**하는지, 자유로운
신앙과 사유가 어떤 내용을 지니며 가르치는지와 같은 실질적인 점을
거론하기를 꺼리고 부정적인 것의 저 형식주의와 자유를 자의와 의견에
따라 채우는 그러한 자유에 머물러왔던 까닭에, 일반적으로 내용 자신은
아무래도 상관없었다. [837]이들이 내용에 접근할 수 없었던 까닭은 또한,
그리스도교 공동체가 하나의 교의 개념과 하나의 신앙 고백의 유대를

---

8. 헤겔은 『역사철학 강의』 서론에서 다음과 같이 말하고 있다. '신은 편협한 마음과 공허한
머리를 지닌 자들이 아니라 그 정신이 자기 자신에 대해서는 가난하지만, 신에 대한
인식에서는 부유하고 오로지 신에 대한 이러한 인식에만 모든 가치를 정립하는 그러한
자들을 자기의 아이들로 삼고자 한다.'(Su. 12/27)
9. 헤겔이 여기서 거론하는 논쟁은 단지 주관적 신앙만을 뽐내는 성서 근본주의자들의
종교심과 사상의 자유라는 부정적–형식적 요구에 머무르는 가운데 마찬가지로 내용을
결여하는 '지성 계몽'의 신학자들 사이의 것이었다. 요컨대 헤겔은 두 진영이 모두
잘못을 범하고 있으며, 양편에 의해 주어진 성서 해석이 모두 사변적 내용을 결여하고
있다고 생각하는 것이다.

통해 합일되어 있어야만 하고 또 언제라도 그래야 하는 데 반해, 김빠지고 살아 있지 않은 합리주의적인 지성의 물Verstandeswasser의 보편성들과 추상들은 자기 안에서 규정되고 다듬어진 그리스도교의 내용과 교의 개념의 특수한 것을 허락하지 않기 때문이기도 하다. 그에 반해 다른 이들은 '주여! 주여!'라는 이름을 내세우면서 신앙을 정신과 내실 그리고 진리로 완성하는 것을 노골적이고도 거리낌 없이 경멸한다.

그리하여 실로 오만과 증오 그리고 인신공격 및 공허한 보편성들의 먼지가 자욱하게 일어났지만, 그 먼지는 열매를 맺지 못한 채 잦아들었으며, 사태를 포함할 수도 없었고 내실과 인식으로 나아갈 수도 없었다. ― 철학은 그 유희에서 벗어나 있었던 것에 만족할 수 있었다. 그리하여 철학은 저 오만불손함과 인신공격 및 추상적 보편성들의 영역 외부에 자리하고 있는바, 만약 그러한 지반에 끌려 들어갔더라면 다만 불쾌하고 유익하지 않은 것만을 기대할 수 있었을 것이다.

인간 본성의 가장 위대하고 무조건적인 관심들로부터 심오하고도 풍부한 내실이 쇠퇴해가고 종교심은 경건한 것이든 반성하는 것이든 모두 다 내용 없는 최고의 만족을 발견하는 데 다다름으로써, 철학은 우연적이고도 주관적인 욕구가 되었다. 저 무조건적인 관심들은 두 종류의 종교심에서, 게다가 다름 아닌 이치 추론에 의해, 저 관심들을 충족시키기 위해서는 더는 철학이 필요하지 않다는 식으로 정돈되었다. 아니 철학은, 게다가 정당하게도, 저 새롭게 창출된 충족과 좁은 곳으로 이끌린 그러한 만족을 방해하는 것으로 여겨진다. 그리하여 철학은 전적으로 주관의 자유로운 욕구에 맡겨졌다. 그와 같은 주관에 대해서는 철학에 대한 어떠한 종류의 강제도 제기되지 않으며, 오히려 이러한 욕구는 그것이 현존하는 곳에서는 [838]온갖 중상모략과 포기의 압력에 단호히 맞서야 한다. 철학의 욕구는 오직 주관보다도 더 강력한 내적 필연성으로서만 실존하며, 그때 주관의 정신은 그 내적 필연성에 의해 끊임없이 '그가 이기도록' 그리고 이성의 갈망에 대해 그에 걸맞은 향유를 마련하도록 추동된다.[10] 그리하여 종교적인 것도 포함하여 그 어떤 권위의 후원도 받지 않는 이 학문에 대한 몰두는 오히려 불필요한 것으로 그리고 위험스럽거나 최소한 의심스러운 사치로 선언되지만, 그만큼 더 자유롭게 오로지 사태와 진리의 관심에만 터 잡는다. 아리스토텔레스가 말하듯이 관조Theorie가 **최고의 행복**이고 **선 가운데 최고선**이라면,[11] 이 향유에 참여하는 자들은 자신들이 거기서 가지는 것이 자기의 정신적 본성이 지닌 필연성의 만족이라는 것을 안다. 그들은 그에 대해 타인들에게 요구하기를 단념할 수 있을 것이며, 타인들이 무엇을 욕구하고 또 이 욕구에 대해 어떠한 만족을 발견하든지 간에 그대로 둘 수 있을 것이다. 철학의 과업에 몰려드는 불청객들에 대해서는 위에서 생각해 본 바 있다. 그와 같은 자들이 거기에 참여하기에 적합하지 않으면 않을수록 더욱더 목소리를 높이듯이, 좀 더 근본적이고 심오한 참여자는 스스로 홀로 있으며 밖을 향해서는 좀 더 고요하다. 허영심과 피상성은 조급하게 일을 마무리하고 곧바로 말참견에 나선다. 그러나 자기 안에서 위대한 사태이자 오직 오래고 고된 노동을 통해서만 완전히 전개됨으로써 충족되는 사태에 대한 진지함은 이 사태에 대한 고요한 몰두에 오랫동안 침잠한다.

위에서 제시된 그 규정에 따라 철학 연구를 쉽지 않게 만드는 이 엔치클로페디적인 길잡이의 제2판이 곧바로 매진되었다는 사실은 내게 피상성과 허영심이 목소리를 높이는 것 바깥에서 좀 더 고요하고도 보람 있는 참여가 일어났음을 보는 만족을 주었다. 이제 나는 이 새로운 판에도 그러한 참여가 있기를 바란다.

베를린, 1830년 9월 19일

---

10. 여기에서는 「로마서」 3장 4절이 울려 퍼지고 있다. '주께서 말씀하실 때 주님의 의로우심이 드러나고 주께서 판단을 받으실 때 주께서 이기십니다.' 그러나 '그가 이기도록'이라는 인용문 자신은 아마도 「시편」에서 유래하는 것일 터이다.
11. 『형이상학』 XII, 7, 1072b24를 참조.

# 서론

§ 1

철학은 다른 학문들에 도움이 되는 장점, 즉 자기의 대상들을 직접적으로 표상에 의해 승인된 것으로서, 아울러 인식의 시원과 전진을 위한 방법을 이미 받아들여진 것으로서 전제할 수 있다고 하는 장점을 결여한다. 철학은 실로 자기의 대상들을 우선은 종교와 공유한다. 양자는 진리를 자기의 대상으로 지니며, 게다가 최고의 의미에서 — 신이 진리이며 오로지 신만이 진리라는 의미에서 그리한다. 그리고 나서 양자는 더 나아가 유한한 것의 영역, 곧 자연과 인간 정신, 그것들의 서로에 대한 관계와 그것들의 진리로서의 신에 대한 관계를 다룬다. 따라서 철학은 분명 자기의 대상들에 대한 잘 알고 있음을 전제할 수 있으며, 아니 어차피 그 대상들에 관한 관심을 전제해야만 하듯이 그러한 잘 알고 있음을 전제해야만 한다 — 그 까닭은 이미 의식이 시간에 따라서 대상에 관한 표상을 대상에 관한 개념보다 먼저 마련하기 때문이며, 사유하는 정신은 심지어 오직 표상 작용을 통해서만 그리고 표상 작용으로 향해서만 사유하는 인식과 개념 파악으로 전진하기 때문이다.

그러나 사유하는 고찰에서는 바로 그 고찰이 자기 내용의 필연성을 제시해야 한다는 요구, 자기 대상들의 존재뿐만 아니라 이미 그 규정들도 증명해야 한다는 요구를 자기 안에 포함한다는 것이 곧바로 알려진다. 그래서 이 대상들에 대한 저 잘 알고 있음은 불충분한 것으로서, 그리고 전제들과 단언들을 만들거나 타당화하는 것은 허용되지 않는 것으로서 나타난다. 그러나 그와 동시에 시원을 마련하는 어려움이 등장한다. 왜냐하면 **직접적인 것으로서의** 시원은 자기의 전제를 만드는 것이거나 오히려 그 자신이 그러한 전제이기 때문이다.[1]

§ 2

철학은 우선은 일반적으로 대상들의 **사유하는** 고찰로서 규정될 수 있다. [842]그러나 만약 인간은 사유에 의해 **동물**과 구별된다는 것이 올바르다면(그것은 분명 올바를 것이다), 모든 인간적인 것은 그것이 사유에 의해 야기됨으로써 그리고 오로지 그러함으로써만 인간적이다. 그렇지만 철학이란 사유의 특유한 방식, 즉 그에 의해 사유가 인식과 개념 파악하는 인식으로 되는 방식이라는 점에서, 철학의 사유는 또한 모든 인간적인 것 속에서 활동하는, 아니 인간적인 것의 인간적임을 야기하는 사유에 대해 **상이성**도 지닐 것이다. 아무리 전자가 후자와 동일하고, 그 자체에서 다만 하나의 사유일 뿐일지라도 말이다. 이러한 구별은 의식의 사유에 의해 근거 지어진 인간적 내실이 우선은 **사상**의 형식에서 현상하는 것이 아니라 감정, 직관, 표상으로서 — 형식으로서의 사유와는 구별되어야 하는 형식들로서 현상한다는 점에 결부된다.

인간이 사유에 의해 동물과 구별된다는 것은 오랜 선입견, 진부해진 명제이다. 그러한 오랜 믿음을 상기할 필요가 있을 때 그것은 진부해 보일 수 있지만, 또한 기이해 보이지 않을 수 없기도 할 것이다. 그러나 이것이 상기될 필요가 있는 것으로 여겨질 수 있는 것은 **감정**과 **사유**를 서로로부터 분리함으로써 그것들이 서로 대립하거나 심지어 서로 적대적이어야 한다는, 그리고 감정, 특히 종교적

---

1. '시원을 마련하는 어려움'과 관련하여 헤겔은 『논리의 학』에서 「학문의 시원은 무엇으로 마련되어야만 하는가?」(Womit muß der Anfang der Wissenschaft gemacht werden?)(*Su*. 5/65–79)라는 독립된 논의를 전개하고 있다.

감정이란 사유에 의해 불순화되고 전도되며 심지어 가령 전적으로 절멸되는바, 종교와 종교심은 본질적으로 사유 속에 그 뿌리와 자리를 지니지 않는다는 지금 이 시대의 선입견 때문이다.[2] 그러한 분리에서는 오직 인간만이 종교의 능력을 지니며, 그러나 동물은 그에게 법과 도덕성이 속하지 않는 것과 마찬가지로 종교도 갖지 않는다는 점이 잊힌다.

저렇듯 종교를 사유로부터 분리할 것이 주장될 때는 추사유*Nach-denken*라고 명명될 수 있는 사유, — 사상 그 자체를 자기의 내용으로 하여 의식화하는 반성하는 사유가 눈앞에 떠오르곤 한다. 사유와 관련하여 철학에 의해 규정적으로 [84]제시된 구별을 알거나 주의하는 데서의 소홀함이야말로 철학에 대한 가장 조야한 표상과 비난을 산출하는 바로 그것이다. 오직 인간에게만 종교와 법 그리고 인륜이 속한다는 점에서, 게다가 오직 인간이 사유하는 본질인 까닭에만, 종교적인 것과 법적인 것 그리고 인륜적인 것에서는 — 그것이 감정과 신앙이거나 아니면 표상이거나 간에 — 사유 일반이 활동하지 않을 수 없었다. 사유의 활동과 산물이 그것들 안에 현재하며 포함된 것이다. 하지만 사유에 의해 **규정되고 삼투된** 그러한 감정과 표상을 갖는 것과 — 그것들에 대한 사상을 갖는 것은 다르다. 추사유에 의해 산출된, 의식의 저 방식들에 대한 사상들은 바로 그것에 반성과 이치 추론 등등이, 더 나아가 또한 철학도 포괄되는 바의 것이다.

거기서 그러한 추사유야말로 우리가 영원한 것과 참된 것의 표상과 참으로 여김*Fürwahrhalten*에 도달할 수 있게 해주는 조건, 아니 유일한 길이라고 하는 주장이 생겨났으며, 좀 더 자주는 오해가 지배해왔다.

---

2. 이 공격의 과녁은 분명 슐라이어마허일 것이다. 앞의 제2판 「서문」에 옮긴이가 붙인 한 주해에서 보았듯이, 헤겔은 1822년의 「힌리히스의 종교철학에 대한 서문」에서도 종교를 오로지 절대적 의존의 감정에 의해서만 근거 짓고자 하는 슐라이어마허의 입장을 비판한다. *Su*. 11/42~67을 참조.

그래서 예를 들어 신의 현존재에 대한 (이제는 어느 정도 이전의) 형이상학적 증명들이 그 증명들에 관한 지식과 확신에 의해 신의 현존재에 대한 신앙과 확신이 본질적으로 그리고 유일하게 야기될 수 있다고, 또는 마치 그럴 수 있기나 할 것처럼 내세워졌다. 그와 같은 주장은 마치 우리가 먹을거리의 화학적, 식물학적 또는 동물학적 규정들에 대한 지식을 획득하기 전에는 먹을 수 없으며, 해부학과 생리학 연구를 완수할 때까지는 소화하기를 기다려야만 한다는 주장과 일치할 것이다. 만약 사정이 그러하다면, 이 학문들은 자기들의 영역에서, 그리고 마찬가지로 철학도 자기의 영역에서 그야말로 대단한 유용성을 획득하게 될 것이고, 아니 그 유용성은 절대적이고 보편적인 필수 불가결함으로까지 높여질 것이다. 그러나 오히려 그것들 모두는 불가결하기는커녕 전혀 실존하지 않게 될 것이다.

[8/44] § 3

우리의 의식을 채우는 내용은 그것이 어떤 종류의 것이든지 간에 감정, 직관, 심상, 표상의, 목적, 의무 등등의 그리고 사상과 개념의 **규정성**을 이룬다. 그런 한에서 감정, 직관, 심상 등등은 그 내용이 느껴지고 직관되고 표상되고 의욕되든, 그리고 단지 느껴지기만 하거나 사상과 뒤섞여 느껴지고 직관 등등이 되든 아니면 전적으로 뒤섞이지 않고서 사유되든 하나의 같은 것으로 머무는 그러한 내용의 **형식들**이다.[3] 이 형식들 가운데 어떤 하나의 것에서 또는 여러 형식이 뒤섞인 것에서 내용은 의식의 대상이다. 그러나 이 대상성에서 또한 내용에 대한 이 형식들의 **규정성들**도 드러난다. 그리하여 이 형식들의 각각에 따라 특수한 대상이 발생하는 것으로 보이며, 그 자체에서 같은 것이 서로 다른 내용으로서 보일 수 있다.

---

3. 헤겔은 내용의 세 가지 수준, 즉 첫째, (비–반성적) 사유에 의해 삼투된 감정 등등에서의 내용(§ 2에 대한 헤겔의 주해를 참조), 둘째, 반성적 사상과 뒤섞인 내용, 셋째, 순수한 사유에서의 내용을 구별하는 것으로 보인다.

감정, 직관, 욕망, 의지 등등의 규정성들은 그것들에 관해 알려지는 한 일반적으로 표상이라고 불린다는 점에서, 일반적으로 말해질 수 있는 것은 철학이란 표상 대신에 사상과 범주를, 그러나 좀 더 정확하게는 개념을 정립한다고 하는 것이다. 표상 일반은 사상과 개념의 은유로서 여겨질 수 있다. 그러나 표상을 가지는 것으로는 아직은 사유에 대한 그것의 의미를 알지 못하며, 아직은 그것의 사상과 개념을 알지 못한다. 역으로 또한 사상과 개념을 가지는 것과 그것들에 상응하는 표상, 직관, 감정이 어떤 것인지를 아는 것도 서로 다르다. ── 철학의 난해함이라 불리는 것의 한 측면이 이와 관련된다. 어려움은 한편으로는 그 자체에서 다만 추상적으로 사유하지 못하는, 다시 말하면 순수한 사상들을 견지하여 그것들 속에서 움직이지 못하는 익숙하지 못함일 뿐인 무능력에 놓여 있다. 우리의 일상적 의식에서 사상들은 감성적이고 정신적인 친숙한 소재들을 갖추어 그것들과 합일되어 있으며, [8/45]우리는 추사유와 반성 및 이치 추론에서 감정, 직관, 표상을 사상과 뒤섞는다('이 잎은 푸르다 dies Blatt *ist grün*'와 같이 전적으로 감성적인 내용을 지닌 각각의 모든 명제에도 이미 존재, 개별성과 같은 범주들이 섞여 있다). 그러나 사상들 자신을 뒤섞이지 않은 채로 대상으로 삼는 것은 다른 것이다. ── 난해함의 다른 부분은 의식 속에 사상과 개념으로서 존재하는 것을 표상의 방식으로 자기 앞에 지니려고 하는 조급함이다. 파악된 개념에서 무엇을 생각해야 할지 모르겠다는 표현이 있다. 하나의 개념에서 그 개념 자신 외에는 더는 아무것도 생각될 수 없다는 것이다. 그러나 저 표현의 의미는 이미 잘 알고 있는 친숙한 표상에 대한 동경이다. 그러한 의식은 표상의 방식을 가지고서 스스로가 지금까지 확고하고도 편안하게 그 위에 서 있었던 자기의 지반을 빼앗긴 것과 같은 사정에 처해 있다. 그 의식은 개념의 순수한 영역으로 옮겨 놓이게 되면 자기가 세계의 어디에 있는지 알지 못한다.
—— 따라서 자기의 독자나 청중에게 그들이 이미 암기하여 아는 것,
그들에게 친숙하고 저절로 이해되는 것을 이야기하는 저술가, 설교자,
강연자 등등이 가장 이해하기 쉬운 자들로 여겨진다.


## § 4

우리의 보통의 의식과 관련하여 철학은 우선은 자기의 특유한 인식
방식에 대한 욕구를 제시하거나 심지어 일깨워야 할 것이다. 그러나 종교의
대상들, 곧 진리 일반과 관련하여 철학은 그것들을 자기 스스로 인식할
수 있는 능력을 입증해야 할 것이다. 두드러지게 드러나는 종교적 표상들과
의 상이성과 관련해서는 철학은 자기의 차이 나는 규정들을 정당화해야
할 것이다.


## § 5

위에서 제시된 구별과 그와 연관된 [8/46]통찰, 즉 우리 의식의 참다운
내용은 그것이 사상과 개념의 형식으로 옮겨지는 가운데 유지되며, 아니
비로소 그것의 특유한 빛 가운데 놓인다는 통찰에 대한 잠정적 이해를
위해서는 또 다른 오랜 선입견이 상기될 수 있다. 그것은 요컨대 대상과
사건 그리고 또한 감정, 직관, 의견, 표상 등등에서 참된 것인 바의 것을
경험하기 위해서는 추사유가 필요하다는 것이다. 그러나 추사유는 어떠한
경우든 적어도 다음과 같은 것을 행하는바, 즉 감정, 표상 등등을 사상으로
전환한다.

철학이 자기 과업의 특유한 형식을 위해 요구하는 것은 사유뿐이지
만, 모든 인간이 본성상 사유할 수 있는 한에서, § 3에서 제시된
구별을 제쳐놓는 이러한 추상으로 인해 앞에서 철학의 난해함에
대한 불평으로서 언급되었던 것의 반대가 등장한다. 이 학문은 자주

그것을 위해 노력해 본 적이 없는 자들마저도 자기는 철학의 정황이 어떠한지를 처음부터 이해하고 있으며, 일상적 교양에서의, 특히 종교적 감정들로부터의 평소 행태 그대로 철학할 수 있고 철학에 관해 판단할 수 있다는 상상을 언명하는 경멸을 겪는다. 사람들은 다른 학문들을 알기 위해서는 먼저 그것들을 연구했어야만 하며, 그러한 지식에 의해서야 비로소 그것들에 관해 판단을 내리는 것이 정당화된다는 것을 시인한다. 사람들은 구두를 만들기 위해서는, 비록 각각의 모든 사람이 자기의 발에서 구두를 위한 척도를 지니고 양손과 그 양손에서 필요로 되는 일에 대한 자연적 숙련을 소유한다고 할지라도, 반드시 구두 만드는 일을 배우고 연습해보았어야만 한다는 것을 시인한다. 그러나 오직 철학함 자신을 위해서만은 그와 같은 연구와 학습과 노력이 필요하지 않다는 것이다. ── 이러한 편리한 의견은 최근에 직접지, 즉 직관에 의한 앎에 관한 학설을 통해 그 확증을 얻었다.

[8/47] § 6

다른 한편 그와 마찬가지로 중요한 것은 철학이 자기의 내용이란 살아 있는 정신의 영역에서 근원적으로 산출되었고 또 산출되고 있으면서 세계, 즉 의식의 외적이고 내적인 세계로 만들어진 내실 이외에 다른 것이 아니라는 것에 대해,─ 자기의 내용이 **현실**이라는 것에 대해 이해하는 것이다. 이 내용에 대한 가장 가까운 의식을 우리는 **경험**이라 부른다. 세계에 대한 신중한 고찰은 이미 외적이고 내적인 현존재의 광범위한 영역으로부터 단지 **현상**일 뿐인 것, 즉 일시적이고 무의미할 뿐인 것과 자기 안에서 참으로 **현실**이라는 명칭을 얻을 만한 것을 구별한다. 철학이 이러한 하나의 같은 내실에 대한 다른 의식화와는 단지 그 형식에 따라서만 구별된다는 점에서, 현실 및 경험과 철학의 일치는 필연적이다. 아니, 이 일치야말로 철학의 진리에 대한 최소한 외적인 시금석으로 여겨질 수 있으며, 아울러 이 일치의 인식을 통해 자기의식적인 이성과 존재하는 이성, 즉 현실과의 화해를 산출하는 것이야말로 학문의 최고의 궁극 목적으로 여겨져야 한다.

　　나의 법철학 서문에는 다음과 같은 명제들이 있다.[4]
　　이성적인 것은 현실적이고,
　　현실적인 것은 이성적이다.
　　이 단순한 명제들은 많은 사람에게 기이하게 보였고 적대시되었으며, 게다가 철학과 어쨌든지 간에 분명 종교를 가지고 있다는 것을 부인하려고 하지 않는 사람들에게조차도 그러했다. 종교는 이와 관련하여 굳이 제시될 필요가 없을 것이다. 왜냐하면 신적인 세계 통치에 관한 종교의 교설들은 이 명제들을 너무도 규정적으로 언명하기 때문이다. 그러나 철학적 의미에 관한 한, 신이 현실적이라는 것 — 즉 신이 가장 현실적인 것이자 오로지 신만이 참으로 현실적이라는 것뿐만 아니라 또한 형식적인 것과 관련해서도 일반적으로 현존재는 [8/48]부분적으로는 **현상**이며 오직 부분적으로만 현실이라는 것을 알기 위해서는 아주 많은 교양이 전제되어야 한다. 일상생활에서는 가령 온갖 착상, 오류, 악과 이러한 측면에 속하는 것 및 그렇듯 위축되고 무상한 각각의 모든 실존이 우연적 방식으로 **현실**이라고 불린다. 그러나 이미 일상적 느낌에서도 우연적 실존은 현실적인 것이라는 강조된 명칭을 얻을 만하지 않을 것이다. — 우연적인 것은 **가능한** 것의 가치보다 더 커다란 가치를 지니지 않는, 즉 존재하는 만큼이나 존재하지 않을 수도 있는 실존이다. 그러나 내가 현실에 대해 말했을 때는 자연히 내가 어떤 의미에서 이 표현을 사용하는지가

---

4. 『법철학 요강 또는 자연법과 국가학 강요』(*Grundlinien der Philosophie des Rechts oder Naturrecht und Staatswissenschaft im Grundrisse*) 「서문」에서의 잘 알려진 명제들. *Su.* 7/24를 참조.

생각되어야 할 것이다. 왜냐하면 나는 상세한 논리학에서도 현실성 [현실]을 다루는 가운데 그것을 곧바로 우연적이면서도 또한 실존을 지니는 그러한 것과 구별했을 뿐만 아니라, 좀 더 정확히 하자면 현존재와 실존 및 다른 규정들과 정확히 구별했기 때문이다.[5] — 이성적인 것의 현실성에는 이미 이념과 이상은 환상 이상의 것이 아니며 철학은 그러한 환영의 체계라고 하는 것뿐만 아니라 또한 그와는 반대로 이념과 이상은 현실성을 갖기에는 무언가 너무도 탁월한 것이라거나 그와 마찬가지로 그러한 현실성을 획득하기에는 무언가 너무도 무력한 것이라고 하는 표상이 대립한다. 그러나 이념 으로부터 현실성의 분리는 특히 지성에게 사랑받는데, 이 지성은 자기의 추상적인 꿈들을 무언가 참다운 것으로 여기고, 마치 세계가 그렇게 있지는 않으나 마땅히 어떻게 있어야 하는지를 경험하기 위해서는 자기를 기다려야 하기나 할 것처럼, 자기가 주로 정치적 영역에서도 즐겨 처방하는 당위에 우쭐댄다. 그러나 세계가 만약 마땅히 있어야 할 그대로 있다고 한다면, 스스로 영리한 체하는 이 지성의 당위는 어디에 머물 것인가? 지성이 만약 당위를 가지고서 가령 일정한 시대와 특수한 영역에 대해서는 커다란 상대적 [849]중요 성을 지닐 수도 있는 진부하고 외면적이며 무상한 대상, 제도, 상태 등등에 반대한다면, 그 지성은 분명 올바를 수 있을 것이며, 그러한 경우에서 보편적인 올바른 규정들에 상응하지 않는 많은 것을 발견할 수 있을 것이다. 하지만 그 누가 자기의 주변에서 마땅히 있어야 할 그대로 실제로 있지 않은 많은 것을 볼 수 없을 만큼 영리하지 못할 것인가? 그러나 이 영리함이 그러한 대상들과 그것들의 당위를 가지고서 철학적 학문의 관심 내부에 놓이게 된다고 상상하는 것은 옳지 않다. 학적 학문은 그저 당위적일 뿐 현실적으로는 존재하지

---

5. 『논리의 학』, 제2책, 제3편: 「현실성」, *Su.* 6/186 이하를 참조.

않을 만큼 무력하지는 않은 이념과만 관계하며, 따라서 현실과 관계하는바, 저 대상, 제도, 상태들 등등은 현실에서의 그저 피상적인 외면일 뿐이다.

§ 7

추사유 일반이 우선은 철학의 (또한 시원이라는 의미에서의) 원리Prinzip를 포함한다는 점에서, 그리고 그것이 (루터의 종교 개혁 시대 이후) 근래에 이르러 다시 자립성을 갖추어 만발한 이후, 이제 그것이 그리스인들의 철학함의 시원들에서처럼 처음부터 곧바로 단순히 추상적으로 견지된 것이 아니라 동시에 현상 세계의 끝없어 보이는 소재에 몰두함으로써, 철학이라는 명칭은 다음과 같은 모든 앎에 주어졌던바, 요컨대 경험적 개별성들의 바다에서 확고한 척도와 보편적인 것을 인식하고자 하고, 무한한 양의 우연적인 것이 보여주는 가상적 무질서 속에서 필연적인 것, 즉 법칙을 인식하고자 하며, 그와 더불어 동시에 자기의 내용을 외적인 것과 내적인 것에 대한 고유한 직관과 지각으로부터, 요컨대 현전하는 präsenten 자연 및 현전하는 정신과 인간의 흉중으로부터 취해온 그러한 모든 앎에 주어졌다.

경험의 원리는 하나의 내용을 받아들여 그것을 참으로 여기기 위해서는 인간 자신이 거기에 있어야만 한다는, 좀 더 규정적으로 하자면, 인간이 그러한 내용을 자기 자신의 확신과의 하나임Einigkeit 속에서 합일된 것으로 발견한다는 무한히 중요한 규정을 포함한다. 인간은 그 자신이 [8/50]오직 자기의 외면적 감각들을 가지고서든지 아니면 자기의 좀 더 심오한 정신, 즉 자기의 본질적 자기의식을 가지고서든지 간에 거기에 있어야만 한다. ─ 이 원리는 오늘날 신앙과 직접지 그리고 외적인 것에서와 특히 고유한 내적인 것에서의 계시라고 불려온 것과 같은 것이다. 우리는 철학이라 일컬어져 온

저 학문들을 그것이 취하는 출발점에서 보아 **경험적 학문들**이라 부른다. 그러나 그것들이 목적으로 하여 산출해내는 본질적인 것은 **법칙, 보편적 명제, 하나의 이론**, 요컨대 현존하는 것의 **사상**이다. 그래서 뉴턴의 물리학은 자연철학이라 불려왔고,[6] 그에 반해 예를 들어 위고 그로티우스[7]는 민족들의 서로에 대한 역사적 행동들을 총괄함으로써 그리고 일상적 이치 추론의 뒷받침을 받아 보편적 근본 명제들, 즉 국제법의 철학이라고 불릴 수 있는 하나의 이론을 세웠다.[8] — 영국인들에게서 철학이라는 명칭은 여전히 일반적으로 이러한 규정을 가지며, 뉴턴은 계속해서 가장 위대한 철학자라는 명성을 지닌다. 심지어 도구 제작자의 가격표에서까지 자기 기구와 전기 기구라는 특수한 항목에 들어가지 않는 도구들, 즉 온도계, 기압계 등등이 **철학적 도구**라고 불린다. 물론 나무와 쇠 등등으로 조립된 것이 아니라 오로지 **사유**만이 철학의 도구라고 불려야 할 것이다.[9] — 그래서 특히 최근에 [8/51]성립한 정치 경제학이라는 학문

---

6. 뉴턴은 자신의 책을 『자연철학의 수학적 원리』(*Philosophiæ Naturalis Principia Mathematica*, London, 1687)라고 불렀다.

7. Hugo Grotius(1583-1645). 네덜란드의 법학자로서 '근대 자연법학의 아버지', '국제법의 시조'라고 말해진다. 헤겔은 『철학사』의 제3부 「근세 철학」, 제2편 「사유하는 지성의 시기」, 제1장 「형이상학의 시기」에서 그로티우스를 로크와 홉스 사이에서 간단히 논의한다. 그로티우스는 전시와 평시의 국민들의 다양한 상호 관계에 대해 경험적인 수집 · 편찬 · 추론을 행하여 대상 자신에 근거를 지니는 보편적인 원칙, 이론을 세웠던바, 이것은 '국제법의 철학(Philosophie des äußeren Staatsrechts)'이라고 불릴 수 있는 것이다(*Su.* 20/224 이하도 참조).

8. 그로티우스 저작의 실제 제목은 『전쟁과 평화의 법에 대하여』(*De jure belli ac pacis*, Paris, 1625)였다.

9. [헤겔의 주해] 톰슨에 의해 출판된 잡지에도 『철학 연보 또는 화학, 광물학, 기계학, 자연사, 농업 및 기술들의 잡지』라는 표제가 붙어 있다[옮긴이 — Thomas Thomson, *Annals of Philosophy; or, Magazine of Chemistry, Mineralogy, Mechanics, Natural History, Agriculture, and the Arts*, 16 Bde., London 1813-1820]. — 우리는 이로부터 자연스럽게 여기서 철학적이라고 불리는 자료들이 어떤 성질의 것인지를 떠올릴 수 있다. — 최근에 나는 영국의 한 신문에 실린 신간 서적 광고에서 다음과 같은 것을 보았다. 철학적 원리들에 의한 **모발 보존법**, 8포스트지, 인쇄 선명, 정가 7실링. — 모발 보존의 철학적 원칙들에서는 아마도 화학적, 생리학적 등등의 원칙들이 생각되고 있을 것이다. [옮긴이 — 토머스 톰슨(1773-1852)은 뛰어난 화학 교수였으며, 그의 철학 연보는 1813년부터 1826년까지

도 철학이라고 불리는데, 우리는 그것을 합리적 국가 경제학 또는
가령 예지*Intelligenz*의 국가 경제학이라고 부르곤 한다.[10]

§ 8

이러한 인식이 우선은 자기의 영역 안에서 아주 만족스럽다 할지라도,
첫째로 그 영역에 포괄되지 않는 또 다른 범위의 대상들—자유, 정신,
신이 나타난다. 그것들이 저 지반에서 발견될 수 없는 까닭은 그것들이
경험에 속하지 않아야 하기 때문이 아니라— 그것들은 물론 감성적으로

———
　　출판되었다. 모발 보존법은 익명으로 출판되었는데(London, 1825), 이에 대한 헤겔의
　　지식은 *그가 Morning Chronicle*을 읽은 데서 유래한다. 그때 그가 작성한 주해가 페트리(M.
　　J. Petry)에 의해 출간되었다. *Hegel–Studien* 11(1976):34를 참조.]
10. [헤겔의 주해] 영국 정치가들의 입에서는 일반적인 국가 경제적 원칙들과 관련하여
　　공식적 연설들에서도 철학적 원칙들이라는 표현이 자주 튀어나온다. 1825년의 의회
　　회기에(2월 2일) 브로엄(*Brougham*)은 국왕의 연설에 대답하여 인사말을 할 기회에
　　다음과 같이 표현한 바 있다. '정치가에 어울리고 철학적인 자유 무역의 원칙들—
　　왜냐하면 의심할 바 없이 그것들은 철학적이기 때문입니다—, 이 원칙들의 통과에
　　대해 폐하께서는 오늘 의회에 축사를 해주셨습니다.'—그러나 이것은 단지 야당
　　의원의 경우만이 아니다. (같은 달에) 선주협회가 총리 얼 리버풀(Earl Liverpool) 백작을
　　주빈으로 하고 캐닝(Canning) 장관과 육군 총재정관 찰스 롱(Charles Long) 경을 부주빈으
　　로 하여 베푼 연례 연회에서, 캐닝 장관은 자신의 건강을 위한 건배에 대한 답사에서
　　다음과 같이 말했다. '최근 각료 여러분께서 자신들의 힘으로 이 나라의 행정에 심오한
　　철학의 올바른 준칙들을 적용할 수 있는 시기가 시작되었습니다.'—아무리 영국
　　철학이 독일 철학과 구별될 수 있을지라도, 그리고 다른 곳에서는 철학이라는 명칭이
　　그저 별명과 조롱거리로서나 무언가 증오할 만한 것으로서만 사용되는 시대에 여전히
　　그것이 영국의 각료 입에서 존중되고 있음을 보는 것은 언제나 즐거운 일이다. [옮긴이
　　—윌리엄 월리스(William Wallace)는 엔치클로페디 논리학에 대한 자신의 영역(*Logic*,
　　1873—*Logic*, being Part One of the Encyclopaedia (1830). William Wallace, trans., with
　　foreword by J. N. Findlay. Oxford: Clarendon, 1975—)에서—*Times*에 의지하여—의회
　　토론 날짜와 선주협회의 연회 날짜를 1825년 2월 3일과 2월 12일로 제시한다. 그는
　　또한 바로 그 자료에 기초하여 캐닝에게 돌려진 인용을 다음과 같이 수정하고 있다.
　　'가짜가 아닌 건전한 철학의 올바르고 지혜로운 준칙들.' 그러나 헤겔의 원전 자료는
　　실제로는 *Morning Chronicle*이었다. 그는 그 토론 날짜를 자신의 발췌에 정확하게 적어놓
　　았다(Petry, 'Hegel's Excerpts from the Morning Chronicle', *Hegel–Studien* 11(1976):29–30).
　　선주협회 연회 발췌에 대해서는 Petry, 31–32를 참조. *Morning Chronicle*이 보도한 캐닝의
　　답사는 다음과 같다. 'But a period has lately commenced when Ministers have had it
　　in their power to apply to the state of the country the just maxims of profound philosophy
　　…' 따라서 헤겔의 발췌는 그야말로 원문 그대로였다. 헤겔은 『철학사 강의』서론에서도
　　톰슨의 연보와 이 발췌에 대해 언급하고 있다.]

는 경험되지 않지만, 의식 일반 안에 있는 것은 경험된다. 이것은 심지어 동어반복적인 명제이다─, 오히려 이 대상들이 곧바로 그 내용에 따라 무한한 것으로서 제시되기 때문이다.

'감각 안에 있지 않았던 것은 아무것도 지성 안에 있지 않다nihil est in intellectu, quod non fuerit in sensu', ─ 요컨대 감각 안에, 즉 경험 안에 있지 않았던 것은 아무것도 사유 안에 있지 않다는 것은 마치 그것으로 아리스토텔레스 철학의 입장이 표현되어야 할 것처럼 그릇되게도 아리스토텔레스에게 돌려지곤 하는 오랜 명제이다.[11] [852]만약 사변철 학이 이 명제를 승인하고자 하지 않는다면, 그것은 다만 오해로 평가되어야 한다. 그러나 역으로 사변철학은 그와 마찬가지로 다음과 같이 주장할 것이다. '지성 안에 있지 않았던 것은 아무것도 감각 안에 있지 않다nihil est in sensu, quod non fuerit in intellectu', ─ 누스νοῦς와 좀 더 심오한 규정으로는 정신이 세계의 원인이라는 전적으로 일반적인 의미에서, 그리고 법적, 인륜적, 종교적 감정은 오직 사유 안에서만 자기의 뿌리와 자리를 지니는 그러한 내용에 대한 감정이자 따라서 경험이라는 좀 더 자세한 의미에서(§ 2를 참조) 말이다.

§ 9

둘째로 주관적 이성은 그 형식에 따라 그 이상의 만족을 요구한다. 이 형식은 필연성 일반이다(§ 1을 참조). 저 학문적 방식에서는 한편으로 그것에 포함된 보편적인 것, 즉 유Gattung 등등이 그 자체로 무규정적인 것으로서, 즉 특수한 것과 그 자체로 연관되어 있지 않은 것으로서 존재하

---

11. 이 명제는 아리스토텔레스 입장의 요약으로서 곳곳에서 (올바르게) 사용되었다(특히 『영혼에 대하여』(De Anima), 2. 8. 432a를 참조). 그러나 라이프니츠는 이에 대한 타불라 라사 해석에 대해 다음과 같이 적절히 대답했다. '이전에 감각 안에 있지 않았던 것은 아무것도 지성 안에 있지 않다─지성 그 자신을 제외하면!(Nisi intellectus ipse)'(『신인간 지성론』(Nouveaux essais sur l'entendement humain, 1765)

는바, 오히려 양자는 서로 외면적이고 우연적이며, 또한 그와 마찬가지로 결합된 특수성들도 그 자체로 상호 간에 외면적이고 우연적이다. 다른 한편으로 시원들은 어디에서나 직접성들, 발견된 것, 전제들이다. 이 두 가지 점에서 필연성의 형식은 충족되지 않는다. 추사유가 이 욕구를 충족시키는 데로 향하는 한에서 그것은 본래적으로 철학적인 사유, 사변적인 사유이다. 이리하여 저 첫 번째 추사유와의 공통성 속에 있는 동시에 그것과 서로 다른 추사유로서의 사변적 사유는 공통의 형식들 이외에 특유한 형식들도 지니는바, 그것들 가운데 보편적인 것이 개념이다.

그런 한에서 다른 학문들에 대한 사변적 학문의 관계는 다만 다음과 같은 것, 즉 사변적 학문이 다른 학문들의 경험적 내용을 가령 도외시하는 것이 아니라 오히려 그것을 인정하고 사용한다는 것, 그리고 사변적 학문은 그와 마찬가지로 이 학문들의 보편적인 것, 즉 법칙, 유 등등을 인정하여 자기의 고유한 내용으로 이용한다는 것, 그러나 또한 사변적 학문은 더 나아가 이 범주들 안으로 다른 범주들을 끌어들여 관철한다는 것일 뿐이다. 그런 한에서 구별은 [8/53]오로지 범주들의 이러한 변화에만 관계된다. 사변적 논리학은 종전의 논리학과 형이상학을 포함하고, 같은 사상 형식과 법칙 및 대상들을 보존하지만, 동시에 그것들을 그 이상의 범주들을 가지고서 한층 더 형성하고 변형하면서 그리한다.

사변적 의미에서의 개념과 통상적으로 개념이라고 불려온 것은 구별되어야 한다. 개념들에 의해서는 무한한 것이 파악될 수 없을 것이라는 주장이 제기되어 수도 없이 되풀이되고 선입견으로 된 것은 후자의 일면적인 의미에서다.

## § 10

철학적 인식 방식의 이러한 사유는 그 자신이 그 필연성에 따라 파악되어야 할 뿐만 아니라 또한 절대적 대상들을 인식할 수 있는 그 능력에 따라서도 정당화될 필요가 있다. 그러나 그러한 통찰은 그 자신이 철학적 인식이며, 따라서 그 인식은 오직 철학의 내부에 속할 뿐이다. 그리하여 잠정적 해명은 비철학적인 것이지 않을 수 없을 것이며, 전제와 단언 및 이치 추론들로 짜인 것, — 다시 말하면 대립된 주장들도 그와 똑같은 권리를 가지고서 그에 맞서 단언될 수 있는 우연적 주장들로 짜인 것 이상일 수 없을 것이다.

비판철학의 주된 관점은 신, 사물들의 본질 등등을 인식하는 데 나서기 전에 인식 능력이 과연 그러한 일을 수행할 수 있는지 먼저 그 인식 능력 자신을 탐구해야 한다는 것이다. 일에 착수하기 전에 그 일을 성취하기 위해 사용해야 할 도구를 먼저 알아야만 하며, 그렇지 않고 만약 그것이 불충분하면, 결국 모든 수고가 헛되이 낭비되리라는 것이다.[12] — 이 사상은 아주 그럴듯하게 보인 까닭에 최대의 경탄과 찬성을 불러일으켰으며, 인식을 대상들에 관한 관심과 대상들에 대한 과업으로부터 자기 자신에게로, 형식적인 것에게로 [8/54]되돌려 놓았다. 그렇지만 만약 우리가 말에 속지 않고자 한다면, 쉽게 알 수 있는 점은 다른 도구들이야 분명 그것들이 수행하기로 규정되어 있는 특유한 일에 착수하는 것 이외의 방식으로 가령 탐구되 고 판정될 수 있다는 것이다. 그러나 인식에 대한 탐구는 인식하면서가 아니고서는 이루어질 수 없다. 이 이른바 도구에서 그것을 탐구한다 는 것은 그것을 인식한다는 것 이외에 다른 것을 뜻하지 않는다.

---

12. 이는 『인간지성론』(*An Essay Concerning Human Understanding*, 1690)을 위한 로크의 서문에서 시작되는 비판적 경험주의의 상투어가 되었다. 그러나 그것의 가장 유명한 메아리를 우리는 칸트의 『순수이성비판』(*Kritik der reinen Vernunft*) B, 7–9와 22–27에서, 그리고 『학문으로서 출현할 수 있는 장래의 모든 형이상학을 위한 프롤레고메나』 (*Prolegomena zu einer jeden künftigen Metaphysik, die als Wissenschaft wird auftreten können*, 1783)의 서두에서 들을 수 있다.

그러나 인식하기 전에 인식하고자 하는 것은 물속으로 뛰어들기 전에
수영을 배우려고 하는 저 스콜라학자의 현명한 기도만큼이나 불합리
하다.[13]

그러한 시작함을 지배하는 혼란을 인식한 라인홀트[14]는 잠정적으
로 가언적이고 개연적인 철학함에서 시작하여, 어떻게 해나가야 할지
모른다고 하더라도 그렇게 철학하는 가운데 가령 그러한 도정에서
근원 진리Urwahren에 도달했다는 것이 드러날 때까지 계속해 나가자는
구제책을 제안했다. 좀 더 자세히 살펴보면, 이 도정은 통상적인
것으로, 요컨대 경험적 기초에 대해서나 정의 안으로 들여온 잠정적
가정에 대한 분석으로 귀착된다. 간과해서는 안 되는 것은 전제들과
잠정적인 것들로부터 나아가는 통상적인 발걸음을 가언적이고 개연
적인 방도라고 설명하는 데에 올바른 의식이 놓여 있다는 점이다.
그러나 이러한 올바른 통찰은 그러한 방도의 성질을 변화시키는
것이 아니라 곧바로 그 방도의 불충분함을 언명한다.[15]

## § 11

좀 더 자세히 하자면 철학의 욕구란, 정신이 느끼고 직관하는 것으로서

---

13. 인식을 도구 또는 매체로서 표상하는 것에 대한 『정신현상학』 서론에서의 비판은
잘 알려져 있다. 한편 윌리스는 순진한 스콜라학자의 이 행위와 다른 행위들에 대해
히에로클레스에게 돌려지는 익살들을 참조하도록 하고 있다. 이와 관련한 상세한 것에
관해서는 K. W. Ramler, *Scherzreden aus dem Griechischen des Hierocles*, Berlin. 1782를
참조.
14. Karl Leonhard Reinhold(1757-1823), 『19세기 초 철학의 상태에 대한 좀 더 손쉬운
개관을 위하여』(*Beiträge zur leichtern Übersicht des Zustandes der Philosophie beim Anfange
des 19. Jahrhunderts*), Hamburg 1801. 가언적이고 개연적으로 철학을 시작하는 이러한
라인홀트의 방도야말로 헤겔에게 '학문의 시원' 문제를 안겨주었다고 할 수 있을 것이다.
15. 라인홀트에 대한 이 비판은 헤겔의 오랜 이야깃거리이다. 특히 『피히테와 셸링 철학
체계의 차이』(*Differenz des Fichteschen und Schellingschen Systems der Philosophie*, 1801)를
참조. 라인홀트의 작업에 대한 상세하고도 균형 잡힌 설명을 위해서는 앞에서 언급한
Di Giovanni, "The Facts of Consciousness" in *Between Kant and Hegel: Texts in the Development
of Post-Kantian Idealism*과 프레더릭 바이저 지음, 이신철 옮김, 『이성의 운명 — 칸트에서
피히테까지의 독일 철학』의 제8장 「라인홀트의 근원철학」을 참조.

는 감성적인 것을, 상상으로서는 심상을, 의지로서는 목적 등등을 대상으로 삼는다는 점에서, 그 정신이 자기의 현존재와 자기의 대상들의 이러한 형식들의 대립 속에서나 단순히 구별 속에서 [855]자기의 최고의 내면성인 사유에도 만족을 마련해주고 사유를 자기의 대상으로 획득하는 것이라고 규정될 수 있다. 그래서 정신은 말의 가장 심오한 의미에서 자기 자신에 도달하는데, 왜냐하면 정신의 원리, 정신의 순수한 자신임Selbstheit은 사유이기 때문이다. 그러나 정신의 이러한 과업에서는 사유가 모순에 휘말리는 일이, 다시 말하면 사유가 사상들의 고정된 비동일성에 빠져듦으로써 자기 자신에 이르지 못하고 오히려 자기의 반대에 사로잡히는 일이 생겨난다. 좀 더 고차적인 욕구는 단지 지성적일 뿐인 사유의 이러한 결과에 반하는바, 그 욕구는 사유가 자기를 포기하지 않고, 또한 자기의 자기 곁에 있음Beisichsein의 이러한 의식된 상실 속에서도 자기에게 충실하게 머물며, '그것이 이기도록'[16] 사유 자신 안에서 자기의 고유한 모순들의 해소를 성취한다는 데에 근거 지어져 있다.

사유 자신의 본성이 변증법이고 지성으로서의 사유는 그 자신의 부정적인 것에, 즉 모순에 빠질 수밖에 없다는 통찰은 논리학의 주된 측면을 이룬다. 사유는 스스로 자기 자신을 그 속에 정립한 모순의 해소를 또한 스스로 수행할 수 없다고 절망하면서 정신의 다른 방식들과 형식들에서 정신에 주어져 있는 해소와 안정으로 되돌아온다. 그렇지만 사유는 이러한 복귀에서 이미 플라톤이 스스로 경험했던 논리 혐오Misologie에 빠질 필요가 없을 것이며,[17]

---

16. 제3판 「머리말」에 붙인 주해 10에서도 보았듯이 여기서 이것을 강조하고 있는 것은 「로마서」 3장 4절의 반향을 의도하고 있기 때문이다('그럴 수 없습니다. 사람은 다 거짓말쟁이지만, 하나님은 참되십니다. 성경에 기록된바, "주께서 말씀하실 때 주님의 의로우심이 드러나고, 주께서 판단을 받으실 때 주께서 이기십니다" 한 것과 같습니다.'). 물론 사유의 자기실현이 문제가 되는 여기에서와 달리 거기에서의 대립은 '불신앙'과 '신에 대한 믿음' 사이의 대립이다.

17. 헤겔은 분명 『파이돈』 89c-90e를 상기시키고자 했을 것이다.

진리에 대한 의식의 배타적 형식으로서의 이른바 직접지의 주장에
서 그러하듯이 자기 자신에 대해 논쟁적인 태도를 보일 필요가
없을 것이다.

§ 12

앞에서 언급한 욕구에서 출현하는 철학의 발생은 **경험**, 즉 직접적이고
이치 추론하는 의식을 **출발점**으로 지닌다. 자극으로서의 경험에 의해
야기된 사유는 본질적으로 다음과 같이 행동한다. 즉, 사유는 자연적,
감성적, 이치 추론적인 의식을 넘어서서 그 자신의 순수한 터전으로
고양되고, [8/56]그래서 우선은 저 시원에 대해 경원시하는 부정적 관계를
맺는 것이다. 그래서 사유는 우선은 자기 안에서, 이 현상들의 **보편적**
**본질**의 이념에서 자기의 만족을 발견한다. 이 이념(절대자, 신)은 다소간에
추상적일 수 있다. 역으로 경험과학들은 자기 내용의 풍부함이 단지
직접적인 것과 발견된 것, **상호병렬적으로 놓인** 다양한 것으로서만, 따라서
일반적으로 우연적인 것으로서만 제시되는 그러한 형식을 극복하여 이
내용을 필연성으로 고양해야 한다는 자극을 가져온다 ― 이러한 자극은
사유를 저 보편성과 그 자체에서 주어진 만족으로부터 떼어내 자기 스스로
전개하도록 추동한다. 이 전개는 한편으로는 내용과 그 내용의 제시된
규정들을 수용하는 것일 뿐인 동시에 다른 한편으로는 바로 그 내용에
근원적 사유라는 의미에서 자유롭게 오직 사태 자신Sache selbst의 필연성에
따라서만 출현하는 형태를 부여한다.

의식에서의 직접성과 매개의 관계에 관해서는 뒤에서 분명하고도
좀 더 상세하게 이야기해야 한다. 여기서는 다만 잠정적으로 이
두 계기가 비록 구별된 것으로 현상한다고 할지라도 둘 가운데 어느
하나도 결여될 수 없다는 점과 양자는 분리될 수 없게 결합해 있다는
점에 대해서만 주의해 둘 수 있다. ― 그래서 신에 관한 앎 및 모든

초감성적인 것 일반에 관한 앎은 본질적으로 감성적 감각이나 직관 너머로의 고양을 포함한다. 따라서 그 앎은 이 첫 번째 것에 대한 **부정적** 행동을 포함하지만, 바로 그 점에서 **매개**를 포함한다. 왜냐하면 매개란 시작함이자 두 번째 것으로 전진해 있음인바, 그리하여 이 두 번째 것은 그것에 맞서 있는 다른 것으로부터 그것에 도달해 있는 한에서만 존재하기 때문이다. 그러나 그와 더불어 신에 관한 앎은 저 경험적 측면에 맞서 그에 못지않게 자립적이며, 아니 본질적으로 이러한 부정과 고양을 통해 자기에게 자기의 자립성을 부여한다. — 매개가 조건성이 되어 일면적으로 강조될 때, 사람들은 [8/57]철학이 자기의 최초의 발생을 경험(**후험적인 것**)에 힘입고 있다고 말할 수 있지만— 실제로 사유는 본질적으로 직접적으로 현존하는 것의 부정이다—, 그것은 사람들이 먹을거리가 없으면 먹을 수 없기에 먹을거리 덕분에 먹는다고 말하는 것만큼이나 그리 대단한 이야기가 아니다. 물론 이러한 관계에서 먹는 행위는 배은망덕한 것으로서 표상된다. 왜냐하면 그것은 자기 자신이 그에 근거해야 할 것을 먹어 치우는 것이기 때문이다. 사유는 이러한 의미에서 그에 못지않게 배은망덕하다.

그러나 사유의 고유한, 즉 자기 안으로 반성되고 따라서 자기 안으로 매개된 **직접성**(**선험적인 것**)은 보편성, 사유의 자기 곁에 있음 일반이다. 보편성에서 사유는 자기 안에서 만족해 있으며, 그런 한에서 사유에는 **특수화**에 대한 무관심[아무래도 상관없음]Gleichgültigkeit, 그러나 그와 더불어 자기의 전개에 대한 무관심이 천성적이다. 이 점은 종교가 발전된 것이든 도야되지 못한 것이든, 학문적 의식에로 다듬어진 것이든 순진무구한 신앙과 심정에 붙잡혀 있는 것이든 모두 만족과 축복의 똑같은 내포적 본성을 소유하는 것과 마찬가지이다. 만약 사유가— 최초의 철학들(예를 들면 엘레아학파의 존재, 헤라클레이토스의 생성 등등)에서 필연적으로 그러하듯이 — 이념들의 보편성에 머문다면, 그 사유에 대해서는 정당하게도 형식주의라는 비난이 쏟아진다. 또한 발전된 철학에서도 오직 추상적 명제들이나 규정들만이, 예를 들어 절대자에게서는 모든 것이 하나라든가 주관적인 것과 객관적인 것의 동일성이라든가 하는 것만이 파악되고, 특수한 것에서는 오직 같은 것들만이 되풀이되는 일이 생겨날 수 있다.[18] 사유의 최초의 추상적 보편성과 관련하여 철학의 발전이 경험에 힘입어야 한다는 것은 올바르고도 근본적인 의미를 지닌다. 경험적 학문들은 한편으로 현상의 개별성들에 대한 지각에 머무는 것이 아니라 오히려 사유하는 가운데 보편적 규정들, 즉 유와 법칙들을 발견함으로써 철학에 소재를 가져다주었다. 그리하여 그 학문들은 특수한 것의 저 내용이 [858]철학에 받아들여질 수 있도록 준비한다. 다른 한편으로 경험적 학문들은 그렇게 함으로써 사유 자신이 이러한 구체적 규정들로 나아가도록 하는 사유에 대한 강제를 포함한다. 이러한 내용을 수용하되 그 수용에서 사유에 의해 여전히 그 내용에 달라붙어 있는 직접성과 주어져 있음이 지양되는 것은 동시에 사유의 자기 자신으로부터의 발전이다. 그렇듯 자기의 발전을 경험적 학문들에 힘입는 가운데, 철학은 학문들의 내용에 발견되었다는 것과 경험된 사실이라는 점을 인증해주는 대신, 사유의 자유(선험적인 것)라는 가장 본질적인 형태와 필연성의 확증을 제공하는바, 사실은 사유의 근원적이고도 완전히 자립적인 활동을 제시하고 모사하는 것이 된다.

## § 13

외면적 역사라는 특유한 형태에서 철학의 발생과 발전은 이 학문의 역사로서 표상된다. 이 형태는 이념의 발전 단계들에 우연적 상호계기의

---

18. 여기서 그리스적 사변의 필연적으로 '형식적인' 시원과 비교되는 것은 셸링 초기의 절대적 동일성의 철학이다.

형식과 가령 원리들 및 그 원리들의 철학들에서 이루어지는 그 원리들에 대한 상론들의 단순한 상이성의 형식을 부여한다. 그러나 수천 년에 걸친 이 노동의 장인은 하나의 살아 있는 정신인바, 이 정신의 사유하는 본성은 바로 정신인 바의 그것을 스스로 의식화하는 것이며, 이것이 그렇듯 대상이 되었다는 점에서 동시에 이미 그것 너머로 고양되어 자기 안에서의 좀 더 고차적인 단계라고 하는 것이다. 철학의 역사는 서로 다르게 현상하는 철학들에서 한편으로는 서로 다른 형성 단계들에 있는 단 하나의 철학을 제시하며, 다른 한편으로는 각각의 체계의 근저에 놓여 있는 각각의 특수한 원리들이 하나의 같은 전체의 가지들일 뿐이라는 것을 보여준다.[19] 시간에 따라 최종적인 철학은 모든 선행하는 철학의 결과이며 따라서 모든 철학의 원리들을 내포해야만 한다. 그런 까닭에 최종적인 철학은, 만약 그것이 다르게 철학이라면, 가장 전개되고 가장 풍부하며 가장 구체적인 철학이다.

[8/59]그토록 많은 서로 다른 철학들의 겉모습에서는 보편적인 것과 특수한 것이 그 본래적인 규정에 따라 구별되어야만 한다. 형식적으로 받아들여져 특수한 것 옆에 놓인 보편적인 것은 그 자신도 무언가 특수한 것이 된다. 그러한 태도는 일상생활의 대상들에서는 예를 들어 과일을 요구한 한 사람이 버찌, 배, 포도 등등이 과일이 아니라 버찌, 배, 포도라는 이유로 거절할 때처럼 자명하게 부적합하고 부적절하게 보일 것이다. 그러나 철학과 관련해서는 그토록 다양한 철학들이 존재하고 — 마치 버찌가 과일이 아니라고 하는 것처럼 — 각각의 모두가 단지 하나의 철학일 뿐 철학 자체*die* Philosophie가 아니라는

---

19. 많은 사람이 지적하듯이 철학사 자신이나 그에 대한 헤겔의 설명을 직접적으로 논리에 따라 그려내기는 어려울 것이다. 그러나 헤겔이 일반적으로 행하고 있는 것에 대해 여기서 주어진 실마리, 즉 (논리가 역사적인 만큼이나) 역사가 논리적이라고 하는 논리와 역사의 연관이 잊혀서는 안 될 것이다(§ 12에서의 헤겔의 주해를 참조).

이유로 철학에 대한 경멸을 정당화하는 일이 허용된다.[20] 또한 보편적인 것이 그 원리인 그러한 철학이 특수한 것이 그 원리인 그러한 철학 옆에, 아니 심지어 철학이란 전혀 존재하지 않는다고 단언하는 학설들 옆에, 그 둘이 철학에 대한 단지 서로 다른 견해들이라는 의미에서 놓이는 일도 일어난다. 그것은 가령 빛과 어둠이 단지 빛의 두 가지 서로 다른 종류로만 불리게 될 때와 마찬가지이다.

## § 14

철학사에서 서술되는 것과 똑같은 사유의 발전이 철학 자신에서, 그러나 저 역사적 외면성으로부터 해방되어 순수하게 사유의 터전에서 서술된다. 자유롭고 참다운 사상은 자기 안에서 구체적이며, 그래서 그것은 이념이고, 사상의 보편성 전체에서는 이념 자체*die Idee* 또는 절대적인 것이다. 절대적인 것의 학문은 본질적으로 체계이다. 왜냐하면 구체적인 것으로서의 참된 것은 오직 자기를 자기 안에서 전개하고 통일 속으로 총괄하여 결집하는 것으로서만, 다시 말하면 총체성으로서만 존재하며, 오직 자기 구별들의 구별화와 규정을 통해서만 그 구별들의 필연성이자 전체의 자유일 수 있기 때문이다.

체계 없는 철학함은 학문적인 것일 수 없다. [8/60]그러한 철학함은 그 자체로 차라리 주관적 성향을 표현한다는 점 이외에 그 내용에 따라서도 우연적이다. 하나의 내용은 오로지 전체의 계기로서만 그 정당화를 지니지만, 그 전체 바깥에서는 근거 지어지지 않은 전제나 주관적 확신을 지닌다. 많은 철학 저술은 그러한 방식으로

---

20. 철학의 체계 이념을 고수하는 피히테, 셸링, 헤겔은 모두 단적인 '철학 자체'의 대변자로서 저술했다. 이에 대해서는 Adolf Schurr, 『피히테, 셸링, 헤겔에게서 체계로서의 철학』 (*Philosophie als System bei Fichte, Schelling und Hegel*, frommann-holzboog, 1974)을 참조할 수 있을 것이다. 하지만 '학파들의 투쟁'을 넘어서고자 하는 시도는 사실 칸트와 더불어 시작된다.

단지 신념과 의견을 언명하는 데 제한된다. —— 체계에서는 그릇되게
도 다른 원리들로부터 구별된 제한된 원리의 철학이 이해된다. 하지만
체계란 그와 반대로 모든 특수한 원리들을 자기 안에 포함하는 참다운
철학의 원리이다.

## § 15

철학의 각각의 모든 부분은 하나의 철학적 전체, 즉 자기를 자기 자신
안에서 완결하는 원이지만, 철학적 이념은 각각의 부분에서 하나의 특수
한 규정성 또는 터전[요소] 안에 있다. 개별적 원은 그것이 자기 안에서
총체성인 까닭에 또한 자기 터전의 제한을 돌파하여 더 넓은 영역을
근거 짓는다. 따라서 전체는 그 각각의 모두가 필연적 계기들인 원들의
원으로서 나타나며, 그리하여 그 원들의 특유한 터전들의 체계가 이념
전체를 이루는바, 이 이념 전체는 그와 마찬가지로 각각의 모든 개별적
터전에서 현상한다.

## § 16

엔치클로페디로서의 학문은 그 특수화의 상세한 전개 속에서 서술되는
것이 아니라 특수한 학문들의 시원들과 근본 개념들에 제한되어야 한다.

하나의 특수한 학문을 구성하는 데 얼마나 많은 특수한 부분들이
속하는가 하는 것은 그 부분이 단지 개별화된 계기일 뿐만 아니라
그 자신이 참된 것이기 위해서는 총체성이어야만 하는 한에서 무규
정적이다. 따라서 철학 전체가 참으로 하나의 학문을 이루지만,
이 하나의 학문이 또한 [8/61]다수의 특수한 학문들의 전체로서도
여겨질 수 있다. —— 철학적 엔치클로페디가 다른 통상적인 엔치클로
페디와 구별되는 것은 후자가 가령 우연적이고 경험적인 방식으로
받아들여진 학문들의 **집합**이어야 한다는 점에 의해서이며, 그 학문

들 가운데는 다만 학문의 이름을 달고는 있으나 그 자신이 지식들의 단순한 모임에 불과한 그러한 것들도 있다. 그러한 집합에서 학문들이 집결되는 통일은 그 학문들이 외면적으로 받아들여져 있는 까닭에 마찬가지로 외면적인 통일 ─ 하나의 순서이다. 이 순서는 같은 근거에서, 게다가 또한 자료들도 우연적 본성의 것들인 까닭에, 하나의 시도에 머물 수밖에 없으며 언제나 부적합한 측면들을 보여주지 않을 수 없다. ─ 그 밖에 결국 철학적 엔치클로페디는 1. 지식들의 단순한 **집합** ─ 예를 들어 언어학은 우선은 그렇게 나타난다 ─ 을 배제하며, 그래서 또한 본래 2. 예를 들어 문장학Heraldik처럼 단순한 자의를 자기의 근거로 지니는 그러한 학문들도 배제한다. 후자 종류의 학문들은 철두철미 실증적인[실정적인] 것들이다. 3. 다른 학문들 역시 **실증적**이라고 불리지만, 그럼에도 그것들은 합리적 근거와 시원을 지닌다. 이 구성 요소는 철학에 속한다. 그러나 **실증적 측면**은 그것들에 특유한 것으로 남는다. 학문들의 실증적인 것은 다양한 종류의 것이다. 1. 학문들의 그 자체에서 합리적인 시원은 그것들이 보편적인 것을 경험적 개별성과 현실성 속으로 끌어내려야 함으로써 우연적인 것으로 이행한다. 변화성과 우연성의 이 영역에서는 개념이 아니라 오직 근거들만이 관철될 수 있다. 예를 들어 법학이나 직접세와 간접세의 체계는 최종적인 정밀한 결정들을 요구하는데, 그 결정들은 개념의 자체적이고도−대자적으로−규정되어 있음 바깥에 놓여 있고, 따라서 하나의 근거에 따라서는 그렇게, 다른 근거에 따라서는 다르게 파악될 수 있어서 확실한 최종적인 것일 수는 없는 규정을 위한 여지를 허용한다. 그와 마찬가지로 [862]자연의 이념도 그것의 개별화에서 우연성들 속으로 흩어져 버리는바, 자연사, 지리학, 의학 등등은 실존의 규정들 속으로, 곧 이성에 의해서가 아니라 외면적인 우연과 유희에 의해 규정되어 있는 종들과 구별들 속으로 **빠져든다**. 역사도 이념이 그것의 본질이기는 하지만 그 이념의 현상이 우연성 안에 그리고 자의의 영역 안에 있는 한에서 여기에 속한다. 2. 그러한 학문들은 또한 그것들이 자기의 규정들을 유한한 것으로 인식하지 못하고, 나아가 이 규정들과 그 규정들의 영역 전체의 좀 더 고차적인 영역으로의 이행을 제시하는 것이 아니라 오히려 그것들을 단적으로 타당한 것으로 가정하는 한에서도 실증적이다. 첫 번째 것이 소재의 유한성이듯이, 형식의 이러한 유한성에는 3. 한편으로는 이치 추론이고 다른 한편으로는 감정, 신앙, 타자의 권위, 일반적으로 내적 또는 외적 직관의 권위인 바의 인식 근거의 유한성이 연관된다. 또한 인간학과 의식의 사실들,[21] 내적 직관이나 외적 경험에 스스로를 근거 짓고자 하는 철학도 여기에 속한다. [4.] 학문적 서술의 형식은 단순히 경험적일 뿐이지만, 명민한 직관이 단지 현상들일 뿐인 것을 개념의 내적인 연쇄인 바대로 정돈하는 일도 있을 수 있다. 함께 모아놓은 현상들의 대립과 다양성에 의해 조건들의 외면적이고 우연적인 상황들이 지양됨으로써 그 후 보편적인 것이 감각 앞에 나타나는 것은 그러한 경험지Empirie에 속한다. ― 심사숙고하는 실험물리학, 역사 등등은 이러한 방식으로 개념을 반영하는 외면적 형상 속에서 자연과 인간

---

21. 칸트와 칸트 이후 학파들에서 '인간학(Anthropologie)'이라는 용어의 사용은 우리의 용법과는 아주 다르다. 헤겔의 주관 정신의 철학에서 '인간학'은 그 첫 부분이며, 그 뒤를 '현상학'과 '심리학'이 따른다. '인간학'이 고찰하는 것은 '영혼(Seele)'이라는, 요컨대 자연 속에서 자기의 신체에 사로잡혀 있는 단계의 정신이다. 그 최초의 단계는 정신이 자연과의 공감 속에서 살아가는 '자연적 영혼'의 단계이다. 인종과 민족정신 등의 자연적 질, 나이 변화와 성관계, 수면과 각성 및 감각 작용이 여기서 다루어진다. 다음으로 이러한 자연과의 합일로부터 탈출하여 자기의 자연성과 투쟁을 벌이는 '감지하는 영혼'의 단계가 나타난다. 이것은 투시와 동물자기, 정신착란, 몽유병과 같은 질병에 근거하여 개체의 자기감정에 대한 자각을 고찰한다. '습관'이라는 인간의 '제2의 자연[본성]'의 형성이 이 단계의 성과이다. 마지막으로 영혼이 신체를 지배하여 자기의 표현으로 전화시키는 '현실적 영혼'의 단계가 간단하게 고찰된다. 월리스는 이러한 '인간학'을 '생리적 조건들과 아주 밀접하게 연계된 심리학의 측면들에 관한 연구'라고 깔끔하게 정의한다. '의식의 사실들'은 흄과 그의 스코틀랜드 반대자들의 방법을 채용한 라인홀트와 다른 철학자들을 위한 토대를 제공했다. 앞에서 언급한 디 지오반니의 논문을 참조

적 사건들 및 행위들에 대한 합리적 학문을 제시할 것이다.[22]

## § 17

철학이 마련해야 할 시원을 위해 철학은 일반적으로 다른 학문들과 마찬가지로 주관적 전제에서 시작하는 것으로 보인다. 요컨대 [8/63]후자에서 공간, 수 등등과 같은 특수한 대상을 대상으로 삼듯이 전자에서는 사유를 사유의 대상으로 삼아야만 하는 것으로 보이는 것이다. 하지만 이렇듯 사유가 자기 자신에 대해 존재하고 이리하여 자기에게 자기의 대상 자신을 산출하여 부여하는 입장에 서는 것은 사유의 자유로운 행위이다. 더 나아가 그렇듯 직접적인 것으로서 현상하는 입장은 학문 내부에서 결과로, 게다가 학문의 최종적 결과로 이루어져야만 하는바, 그 결과에서 학문은 다시금 자기의 시원에 도달하여 자기 안으로 되돌아온다. 이러한 방식으로 철학은 자기 안으로 되돌아가는 원으로서 나타나는데, 원은 다른 학문들의 의미에서의 시원을 지니지 않으며, 그리하여 시원은 다만 철학하려고 결단하게 될 자로서의 주관에 관계할 뿐, 학문 그 자체에 관계하지 않는다.[23] ― 또는 같은 말이지만, 학문의 개념과 따라서 최초의 개념은― 그리고 이 최초의 개념, 그것이 최초의 것인 까닭에, 사유가 (이를테면 외면적인) 철학하는 주관에 대한 대상이라고 하는 분리를 포함한다― 학문 자신에 의해 파악되어야만 한다. 이러한 것, 즉 학문의

---

22. 월리스의 설득력 있는 생각에 따르면 주해의 이 부분에서 헤겔이 언급하는 것은 괴테의 과학적 작업이다. 그러나 역사철학에 관한 헤겔 자신의 강의도 이러한 연관에서 정신 영역에서의 범례로 드는 것이 적절할 수 있을 것이다.

23. 월리스가 '정신적 원환성'의 학설이 프로클로스(Proklos, 410?–485. 그리스 철학자로서 신플라톤주의자)와 그리스도교 신플라톤주의, 특히 요한네스 스코투스 에리우게나 (Johannes Scotus Eriugena, 810?–877?)에게서 발견된다고 지적하는 것은 올바르다. 그러나 주의해야 할 것은 헤겔이 여기서 신으로부터의 유출과 신에게로의 복귀에 관해 이야기하는 것이 아니라는 점이다. 절대자로부터 유한한 것의 유출이라는 신플라톤주의적인 개념은 셸링에 의해 되살아났으며, 1804–05년부터 계속해서 헤겔은 그것을 잘못된 견해라고 하여 거부한다. 예를 들어 『정신현상학』의 「힘과 지성」에서의 논의(Su. 3/132–133)를 참조.

개념의 개념과 그리하여 학문의 복귀와 만족에 도달하는 것은 심지어 학문의 유일한 목적이자 행위이며 목표이다.

## § 18

오직 학문의 전체만이 이념의 서술인 까닭에 철학에 대해 잠정적인 일반적 표상이 주어질 수 없듯이, 또한 학문의 **구분**도 오직 이 이념으로부터만 비로소 개념 파악될 수 있다. 학문의 구분은 이 구분이 그로부터 취해져야 하는 이 이념과 마찬가지로 무언가 선취된 것이다. 그러나 이념은 자기를 단적으로 자기와 동일적인 사유로서 입증함과 동시에 이 사유를 대자적이기 위해 자기 자신을 자기에게 맞세우고 이러한 다른 것[타재] 안에서 오직 자기 자신 곁에만 존재하는 활동성으로서 입증한다. 그래서 학문은 세 부분으로 나누어진다.

Ⅰ. 논리학, 즉 자체적이고도 대자적인 이념의 학문,

Ⅱ. 자기의 타자존재에서의 이념의 학문으로서 자연철학,

[8/64]Ⅲ. 자기의 타자존재로부터 자기 안으로 되돌아오는 이념으로서 정신의 철학.

위의 § 15에서 언급했듯이 특수한 철학적 학문들의 구별들은 다만 이념 자신의 규정들일 뿐이며, 이 이념은 다만 이러한 서로 다른 터전들에서 자기를 나타내는 것일 뿐이다. 자연에서 인식되는 것은 이념 이외에 다른 것이 아니지만, 그것은 **외화**의 형식 속에 있으며, 마찬가지로 정신에서도 바로 같은 이념이 대자적으로 존재하고 자체적이고도 대자적으로 되는 것으로서 존재한다. 이념이 현상하는 그러한 규정은 동시에 유동하는 계기이다. 따라서 개별적 학문은 자기의 내용을 존재하는 대상으로서 인식하는 것인 만큼이나 또한 직접적으로 그 속에서 그 내용이 자기의 좀 더 고차적인 영역으로 이행한다는 것을 인식하는 것이기도 하다. 따라서 **구분**의 표상은 그 구분이

특수한 부분들이나 학문들을 마치 그것들이 종들과 같이 단지 정지해
있고 그 구별화 속에서 실체적일 뿐이기나 한 것처럼 **상호병렬적으로**
세워놓는다고 하는 올바르지 못한 것을 지닌다.

엔치클로페디

제1부

**논리의 학**

예비 개념

§ 19

논리학은 순수한 이념의, 다시 말하면 사유라는 추상적 터전에서의
이념의 학문이다.

이 예비 개념에 포함된 다른 규정들에 대해서와 마찬가지로 이
규정에도 철학 일반에 관해 미리 제시되는 개념들에 적용되는 바로
그것, 즉 그 개념들이 전체의 개관으로부터 그 개관에 따라 길어내진
규정들이라고 하는 것이 적용된다.

분명 논리학은 사유의 학문, 사유의 규정들과 법칙들의 학문이라고
말할 수 있지만, 사유 그 자체는 다만 이념이 그 속에서 논리적인
것으로서 존재하는 보편적 규정성 또는 터전을 이룰 뿐이다. 이념은
형식적인 것으로서의 사유가 아니라 그 특유한 규정들과 법칙들의
스스로 발전하는 총체성으로서의 사유이며, 이 규정들과 법칙들은
사유가 자기 자신에게 부여하는 것들이지 이미 가지고 있어 자기
안에서 발견하는 것이 아니다.

논리학은 가장 어려운 학문이다. 그것이 직관들과 관계하는 것도
아니고, 기하학과 같이 추상적인 감성적 표상들과 관계하는 것도
결코 아니며, 오히려 순수한 추상들과 관계하고, 순수한 사상 안으로
물러나 그것을 확고히 견지하고 그러한 것 속에서 스스로 움직일
힘과 숙련을 요구하는 한에서 말이다. 다른 한편으로 논리학은 가장

쉬운 학문으로서 여겨질 수 있을 것이다. 왜냐하면 그 내용이 다름 아닌 자기의 사유와 그 사유의 친숙한 규정들인 동시에 이 규정들이 가장 단순한 것들이자 기초적인 것이기 때문이다. 그 규정들은 또한 가장 잘 알려진 것, 즉 존재, 무 등등, 규정성, 크기 등등, 자체존재 Ansichsein, 대자존재Fürsichsein, 하나, 여럿 등등이기도 하다. 그렇지만 이러한 잘 알려져 있음은 오히려 논리적 연구를 어렵게 만든다. 한편으로 그러한 잘 알려진 것에 여전히 몰두하는 것이 수고할 만한 가치가 없는 것으로 여겨지기 쉬우며, 다른 한편으로 문제가 되는 것은 바로 사람들이 이미 잘 알고 있는 것과는 전혀 다른, 아니 대립하기까지 한 방식으로 그것들을 잘 알게 되는 일이다.

[8/68]논리학의 유용성은 주체가 자기에게 다른 목적들을 위한 일정한 도야를 부여하는 한에서 주체에 대한 관계에 관련된다. 논리학에 의한 주체의 도야는 이 학문이 사유의 사유인 까닭에 주체가 사유를 연습한다는 점에, 그리고 주체가 사상들을 머릿속에 획득하되 또한 사상들로서 그리한다는 점에 존립한다. — 그러나 논리적인 것das Logische이 진리의 절대적 형식이고, 이보다 더 나아가 또한 순수한 진리 자신이기도 하는 한에서, 논리적인 것은 단순히 무언가 유용할 뿐인 것과는 전적으로 다른 어떤 것이다. 그러나 가장 탁월한 것, 가장 자유로운 것, 가장 자립적인 것은 또한 가장 유용한 것이기도 하듯이, 논리적인 것도 그렇게 파악될 수 있다. 그렇다면 논리적인 것의 유용성도 단순히 사유의 형식적인 연습이라고 하는 것과는 다르게 평가되어야 한다.

〈보론 1〉 첫 번째 물음은 다음과 같다. 우리 학문의 대상은 무엇인가? 이 물음에 대한 가장 단순하고 가장 이해하기 쉬운 대답은 진리가 이 대상이라고 하는 것이다. 진리는 고귀한 말이자 좀 더 고귀한 사태이다. 만약 인간의 정신과 마음이 아직 건강하다면, 이 진리라는 말을 듣자마자 인간의 가슴은 더 세게 고동치지 않을 수 없다. 그러나 또한 그에 이어 곧바로 과연 우리가 진리를 인식할 수 있겠는가 하는 **의혹**이 떠오른다. 우리 제한된 인간들과 자체적이고도 대자적으로 존재하는 진리 사이에 부적합성이 발생하는 것으로 보이며, 유한한 것과 무한한 것 사이의 다리에 대한 물음이 발생한다. 신은 진리이다. 우리는 신을 어떻게 인식해야 할 것인가? 겸허와 겸손의 덕들은 그러한 기도와 모순되는 것으로 보인다. — 그러나 사람들이 과연 진리가 인식될 수 있는지에 대해 물음을 제기하는 것은 또한 자기가 스스로의 유한한 목적의 비천함 속에서 계속 살아나가는 것에 대한 정당화를 발견하기 위한 것이기도 하다. 그 경우 그러한 겸허는 그리 대단한 것이 아니다. 가련한 땅벌레와 같은 내가 어떻게 참된 것을 인식할 수 있겠는가와 같은 말은 이미 지나가 버렸다. 그 대신에 망상과 상상이 들어섰으며, 사람들은 직접적으로 참된 것 속에 있다고 상상했다. — 사람들은 젊은이가 스스로 어떻게 하든지 간에 그대로 이미 (종교에서와 인륜적인 것에서) 참된 것을 소유한다고 믿게 했다. 특히 그들은 또한 이 측면에서도 모든 성인이 비진리에 **빠져** 무감각해지고 고루하게 되었다고 말했다. 젊음에는 아침놀이 나타났지만, 더 늙은 세계는 그날그날의 수렁과 구렁텅이에 **빠져** 있다는 것이다.[1]
[8/69]그러함에 있어 특수한 학문들은 물론 습득되어야만 하지만 외적인 삶의 목적들을 위한 단순한 수단으로서 그리 되어야만 할 것으로서 표현되었다. 그러므로 여기서 진리의 인식과 연구를 방해하는 것은 겸손이

---

1. 윌리스는 새로운 아침놀을 설교한 것이 피히테라고 생각했다. 그는 1794년의 『전체 학문론의 기초』(*Grundlage der gesammten Wissenschaftslehre*)를 인용한다. 하지만 그 '영광 스러운 아침놀'은 헤겔의 지금 이 보론이 유래한 강의 시점에서는 이미 오래전의 일이다. 이 절에 붙은 세 개의 보론이 서로 다른 시기에 주어진 강의에서 유래하며, 이 첫 번째 보론이 가장 초기의 것이라는 것은 분명해 보인다. 그렇다면 여기서 헤겔의 논박은 1818–20년의 청년 운동의 '선동자들'을 향해 있다. 그들 가운데 가장 유명한 논리학자가 프리스(Jakob Friedrich Fries, 1773–1843)였다. 그는 1819년에 하이델베르크대학의 교수직 을 상실했다. 이 시기 독일 대학들에서의 정치적 위기에 대한 설명은 A. T. B. Peperzak, *Philosophy and Politics*, The Hague: Nijhoff, 1988의 15–31에서 찾아볼 수 있다.

아니라 진리를 이미 자체적이고도 대자적으로 소유한다고 하는 확신이다. 물론 늙은이는 이제 자기의 희망을 젊은이에게 건다. 왜냐하면 그들이 세계와 학문을 계속 이어나가야 하기 때문이다. 그러나 이 희망이 젊은이에게 놓이는 것은 다만 그들이 현재의 모습 그대로 머물지 않고 정신의 고된 노동을 떠맡는 한에서일 뿐이다.

진리에 대한 겸손의 또 다른 형태가 존재한다. 이것은 우리가 그리스도와 마주한 필라투스에게서 보는, 진리에 대해 짐짓 고상한 체하는 것이다. 필라투스는 모든 것을 다 마무리하고 자기에게 더는 아무것도 의미를 지니지 않는 자의 의미에서, — 솔로몬이 '모든 것은 헛되다'라고 말하는 의미에서 '진리란 무엇인가?'라고 물었다.[2] — 여기에는 주관적 허영심만이 남아 있다.

더 나아가 진리의 인식에는 또한 두려움이 맞서 있다. 나태한 정신에게는 쉽사리 철학함을 진지하게 대해야 한다고는 생각하지 않는다고 말하고 싶은 생각이 떠오른다. 그래서 분명 사람들은 논리학을 듣기도 하지만, 이 논리학은 우리를 우리가 지금 있는 모습 그대로 놔두어야 한다는 것이다. 그들은 만약 사유가 표상들의 일상적 영역을 넘어간다면 잘못되리라고 생각한다. 거기서 그들은 사상의 파도에 이리저리 떠밀리다가 결국 그 무엇을 위해서도 버리지 못하고 나아가 아무것도 버리지 못한 이 시간성의 모래톱에[3] 다시금 도달하는 그러한 바다에 자기를 내맡긴다.

2. 여기서 필라투스의 물음은 「요한복음」, 18장 37–38절에 기록되어 있다. '빌라도가 예수께 "그러면 네가 왕이냐?" 하고 물으니, 예수께서 대답하셨다. "네가 말한 대로 나는 왕이다. 나는 진리를 증언하려고 태어났으며, 진리를 증언하려고 세상에 왔다. 진리에 속한 사람은, 누구나 내가 하는 말을 듣는다." 빌라도가 예수께 "진리가 무엇이냐?" 하고 물었다.' 한편 여기서 솔로몬의 말은 「전도서」 1장 2절의 기록이다. '전도자가 말한다. 헛되고 헛되다. 헛되고 헛되다. 모든 것이 헛되다.'

3. 헤겔의 '이 시간성의 모래톱에(auf der Sandbank dieser Zeitlichkeit)'는 셰익스피어의 『맥베스』 제1막 7장에서의 'But here, upon this bank and shoal of time / We'd jump the life to come'에 대한 에셴베르크(Eschenberg)의 번역에서 유래한다. 헤겔은 같은 구절을 『종교철학 강의』의 1820년 초고에서도 인용하고 있다. 이러한 참조 연관을 발견한 것은 발터 예쉬케였다(*Vorlesungen über die Philosophie der Religion*, ed. W. Jaeschke, Hamburg: Meiner, 1983–85(*Vorlesungen*, Band 3–5)의 3권 4쪽).

그러한 견해에서 나오는 것이 무엇인지, 바로 그것을 우리는 세상에서 보고 있다. 사람들은 여러 가지 숙련된 기능과 지식을 획득하여 노련한 관리가 될 수 있으며, 그 밖에 자기의 특수한 목적들을 위해 자기를 연마할 수 있다. 그러나 자기의 정신을 또한 좀 더 고차적인 것을 위해서도 도야하고 그것을 위해 노력하는 것은 또 다른 것이다. 우리는 우리 시대에 무언가 더 좋은 것에 대한 갈망이 젊은이들에게서 싹터 있기를, 그리고 또한 이 젊은이들이 단지 외적인 인식의 지푸라기에 만족하지 않기를 희망할 수 있을 것이다.

〈보론 2〉 사유가 논리학의 대상이라는 점에 대해서는 일반적으로 이해가 일치되어 있다. 그러나 사유에 관해서는 아주 비천한 의견과 또한 아주 고귀한 의견이 있을 수 있다. 그래서 한편으로 사람들은 이것은 단지 사상일 뿐이라고 말한다— 그 말로 그들이 생각하는 것은 사상이란 단지 주관적이고 자의적이며 우연적일 뿐, 사태 자신, 참되고 현실적인 것이 아니라는 것이다. 그러나 다른 한편으로 사람들은 사상에 관한 고귀한 의견도 지닐 수 있는데, 그들은 오로지 사상만이 최고의 것, 즉 [870]신의 본성에 도달할 수 있으며, 감각들을 가지고서는 신에 관해 아무것도 인식할 수 없을 거라는 식으로 사상을 파악할 수 있다. 그들은 신이란 정신이며, 정신과 진리 속에서 경배받기를 원한다고 말한다. 그러나 우리 는 감각된 것과 감성적인 것이 정신적인 것이 아니라고 인정한다. 오히려 정신적인 것의 가장 내적인 것은 사상이며, 오직 정신만이 정신을 인식할 수 있을 거라는 것이다. 사실 정신은 (예를 들어 종교에서) 감정적인 태도를 보일 수도 있지만, 감정 그 자체, 즉 감정의 방식과 그것의 내용은 각각 다른 것이다. 감정 그 자체는 일반적으로 우리가 동물과 공유하는 감성적인 것의 형식이다. 그 경우 이 형식은 분명 구체적 내용을 자기 것으로 할 수 있지만, 이 내용은 이 형식에 어울리지 않는다. 감정의 형식은 정신적 내용에 대한 가장 저급한 형식이다. 이 내용, 신 자신은 오직 사유에서와 사유로서만 자기의 진리 안에 존재한다. 그러므로 이러한 의미에서 사상은 그저 단지 사상일 뿐인 것이 아니라 오히려 최고의 것이며, 정확히 고찰하면 영원한 것과 자체적이고도 대자적으로 존재하는 것이 파악될 수 있는 유일한 방식이다.

사상에 관해 그러하듯이 사상의 학문에 관해서도 고귀한 의견과 비천한 의견이 있을 수 있다. 사람들은 생리학을 연구하지 않고서도 소화할 수 있듯이 누구나 논리학 없이도 사유할 수 있다고 생각한다. 논리학을 연구했다 하더라도 사람들은 전과 마찬가지로 사유하며, 아마도 좀 더 방법적이긴 하겠지만 거의 변화가 없을 것이다. 만약 논리학이 한갓 형식적일 뿐인 사유의 활동에 대해 잘 알게 만드는 것 이외에 다른 과업을 지니지 않는다면, 물론 논리학은 사람들이 이전에도 이미 마찬가지로 잘 행하지 못했던 것을 아무것도 산출해내지 못할 것이다. 이전의 논리학은 실제로도 오직 이러한 태도만을 지녔다. 그야 어쨌든 한갓 주관적일 뿐인 활동으로서의 사유에 대한 지식도 인간에게는 이미 명예가 되며 그에게 있어 관심사이다. 인간은 자기가 무엇이고 자기가 무엇을 하는지 앎으로써 동물과 구별된다. — 그러나 다른 한편으로 사유의 학문으로서의 논리학은 또한 오로지 사상만이 최고의 것, 참된 것을 경험할 수 있는 한에서 고귀한 입장을 지닌다. 그러므로 논리의 학이 사유를 그 활동과 그 생산에서 고찰한다면(그리고 사유는 내용 없는 활동이 아니다. 왜냐하면 사유는 사상들과 사상 자체를 생산하기 때문이다), 그 내용은 일반적으로 초감성적 세계이며, 그에 대한 몰두는 이 세계에 머무름이다. 수학은 수와 공간이라는 추상들과 관계한다. 그러나 이것들은 비록 추상적으로 감성적인 것이자 현존재 없는 것이라 하더라도 여전히 감성적인 것이다. 사상은 이러한 최후의 감성적인 것과도 이별을 고하고 자기 자신 곁에서bei sich selbst 자유로우며, 외면적이고 내면적인 감성을 포기하고, 모든 특수한 관심과 경향을 멀리한다. [8기]논리학이 이러한 지반을 지니는 한, 우리는 논리학에 대해 사람들이 통상적으로 생각하곤 하는 것보다 더 존엄한 것으로 생각해야 한다.

〈보론 3〉 논리학을 한갓 형식적일 뿐인 사유의 학문이라는 의미보다 좀 더 심오한 의미에서 파악하고자 하는 욕구는 종교, 국가, 법 및 인륜에 관한 관심에 의해 야기된다. 사람들은 이전에 사유에서 어떠한 악의도 지니지 않았으며, 생생하게 머리로부터 사유했다. 그들은 신과 자연 및 국가에 대해 사유했고, 감각이나 우연한 표상 작용과 사념Meinen에 의해서가 아니라 오직 사상에 의해서만 진리가 무엇인지를 인식하는 데 이른다는 확신을 지녔다. 그러나 사람들이 그렇게 계속해서 사유함으로써, 그에 의해 삶에서의 최고의 관계들이 치욕을 당하는 일이 벌어졌다. 사유에 의해 실정적인 것에서 그 위력이 제거되었다. 국가 체제들은 사상의 희생물이 되었다. 종교는 사상에 의해 공격받았고, 단적으로 계시들로서 여겨졌던 확고한 종교적 표상들의 기반이 파괴되었으며, 오랜 신앙은 많은 사람의 마음에서 전복되었다. 그래서 예를 들어 그리스 철학자들은 오랜 종교에 대립하여 그것의 표상들을 파괴했다. 따라서 철학자들은 본질적으로 서로 연관된 종교와 국가를 전복시킨다고 해서 추방당하고 죽임을 당했다.[4] 그렇듯 사유는 현실 속에서 자기를 관철했으며, 너무나도 엄청난 영향력을 행사했다. 그로 인해 사람들은 사유의 이러한 위력에 대해 주목하게 되었고, 사유의 요구를 좀 더 자세히 탐구하기 시작했으며, 사유가 부당하게 너무 많은 것을 주장하고 있고 그것이 꾀하는 것을 수행할 수 없다는 것을 발견하고 싶어 했다. 그와 같은 사유는 신과 자연 및 정신의 본질, 일반적으로 진리를 인식하는 대신에 국가와 종교를 전복시켰다. 그런 까닭에 그 결과와 관련하여 사유의 정당화가 요구되었

---

4. 아낙사고라스는 아테네에서 추방되었다(그 시기는 논쟁거리이지만, 아마도 펠로폰네소스 전쟁이 시작되기 얼마 전일 것이다). 소크라테스는 그 전쟁 후에 사형에 처해졌다(B.C. 399). 프로타고라스는 전쟁이 진행되는 동안에 아테네에서 기소되었다. 이 모든 경우에 '신들에 대한 불경(asebeia)'이 고발의 주된 이유였다.

으며, 사유의 본성과 그 정당화에 대한 탐구는 근래에 대체로 철학의 관심을 이루었던 바로 그것이다.

## § 20

우리가 사유를 그것의 가장 가까이 놓여 있는 표상에서 취한다면, 사유는 α) 우선은 그것의 일상적인 주관적 의미에서 감성, 직관, 상상 등등 및 욕망, 의욕 등등과 같은 다른 것들과 나란히 있는 정신적 활동이나 능력들 가운데 하나로서 나타난다. 사유의 **산물**, 사상의 규정성이나 형식은 **보편적인 것**, 추상적인 것 일반이다. [872]그리하여 **활동**으로서의 사유는 **활동적 보편자**, 그것도 행위Tat, 즉 산출된 것이 바로 보편적인 것이라는 점에서 **스스로 활동하는 보편자**이다. 주체로서 표상된 사유는 **사유하는 것**이며, 사유하는 것으로서 실존하는 주체의 단순한 표현이 나[자아]이다.

여기서와 바로 뒤따르는 절들에서 제시되는 규정들은 사유에 관한 주장들이나 나의 의견들Meinungen로서 받아들여져서는 안 된다. 그렇지만 이러한 잠정적 방식으로는 도출이나 증명이 행해질 수 없는 까닭에 그 규정들은 **사실들**Facta로서 여겨질 수 있을 것이며, 그리하여 각각 모두의 의식 속에서는 각자가 사상들을 지니고 그것들을 고찰할 때 경험적으로 그 사상들 속에 보편성의 성격과 그래서 그와 마찬가지로 뒤따르는 규정들이 현존한다는 것이 발견될 것이다. 물론 자기의 의식과 자기의 표상들이라는 사실들에 관한 고찰을 위해서는 주목과 추상이라는 이미 현존하는 교양이 요구된다.

이미 이 잠정적 해설에서 감성적인 것과 표상 및 사상의 구별이 언급된다. 이 구별은 인식의 본성과 종류들을 파악하는 데 대단히 중요하다. 따라서 이 구별을 이미 여기서도 분명히 하는 것이 해명에 이바지할 것이다. — 감성적인 것에 대해서는 설명을 위해 우선은 그것의 외면적 근원, 즉 감각이나 감각 기관들이 취해진다. 하지만

기관의 호명은 그것으로 파악되는 것에 대해 어떠한 규정도 주지 않는다. 감성적인 것과 사상의 구별은 전자의 규정이 **개별성**이라고 하는 것으로 정립될 수 있으며, 개별적인 것(전적으로 추상적으로는 원자^Atom)이 또한 연관 속에 서 있다는 점에서 감성적인 것은 **상호외재** *Außereinander*[서로의 밖에 떨어져 있음]이고, 그 상호외재의 좀 더 자세한 추상적 형식들이 **상호병렬***Neben*einander과 **상호계기|***Nach*einander 이다. — **표상 작용**은 그러한 감성적 소재를 내용으로, 그러나 나의 것이라는, 즉 그러한 내용이 내 속에 있다고 하는 규정 속으로, 그리고 **보편성, 자기에–대한–관계, 단순성**이라는 규정 속으로 정립했다. — 그렇지만 표상은 감성적인 것 이외에 [87]또한 법적인 것, 인륜적인 것, 종교적인 것에 관한 표상들 및 또한 사유 자신에 관한 표상들과 같이 자기의식적인 사유로부터 발원한 소재도 내용으로 지니며, 그러한 **표상들**과 그러한 내용의 **사상들**과의 구별이 어디에 정립되어야 하는지는 그리 쉽게 눈에 띄지 않는다. 여기서는 그 내용이 사상일 뿐만 아니라 또한 하나의 내용이 내 속에 있다는 것, 즉 일반적으로 그것이 표상이라고 하는 것에 이미 속하는 보편성의 형식도 현존한다. 그러나 표상의 특유성은 일반적으로 이와 관련해서도 그것에서는 그러한 내용이 마찬가지로 개별화되어 있다고 하는 것으로 정립될 수 있다. 사실 법과 법적 규정들 및 그와 같은 규정들은 **공간**의 감성적 상호외재에 서 있지 않다. **시간**에 따라서는 그것들은 분명 가령 상호계기적으로 현상하겠지만, 그럼에도 그것들의 내용 자신은 시간에 붙들려 그 시간 속에서 지나가 버리고 변화하는 것으로서 표상되지 않는다. 그러나 그 자체에서 정신적인 그러한 규정들도 마찬가지로 **개별화되어** 표상 작용 일반의 내적이고 추상적인 보편성의 광범위한 지반에 서 있다. 그 규정들은 이러한 개별화에서 단순한 바, 곧 법, 의무, 신이다. 이제 표상은 법은 법이고, 신은 신이라고 하는 데에 머문다— 또는 좀 더 도야된 표상은 예를 들어 신은 세계의

창조자요 전지, 전능하다는 등등의 규정들을 제시한다. 여기서도 마찬가지로 다수의 개별화된 단순한 규정들이 서로 잇달아 나열되는데, 이 규정들은 그것들의 주어 속에서 그것들에 지정된 결합에도 불구하고 상호외재적으로 머문다. 여기서 표상은 **지성**과 만나는데, 지성이 표상과 구별되는 것은 다만 지성이 보편적인 것과 특수한 것이나 원인과 결과 등등의 관계들을, 그리고 그에 의해 필연성의 관계들을 표상의 고립된 규정들 밑에 정립한다는 점에 의해서일 뿐이다. 왜냐하면 표상은 그 규정들을 자기의 무규정적인 공간 속에서 단순한 또한에 의해 **상호병렬적으로** 결합된 것으로 내버려 두기 때문이다. — 표상과 사상의 구별은 좀 더 자세한 중요성을 지닌다. 왜냐하면 일반적으로 말할 수 있는 것은 철학이 행하는 것이란 [874]표상들을 사상들로 전환하는 것 이외에 다른 아무것도 아니라는 것이기 때문이다— 그러나 물론 철학은 더 나아가 단순한 사상을 개념으로 전환한다.

그 밖에 감성적인 것에 대해 **개별성**과 **상호외재**의 규정들이 제시되었다면, 또한 이들 자신도 또다시 사상이자 보편적인 것이라는 점이 덧붙여질 수 있다. 논리학에서는 사상과 보편적인 것이란 바로 다음과 같은 것임이, 즉 그것이 그것 자신이자 그것의 다른 것[타재]이며, 이 다른 것을 포월하는 것이고, 아무것도 그것으로부터 탈주하지 못하는 것임이 제시될 것이다. 언어가 사상의 작품이라는 점에서, 언어에서도 보편적이지 않은 것은 아무것도 말해질 수 없다. 내가 단지 **사념할**_meine_ 뿐인 것은 나의 것_mein_이며, 이 특수한 개인으로서의 나에게 속한다. 그러나 만약 언어가 보편적인 것만을 표현한다면, 나는 내가 **사념할** 뿐인 것을 말할 수 없다. 그리고 말할 수 없는 것, 감정, 감각은 가장 탁월한 것, 가장 참된 것이 아니라 오히려 가장 무의미한 것, 가장 참되지 않은 것이다. 내가 '개별적인 것', '이 개별적인 것', '여기', '지금'이라고 말할 때, 이 모든 것은 보편성들이다. 각각의 모든 것은 개별적인 것, 이것이며, 비록 그것이 감성적일 지라도 여기와 지금이다. 그와 마찬가지로 내가 '나'라고 말할 때, 나는 모든 타자를 배제하는 이것으로서의 나를 사념한다. 그러나 내가 말하는 것, 즉 나는 바로 각각의 모두이다. 자기로부터 모든 타자를 배제하는 나인 것이다. ─ 칸트는 내가 나의 모든 표상과 또한 감각, 욕망, 행위 등등에 수반한다고 하는 부적절한 표현을 사용한 바 있다.[5] 나는 자체적이고도 대자적으로 보편적인 것이며, 공통성 역시 하나의 보편성이지만 보편성의 외면적 형식이다. 다른 모든 사람은 나라고 하는 것을 나와 함께 공통적으로 지니며, 마찬가지로 나의 모든 감각, 표상 등등에도 나의 것이라고 하는 것이 공통적이다. 그러나 추상적으로 그 자체로서의 나는 표상 작용과 감각 작용 그리고 각각의 모든 상태 및 자연과 재능, 경험 등등의 각각의 모든 특수성이 사상捨象되어 있는 자기 자신에 대한 순수한 관계이다. [875]그런 한에서 나는 전적으로 추상적인 보편성의 실존, 추상적으로 자유로운 것이다. 그런 까닭에 나는 주체로서의 사유이며, 내가 동시에 나의 모든 감각, 표상, 상태 등등 안에 존재한다는 점에서, 사상은 어디에서나 현재하며 범주로서 이 모든 규정을 관통한다.[6]

〈보론〉 우리가 사유에 대해 말할 때, 그것은 우선은 하나의 주관적 활동으로서, 예를 들어 기억, 표상, 의지 능력 등등과 같이 우리가 지니는 여러 가지 능력들 가운데 하나로서 나타난다. 만약 사유가 단순히 하나의 주관적 활동일 뿐이고 그러한 것으로서 논리학의 대상이라면, 논리학은 다른 학문들과 마찬가지로 자기의 규정된 대상을 가질 것이다. 그 경우

---

5. Kant, 『순수이성비판』, B, 131을 참조. "'나는 생각한다'는 나의 모든 표상에 수반할 수 있어야만 한다.' 여기서 헤겔의 참조는 다소 느슨하다고 할 수 있다. 독일 관념론의 발전에 대해 결정적인 것은 '나는 생각한다'라는 정식에 대한 피히테의 해석이었다.
6. '범주'로서의 사유하는 자아라는 교설은 『정신현상학』의 「Ⅴ. 이성의 확신과 진리」의 앞부분에서 개진된다.

사람들이 사유를 특수한 학문의 대상으로 삼고 또한 의지, 상상 등등을 그렇게 하지 않는 것은 자의로서 나타날 수 있을 것이다. 이렇듯 사유에 이러한 명예가 생기는 것은 분명 그 근거를 사유에 대해 일정한 권위가 승인되고 그것이 인간의 참다운 것으로서, 동물에 대한 인간의 구별이 그에 존립하는 그러한 것으로서 여겨진다는 점에서 지닐 수 있을 것이다. — 단순히 주관적 활동으로서라도 사유를 알게 되는 것은 관심 없는 일이 아니다. 그 경우 사유의 좀 더 자세한 규정들은 규칙들과 법칙들인데, 그것들에 대한 지식은 경험을 통해 획득된다. 사유가 이러한 관계에서 그 법칙들에 따라 고찰된 것이 이전에 통상적으로 논리학의 내용을 이루었던 바로 그것이다. 아리스토텔레스가 이 학문의 창시자이다. 그는 사유에 사유 그 자체에 속하는 것을 지정해줄 힘을 지녔다. 우리의 사유는 아주 구체적이지만, 다양한 내용에서는 사유에나 활동의 추상적 형식에 속하는 것이 구별되어야만 한다. 희미한 정신적 유대, 사유의 활동이 이 모든 내용을 연결하며, 아리스토텔레스는 이 유대, 이 형식 그 자체를 부각하고 그것을 규정했다. 아리스토텔레스의 이 논리학은 오늘날에 이르기까지 논리적인 것인바, 이 논리적인 것은 주로 중세의 스콜라 철학자들에 의해 좀 더 자아내졌을 뿐이다.[7] 이들은 아직은 소재를 증가시킨 것이 아니라 같은 소재를 좀 더 전개했을 뿐이다. 논리학과 관련하여 근래의 행위는 주로 한편으로는 아리스토텔레스와 스콜라 철학자들에 의해 형성된 많은 논리적 규정의 삭제에 그리고 다른 한편으로는 수많은 심리학적 소재의 삽입에 존립할 뿐이다. 이 학문에서 관심은 유한한 사유를 그것의 방도에서 알게 되는 것이며, 학문은 자기의 전제된 대상에 상응할 때 올바르다. 이러한 형식논리학에 대한 몰두는 [876]의심할 바 없이 그 나름의 유용성을 지닌다. 사람들이 말하곤 하듯이 그에 의해 머리가 깨끗이 정돈되는 것이다. 사람들은 일상적 의식에서는 서로 교차하고 엉클어져

---

7. 아리스토텔레스 이후 논리학의 역사에 대해 헤겔은 『논리의 학』 서론에서 좀 더 많은 것을 이야기하고 있다.

있는 감성적 표상들에 관계하는 데 반해, 스스로 집중하길 배우고 추상하길 배운다. 그러나 추상에서는 하나의 점으로의 정신의 집중이 현존하며, 그에 의해 내면성에 몰두하는 습관이 획득된다. 유한한 사유의 형식들을 잘 아는 것은 이 형식들에 따라 처리해나가는 경험적 학문들에 대한 도야를 위한 수단으로서 사용될 수 있으며, 이러한 의미에서 논리학은 도구논리학Instrumentallogik이라고 불려왔다. 그런데 우리는 사실 좀 더 자유롭게 행동하여 논리학이 유용성 때문이 아니라 그 자신을 위해 연구되어야 한다고 말할 수 있다. 왜냐하면 탁월한 것은 단순한 유용성 때문에 추구되어서는 안 되기 때문이다. 그런데 이것은 사실 한편으로는 전적으로 올바르지만, 다른 한편으로 탁월한 것은 또한 가장 유용한 것이기도 하다. 왜냐하면 그것은 그 자체로 확고하고 그런 까닭에 그것이 촉진하고 성취하는 특수한 목적들을 위한 담지자인 실체적인 것이기 때문이다. 우리는 특수한 목적들을 일차적인 것으로서 간주해서는 안 되지만, 그럼에도 탁월한 것은 그것들을 촉진한다. 그래서 예를 들어 종교는 자기의 절대적 가치를 자기 자신 안에서 지닌다. 동시에 다른 목적들도 이 종교에 의해 담지되고 유지된다. 그리스도는 말씀하신다. '먼저 하나님의 나라를 구하여라. 그리하면 다른 것도 너희 것이 되리라.'[8] — 특수한 목적들은 오직 자체적이고도 대자적으로 존재하는 것이 달성됨으로써만 달성될 수 있다.

### § 21

β) 사유가 대상들에 대한 관계에서 활동하는 것으로서, 즉 어떤 것에 대한 추사유로서 받아들여진다는 점에서, 사유 활동의 그러한 산물로서 보편적인 것은 사태의 가치를, 즉 본질적인 것, 내적인 것, 참된 것을

---

8. 「마태복음」 6장 33절 참조. 우리말 표준새번역 성서에서는 다음과 같다. '너희는 먼저 하나님의 나라와 그의 의를 구하여라. 그리하면 이 모든 것을 너희에게 더하여 주실 것이다.'

포함한다.

　§ 5에서는 다음과 같은 오랜 믿음이 거론된 바 있다. 즉, 대상, 성질, 사건들에서 참다운 것, 내적인 것, 본질적인 것, 즉 관건이 되는 바의 사태인 것은 의식에서 **직접적으로** 나타나는 것, 즉 이미 첫눈에 보기에나 문득 떠오르는 생각에 나타나는 그런 것이 아니며, 오히려 대상의 참다운 성질에 도달하기 위해서는 먼저 그에 관해 **추사유해야만** 한다는 것과, [87]추사유에 의해 이러한 것이 달성된다는 것이다.

〈보론〉 이미 어린이에게 추사유가 요구된다. 그에게는 예를 들어 형용사를 명사와 결합하는 과제가 부과된다.[9] 여기서 그는 주목하고 구별해야 한다. 그는 규칙을 상기하고 그에 따라 특수한 경우를 정돈해야 한다. 규칙은 보편적인 것 이외에 다른 것이 아니며, 어린이는 이 보편적인 것에 특수한 것이 따르게 만들어야 한다. — 더 나아가 우리는 삶에서 **목적들**을 지닌다. 그러함에 있어 우리는 무엇에 의해 그 목적들을 달성할 수 있는지에 대해 추사유[숙고]한다. 목적은 여기서 보편적인 것, 통치하는 것이며, 우리는 그 목적에 따라 그 활동을 규정하는 수단과 도구를 지닌다. — 비슷한 방식으로 추사유는 도덕적 관계들에서도 활동한다. 여기서 추사유한다는 것은 법과 의무를 상기한다는 것을 뜻한다. 우리는 확고한 규칙으로서의 그러한 보편적인 것에 따라 앞에 놓여 있는 경우들에서 우리의 특수한 행동거지를 정돈해야 한다. 우리의 특수한 행동에서 보편적 규정이 인식될 수 있고 또 포함되어 있어야 한다. — **자연현상들**에 대한 우리의 태도에서도 우리는 같은 것을 발견한다. 예를 들어 번개와

---

9. 헤겔이 여기서 이야기하는 것은 문법 학습이나 문장 분석 등이 아니다. 그가 말하는 것은 분명 어떤 것의 색깔을 구별하기를 배우는(예를 들어 '장미는 빨갛다'라고 말하는) 것과 같은 경험에 대해서일 것이다.

천둥을 살펴보자. 이 현상은 우리에게 잘 알려져 있으며, 우리는 그것을 자주 지각한다. 그러나 인간은 단순한 잘 알고 있음, 단지 감성적일 뿐인 현상에 만족하는 것이 아니라 그 배후에 도달하고자 하며, 그것이 무엇인지 알고 싶어 하고, 그것을 개념 파악하고자 한다. 그런 까닭에 사람들은 추사유하며, 현상 그 자체와는 구별되는 것으로서의 원인, 한갓 외적인 것과 구별되는 내적인 것을 알고 싶어 한다. 그래서 사람들은 현상을 이중화하고, 그것을 내적인 것과 외적인 것, 힘과 발현, 원인과 결과로 양분한다. 내적인 것, 힘은 여기서 다시 보편적인 것, 지속하는 것, 즉 이런저런 번개, 이런저런 식물이 아니라 모든 것 속에서 같은 것으로 존속하는 것이다. 감성적인 것은 개별적이자 사라지는 것이다. 거기서 지속하는 것을 우리는 추사유에 의해 알게 된다. 자연은 우리에게 무한한 양의 개별적 형태들과 현상들을 보여준다. 우리는 이러한 다양성 속으로 통일을 가져오려는 욕구를 지닌다. 그런 까닭에 우리는 비교하여 각각의 모든 것의 보편적인 것을 인식하고자 한다. 개체들은 태어나고 소멸한다. 유는 그것들 속에서 존속하는 것, 모든 것 속에서 되풀이하는 것이며, 그와 같은 것은 오직 추사유에 대해서만 현존한다. 여기에는 또한 법칙들이, 그래서 예를 들어 천체들의 운동 법칙들이 속한다. 우리는 별들을 오늘은 여기서 내일은 저기서 본다. 이러한 무질서는 정신에 걸맞지 않은 것, 정신이 신뢰하지 않는 것이다. 왜냐하면 정신은 질서에 대한, 단순하고 [878]항상적이며 보편적인 규정에 대한 믿음을 지니기 때문이다. 이러한 믿음에서 정신은 자신의 추사유를 현상들로 향하게 하여 그 법칙들을 인식하고 천체들의 운동을 보편적 방식으로 확정했으며, 그리하여 이 법칙으로부터 각각의 모든 장소 변화가 규정되고 인식될 수 있다. ── 무한히 다양한 인간의 행위를 통치하는 권력들에서도 사정은 마찬가지이다. 여기서도 인간은 지배하는 보편적인 것에 대한 믿음을 지닌다. ── 이 모든 예로부터 알아낼 수 있듯이 추사유는 언제나 확고한 것, 존속하는 것, 자기 안에서 규정된 것, 특수한 것을 통치하는 것을 추구한다.

이러한 보편적인 것은 감각들을 가지고서 파악될 수 없으며, 그것은 본질적이고 참된 것으로서 여겨진다. 그래서 예를 들어 의무들과 권리[법]들은 행위들의 본질적인 것이며, 그 행위들의 진리는 저 **보편적 규정들**에 따른다는 점에 존립한다.

그렇게 보편적인 것을 규정함으로써 우리는 그것이 다른 것[타자]의 대립을 형성한다는 것을 발견하며, 이 다른 것은 매개된 것, 내적인 것, 보편적인 것에 맞선 단순히 직접적인 것, 외면적인 것, 개별적인 것이다. 이러한 보편적인 것은 외면적으로 보편적인 것으로서 실존하지 않는다. 유 그 자체는 지각될 수 없다. 천체의 운동 법칙들은 하늘에 쓰여 있지 않다. 그러므로 보편적인 것은 들리거나 보이는 것이 아니다. 오히려 그것은 오직 정신에 대해서만 존재한다. 종교는 우리를 다른 모든 것을 자기 안에 포괄하는 보편적인 것, 다른 모든 것이 그에 의해 산출된 절대자로 이끌며, 이 절대자는 감각들에 대해서가 아니라 오직 정신과 사상에 대해서만 존재한다.

### § 22

γ) 추사유에 의해 내용이 우선은 감각, 직관, 표상 속에 존재하는 그 양식에서 무언가가 **변화**된다. 그리하여 대상의 참된 본성이 의식되는 것은 오직 변화를 매개로 해서일 뿐이다.

〈보론〉 추사유에서 나오는 바로 그것은 우리 사유의 산물이다. 그래서 예를 들어 **솔론**은 그가 아테네인들에게 준 법률들을 그의 머리로부터 산출했다.[10] 그에 반해 우리가 보편적인 것, 즉 법률들을 또한 한갓 주관적일 뿐인 것의 반대로서 간주하고 그 속에서 사물들의 본질적인 것, 참다운

---

10. B.C. 594년경에 솔론은 아테네인들에게 법전을 주었으며, 아테네는 그것을 받아들였다. 솔론의 생애에 대한 헤겔의 지식은 플루타르코스와 디오게네스 라에르티오스에게 토대한다.

것 및 객관적인 것을 인식하는 것은 또 다른 것이다. 사물들에서 참된 것이 무엇인지를 경험하기 위해서는 단순한 주목으로 다 마무리되는 것이 아니다. 오히려 거기에는 [8/79]직접적으로 현존하는 것을 변형하는 우리의 주관적 활동이 속한다. 그런데 이것은 첫눈에 보기에 전적으로 전도되고 인식에서 문제가 되는 목적에 역행하는 것으로 보인다. 그럼에도 불구하고 우리는 추사유를 매개로 하여 야기된 직접적인 것의 개조를 통해 비로소 실체적인 것에 다다르게 된다는 것이야말로 모든 시대의 확신이었다고 말할 수 있다. 그에 반해 그 이후 주로 근래에야 비로소 의심이 일어나 우리 사유의 산물들인 것과 그 자신에서의 사물들die Dinge an ihnen selbst인 것 사이에서 구별이 견지되게 되었다. 사물들의 자체적인 것[그 자체에서의 것]das Ansich은 우리가 그것들로부터 만들어 내는 것과는 전혀 다른 것이라고 말해졌다. 이러한 분리되어 있음의 입장은 사태와 사상의 일치를 무언가 확실한 것으로서 간주했던 이전의 세계 전체의 확신에 맞서 특히 비판철학에 의해 관철되었다. 근래의 철학의 관심은 이 대립 주위를 돌고 있다. 그러나 인간의 자연적 믿음은 이 대립이 참된 것이 아니라는 것이다. 일상적 삶에서 우리는 추사유하되 그에 의해 참된 것이 나온다고 하는 특별한 반성 없이 그린다. 우리는 거리낌 없이 사상과 사태의 일치에 대한 확고한 믿음에서 생각하며, 이 믿음은 최고의 중요성을 지닌다. 우리 시대의 질병은 바로 우리의 인식이 단지 주관적일 것일 뿐이고 이 주관적인 것이 최종적인 것이라고 하는 절망에 도달해 있다는 점이다. 그러나 진리는 객관적인 것이며, 그와 같은 진리가 모두의 확신을 위한 규칙이어야 하되, 그것도 개인의 확신이 이 규칙에 상응하지 않는 한에서 그 확신은 나쁜 것이라는 형태로 그리되어야 한다. 그에 반해 근래의 견해에 따르면 확신 그 자체, 확신하고 있다고 하는 단순한 형식이야말로 — 내용이 무엇이든지 간에 — 이미 좋은데, 왜냐하면 그 내용의 진리를 위한 척도는 현존하지 않기 때문이다. — 그런데 우리가 앞에서 진리를 아는 것이야말로 정신의 사명이라는 것이 인간의 오랜 믿음이라고 말했다면, 거기에는 더 나아가 다음과 같은 것, 즉 대상들, 외적 자연과 내적 자연, 일반적으로 객관 자체인 바의 객관이란 사유된 것으로서 존재하는 바대로 존재하며, 그러므로 사유가 대상적인 것의 진리라고 하는 것이 놓여 있다. 철학의 과업은 다만 사유와 관련하여 예로부터 사람들에게 타당했던 것을 명확하게 의식화하는 데 존립할 뿐이다. 그리하여 철학은 어떠한 새로운 것도 내세우지 않는다. 우리가 여기서 우리의 반성을 통해 끄집어내는 것은 이미 각자 모두의 직접적인 선입견이다.

[8/80] § 23

δ) 추사유에서 참다운 본성이 나타날 뿐만 아니라 또한 이 사유가 나의 활동이기도 하다는 점에서, 저 참다운 본성은 나의 정신의, 게다가 사유하는 주체로서의, 즉 나의 단순한 보편성에 따른 나의 산물일 뿐만 아니라 또한 단적으로 자기 곁에 존재하는 나의, — 또는 나의 자유의 산물이기도 하다.

우리는 스스로 생각한다는 것으로 마치 무언가 중요한 것이 말해지기나 하는 것처럼 그 표현을 자주 들을 수 있다.[11] 실제로 누구도 다른 사람을 대신해 먹고 마실 수 없는 것과 마찬가지로 다른 사람을 대신해 생각할 수 없다. 따라서 저 표현은 중복어법이다. — 사유에는 직접적으로 자유가 놓여 있다. 왜냐하면 사유는 보편적인 것의 활동, 따라서 추상적인 자기에 대한 자기 관계|Sichaufsichbeziehen, 즉 주관성에 따라서는 몰규정적인 동시에 내용에 따라서는 오직 사태와 그 사태의 규정들 속에서만 존재하는 자기 곁에 있음이기 때문이다. 따라서 만약 철학함과 관련하여 겸허나 겸손 그리고 오만이 운위되고 그

---

11. 여기서 헤겔이 비꼬고 있는 직접적인 과녁은 분명 슐라이어마허일 것이다. 그러나 이것을 표어로 삼은 이는 피히테였으며, 그는 헤겔의 많은 동시대인에게 영향을 끼쳤다.

겸허나 겸손이 자기의 주관성에 특성과 행위의 어떠한 **특수한** 것도 돌리지 않는 데 존립한다면, 철학함은 적어도 오만의 혐의로부터는 벗어날 수 있을 것이다. 왜냐하면 사유란 내용에 따라서는 다만 그것이 사태 속에 침잠해 있는 한에서만 참답기 때문이고, 또한 형식에 따라서는 주관의 특수한 존재나 행위가 아니라 바로 다음과 같은 것, 즉 의식이 추상적 자아로서, 즉 그 밖의 특성들, 상태들 등등의 **모든** 특수성으로부터 해방된 것으로서 행동하고, 그 의식이 오직 그 속에서 모든 개인과 동일한 바의 보편적인 것만을 행하는 그런 것이기 때문이다. — 아리스토텔레스가 그러한 태도에 **걸맞은** 자세를 취하라고 요구할 때,[12] 의식이 자기에게 부여하는 그 걸맞음은 바로 특수한 사념과 의견을 내버리고 **사태**가 자기 안에서 주재하도록 하는 데 존립한다.

§ 24

사상들은 이러한 규정들에 따르면 **객관적** [8/81]사상이라고 불릴 수 있는데, 그것들에서는 또한 우선은 통상적 논리학에서 고찰되고 오직 의식적 사유의 형식들로만 받아들여지곤 하는 형식들도 고려되어야 한다. 따라서 논리학은 형이상학, 즉 사물들의 본질성들을 표현하는 것으로 여겨진 **사상들**에서 파악된 **사물들**의 학문과 합치한다.

개념과 판단 및 추론과 같은 형식들이 인과성 등등과 같은 다른 형식들에 대해 지니는 관계는 오직 논리학 자신 내부에서만 밝혀질 수 있다. 그러나 잠정적으로나마 대강 통찰할 수 있는 것은, 사상이 사물들에 대해 개념을 만들려고 한다는 점에서, 이 개념(과 더불어 또한 그것의 가장 직접적인 형식들인 판단과 추론)이 사물들에 낯설

---

12. 『형이상학』 A, 2, 982a2 이하를 참조. 또한 『철학사 강의』에서 아리스토텔레스 철학을 다루는 부분의 서두(*Su.* 19/149–50)를 참조.

고 외면적인 규정들과 관계들로 이루어질 수는 없다는 점이다. 위에서 말했듯이 추사유는 사물들의 **보편적인 것**으로 나아간다. 그러나 이 보편적인 것은 그 자신이 개념 계기들 가운데 하나이다. 지성, 이성이 세계 안에 존재한다는 것은 '객관적 사상'이라는 표현이 포함하는 바로 그것을 말한다. 그러나 이 표현은 불편한데, 그 까닭은 바로 **사상**이 너무나 일상적으로 단지 정신과 의식에게 속하는 것으로서만 사용되고, 객관적인 것도 그와 마찬가지로 우선은 오직 비정신적인 것에 대해서만 사용되기 때문이다.

〈보론 1〉 객관적 사상으로서의 사상이 세계의 내적인 것이라고 말해질 때, 그리하여 자연적 사물들에 의식이 돌려져야 하는 것처럼 보일 수 있다. 우리는 사물들의 내적 활동을 사유로서 파악하는 것에 대해 반감을 느낀다. 왜냐하면 우리는 인간이 사유에 의해 자연적인 것으로부터 구별된다고 말하기 때문이다. 그에 따르면 우리는 무의식적 사상의 체계로서의 자연이나, 셸링이 말하듯이 화석화된 예지인 바의 예지*Intelligenz*에 대해 말해야만 할 것이다.[13] 따라서 오해를 피하기 위해서는 **사상***Gedanken*이라는 표현을 사용하는 대신에 **사유 규정***Denkbestimmung*이라고 말하는 것이 더 좋다. — 지금까지의 것에 따르면 논리적인 것은 사유 규정들 일반의 체계로서 추구되어야 하는데, 그 사유 규정들에서는 (그 통상적 의미에서) 주관적인 것과 객관적인 것의 대립이 떨어져 나간다. 사유와 그 규정들의 이러한 의미는 좀 더 자세하게는 [882]고대인들이 누스가 세계를 통치한다고 말할 때 — 또는 우리가 이성이 세계 안에 존재한다고 말할 때 바로 그것에 표현되어 있다. 그 말에서 우리는 이성이 세계의 영혼이고 세계에 깃들어 있으며, 세계의 가장 내재적인 것*Immanentes*, 세계의 가장 고유하며

---

13. 분명히 셸링은 『사변적 물리학지』(*Zeitschrift für spekulative Physik*, 1800)에 게재된 시에서 단 한 번 '화석화된 예지'라는 표현을 사용했다. F. W. J. Schelling, *Sämtliche Werke*, K. E. A. Schelling, ed. 14 vols. Tübingen: Cotta, 1856–61의 4:546을 참조.

가장 내적인 본성, 세계의 보편적인 것이라고 하는 것을 이해한다. 좀 더 자세한 하나의 예는 우리가 특정한 동물에 대해 말할 때 그것은 **동물**이라고 말한다는 것이다. **동물 그 자체**가 지시될 수 있는 것이 아니라 언제나 다만 특정한 동물만이 그럴 수 있다. 동물 자체는 실존하는 것이 아니라 개별적 동물들의 보편적 본성이며, 각각의 모든 실존하는 동물은 훨씬 더 구체적인 규정된 것, 특수화된 것이다. 그러나 동물이라는 것, 보편적인 것으로서의 유는 특정한 동물에 속하며, 그것의 규정된 본질성을 이룬다. 우리가 개에게서 동물임을 제거한다면, 그것이 무엇인지 말할 수 없을 것이다. 사물들 일반은 존속하는 내적 본성과 외면적 현존재를 지닌다. 그것들은 살고 죽으며, 발생하고 소멸한다. 그것들의 본질성, 그것들의 보편성은 유이며, 이러한 유는 단순히 공통적인 것으로서만 파악되어서는 안 된다.

외면적 사물들의 실체를 이루는 바의 사유는 또한 정신적인 것의 보편적 실체이기도 하다. 모든 인간적 직관 속에는 사유가 존재한다. 그와 마찬가지로 사유는 모든 표상과 기억 속의 그리고 일반적으로 각각의 모든 정신적 활동 속의, 모든 의욕과 원망 등등 속의 보편적인 것이기도 하다. 이 모든 것은 다만 사유의 좀 더 나아간 특수화들일 뿐이다. 우리가 사유를 그렇게 파악함으로써 그와 같은 사유는 우리가 그저 직관, 표상, 의욕 등등과 같은 다른 능력들 가운데서나 그것들과 더불어 사유 능력을 지닌다고 말할 때와는 다른 관계 속에서 나타난다. 우리가 사유를 모든 자연적인 것과 또한 모든 정신적인 것의 참으로 보편적인 것으로서 바라본다면, 그것은 이 모든 것을 포월하며 모든 것의 기초이다. 사유를 그 객관적 의미에서 이렇게 (누스로서) 파악하는 것에 우리는 우선은 주관적 의미에서의 사유가 무엇인지를 연결할 수 있다. 우리는 무엇보다도 우선 인간이 사유하고 있다고 말하지만, — 동시에 우리는 또한 인간이 직관하고 있다, 의욕하고 있다 등등이라고도 말한다. 인간은 사유하고 있고 보편적인 것이지만, 그는 다만 보편적인 것이 그에 대해 존재함으로써만 사유하고 있다. 동물 역시 그 자체에서 보편적인 것이지만, 보편적인 것은 그러한 것으로서 그 동물에 대해 존재하지 않으며, 언제나 다만 개별적인 것만이 그에 대해 존재한다. 동물은 개별적인 것, 예를 들어 자기의 먹이, 한 사람 등등을 본다. 그러나 이 모든 것은 그에 대해 단지 개별적인 것일 뿐이다. 그와 마찬가지로 감성적인 감각도 언제나 다만 개별적인 것(이 고통, 이 좋은 맛 등등)과만 관계한다. 자연은 누스를 스스로 의식하지 못한다. 인간이 비로소 보편적인 것이 보편적인 것에 대해 존재하도록 자기를 이중화한다. 이것은 우선은 인간이 자기를 나로서 앎으로써 이루어진다. 내가 나라고 말할 때, 나는 나를 [8/83]개별적이고 철저히 규정된 이 인격으로서 생각한다. 그렇지만 실제로 나는 그에 의해 나에 관한 어떠한 특수한 것도 진술하지 않는다. 나는 또한 각각의 다른 모든 인간이기도 한바, 내가 나를 나라고 부름으로써 나는 실로 나, 이 개별자를 생각하지만, 동시에 완전히 보편적인 것을 언명한다. 나는 그 속에서 모든 특수한 것이 부정되고 지양된 순수한 대자존재, 즉 의식이라는 이러한 최종적인 것, 단순한 것, 순수한 것이다. 우리는 나와 사유가 같다고, ― 또는 좀 더 규정적으로 하자면, 나는 사유하는 자로서의 사유라고 말할 수 있다. 내가 나의 의식 속에서 지니는 것, 그것은 나에 대해 존재한다. 나는 이러한 공허, 모든 것이 그에 대해 존재하고 모든 것을 자기 안에 보존하는, 각각의 모든 것을 받아들이는 그릇이다. 각각의 모든 인간은 나라는 밤 속에 파묻혀 있는 표상들의 세계 전체이다. 그렇다면 나는 그 속에서 모든 특수한 것이 사상되어 있지만 동시에 그 속에 모든 것이 감추어져 놓여 있는 보편적인 것이다. 그런 까닭에 나는 한갓 추상적일 뿐인 보편성이 아니라 모든 것을 자기 안에 포함하는 보편성이다. 우리는 나를 우선은 전적으로 진부하게 사용하며, 철학적 반성이야말로 비로소 그에 의해 나[자아]가 고찰의 대상으로 만들어지는 바로 그것이다. 나 안에서 우리는 전적으로 순수한 현전하는 사상을 지닌다. 동물은 '나'라고 말할 수 없으며, 오직 인간만이 그럴 수 있다. 왜냐하면 인간은 사유이기 때문이다. 그런데 나 안에는 다양한 내적이고 외적인 내용이 존재하며, 이 내용이 어떤 성질인가에 따라 우리는 감성적으로 직관하고 표상하며 기억하는 등등의 태도를 보인다. 그러나 그 모든 것에 나가 존재하거나 그 모든 것 안에 사유가 존재한다. 그리하여 인간은 단지 직관만 할 때도 언제나 사유하고 있다. 무언가 어떤 것을 바라볼 때, 그는 그것을 언제나 보편적인 것으로서 바라보는바, 개별적인 것을 고정하고 그것을 끄집어냄으로써 자기의 주목을 다른 것에서 떼어내고, 그것을 추상적이고 비록 그저 형식적으로만 보편적인 것이라고 할지라도 보편적인 것으로서 취한다.

우리의 표상들에서는 **내용**은 사유된 것이지만 **형식**은 그렇지 않은 경우, 또는 역으로 형식은 사상에 속하지만 내용은 그렇지 않은 경우의 이중적 경우가 발생한다. 내가 예를 들어 분노, 장미, 희망을 말할 때, 내게 이 모든 것은 감각에 따라 알려지지만, 나는 이 내용을 보편적 방식으로, 사상의 형식으로 언명한다. 나는 거기서 많은 특수한 것을 삭제하고 내용을 다만 보편적인 것으로서 제시했을 뿐이지만, 내용은 감성적으로 머문다. 역으로 내가 신을 표상한다면, 실로 내용은 순수하게 사유된 것이지만 형식은 내가 바로 그것을 직접적으로 내 속에서 발견하듯이 여전히 감성적이다. 그러므로 표상들에서는 내용이 관찰들에서처럼 단순히 감성적인 것이 아니며, 오히려 내용은 감성적이지만 형식은 사유에 속하거나 아니면 그 역이다. 첫 번째 경우에 소재는 주어져 있으며 형식은 사유에 속한다. 다른 경우에는 사유가 내용의 원천이지만, [88]그 형식에 의해 내용이 주어진 것으로, 그리하여 외면적으로 정신에 다가오는 것으로 된다.

〈보론 2〉 논리학에서 우리는 순수한 사상 또는 순수한 사유 규정들과 관계한다. 일상적 의미에서의 사상에서 우리는 언제나 단적으로 순수한 사상이 아닌 어떤 것을 표상한다. 왜냐하면 그것에서는 그 내용이 경험적인 것인 그러한 사유된 것이 생각되기 때문이다. 논리학에서 사상들은 사유 자신에 속하고 사유에 의해 산출된 것 이외에 다른 내용을 가지지 않는다고 파악된다. 그래서 사상들은 순수한 사상들이다. 그래서 정신은 순수하게 자기 자신 곁에 존재하며 그리하여 자유롭다. 왜냐하면 자유란 바로 다음과 같은 것, 즉 자기의 타자 안에서 자기 자신 곁에 존재하는 것, 자기에게 의존하는 것, 자기 자신을 규정하는 것이라는 것이기 때문이다. 모든 충동에서 나는 다른 것으로부터, 나에 대해 외면적인 것인 그러한 것으로부터 시작한다. 그 경우 우리는 여기서 의존성에 대해 말한다. 자유는 오직 나 자신이 아닌 어떠한 다른 것도 나에 대해 있지 않은 곳에서만 존재한다. 자기의 충동에 의해서만 규정되는 자연적 인간은 자기 자신 곁에 존재하지 않는다. 비록 아주 제멋대로일지라도 그의 의욕과 사념의 내용은 그 자신의 것이 아니며, 그의 자유는 형식적인 것일 뿐이다. 나는 사유함으로써 나의 주관적 특수성을 포기하고 사태 속으로 침잠하며 사유를 그 자체로 내버려 두는바, 나는 나의 것으로부터 무언가를 덧붙임으로써 나쁘게 사유한다.

지금까지의 것에 따라서 우리가 논리학을 순수한 사유 규정들의 체계로서 간주한다면, 그에 반해 다른 철학적 학문들, 즉 자연철학과 정신철학은 이를테면 응용논리학으로서 나타난다. 왜냐하면 논리학이야말로 그것들에 생명을 부여하는 영혼이기 때문이다. 그 경우 그 밖의 학문들의 관심은 다만 논리적 형식들을 자연과 정신의 형태들에서 인식하는 것일 뿐인바, 그 형태들은 순수사유의 형식들의 특수한 표현 방식일 뿐이다. 예를 들어 **추론**_Schluß_을 (오랜 형식논리학의 의미에서가 아니라 그 진리에서) 취해 보면, 그것은 특수한 것이 보편적인 것과 개별적인 것이라는 양극을 결합하는_zusammenschließt_ 중심이라고 하는 규정이다.[14] 추론의 이러한 형식은 모든 사물의 보편적 형식이다. 모든 사물은 보편적인 것으로서의

---

14. 여기서 '결합하는(zusammenschließt)'의 schließen은 Schluß와 직접적으로 동족어이다.
    그리고 추론은 헤겔에게서는 일반적으로 삼단논법과 같은 연역 추론을 가리킨다.

자기를 개별적인 것과 결합하는 특수한 것들이다. 그러나 그 경우 자연의 무력함은 논리적 형식들을 순수하게 내보이지 못하는 결과를 초래한다. 예를 들어 자석은 추론의 그러한 무력한 내보임이다. 자석은 중심에서, 즉 자기의 무차별점에서 자기의 양극을 결합하며, 그리하여 양극은 그 구별성 속에서 직접적으로 하나이다.[15] 물리학에서도 우리는 보편적인 것, [8/85]본질을 알게 되며, 구별은 다만 자연철학이 자연적 사물들에서 개념의 참다운 형식들을 우리가 의식하게 한다는 점이다. —— 그리하여 논리학은 모든 학문에 전적인 생명을 부여하는 정신이며, 논리학의 사유 규정들은 순수한 정신들이다.[16] 그것들은 가장 내적인 것이지만, 동시에 그것들은 우리가 언제나 입에 올리는 까닭에 무언가 철저히 잘 알려진 것으로 보이는 바의 그러한 것이다. 그러나 그렇듯 잘 알려진 것은 보통 가장 잘 알려지지 않은 것이다. 그래서 예를 들어 존재[있음·임]는 순수한 사유 규정이다. 그렇지만 우리에게는 있다[이다]를 우리의 고찰 대상으로 삼겠다는 생각이 전혀 떠오르지 않는다. 보통 절대적인 것은 멀리 저편에 있어야만 한다고 생각된다. 그러나 절대적인 것은 바로 사유하는 자로서의 우리가 비록 그에 대한 명확한 의식을 지니진 못한다고 하더라도 언제나 가지고 다니며 사용하는 전적으로 현재적인 것이다. 무엇보다도 언어에 그러한 사유 규정들이 저장되어 있으며, 그래서 어린이들에게 베풀어지는 문법 교육은 그들이 무의식적으로 사유의 구별들에 주목하게 만드는 유용함을 지닌다.[17]

---

15. 여기서 무력함은 바로 '중심'의 공간적 의미로의 전이에 놓여 있다.

16. 이것은 『정신현상학』 서문에서의 다음과 같은 논의와 비교해볼 수 있을 것이다. '그러한 까닭에 학문 연구에서 관건이 되는 것은 개념의 긴장(Anstrengung des Begriffs)을 스스로 받아들이는 것이다. 그것은 개념 그 자체, 즉 예를 들면 **자체존재, 대자존재, 자기 자신과의 동일성** 등등과 같은 단순한 규정들에 대한 주목을 요구한다. 왜냐하면 이 규정들은 그것들의 개념이 영혼보다 좀 더 고차적인 어떤 것을 표시하는 것이 아니라면 우리가 영혼이라 부를 수 있을 그러한 순수한 자기운동들이기 때문이다.'(*Su.* 3/56)

17. 이 논의는 『논리의 학』 제2판 서문에서 '사유 형식들은 우선은 인간의 언어에서 드러나 있거나 그 밑에 놓여 있다'라는 것으로 시작되는 일련의 논의와 같은 내용을 담고 있다(*Su.* 5/20–22 참조).

사람들은 통상적으로 논리학이 단지 형식들만을 다루며 자기의 내용을 다른 곳에서 받아들여야만 한다고 말한다. 그렇지만 논리적 사상들이 다른 모든 내용에 대립한 단지인 것이 아니라 다른 모든 내용이 이 논리적 사상들에 대립한 단지일 뿐이다. 그것들은 모든 것의 자체적이고도 대자적으로 존재하는 근거이다. ─ 그러한 순수 규정들에 자기의 관심을 기울이는 것에 이미 교양의 좀 더 고차적인 입장이 속한다. 그것들 자신을 자체적이고도–대자적으로–고찰하는 것은 그 이상의 의미, 즉 우리가 사유 자신으로부터 이 규정들을 도출하고 그것들 자신으로부터 그것들이 과연 참다운 것인지를 살펴본다는 의미를 지닌다. 우리는 그 규정들을 외면적으로 받아들이고 나서 그것들을 그것들이 의식에서 출현하는 모습과 비교함으로써 그것들을 정의하거나 그것들의 가치와 타당성을 제시하는 것이 아니다. 그 경우 우리는 관찰과 경험에서 출발하게 될 것이며, 예를 들어 우리는 힘을 그러저러한 것에 대해 사용하곤 한다고 말하게 될 것이다. 우리는 그러한 정의가 우리의 일상적 의식에서 그것의 대상에 대해 발견되는 것과 일치할 때 그 정의가 올바르다고 말한다. 그렇지만 그러한 방식으로는 개념이 자체적이고도 대자적으로 규정되는 것이 아니라 전제에 따라 규정되며, 그 경우에는 그 전제가 올바름의 기준이자 척도이다. 그렇지만 우리는 그러한 척도를 사용하는 것이 아니라 자기 자신 안에서 살아 있는 규정들을 그 자체로 내버려 두어야 한다. 사상 규정들의 진리에 대한 물음은 일상적 의식에게는 기이하게 여겨지지 않을 수 없다. 왜냐하면 이 사상 규정들은 오직 주어진 대상들에 대한 그 적용에서만 진리를 획득하는 것으로 보이며, 이에 따라 이러한 적용 없이 그것들의 진리에 대해 묻는 것은 아무런 의미도 지니지 않을 것이기 때문이다. 그러나 이 물음은 [8/86]바로 관건이 되는 바의 것이다. 물론 여기서 우리는 진리라는 것에서 무엇이 이해되어야 하는지 알아야만 한다. 통상적으로 우리는 진리를 대상과 우리의 표상의 일치라고 말한다. 우리는 거기서 그에 대한 우리의 표상이 그에 따라야 하는 대상을 전제로서 지닌다. — 그에 반해 철학적 의미에서 진리는, 일반적으로 추상적으로 표현하자면, 내용의 자기 자신과의 일치를 뜻한다. 그러므로 이것은 진리의 앞에서 언급된 의미와는 전혀 다른 의미이다. 그 밖에 진리의 좀 더 심오한 (철학적) 의미는 부분적으로는 이미 일상적 언어 사용에서도 발견된다. 그래서 우리는 예를 들어 **참된 친구**에 대해 말하는데, 그것에서 이해되는 것은 그 행동 방식이 우정의 개념에 걸맞은 그러한 친구이다. 그와 마찬가지로 우리는 **참된 예술작품**에 대해서도 말한다. 그 경우 참되지 않다는 것은 나쁘다, 자기 자신 안에서 부적합하다는 정도를 뜻한다. 이러한 의미에서 나쁜 국가는 참되지 않은 국가이며, 나쁘고 참되지 않은 것은 일반적으로 규정 또는 개념과 대상의 실존 사이에서 발생하는 모순에 존립한다. 그러한 나쁜 대상에 대해 우리는 올바른 표상을 형성할 수 있지만, 이러한 표상의 내용은 자기 안에서 참되지 않은 것이다. 올바른 것인 동시에 비진리이기도 한 그러한 것들을 우리는 많이 머릿속에 지닐 수 있다. — 오로지 신만이 개념과 실재성의 참다운 일치이다. 그러나 모든 유한한 사물은 그 자체에서 비진리를 지닌다. 그것들은 개념과 실존을 지니지만, 그 실존은 그 개념에 부적합하다. 그런 까닭에 그것들은 몰락해야만 하며, 그에 의해 그것들의 개념과 그것들의 실존이 부적합하다는 것이 현시된다. 개별자로서의 동물은 자기의 개념을 자기의 유에서 지니며, 유는 죽음에 의해 개별성으로부터 해방된다.

여기서 해명된 의미에서의 진리, 자기 자신과의 일치에 대한 고찰은 논리적인 것의 본래적인 관심을 이룬다. 일상적 의식에서는 사유 규정들의 진리에 대한 물음이 전혀 출현하지 않는다. 논리학의 과업은 또한 논리학에서는 사유 규정들이 고찰되되, 요컨대 그것들이 어느 정도까지 참된 것을 파악할 수 있는지가 고찰된다고도 표현될 수 있다. 그러므로 그 물음은 어떤 것이 무한한 것의 형식들이고 어떤 것이 유한한 것의 형식들인가 하는 것으로 귀착한다. 일상적 의식에서 사람들은 유한한 사유 규정들에 대해 아무런 의혹도 지니지 않으며, 그것들을 즉각적으로 타당화한다. 그러나 모든 기만은 유한한 규정들에 따라 사유하고 행동하는 데서 나온다.

〈보론 3〉 참된 것은 다양한 방식으로 인식될 수 있으며, 인식의 방식들은 단지 형식들로서만 고찰되어야 한다. [8/87]그래서 참된 것이 경험을 통해 인식될 수 있음은 물론이지만, 이 경험은 다만 하나의 형식일 뿐이다. 경험에서 관건이 되는 것은 어떤 감수성Sinn을 가지고서 현실에 다가가느냐 하는 것이다. 위대한 감수성은 위대한 경험을 하며, 현상의 다채로운 유희에서 관건이 되는 것을 알아본다. 이념은 현존하고 현실적이지 저 너머나 배후에 있는 어떤 것이 아니다. 예를 들어 자연이나 역사의 내면을 주시하는 괴테의 그것과 같은 위대한 감수성은 위대한 경험을 하고 이성적인 것을 알아보고서 그것을 언명한다. 그보다 더 나아간 것은 우리가 참된 것을 또한 반성에서도 인식할 수 있고 그것을 사상의 관계들로써 규정한다는 점이다. 그렇지만 자체적이고도 대자적으로 참된 것은 이러한 두 가지 방식들에서는 아직 그 본래적인 형식에서 현존하지 않는다. 인식의 가장 완전한 방식은 사유의 순수한 형식에서의 방식이다. 여기서 인간은 철저히 자유로운 방식으로 행동한다. 사유의 형식이 절대적 형식이라는 것과 진리가 그 형식에서 자체적이고도 대자적으로 존재하는 바대로 현상한다는 것, 이것이야말로 철학 일반의 주장이다. 그에 대한 증명은 우선은 인식의 저 다른 형식들이 유한한 형식들이라는 것이 제시된다는 의미를 지닌다. 고원한 고대 회의주의는 저 모든 형식에서 그것들이 자기 안에 모순을 포함한다는 점을 드러내 보임으로써 그러한 것을 성취했다.[18] 이 회의주의가 또한 이성의 형식들에도 접근함으로써, 비로소 그것

---

18. 1802년의 「회의주의 논문」(「철학에 대한 회의주의의 관계. 그 다양한 변형들의 서술과 최근의 회의주의와 오랜 회의주의의 비교」(Verhältnis des Skeptizismus zur Philosophie. Darstellung seiner verschiedenen Modifikationen und Vergleichung des neuesten mit dem

은 그 형식들에 무언가 유한한 것을 떠넘기고서는 그것들을 그러한 점에서 파악한다. 유한한 사유의 모든 형식이 논리적 발전의 진행 과정에서 나타날 것이며, 게다가 그것들이 필연성에 따라 등장하는 대로 그려질 것이다. 여기서(서론에서) 그것들은 비학문적인 방식으로 우선은 주어진 어떤 것으로서 받아들여져야만 할 것이다. 논리적 논구 자신에서는 이 형식들의 부정적 측면뿐 아니라 또한 그것들의 긍정적 측면도 제시된다.

인식의 서로 다른 형식들이 서로 비교됨으로써 첫 번째 형식, 즉 직접지의 형식이 쉽사리 가장 적합하고 가장 아름다우며 가장 고차적인 것으로서 나타날 수 있다. 이 형식에는 도덕적 견지에서 순결함이라 불리는 모든 것이, 그러고 나서는 종교적 감정, 순진무구한 신뢰, 사랑, 성실 그리고 자연적 신앙이 속한다. 두 가지 다른 형식, 즉 우선은 반성하는 인식의 형식과 그다음으로는 또한 철학적 인식도 저 직접적인 자연적 통일에서 벗어난다. 그것들이 이 점을 서로 함께 지님으로써, 사유에 의해 참된 것을 파악하고자 하는 방식은 쉽사리 자신의 힘으로 참된 것을 인식하고자 하는 인간의 자부심으로 나타날 수 있다. 보편적 분리의 입장으로서의 이 입장은 물론 모든 해악과 모든 악의 근원으로서, 근원적 범죄로서 여겨질 수 있으며, |888|이에 따르면 사유와 인식은 복귀와 화해에 도달하기 위해 포기되어야 할 것으로 보인다. 여기서 자연적 통일의 방기에 관해 이야기하자면, 정신적인 것의 이러한 불가사의한 자기 내 분열은 예로부터 민족들의 의식의 대상이었다. 자연에서는 그러한 내적 분열이 나타나지 않으며, 자연적 사물들은 악한 것을 아무것도 행하지 않는다. 저 분열의 근원과 결과에 대한 오랜 표상이 인류의 타락에 관한 모세의 신화에서 우리에게 주어져 있다.[19] 이 신화의 내용은 본질적인 신앙론, 즉 인간의

---

alten, *Su.* 2/213–272))로부터 우리는 '고원한 고대 회의주의'가 『파르메니데스』의 플라톤이라는 것을, 그리고 또한 회의주의적 방법을 '이성의 형식들'에 잘못 적용하는 것이 섹스토스학파에서 시작된다는 것을 배울 수 있다. 고대와 근대의 회의주의 전통이 헤겔에게 지니는 의미에 대한 좀 더 완전한 설명을 위해서는 M. N. Forster, *Hegel and Scepticism*, Cambridge: Harvard Univ. Press, 1989를 참조.

자연적 유죄성과 그에 대한 구제의 필연성[필요]에 관한 교설의 기초를 형성한다. 인류의 타락에 관한 신화를 논리학의 맨 앞에서 고찰하는 것은 적합한 것으로서 나타난다. 왜냐하면 논리학은 인식을 다루고, 이 신화에서 문제가 되는 것도 인식, 즉 인식의 근원과 의미이기 때문이다. 철학은 종교를 꺼려서는 안 되며, 종교가 자기를 관용하기만 한다면 만족해야만 할 것처럼 하는 태도를 보여서도 안 된다. 그러나 그와 마찬가지로 다른 한편으로는 또한 그와 같은 신화들과 종교적 서술들이 무언가 다 끝장난 것처럼 여기는 견해도 뿌리쳐져야 한다. 왜냐하면 그것들은 민족들 사이에서 수천 년간 존경을 받아왔기 때문이다.

이제부터 인류의 타락에 관한 신화를 좀 더 자세히 고찰하게 되면, 우리는 앞에서 언급했듯이 거기에서는 정신적 삶에 대한 인식의 일반적 관계가 표현되어 있음을 발견한다. 그 직접성에서의 정신적 삶은 우선은 순결함과 순진무구한 신뢰로서 나타난다. 그러나 정신의 본질에는 이 직접적 상태가 지양된다는 것이 놓여 있다. 왜냐하면 정신적 삶은 자기의 자체존재[그 자체에서 있음]에 머무르지 않고 대자적이라는 점에 의해 자연적 삶 및 좀 더 정확하게는 동물적 삶과 구별되기 때문이다. 분열의 이 입장은 곧이어 마찬가지로 지양되어야 하며, 정신은 스스로에 의해 하나임으로 되돌아와야 한다. 그 경우 이 하나임은 정신적 하나임이며, 저 되돌아감의 원리는 사유 자신 속에 놓여 있다. 이 사유는 상처를 입히는 것이자 또한 상처를 치유하는 것이기도 하다. ─ 그런데 우리의 신화에서는 아담과 이브, 즉 최초의 인간들, 인간 일반이 동산에 있었으며, 거기에는 생명의 나무와 선과 악의 인식의 나무가 있었다고 한다. 신에 대해서는 그가 인간들에게 후자의 나무 열매들을 먹는 것을 금했다고 말해진다. 생명의 나무에 대해서는 우선은 더는 말해지지 않는다. 그러므

---

19. 이하에서의 헤겔의 논의는 『종교철학 강의』에서 제공되는 해석들과 비교되어야 한다. 예를 들어 Su. 17/72 이하, 91 이하, 258 이하를 참조. 어쨌든 '선과 악의 인식'은 논리적으로 의미심장한데, 왜냐하면 그것에서는 단순한 악이 지양되어 있기 때문이다.

로 이로써 언명되는 것은 인간이 인식에 이르지 않고 순결함의 상태에 머물러야 한다는 것이다. 좀 더 심오한 의식을 지닌 다른 민족들에게서도 우리는 인간의 최초의 상태가 [889]순결함과 하나임의 상태였다는 표상을 발견한다. 여기에는 물론 우리가 인간적인 모든 것을 그 속에서 발견하는 분열에 안주할 수 없다는 올바른 것이 놓여 있다. 그에 반해 직접적이고 자연적인 통일이 옳은 것이라는 것은 올바르지 않다. 정신은 단순히 직접적인 것이 아니라 본질적으로 자기 안에 매개의 계기를 포함한다. 어린이의 순결함은 물론 무언가 매력적이고 감동적인 것을 지니지만, 다만 그것이 정신에 의해 산출되어야 할 그러한 것을 상기시키는 한에서만 그렇다. 우리가 어린이들에게서 자연적인 것으로서 직관하는 저 하나임은 정신의 노동과 도야의 결과이어야 한다. ── 그리스도는 말씀하신다. '너희가 어린이들과 같이 **되지 않으면**' 등등.[20] 그러나 그렇다고 해서 우리가 어린이로 머물러야 한다고 말하는 것은 아니다. ── 그런데 더 나아가 우리는 모세 신화에서 통일에서 벗어나는 동기가 (뱀에 의한) 외면적인 권유를 통해 인간에게 이르렀음을 발견한다. 그렇지만 실제로는 대립으로 들어감, 의식의 깨어남은 인간 자신 속에 놓여 있으며, 이것은 각각의 모든 인간에게서 반복되는 역사이다. 뱀은 신성을 선과 악이 무엇인지를 아는 것에 정립하며, 이 인식은 실제로는 인간이 자기의 직접적 존재의 통일과 단절함으로써, 그가 금지된 열매들을 먹음으로써 인간에게 주어지게 된 바의 것이다. 깨어나는 의식의 최초 반성은 인간들이 스스로가 벌거벗었음을 알아차린 것이었다. 이것은 매우 소박하고 근본적인 움직임이다. 요컨대 부끄러움에는 자기의 자연적이고 감성적인 존재로부터의 인간의 분리가 놓여 있는 것이다. 이러한 분리로 나아가지 않는 동물들은

---

20. 「마태복음」 18장 3~5절. '내가 진정으로 너희에게 말한다. 너희가 돌이켜서 어린이들과 같이 되지 않으면, 절대로 하늘나라에 들어가지 못할 것이다. 그러므로 누구든지 이 어린이와 같이 자기를 낮추는 사람이 하늘나라에서는 가장 큰 사람이다. 또 누구든지 내 이름으로 이런 어린이 하나를 영접하면, 나를 영접하는 것이다.'

그런 까닭에 부끄러움을 모른다. 그렇다면 부끄러움이라는 인간적 감정에서는 또한 옷의 정신적이고 인륜적인 근원이 찾아져야 한다. 그에 반해 한갓 육체적일 뿐인 욕구는 무언가 이차적인 것일 뿐이다. ─ 그런데 계속해서 신이 인간에게 행한 이른바 저주가 뒤따른다. 거기서 강조된 것은 주로 자연에 대한 인간의 대립에 관계된다. 남자는 자기 얼굴에 땀을 흘리며 노동해야 하고, 여자는 고통을 겪으며 출산해야 한다. 여기서 노동에 관해 좀 더 자세히 이야기하자면, 그것은 분열의 결과인 만큼이나 또한 그것의 극복이기도 하다. 동물은 자기의 욕구 충족을 위해 필요로 하는 것을 직접적으로 발견한다. 그에 반해 인간은 자기의 욕구 충족을 위해 그 자신에 의해 산출되고 형성된 것으로서의 수단들에 관계한다. 그렇듯 이러한 외면성에서도 인간은 자기 자신에 대해 관계한다. ─ 낙원으로부터의 추방과 더불어서도 신화는 아직 종결되지 않는다. 그것은 계속해서 다음과 같이 이어진다. '신이 말씀하셨다. 보라, 아담이 [89]우리 가운데 하나처럼 되었다. 왜냐하면 그는 선과 악이 무엇인지 알았기 때문이다.'[21] ─ 여기서 인식은 이전처럼 있어서는 안 되는 것으로서가 아니라 신적인 것으로서 표현된다. 그렇다면 여기에는 또한 철학이 단지 정신의 유한성에 속할 뿐이라는 허튼소리에 대한 반박이 놓여 있다. 철학은 인식이며, 인식에 의해 비로소 신과 닮은 형상이라는 인간의 근원적인 사명이 실현되었다. ─ 더 나아가 또한 인간이 생명의 나무로부터도 열매를 따 먹지 못하도록 신이 인간을 에덴동산에서 추방했다고 할 때, 이로써 언명된 것은 인간이 그의 자연적 측면에 따라서는 유한하고 죽을 수밖에 없음은 물론이지만, 인식에서는 무한하다고 하는 것이다.

인간이 본성적으로 악하다는 것은 교회의 잘 알려진 교설이며, 이러한 본성적인 악함은 원죄라고 불린다. 그렇지만 거기서 원죄가 단지 최초 인간들의 우연한 행위에만 그 근거를 지닌다는 외면적인 표상은 포기되어

---

21. 「창세기」, 3장 22절. 우리말 표준새번역 성서에서는 다음과 같다. '주 하나님이 말씀하셨다. "보아라, 이 사람이 우리 가운데 하나처럼, 선과 악을 알게 되었다."'

야 한다. 실제로 정신의 개념에는 인간이 본성적으로 악하다는 것이 놓여 있으며, 우리는 이 점이 다를 수도 있을 것이라고 표상해서는 안 된다. 인간이 자연본질Naturwesen로서 존재하고 그러한 본질로서 행동하는 한, 이것은 있어서는 안 되는 행태이다. 정신은 자유로워야 하며, 자기 자신에 의해 바로 그 자신인 바의 것이어야 한다. 자연은 인간에 대해 그가 개조해야 할 출발점일 뿐이다. 교회의 심오한 원죄 교설에 대해서는 인간이 본성적으로 선하며 그러므로 자연에 충실하게 머물러야만 한다는 근대적 계몽의 교설이 대립한다. 인간이 자기의 자연적 존재에서 벗어나는 것은 자기의식적 존재로서의 자신을 외면적 세계로부터 구별하는 것이다. 그러나 더 나아가 정신의 개념에 속하는 이러한 분리의 입장은 또한 인간이 그에 머물러야 할 것도 아니다. 이러한 분열의 입장에는 사유와 의욕의 유한성 전체가 속한다. 인간은 여기서 목적들을 자기로부터 형성하며, 자기로부터 자기 행동의 소재를 취한다. 이 목적들을 정점으로까지 몰고 가 오직 자기만을 알고 보편적인 것을 배제한 채 자기의 특수성 속에 있고자 한다는 점에서 인간은 악하며, 이러한 악이 그의 주관성이다. 우리는 여기서 첫눈에 보기에 이중적인 악을 지닌다. 하지만 그 둘은 실제로는 똑같다. 인간은 정신인 한에서 자연본질이 아니다. 인간이 그러한 본질로서 행동하고 욕망의 목적들에 따르는 한에서, 그는 이 자연본질을 의욕한다. 그러므로 인간들의 자연적 악은 동물들의 자연적 존재와 같지 않다. 그 경우 자연성은 좀 더 자세하게는 자연적 인간이 개별자 그 자체라고 하는 규정을 지닌다. 왜냐하면 자연은 일반적으로 개별화의 유대 속에 놓여 있기 때문이다. [8/9]그리하여 인간이 자기의 자연성을 의욕하는 한에서 그는 개별성을 의욕한다. 그렇지만 그 경우 자연적 개별성에 속하는 충동과 경향들로부터의 이러한 행동에 맞서 또한 법칙이나 보편적 규정이 등장한다. 그런데 이 법칙은 외적 권력일 수도 있고 아니면 신적 권위의 형식을 지닐 수도 있다. 인간은 자기의 자연적 태도에 머무르는 한에서 법칙에 예속되어 있다. 그런데 인간은 분명 자기의 경향들과 감정들에서도 또한 자기중심적인 개별성을 넘어서는 선의의 사회적 경향들, 동정심, 사랑 등등을 지닌다. 그러나 이 경향들이 직접적인 한에서 그것들의 그 자체에서 보편적인 내용은 주관성의 형식을 지닌다. 여기서는 언제나 이기심과 우연성이 작용한다.

### § 25

객관적 사상이라는 표현은 단순히 철학의 목표가 아니라 그 절대적 대상이어야 할 진리를 가리킨다. 그러나 그 표현은 일반적으로 곧바로 대립을, 게다가 현시대의 철학적 입장의 관심이, 그리고 진리와 그 진리의 인식을 둘러싼 물음이 그 규정과 타당성 주위를 돌고 있는 그러한 대립을 보여준다. 사유 규정들이 고정된 대립에 붙들려 있다면, 다시 말하면 사유 규정들이 단지 유한한 본성의 것들일 뿐이라면, 그것들은 자체적이고도 대자적으로 절대적인 진리에 적합하지 않으며, 그래서 진리가 사유 속으로 들어설 수 없다. 오직 유한한 규정들만을 산출하고 그러한 것들에서 움직이는 사유는 (말의 좀 더 정확한 의미에서) 지성Verstand이라고 불린다. 좀 더 자세히 하자면 사유 규정들의 유한성은 이중적 방식으로 파악될 수 있다. 하나의 방식에서 사유 규정들은 단지 주관적일 뿐이어서 객관적인 것에서 지속적인 대립을 지니며, 다른 방식에서 그것들은 제한된 내용 일반으로서 서로에 대해서뿐만 아니라 더 나아가 절대적인 것에 대해서도 대립하는 데 머문다. 여기서 논리학에 주어져 있는 의미와 입장을 해명하고 이끌어오기 위해서는 이제 좀 더 자세한 서론으로서 객관성에 대한 사유에 주어진 태도들이 고찰되어야 한다.

그런 까닭에 그 출판 때에 학문의 체계 제1부라고 표시되었던 나의 정신현상학에서는[22] [8/92]정신의 가장 단순한 최초의 현상, 즉

---

22. 뒤따르는 논의는 『정신현상학』과 1827년 판 『엔치클로페디』를 위해 집필된 '객관성에 대한 사상의 태도들'에 관한 새로운 서론적 논의(§§ 26–78) 간의 관계에 대한 권위

직접적 의식에서 시작하여 정신의 변증법을 철학적 학문의 입장에 이르기까지 전개하되, 그 입장의 필연성이 이러한 전진을 통해 제시되는 발걸음이 취해졌다. 그러나 이를 위해서는 단순한 의식의 형식적인 것에 머물 수 없었다. 왜냐하면 철학적 앎의 입장은 동시에 자기 안에서 가장 내실이 풍부하고 가장 구체적인 것이기 때문이다. 그리하여 결과로서 출현하는 그 입장은 예를 들어 도덕, 인륜, 예술, 종교와 같은 의식의 구체적인 형태들도 전제했다. 따라서 내실, 즉 철학적 학문의 특유한 부분들의 대상들이 보이는 전개는 동시에 우선은 단지 형식적인 것에만 제한된 것으로 보이는 의식의 저 전개에 속하는바, 저 전개는 자체적인 것으로서의 내용이 의식에 대해 관계하는 한에서 이를테면 의식의 배후에서 진행되지 않을 수 없다. 그에 의해 서술은 더 복잡해지며, 구체적 부분들에 속하는 것이 부분적으로는 이미 저 서론에 함께 속한다. ── 여기서 시도되어야 할 고찰은 더 나아가 단지 역사학적이고 이치 추론하는 태도만을 취할 수 있다는 불편함을 지닌다. 그러나 이 고찰은 주로 사람들이 인식의 본성이나 신앙 등등에 대한 표상에서 자기 앞에 지니고 전적으로 구체적이라고 여기는 물음들이 실제로는 단순한 사상 규정들로 환원되지만, 그 사상 규정들은 논리학에서 비로소 참다운 해결을 얻게 된다고 하는 통찰에 이바지해야 한다.

---

있는 진술이다. 우리는 이를 『논리의 학』에서의 언급들과 비교해볼 수 있을 것이다. 바로 언급되는 '의식의 배후에서' 진행되는 내용의 전개는 『정신현상학』에서 말하는 '회의의 도정' 내지 '절망의 도정'의 메아리라 할 수 있을 것이다. *Su.* 3/72를 참조.

# A. 객관성에 대한 사상의 첫 번째 태도

## 형이상학

### § 26

첫 번째 태도는 자기 안에서나 자기에 맞서서나 여전히 사유의 대립에 대한 의식을 지니지 않은 채 추사유에 의해 진리가 인식되고 참으로 객관들인 바의 것이 의식 앞으로 데려와진다고 하는 믿음을 포함하는 순진무구한 방도이다. 이러한 믿음에서 사유는 곧바로 대상들에 다가가 감각과 직관의 내용을 자기로부터 사상의 내용으로 재생산하고 진리로서의 그러한 내용에서 충족되어 있다. 모든 시원적인 철학, 모든 학문, 아니 의식의 일상적인 행위와 활동까지도 이러한 믿음 속에서 살아간다.

### § 27

이 사유는 자기의 대립에 대한 무의식성 때문에 그 내실에 따라 진정한 사변적 철학함일 수도 있을 뿐만 아니라 또한 유한한 사유 규정들에, 다시 말하면 아직 해소되지 않은 대립에 머물 수도 있다. 여기 서론에서의 관심은 다만 사유의 이러한 태도를 그 한계에 따라 고찰하는 것이자 따라서 후자의 [유한한] 철학함을 우선 확인하는 것일 수 있을 뿐이다. — 이 후자의 철학함이 가장 명확하게 형성되어 우리에게 가장 가까이 놓여 있는 것이 칸트 철학 이전에 우리에게서 조성되어 있던 바의 이전의 형이상학이었다. 그렇지만 이 형이상학은 철학사에 대한 관계에서만 이전의 어떤 것이다. 그 자체로 그것은 일반적으로 언제나 현존하며, 이성 대상들에 대한 단순한 지성 견해이다. 따라서 그것의 수법과 그 주요 내용에 대한 좀 더 자세한 고찰은 동시에 이러한 좀 더 자세한 현전하는 관심을 지닌다.

[8/94] § 28

이 학문은 사유 규정들을 사물들의 근본 규정들로서 간주했다. 그것은 존재하는 것이 사유됨으로써 그 자체에서 인식된다고 하는 전제로 인해 이후의 비판적 철학함보다 더 고차적인 위치에 서 있었다. 그러나 1. 저 규정들은 그 추상 속에서 그 자체로 타당한 것으로서 그리고 참된 것의 술어들일 수 있는 것으로서 받아들여졌다. 저 형이상학은 일반적으로 절대자에게 술어들이 덧붙여지는 방식으로 절대자에 대한 인식이 이루어 질 수 있다고 전제했으며, 지성 규정들을 그것들의 특유한 내용과 가치에 따라 탐구하지도 않았고 또한 절대자를 술어들을 덧붙임으로써 규정하는 이 형식을 탐구하지도 않았다.

그러한 술어들은 예를 들어 '신은 현존재를 갖는다'라는 명제에서와 같은 현존재, 세계는 유한한가 아니면 무한한가 하는 물음에서의 유한이나 무한, '영혼은 단순하다'라는 명제에서의 단순과 합성, 더 나아가 '사물은 하나이다, 전체이다' 등등의 명제들에서의 그것들이 다. — 그러한 술어들이 과연 자체적이고도 대자적으로 참된 어떤 것인지, 또한 판단의 형식이 과연 진리의 형식일 수 있는지는 탐구되 지 않았다.

〈보론〉 오랜 형이상학의 전제는 순진무구한 믿음 일반의 전제, 즉 사유가 사물들의 **자체적인 것**을 파악한다는 것, 사물들이, 즉 그것들이 참으로 그것인 바의 것이 오직 사유된 것으로서만 존재한다는 것이었다. 인간의 마음과 자연은 항상 변신하는 프로테우스[23]이며, 자기를 직접적으로 드러내 보이는 대로의 사물들이 그 자체에서 존재하는 것이 아니라는 것은 아주 가까이 놓여 있는 반성이다. — 여기서 언급되는 오랜 형이상학의 입장은 비판철학이 결론으로 지녔던 것의 반대이다. 우리는 분명 이러한 결론에 따르면 인간이 한갓 허섭스레기와 찌꺼기에만 지정되어 있을 거라고 말할 수 있다.

그러나 저 오랜 형이상학의 방도에 관해 좀 더 자세히 이야기하자면, 그 형이상학이 한갓 **지성적일 뿐인** 사유를 넘어서지 못했다는 점에 대해 주의해야 한다. 오랜 형이상학은 추상적 사유 규정들을 직접적으로 받아들여 그것들을 참된 것의 술어들이라고 타당화했다. 사유에 관해 이야기할 때, 우리는 유한하고 한갓 **지성적일 뿐인** 사유를 [895]무한하고 **이성적인** 사유와 구별해야만 한다. 직접적이고 개별적으로 흩어져 발견되는 바의 사유 규정들은 유한한 규정들이다. 그러나 참된 것은 유한한 것에 의해 표현되거나 의식화될 수 없는 자기 안에서 무한한 것이다. 사유란 언제나 제한된 것처럼 생각하는 근래의 표상을 견지한다면, 무한한 사유라는 표현은 기이한 것으로서 나타날 수 있다. 그러나 실제로 사유는 그 본질에 따라 자기 안에서 무한하다. 유한하다Endlich는 것은 형식적으로 표현하자면 끝Ende을 가지는 것, 즉 존재하지만 자기의 타자와 연관되고 그리하여 이 타자에 의해 제한되는 곳에서 존재하기를 그치는 그러한 것을 뜻한다. 그러므로 유한한 것은 그것의 부정이자 그것의 한계로서 나타나는 그것의 타자에 대한 관계 속에 존립한다. 그러나 사유는 자기 자신 곁에 존재하며 자기 자신에 대해 관계하고 자기 자신을 대상으로 지닌다. 내가 사상을 대상으로 지닌다는 점에서, 나는 나 자신 곁에 존재한다. 그러니까 나, 사유는 사유 속에서 사유 자신인 대상과 관계하는 까닭에 무한하다. 대상은 일반적으로 타자, 나에 대해 부정적인 것이다. 사유가 자기 자신을

---

23. Proteus. 그리스 신화에서 네레우스, 포르퀴스 등과 함께 '바다의 신' 가운데 하나로 바다의 예언을 한다. 호메로스의 『오뒷세이아』에 처음 등장한다. 무엇으로든 변신할 수 있는 능력을 지녀 뱀, 사자, 용, 불, 홍수 등 온갖 것으로 자유롭게 변할 수 있지만, 자기 자신의 진정한 모습을 나타낼 수는 없는 신이다.

사유한다면, 사유는 동시에 대상이 아닌 대상, 다시 말하면 지양되고 관념적인ideeller 대상을 지닌다. 그러므로 자기의 순수성 속에 있는 사유 그 자체는 자기 안에 아무런 제한도 지니지 않는다. 사유는 다만 그것이 제한된 규정들에 머무르고, 그 제한된 규정들이 사유에 있어 최종적인 것으로서 여겨지는 한에서만 유한하다. 그에 반해 무한하거나 사변적인 사유는 마찬가지로 규정하지만, 규정하고 한정하면서 이 결함을 다시 지양한다. 무한Unendlichkeit은 일상적 표상에서처럼 추상적인 넘어섬Hinaus 과 언제나-계속되는-넘어섬으로서가 아니라, 앞에서 제시되었듯이 단순한 방식으로 파악되어야 한다.

　오랜 형이상학의 사유는 유한한 사유였다. 왜냐하면 오랜 형이상학은 그것에게는 그 제한이 다시 부정되지 않는 확고한 어떤 것으로서 여겨진 그러한 사유 규정들 속에서 움직였기 때문이다. 그래서 예를 들어 신은 **현존재**를 지니는지의 물음이 물어졌고, 여기서 **현존재**는 순수하게 긍정적인 것으로서, 최종적이고 탁월한 것으로서 여겨졌다. 그러나 우리는 나중에 현존재가 결코 순전히 긍정적인 것이 아니라 너무 저급해서 이념과 신에게는 어울리지 않는 규정임을 보게 될 것이다. — 더 나아가 사람들은 세계의 유한성 또는 무한성에 대해서도 물었다. 여기서 무한성은 유한성에 확고히 맞세워지지만, 쉽게 통찰될 수 있는 것은 양자가 서로 맞세워질 때는 전체이어야 할 무한성이 그럼에도 불구하고 단지 하나의 측면으로서만 나타나고 유한한 것에 의해 한정되어 있다는 점이다. — 그러나 한정된 무한성은 그 자신이 유한한 것일 뿐이다. 같은 의미에서 사람들은 과연 영혼이 단순한지 아니면 합성되어 있는지 물었다. [8/96]그러므로 또한 단순성이 참된 것을 파악할 수 있는 최종적 규정으로서 여겨지기도 했다. 그러나 단순하다는 것은 현존재만큼이나 빈곤하고 추상적이며 일면적인 규정인바, 우리는 그 규정에 관해 나중에 그것 자신이 참되지 않은 것으로서 참된 것을 파악할 수 없다는 것을 보게 될 것이다. 영혼이 단순한 것으로서만 고찰되면, 그것은 그러한 추상에 의해 일면적이고 유한한

것으로서 규정된다.[24]

　그러므로 오랜 형이상학은 앞에서 언급된 종류의 술어들이 과연 자기의 대상들에 덧붙여질 수 있는지 인식하고자 하는 관심을 지녔다. 그러나 이 술어들은 단지 제한을 표현할 뿐 참된 것을 표현하지 못하는 제한된 지성 규정들이다. — 여기서 다음으로 특히 주의해야 할 것은 그 방도의 본질이 인식되어야 할 대상, 예를 들어 신에게 술어들이 덧붙여진다는 데에 존립했다는 점이다. 그러나 그 경우 이러한 것은 대상에 대한 외면적 반성이다. 왜냐하면 규정들(술어들)은 나의 표상에서 완결되어 있고 대상에 외면적으로만 덧붙여지기 때문이다. 그에 반해 대상의 참다운 인식은 대상이 자기를 자기 스스로 규정하지 자기의 술어들을 외면적으로 얻지 않는 바로 그 양식의 것이어야만 한다. 그런데 우리가 술어화의 방식으로 처리해 나가게 되면, 정신은 거기서 그러한 술어들에 의해서는 다함이 없겠다는 느낌을 지닌다. 그에 따라 오리엔트 사람들은 이러한 입장에서 전적으로 올바르게도 신을 많은 이름을 지닌 자, 무한한 이름을 지닌 자라고 부른다.[25] 마음은 저 유한한 규정들 가운데 어느 것에서도 만족하지 못하며, 그에 따라 오리엔트적인 인식은 그러한 술어들을 쉼 없이 찾아내는 데 존립한다. 그런데 유한한 사물들에서는 물론 그것들이 유한한 술어들에 의해 규정되어야만 한다는 것이 사실이며, 여기서는 지성이 자기의 활동을 가지고서 올바른 자리에 있다. 그 자신이 유한한 것인 지성은 또한 오직 유한한 것의 본성만을 인식한다. 예를 들어 내가 하나의 행위를 절도라고 부른다면, 그에 의해 그 행위는 그 본질적 내용에 따라 규정되어 있으며, 재판관에게는 이를 인식하는 것으로 충분하다. 그와

---

24. 여기서 제기된 '물음들'의 기원과 그 결과 드러나는 '오랜 형이상학'의 정체성에 대해서는 § 33–36에서 논의된다.

25. 이 '오리엔트 사람들'에 대한 헤겔의 지식의 원천은 아마도 아우구스트 네안더(August Neander, 1789–1850, 독일의 신학자이자 교회사가)를 경유한 필론(Philōn ho Alexandreios, B.C. 15?–A.D. 45?, 헬레니즘 시대의 대표적인 유대 철학자이자 최초의 신학자로서 그리스 철학과 유대인의 유일신 신앙의 융합을 꾀했다. 고대 그리스도교 신학, 철학 사상의 형성과 뒷날의 신플라톤주의에까지 커다란 영향을 미쳤다)일 것이다.

마찬가지로 유한한 사물들이 원인과 결과로서, 힘과 발현으로서 서로 관계한다면, 그것들은 이러한 규정들에 따라 파악됨으로써 그것들의 유한성에 따라 인식되어 있다. 그러나 이성 대상들은 그러한 유한한 술어들에 의해 규정될 수 없으며, 그렇게 하려고 노력한 것이야말로 오랜 형이상학의 결함이었다.

## § 29

그와 같은 술어들은 그 자체로 제한된 내용이며, 이미 (신, 자연, 정신 등등에 관한) 표상의 충만함에 적합하지 않고 그것을 결코 남김없이 다 드러내지 못하는 것으로서 나타난다. [897]그러고 나서 그것들은 하나의 주어의 술어들이라는 점에 의해 서로 결합해 있지만, 그 내용에 의해 상이하며, 그리하여 그것들은 서로에 대해 밖으로부터 받아들여진다.

오리엔트 사람들은 예를 들어 신의 규정에서 그들이 신에게 덧붙이는 많은 이름에 의해 첫 번째 결함을 제거하고자 했다. 그러나 동시에 그 이름에는 무한히 많은 것이 있어야 했다.[26]

## § 30

2. 오랜 형이상학의 대상들은 실로 자체적이고도 대자적으로 이성에, 즉 자기 안에서 구체적인 보편적인 것의 사유에 속하는 총체성들, ─ 영혼, 세계, 신이었다. 그러나 그 형이상학은 그것들을 표상으로부터 받아들였으며, 완결된 주어진 주체[주어]들로서의 그것들을 그것들에 대한 지성 규정들의 적용에 있어 근저에 놓았고, 술어들이 과연 적합하고 충분한지 아닌지의 척도를 오직 저 표상에서만 지녔다.

---

26. 앞의 주해를 참조.

## § 31

영혼, 세계, 신의 표상들은 우선은 사유에 확고한 발판을 제공하는 것으로 보인다. 그러나 그 표상들에 특수한 주관성의 성격이 섞여 있고 이에 따라 그것들이 아주 서로 다른 의미를 가질 수 있다는 점 이외에, 그것들은 오히려 사유에 의해 비로소 확고한 규정을 획득할 필요가 있다. 이 점을 각각의 모든 명제가 표현한다. 바로 그 명제들에서는 주어, 다시 말하면 처음의 표상이 무엇인지가 술어에 의해(다시 말하면 철학에서는 사유 규정에 의해) 비로소 제시되어야 한다.

'신은 영원하다, 등등'의 명제에서는 '신'이라는 표상과 함께 시작된다. 그러나 신이 무엇인지는 아직 알려지지 않는다. 술어가 비로소 신이 무엇인지를 진술한다. 그런 까닭에 내용이 전적으로 오로지 사상의 형식으로만 규정되는 논리적인 것에서는 이 규정들을 그 [8/98]주어가 신이나 좀 더 모호한 절대적인 것인 명제들의 술어로 삼는 것이 불필요할 뿐만 아니라 또한 그렇게 하는 것은 사상 자신의 본성과는 다른 척도를 상기시키는 단점도 지닐 것이다. — 본래 명제의 형식이나 좀 더 규정적으로 판단의 형식은 구체적인 것 — 참된 것은 구체적이다 — 과 사변적인 것을 표현하기에 부적절하다. 판단은 그 형식에 의해 일면적이고 그런 한에서 거짓이다.[27]

〈보론〉 이 형이상학은 자유롭고 객관적인 사유가 아니었다. 왜냐하면 그것은 객관이 자기를 자유롭게 자기 자신으로부터 규정할 수 있게 한 것이 아니라 바로 그 객관을 완결된 것으로서 전제했기 때문이다. — 자유로운 사유에 관해 이야기하자면, 그리스 철학은 자유롭게 사유했지만, 스콜라 철학은 그렇지 못했다. 왜냐하면 이 철학도 자기의 내용을

---

27. 이 논의는 『정신현상학』 「서문」에서의 '사변적 명제' 교설과 비교될 수 있다. *Su.* 3/56–60 을 참조.

마찬가지로 주어진 것으로서, 게다가 교회로부터 주어진 것으로서 받아들였기 때문이다. ― 우리 근대인은 우리의 교양 전체에 의해 넘어서기가 지극히 어려운 표상들에 봉헌되어 있는데, 왜냐하면 이 표상들은 가장 심오한 내용을 지니기 때문이다. 오랜 철학자들에게서 우리는 전적으로 감성적 직관에 서서 저 위의 하늘과 주위의 땅 이외에 더는 아무런 전제도 지니지 않는 사람들을 떠올려야만 하는데, 왜냐하면 신화적 표상들이 내던져 버려졌기 때문이다. 사상은 이러한 사태적인 환경에서 자유롭고 자기 안으로 되돌아와 있으며, 모든 소재로부터 자유롭고, 순수하게 자기 곁에 존재한다. 이러한 순수한 자기 곁에 있음은 자유로운 사유, 자유로운 땅으로의 상륙에 속하는바, 거기에는 우리 아래나 우리 위에 아무것도 존재하지 않으며, 우리는 고독 속에서 오로지 우리와 함께 거기 서 있다.

## § 32

3. 이 형이상학은 교조주의*Dogmatismus*가 되었다. 왜냐하면 그것은 유한한 규정들의 본성에 따라서 저 명제들이 그와 같은 것이었던 두 개의 대립된 주장들 가운데 하나는 참이지만 다른 하나는 거짓일 수밖에 없다고 가정해야만 했기 때문이다.

〈보론〉 교조주의는 우선은 자기의 대립을 회의주의*Skeptizismus*에서 지닌다. 오랜 회의주의자들은 일반적으로 각각의 모든 철학이 일정한 정리들을 내세우는 한에서 그 철학을 교조적이라고 불렀다.[28] 이러한 좀 더 넓은 의미에서는 본래적으로 사변적인 철학도 회의주의에 대해 교조적으

---

28. '교조주의'의 이러한 용법은 섹스토스 엠페이리코스(Sextus Empiricus, A.D. 160?-210?, 그의 저서 『퓌론주의 개요』는 고대 회의주의를 철학자 퓌론(B.C. 367?-275)의 주장을 중심으로 요약한 책이다)에게서 전형적이다. 그러나 헤겔은 여기서 회의주의를 가지고서 '퓌론주의자'뿐만 아니라 '아카데메이아학파'도 지칭하고자 한다. 더 나아가 앞의 각주 18)도 참조.

로 여겨진다. 그러나 그 경우 좀 더 좁은 의미에서의 교조적인 것은 대립된 규정들을 배제한 채 일면적인 지성 규정들을 견지하는 데 존립한다. 이러한 것은 일반적으로 엄밀한 이것-아니면-저것Entweder-Oder이며, 그에 따르면 예를 들어 세계는 유한하거나 [8/99]아니면 무한하지만, 둘 중의 오직 하나일 뿐이다. 그에 반해 참다운 것, 사변적인 것은 바로 다음과 같은 것, 즉 그러한 일면적 규정이 그 자체에서 지니지 못하고 또 그러한 규정을 통해 남김없이 다 드러나지 않는 그러한 것인바, 오히려 총체성으로서 교조주의에 있어 그 분리에서 확고하고 참된 것으로서 여겨지는 그러한 규정들을 자기 안에서 통합하여 포함하는 그러한 것이다. — 철학에서는 일면성이 총체성에 반하는 특수한 것이자 확고한 것이라고 주장하면서 총체성 옆에 서는 일이 자주 일어난다. 그러나 실제로 일면적인 것은 확고한 것이거나 그 자체로 존립하는 것이 아니다. 오히려 그것은 전체 속에 지양된 것으로서 포함되어 있다. 지성 형이상학의 교조주의는 일면적 사상 규정들을 그 고립 속에서 견지하는 데 존립한다. 그에 반해 사변철학의 관념론Idealismus은 총체성의 원리를 지니며, 자기를 추상적 지성 규정들의 일면성을 포월하는 것으로서 입증한다. 그래서 관념론은 다음과 같이 말하게 된다. 즉, 영혼은 단지 유한할 뿐이지도 단지 무한할 뿐이지도 않다. 오히려 그것은 본질적으로 한쪽인 것과 마찬가지로 또한 다른 쪽이기도 하며, 그리하여 한쪽도 아니고 다른 쪽도 아니다. 다시 말하면 그러한 규정들은 그 고립에서는 부당하며, 그것들은 오직 지양된 것으로서만 타당하다. — 우리의 일상적 의식에서도 이미 관념론이 출현한다. 우리는 그에 따라 감성적 사물들에 대해 그것들이 변할 수 있다고, 다시 말하면 그것들에 존재 및 비존재가 속한다고 말한다. — 지성 규정들과 관련해서는 우리는 더 완고하다. 이 지성 규정들은 사유 규정들로서는 좀 더 확고한 것, 아니 절대적으로 확고한 것으로 여겨진다. 우리는 그것들을 무한한 심연에 의해 서로로부터 분리된 것으로서 고찰하며, 그리하여 서로 대립하는 규정들은 결코 서로에게 도달할 수 없다. 이성의 투쟁은 지성이 고정한 바로 그것을 극복하는 데 존립한다.

## § 33

이 형이상학의 정돈된 형태에서 그 첫 번째 부분을 이루는 것은 존재론 *Ontologie* ─ 곧 본질의 추상적 규정들에 관한 학설이다.[29] 다양성과 유한한 타당성을 지니는 이 규정들에 대해서는 원리가 빠져 있다. 그런 까닭에 그것들은 경험적으로나 우연적인 방식으로 열거될 수밖에 없으며, 그것들의 좀 더 자세한 내용은 다만 표상에, 즉 이 말에서는 바로 이러한 것이 생각된다고 하는 단언에, 또한 가령 어원학에 근거 지어질 수 있을 뿐이다. 거기서 문제가 될 수 있는 것은 다만 언어 사용과 일치하는 분석의 올바름과 경험적 [8/100]완전성일 뿐, 그러한 규정들의 자체적이고도 대자적인 진리와 필연성이 아니다.


존재, 현존재 또는 유한성, 단순성, 합성 등등이 과연 자체적이고도 대자적으로 참된 개념들인가 하는 물음은 단지 하나의 명제의 진리에 대해서만 말할 수 있고 다만 하나의 개념이 과연 하나의 주어에 참되게 (그렇게 말해졌듯이) 덧붙여질 수 있는가 아닌가 하는 것만이 물어질 수 있을 뿐이라고 생각하는 사람들에게는 기이하게 보이지 않을 수 없다. 비진리란 표상의 주어와 이 주어에 대해 술어로 진술되는 개념 사이에서 발견되는 모순에 달려 있다는 것이다. 하지만 구체적인 것으로서의 개념과 심지어 각각의 모든 규정성 일반은 본질적으로 자기 자신 안에서 구별된 규정들의 통일이다. 그러므로 진리가 만약 모순의 결여 이외에 아무것도 아니라면, 각각의 모든

---

29. §§ 33─36에서 논의되는 형이상학의 네 부문 ─ 존재론, 우주론, 심리학, 합리적 신학 ─ 은 크리스티안 볼프(Christian Wolf, 1679─1754)가 일군의 추종자들에게 물려준 강단 형이상학에서 유래한다. 따라서 헤겔이 여기서 간단히 '형이상학'이라 부르는 사상의 첫 번째 태도는 좀 더 특수하게는 볼프와 그의 학파의 그것이다.

개념에서는 먼저 그것이 과연 그 자체로 그러한 내적 모순을 포함하는 지가 고찰되어야만 할 것이다.

## § 34

두 번째 부분은 영혼, 요컨대 사물로서의 정신의 형이상학적 본성에 관계하는 합리적 심리학 또는 영물학Pneumatologie이었다.

불사성은 합성, 시간, 질적 변화, 양적 증가나 감소가 그 자리를 지니는 영역에서 추구되었다.

〈보론〉 영혼의 외화[발현]들에 대한 경험적 고찰 방식에 대립하는 심리학이 합리적이라고 불렸다. 합리적 심리학은 영혼을 그 형이상학적 본성에 따라, 즉 그것이 추상적 사유에 의해 규정되는 대로 고찰했다. 그것은 영혼의 내적 본성을, 영혼이 그 자체에서 존재하는 대로, 그것이 사상에 대해 존재하는 대로 인식하고자 했다. — 오늘날 철학에서는 영혼에 대해 거의 말하지 않으며, 주로 정신에 대해 말한다. 정신은 이를테면 육체성과 정신 사이의 중간자 또는 양자 사이의 유대인 영혼과 구별된다. 영혼으로서의 정신은 육체성 속에 침잠해 있으며, 영혼은 육체에 생명을 부여하는 것이다.

오랜 형이상학은 영혼을 사물로서 고찰했다. 그러나 '사물Ding'은 아주 모호한 표현이다. 사물에서 우리는 [8/101]우선은 직접적으로 실존하는 것, 우리가 감성적으로 표상하는 그러한 것을 이해하며, 이러한 의미에서 사람들은 영혼에 대해 말해왔다. 그에 따라 그들은 영혼이 어디에서 그 자리를 지니는지 물어왔다. 그러나 자리를 지니는 것으로서 영혼은 공간 속에 존재하며 감성적으로 표상된다. 그와 마찬가지로 영혼이 단순한지 아니면 합성되어 있는지가 물어질 때도, 그것은 영혼을 사물로서 파악하는 것에 속한다. 이 물음은 영혼의 불사성이 영혼의 단순성에 의해 조건 지어진 것으로서 고찰되었던 한에서 특히 영혼의 불사성과 관련하여 관심을 끌었다. 그러나 실제로 추상적 단순성은 합성성의 규정만큼이나 영혼의 본질에 상응하지 않는 규정이다.

합리적 심리학과 경험적 심리학의 관계에 관해 이야기하자면, 합리적 심리학이 정신을 사유에 의해 인식하고 사유된 것을 증명하기도 하는 것을 과제로 삼는 데 반해, 경험적 심리학은 지각에서 출발하여 다만 이 지각이 건네주는 것을 나열하고 기술할 뿐이라는 점에 의해 전자가 후자보다 더 고차적인 입장에 선다. 하지만 정신을 사유하고자 한다면, 우리는 그 특수성들에 대해 결코 그렇듯 냉담해서는 안 된다. 정신은 이미 스콜라 철학자들이 신에 대해 그는 절대적 활동태Aktuosität라고 말한 의미에서 활동성Tätigkeit이다.[30] 그런데 정신이 활동적이라는 점에서, 거기에는 정신이 스스로 외화한다는 것이 놓여 있다. 그런 까닭에 정신은 정신의 과정 없는 내면성을 그 외면성과 분리한 오랜 형이상학에서 그러했듯이 과정 없는 존재자ens로서 고찰되어서는 안 된다. 정신은 본질적으로 그 구체적 현실성Wirklichkeit, 그 현실태Energie에서 고찰되어야 하며, 게다가 그 현실태의 외화들이 정신의 내면성에 의해 규정된 것으로서 인식될 수 있어야 한다.[31]

## § 35

세 번째 부분, 우주론은 세계, 즉 세계의 우연성, 필연성, 영원성, 공간과 시간에서의 한정되어 있음, 세계 변화들에서의 형식적 법칙들, 더 나아가 인간의 자유와 악의 근원을 다루었다.

---

30. 헤겔이 스콜라 철학자들에게 돌리고 있는 이 'Aktuosität'라는 용어를 어디서 발견했는지는 명확하지 않다. 그러나 그것은 철학사로부터나 그가 바더, 뵈메 그리고 독일 신비주의를 읽은 것에서 유래했을 것이다. 헤겔은 그것을 1827년 『종교철학 강의』에서 단 한 번 사용했다. G. W. F. Hegel, *Vorlesungen über die Philosophie der Religion*. W. Jaeschke, ed. Hamburg: Meiner, 1983-85(*Vorlesungen*, Band 3-5), Band 5:196을 참조.
31. 여기서 현실성, 현실태는 Wirklichkeit와 Energie의 본래적인 의미가 그러하듯이 일하고 작용하는 활동성, 활동태를 함축한다.

여기서는 주로 우연성과 필연성, 외면적 필연성과 내면적 필연성, 작용인과 목적인 또는 인과성 일반과 목적, 본질 또는 실체와 현상, 형식과 질료, 자유와 필연성, 행복과 고통, 선과 악이 절대적 대립들로서 여겨진다.

[8/102]〈보론〉 우주론은 자연은 물론이고 정신도 그 외면적 뒤얽힘에서, 그 현상에서, 그러므로 일반적으로 현존재, 즉 유한한 것의 총체를 대상으로 삼았다. 그러나 우주론은 이러한 자기의 대상을 구체적 전체로서가 아니라 단지 추상적 규정들에 따라서만 고찰했다. 그래서 여기서는 예를 들어 우연이 세계를 지배하는지 아니면 필연이 지배하는지, 세계가 영원한지 아니면 창조되었는지의 물음들이 다루어졌다. 그에 이어 이 분과의 주요 관심사를 형성한 것은 예를 들어 자연에는 비약이 존재하지 않는다는 것과 같은 이른바 보편적인 우주론적 법칙들을 수립하는 것이었다. 여기서 비약은 대체로 질적 구별과 질적 변화 정도를 뜻하는데, 그것들은 비매개적인 것으로서 현상하는 데 반해, (양적인) 점진적인 것은 매개된 것으로서 나타난다.

그러고 나서 세계에서 현상하는 바의 정신과 관련하여 우주론에서 다루어진 것은 주로 인간의 자유와 악의 근원에 대한 물음들이었다. 물론 이것들은 최고의 관심거리인 물음들이다. 그렇지만 이 물음들에 충분한 방식으로 대답하기 위해 무엇보다도 먼저 요구되는 것은, 마치 서로 대립하는 두 규정 각각이 그 자체로 존립하고 그 고립 속에서 실체적이고 참다운 것으로서 고찰될 수 있을 것처럼 생각하는 바로 그 의미에서 그 추상적 지성 규정들을 최종적인 것으로서 견지하지 않는 것이다. 그렇지만 이러한 것이 오랜 형이상학의 입장이었고, 일반적으로 우주론적 논의들에서도 그러했던바, 그런 까닭에 그 논의들은 세계의 현상들을 파악한다는 자기의 목적에 부응할 수 없었다. 그래서 예를 들어 자유와 필연성의 구별이 고찰되었으며, 이 규정들은 자연이 그 작용들에서 필연성에 종속된 것으로서 고찰되지만 정신은 자유로운 것으로서 고찰되는 바로 그 양식에서 자연과 정신에 적용되었다. 물론 이 구별은 본질적이며 정신 자신의 가장 내적인 것에 근거 지어져 있다. 그렇지만 서로 추상적으로 대립하는 것으로서의 자유와 필연성은 다만 유한성에 속할 뿐이며 오직 그 지반 위에서만 타당하다. 자기 안에 아무런 필연성도 지니지 않는 자유와 자유 없는 단순한 필연성, 이것들은 추상적이고 따라서 참되지 않은 규정들이다. 자유는 본질적으로 구체적이며, 영원한 방식으로 자기 안에서 규정되어 있고 따라서 동시에 필연적이다. 필연성에 대해 말할 때 그것에서 이해되곤 하는 것은 우선은 다만 외부로부터의 결정, 예를 들어 유한한 역학에서 하나의 물체가 다른 물체에 의해 충돌될 때만 운동하되, 게다가 이 충돌로 인해 그것에게 주어지는 방향으로 운동하는 것과 같은 것일 뿐이다. [8/10]그렇지만 이러한 것은 한갓 외면적인 필연성이지 참으로 내적인 필연성이 아니다. 왜냐하면 후자는 자유이기 때문이다. — 선과 악의 대립, 즉 자기 안으로 심화한 근대 세계의 이러한 대립의 경우에도 사정은 마찬가지이다. 우리가 악을 선이 아닌 그 자체로 확고한 것으로서 고찰한다면 이러한 것은, 최근에 분명 그렇게 말해졌듯이 마치 악과 선이 절대자에서 하나이며 어떤 것은 우리의 견해에 의해 비로소 악해지거나 한다는 것처럼 선과 악의 대립의 가상성과 상대성이 받아들여져서는 안 되는 한에서, 전적으로 올바르며 그 대립은 인정되어야 한다. 그러나 잘못된 것은 사람들이 악을 확고한 긍정적인[적극적인] 것으로 간주하는 것이다. 그러나 그 반면에 악이란 그 자체로 존립을 지니는 것이 아니라 다만 그 자체로 있고자 할 뿐이고 실제로는 다만 부정성의 자기 안에서의 절대적 가상일 뿐인 부정적인 것[소극적인 것]이다.

## § 36

네 번째 부분, 즉 자연신학 또는 합리적 신학은 신의 개념 또는 그것의 가능성, 신의 현존재에 대한 증명들과 신의 특성들을 고찰했다.

a) 신에 대한 이러한 지성적 고찰에서 관건이 되는 것은 주로 우리가 신에서 **표상**하는 것에 어떤 술어들이 적합하거나 적합하지 않은가 하는 것이다. 여기서는 실재성Realität과 부정Negation의 대립이 절대적인 것으로서 나타난다. 따라서 지성이 취하는 바의 개념에 대해서는 결국 무규정적 본질이라는, 순수한 실재성 또는 긍정성이라는 공허한 추상만이, 즉 근대적 계몽의 죽은 산물만이 남는다. b) 유한한 인식의 **증명**은 일반적으로 신의 존재의 객관적 근거가 제시되어야 하되, 그리하여 신의 존재가 다른 것에 의해 **매개**된 것으로서 나타난다고 하는 전도된 태도를 보여준다. 지성 동일성을 규칙으로 지니는 이러한 증명은 유한한 것에서 **무한한 것**으로 이행해야 한다는 난점에 사로잡혀 있다. 그래서 그 증명은 신을 현존재하는 세계의 긍정적으로 머무르는 유한성으로부터 해방할 수 없었고, 그리하여 신이 세계의 직접적인 실체로서 규정되어야만 했거나(범신론), — 아니면 신이 객체로서 주체에 계속해서 대립함으로써 이러한 방식으로 유한한 것으로서 규정되어야만 했다(이원론). c) **특성들은** [8/104]그것들이 규정되고 서로 다른 것들이어야 함에도 불구하고 본래적으로 순수한 실재성, 즉 무규정적 본질이라는 추상적 개념 속에서 몰락해 있다. 그러나 여전히 유한한 세계가 **참된** 존재로서 머물고 신이 표상 속에서 계속해서 그것에 맞서 있는 한에서, 또한 유한한 세계에 대한 신의 서로 다른 관계들의 표상도 나타나는데, 특성들로서 규정된 이 관계들은 한편으로는 유한한 상태들에 대한 관계들로서 그 자신이 유한한 양식(예를 들어 의롭다, 선하다, 강하다, 지혜롭다 등등)이어야만 하지만, 다른 한편으로는 동시에 무한해야 한다. 이러한 모순은 이 입장에서는 다만 그 특성들을 몰규정적인 것으로, 즉 더 **탁월한 의미**sensum eminentiorem로 몰아가는 양적 증대에 의한

한갓 모호한 해결책만을 허락한다.[32] 그러나 이에 의해 특성은 실제로는 무화되고 특성에는 단지 이름만이 남겨진다.

〈보론〉 오랜 형이상학의 이 부분에서 문제가 된 것은 이성이 그 자체로 신에 대한 인식에서 얼마나 멀리 나아갈 수 있는지를 확립하는 것이었다. 물론 이성에 의해 신을 인식하는 것은 학문의 최고 과제이다. 종교는 우선은 신에 관한 표상들을 포함한다. 신앙 고백에 총괄된 바의 이 표상들은 우리에게 어려서부터 종교의 교설들로서 전달되며, 개인이 이 교설들을 믿고 그것들이 그에게 진리인 한에서 그는 그리스도교도로서 필요로 하는 것을 지닌다. 그러나 신학은 이러한 신앙의 학문이다. 신학이 그저 종교 교설들의 외면적 열거와 총괄만을 준다면, 그것은 아직 학문이 아니다. 그 대상에 대한 오늘날 그토록 사랑받는 (예를 들어 이런저런 교부가 말한 것을 이야기함으로써 이루어지는 것과 같은) 한갓 역사학적일 뿐인 취급에 의해서도 신학은 여전히 학문성의 성격을 얻지 못한다. 이것은 철학의 과업인 개념 파악하는 사유로 나아감으로써 비로소 이루어진다. 그래서 참다운 신학은 본질적으로 동시에 종교철학이며, 중세에도

---

32. '더 탁월한 의미(sensus eminentior)'의 신의 속성들은 일반적으로(그의 인과적 힘뿐만 아니라 그의 지혜와 선함 등등도) '부정신학'의 주된 주제였다. 이러한 '더 탁월한 의미'의 기원은 분명 신플라톤주의에 있을 것이다. '원인'이 결과들을 '포함'해야만 한다는 것은 스콜라 형이상학의 공리였다. 그러나 (신이나 인간 정신과 같은) 정신적이거나 지적인 '원인'은 그 자연적 결과들을 오직 더 탁월한 의미에서만 포함할 수 있다. 따라서 그 창조자로서의 신은 세계를 더 탁월하게 '포함'한다. 이러한 인과적인 더 탁월함에 대한 일반적으로 받아들여진 정의는 토마스 아퀴나스에게서 발견된다(Thomas Aquinas, *Summa Theologiae*, pt. 1. in *Basic Writings*, A. C. Pegis, ed. 2 vols. New York: Knopf, 1944의 1:4, 2를 참조). 그러나 우리는 그에 대한 가장 유명한 호소들 가운데 하나를 또한 데카르트의 『성찰』 III에서도 찾아볼 수 있다. 어쨌든 그에 대한 표준적인 권위는 위-디오뉘시오스의 『신의 이름들에 대하여』이지만, 헤겔이 신의 '더 탁월한' 완전함의 교설에 부딪힌 것은 라이프니츠의 신정론에서였다. 그리고 헤겔은 그에 대한 스피노자의 공격(서간 VI)을 자기가 신학적 교육을 통해 배울 수 있었던 어떤 것보다도 더 마음에 간직했을 것이다. 그 교설은 볼프의 강단 형이상학의 부분이었다. 따라서 스피노자의 서간과는 별도로 볼프의 『자연신학』(*Theologia Naturalis*)과 라이프니츠의 『신정론』과 『모나드론』 및 『자연과 은총의 원리들』에서의 논의들도 이것과 관련된다.

신학은 종교철학이었다.

그 경우 오랜 형이상학의 **합리적 신학**에 관해 좀 더 상세히 이야기하자면, 그것은 신에 관한 **이성** 학문이 아니라 **지성** 학문이었으며, 그 사유는 오직 추상적 사상 규정들에서만 움직였다. —— 여기서는 신의 개념이 다루어지는 가운데 [8/105]인식을 위한 척도를 형성한 것은 신에 관한 **표상**이었다. 그러나 사유는 자유롭게 자기 안에서 움직여야 하는바, 그렇지만 그렇게 함에 있어 곧바로 주의해야 할 것은 자유로운 사유의 결과가 그리스도교의 내용과 일치한다는 점이다. 왜냐하면 그리스도교는 이성의 계시이기 때문이다. 그렇지만 저 합리적 신학에서는 그러한 일치에 도달하지 못했다. 합리적 신학이 신에 관한 표상을 사유에 의해 규정하는 데 착수함으로써, 부정을 배제한 채 오직 긍정성 또는 실재성 일반의 추상물만이 신의 개념으로서 밝혀졌으며, 그에 따라 신은 **가장 실재적인 본질**_allerrealste Wesen_로서 정의되었다.[33] 그러나 쉽게 통찰될 수 있는 것은 이 가장 실재적인 본질이 그로부터 부정이 배제됨으로써 바로 그것이 마땅히 그것이어야 하고 지성이 그것에서 가진다고 생각하는 것의 정반대라고 하는 점이다. 그것은 가장 풍부하고 단적으로 충만한 것인 대신에 그에 대한 추상적 파악으로 인해 오히려 가장 빈곤하고 단적으로 공허한 것이다. 마음은 정당하게도 구체적인 내용을 요구한다. 그러나 그러한 내용은 오직 그것이 규정성, 다시 말하면 부정을 자기 안에 포함함으로써

---

33. 'allerrealste Wesen', 이 독일어는 일반적으로 '가장 실재적인 존재'로서 번역되는데, 그 까닭은 'Wesen'이 '본질'뿐만 아니라 '존재'도 의미하기 때문이다. 그러나 'Wesen'은 일관되게 '본질'이라 옮기는 것이 좋을 것이다. 아주 기초적인 예를 들자면, 물론 신은 영어로는 보통 'the supreme being', 프랑스어로는 'l'Etre supreme'로 표현된다. 하지만 그에 해당하는 헤겔의 독일어는 'das höchste Wesen'인데, 우리는 여기서 '존재(Sein)', '본질(Wesen)' 그리고 '개념(Begriff)'의 구별이 헤겔에게 단적으로 근본적임을 기억해야 할 것이다. 그에 더하여 '본질은 자체적이고도 대자적으로 지양된 존재이다'(_Su._ 6/17)라는 『논리의 학』의 언급을 고려할 때, 지양된 존재로서의 본질은 자기 안에 존재를 지양된 것으로서 간직하고 있다. 그렇다면 'Wesen'에 대해서는 일관되게 '본질'이라 옮기는 것이 헤겔의 의미를 명확히 보여줄 뿐만 아니라 논리적으로 일관되기도 할 것이다.

만 현존한다. 신의 개념이 단순히 추상적이거나 가장 실재적인 본질의 개념으로서 파악된다면, 그에 의해 신은 우리에 대해 단순한 저편이 되며, 그 경우 그에 대한 인식에 관해서는 더는 말할 수 없다. 왜냐하면 아무런 규정성도 없는 곳에서는 또한 어떠한 인식도 가능하지 않기 때문이다. 순수한 빛은 순수한 어둠이다.

이 합리적 신학의 두 번째 관심은 신의 현존재에 대한 증명에 관계되었다. 거기서 주요 문제는 지성에 의해 취해지는 바의 증명이란 하나의 규정의 다른 규정에 대한 의존이라는 점이다. 우리는 이러한 증명에서 다른 것이 그로부터 따라 나오는 전제된 것, 확고한 것을 갖는다. 그러므로 여기서는 하나의 규정의 전제에 대한 의존이 제시된다. 그런데 이러한 방식으로 신의 현존재가 증명되어야 한다면, 이것은 신의 존재가 다른 규정들에 의존해야 하며, 그러므로 이 규정들이 신의 존재의 근거를 이룬다는 의미를 얻는다. 그렇다면 여기서 곧바로 알게 되는 것은 무언가 비뚤어진 것이 나올 수밖에 없다는 점이다. 왜냐하면 신은 바로 단적으로 모든 것의 근거여야 하고, 따라서 다른 것에 의존해서는 안 되기 때문이다. 이와 관련하여 사람들은 근래에 신의 현존재란 증명될 수 있는 것이 아니라 직접적으로 인식되어야만 한다고 말했다. 그렇지만 이성은 증명에서 지성과 또한 상식이 행하는 것과는 전혀 다른 어떤 것을 이해한다. 이성의 증명도 실로 그 출발점으로 신과는 다른 것을 지닌다. 하지만 그 증명은 그 전진에서 이러한 다른 것을 직접적이고 존재하는 것으로서 놔두지 않으며, 오히려 그것을 매개되고 정립된 것으로서 [8/106]제시한다는 점에서, 그에 의해 동시에 신이란 매개를 자기 안에 지양된 것으로 포함하는 것, 참으로 직접적인 것, 근원적인 것 그리고 자기에 기반하는 것으로서 고찰될 수 있다는 점이 밝혀진다. ― 사람들이 '자연을 고찰하라, 자연은 너희를 신에게로 이끌 것이고, 너희는 절대적인 궁극 목적을 발견할 것이다'라고 말할 때, 그것으로 생각되고 있는 것은 신이 매개된 것이라는 것이 아니라 다만 우리가 다른 것으로부터 신에게로 나아간다는 것일 뿐인바, 바로 그 양식에서는 귀결로서의 신이 동시에 저 최초의 것의 절대적 근거이며, 그러므로 위치가 전도되어 귀결로서 나타나는 바로 그것이 또한 근거로서 드러나고, 처음에 근거로서 제시되었던 것이 귀결로 격하된다. 그 경우 이러한 것은 이성적 증명의 발걸음이기도 하다.

우리가 지금까지 제시된 논의에 따라 다시 한번 이 형이상학의 방도 일반을 살펴보게 되면, 그 방도의 본질은 형이상학이 이성 대상들을 추상적이고 유한한 지성 규정들에서 파악했고 추상적 동일성을 원리로 삼았다는 데 있었다는 것이 밝혀진다.[34] 그러나 이러한 지성 무한성, 이러한 순수한 본질은 그 자신이 다만 유한한 것일 뿐이다. 왜냐하면 특수성이 그로부터 배제되어 그 무한성을 제한하고 부정하기 때문이다. 이 형이상학은 구체적 동일성에 도달하는 대신에 추상적 동일성을 고집했다. 그러나 이 형이상학의 좋은 점은 오로지 사상만이 존재자의 본질성이라는 의식이었다. 이 형이상학에 소재를 제공한 것은 이전의 철학자들과 특히 스콜라 철학자들이었다. 사변철학에서 지성은 실로 하나의 계기이지만, 거기에 머무르지 않는 계기이다. 플라톤은 그러한 형이상학자가 아니며, 아리스토텔레스는 더욱더 그렇지 않다. 비록 통상적으로는 그 반대로 믿어지고 있지만 말이다.

---

34. 여기서 처음의 '추상적'은 지성의 규정들 사이의 고정된 분리를 지시하며, 두 번째 '추상적'은 모든 부정의 결여를, 따라서 모든 규정의 결여를 가리킨다. 헤겔의 논리학에서 '추상적'의 서로 다른 용법들에 관한 유용한 탐구가 Philip Grier, 'Abstract and Concrete in Hegel's Logic', in G. Di Giovanni, ed. *Essays on Hegel's Logic*, Albany: SUNY Press, 1990에 의해 제공된다. '구체성'의 방법적 획득에 대해서는 J. Glenn Gray, 'Hegel's Logic: The Philosophy of the Concrete', in *Virginia Quarterly Review* (Spring 1971): 1, 75–89를 참조.

# B. 객관성에 대한 사상의 두 번째 태도

## Ⅰ. 경험주의

§ 37

한편으로 그 자체 자신으로는 자기의 보편성들로부터 특수화와 규정으로 전진할 수 없는 지성의 추상적 이론들에 반하는 **구체적 내용**에 대한 욕구와 다른 한편으로는 유한한 규정들의 영역에서 그 유한한 규정들의 방법에 따라 [8/107]**모든 것을 증명**할 가능성에 맞선 **확고한 발판**에 대한 욕구는 우선은 **경험주의**로 나아갔다.[35] 경험주의는 사상 자신에서 참된 것을 추구하는 대신, 그것을 **경험**, 즉 외적이고 내적인 현재로부터 끌어내고자 한다.

〈보론〉 경험주의는 그 근원을 지금 이 절에서 제시된 **구체적 내용**과 **확고한 발판**에 대한 욕구에 빚지고 있다. 그 욕구를 추상적 지성 형이상학은 충족시킬 수 없다. 여기서 내용의 구체적인 것에 대해 이야기하자면, 일반적으로 문제가 되는 것은 의식의 대상들이 자기 안에서 규정된 것으로서 그리고 구별된 규정들의 통일로서 알려진다는 점이다. 그러나 우리가 보았듯이 이 점은 지성 형이상학에서는, 즉 지성의 원리에 따라서는

---

35. § 39에서의 흄에 관한 언급들에 비추어볼 때 여기서 헤겔은 분명히 베이컨과 로크로부터 이어지는 사상운동 전체를 포괄하고자 하고 있다. 그럼에도 불구하고 그는 그것을 사상의 '두 번째' 태도라고 부를 수 있는데, 왜냐하면 § 38의 보론에서 설명하듯이 '형이상학적' 태도는 볼프와 그의 학파의 그것뿐만 아니라 중세 스콜라 철학이라는 더 앞선 전통을 포함하기 때문이다. 그러나 헤겔은 주로 '스코틀랜드 상식학파'의 독일 추종자들과 슐체(Gottlob Ernst Schulze, 1761–1833)와 같은 '흄적인' 회의주의자들에 관심을 지닌다.

결코 사실이 아니다. 단순히 지성적일 뿐인 사유는 추상적으로 보편적인 것의 형식에 제한되어 있으며 이 보편적인 것의 특수화로 나아갈 수 없다. 그래서 예를 들어 오랜 형이상학은 영혼의 본질이나 근본 규정이 무엇인지를 사유에 의해 찾아내는 일에 착수했으며, 그 경우 영혼은 단순하다고 일컬어졌다. 여기서 영혼에 돌려지는 이 단순성은 구별을 배제한 추상적 단순성의 의미를 지니는데, 구별은 합성성으로서, 즉 육체와 더 나아가서는 물질 일반의 근본 규정으로서 고찰되었다. 그러나 추상적 단순성은 그에 의해서는 영혼과 더 나아가서는 정신의 풍부함이 결코 파악될 수 없는 아주 빈약한 규정이다. 그렇듯 추상적으로 형이상학적인 사유가 불충분한 것으로서 입증됨으로써 사람들은 결국 경험적 심리학에서 자신의 도피처를 구할 수밖에 없다고 보았다. 합리적 물리학에서도 사정은 마찬가지이다. 여기서 예를 들어 공간은 무한하다, 자연은 비약하지 않는다 등등이라고 말해졌을 때, 이러한 것은 자연의 충만함과 생명에 대해 단연코 불만족스럽다.

## § 38

경험주의는 이러한 원천을 한편으로는 형이상학 자신과 공유한다. 형이상학도 자기의 정의들— 전제들 및 좀 더 규정된 내용— 의 확인을 위해 마찬가지로 표상들, 다시 말하면 우선은 경험에서 기인하는 내용을 보증으로 지닌다. 다른 한편으로 개별적 지각은 경험과는 [8/108]구별되며, 경험주의는 지각과 감정 및 직관에 속하는 내용을 **보편적 표상과 명제 및 법칙** 등등의 형식으로 고양한다. 그렇지만 이러한 것은 다만 이 보편적 규정들(예를 들어 힘)이 그 자체로 지각으로부터 취해진 것 이상의 의미와 타당성을 지녀서는 안 되며, 현상에서 지시될 수 있는 것 이외의 어떠한 연관도 권리를 지녀서는 안 된다는 의미에서만 이루어진다. 경험적 인식은 주관적 측면에 따른 확고한 발판을 의식이 지각에서 자기의 고유한 직접적인 현재와 확신을 지닌다는 점에서 가진다.

경험주의에는 참된 것은 현실 속에 있어야만 하고 지각을 위해 거기 있어야만 한다는 위대한 원리가 놓여 있다. 이 원리는 당위에 대립해 있는데, 반성은 이 당위를 가지고서 스스로 우쭐하며, 오직 주관적 지성에서만 자기의 자리와 현존재를 지녀야 할 저편을 가지고서 현실과 현재에 대해 경멸적으로 행위한다. 경험주의와 마찬가지로 철학도(§ 7) 오직 존재하는 것만을 인식한다. 철학은 단지 있어야 할 뿐이고 그리하여 거기 있지 않은 그러한 것을 알지 못한다. — 그와 마찬가지로 주관적 측면에 따라서도 경험주의에 놓여 있는 자유라는 중요한 원리, 요컨대 인간은 자기의 앎에서 타당화해야 할 것을 스스로 보아야 한다는, 즉 자기 자신이 그 속에 현전하면서 알아야 한다는 원리가 인정되어야 한다. — 그러나 경험주의가 그 내용에 따라 유한한 것에 제한되는 한에서, 경험주의의 일관된 관철은 초감성적인 것 일반이나 최소한 그에 대한 인식과 규정성을 부인하고 사유에 대해 추상과 형식적 보편성 및 동일성만을 허락한다. — 학문적 경험주의에서 근본적 기만은 언제나 다음과 같은 것, 즉 그것이 물질, 힘, 게다가 하나, 여럿, 보편성, 그리고 또한 무한한 것 등등의 형이상학적 범주들을 사용하고, 더 나아가 그러한 범주들을 실마리로 하여 계속해서 추론해나가며, 그러함에 있어 추론의 형식들을 전제하고 [8/109]적용함에도 불구하고, 자기 자신이 그렇듯 형이상학을 포함하고 추동하며 저 범주들과 그것들의 결합들을 전적으로 무비판적이고 무의식적인 방식으로 사용한다는 것을 알지 못한다는 점이다.

〈보론〉 경험주의로부터 다음과 같은 외침이 선포되었다. 공허한 추상들에서의 방황을 그만두고, 너희 스스로 보며, 인간과 자연의 여기를 파악하고, 현재를 향유하라! — 여기에 본질적으로 정당한 계기가 포함되어 있다는 것을 보지 못해서는 안 된다. 여기, 현재, 이편이 공허한 저편임, 즉 추상적 지성의 거미줄 및 모호한 형태들과 교환되어야 했다. 그 경우 이로써 오랜 형이상학에 없는 확고한 발판, 다시 말하면 무한한 규정도 획득된다. 지성은 유한한 규정들만을 주워 모은다. 이 규정들은 그 자체에서 불안정하고 흔들리고 있으며, 그것들 위에 세워진 건물은 자기 안에서 붕괴한다. 무한한 규정을 발견하는 것은 일반적으로 이성의 충동이었다. 그러나 아직은 그 규정을 사유 안에서 발견할 때가 아니었다. 그래서 이 충동은 무한한 형식의 참다운 실존에서는 아닐지라도 그 자체에서 무한한 형식을 지니는 현재, 여기, 이것을 집어 들었다. 외면적인 것은 그 자체에서 참된 것이다. 왜냐하면 참된 것은 현실적이고 실존해야만 하기 때문이다. 그러므로 이성이 찾는 무한한 규정성은 비록 그 진리에서 가 아니라 감성적으로 개별적인 형태에서긴 할지라도 세계 속에 존재한다. — 그런데 좀 더 자세히 하자면 지각은 거기서 그 개념이 파악되어야 할 형식인바, 이 점이 경험주의의 결함이다. 지각 그 자체는 언제나 개별적이고 지나가 버리는 것이다. 그렇지만 인식은 거기에 머무르는 것이 아니라 지각된 개별자에서 보편적이고 존속하는 것을 찾아내며, 이러한 것은 단순한 지각으로부터 경험에로의 전진이다. — 경험하기 위해 경험주의는 주로 분석의 형식을 사용한다. 지각에서 우리는 다면적으로 구체적인 것을 지니는데, 그 구체적인 것의 규정들은 그 껍질들이 벗겨지는 양파처럼 분해되어야 한다. 그러므로 이 해부는 함께 유착된 규정들을 풀어내고 쪼개며, 쪼개는 주관적 활동 이외에 아무것도 덧붙이지 않는다는 의미를 지닌다. 그렇지만 분석이란 분석되는 대상이 자기 안에 통합된 채로 포함하는 규정들이 분리됨으로써 보편성의 형식을 얻는 한에서 지각의 직접성으로부터 사상에로의 전진이다. 대상들을 분석한다는 점에서 경험주의는 [8/11이]만약 그것이 대상들을 그것들이 존재하는 그대로 놔둔다고 생각한다면 오류에 처해 있다. 경험주의는 실제로는 구체적인 것을 추상적인 것으로 전환하기 때문이다. 이러한 전환을 통해 동시에 살아 있는 것이 죽임을 당하는 일이 벌어진다. 왜냐하면 오직 구체적인 것, 하나만이 살아 있기 때문이다. 그럼에도 불구하고 개념 파악하기 위해서는 저 갈라놓음이 행해져야만 하며, 정신 자신은 자기 안에서 갈라놓음이다. 그렇지만 이것은 단지 하나의 측면일 뿐이며, 주요한 문제는 갈라진 것의 통합에 존립한다. 분석이 갈라놓음의 입장에 머무른다는 점에서, 그에 대해서는 시인의 저 말이 타당하다.

> 화학은 자연 조작Encheiresin naturae이라 부르지만,
> 자기 자신을 조롱하면서도 그 이치를 모른다네.
> 부분들을 자기 손에 넣고 있지만,
> 딱하게도 정신적 유대만은 빠져 있다네.[36]

분석은 구체적인 것에서 출발하며, 이 재료에서 오랜 형이상학의 추상적 사유보다 훨씬 앞선다. 그것은 구별들을 확정하며, 이 점은 대단한 중요성을 지닌다. 그러나 그 경우 이 구별들은 그 자신이 또다시 추상적 규정들, 다시 말하면 **사상들**일 뿐이다. 그런데 이 사상들이 대상들 자체인 바로 그것으로서 여겨진다는 점에서, 이것은 또다시 오랜 형이상학의 전제, 요컨대 사유 속에 사물들의 참다운 것이 놓여 있다고 하는 것이다.

이제 우리가 계속해서 내용과 관련하여 경험주의의 입장을 오랜 형이상학의 그것과 비교한다면, 앞에서 보았듯이 후자는 자기의 내용으로 저 보편적인 이성 대상들, 즉 신과 영혼 및 세계 일반을 가졌다. 이 내용은 표상으로부터 받아들여졌고, 철학의 과업은 그 내용을 사상의 형식으로 환원하는 데 존립했다. 스콜라 철학에 놓여 있는 사정도 비슷한 방식이었다. 이 철학에 대해서는 그리스도교회의 교의들이 전제된 내용을 형성했

---

36. 『파우스트』 제1부, 서재, Ⅴ. 1940-1941과 1938-1939. 그 원문을 제시하자면 다음과 같다. Encheiresin naturae nennts die Chemie, / Spottet ihrer selbst und weiß nicht wie. / Hat die Teile in ihrer Hand, / Fehlt leider nur das geistige Band.

고, 문제가 된 것은 그것을 사유에 의해 좀 더 자세히 규정하고 체계화하는 것이었다. — 경험주의의 전제된 내용은 그 종류가 전혀 다르다. 이것은 자연의 감성적 내용과 유한한 정신의 내용이다. 그러므로 여기서는 유한한 소재가 주어져 있으며, 오랜 형이상학에서는 무한한 소재가 주어져 있다. 그 경우 이 무한한 내용은 지성의 유한한 형식에 의해 유한하게 되었다. 경험주의에서 우리는 똑같은 형식의 유한성을 지니며, 그 밖에 또한 내용도 유한하다. 게다가 철학함의 두 방식 모두에서는 그 둘 다 무언가 확고한 것으로서의 전제들로부터 출발하는 한에서 방법도 똑같다. 경험주의에 대해서는 일반적으로 외면적인 것이 참된 것이고, 그 경우 비록 [8/111]초감성적인 것이 승인된다고 하더라도, 그에 대한 인식은 성립할 수 없어야 하고 오로지 지각에 속하는 것만이 견지되어야 한다. 그러나 이 원칙은 일관되게 관철되는 가운데 나중에 **유물론**_Materialismus_이라고 불리게 된 바로 그것을 제공했다. 이 유물론은 물질 그 자체를 참으로 객관적인 것으로서 간주한다. 그러나 물질은 그 자신이 이미 그 자체로서는 지각될 수 없는 추상물이다. 그런 까닭에 우리는 물질이란 존재하지 않는다고 말할 수 있다. 왜냐하면 실존하는 바의 그것은 언제나 규정된 것, 구체적인 것이기 때문이다. 그럼에도 불구하고 물질이라는 추상물은 모든 감성적인 것, — 요컨대 감성적인 것 일반, 자기 안에서의 절대적 개별화, 따라서 상호외재하는 것을 위한 기초이어야 한다. 그런데 이러한 감성적인 것이 경험주의에 대해 주어진 것이자 계속해서 그러한 것이라는 점에서 이것은 부자유의 학설이다. 왜냐하면 자유란 바로 내가 나에 대해 절대적으로 다른 것을 지니지 않고 나 자신인 바의 내용에 의존한다는 점에 존립하기 때문이다. 나아가 이 입장에서는 이성과 비이성이 단지 주관적일 뿐인바, 다시 말하면 우리는 주어진 것을 그것이 존재하는 그대로 받아들여야 하고, 그것이 과연 그리고 얼마만큼이나 자기 안에서 이성적인지에 관해 물을 수 있는 권리를 지니지 않는 것이다.

## § 39

이 원리에 대해서는 우선 다음과 같은 올바른 반성이 이루어졌다. 즉, 경험*Erfahrung*이라 불리고 개별적 사실들에 대한 단순한 개별적 지각과는 구별되어야 하는 것에서는 두 가지 요소—그 하나는 그 자체로 개별화된 무한히 다양한 소재이고, 다른 하나는 형식, 즉 보편성과 필연성의 규정들이다—가 발견된다고 하는 것이다. 경험지*Empirie*는 분명 많은, 거의 셀 수 없을 만큼 많은 같은 지각들을 보여준다. 그러나 보편성이란 여전히 아주 많은 양과는 전혀 다른 어떤 것이다. 그와 마찬가지로 경험지는 분명 **상호계기적으로** 뒤따르는 변화들이나 **상호병렬적으로** 놓여 있는 대상들에 관한 지각들을 제공하지만, 필연성의 연관을 제공하지는 못한다. 그런데 지각이 진리로 여겨지는 것의 기초로 머물러야 한다는 점에서, 보편성과 필연성은 무언가 정당화되지 않은 것으로서, 그 내용이 이럴 수도 있고 저럴 수도 있는 주관적 우연성, 단순한 습관으로서 나타난다.

[8/112]이것의 하나의 중요한 결론은 이러한 경험적 방식에서는 법적이고 인륜적인 규정들과 법칙들 및 종교의 내용이 무언가 우연적인 것으로서 나타나고 그것들의 객관성과 내적 진리가 포기된다고 하는 것이다.

그 밖에 위의 반성이 주로 그로부터 출발하는 **흄의 회의주의**[37]는

---

37. 이것은 흄에 대한 네 번의 언급들 가운데 첫 번째이다. 다른 언급들은 § 47, 50, 53에서 이루어진다. 그것들 모두에서 헤겔은 흄을 경험을 신뢰하고 '형이상학'을 거부하는 '소박 경험주의'의 전형적인 예로서 취급한다. 그는 흄이 '퓌론주의자'가 아니라 '완화된' 회의주의자라는 것을 아주 잘 이해하고 있다. 그리고 그는 흄의 이러한 점이 더 나쁘다고 생각한다. 그러나 그는 또한 칸트의 '교조적 선잠에서의 깨어남'에서 지니는 흄의 결정적인 역할을 인정한다. § 53에서 헤겔은 고대 회의주의자들과 흄을 모두 다 윤리적 원리들에 관한 문화상대주의자들이라고 언급한다. 헤겔은 『인간 본성에 관한 논고』 1권과 『자연 종교에 관한 대화』 그리고 『영국사』의 몇 부분을 읽은 듯하다. 그가 더 많은 것을 읽었을 수도 있겠지만, 그는 주로 슐체와 철학사 편람들에 의지하고 있다. 이와 관련해서는 또한 『철학사 강의』 제3권의 흄에 관한 논의를 참조할 수 있을 것이다(*Su.* 20/275-281).

그리스의 회의주의와는 아주 분명하게 구별되어야 한다. 흄의 회의주의는 경험적인 것과 감정 및 직관의 진리를 근거에 놓고 보편적 규정들과 법칙들을 그로부터, 즉 그것들이 감성적 지각에 의한 정당화를 지니지 못한다는 근거로부터 논박한다. 고대 회의주의는 감정과 직관을 진리의 원리로 삼는 것에서 아주 멀리 떨어져 있었으며, 오히려 그것은 무엇보다도 우선 감성적인 것에 등을 돌렸다. (고대 회의주의와 비교한 근대 회의주의에 대해서는 셸링과 헤겔의 철학 비판지(*Kritisches Journal der Philosophie*), 1802. I. Bd., 2. St.를 참조.[38])

## II. 비판철학

### § 40

비판철학은 경험주의와 공통되게 경험을 인식의 유일한 지반으로 받아들인다. 그러나 비판철학은 경험을 진리로 여기는 것이 아니라 단지 현상에 대한 인식으로만 간주한다.

우선 출발점을 이루는 것은 경험의 분석에서 발견되는 요소들, 즉 감성적 소재와 그 소재의 보편적 관계들의 구별이다. 이것과 앞 절에서 제시된 반성, 즉 지각에는 그 자체로 오직 개별적인 것만이 그리고 오직 생기하는 그러한 것만이 포함되어 있다는 반성이 결합하는 가운데, 동시에 다음과 같은 사실, 즉 보편성과 [8/113]필연성이 경험이라 불리는 것에서 마찬가지로 본질적인 규정들로서 발견된다는 점이 견지된다. 그런데

---

38. Hegel, 「철학에 대한 회의주의의 관계. 그 다양한 변형들의 서술과 최근의 회의주의와 고대 회의주의의 비교」(Verhältnis des Skeptizismus zur Philosophie, Darstellung seiner verschiedenen Modifikationen und Vergleichung des neuesten mit dem alten), *Su*. 2/213–272.

이 요소는 경험적인 것 그 자체로부터 유래하지 않기 때문에, 그것은 사유의 자발성에 속하거나 선험적이다. — 사유 규정들 또는 **지성 개념들**은 경험 인식의 객관성을 이룬다. 그것들은 일반적으로 관계를 포함하며, 따라서 그것들에 의해 선험적 **종합** 판단(다시 말하면 대립된 것들의 근원적 관계)이 형성된다.[39]

인식에서 보편성과 필연성의 규정들이 발견된다고 하는 이 사실을 흄의 회의주의는 부인하지 않는다. 칸트 철학에서도 그것은 하나의 전제된 사실 이외에 다른 것이 아니다. 우리는 학문들에서의 통상적 언어에 따라 칸트 철학이 다만 저 사실에 대한 다른 설명을 내세웠을 뿐이라고 말할 수 있다.

## § 41

그런데 **비판철학**은 형이상학에서 — 그 밖에 또한 다른 학문들과 일상적 표상 작용에서도 — 사용되는 **지성 개념들**의 가치를 우선은 탐구한다. 그렇지만 이 비판은 이 사유 규정들의 내용과 서로에 대해 규정된 관계 자신에 관여하는 것이 아니라 그것들을 주관성과 객관성의 대립 일반에 따라 고찰한다. 여기서 받아들여지는 바의 이 대립은 경험 내부에서의 요소들의 구별에 관계된다(앞 절 참조). 여기서 객관성은 보편성과 필연성의 요소, 다시 말하면 사유 규정들 자신 — 이른바 선험적인 것의 요소를 뜻한다.[40] 그러나 비판철학은 그 대립을 주관성 안으로 경험의 전체, 다시 말하면 저 두 요소 모두가 함께 속하고, 그 주관성에는 **사물-자체** *Ding-an-sich* 이외의 아무것도 맞서 있지 않다는 식으로 확대한다.

선험적인 것의, 다시 말하면 사유의, [8/114]게다가 자기의 객관성에도 불구하고 단지 주관적일 뿐인 활동으로서의 사유의 좀 더 자세한 형식들은

---

39. 선험적 종합 판단에 대해서는 특히 『순수이성비판』 서론을 참조.
40. 이에 대해서는 특히 『순수이성비판』 B, 2와 『프롤레고메나』 §§ 18-19를 참조.

다음과 같은 방식으로, — 어쨌든 심리학적-역사학적 기초들에만 의거하는 체계화의 방식으로 밝혀진다.

〈보론 1〉 오랜 형이상학의 규정들이 탐구됨으로써 의심할 바 없이 아주 중요한 발걸음이 내딛어졌다. 순진무구한 사유는 어떠한 의혹도 지니지 않은 채 곧바로 그리고 저절로 만들어진 저 규정들에 몰입했다. 그러함에 있어 이 규정들이 그 자체로 얼마만큼이나 가치와 타당성을 지니는지는 사유되지 않았다. 앞에서 이미 자유로운 사유는 어떠한 전제도 지니지 않는 그러한 것이라는 점에 대해 주의해둔 바 있다. 그런 까닭에 오랜 형이상학의 사유는 자유로운 것이 아니었다. 왜냐하면 그 사유는 자기의 규정들을 즉각적으로 앞서 존재하는 것으로서, 선험적인 것으로서 타당화했고, 반성은 그것을 스스로 검증하지 않았기 때문이다. 그에 반해 비판철학은 사유의 형식들이 일반적으로 얼마만큼이나 진리의 인식을 달성케 할 수 있는지 탐구하는 것을 자기의 과제로 삼았다. 좀 더 정확히 하자면 이제 인식 능력이 인식에 앞서 탐구되어야 했다. 그런데 여기에는 물론 사유의 형식들 자신이 인식의 대상이 되어야만 한다는 올바른 것이 놓여 있다. 하지만 또한 곧바로 인식에 앞서 이미 인식하고자 하거나 수영하기를 배우기 전에는 물에 들어가고자 하지 않는 오해가 슬그머니 기어들어 온다. 물론 사유의 형식들이 탐구되지 않은 채 사용되어서는 안 된다. 그러나 이 탐구는 그 자신이 이미 인식이다. 그러므로 사유 형식들의 활동과 그것들에 대한 비판은 인식에서 통합되어 있지 않을 수 없다. 사유 형식들은 자체적이고도 대자적으로 고찰되어야만 한다. 그것들은 대상이자 대상 자신의 활동이다. 그것들은 스스로 자기를 탐구하여 그것들 자신에서 스스로 자기의 한계를 규정하고 자기의 결함을 드러내야만 한다. 그 경우 이러한 것은 바로 다음에 **변증법**으로서 특별히 고찰되게 될 것과 같은 사유의 활동인데, 그 활동에 대해 여기서 잠정적으로 주의해 둘 수 있는 것은 다만 그것이 밖으로부터 사유 규정들에 가져와지는 것으로서가 아니라 오히려 그 규정들 자신에 내재하는 것으로서 고찰되어야 한다는 점이다.

그러므로 칸트 철학에서 가장 가까이 놓여 있는 것은 다음의 것, 즉 사유 자신이 자기가 얼마만큼이나 인식할 능력이 있는지 자기를 탐구해야 한다는 것이다. 그런데 오늘날 우리는 칸트 철학을 넘어섰으며, 누구나 다 그보다 더 나아가고자 한다. 그렇지만 더 나아감은 이중의 것, 즉 앞으로-더-나아감과 뒤로-더-나아감이다. [8/115]우리의 철학적 노력들 가운데 많은 것은 엄밀히 음미해보면 다름 아닌 오랜 형이상학의 방도, 즉 바로 모두에게 주어져 있는 바의 무비판적인 되는 대로 생각함이다.

〈보론 2〉 사유 규정들에 관한 칸트의 탐구는 본질적으로 그 규정들이 자체적이고도 대자적으로 고찰되는 것이 아니라 그것들이 주관적인가 아니면 객관적인가 하는 관점하에서만 고찰된다는 결함을 지닌다. 일상생활의 언어 사용에서 객관적인 것은 우리 바깥에 현존하고 지각을 통해 밖으로부터 우리에게 다다르는 것으로 이해된다. 그런데 칸트는 (예를 들어 원인과 결과와 같은) 사유 규정들에 대해 그것들에 여기서 언급된 의미에서의 객관성이 속한다는 것을, 다시 말하면 그것들이 지각에서 주어져 있다는 것을 부인했으며, 그에 반해 그것들을 우리의 사유 자신이나 사유의 자발성에 속하는 것으로서 그리고 이러한 의미에서 주관적인 것으로서 고찰했다. 그러나 그럼에도 불구하고 칸트는 사유된 것[41]과 좀 더 자세하게는 보편적인 것과 필연적인 것을 객관적인 것이라고 부르고, 단지 감각되었을 뿐인 것을 주관적인 것이라고 부른다. 이리하여 앞에서 언급된 언어 사용은 거꾸로 된 것으로서 나타나며, 그런 까닭에

---

41. '사유된 것(Das Gedachte)'과 관련하여 칸트에게 기대어 '좀 더 자세하게' 밝히려고 하는 헤겔의 곧 이어지는 노력으로부터 우리는 그가 여기서 사유된 것을 사람들이 그저 우연적으로 생각하는 것이 아니라 논리적 사유 과정의 결과를 의미하는 것으로서 이해하고 있다는 것을 분명히 알 수 있다. 즉 '사유된 것'은 그것이 모든 사람이 사용해야만 하는 '범주'를 체현하는 까닭에 모두에 대해 타당한 것이다.

칸트에게는 언어 혼란이라는 비난이 쏟아졌다. 그렇지만 그 비난은 대단히 부당하다. 이와 관련한 사정은 좀 더 자세하게는 다음과 같다. 보통의 의식에게는 그에 맞서 있는 것, 감성적으로 지각 가능한 것(예를 들면 이 동물, 이 별 등등)이 그 자체로 존립하는 것, 자립적인 것으로서 나타나며, 그에 반해 사상들은 그 의식에게 비자립적인 것이자 다른 것에 의존하는 것으로서 여겨진다. 그러나 실제로는 감성적으로 지각 가능한 것은 본래적으로 비자립적이고 이차적인 것이며, 그에 반해 사상들은 참으로 자립적이고 일차적인 것이다. 이러한 의미에서 칸트는 사상적인 것(보편적이고 필연적인 것)을 객관적인 것이라고 불렀으며, 게다가 전적으로 정당하게 그렇게 했다. 다른 한편으로 감성적으로 지각 가능한 것은, 그것이 자기의 발판을 자기 자신 안에 지니지 못하고, 사상에 지속과 내적 존립의 성격이 속하는 만큼이나 덧없고 지나쳐 가버리는 한에서, 물론 주관적인 것이다. 여기서 언급되고 칸트에 의해 관철된, 객관적인 것과 주관적인 것 사이의 구별이라는 규정을 우리는 오늘날 좀 더 고차적으로 도야된 의식의 언어 사용에서도 발견한다. 그래서 예를 들어 예술작품의 판정에 대해서는 그것이 객관적이어야지 주관적이어서는 안 된다는 요구가 제기되는데, 그 경우 거기서 이해되는 것은 그 판정이 순간의 우연적이고 특수한 감각과 기분에서 출발하는 것이 아니라 보편적이고 예술의 본질에 근거 지어진 관점들을 안목에 두어야 한다는 것이다. 같은 의미에서 [8/116]학문적인 용무에서도 객관적 관심과 주관적 관심이 구별될 수 있을 것이다.

그러나 더 나아가 칸트적인 사유의 객관성도, 칸트에 따르면 사상들이 비록 보편적이고 필연적인 규정들이라 할지라도 다만 우리의 사상들일 뿐이고 사물 자체인 것과는 건널 수 없는 심연에 의해 구별된 한에서, 그 자신이 다만 또다시 주관적일 뿐이다. 그에 반해 사유의 참된 객관성은 다음과 같은 것, 즉 사상들이 단지 우리의 사상들일 뿐만 아니라 동시에 사물들과 대상적인 것 일반의 자체적인 것이라고 하는 것이다. ― 객관적과 주관적은 우리가 친숙하게 사용하는 편안한 표현들이지만, 그럼에도 불구하고 그 사용에서는 아주 쉽게 혼란이 발생한다. 지금까지의 논의에 따르면 객관성은 삼중의 의미를 지닌다. 우선은 단지 주관적인 것, 사념된 것, 꿈꿔진 것 등등과 구별되어 외면적으로 현존하는 것이라는 의미, 둘째로 칸트에 의해 확립된 의미, 즉 우리의 감각에 속하는 우연적인 것, 특수한 것, 주관적인 것과 구별되는 보편적이고 필연적인 것이라는 의미, 그리고 셋째로 앞에서 마지막으로 언급된 의미, 즉 단지 우리에 의해서만 사유되고 따라서 사태 자신이나 그 자체에서의 사태와는 여전히 구별되는 것과는 구별되는, 거기 있는 것의 사유된 그 자체에서의 것이라는 의미가 그것들이다.

## § 42

a) 이론적 능력, 인식 그 자체.

이 철학은 지성 개념들의 규정된 근거로서 사유에서의 자아[내의 근원적 동일성(자기의식의 초월론적 통일[42])을 제시한다. 감정과 직관을 통해 주어지는 표상들은 그 내용에 따라서 다양한 것이고, 그와 마찬가지로 그 형식에 의해서도, 즉 직관 자신의 형식들(보편적인 것)로서 선험적인 공간과 시간이라는 감성의 두 가지 형식에서의 감성의 상호외재에 의해서도 다양한 것이다.[43] 감각과 직관의 이러한 다양한 것은 자아가 그것을 자기에게 관계시키고 하나의 의식으로서의 자기 안에서 통합함으로써(순수통각) 동일성에로, 하나의 근원적 결합으로 가져와진다. 이러한 관계 작용의 규정된 방식들이 순수지성 개념들, 범주들이다.[44]

---

42. transzendentale Einheit des Selbstbewußtseins. 물론 칸트는 그것을 '통각의 초월론적 통일'이라고 부른다. 『순수이성비판』 B, 132 이하(§ 16)를 참조. 그에 대한 헤겔의 해석을 좀 더 살펴보기 위해서는 『신앙과 앎 또는 칸트, 야코비, 피히테 철학으로서 그 형식이 완전히 전개된 주관성의 반성철학』(*Glauben und Wissen oder Reflexionsphilosophie der Subjektivität in der Vollständigkeit ihrer Formen als Kantische, Jacobische und Fichtesche Philosophie*)에서의 해당 부분을 참조할 수 있을 것이다(*Su.* 2/304 이하).

43. 이러한 칸트의 이론은 『순수이성비판』의 「초월론적 감성론」에서 전개된다.

잘 알려져 있듯이 칸트 철학은 [8/117]범주들의 발견을 아주 편하게 수행했다. 자아, 즉 자기의식의 통일은 전적으로 추상적이고 완전히 무규정적이다. 그렇다면 어떻게 자아의 규정들, 즉 범주들에 도달할 수 있을까? 다행스럽게도 통상적인 논리학에서는 판단의 서로 다른 종류들이 이미 경험적으로 주어져 발견된다. 그러나 판단하는 것은 규정된 대상에 대한 사유이다. 그러므로 이미 완결되어 열거된 서로 다른 판단 방식들은 사유의 서로 다른 규정들을 제공한다. ― 피히테 철학에는 사유 규정들이 그 필연성에서 제시되어야 한다는 것, 그것들이 본질적으로 도출되어야 한다는 것을 상기시켰다는 심오한 공적이 남아 있다.[45] ― 하지만 이 철학은 논리학을 논구하는 방법에 대해 최소한 사유 규정들 일반이나 보통의 논리학적 재료, 즉 개념과 판단과 추론의 종류들이 더는 관찰로부터만 취해짐으로써 단순히 경험적으로만 파악되는 것이 아니라 사유 자신으로부터 도출될 수 있도록 작용했어야 했을 것이다. 만약 사유가 무언가 어떤 것을 증명할 수 있어야 한다면, 만약 논리학이 증명들이 주어지기를 요구해야만 한다면, 그리고 만약 논리학이 증명하기를 가르치고자 한다면, 논리학은 무엇보다도 우선 자기의 가장 특유한 내용을 증명하고 그 내용의 필연성을 통찰할 수 있어야만 한다.

---

44. 칸트의 열두 범주의 '표'와 '연역'은 『순수이성비판』의 「초월론적 분석론」에서 제시된다.
45. '피히테의 공적'은 주로 1794년의 『전체 학문론의 기초』와 1797년의 두 「서론」에서 이루어졌다. 헤겔은 그의 일기(아마도 1804년 말이나 1805년 초)에서의 한 구절에서 그것을 다음과 같이 정의했다. '오직 의식의 역사 이후에만 우리는 이러한 추상들에서 우리가 가지는 것이 무엇인지를 개념에 의해 안다. 피히테의 공적'(*Hegel–Studien* 4[1967], S. 13; *Independent Journal of Philosophy* 3[1979], p. 4). 우리는 이로부터 『정신현상학』 자신이 이성적 의식 이론을 위한 피히테 자신의 기획과 일치하는 헤겔의 '범주들의 연역'이었다는 것을 알 수 있다. 그러나 우리는 여기서 『논리의 학』 그 자신이 칸트가 다만 제공한다고 자처했을 뿐인 '형이상학적 연역'이라는 것을 알 수 있다.

〈보론 1〉 그러므로 칸트의 주장은 사유 규정들이 그 원천을 내[자아]에게서 지니며, 그에 따라 내가 보편성과 필연성의 규정들을 준다는 것이다. — 우리가 우선 우리 앞에 지니는 것을 고찰한다면, 그것은 일반적으로 다양한 것이다. 그 경우 범주들은 이 다양한 것이 그에 관계하는 단순성들이다. 그에 반해 감성적인 것은 상호외재, 자기 밖에서 존재하는 것 Außersichseiende이다. 이것이야말로 감성적인 것의 본래적인 근본 규정이다. 그래서 예를 들어 '지금'은 오직 이전과 이후에 대한 관계에서만 존재를 지닌다. 그와 마찬가지로 빨강은 다만 그것에 노랑과 파랑이 대립하는 한에서만 현존한다. 그러나 이 다른 것은 그 감성적인 것의 밖에 있으며, 이 감성적인 것은 오직 그것이 다른 것이 아닌 한에서만, 그리고 오직 다른 것이 있는 한에서만 존재한다. — 사유나 나의 경우의 사정은 서로 밖에서와 자기 밖에서 존재하는 감성적인 것의 경우와는 정반대이다. [8/118]사유나 나는 근원적으로 동일적인 것, 자기와 하나인 것이자 단적으로 자기 곁에 존재하는 것이다. 내가 '나'라고 말한다면, 이것은 자기 자신에 대한 추상적 관계이며, 이러한 통일 속으로 정립되는 것은 통일에 감염되어 통일로 전환된다. 그리하여 나는 이를테면 무관심한 다양성을 먹어 치우고 통일로 환원하는 도가니와 불이다. 그 경우 이것은 칸트가 일상적 통각과 구별하여 순수통각이라고 부르는 것인데, 일상적 통각이 다양한 것 그 자체를 자기 안에 받아들이는 데 반해, 순수통각은 자기 것으로 만드는 활동으로서 여겨질 수 있다. — 그러나 이로써 이제 모든 의식의 본성이 올바르게 언명되었다. 인간의 노력은 일반적으로 세계를 인식하는 것, 즉 세계를 전유하여 자기에게 복속시키는 것으로 귀착하며, 결국 세계의 실재가 이를테면 으깨어져야만 하고, 다시 말하면 관념화되어야만 한다. 그러나 그 경우 동시에 주의해야 하는 것은 다양성 속으로 절대적 통일을 집어넣는 것이 자기의식의 주관적 활동이 아니라는 점이다. 이 동일성은 오히려 절대적인 것, 참다운 것 자신이다. 그 경우 개별성들이 그 자신을 향유하도록 방출하는 것은 이를테면 절대자의 자비이며, 이 절대자 자신은 개별성들을 절대적 통일로 다시 몰아간다.

〈보론 2〉 자기의식의 초월론적 통일과 같은 표현들은 거기에 무언가 엄청난 것이 숨어 있기나 한 것처럼 매우 어려워 보이지만, 사태는 좀 더 단순하다. 칸트가 초월론적*Transzendental*이라는 것에서 무엇을 이해하고 있는지는 그것과 초월적*Transzendent*의 구별로부터 드러난다.[46] 요컨대 초월적인 것은 일반적으로 지성의 규정성을 넘어서는 것이며, 이러한 의미에서 그것은 우선은 수학에서 나타난다. 그래서 예를 들어 기하학에서는 원주를 무한히 많고 무한히 작은 직선들로 이루어지는 것으로서 표상해야만 한다고 말해진다. 그러므로 여기서는 지성에게 단적으로 서로 다른 것으로서 여겨지는 규정들(곧음과 굽음)이 명백히 동일한 것으로서 정립된다. 그런데 또한 유한한 소재에 의해 규정되는 보통의 의식과는 구별되어 자기와 동일하고 자기 안에서 무한한 자기의식도 그러한 초월적인 것이다. 그럼에도 칸트는 저 자기의식의 통일을 다만 초월론적이라고만 불렀으며, 그것에서는 그 통일이 단지 주관적일 뿐이고 또한 그 자체에서 존재하는 대로의 대상들 자신에게 속하지 않는다고 이해했다.

〈보론 3〉 범주들이 단지 우리에게 속하는 것으로서(주관적인 것으로서)만 생각되어야 한다는 것은 자연적 의식에게는 아주 [8/119]기이한 것으로서 나타나지 않을 수 없으며, 거기에는 물론 무언가 비뚤어진 것이 놓여 있다. 그렇지만 범주들이 직접적인 감각 속에 포함되어 있지 않다는 것만큼은 올바르다. 예를 들어 한 조각의 설탕을 살펴보자. 이것은 딱딱하고 하얗고 달콤하고 등등이다. 그런데 우리는 이 모든 특성이 하나의 대상 안에 통합되어 있으며, 이 통일은 감각 안에 있지 않다고 말한다. 우리가 두 사건을 서로에 대해 원인과 결과의 관계 속에 있는 것으로

---

46. 『순수이성비판』 B, 352–53, 383, 593, 671, 893–94를 참조.

고찰할 때도 사정은 마찬가지이다. 여기서 지각되는 것은 시간 속에서 계기적으로 뒤따르는 개별화된 두 사건이다. 그러나 하나는 원인이고 다른 하나는 결과라는 것(둘 사이의 인과 연관)은 지각되는 것이 아니라 단순히 우리의 사유에 대해서만 현존한다. 그런데 (예를 들어 통일, 원인과 결과 등등과 같은) 범주들이 사유 그 자체에 속한다고 할지라도, 그로부터 바로 그런 까닭에 그것들이 단지 우리의 것일 뿐, 대상들 자신의 규정들이기도 하지는 않다는 것은 결코 따라 나오지 않는다. 그러나 칸트의 견해에 따르면 이러한 것이 사실이어야 하며, 그의 철학은 내(인식하는 주관)가 인식의 형식뿐만 아니라 또한 소재도 — 전자는 사유하는 자로서 그리고 후자는 감각하는 자로서 — 제공하는 한에서 주관적 관념론이다. — 이러한 주관적 관념론의 내용에 따르자면 사실상 조금도 수고할 필요가 없다. 가령 우선 생각될 수 있는 것은 대상들의 통일이 주관 속으로 옮겨짐으로써 대상들에게서 실재성이 박탈된다는 점이다. 그럼에도 단순히 대상들에게 존재가 속한다고 하는 것에 의해서는 대상들도 우리도 무언가를 획득하지 못할 것이다. 관건이 되는 것은 내용, 즉 과연 이 내용이 참된 것이냐 하는 것이다. 사물들이 단순히 있을 뿐이라는 것으로는 그것들에 아직 도움이 되지 않는다. 존재하는 것 위로 시간이 다가오며, 그것은 곧이어 또한 존재하지 않게 된다. — 또한 인간은 주관적 관념론에 따르면 자기에 대해 굉장한 자부심을 지닐 수 있다고 말해질 수도 있을 것이다. 하지만 만약 그의 세계가 감성적 직관들의 무더기라면, 그는 그러한 세계를 자랑스러워할 원인을 지니지 못한다. 그러므로 주관성과 객관성의 저 구별은 일반적으로 전혀 문제가 되지 않으며, 오히려 관건이 되는 것은 내용이며, 이 내용은 주관적인 만큼이나 또한 객관적이기도 하다. 범죄도 단순한 실존이라는 의미에서는 객관적이지만 자기 안에서 허무한 실존인 바, 이러한 자기 안에서 허무한 실존은 또한 형벌에서 그러한 것으로서 현존재하게 된다.

## § 43

한편으로 단순한 지각이 객관성으로, 즉 **경험**으로 높여지는 것은 범주들에 의해서이지만, 다른 한편으로 단순히 [8/120]주관적일 뿐인 의식의 통일들로서의 이 개념들은 주어지는 소재에 의해 조건 지어져 있고, 그 자체로는 공허하고[47] 오로지 경험에서만 그 적용과 사용을 지니며, 경험의 또 다른 구성 요소인 감정 규정들과 직관 규정들도 그와 마찬가지로 주관적인 것일 뿐이다.

〈보론〉 범주들에 대해 그것들이 그 자체로는 공허하다고 주장하는 것은 그것들이 어쨌든 **규정되어** 있다고 하는 것에서 자기들의 내용을 지니는 한 근거가 없다. 그런데 범주들의 내용은 실로 감성적으로 지각될 수 있는 것이 아니며, 공간적–시간적인 것이 아니다. 하지만 이 점은 그것들의 결함으로서가 아니라 오히려 장점으로서 여겨져야 한다. 게다가 이 점은 이미 일상적 의식에서도 인정되고 있으며, 게다가 다음과 같은 양식으로, 예를 들어 하나의 책이나 하나의 연설에 대해 거기서 많은 사상과 보편적 결론 등등이 발견될 수 있는 한에서 자주 그것들이 내용이 **풍부하다**고 말해지고, — 또한 그와 반대로 하나의 책, 가령 좀 더 자세하게는 하나의 소설에 많은 양의 개별화된 사건들과 상황들 등등이 쌓여 있다고 해서 그것이 내용이 풍부한 것으로서 여겨지지 않는다고 하는 양식으로 인정되고 있다. 그러므로 이렇게 해서 일상적 의식에 의해서도 분명히 **내용**에는 감성적 소재보다 더 많은 것이 속한다는 점이 인정되고 있다. 그러나 이 더 많은 것은 사상들이며, 여기서는 우선은 **범주들**이다.

---

47. 여기에서의 언급은 칸트의 유명한 언명을 가리킨다. '내용 없는 사상은 공허하며, 개념 없는 직관은 맹목적이다.'(『순수이성비판』 B, 75) 헤겔 자신의 논리학은 '순수사상들이 그것들 스스로 '내용'을 지닌다는 사실에 근거한다. 그러나 '경험'에서 현실적으로 적용되지 않는다면 아무것도 '순수사상'이 아니라는 것은 칸트에게서와 마찬가지로 헤겔에게서도 참이다. 『순수이성비판』 B, 102, 122–23과 『프롤레고메나』 §§ 18–19를 참조.

― 다음으로 여기서 좀 더 주의해야 할 것은 범주들이 그 자체로 공허하다는 주장은 그 범주들과 그것들의 총체성(논리적 이념)에 머무르지 않고 자연과 정신의 실재적 영역들로 나아가야 하는 한에서 물론 올바른 의미를 지닌다는 점이다.[48] 그렇지만 그 나아감은 그에 의해 논리적 이념에 밖으로부터 그 이념에 낯선 내용이 다가오는 것이 아니라, 자기를 자연과 정신으로 더욱더 규정하고 전개하는 것이야말로 논리적 이념의 고유한 활동이라고 하는 것으로 파악될 수 있을 것이다.

## § 44

따라서 범주들은 지각에서 주어져 있지 않은 것으로서의 절대적인 것의 규정들일 수 없으며, 그런 까닭에 지성 또는 범주들에 의한 인식은 **사물 자체**를 인식할 능력이 없다.

**사물-자체**(그리고 사물에는 정신과 신도 포괄된다)[49]는 [8/121]대상

---

48. 지금 이 『엔치클로페디』에서 제시되는 헤겔의 객관적 관념론의 체계, 즉 '논리학'과 실재 철학의 두 영역인 '자연철학'과 '정신철학'으로 이루어지는 철학 체계를 떠올려 볼 수 있을 것이다.

49. 『순수이성비판』 제2판에서의 '사물 자체'에 관한 칸트의 진술은 다음과 같다. '공간과 시간이 단지 감성적 직관의 형식들일 뿐이고, 그러므로 단지 현상들로서의 사물들의 실존의 조건들일 뿐이라는 것, 더 나아가 지성 개념들에 상응하는 직관이 주어질 수 있는 경우를 제외하면 우리가 사물들의 인식을 위한 어떠한 지성 개념도, 따라서 또한 어떠한 요소도 지니지 못하며, 따라서 우리가 사물 그 자체로서의 대상에 대해서가 아니라 오직 그것이 감성적 직관의 객관인 한에서만, 다시 말하면 현상으로서의 대상에 대해서만 인식을 지닐 수 있다는 것은 비판의 분석적 부분에서 증명된다. 그러므로 그로부터는 물론 이성의 가능한 모든 사변적 인식이 단순한 경험의 대상들에 한정된다는 것이 따라 나온다. 그럼에도 불구하고 분명히 주목해야만 하는 것은 거기에서는 언제나 우리가 바로 사물들 그 자체로서의 그 대상들을 비록 인식(erkennen)할 수는 없다 하더라도 적어도 사유(denken)할 수 있어야만 한다는 것이 유보되어 있다는 점이다. 왜냐하면 그렇지 않으면 그로부터는 거기에 현상하는 어떤 것 없이 현상이 존재한다는 불합리한 명제가 따라 나올 것이기 때문이다.'(『순수이성비판』 B, xxv–vii. 더 나아가 B, 294 이하, 313, 343도 참조) 이 인식할 수 없지만, 사유할 수는 있는―따라서 절대적으로 문제의 여지가 있는―'사물'을 전적으로 규정적인 방식으로 생각할 때, 우리는 '단일한 존재'로서의 '실재성 모두(omnitudo realitatis)의 이상'에 도달한다. '그러므로 만약 우리 이성에서 일관적 규정의 기초에 초월론적 기체가 놓여 있어서, 이것이 이를테면 재료

이 의식에 대해 존재하는 모든 것, 즉 대상의 모든 감정 규정들 및 모든 규정된 사상들이 사상되는 한에서의 대상을 표현한다. 남아 있는 것 — 완전한 추상물, 전적인 공허는 쉽게 알아볼 수 있으며, 오직 여전히 저편으로서만 규정된다. 그것은 표상, 감정, 규정된 사유 등등의 부정적인 것일 뿐이다. 그러나 이러한 증류 찌꺼기[50] 자신이 다만 사유의 산물, 즉 바로 순수한 추상으로 전진한 사유의, 곧 자기 자신의 이러한 공허한 동일성을 대상으로 삼는 공허한 자아의 산물일 뿐이라는 반성도 마찬가지로 단순하다. 이러한 추상적 동일성을 대상으로서 획득하는 부정적 규정도 마찬가지로 칸트의 범주들 가운데서 열거되며,[51] 저 공허한 동일성과 마찬가지로 전적으로 잘 알려진 어떤 것이다. — 따라서 사물-자체가 무엇인지 알지 못한다는 것을 그토록 자주 반복해서 읽게 되었던 것에 대해서는 그저 놀라지 않을 수 없을 뿐이다. 사물 자체가 무엇인지를 아는 것보다 더 쉬운 것은 아무것도 없다.

## § 45

그런데 이러한 경험 지식들의 조건 지어진 것을 통찰하는 것은 이성, 즉 무조건적인 것[무조건자]의 능력이다. 여기서 이성 대상이라 불리는

---

전체를 저장하고 있고, 이로부터 사물들의 모든 가능한 술어들이 취해질 수 있다면, 이 기체는 다름 아닌 실재성 모두라는 이념이다. 그렇다면 모든 참된 부정들은 다름 아니라 제한들인바, 만약 무제한적인 것(즉 모두)이 기초에 놓여 있지 않다면, 그것은 부정들이라고 불릴 수 없을 것이다. / 그러나 또한 이러한 실재성 모두의 소유를 통해 사물 그 자체라는 개념은 일관적으로 규정된 것으로서 표상되어 있거니와, 가장 실재적인 존재자의 개념은 개별적 본질의 개념이다. 왜냐하면 모든 가능한 대립한 술어들 가운데 하나가, 요컨대 존재에 단적으로 속하는 것이 그 존재자의 규정 안에서 마주치기 때문이다. 그러므로 이것은 실존하는 모든 것에서 반드시 마주쳐지는 일관적 규정의 기초에 놓여 있는 초월론적 이상이다.'(B, 603-604). 더 나아가 § 124의 주해에 붙인 각주도 참조.

50. *Caput mortuum*, 직역하면 죽은 머리 내지 죽은 자를 의미하는 이 말은 모든 '살아 있는 영'이 추출되거나 발산될 때 남는 '죽은' 침전물을 가리키는 연금술사의 용어였다.

51. 『순수이성비판』 B, 346-49를 참조.

것, 곧 무조건적인 것 또는 무한한 것은 다름 아닌 자기–자신과–동등한 것이며, 또는 (§ 42에서) 언급된 사유에서의 자아의 근원적 동일성이다. 이성이란 이 순수한 동일성을 자기의 대상이나 목적으로 삼는 이러한 추상적 자아나 사유를 말한다. 앞 절의 주해를 참조. 이러한 단적으로 몰규정적인 동일성에는 경험 인식들이 적합하지 않다. 왜냐하면 경험 인식들은 일반적으로 규정된 내용의 것들이기 때문이다. 그러한 무조건적인 것이 이성의 절대적인 것과 참된 것으로(이념으로) 받아들여짐으로써 경험 지식들은 참되지 않은 것으로, 현상들로 설명된다.

〈보론〉 칸트에 의해 비로소 지성과 이성의 구별[52]이 규정적으로 강조되었으며, 전자는 유한한 것과 조건 지어진 것을, 그러나 후자는 [8/122]무한한 것과 무조건적인 것을 대상으로 삼는 그러한 양식으로 확립되었다. 그런데 칸트 철학이 단순히 경험에만 기반하는 지성 인식의 유한성을 주장하고 그 인식의 내용을 현상이라 부른 것이 그 철학의 매우 중요한 결론으로서 인정되어야 한다고 할지라도, 이러한 부정적 결론에 머물러서는 안 되며, 이성의 무조건성을 단순히 추상적이고 구별을 배제하는 자기와의 동일성으로 환원해서는 안 된다. 이성이 그러한 방식으로 단순히 지성의 유한한 것과 조건 지어진 것을 넘어서는 것으로서 여겨진다는 점에서, 이리하여 그것은 사실상 그 자신이 유한하고 조건 지어진 것으로 격하된다. 왜냐하면 참으로 무한한 것은 유한한 것의 단순한 저편이 아니라 그것을 지양된 것으로서 자기 자신 안에 포함하기 때문이다. 그 경우 똑같은 것이 이념에도 적용된다. 사실 칸트는 이념을 추상적 지성 규정들이나 심지어 단순히

---

52. 사실 이 구별은 칸트보다 더 오래되었다. 그러나 칸트의 규정적 용법은 헤겔의 이론을 위한 결정적 출발점이다(특히 『순수이성비판』 B, 355–66을 참조). 유한한 사물들을 창조하는 데서의 '신의 선함'은 칸트의 '규칙의 능력'인데, 그것에 의해 범주들이 직관과 개념의 통일을 산출하기 위해 감각의 다양에 적용된다. 사변적 견해에서 이러한 무–자기 의식적인 세계 해석은 생산적 상상력의 자발적 활동이다. 칸트의 '이성'은 무한자를 파악하고자 하지만 '변증법'에 빠지는 '원리들의 능력'이다. 헤겔의 사변적 이성은 지성의 유한한 개념들의 변증법을 포함하며, 그 자신을 '참된 무한자'로서 파악한다.

감성적인 표상들(일상생활에서는 그와 같은 것들도 분명 이미 이념이라고 불리곤 한다)과 구별하여 이성에게 되돌려준 한에서 이념에 다시 명예를 가져다주었다. 그러나 그 이념과 관련해서도 그는 마찬가지로 부정적인 것과 단순한 당위에 머물렀다. ── 그다음으로 또한 경험 인식의 내용을 형성하는 우리의 직접적 의식의 대상들을 단순한 현상들로서 파악하는 것에 관해 이야기하자면, 이것은 어쨌든 칸트 철학의 매우 중요한 결론으로서 여겨질 수 있다. 보통의(다시 말하면 감성적-지성적) 의식에게는 그가 아는 대상들이 그 개별화에서 자립적이고 자기에 기반하는 것으로서 여겨지며, 그것들이 서로 관계되고 서로에 의해 조건 지어진 것으로서 입증된다는 점에서, 그것들의 서로에 대한 이러한 상호적 의존성은 무언가 대상들에 외면적인 것이자 그것들의 본질에 속하지 않는 것으로서 여겨진다. 그러나 그에 반해 주장되어야만 하는 것은 우리가 그에 관해 직접적으로 아는 대상들이 단순한 현상들이라는 것, 다시 말하면 그것들은 자기 존재의 근거를 자기 자신 안에서가 아니라 다른 것 안에서 지닌다는 것이다. 그러나 그 경우 관건이 되는 것은 거기서 더 나아가 이 다른 것이 어떻게 규정되는가 하는 것이다. 칸트 철학에 따르면 우리가 그에 관해 아는 사물들은 다만 우리에 대한 현상들일 뿐이며, 그것들의 그 자체에서의 것은 우리에 대해 우리가 접근할 수 없는 저편으로 머문다. 우리 의식의 내용을 형성하는 바로 그것이 단지 우리의 것일 뿐인 것, 다만 우리에 의해 정립된 것일 뿐이라는 이러한 주관적 관념론에 대해 순진무구한 의식은 당연히 불쾌감을 느꼈다. 참된 관계는 실제로는 우리가 그에 관해 직접적으로 아는 사물들이 우리에 대해서뿐만 아니라 그 자체에서도 단순한 현상들이라고 하는 것이며, [8/123]이리하여 유한한 사물들의 고유한 규정은 자기 존재의 근거를 자기 자신 안에서가 아니라 보편적인 신적 이념 안에서 지닌다고 하는 것이다. 그 경우 사물들에 대한 이러한 파악은 마찬가지로 관념론이라 불릴 수 있지만, 비판철학의 저 주관적 관념론과는 구별되어 **절대적 관념론**이라 표현되어야 한다. 이 절대적 관념론은 비록 보통의 실재론적 의식을 넘어선다고 할지라도, 사태에 따라서는 단순히 철학의 소유물로서만 여겨져서는 안 된다. 오히려 그것은, 요컨대 모든 종교적 의식 역시 현존재하는 모든 것의 총체, 즉 일반적으로 현존하는 세계를 신에 의해 창조되고 통치되는 것으로 간주하는 한에서, 그 종교적 의식의 기초를 형성한다.

## § 46

그러나 이러한 동일성 또는 공허한 **사물-자체**를 인식하고자 하는 욕구가 등장한다. 그런데 인식한다는 것은 한 대상을 그것의 **규정된 내용**에 따라 아는 것 이외에 다른 것을 뜻하지 않는다. 그러나 규정된 내용은 그 자신 안에 다양한 **연관**을 포함하며, 많은 다른 대상들과의 연관을 근거 짓는다. 저 무한한 것 또는 **사물-자체**에 대한 이러한 규정을 위해 이 이성은 범주들 이외에 아무것도 갖고 있지 않을 것이다. 이성이 그 규정을 위해 이 범주들을 사용하고자 함으로써, 그것은 날아 넘어가게 *überfliegend*(초월하게 transzendent) 된다.

여기서 이성 비판의 두 번째 측면이 등장하며, 이 두 번째 것은 그 자체로 첫 번째 것보다 더 중요하다. 첫 번째 측면은 요컨대 위에서 나온 견해, 즉 범주들이 자기의식의 통일에서 자기의 원천을 지니며, 그리하여 범주들에 의한 인식은 실제로는 객관적인 것을 아무것도 포함하지 않고, 그것들에 돌려지는 객관성(§ 40, 41) 자신도 다만 **주관적인** 어떤 것일 뿐이라는 견해이다. 그런데 이 점을 살펴보게 되면, 칸트의 비판은 내용에는 관여하지 않고서 단지 주관성과 객관성[53]이라는 추상적 형식들만을 자기 앞에 지니고, 게다가 일면적인 방식으로 첫 번째 것, 곧 최종적이고 단적으로 긍정적인 규정으로서

---

53. 주어캄프 판에는 'und Objektivität'가 빠져 있다. 여기서는 펠릭스 마이너 판 전집 30권에 따랐다.

의 주관성에 머무르는 단순히 주관적인(평범한) 관념론일 뿐이다. 그러나 이성이 자기의 대상들에 대한 인식을 위해 행하는 범주들의 이른바 적용을 고찰하는 데서는 범주들의 내용이 최소한 몇 가지 [8/124]규정에 따라 언명되며, 또는 최소한 거기에는 그 내용이 언명될 수 있게 하는 동기가 놓여 있을 것이다. 칸트가 이러한 무조건적인 것에 대한 범주들의 적용, 다시 말하면 형이상학을 어떻게 판정하는지를 살펴보는 것은 특별한 관심거리이다. 여기서는 이 방도가 얼마간 제시되고 비판되어야 한다.

## § 47

1. 고찰되는 첫 번째 무조건적인 것[무조건자](위의 § 34를 참조)은 영혼이다.[54] — 나의 의식에서 나는 나를 언제나 α) 규정하는 주관으로서, β) 단일한 것 또는 추상적–단순한 것으로서, γ) 내가 의식하고 있는 것의 모든 다양에서 하나의 같은 것으로서–동일적인 것으로서, δ) 사유하는 자로서의 나를 나 이외의 모든 **사물**과 **구별**하는 자로서 발견한다.

그런데 이전의 형이상학의 방도는, 그 형이상학이 이러한 **경험적 규정들** 대신에 **사유 규정들**, 즉 상응하는 **범주들**을 정립하는바, 그에 의해 다음과 같은 네 가지 명제들, 즉 α) **영혼**은 실체이다, β) 영혼은 단순한 실체이다, γ) 영혼은 자기 현존재의 서로 다른 시간들에 따라 수적으로–동일하다,

---

54. 이 절에서 헤겔은 칸트가 '순수이성의 오류추리'라고 부르는 것에 대한 요약을 제공한다. 칸트 자신의 논증들을 완전하게 보기 위해서는 『순수이성비판』 B, 399 이하를 참조. 본래 순수이성의 오류추리(Paralogismen der reinen Vernunft)는 순수이성의 세 가지 이념 가운데 '사유하는 주관의 절대적 통일'이 요구됨으로써 생긴다. 이 추리는 범주표에 따라서 넷이 있는데, 사유하는 자아가 실체이고, 단순하며, 인격이라고 추론되고, 마지막으로 자아 존재의 확실성에 대해서 외계 존재의 불확실성이 논해지고 외계의 관념성이 주장되기에 이른다. 순수심리학 내지 이성적 심리학은 이러한 잘못된 추론들에 의해 성립한다. 영혼의 비물질성, 불사성, 신체와의 교호작용 등이 추론되는 것이다(A 344–5/ B 402–3). 오류추리론은 제2판에서 대폭적으로 간략해지는데, 새롭게 모제스 멘델스존 (Moses Mendelssohn, 1729–1786)의 『페돈』(Phädon)에서의 영혼 불사의 논증에 대한 비판이 이루어지고, 또한 제1판 네 번째 오류추리에서 논해진 논의가 독립적으로 다시 쓰여 '원칙의 분석론' 끝부분에 특히 '관념론 논박'으로서 덧붙여졌다.

δ) 영혼은 공간적인 것에 대한 관계 속에 서 있다는 명제들이 성립한다는 것으로 올바르게 제시된다.

이러한 이행에서는 두 종류의 규정들, 요컨대 경험적 규정들과 범주들이 서로 뒤섞이며(오류추리*Paralogismus*), 전자로부터 후자를 추론하는 것, 일반적으로 전자 대신에 후자를 정립하는 것이 무언가 부당한 것이라고 하는 결함이 명백히 드러난다.

잘 알 수 있듯이 이 비판은 다름 아닌 위의 § 39에서 제시된 **흄**의 논평, 즉 사유 규정들 일반 — 보편성과 필연성 — 이 지각에서 발견되지 않는다는 것, 경험적인 것은 그 내용에 따라서나 그 형식에 따라서 사상 규정과 서로 다르다는 것을 표현한다.

만약 경험적인 것이 사상을 확증해 주어야 한다면, 사상에 대해서는 당연히 [8/125]지각들에서 정확히 지시될 수 있을 것이 요구될 것이다. — 영혼에 대해 실체성, 단순성, 자기와의 동일성 그리고 물질적 세계와의 공동성 속에서 유지되는 자립성이 주장될 수 없다는 것, 이것은 형이상학적 심리학에 대한 칸트의 비판에서 오로지 다음의 것 위에서만, 즉 의식이 우리에게 영혼에 대해 **경험하도록** 하는 규정들은 바로 **사유**가 여기서 산출하는 그와 같은 규정들이 아니라고 하는 것 위에서만 세워진다. 그러나 위의 서술에 따르면 칸트 역시 인식 일반을, 아니 심지어 경험마저도 **지각**들이 사유된다는 점에, 다시 말하면 우선은 지각에 속하는 규정들이 사유 규정들로 **전환**된다는 점에 존립하게끔 한다. — 정신에 대한 철학함이 영혼 **사물***Seelending* 로부터, 그리고 영혼의 단순성이나 합성성, 물질성 등등의 범주들로부터, 따라서 그것들에 대한 물음들로부터 해방된 것은 언제나 칸트의 비판의 훌륭한 성과로 여겨져야 한다. — 그러나 그러한 형식들이 **허용되지 않는다**는 것에 관한 참다운 관점은 일상적인 상식에 대해서조차도 그 형식들이 사상들이라고 하는 것이 아니라 오히려 그러한 사상들이 자체적이고도 대자적으로 진리를 포함하지 않는다고 하는 관점일 것이다. — 만약 사상과 현상이 서로 완전히 상응하지 않는다면, 우리는 우선은 하나나 다른 하나를 결함이 있는 것으로 바라보지 않을 수 없다. 칸트의 관념론에서는 그것이 이성적인 것에 관계하는 한에서 결함이 사상들로 전가되며, 그리하여 이 사상들은, 그것들이 지각된 것이나 지각의 범위에 제한되는 의식에 적합하지 않은 까닭에, 즉 사상들이 그러한 의식 속에서 부딪히지 않는 까닭에, 불충분할 것이다. 여기서는 사상의 내용이 그 자체 자신으로는 언명되지 않는다.

〈보론〉 오류추리는 일반적으로 잘못된 추론인데, 그 잘못은 좀 더 자세히 하자면 두 전제에서 하나의 [8126]같은 단어가 서로 다른 의미로 적용된다는 데 존립한다. 칸트에 따르면 합리적 심리학에서 오랜 형이상학의 방도는, 요컨대 여기서 영혼의 단순히 경험적일 뿐인 규정들이 그 영혼에 자체적이고도 대자적으로 속하는 것으로서 여겨지는 한에서, 그러한 오류추리에 기반하는 것이지 않을 수 없다. — 어쨌든 단순성, 불변성 등등과 같은 술어들이 영혼에 덧붙여져서는 안 된다는 것은 전적으로 올바르지만, 그 까닭은 칸트가 그에 대해 제시한 이유, 즉 이성이 그에 의해 자기에게 지정된 한계를 넘어서게 되기 때문이 아니라, 오히려 그와 같은 추상적 지성 규정들이 영혼에 대해서는 너무 열악하고, 영혼은 한갓 단순한 것, 불변적인 것 등등과는 전혀 다른 어떤 것이기 때문이다. 그래서 예를 들어 영혼은 물론 자기와의 단순한 동일성이지만, 동시에 그것은 활동적인 것으로서 자기를 자기 자신 안에서 구별하고 있는 데 반해, 오직 뿐인 것das nur, 다시 말하면 추상적으로 단순한 것은 바로 그러한 것으로서는 동시에 죽은 것이다. — 칸트가 오랜 형이상학에 대한 그의 논박을 통해 저 술어들을 영혼과 정신으로부터 떼어낸 것은 위대한 성과로서 여겨져야 하지만, 그에게서 그 '까닭Warum'은 전적으로 잘못되어 있다.

§ 48

2. 두 번째 대상(§ 35)인 세계라는 무조건적인 것을 인식하고자 하는 이성의 시도에서 이성은 이율배반*Antinomien*, 다시 말하면 같은 대상에 대해 두 개의 대립된 명제를 주장하는 데 빠지며, 게다가 이 명제들 각각 모두가 동등한 필연성을 가지고 주장되어야만 한다고 한다.[55] 이로부터 밝혀지는 것은 그 규정들이 그러한 모순에 빠지는 세계적weltliche 내용이 그 자체에서 존재하는 것이 아니라 다만 현상일 수 있을 뿐이라는 점이다. 해결책[해소]은 모순이 자체적이고도 대자적으로 대상에 속하는 것이 아니라 오로지 인식하는 이성에 속한다고 하는 것이다.

여기서는 내용 자신, 요컨대 대자적 범주들이 모순을 초래하는 바로 그것이라는 것이 언명된다. 이성적인 것에서 지성 규정들에 의해 정립되는 모순이 본질적이고 필연적이라고 하는 이 사상은 근래의 철학의 가장 중요하고도 가장 심오한 진보들 가운데 하나로 여겨져야 한다. 이 관점이 심오한 만큼이나 그 해결책은 진부하다. 그 해결책은 다만 세계적 사물들에 대한 애정에 존립할 뿐이다. 세계적 본질은 [8/127]그것에 모순이라는 오점을 지니는 것이어서는 안 되고, 오히려 모순은 다만 사유하는 이성에만, 정신의 본질에만 속해야 한다. 현상하는 세계가 고찰하는 정신에 모순들을 보여준다는 데 대해서는 분명 반대할 것이 아무것도 없을 것이며, — 현상하는 세계란 주관적 정신에 대해, 즉 감성과 지성에 대해 존재하는 바의 세계이다. 그러나 이제 세계적 본질이 정신적 본질과 비교될 때

---

55. '세계'에 대한 이성적 개념에서 생겨나는 네 가지 이율배반에 대한 칸트의 취급은 「초월론적 변증론」의 제2책, 제2장, 「순수이성의 이율배반」(『순수이성비판』 B, 432 이하)에서 이루어진다. 칸트의 견해에 대한 온전한 평가, 특히 이율배반에 관해서는 『철학사 강의』에서의 헤겔의 논의가 참조되어야 한다(*Su.* 20/329–386).

이상하게 여겨질 수 있는 것은, 세계적 본질이 아니라 사유하는 본질, 이성이 자기 안에서 모순적인 것이라는 겸허한 주장이 어떠한 순진무구함을 가지고서 내세워지고 되풀이되었는가 하는 점이다. 이성은 오직 범주들의 적용에 의해서만 모순에 빠진다는 표현이 사용되는 것도 아무런 도움이 되지 못한다.[56] 왜냐하면 거기서는 이 적용이 필연적이며 이성은 인식을 위해 범주들 이외에 다른 규정들을 지니지 않는다고 주장되기 때문이다. 인식은 실제로는 규정하고 규정되는 사유이다. 이성이 단지 공허하고 무규정적인 사유일 뿐이라면, 그것은 아무것도 사유하지 못한다. 그러나 이성이 결국 저 공허한 동일성으로 환원된다면(다음 절 참조), 그 이성도 결국 모든 내용과 내실을 가볍게 희생함으로써 다행스럽게도 모순에서 해방된다.

더 나아가 주의해둘 수 있는 것은 칸트가 이율배반을 좀 더 깊이 고찰하지 못한 까닭에 우선은 단지 네 개의 이율배반만을 제시하는 데 그쳤다는 점이다. 그는 이른바 오류추리에서와 마찬가지로 범주표를 전제함으로써 이 이율배반에 도달했으며, 그러함에 있어 그는 나중에 그토록 사랑받게 된 수법, 즉 대상의 규정들을 개념으로부터 도출하는 대신 그 대상을 단적으로 그 이전에 완결된 도식 밑에 정립하는 수법을 적용했다. 나는 이율배반에 대한 상론에서의 또 다른 곤궁한 점을 나의 『논리의 학』에서 기회가 닿을 때마다 제시한 바 있다.[57] — 주의해야 할 주요 문제는 이율배반이 단지 우주론에서 취해진 네 개의 특수한 대상에만 있는 것이 아니라 [8/128]오히려 모든 종류의 모든 대상에, 즉 모든 표상과 개념 및 이념에 존재한다는

---

56. 『순수이성비판』B, 433, 448, 452를 참조.
57. 헤겔은 여기서 주로 『논리의 학』제1판(1812)의 제1권 제1책 제2편 제1장의 '순수량'에 대한 주해 2를 가리키고 있다(펠릭스 마이너 판 전집 11권, S. 113–20). 그러나 『엔치클로페디』제3판이 나온 지 얼마 후에 『논리의 학』제1책의 개정판이 출간되었다. 개정판의 그에 해당하는 주해 2는 그 당시의 헤겔의 견해에 대한 완전한 해명을 담고 있다(Su. 5/216–26). 개정판의 '양적 무한 진행'에 붙여진 주해 2 '시간과 공간에서 세계의 한정성과 무한정성에 대한 칸트의 이율배반'(Su. 5/271–76)도 참조.

점이다. 이 점을 알고 대상들을 이러한 특성에서 인식하는 것은 철학적 고찰의 본질적인 것에 속한다. 이 특성은 더 나아가 논리적인 것의 **변증법적** 계기로서 규정되는 바의 것을 이룬다.

〈보론〉 오랜 형이상학의 입장에서는 인식이 모순에 빠질 때 이 인식은 다만 우연한 잘못일 뿐이며 추론과 이치 추론에서의 주관적인 잘못에 기반한다고 가정되었다. 그에 반해 칸트에 따르면 사유가 무한한 것을 인식하고자 할 때 모순(이율배반)에 빠지는 것은 사유 자신의 본성에 놓여 있다. 그런데 앞 절의 주해에서 언급했듯이 이율배반의 제시야말로 그에 의해 지성 형이상학의 경직된 교조주의가 제거되고 사유의 변증법적 운동에 대한 지시가 이루어진 한에서 철학적 인식의 아주 중요한 촉진으로서 여겨져야 함에도 불구하고, 거기서 동시에 주의해야만 할 것은 칸트가 여기서도 사물들의 그 자체에서의 것에 대한 인식 불가능성이라는 한갓 부정적인 결과에 머물러 이율배반의 참되고 긍정적인 의미에 대한 인식으로 꿰뚫고 나아가지 못했다는 점이다. 그런데 이율배반의 참되고 긍정적인 의미는 일반적으로 모든 현실적인 것이 자기 안에 대립된 규정들을 포함하며, 그리하여 대상의 인식과 좀 더 자세하게는 개념 파악이란 바로 그 대상을 대립된 규정들의 구체적 통일로서 의식하게 된다는 것을 뜻할 뿐이라는 데 존립한다. 그런데 앞에서 제시되었듯이 오랜 형이상학은 바로 그것들에 대한 형이상학적 인식이 문제가 되었던 대상들의 고찰에서 추상적 지성 규정들을 그것들에 대립된 규정들을 배제한 채 적용하는 일에 착수했던 데 반해, 칸트는 어떻게 해서 그러한 방식으로 출현하는 주장들에 언제나 동등한 정당성과 동등한 필연성을 지니는 대립된 내용의 다른 주장들이 대립할 수 있게 되는지를 입증하고자 시도했다. 칸트는 이러한 이율배반들을 제시하는 데서 자기를 오랜 형이상학의 우주론에 제한했고, 그것을 논박하는 데서 범주들의 도식을 근저에 놓고서 네 개의 이율배반을 밝혀냈다. 첫 번째 이율배반은 세계가 공간과 시간에 따라 한정된 것으로서 생각될 수 있는지 아닌지의 물음에 관계된다. 두 번째 이율배반에서는 [8/129]물질이 무한히 분할 가능한 것으로서 여겨질 수 있는지 아니면 원자들로 이루어진 것으로서 여겨질 수 있는지의 딜레마 가 다루어진다. 세 번째 이율배반은, 요컨대 세계 안의 모든 것이 인과 연관에 의해 조건 지어진 것으로서 여겨져야만 하는지 아니면 세계 안에서 또한 자유로운 본질, 다시 말하면 행위의 절대적인 시작점도 가정되어야 하는지가 물음으로서 제기되는 한에서, 자유와 필연성의 대립에 관계된 다. 그러고 나서 여기에 마지막으로 네 번째 이율배반으로서 세계가 일반적으로 원인을 지니는지 아닌지의 딜레마가 덧붙여진다. — 그런데 칸트가 이 이율배반들에 대한 논구에서 준수하는 방도는 우선은 다음과 같은 것, 즉 그가 거기에 포함된 대립된 규정들을 정립Thesis과 반정립 Antithesis으로서 서로 대립시켜 양자를 증명하고자 하는 것,[58] 다시 말하면 양자를 그에 관한 추사유의 필연적인 결과로서 서술하고자 하는 것인바, 그러함에 있어 그는 분명히 자기가 가령 변호 증명을 하기 위해 현혹하고자 했던 것처럼 보이지 않도록 주의한다. 그러나 실제로는 칸트가 자신의 정립들과 반정립들을 위해 끌어들이는 증명들은 단순한 가상 증명들로서 여겨져야 한다. 왜냐하면 증명되어야 할 바로 그것이 언제나 이미 출발점 을 이루는 전제들에 포함되어 있고, 단지 장황하고 간접증명적인 방도에 의해서만 매개의 가상이 산출되기 때문이다. 그럼에도 불구하고 이 이율

---

58. 칸트의 이율배반들은 고대 회의주의 모델 위에 세워진 '테제'와 '안티테제'로 구성되어 있다. 그리고 그는 양편에 대해 희랍어를 사용한다. 대립(Gegensatz)이라는 말의 헤겔적인 사용은 이 모델에서 유래한다. Gegensatz와 Entgegensetzung은 피히테의 저술들에서 자주 등장하지만, 헤겔은 이율배반의 논리적 원리를 표현하기 위해 전자를 사용한다(여기서 둘 다 대립으로 옮겨지고 있지만, Entgegensetzung은 Gegensatz와 구별되어야 한다. 그것은 좀 더 발전되고 좀 더 역동적인 범주다. 그리고 그 Entgegensetzung의 최고의 형식이 모순이다. § 119를 참조). 헤겔의 개념은 논리적으로 대립, 즉 모순적 통일로 전진한다. 주의해야 할 것은 헤겔은 thesis/antithesis/synthesis(정립/반정립/종합)의 삼단 도식을 사용하지 않는다는 점이다(그것은 피히테가 칸트로부터 받아들인 것이다). 그리고 그 이유는 헤겔이 고유한 독일식 용어를 선호한다는 것보다 더 깊은 곳에 놓여 있다. 대중의 언어로의 움직임은 비판적 '지성'의 '반성적' 방법들로부터 고유하게 사변적인 '이성'의 해방을 표현한다.

배반들을 내세운 것은, 바로 그에 의해 지성에 의해 그 분리에서 견지되는 저 규정들의 사실적인 통일이 (비록 우선은 단지 주관적이고 직접적으로일 뿐일지라도) 언명된 한에서, 언제나 아주 중요하고 인정할 만한 가치가 있는 비판철학의 성과로 남는다. 그래서 예를 들어 앞에서 언급된 우주론적 이율배반들 가운데 첫 번째 것에는 공간과 시간이 연속적인 것으로서뿐만 아니라 또한 분리적인[비연속적인] 것으로서 고찰되어야 한다는 것이 포함되어 있는데, 그에 반해 오랜 형이상학에서는 단순한 연속성에 머물러 그에 따라서 세계가 공간과 시간에 따라 무한정한 것으로 고찰되었다. 각각의 모든 **규정된** 공간과 그와 마찬가지로 각각의 모든 **규정된** 시간이 넘어서질 수 있다는 것은 전적으로 올바르다. 하지만 공간과 시간이 오직 그 규정성에 의해서만(다시 말하면 **여기**와 **지금**으로서만) 현실적이고 이 규정성이 그것들의 개념 속에 놓여 있다는 것도 그에 못지않게 올바르다. 더 나아가 똑같은 것이 앞에서 제시된 그 밖의 이율배반들, 예를 들어 **자유와 필연성**의 이율배반에도 적용된다. 이 이율배반에서의 사정은 좀 더 자세히 고찰하면 다음과 같은 것, 즉 지성이 자유와 필연성에서 이해하는 바로 그것은 실제로는 다만 참된 자유와 참된 필연성의 관념적 계기들일 뿐이며, 이렇게 분리된 양자에게는 진리가 속하지 않는다는 것이다.

[8/130] § 49

γ) 세 번째 이성 대상은 신인데(§ 36),[59] 이 신이 인식되어야, 다시 말하면 **사유적으로 규정**되어야 한다. 그런데 지성에게 모든 규정은 다만 단순한 동일성에 대한 제한, 부정 그 자체일 뿐이다. 그리하여 모든 실재성은 오직 몰제한적으로만, 다시 말하면 **무규정적**으로만 받아들여져야 하며, 신은 모든 실재성의 총체로서나 가장 실재적인 본질로서 **단순한 추상물로**

---

59. 칸트는 신을 '순수이성의 이상'으로서 다룬다. 「초월론적 변증론」의 제2책, 제3장, 즉 『순수이성비판』 B, 595 이하, 특히 604를 참조.

되고, 규정을 위해서는 다만 그와 마찬가지로 단적으로 추상적인 규정성, 존재만이 남는다. 여기서 또한 개념이라고도 불리는 추상적 동일성과 존재는 그 합일이 이성에 의해 추구되는 바의 두 계기이다. 그 합일이 이성의 이상이다.

§ 50

이 합일은 두 개의 길 또는 형식을 허락한다. 요컨대 존재에서 시작하여 그로부터 사유의 추상물로 이행할 수 있거나, 역으로 추상물로부터 존재로의 이행이 실행될 수도 있는 것이다.

전자의 존재에서 시작하는 것에 관해 이야기하자면, 직접적인 것으로서의 존재는 무한히 다양하게 규정된 존재, 충만한 세계로서 제시된다. 이 충만한 세계는 좀 더 자세하게는 무한히 많은 우연성 일반의 모임으로서(우주론적 증명에서) 또는 무한히 많은 목적과 합목적적인 관계의 모임으로서(물리 신학적 증명에서) 규정될 수 있다.[60] — 이러한 충만한 존재를 사유한다는 것은 그것에게서 개별성과 우연성의 형식을 제거하고, 그것을 이러한 첫 번째의 존재와는 서로 다른 하나의 보편적이고 자체적이고도 대자적으로 필연적이며, 보편적 목적들에 따라 자기를 규정하는 활동적인 존재로서, — 신으로서 파악한다는 것을 뜻한다. — 이러한 발걸음에 대한 비판의 주요 통찰은 그것이 하나의 추론, 하나의 이행이라는 것이다. 요컨대 지각들과 그것들의 집합, 즉 세계가 그것들 그 자체에서 사유가 저 내용을 그것에로 순화시키는 보편성을 제시하지 않는다는 점에서,

---

60. 볼프의 강단 형이상학에서는 다양한 전통적인 신 존재 증명들이 표준화되고 범주에 따라 분류된다. 헤겔에게는 신의 현존재(*Dasein Gottes*)가 그와 관련된 일상적인 독일어 용법이라는 사실이 논리적으로 중요하다. 그래서 번역에서 우리는 언제나 그것을 문자 그대로 현존재라 옮긴다. 칸트는 '증명들'을 하나하나 논의한다. 사실 그것들이 어떠한 것인지를 알아보는 가장 손쉬운 방법은 그의 논박들을 검토하는 것이다. '우주론적 증명'에 대해서는 『초월론적 변증론』의 제2책, 제3장, 제5절을, '물리 신학적 증명'에 대해서는 그다음 절(『순수이성비판』 B, 631-58)을 참조. 후자는 좀 더 일반적으로는 목적론적 증명으로 알려져 있다.

[8/131]그리하여 이 보편성이 저 경험적 세계 표상에 의해 정당화되지 않는다는 것이다. 그리하여 사상이 경험적 세계 표상으로부터 신에게로 상승한다는 것에는 흄의 입장[61] — 즉 지각들을 사유하는 것, 다시 말하면 지각들로부터 보편적이고 필연적인 것을 끌어내는 것을 허용될 수 없는 것으로 선언하는 입장이 대립된다(오류추리에서처럼, § 47 참조).

인간이 사유하고 있는 까닭에, 철학과 마찬가지로 상식도 경험적 세계관에서 출발하여 거기서 벗어나 기어이 신에게로 고양되고자 할 것이다. 이러한 고양은 그 기초로 세계에 대한 한갓 감성적이고 동물적인 고찰이 아닌 사유하는 고찰 이외에 다른 것을 지니지 않는다. 사유에 대해 그리고 오직 사유에 대해서만 세계의 본질, 실체, 보편적 위력과 목적 규정이 존재한다. 이른바 신의 현존재에 대한 증명들은 다만 사유하는 자이자 감성적인 것을 사유하는 정신의 자기 안에서의 발걸음에 관한 기술들과 분석들로서 여겨질 수 있을 뿐이다. 감성적인 것 너머로의 사유의 고양, 유한한 것을 넘어서 무한한 것으로 향하는 사유의 밖으로 나감, 감성적인 것의 계열들을 끊고 초감성적인 것을 향해 이루어지는 비약, 이 모든 것은 사유 자신이며, 이러한 이행 작용은 사유일 뿐이다. 그러한 이행이 이루어져서는 안 된다면, 이것은 사유되어서는 안 된다는 것을 뜻한다. 실제로 동물은 그러한 이행을 이루지 못한다. 그들은 감성적 감각과 직관에 머무른다. 그런 까닭에 그들은 종교를 갖지 못한다.[62] 사유의 이러한 고양에 대한

---

61. 앞의 각주 33, 35를 참조.
62. 여기와 이 단락의 첫 부분에서 헤겔은 힌리히스의 『학문에 대한 내적 관계에서의 종교』에 붙인 서문에서 행한 논평(*Su.* 11/42–67)을 반복하고 있다. 거기서 — 그리고 아마도 여기서도 — 헤겔의 과녁은 슐라이어마허였을 것이다. 힌리히스는 헤겔 우파의 철학자이자 하이델베르크에서 헤겔의 학생이었다. 그의 저작에 대해 헤겔이 쓴 서문은 감정을 원리로 하는 종교를 비판하는 내용이었으며, 헤겔이 범신론자로서 공격받는 계기가 되었다. 헤겔이 감정을 종교의 원리로 삼는 것에 반대하는 이유는 '감정이 그 자체로는 단순한 형식이고 무규정적이며 어떠한 내용도 안에 포함할 수 없는 것이고',

비판과 관련해서는 일반적으로뿐만 아니라 또한 특수하게 두 가지 점에 주의해야 한다. 첫째, 그 고양이 추론(이른바 신의 현존재에 대한 증명들)의 형식을 취하게 된다면, 그 출발점은 당연히 그 어떤 방식으로든 우연성들이나 목적들과 합목적적 관계들의 집합으로서 규정되는 세계관이다. 이 출발점은 [8/132]사유가 추론을 행하는 한에서 사유 속에서 확고한 기초로서 그리고 이 소재가 우선은 그러하듯이 전적으로 경험적인 것으로서 머물러 그대로 남아 있는 것으로 보일 수 있다. 그래서 출발점과 거기로 전진이 이루어진 종결점의 관계는 존재하고 머무르는 하나로부터 그와 마찬가지로 역시 존재하는 다른 것으로의 추론으로서 오직 긍정적일 뿐인 것으로서 표상된다. 하지만 사유의 본성을 오직 이러한 지성 형식에서만 인식하고자 하는 것은 커다란 오류이다. 경험적 세계를 사유한다는 것은 오히려 본질적으로 그 경험적 형식을 변화시켜 그것을 보편적인 것으로 전환한다는 것을 뜻한다. 그와 동시에 사유는 저 기초에 대해 부정적 활동성을 행사한다. 지각된 소재는 보편성에 의해 규정될 때 그것의 최초의 경험적 형태 속에 머무르지 않는다. 껍데기의 제거 및 부정과 더불어 지각된 것의 내적인 내실이 끌어내어진다(§ 13과 23을 참조). 신의 현존재에 대한 형이상학적 증명들이 세계로부터 신에게로 향하는 정신의 고양에 대한 결함 있는 해석들이자 기술들인 까닭은 그것들이 이 고양 가운데 포함된 부정의 계기를 표현하지 못하거나 오히려 끌어내지 못하기 때문이다. 왜냐하면 세계가 우연적이라는 것에는 세계가 다만 몰락하는 것, 현상하는 것, 자체적이고도 대자적으로 허무한 것일 뿐이라는 사실 자신이 놓여 있기 때문이다. 정신의 고양이 지니는 의미는 세계에 실로 존재가 속하기는 하지만 그 존재는

___

결국 '어떠한 감정을 지니는지를 주관에 맡기게 되기'(*Su.* 11/59) 때문이다. 이에 대해 헤겔은 '시대의 요구에 관해 말하자면 종교와 철학은 모두 진리의 실체적이고 객관적인 내용을 지향하도록 요구받고 있다'(*Su.* 11/61)라고 주장하며 비판하고 있다.

가상일 뿐 참다운 존재가 아니고 절대적 진리가 아니라는 것, 이 절대적 진리는 오히려 저 현상의 저편에서 오직 신 안에만 있고 신만이 참다운 존재라는 것이다. 이러한 고양이 이행이자 매개라는 점에서, 그것은 그와 마찬가지로 이행과 매개의 지양이기도 하다. 왜냐하면 신이 그에 의해 매개된 것으로 보일 수도 있는 것, 즉 세계가 오히려 허무한 것으로 설명되기 때문이다. 오직 세계 존재의 허무함만이 고양의 유대이며, 그리하여 매개하는 것으로서 존재하는 것이 사라짐으로써 이 매개 자신 안에서 매개가 지양된다. — [8/133]야 코비가 지성의 증명과 투쟁하는 가운데 붙잡는 것은 주로 두 존재자 사이의 관계로서 오직 긍정적인 것으로서만 파악된 저 관계이다. 그는 지성의 증명에 대해 그것이 무조건적인 것에 대한 조건들(세계) 을 찾는다고, 그리고 그러한 방식으로는 무한한 것(신)이 근거 지어지고 의존적인 것으로서 표상된다고 정당하게 비난한다. 하지만 정신 속에 존재하는 바의 저 고양은 스스로 이러한 가상을 바로잡는다. 저 고양의 내실 전체는 오히려 이 가상의 바로잡음이다. 그러나 야코비는 매개 속에서 매개 자신을 지양하는 본질적 사유의 이러한 참다운 본성을 인식하지 못했으며, 따라서 그가 오직 반성할 뿐인 지성에게 퍼붓는 올바른 비난을 잘못되게도 사유 일반에, 따라서 또한 이성적 사유에도 적중하는 비난으로 여기고 말았다.

부정적 계기를 간과한 것에 관해 해명하기 위해 예를 들어 스피노자 주의에 퍼부어지는 비난, 즉 스피노자주의가 범신론과 무신론이라고 하는 비난이 인용될 수 있다. 스피노자의 절대적 실체는 물론 아직은 절대적 정신이 아니며, 신이 절대적 정신으로서 규정되어야만 한다는 것은 정당하게 요구된다. 그러나 만약 스피노자의 규정이 그가 신을 자연, 즉 유한한 세계와 뒤섞어 세계를 신으로 만든다는 식으로 표상된다면, 거기서 전제되는 것은 유한한 세계가 참다운 현실성, 긍정적 실재성을 소유한다는 것이다. 물론 이러한 전제에서는 신과 세계의 통일과 더불어 신이 단적으로 유한하게 되고 실존의 단순한 유한하고 외면적인 다양성으로 격하된다. 스피노자가 신을 그렇듯 신과 세계의 통일이 아니라 사유와 연장(물질적 세계)의 통일[63]이라고 정의한다는 것을 도외시한다고 하더라도, 이 통일이 저 첫 번째의 전적으로 부적절한 방식으로 받아들여질 때조차도 이미 이 통일 속에는 스피노자의 체계에서는 오히려 세계가 그에 현실적 실재성이 속하지 않는 오직 현상으로서만 [8/134]규정된다는 점이 놓여 있으며, 그리하여 이 체계는 오히려 **무우주론**Akosmismus으로 간주되어야 한다.[64] 신이 그리고 오직 신만이 존재한다고 주장하는 철학은 조금이라

---

63. 『에티카』의 제1부를 참조. 윌리스가 주장하듯이 헤겔의 진술이 '부정확'한지 아닌지는 논쟁의 여지가 있다. 왜냐하면 '무한한 속성들'(제1부, 정의 6)이 '무한히 많은'을 의미한다는 것은 명확하지 않기 때문이다. 그러나 우리는 헤겔이 스피노자의 입장에 대한 하나의 진술을 여기서 '전적으로 부적절한' 것으로서 특징짓고 있는 것에서, 스피노자의 입장에 대한 그의 바로잡음이 그 자체로 완전히 적절한 것이기를 의도했다고 이해할 수 있을 것이다. 여기서 헤겔이 다투고자 하는 것은 야코비의 스피노자 해석이다.

64. 스피노자에 대한 이 기이한 '비판적 옹호'는 솔로몬 마이몬(Solomon Maimon, 1753-1800)에 의해 처음으로 제공되었다. 관련된 참조점들에 대해서는 *Gesammelte Werke*, Rheinische-Westfälischen Akademie der Wissenschaften, ed. Hamburg: Meiner(*G.W.*), 19: 505(67에 대한 주해, 14-15)를 참조. 이와 관련하여 헤겔의 무신론 규정은 다음과 같다. '단적인 유한자만이 있고, 따라서 마찬가지로 우리만이 있지만, 신은 존재하지 않는다. 그것이 무신론이다. 이리하여 유한자가 절대적이 되고, 그것이 실체적인 것으로 된다. 그 경우 신은 존재하지 않는다.'(『철학사』 *Su.* 20/162) 이러한 규정에서 보면 스피노자주의를 무신론이라고 하는 것은 정곡을 찌르지 못한다고 헤겔은 말한다. 왜냐하면 스피노자는 유한한 현실에는 아무것도 없고 유한한 현실은 아무런 진리성도 갖지 않으며, 존재하는 것은 오로지 신뿐이라고 주장하기 때문이다. 그래서 헤겔의 입장에서 보면 스피노자주의는 무신론이 아니라 '무우주론'(*Su.* 20/163, 195)이다. 따라서 이것을 무신론이라고 논란을 벌이는 신학은 사실은 그 점에서 신 안으로 지양되어버린 자신이라는 무, 자신과 세계의 몰락을 감지하고 도리어 유한한 것과 현세적인 것에 대한 욕망을 보존하고자 하는 무신론이다.

어쨌든 헤겔은 '스피노자는 근대 철학의 주안점이다. 스피노자주의자인가 그렇지 않으면 철학이 아닌가이다'(*Su.* 20/163 f.)라는 말이 보여주듯이 스피노자 철학을 높이 평가한다. 예나 시대의 헤겔에 따르면 스피노자의 체계에서는 무한실체와 유한자의 관계가 긍정과 부정, 전체와 부분의 관계로서 파악되는바, 무한실체는 부정적 존재인 유한자를 자기의 부분으로서 포함하는 절대 긍정의 전체로서 포착되고 있으며(『신앙과 앎』 *Su.* 2/345), 이러한 파악이야말로 참된 무한자로서의 절대자와 이에 대한 유한자의 관계에 관한 올바른 인식을 제시한다. '제한된 것은 절대자 안에서, 즉 동일성으로서 정립되어 있는 한에서만 존립한다.'(『피히테와 셸링 철학 체계의 차이』 *Su.* 2/27) 이러한

도 무신론으로 치부되어서는 안 될 것이다. 하지만 사람들은 원숭이, 암소, 대리석상, 동상 등등을 신으로서 숭배하는 민족들에게도 종교가 있다고 생각한다. 그러나 표상의 감각에 놓여 있는 사람들에게는 세계라고 불리는 이러한 표상의 유한성 집합이 현실적 실재성을 지닌다고 하는 그들 자신의 고유한 전제를 포기하는 것이 훨씬 더 꺼림칙하다.[65] 가령 그렇게 표현될 수 있듯이 세계가 존재하지 않는다

동일성의 인식을 '사변'이라고 부르는 헤겔이 스피노자의 체계에서 발견한 것은 바로 그와 같은 '사변'의 관점이었다. '사변'의 관점에서 보면, 유한한 존재들은 그것 자체로서의 실재성을 지니지 않는 '절대자의 (단순한) 현상'으로서 파악되는데, 이와 같은 파악은 유한한 존재들, 즉 세계를 표상지(imaginatio)의 산물로서 파악하고 긍정에 대한 부정으로서 파악하는 스피노자의 견지에서 명확히 보인다. '실체성의 연관'이야말로 '사변의 참된 연관'이다(『피히테와 셸링 철학 체계의 차이』 *Su.* 2/49). 요컨대 헤겔은 이러한 스피노자 이해의 입장에서 스피노자의 체계를 '무우주론'으로 특징 짓고 있는 것이다(이 § 50과『엔치클로페디』 § 573 그리고『철학사』 *Su.* 20/177, 191, 195를 참조). 그러나 스피노자의 무한실체와 자기의 '절대자'를 등치시키고 이 점에서 스피노자 철학을 평가하는 견해는 헤겔의 '절대자'에 관한 사상의 진전에 따라 곧바로 방기된다.『정신현상학』서문에서 명시되는 것처럼 절대자는 '실체'로서 파악될 뿐 아니라 나아가 '정신'으로서 내지 '주체'로서 파악되어야만 한다고 하는 것이 이후의 헤겔이 취하는 견지이다. 이 견지에서는 스피노자의 무한실체 사상은 이미 절대자에 대한 완전한 파악으로 여겨지지 않는다. 스피노자의 입장은 절대자를 실체로서 파악하는 한에서 '모든 철학적 사유의 본질적인 시원'(*Su.* 20/165)을 제시하는 것이지만, 아직 그것은 시원의 단계에 머무르고 있다. '절대적 실체는 참된 것이지만, 아직 완전히 참된 것은 아니다. 그것은 자기 안에 활동과 생동성을 지니는 것으로서도 생각되어야만 하며, 바로 이에 의해 정신으로서 규정되어야만 한다.'(*Su.* 20/166) 절대자를 '정신' 내지 '주체'로서 파악하는 것, 그것은 절대자를 '부정의 부정'의 과정을 통해 성립하는 긍정으로서 파악하는 것, 즉 단순한 무한자가 자기 자신을 부정하여 유한자로 되고, 나아가 이 유한자로서의 자기를 부정하여 자기 자신으로 복귀하는 무한자의 '자기 자신을 정립하는 운동'으로서 파악하는 것을 의미한다. 그러나 스피노자의 무한실체는 그러한 부정의 계기를 포함하지 않는 단순한 긍정인 것에 지나지 않는다. 하지만 헤겔에 따르면 실체를 '주체'로서 파악하는 관점이 스피노자에게 전적으로 결여되어 있었던 것은 아니다. 헤겔이 평가하는 것은 실체를 '자기원인(causa sui)'이라고 하는 스피노자의 관점이다. '자기원인이란 중요한 표현이다.…… 이것은 전적으로 사변적인 개념이다.…… 만약 스피노자가 자기원인에 존재하는 것을 좀 더 상세하게 전개했더라면 그의 실체는 경직된 것이 아니게 되었을 것이다.'(*Su.* 20/168). 그러나 스피노자는 '자기원인'이라는 '사변적인 개념'에 참으로 사변적인 전개를 부여할 수 없었는데, 이것이 그가 사용한 기하학적 방법에 기인한다. 절대자를 '주체'로서 제시하는 것, 그것은 절대자를 자기 매개 운동의 성과로서 제시하는 것이며, 이것은 '학문의 처음부터 직접적이고 무매개적으로 가정되는' 것과 같은 '정의'라는 '단언의 형식'에서는 본래 수행될 수 없는 것이다(『논리의 학』 *Su.* 6/196).

와 같은 어떤 것을 가정하는 것을 사람들은 쉽사리 전적으로 불가능하거나 최소한 신이 존재하지 않는다는 것이 생각될 수 있는 것보다도 훨씬 더 불가능한 것으로 간주한다. 사람들은 그야말로 명예롭지 못하게도 하나의 체계가 세계를 부인하는 것보다 신을 부인하는 것을 훨씬 더 쉽게 믿는다. 그들은 세계가 부인되는 것보다도 신이 부인되는 것이 훨씬 더 이해할 만하다고 여기는 것이다.

두 번째 지적되어야 할 점은 저 사유하는 고양이 우선 획득하는 내실에 대한 비판에 관련된다. 만약 이 내실이 단지 세계의 실체, 세계의 필연적 본질, 합목적적으로 정돈하고 지배하는 원인 등등과 같은 규정들에만 존립한다고 하면, 물론 그것은 신에게서 이해되거나 이해되어야 할 것에 적합하지 않다. 하지만 신에 관한 표상을 전제하고 그러한 전제에 따라 결과를 판정하는 수법을 도외시한다면, 저 규정들은 이미 커다란 가치를 지니며 신의 이념에서의 필연적 계기들이다. 이러한 도정에서 그 참다운 규정에서의 내실, 신의 참다운 이념을 사유 앞으로 가져오기 위해서는 물론 출발점이 하위의 내용으로부터 취해져서는 안 된다. 세계의 한갓 우연적일 뿐인 사물들이란 매우 추상적인 규정이다. 유기적 형성물들과 그것들의 목적 규정들은 좀 더 고차적인 영역, **생명**에 속한다. [8/135]하지만 살아 있는 자연에 대한 고찰과 **목적들**에 대한 현존하는 사물들의 그 밖의 관계에 대한 고찰이 목적들의 사소함에 의해, 아니 심지어 목적들과 목적들의 관계들에 대한 유치하기까지 한 제시들에 의해 불순하게 될 수 있다는 점 이외에, 단지 살아 있을 뿐인 자연 자신은 실제로는 아직 그로부터 신의 이념의 참다운 **규정**이 파악될 수 있는 그러한 것이 아니다.

---

65. 헤겔이 여기서 언급하는 표상은 스피노자의 imaginatio(표상지)와 등치되고 있다. 어쨌든 imaginatio와 ratio에 대한 스피노자의 용법을 이해하는 것은 헤겔이 표상과 사유에 의해 그리고 그것들의 상호대립에 의해 의미하는 것이 무엇인지를 파악하는 데 매우 중요하다. 왜냐하면 여기서 사용되는 데카르트적인 의미에서는 사유가 표상과 반성적 자기의식의 다른 모든 양식을 포함하기 때문이다.

신은 살아 있는 것 이상인바, 신은 정신이다. 사유가 출발점을 취하되 가장 가까운 출발점을 취하고자 하는 한에서, 오로지 정신적 자연[본성]만이 절대자의 사유를 위한 가장 가치 있고 가장 참다운 출발점이다.

## § 51

이상*das Ideal*이 그에 의해 성립되어야 할 합일의 다른 길은 사유의 추상물로부터 오직 존재만이 그것을 위해 남아 있는 규정으로 전진한다. — 신의 현존재에 대한 **존재론적 증명**이 그것이다. 여기서 출현하는 대립은 사유와 존재의 대립이다. 왜냐하면 첫 번째 길에서는 존재가 양 측면에 공통적이고 대립은 다만 개별화된 것과 보편적인 것의 구별에만 관계되기 때문이다. 지성이 이러한 다른 길에 맞세우는 것은 그 자체에서 방금 제시되었던 것과 똑같은 것, 요컨대 경험적인 것에서 보편적인 것이 발견되지 않는 것과 마찬가지로 역으로 보편적인 것에는 규정된 것이 포함되어 있지 않다는 것이며, 여기서 규정된 것은 존재이다. 또는 존재는 개념에서 도출될 수도 없고 분석으로 끌어내어질 수도 없다.

존재론적 증명에 대한 칸트의 비판이 그토록 무조건적으로 호의적으로 받아들여져 수용되게 된 것은 의심할 바 없이 칸트가 사유와 존재 사이의 구별이 어떤 것인지를 분명하게 하려고 백 탈러의 예를 사용했기 때문이기도 하다.[66] 백 탈러는 그것이 단지 가능할 뿐이든 현실적이든 개념에 따라서는 똑같이 백 탈러이다. 그러나 나의 재산 상태에 대해서는 이것[67]은 본질적인 구별을 이룬다. — [8/136]내가 생각하거나 표상하는 그와 같은 것이 그렇다고 해서 아직은 현실적으

---

66. 칸트의 「초월론적 변증론」, 제2책, 제3장, 제5절을 참조. '백 탈러'의 예는 『순수이성비판』 B, 627에서 발견된다.
67. 백 탈러가 가능할 뿐인가 현실적인가 하는 것.

로 존재하는 것이 아니라는 것, ― 즉 표상 작용이나 또한 개념마저도 존재를 위해 충분하지 않다는 사상만큼이나 분명한 것은 아무것도 있을 수 없다. ― 백 탈러와 같은 것을 개념이라고 부르는 것이 부당하게 야만Barbarei이라 불리는 것은 아니라는 점을 도외시한다고 하더라도, 철학적 이념에 반대하여 사유와 존재는 서로 다르다고 언제까지나 되풀이하는 자들은 분명 우선은 결국 철학자들에게도 그것이 마찬가지로 알려지지 않은 것은 아니라는 점을 전제해야 할 것이다. 사실 이보다 더 진부한 지식으로 무엇이 있을 수 있겠는가? 그러나 그다음으로 고려되어야만 할 것은 신에 대해 말할 때는 이것이 백 탈러나 그 어떤 특수한 개념, 즉 표상이나 그것이 어떤 명칭을 갖고자 하는 것이든 그런 것들과는 그 종류가 다른 대상이라고 하는 점이다. 실제로 모든 유한한 것은 그것의 현존재가 그것의 개념과 상이하다고 하는 것이자 오직 그러한 것일 뿐이다. 그러나 신은 분명히 오직 '실존하는 것으로서 사유als existierend gedacht'[68]될 수 있을 뿐인 것이어야 하는바, 거기서 개념은 존재를 자기 안에 포함한다. 개념과 존재의 이러한 통일이야말로 신의 개념을 이루는 바로 그것이다. ― 물론 이것은 아직은 신의 형식적 규정이며, 그런 까닭에 이 규정은 실제로는 다만 개념 자신의 본성을 포함할 뿐이다. 그러나 개념이 이미 자기의 전적으로 추상적인 의미에서 존재를 자기 안에 포함한다는 것은 쉽게 통찰될 수 있다. 왜냐하면 개념은, 그것이 그 밖에 어떻게 규정되든지 간에, 최소한 매개의 지양을 통해 출현하는, 그리

---

68. 헤겔은 이것을 인용구로, 그것도 이탤릭체로 놓고 있다. 분명 그는 스피노자 『에티카』에서의 정의를 생각하고 있을 것이다. '나는 자기원인이란 그것의 본질이 실존을 포함하는 것, 또는 그것의 본성이 실존한다고 생각할 수밖에 없는 것이라고 이해한다(causa sui……  non potest concipi nisi existens).' 우리는 여기서 헤겔이 칸트에게 반대하여 스피노자의 존재론적 논증을 옹호하고자 한다는 것을 알 수 있다. 따라서 스피노자의 이성주의는 '사상의 첫 번째 태도'인 '형이상학' 아래 포괄되지 않는다. 그리고 라이프니츠도 거의 확실히 거기에 포함되지 않을 것이다. 비록 볼프의 입장이 그에게서 유래했을지라도 말이다.

하여 그 자신이 자기 자신에 대한 **직접적인 관계**이기 때문이다. 그러나 존재는 이러한 것 이외에 다른 것이 아니다. —— 사람들은 분명 정신의 이러한 가장 내적인 것, 즉 개념이나 또한 자아나 신이라고 하는 완전히 구체적인 총체성도 존재와 같이 그토록 빈곤한 규정, 아니 가장 빈곤하고 가장 추상적인 규정을 자기 안에 포함하지 못할 만큼 전혀 풍부하지 못하다고 한다면 기묘한 일임에 틀림이 없을 것이라고 말할 수 있을 것이다. 사상에 대해서는 그 내실에 따라 존재보다 더 적은 것은 아무것도 존재할 수 없다. 다만 다음과 같은 것, 즉 사람들이 가령 존재에서 우선 표상하는 것, [8/137]요컨대 내가 여기서 내 앞에 지니는 종이의 실존과 같은 **외면적이고 감성적인** 실존은 더 적을 수도 있을 것이다. 그러나 사람들은 어차피 제한되고 무상한 사물의 감성적 실존에 대해서는 말하고자 하지 않을 것이다. —— 어쨌든 사상과 존재가 서로 다르다고 하는 비판의 진부한 논평은 인간에게서 가령 인간의 정신이 신의 **사상**으로부터 신이 **존재**한다고 하는 확신에 이르는 발걸음을 기껏해야 방해할 수 있을 뿐, 빼앗을 수는 없다. 이 이행, 즉 신의 사상과 그의 존재의 절대적 분리 불가능성은 또한 직접지나 신앙의 견지에서 그 나름의 정당성을 가지고서 다시 복구된 것이기도 하다. 이에 대해서는 나중에 논의할 것이다.

## § 52

이러한 방식으로 **사유**에 대해서는 그 최고의 정점에서 **규정성**이 무언가 외면적인 것으로 머문다. 여기서 언제나 이성이라 불리는 것은 다만 단적으로 추상적인 사유에 머물 뿐이다. 이리하여 결론은 이성이 경험들의 단순화와 체계화를 위한 형식적 통일 이외에 아무것도 제공하지 못하며, 진리의 규준이지 기관이 아니고, 무한한 것의 교의가 아니라 단지 인식의 비판만을 제공할 수 있다는 것이다.[69] 이 비판은 그 최종적 분석에서 사유란 자기 안에서 다만 **무규정적 통일**이자 이러한 무규정적 통일의 활동일 뿐이라는 단언에 존립한다.

〈보론〉 칸트는 실로 이성을 무조건적인 것의 능력으로서 파악했다. 그렇지만 이성이 단순히 추상적 동일성으로 환원될 뿐이라면, 거기에는 동시에 이성의 무조건성에 대한 포기가 놓여 있으며, 그 경우 이성은 실제로는 공허한 지성 이외에 다른 것이 아니다. 이성은 오직 외부로부터 자기에게 낯선 내용에 의해 규정되는 것이 아니라 오히려 자기 자신을 규정하고 이리하여 자기의 내용에서 자기 자신 곁에 존재함으로써만 무조건적이다. 그러나 칸트에 따르면 이성의 활동은 분명히 지각을 통해 제공된 소재를 범주들의 적용을 통해 체계화하는 것, 다시 말하면 외면적인 질서로 가져오는 것에만 존립하며, 거기서 그 활동의 원리는 단지 무모순성의 원리일 뿐이다.

[8/138] § 53

b) 실천이성은 자기 자신을, 게다가 **보편적인** 방식으로 규정하는, 다시 말하면 **사유하는 의지**로서 파악된다. 실천이성은 자유의 명령적이고 객관적인 법칙들, 다시 말하면 무엇이 **행해져야** 하는지를 말하는 법칙들을 제공해야 한다.[70] 여기서 사유를 객관적으로 규정하는 활동(다시 말하면 사실상 하나의 이성)으로서 받아들일 수 있는 정당성은 실천적 자유가 **경험을 통해** 증명될 수 있으리라는 것, 다시 말하면 자기의식의 현상 속에서 지시될 수 있으리라는 것으로 정립된다. 의식 안에서의 이러한 경험에 대해서는 결정론이 그와 마찬가지로 경험으로부터 그에 반대하여 제시하는 모든 것이, 특히 인간들 사이에서 권리와 의무로 여겨지는 것의, 다시 말하면 객관적이어야 하는 자유의 법칙들의 **무한한 상이성**으로

---

69. 『순수이성비판』, 서론, 제7절(B, 24–26)을 참조.
70. 칸트의 『윤리 형이상학 정초』(*Grundlegung zur Metaphysik der Sitten*), 학술원 판 전집 4:413, 448을 참조.

부터의 회의주의적인(또한 흄적인) 귀납이 이의를 제기한다.[71]

### § 54

실천적 사유가 자기의 법칙으로 삼는 것을 위해서는, 즉 실천적 사유가 자기 자신 안에서 규정하는 것의 기준을 위해서는 또다시 지성의 그와 같은 추상적 동일성, 즉 규정 작용에서 어떠한 모순도 발생하지 않는다는 것 이외에 다른 아무것도 현존하지 않는다. — 그리하여 실천이성은 이론이성의 최종적인 것이라고 할 형식주의를 넘어서지 못한다.

그러나 이 실천이성은 보편적 규정, 즉 선을 단지 자기 안에서만 정립하는 것이 아니라,[72] 오히려 선이 세계적 현존재, 즉 외면적 객관성을 가져야 한다고, 다시 말하면 사상이 단순히 주관적이 아니라 일반적으로 객관적이어야 한다고 요구하는 데서 비로소 좀 더 본래적으로 실천적이다. 실천이성의 이 요청에 대해서는 나중에 논의할 것이다.

〈보론〉 칸트는 이론이성에 대해서는 부인한 것 — 자유로운 자기 규정 — 을 실천이성에 대해서는 분명히 시인했다. 칸트 철학이 커다란 호의를, 게다가 전적으로 정당하게 얻도록 해 준 것은 주로 그 철학의 이 측면이다. 이와 관련하여 칸트에게 마땅히 돌려져야 하는 공적을 평가하기 위해서는 우선 [8/139]그가 지배적인 것으로서 발견한 바로 그 형태의 실천철학과 좀 더 자세하게는 도덕철학을 눈앞에 떠올려 보아야 한다. 그것은 일반적으로 행복주의의 체계였는데,[73] 그 체계로부터는 인간의 사명에 대한

---

71. 앞의 각주 36을 참조. 이 귀납은 보편적이고 '객관적인' 이성적 명령의 가능성을 배제한다. 흄의 논증에 대해서는 특히 『도덕원리에 관한 탐구』(*Enquiry Concerning the Principles of Morals*, 1751), 제3절을 참조.

72. 칸트의 『윤리 형이상학 정초』 제1절의 첫 문장을 참조. '이 세계에서 또는 도대체가 이 세계 밖에서까지라도 아무런 제한 없이 선하다고 생각될 수 있는 것은 오로지 선의지뿐이다.'[4:393]

73. 헤겔은 이 '행복주의(Eudämonismus)'를 『신앙과 앎』의 서두에서 조금 길게 논의한다(*Su.* 2/292-300을 참조). 볼프의 추종자들과 상식의 '대중 철학자들'이 모두 '행복주의자들'로

물음에 대해 인간은 자기의 **행복**을 목표로 삼아야 한다는 대답이 주어졌다. 그런데 행복에서는 인간이 자신의 특수한 경향, 원망, 욕구 등등을 만족시키는 것이 이해되었다는 점에서, 이리하여 우연적이고 특수한 것이 의지와 그 활동의 원리로 되었다. 그때 칸트는 자기 안에 어떠한 확고한 발판도 결여하고 모든 자의와 기분에 문을 여는 이러한 행복주의에 실천이성을 대립시킴과 동시에 보편적이고 모두에 대해 똑같이 구속력 있는 의지의 규정에 대한 요구를 언명했다. 앞의 절들에서 주의해 두었듯이 칸트에 따르면 이론이성은 단지 무한한 것의 부정적 능력일 뿐이고, 고유한 긍정적 내용은 없이 경험 인식의 유한한 것을 통찰하는 데 제한되어 있어야 하는 데 반해, 그는 실천이성의 긍정적 무한성을 분명히 인정했으며, 게다가 의지에 보편적 방식으로, 다시 말하면 사유하면서 자기 자신을 규정하는 능력을 돌리는 방식으로 그리했다. 그런데 의지는 실로 이러한 능력을 소유하며, 인간이 오직 그 능력을 소유하고 자기의 행위에서 그 능력을 사용하는 한에서만 자유롭다는 것을 아는 것은 대단한 중요성을 지닌다. 하지만 이것을 인정한다고 해서 의지나 실천이성의 **내용**에 대한 물음이 대답되어 있는 것은 아직 아니다. 그 밖에 인간은 선을 자기 의지의 내용으로 삼아야 한다고 말해질 때는 곧바로 내용, 다시 말하면 이 내용의 규정성에 대한 물음이 다시 제기되며, 의지의 자기 자신과의 일치라는 단순한 원리를 가지고서나 의무를 위해 의무를 행하라는 요구를 가지고서는 앞으로 나아가지 못한다.

§ 55

c) 반성하는 판단력에는 직관하는 지성[74]의 원리가 돌려지는바, 다시

---

서 여겨질 수 있다. 따라서 프랑스 계몽주의도 그렇게 여겨질 수 있는데, 이에 대해서는 『정신현상학』 *Su.* 3/415–416, 430을 참조. 칸트에게 이런 유형의 가장 중요한 반대자는 분명히 모제스 멘델스존이었을 것이다.

74. 이 절과 다음 두 절은 『판단력비판』에 관계된다. '직관하는 지성'에 대해서는 특히 『판단력비판』의 § 77을 참조. 지금 이 절의 주해 첫 부분에서 언급되는 '이념'도 거기서

말하면 거기서는 보편적인 것(추상적 동일성)에 대해 우연적이고 그것으로부터 도출될 수 없는 특수한 것이 이 보편적인 것 자신에 의해 규정된다 ― 이러한 것은 예술과 유기적 자연의 산물들에서 경험된다.

판단력 비판은 [8/140]거기서 칸트가 이념의 표상, 아니 그 사상을 언명했다고 하는 탁월한 점을 지닌다. 직관적 지성, 내적 합목적성 등등의 표상은 동시에 그 자신에서 구체적인 것으로서 사유되는 보편적인 것이다. 따라서 오로지 이 표상들에서만 칸트 철학은 **사변적**으로 나타난다. 많은 사람, 특히 실러[75]는 예술미의 이념, 즉 사상과 감성적 표상의 **구체적 통일의 이념**에서 분리하는 지성의 **추상들**로부터의 탈출구를 발견했으며, ― 다른 이들은 자연적 생동성Lebendigkeit이든 지적 생동성이든 **생동성** 일반의 직관과 의식에서 그것을 발견했다.[76] ― 예술 산물 및 살아 있는 개별성은 실로 그 내용에서 제한되어 있다. 그러나 칸트는 또한 내용에 따라서도 포괄적인 이념을 자연 내지 필연성과 자유의 목적과의 요청된 조화 속에, 즉 실현된 것으로서 생각되는 세계의 궁극 목적 속에 세워놓는다. 그러나 그렇게 불릴 수 있듯이 사상의 게으름은 이러한 최고의 이념에 있어 당위에서 궁극 목적의 현실적 실현에 맞서서 개념과 실재성의 분리되어 있음을

---

논의된다. '내적 합목적성'에 대한 칸트의 논의는 § 66에서 이루어진다. 『판단력비판』의 두 부분('미학적 판단력 비판'과 '목적론적 판단력 비판')은 각각 '예술의 산물들'과 '유기적 자연의 산물들'을 다룬다.

75. 『우미와 존엄에 관하여』(1793)와 『칼리아스 서한』(1793) 등 실러의 모든 미학적 논고들은 '미학적 판단력 비판'의 영감을 받고 있다. 그러나 헤겔은 분명 특별히 『인간의 미적 교육에 관하여』를 생각하고 있었을 것이다. 우리는 특히 이 저작의 다섯 번째와 여섯 번째 서한을 참조할 수 있다. 아무튼 실러에게 미는 감성적인 현상이 아니고서는 생각될 수 없지만, 동시에 미는 자율적이자 이성적인 세계에 속한다. 즉, 미는 감성과 이성의 매개자인 것이다. 인간은 감성적 충동(소재 충동)과 이성적 충동(형식 충동)이라는 상반된 두 가지 힘에 추동된다. 그러나 미를 즐기고 있을 때 인간 속에서 활동하고 있는 것은 양자를 통합한 유희 충동이다.

76. 이러한 호소는 야코비와 피히테 그리고 셸링에게서 발견될 수 있다. 그러나 특히 야코비의 『스피노자의 학설에 대하여』를 참조.

견지하는 너무나 손쉬운 탈출구를 지닌다. 그에 반해 살아 있는 유기적 조직들과 예술미의 현재는 또한 감수성과 직관에 대해서도 이미 이상의 현실성을 보여준다.[77] 따라서 이 대상들에 대한 칸트의 반성들은 의식을 구체적 이념의 파악과 사유로 이끌어가기에 특히 적합할 것이다.

## § 56

여기에는 직관의 특수한 것에 대한 지성의 보편적인 것의 관계에 대해 이론이성과 실천이성에 관한 학설에서 근저에 놓여 있는 것과는 다른 관계에 대한 사상이 세워져 있다. 그러나 그 사상과 저 관계가 참다운 관계라는, 아니 진리 자신이라는 통찰이 결합하지는 않는다. 오히려 이 통일은 단지 그것이 유한한 현상들에서 실존하게 되고 [8/141]경험에서 제시되는 대로만 받아들여진다. 그러한 경험은 우선은 주관에서 한편으로는 천재,[78] 즉 미적 이념들을 산출하는 능력, 다시 말하면 이념에 이바지하고 사유할 수 있게 하되 그러한 내용이 개념에서 표현되어 있거나 거기에서 표현될 수 있게 하지는 못하는 자유로운 상상력의 표상들을 산출하는 능력을 제공하며, — 다른 한편으로는 취미 판단, 즉 자유로운 직관들 또는 표상들의 합법칙적인 지성에 대한 조화*Zusammenstimmung*의 감정을 제공한다.

## § 57

더 나아가 살아 있는 자연 산물들을 위한 반성하는 판단력의 원리는 목적,[79] 즉 활동적인 개념, 자기 안에서 규정되고 규정하는 보편적인

---

77. 칸트에게서 '이상'에 대한 이념의 관계에 대해서는 『판단력비판』 § 17뿐만 아니라 『순수이성비판』 B, 596–98, 838–39를 참조. '세계의 궁극 목적'에 대해서는 『판단력비판』 § 84를 참조.
78. 칸트의 '천재'론은 『판단력비판』 §§ 46–50에서 다루어진다. 한편 『판단력비판』은 '취미 판단'의 이론에서 시작된다(§§ 1–22).

것으로서 규정된다. 동시에 목적이 그것에서 실현되는 수단과 재료에 대해 그 목적이 단지 외면적 형식일 뿐인 외면적이거나 유한한 합목적성의 표상은 제거된다. 그에 반해 살아 있는 것에서는 목적이 질료 안에 내재적인 규정이자 활동성이며, 모든 지절이 상호적으로 수단일 뿐만 아니라 또한 목적이기도 하다.

### § 58

그런데 비록 그러한 이념에서 목적과 수단, 주관성과 객관성의 지성 관계가 지양되어 있다 할지라도, 이제 다시 이와 모순되게 목적이 오직 **표상으로서만**, 다시 말하면 주관적인 것으로서만 실존하고 활동하는 원인으로 설명되며, — 이와 더불어 또한 목적 규정도 단지 우리의 지성에 속하는 판정의 원리로 설명될 뿐이다.[80]

> 이성은 단지 **현상들**만을 인식할 수 있다는 것이 일단 비판철학의 결론이 된 이후에도, 우리는 최소한 살아 있는 자연에 대해서는 두 개의 똑같이 주관적인 사유 방식들 사이에서 선택해야 할 것이며, 칸트의 서술 자신을 따라 자연 산물들을 단지 [8/142]질, 원인과 결과, 합성, 구성 요소들 등등의 범주들에 따라서만 인식하지 않아야 할 책무를 지닐 것이다. 내적 합목적성의 원리는, 그것이 학문적 적용에서 견지되고 전개되었더라면, 그 합목적성에 대한 전적으로 다른 좀 더 고차적인 고찰 방식을 가져왔을 것이다.

### § 59

이 원리에 따른 전적으로 무제한적인 이념은 이성에 의해 규정된

---

79. 이것은 '목적론적 판단력 비판'(§§ 61-84)의 주된 주제이다. 또한 『판단력비판』 전체에 대한 서론(xxvii-xxxviii)을 참조.

80. 『판단력비판』 § 75를 참조.

보편성, 절대적 궁극 목적, 선이 세계 속에서 현실화할 것인바, 게다가 제3자에 의해, 즉 이러한 궁극 목적을 스스로 정립하고 그것을 실현하는 위력, ─ 요컨대 신에 의해 현실화하리라는 것이다. 이리하여 절대적 진리인 신에게서는 보편성과 개별성, 주관성과 객관성의 저 대립들이 해소되어 비자립적이고 참되지 않은 것으로 설명되어 있다.

### § 60

하지만 세계의 궁극 목적이 그에 정립되는 선은 처음부터 단지 우리의 선으로서만, 우리의 실천이성의 도덕법칙으로서만 규정되어 있다. 그리하여 통일은 세계 상태 및 세계 사건들과 우리의 도덕성의 일치 이상으로 나아가지 않는다.[81] 그 밖에 이러한 제한을 지니고서도 궁극 목적, 선은 몰규정적인 추상물이자 또한 의무이어야 하는 바의 것이기도 하다. 좀 더 자세히 하자면 이러한 조화에 반하여 이 조화의 내용에서 참되지 않은 것으로서 정립된 대립이 다시금 일깨워지고 주장되며, 그리하여 조화는 [8/143]단지 주관적일 뿐인 것으로서, ─ 즉 단지 있어야 할 뿐인 것, 다시 말하면 동시에 실재성을 지니지 않는 그러한 것으로서, ─ 다만 주관적 확신이 속할 뿐 진리는 속하지 않는, 다시 말하면 이념에 상응하는 저 객관성은 속하지 않는 믿어진 것으로서 규정된다. ─ 만약 이러한 모순이 이념의 실현이 시간 속으로, 즉 이념 역시 거기에 존재하는 미래로 옮겨짐으로써 은폐되는 것으로 보인다면, 시간과 같은 그러한 감성적

---

81. [헤겔의 주해] 칸트의 『판단력비판』[제1판], S. 427[§ 88]의 고유한 용어들로는 다음과 같다. '궁극 목적은 한갓 우리의 실천이성의 개념일 뿐이며, 자연의 이론적 판정을 위한 경험의 어떠한 소여로부터도 추론될 수 없고, 또한 자연의 인식에 관계될 수도 없다. 이 개념의 사용은 다만 도덕법칙들에 따르는 실천이성을 위해서밖에는 가능하지 않다. 그리고 창조의 궁극 목적은 우리가 오로지 법칙들에 따라서만 규정적으로 제시할 수 있는 것, 요컨대 우리의 순수실천이성의 궁극 목적과 일치하는, 게다가 우리의 이성이 실천적이어야 하는 한에서 일치하는 그러한 세계의 성질이다.' [옮긴이 ─ 헤겔은 제1판 (1790)을 참조하고 있다. 학술원 판으로는 5:454~55에 해당한다. 헤겔이 단 하나의 절에서만(§ 54) 『실천이성비판』을 다룬 후, 칸트의 윤리 철학을 주로 '목적론적 판단력 비판'에 의해 요약하고 있는 것(§ 58~60)은 흥미롭고도 의미심장하다.]

조건은 오히려 모순 해소의 반대이며, 그에 상응하는 지성 표상, 즉 무한 진행은 직접적으로 영속적으로 정립된 모순 자신 이외에 아무것도 아니다.[82]

비판철학에서 인식의 본성으로 밝혀지고 시대의 선입견들, 다시 말하면 보편적 전제들의 하나로까지 고양된 결론에 대해서는 또 하나의 일반적 논평이 언급될 수 있다.

각각의 모든 이원론적 체계, 그러나 특히 칸트의 이원론적 체계에서 그 근본 결함은 바로 조금 전에 자립적인 것으로서, 따라서 합일시킬 수 없는 것으로서 설명되었던 것을 합일시키고자 하는 비일관성에 의해 나타난다. 방금 합일된 것이 참다운 것으로 설명되었던 만큼이나 곧바로 오히려 그것들의 진리로서의 합일에서 그 자체로 존립함 Fürsichbestehen이 부인되었던 양 계기가 오직 그렇듯 분리된 대로만 진리와 현실성을 갖는다는 것이 참다운 것으로 설명된다. 그러한 철학함에서는 이러한 갈팡질팡하는 것 자신과 더불어 이 개별적 규정들 각각 모두가 불만족스러운 것으로 설명된다고 하는 단순한 의식이 결여해 있으며, 결함은 두 사상을 — 형식에 따라서는 오직 두 가지만이 현존한다 — 통합할 수 없는 단순한 무능력에 존립한다. 그런 까닭에 한편으로는 지성이 단지 현상만을 인식한다는 것을 시인하면서, 다른 한편으로는 [8/144]인식은 더는 나아갈 수 없는바, 이러한 것이 인간적 앎의 **자연적인** 절대적 제한이라고 말함으로써 이 인식을 절대적인 어떤 것으로서 주장하는 것은 너무나도 커다란 비일관성이다. 자연적 사물들은 제한되어 있으며, 그것들이 단지 자연적 사물일 뿐인 것은 그것들이 자기의 보편적 제한에 대해 아무것

---

82. '불사성의 요청'에 대해서는 특히 『실천이성비판』, 학술원 판 5:3–4, 121–24, 142–46을 참조. '영속적으로 정립된 모순'은 『정신현상학』의 「도덕적 세계관」과 「뒤바뀜」에서 길게 탐구된다(Su. 3/442–464).

도 알지 못하는 한에서, 그것들의 규정성이 그것들에 대해서가 아니라 오직 우리에 대해서만 제한인 한에서다. 어떤 것이 제한, 결함으로서 알려지는 것, 아니 감각되는 것은 오직 우리가 동시에 그것을 넘어서 있기 때문일 뿐이다. 살아 있는 사물들은 생명 없는 것들에 비해 고통의 특권을 지닌다. 살아 있는 것들에 대해서조차 개별적 규정성은 **부정적인 것의 감각으로 된다.** 왜냐하면 살아 있는 것으로서의 그것들은 개별적인 것을 넘어서 있는 생명성이라는 보편성을 자기들 안에 지니고, 그것들 자신의 부정적인 것에서도 여전히 자기를 유지하고 이러한 모순을 자기들 안에 실존하는 것으로서 감각하기 때문이다. 이 모순은 오직 자기의 생명감이라는 보편성과 그것에 대해 부정적인 개별성이라는 양자가 하나의 주체 안에 있는 한에서만 그들 안에 존재한다. 인식의 제한, 결함도 그와 마찬가지로 오직 보편적인 것, 즉 전체와 완성된 것의 현존하는 이념과의 비교에 의해서만 제한, 결함으로서 규정되어 있다. 따라서 어떤 것을 유한한 것이나 제한된 것이라고 부르는 것이야말로 바로 무한한 것, 무제한적인 것의 현실적 현재에 대한 증명을 포함한다는 것과 한계에 대한 앎은 오직 무한정적인 것이 이편에서 의식 안에 존재하는 한에서만 있을 수 있다는 것을 통찰하지 못하는 것은 다만 몰의식성일 뿐이다.

인식에 관한 저 결론에 대해서는 또 다른 논평, 즉 칸트 철학은 학문들의 취급에 아무런 영향력도 지닐 수 없었다고 하는 것이 덧붙여질 수 있다. 칸트 철학은 일상적 인식의 범주들과 방법을 전혀 이의를 제기하지 않고 그대로 놔둔다. 그 당시의 학문적 저술들에서 이따금 칸트 철학의 명제들을 가지고서 논의가 시작되어 있을 때, 논구 자신이 진행되는 가운데 드러나는 것은 저 명제들이 단지 불필요한 장식품에 불과할 뿐이어서 [8/145]저 처음 두서너 장이 제거되었을 때도 똑같은 경험적 내용이 나타나리라고 하는 것이다.[83]

칸트 철학과 형이상학화하는 경험주의*metaphysizierenden Empirismus*와의 좀 더 상세한 비교에 관해 이야기하자면, 사실 순진무구한 경험주의는 감성적 지각을 견지하지만, 그와 마찬가지로 정신적 현실, 즉 초감성적 세계도, 요컨대 그 내용이 어떠한 성질의 것이건, 그것이 사상에서 유래하는 것이건 상상 등등에서 나오는 것이건 허락한다.[84] 그 형식에 따라서 이 내용은 경험적 지식의 그 밖의 내용이 외적 지각의 권위에서 확인되듯이 정신적 권위에서 확인된다.[85] 그러나 일관성을 자기의 원리로 삼는 반성하는 경험주의는 최종적인 최고의 내용의 그러한 이원론에 대해 투쟁하며, 사유하는 원리와 그 원리

83. [헤겔의 주해] 심지어 헤르만의 『운율학 편람』[옮긴이 — Gottfried Hermann, *Handbuch der Metrik*, Leipzig 1799]에서조차 칸트 철학의 단락들로 시작이 이루어진다. 아니, § 8에서는 리듬의 법칙이 1. 객관적 법칙, 2. 형식적 법칙, 3) **선험적으로** 규정된 법칙이어야만 한다고 추론된다. 그런데 이 요구들 및 계속해서 뒤따르는 인과성과 교호작용의 원리들을 운율 자신에 대한 논구와 비교해보면, 이 논구에 저 형식적 원리들은 최소한의 영향도 행사하지 못한다.

84. 여기에서의 논증으로부터 명백한 것은 §§ 37–39의 '경험주의'가 '순진무구한 경험주의'라는 점이다. 이것은 로크의 '관념들의 새로운 방식'이며, 흄에게서 그 완전한 형식에 도달한다. 이 '순진무구한 경험주의'는 본질적으로 반–형이상학적이다. 칸트의 '비판적' 성취는 로크에 의해 명확하게 기획되고 흄에 의해 명확하게 정의된 유한한 경험의 한계들 내부에서 (볼프와 그의 많은 추종자들) 전통적 형이상학을 정당하게 취급한 것이었다. 물론 그 전통은 비판철학을 필요로 하는데, 왜냐하면 그것은 경험에 대한 해석에서 사유에 의해 수행되는 선험적 역할을 올바르게 평가할 수 없기 때문이다. 그러나 경험주의자들도 다른 방식으로 전통적 형이상학에 맞섬으로써 이 문제를 해결하는 선택지를 갖는다. 그들은 외적 지각의 절대적 우위를 가정한 데 기초한 그들 자신의 형이상학을 가질 수 있다. 이러한 방식으로 '순진무구한 경험주의'는 유물론과 자연적 결정론으로 타락한다. 여기서는 어쩔 수 없이 사유의 자발성과 자유의 문제가 사라진다. 이것은 로크의 수많은 프랑스 제자들(예를 들면 콩디야크, 돌바흐, 라메트리)이 걸어간 길이었다. 형이상학화하는 경험주의를 대표하는 것은 그들이다. 어쨌든 '순진무구한 경험주의'와 '비판철학'은 필연성과 자유의 이율배반에 대한 헤겔적인 해결에서의 역사적 계기들이다. '유물론'은 단순한 일탈이자 주변적인 문제이다.

85. 이것은 분명히 성서나 교회와 같은 어떤 외적 현실의 권위가 아니다. 그것은 내적 정신의 권위이다. 여기서 헤겔의 논증은 야코비가 흄의 '믿음' 이론을 신에 대한 신앙을 포괄하기 위해 확대한 것에 의존한다 — 그러한 흄 이론의 확대는 실제로는 하만에 의해 시작되었다. 그러나 여기서 '직접지'의 전형적인 형태로서 등장하는 것은 야코비다 —. 이에 대해서는 앞에서 언급한 프레더릭 바이저 지음, 이신철 옮김, 『이성의 운명』, 도서출판 b, 2018을 참조. 어쨌든 '형이상학화하는' 경험주의는 바로 뒤에서 논의되듯이 그것이 일원론적이라는 의미에서 일관적이다. 그것은 참된 믿음의 오로지 하나의 형식만을 허용하며, '물질' 개념을 자기의 '최종적인 최고의 내용'으로 만든다.

속에서 전개되는 정신적 세계의 자립성을 부정한다. 유물론, 자연주의는 경험주의의 일관된 체계이다. ── 칸트 철학은 이러한 경험주의에 대해 사유와 자유의 원리를 단적으로 대립시키며, 첫 번째 경험주의에 찬동하여 그것의 일반적 원리로부터 조금도 벗어나지 않는다. 칸트 철학의 이원론의 한 측면은 지각과 그 지각에 대해 반성하는 지성의 세계로 머문다. 이 세계는 실로 **현상들**의 세계로 내세워진다. 그렇지만 이것은 단순한 명칭, 단지 형식적일 뿐인 규정이다. 왜냐하면 원천과 내실 및 고찰 방식은 전적으로 똑같은 것들로 머물기 때문이다. 그에 반해 다른 측면은 자기를 파악하는 사유의 자립성, [8/146]자유의 원리인데, 칸트 철학은 그것을 이전의 통상적인 형이상학과 공통으로 지니지만, 모든 내용을 비워 없애 어떠한 내용도 그것에 다시 마련해줄 수 없다. 여기서 **이성**이라 불리는 이 사유는 모든 규정을 박탈당한 것으로서 모든 권위로부터 해방된다. 칸트 철학이 지녔던 주된 작용은 이러한 절대적 내면성의 의식을 깨우친 것이었던바, 이 절대적 내면성은, 비록 그 추상성으로 인해 실로 자기로부터 그 무엇으로도 전개될 수 없고 인식이든 도덕법칙이든 어떠한 규정도 산출할 수 없음에도 불구하고, **외면성**의 성격을 지니는 어떤 것을 자기 안에서 제공하여 타당화하기를 단적으로 거부한다. **이성의 독립성,** 이성의 자기 안에서의 절대적 자립성 원리는 이제부터 철학의 보편적 원리로서 그리고 시대의 선입견들[86] 가운데 하나로서 여겨져야 한다.

〈보론 1〉 비판철학에는 지성 규정들이 유한성에 속하며 그 규정들

---

86. 여기서 '선입견'으로 옮겨지는 Vorurteil은 일반적으로 아주 경멸적인 의미에서 '편견'으로 옮겨지기도 하며, '선입견'에도 부정적인 함축이 있음은 물론이다. 그러나 현재의 맥락에서 너무도 명확한 것은 헤겔이 이 Vorurteil을 긍정적인 의미에서 사용하고 있다는 점이다. 따라서 여기서 '선입견'은 중립적인 의미에서 이해되어야 한다.

내부에서 움직이는 인식은 진리에 도달하지 못한다는 확신을 관철했다고 하는 위대한 부정적 공적이 마땅히 돌려져야 한다. 하지만 그 경우 저 지성 규정들의 유한성이란 그 규정들이 한갓 우리의 주관적인 사유에 속하되 그 사유에 대해서는 사물-자체가 절대적 저편으로 머물러야 한다는 것으로 정립된다는 점에는 이 철학의 일면성이 존립한다. 그렇지만 실제로 지성 규정들의 유한성은 그 주관성에 놓여 있는 것이 아니다. 오히려 그것들은 그 자체에서 유한하며, 그 유한성은 그 규정들 자신에서 제시되어야 한다. 그에 반해 칸트에 따르면 우리가 사유하는 바로 그것이 거짓인 까닭은 바로 우리가 그것을 사유하기 때문이다. — 이 철학의 더 나아간 결함으로서 여겨져야 하는 것은 그것이 단지 사유에 대한 역사학적인 기술[87]과 의식의 계기들에 대한 단순한 열거만을 제공한다는 점이다. 그런데 이러한 열거는 주요 사항에서는 물론 올바르지만, 거기서 는 그렇게 경험적으로 파악된 것의 필연성에 관해서는 말하지 않는다. 그 경우 의식의 서로 다른 단계들에 대해 행해진 반성의 결론으로서 언명되는 것은 우리가 그에 관해 아는 것의 내용이 단지 현상일 뿐이라는 것이다. 이러한 결론에 대해서는 유한한 사유가 물론 현상들과만 관계하 는 한에서 동의할 수 있다. 하지만 이러한 현상 단계로써 [8/147]다 마무리되 는 것이 아니라 아직은 더 고차적인 영역이 존재한다. 그렇지만 이 영역은 칸트 철학에 대해 접근 불가능한 저편으로 머문다.

〈보론 2〉 칸트 철학에서는 사유가 자기를 자기 스스로 규정한다는 원리가 우선은 단지 형식적인 방식으로만 세워져 있다. 그러나 사유의 이러한 자기 규정의 **어떻게**와 **얼마나**는 칸트에 의해 아직 지시되지 못했다.

---

87. eine historische Beschreibung des Denkens. 칸트의 방법에 대한 이러한 성격 묘사가 그것을 의도적으로 로크의 '역사학적인 손쉬운 방법'(『인간지성론』 서론, § 2)에 동화시 키는 것이라고 하는 것은 가능해 보인다. 헤겔은 로크 『인간지성론』의 1721년 영어판을 소유하고 있었다. 그러나 헤겔 용법의 가장 직접적이고 개연적인 원천은 칸트 자신이다. 특히 『순수이성비판』 B, 864를 참조.

그에 반해 이러한 결함을 인식한 것이 피히테이다. 그는 범주들의 연역에 대한 요구를 언명함과 동시에 그러한 연역을 실제로도 제공하고자 했다. 피히테 철학은 자아[나]를 철학적 전개의 출발점으로 삼으며, 범주들은 자아의 활동 결과로서 생겨나야 한다. 그러나 자아는 여기서 참으로는 자유롭고 자발적인 활동으로서 나타나지 않는다. 왜냐하면 자아는 외부로부터의 충격을 통해 비로소 자극받는 것으로서 여겨지기 때문이다.[88]

---

88. 피히테의 이론에서 사물 자체는 칸트에게서처럼 긍정적으로가 아니라 오직 부정적으로만 '사유 가능'하다. 피히테의 충격은 칸트에게서처럼 이신론보다는 계몽된 유물론의 비판적 유산이다. 따라서 이에 관해 피히테가 말하는 것은 다음과 같다. '삶과 의식의 원리, 그것의 가능성 근거는 물론 자아 안에 포함되어 있지만, 그렇다고 해서 현실적인 삶, 시간 안의 경험적인 삶이 발생하는 것은 아니다. 그리고 다른 삶은 우리에게 단적으로 사유될 수 없다. 그러한 현실적 삶이 가능해야 한다면, 이를 위해서는 아직 자아에 대한 비아의 특수한 충격이 필요하다. / 그에 따라 자아에 대한 모든 현실성의 최종적 근거는 학문론에 따르면 자아와 자아 밖의 무언가 어떤 것과의 근원적인 교호작용인데, 그 무언가 어떤 것에 대해서는 그것이 자아에 완전히 대립해 있어야만 한다는 것 이외에는 아무것도 말해질 수 없다. 이 교호작용에서는 아무것도 자아 안에 전달되지 않으며, 어떤 낯선 것도 자아 안에 도입되지 않는다. 무한성에 이르기까지 자아 안에서 전개되는 모든 것은 오로지 자아 자신으로부터 자아의 고유한 법칙에 따라 전개된다. 자아는 오직 행위하기 위해서만 저 대립한 것에 의해 운동 속으로 정립되며, 자아 밖의 그러한 최초의 운동자 없이는 자아는 결코 행위하지 않을 것이고, 자아의 실존은 오직 행위 안에서만 존립하는 까닭에, 자아는 실존하지도 않았을 것이다. 그러나 저 운동자에는 그것이 운동자라는 것, 대립한 힘이라는 것 외에는 더는 아무것도 속하지 않는바, 그 대립한 힘은 단지 그러한 것으로서 느껴질 뿐이다. / 그에 따라 자아는 그것의 현존재에 따르면 의존적이다. 그러나 이러한 그것의 현존재의 규정에서는 단적으로 독립적이다. 자아 안에는 그것의 절대적 존재로 인해 무한성에 대해 타당한 이러한 규정들의 법칙이 존재하며, 자아 안에는 그것의 경험적 현존재를 저 법칙에 따라 규정하는 매개 능력이 존재한다. 우리가 처음으로 저 자유의 매개 능력을 지니게 될 때 서게 되는 그 지점은 우리에 의존하지 않는다. 그러나 우리가 그 지점에서부터 모든 영원성에 이르기까지 기술하게 될 계열은 그 전체 범위를 생각해보면 전적으로 우리에게 의존한다. / 따라서 학문론은 실재론적이다. 학문론은 우리가 유한한 본성들로부터 독립적으로 현존하는, 그것들에 전적으로 대립한 힘을 가정하지 않는다면, 그러한 유한한 본성들의 의식이 단연코 설명될 수 없다는 것을 보여주며, 그것들 자신은 그 경험적 현존재에 따라 그 힘에 의존하는 것이다. 그러나 학문론은 유한한 본질에 의해 단지 느껴질 뿐 인식되지는 않는 그러한 대립한 힘 외에는 더는 아무것도 주장하지 않는다. 학문론은 무한성에 이르기까지 우리의 의식 안에 출현할 수 있는 이러한 힘 또는 비아의 모든 가능한 규정들을 자아의 규정하는 능력으로부터 도출해야 할 책임을 지니며, 그것이 확실히 학문론인 만큼, 그 규정들을 현실적으로 도출할 수 있어야만 한다. / …… 유한한 정신이 필연적으로 자기 바깥에 어떤 절대적인 것(사물 자체)을 정립해야만 하며, 그럼에도 불구하고 다른 한편으로는 그 어떤 것이 단지 유한한 정신에 대해 존재한다

그 경우 자아는 이 충격에 반작용해야 하며, 이 반작용에 의해 비로소 자기 자신에 대한 의식에 도달해야 한다. —— 충격의 본성은 여기서는 인식되지 않은 외부에 머물며, 자아는 언제나 자기에 맞선 타자를 지니는 조건 지어진 것이다. 그에 따라 피히테도 단지 유한한 것만이 인식될 수 있고, 반면에 무한한 것은 사유를 넘어선다는 칸트 철학의 결론에 머문다. 칸트에게서 '사물-자체'라고 불리는 것, 그것은 피히테에게서는 외부로부터의 충격, 자아와는 다른 것이라는 이러한 추상물인바, 이 추상물은 부정적인 것 또는 비-아Nicht-Ich 일반이라는 규정 이외에 다른 규정을 갖지 않는다. 자아는 여기서 비-아와의 관계 속에 서 있는 것으로서 여겨지는데, 그 비아에 의해 비로소 자아의 자기 규정 활동이 자극되며, 게다가 자아가 다만 충격으로부터 해방되는 연속적인 활동일 뿐인 양식으로 자극된다. 그렇지만 자아는 현실적인 해방에는 도달하지 못하는데, 왜냐하면 충격의 중단과 더불어 오직 그의 활동만이 그의 존재인 자아 자신이 존재하기를 그칠 것이기 때문이다. 그런데 더 나아가 자아의 활동이 산출하는 내용은 경험의 일상적인 내용 이외에 다른 것이 아닌데, 다만 이 내용이 한갓 현상일 뿐이라는 것이 덧붙여져 있을 뿐이다.

---

는 것(필연적 가상체라는 것)을 인정해야만 한다는 것은 하나의 순환인데, 유한한 정신은 그 순환을 무한히 확장할 수 있을 뿐 결코 거기서 벗어날 수는 없다. 이 순환에 대해 전혀 고려하지 않는 체계는 교조적 관념론이다. 왜냐하면 우리를 제한하고 유한한 본질로 만드는 것은 본래적으로 다만 이러한 순환일 뿐이기 때문이다. 그 순환에서 벗어났다고 생각하는 체계는 초월적인 실재론적 교조주의다.' Johann Gottlieb Fichte, *Grundlage der gesamten Wissenschaftlehre, als Handschrift für seine Zuhörer*, Berlin: Walter de gruyter & Co., 1971. S. 279-81.

# C. 객관성에 대한 사상의 세 번째 태도

## 직접지[89]

### § 61

비판철학에서 사유는 주관적이라고, 그것의 **최종적인 극복될 수 없는** 규정은 추상적 보편성, 형식적 동일성이라는 식으로 파악된다. 그래서 사유는 자기 안에서 구체적인 보편성으로서의 진리에 대립된다. 이성이라고 하는 사유의 이러한 최고의 규정에서는 범주들이 고찰되지 않는다. ── 대립된 입장은 사유를 오직 특수자만의 활동으로서 파악하는 것이자 이러한 방식으로 사유를 마찬가지로 진리를 파악할 능력이 없는 것으로 설명하는 것이다.

### § 62

특수자의 활동으로서 사유는 오직 **범주들**만을 자기의 산물과 내용으로 지닌다. 지성이 견지하는 바의 이 범주들은 제한된 규정들, 즉 조건 지어진 것, 의존적인 것, 매개된 것의 형식들이다. 그것들로 제한된 사유에 대해서는 무한한 것, 참된 것은 존재하지 않는다. 그러한 사유는 (신의 현존재[90]에

---

89. 이 '세 번째 태도'의 주요 대표자는 F. H. 야코비이다. 야코비의 견해에 대한 여기에서의 취급과 『신앙과 앎』에서 그에게 주어지는 훨씬 더 가혹한 취급 사이에는 주목할 만한 대조가 존재한다.

90. 앞에서 이야기된 것과 연관되는 것이지만, 여기서 현존재에 해당하는 독일어는 Existenz가 아니라 Dasein이다. '실존'이 Existenz를 번역하기 위해 사용되어야 하는 까닭에, 우리는 '신의 실존에 대한 증명들'이라고 말할 수 없다. 실존은 현존재보다 훨씬 더 발전된 논리적 범주이다. 그러나 어느 쪽 범주도 '신'에 대한 적절한 이해를 허용하지 않는다. 현존재는 종종 유한한 존재의 단순한 현존을 표현한다. 그러나 가장 원초적인

대한 증명들에 반해) 그와 같은 것으로의 이행을 이룰 수 없다. 이 사유 규정들은 또한 개념이라고도 불린다. 그런 한에서 대상을 개념 파악한다는 것은 그것을 조건 지어진 것과 매개된 것의 형식에서 파악한다는 것 이외에 다른 아무것도 뜻하지 않으며, 그리하여 대상이 참된 것, 무한한 것, 무조건적인 것인 한에서는 그것을 조건 지어진 것과 매개된 것으로 전환하고 그러한 방식으로 참된 것을 사유하면서 파악하는 대신에 그것을 오히려 참되지 않은 것으로 전도시킨다는 것을 뜻한다.

이것은 신과 참된 것에 대해 오직 직접적일 뿐인 앎을 주장하는 입장이 제시하는 유일한 단순한 논박이다. 일찍이 신으로부터 모든 종류의 이른바 인간 정념적인anthropopathischen 표상들이 유한하고 따라서 무한한 것에 어울리지 않는 것으로서 [8/149]제거되었으며, 그에 의해 신은 이미 괄목할 만하게 공허한 본질이 되었다. 그러나 사유 규정들은 일반적으로 아직은 인간 정념적인 것에 포괄되지 않았다. 오히려 사유는 — 추사유에 의해 비로소 진리에 도달한다는, 위에서[§ 5] 언급된 모든 시대의 선입견에 따라 — 절대자의 표상들에서 유한성을 벗겨버리는 것으로 여겨졌다. 그런데 결국은 사유 규정들 일반도 인간 정념화[91]로 그리고 사유는 단지 유한화할 뿐인 활동으로 설명되었다.[92] — 스피노자에 관한 서한들에 붙인 부록 Ⅶ.에서 야코비[93]는

---

논리적 의미에서 그것은 그 모든 일반성 또는 무규정적 다양성에서의 '규정성' 자체, 즉 '거기 있음'이다. 실존은 본질적 존재 또는 직접성에서 나타나는 것으로서의 본질이다. 그것은 존재의 본질 안으로의 최초의(최소한 분명한) 복귀이다. 우리가 '실존'이라는 말을 사용해야 하는 것은 바로 거기에서다.

91. Anthropopathismus. 보통 신인동감론(神人同感論)으로 번역되는 이 용어는 인간의 감정을 신에게 이입시키는 것을 의미한다.

92. 헤겔은 여기서 분명 프리스(Jakob Friedrich Fries, 1773-1843),『논리학의 체계. 교사와 자습을 위한 편람』(System der Logik. Ein Handbuch für Lehrer und zum Selbstgebrauch, Heidelberg, 1811)을 생각하고 있을 것이다.

93. Friedrich Heinrich Jacobi,『모제스 멘델스존에게 보낸 서한들에서 스피노자의 학설에 대하여』(Über die Lehre des Spinoza in Briefen an den Herrn Moses Mendelssohn, 1785,

그가 어쨌든 스피노자의 철학 자신으로부터 길어 올려 인식 일반에 대한 싸움을 위해 적용한 이 논박을 가장 명확하게 개진했다. 이 논박에 의해 인식은 다만 유한한 것의 인식으로서만, 즉 그 안에서는 조건인 각각의 모든 것 그 자신이 다시 조건 지어진 것일 뿐인 바의 조건 지어진 것에서 조건 지어진 것으로 나아가는 계열들에 의한, — 요컨대 조건 지어진 조건들에 의한 사유하는 전진으로서만 파악된다. 이에 따르면 설명한다는 것과 개념 파악한다는 것은 어떤 것을 다른 것에 의해 매개된 것으로서 제시한다는 것을 뜻한다. 그리하여 모든 내용은 다만 특수하고 의존적이며 유한한 것일 뿐이다. 무한한 것, 참된 것, 신은 인식이 그에 한정된 그러한 연관의 기제 바깥에 놓여 있다. — 중요한 것은 칸트 철학이 범주들의 유한성을 주로 그것들의 주관성이라는 형식적 규정에만 정립한 가운데 이 논박에서는 범주들이 그 규정성에 따라 언명되고 범주 그 자체가 유한한 것으로 인식된다고 하는 것이다. — 야코비는 특히 자연에 관계되는 학문들(정밀과학*sciences exactes*)[94]이 자연의 힘들과 법칙들의 인식에서 거둔 빛나는 성과를 염두에 두었다. [8/150]물론 무한한 것은 이러한 유한한 것의 지반에서는 내재적으로[95] 발견될 수 없다. 그것은 랄랑

---

개정증보판, 1789).

94. 자연과학에 대한 이러한 양식의 언급은, 비록 우리의 관습과 전적으로 조화를 이루는 것은 아니지만, 뉴턴의 『자연철학의 수학적 원리들』(*Mathematical Principles of Natural Philosophy*)과 같은 제목들에 의해 뒷받침된다. 헤겔은 '기계론'이 지배하고 또 그에 대해서는 칸트의 지성이 '구성적'인 비유기적 과학들을 지칭하고자 한다. 헤겔의 '정밀과학' 모델은 라그랑주였다. 그러나 야코비는 코페르니쿠스, 케플러, 뉴턴 그리고 라플라스를 가리킨다. 야코비의 『데이비드 흄』에 대한 1814년 서문, *Werke*(8 vols), Darmstadt: Wissenschaftliche Buchgesellschaft, 1968. 2:55–56을 참조.

95. 여기서 헤겔의 '내재적'의 용법은 나중에 그의 제자들에 의해 채택된 용법과는 다르다. '참된 무한'은 그 자신 안에 유한한 것을 자기 존재의 필연적인 계기로서 포함하기 때문에, 거의 모든 헤겔주의자는 그것을 유한한 경험에 '내재적'이라고 말하게 되었다. 여기서 헤겔이 의미하는 것은 랄랑드의 예가 보여주듯이 무한한 것이 (예를 들어 중력이 발견될 수 있듯이) 유한한 것 안에서 사유적으로 발견될 수 없다는 것이다. 사변적으로 사유하는 자는 먼저 유한한 것을 초월해야만 한다. 그러고 나서 '포괄하는 복귀'에서 발견되는 것은 이전에 유한한 것이라고 불렸던 것의 무한성이다. 따라서 헤겔 자신은

드[96]가 하늘 전체를 샅샅이 찾아보았으나 신을 발견하지 못했다고 말한 것과 마찬가지이다(§ 60의 주해 참조).[97] 이 지반에서 최종적 결과로서 생겨난 것은 외면적인 유한한 것의 무규정적 집합으로서의 보편적인 것, 즉 물질이었다. 그리고 야코비는 정당하게도 매개들에서 한갓되이 전진하는 도정에서 다른 결말을 보지 못했다.

§ 63

그와 동시에 진리는 정신에 대해 존재하며, 마찬가지로 오로지 이성만이 바로 그에 의해 인간이 존립하는 것이고, 이성이란 신에 대한 앎이라는 것이 주장된다.[98] 그러나 매개된 앎은 다만 유한한 내용에만 한정되어 있어야 하는 까닭에, 이성은 **직접지**unmittelbares Wissen, 신앙이다.

앎, 신앙, 사유, 직관은 이 입장에서 출현하는 범주들인데, 그것들은 잘 알려진 것으로서 전제된다는 점에서 너무나 자주 단순한 심리학적 표상들과 구별들에 따라 자의적으로 사용될 뿐이다. 그것들의 본성과

---

(유한한 것 안에서의 무한한 것의 내재가 아니라) '무한한 것 안에서의 유한한 것의 내재'라는 말로 자기의 사변적 견해를 표현하는 것이 좀 더 자연스러울 것이다.

96. 조제프 제롬 랄랑드(Joseph Jérôme Lalande, 1732–1807), 프랑스 천문학자.

97. 헤겔은 이 이야기를 야코비에게서 얻었다(Werke, 2:55). 물론 야코비의 원천인 프리스(Fries, Populäre Vorlesungen, 1813)에게서 직접 얻었을 수도 있다. 월리스는 다음과 같이 주해하고 있다. '랄랑드가 천문학에 대한 그의 저작에 붙인 서문에서 실제로 쓴 것은 그가 이해하는 과학이 자연 신학과는 아무런 관계도 없다는 것이다. 다시 말하면 그는 브릿지워터 논문을 쓰고 있는 것이 아니라는 것이다.' 그러나 그 언급이 강의들에서 이루어진 후 입에서 입으로 퍼져나갔다는 것은 있음 직한 일이다.

98. '오로지 이성만이 바로 그에 의해 인간이 존립하는 것이다'라고 야코비는 지속적으로 반복한다. 월리스는 Werke, 2:343으로부터 다음과 같이 적절하게 인용하고 있다. '이성은 우리 본성의 참되고 적절한 삶이다.' 하지만 우리 이성이 신에 대한 앎이라는 것은 야코비가 일반적으로 허락하는 것 그 이상이다. 신에 대한 우리의 인식은 그에게는 '앎'이 아니라 오직 '예감(Ahndung)'일 뿐이다. 그러나 거의 의심할 수 없는 것은 헤겔이 여전히 『데이비드 흄』에 대한 1814년 서문을 염두에 두고 있다는 점이다. 특히 Werke, 2:7–11, 55–68을 참조. 헤겔 자신은 직접지와 현실적 학문을 야코비가 강조하여 대비시키는 것에 동의했다. 그가 야코비와 다른 것은 학문이 가능하다는 것을 견지한다는 점이다.

개념인 것, 즉 유일하게 관건이 되는 바의 것은 탐구되지 않는다. 그래서 앎은 아주 일상적으로 신앙에 대립되어 생각되는 데 반해, 동시에 신앙은 직접지로서 규정되며, 이리하여 곧바로 또한 앎으로도 인정된다. 또한 사람들이 믿는 것이 의식 속에 있다는 것, 그리하여 사람들이 최소한 그에 대해 안다는 것도 분명 경험적 사실로서 발견될 것이다. 또한 사람들이 믿는 것이 무언가 확실한 것으로서 의식 속에 있다는 것, 그러므로 사람들이 그것을 안다는 것도 마찬가지일 것이다. — 그리고 나서 더 나아가 무엇보다도 사유가 직접지와 신앙에, 특히 직관에 대립된다. 직관이 **지적인***intellektuell* 것으로서 규정된다면, 이것은 만약 [8/151]사람들이 신이 대상인 여기에서 지적인 것을 가령 공상적 표상들이나 심상들로 이해하고자 하지 않는다면 사유하는 직관 이외에 아무것도 의미할 수 없다. 이러한 철학함의 언어에서는 신앙[믿음]이 또한 **감성적 현재**의 보통의 사물들과 관련해서도 말해지는 일이 벌어진다. 야코비가 말하길, 우리는 우리가 육체를 갖는다고 믿으며, 우리는 **감성적 사물들의 실존**을 믿는다.[99] 하지만 참된 것과 영원한 것에 대한 신앙에 관해 말할 때, 즉 신이 직접지와 직관에서 계시되어 주어져 있다는 것에 관해 말할 때, 이것은 감성적 사물들이 아니라 **자기 안에서 보편적인** 내용이며, 다만 **사유하는** 정신에 대한 대상들일 뿐이다. 또한 **경험적** 자아나 **특수한** 인격으로 이해되지 않는 한에서의 자아로서의 개별성, 인격이, 특히 신의 인격이 의식 앞에 있다는 점에서도, 순수한, 다시 말하면 **자기 안에서 보편적인** 인격에 대해 말하고 있다. 그러한 것은 사상이며 오직 사유에만 속한다. — 더 나아가 순수한 **직관**은 순수한 **사유**인 바의 것과 전적으로 같은 것일 뿐이다. 직관과 신앙은 우선은 우리가

---

99. 야코비에 대한 많은 논쟁적인 공격을 초래한 이 유명한 주장은 『스피노자의 학설에 대하여』에서 이루어졌다. '신앙에 의해 우리는 우리가 육체를 갖는다는 것과 다른 육체들과 다른 사유하는 존재들이 우리 밖에 현존한다는 것을 안다.'(*Werke*, 4:1, 211)

일상적 의식에서 이 말들과 결합하는 일정한 표상들을 표현한다. 그래서 그것들은 사유와는 물론 서로 다르며, 이 구별은 대체로 모두에게 이해될 수 있다. 그러나 이제 신앙과 직관도 좀 더 고차적인 의미에서, 즉 신에 대한 신앙으로서, 신에 대한 지적 직관으로서 받아들여져야 하는바, 다시 말하면 바로 직관 및 신앙과 사유의 구별을 이루는 것이 사상되어야 한다. 이러한 좀 더 고차적인 영역으로 옮겨진 신앙과 직관이 어떻게 여전히 사유와 서로 다른 것인지 말할 수 없다. 사람들은 그러한 공허해진 구별들을 가지고서 아주 중요한 것을 말하고 주장했다고, 그리고 주장된 것과 똑같은 규정들을 논박했다고 생각한다. ― 그렇지만 신앙이라는 표현은 그것이 그리스도교적–종교적 신앙을 상기시키고 이 신앙을 [8/152]포함하거나 심지어는 쉽사리 바로 그것인 것으로 보이는 특별한 장점을 지니는바, 그리하여 믿음이 깊은 이 철학함은 본질적으로 경건하고 그리스도교적이고 경건한 것같이 보이며, 이러한 경건함에 근거하여 그만큼 더 자부심과 권위를 지니고서 자기의 임의적인 단언들을 행할 자유를 자기에게 부여한다. 그러나 우리는 겉보기로부터 말들의 단순한 같음에 의해 슬며시 끼어들 수 있는 것에 속지 말고 구별을 분명히 견지해야만 한다. 그리스도교 신앙은 자기 안에 교회의 권위를 포함한다. 그러나 저 철학하는 입장의 신앙은 오히려 자신의 주관적 계시의 권위일 뿐이다. 더 나아가 전자의 그리스도교 신앙은 객관적이고 자기 안에서 풍부한 내용, 교설과 인식의 체계이다. 그러나 후자의 신앙의 내용은 자기 안에서 아주 무규정적인바, 그것은 저 내용도 물론 허용하긴 하지만 그와 마찬가지로 또한 달라이라마, 황소, 원숭이 등등이 신이라고 하는 신앙도 자기 안에 포함하며, 그 자체로 자기를 신 일반, 최고의 본질에 한정한다.[100] 저 철학적이어

---

100. 여기서 헤겔은 야코비의 '신앙'을 '계몽의 진리'로 환원한다. 『정신현상학』의 '계몽의 진리'(*Su.* 3/424–431)를 참조. 여기서 계몽은 자기의식으로서 대상을 부정하는 정신이

야 하는 의미에서의 신앙 자신은 직접지라는 무미건조한 **추상물**, 즉 전적으로 형식적인 규정 이외에 아무것도 아닌바, 그러한 형식적 규정이 믿음이 깊은 심정 및 그에 내재하는 성스러운 정신[성령]의 측면에 따라서나 내용이 풍부한 교설의 측면에 따라서 그리스도교 신앙의 정신적 충만함과 혼동되거나 그러한 충만함으로 받아들여져서는 안 된다.

덧붙이자면 여기서 신앙과 직접지라고 일컬어지는 것은 이전에 영감, 심정의 계시, 본성적으로 인간 안에 심어진 내용, 더 나아가 특히 양식gesunder Menschenverstand, **코먼 센스**, 상식[공통 감각]Gemeinsinn이라고도 불려온 것과 전적으로 같은 것이다. 이 모든 형식은 똑같은 방식으로 하나의 내용이 의식 속에서 발견되고 하나의 사실이 의식 속에 존재하는 바의 그 직접성을 원리로 삼는다.

[8/153] § **64**

이 직접지가 아는 것은 우리의 **표상** 속에 있는 무한한 것, 영원한 것, 신이 또한 **존재한**다는 것, — 의식 속에서 이 **표상**과 직접적이고 분리될 수 없게 그 표상의 **존재**에 대한 확신이 결합해 있다는 것이다.

철학에는 직접지의 이러한 명제들에 반대하고자 하는 생각이 조금이라도 생겨날 수 없다. 오히려 철학은 심지어 철학의 보편적인 내용 전체를 표현하는 이러한 자기의 오랜 명제들이, 물론 그러한

---

긴 하지만, 내용을 아무것도 지니지 않는다. 또한 종교가 지니는 적극적인 내용 자신을 자기 측에 경험으로서 받아들이지 않은 채 결국 세계의 현실에 대해서 전적으로 부정적으로 행동할 뿐이기 때문에, 긍정적인 내용으로서는 자기의 이해를 기준으로 세계 전체를 파악하게 된다. 이처럼 헤겔은 계몽의 운동이 현실 세계에 대한 자기의식의 능동적인 비판적 활동이라는 것을 지적하고, 근대 주체주의의 필연적인 운동으로서 의미를 부여한다. 한편 야코비는 자신의 철학적 신앙과 그리스도교 신앙의 관계에 대해 『스피노자의 학설에 대하여』와 『데이비드 흄』에서 언급하고 있다. *Werke*, 4:212–13와 2:144를 참조.

비철학적인 방식으로긴 하지만, 어떤 의미에서는 마찬가지로 시대의 일반적 선입견으로 된 것을 축하할 수 있을 것이다. 오히려 놀라울 수 있는 것은 다만 사람들이 철학에 이 명제들이,—즉 참으로 여겨지는 바로 그것이 정신에 내재한다든가(§ 63) 정신에 대해 진리가 존재한다든가(같은 곳) 하는 명제들이 대립해 있다고 생각할 수 있었다는 것이다. 형식적 측면에서 특히 흥미로운 것은 요컨대 신의 사상에는 그의 존재가, 사상이 우선적으로 지니는 주관성에는 객관성이 직접적이고 분리될 수 없게 결합해 있다는 명제이다. 아니, 직접지의 철학은 그 추상에서 오로지 신의 사상과 뿐만 아니라 또한 직관에서 나의 신체 및 외면적 사물들의 표상과도 그것들의 실존 규정이 마찬가지로 분리될 수 없게 결합해 있다는 데까지 나아간다. — 만약 철학이 그러한 통일을 증명하려고, 다시 말하면 사상이나 주관성 자신의 본성에 존재나 객관성으로부터 분리될 수 없다는 것이 놓여 있다는 것을 보여주려고 애쓰고 있다면, 그러한 증명들의 정황이 어떻든지 간에 철학은 어느 경우에든 자기의 명제들이 또한 의식의 사실들이기도 하며, 그리하여 경험과 일치한다는 것이 주장되고 제시된다는 것에 전적으로 만족해야만 한다. — 직접지의 주장과 철학 간의 구별은 오로지 [8/154]직접지가 배타적인 태도를 보인다는 점, 또는 오로지 그것이 철학함에 맞선다는 점으로 귀착될 뿐이다. — 그러나 또한 근대 철학의 관심 전체가 그 주위를 돌고 있다고 말할 수 있는 저 명제, 즉 나는 생각한다, 그러므로 나는 존재한다*Cogito, ergo sum*라는 명제도 그 창시자에 의해 곧바로 직접성의 방식으로 언명되었다. 저 명제를 추론으로 바라보는 사람은 추론의 본성에 관해 가령 추론에서 '그러므로'가 출현한다는 것 이외에 그리 많은 것을 알지 못함에 틀림이 없다. 중명사*medius terminus*가 어디에 있단 말인가? 하지만 그러한 중명사는 분명 '그러므로'라는 말보다 더 본질적으로 추론에 속한다. 그러나 그 명칭을 정당화하기 위해 데카르트에게서의 저 결합을 직접 추론이라 부르고자 한다면, 이 불필요한 형식은 그 어느 것에 의해서도 매개되지 않은 구별된 규정들의 결합 이외에 다른 것을 뜻하지 않는다. 그러나 그렇다면 직접지의 명제가 표현하는 우리의 표상들과 존재의 결합은 더 많지도 더 적지도 않게 추론이다. ── 1826년에 출간된 데카르트 철학에 대한 호토 씨의 박사학위 논문[101]에서 나는 인용들을 끌어오고자 하는데, 그 인용들에서는 데카르트 자신도 나는 생각한다, 그러므로 나는 존재한다는 명제가 추론이 아니라는 점에 대해 명확하게 설명한다. 그 구절들은 「두 번째 반박에 대한 답변」[『성찰』]과 『방법서설』 제4부 및 『서간집』 제1권 118[102]이다. 전자의 구절로부터 좀 더 자세한 표현을 인용하고자 한다. 데카르트는 우선 우리가 사유하는 본질이라는 것이 'prima quaedam notio quae ex nullo syllogismo concluditur'['어떠한 삼단논법으로부터도 추론되지 않는 모종의 근본 개념']라고 말하고, 계속해서 다음과 같이 말한다. 'neque cum quis dicit: ego cogito, ergo sum sive existo, *existentium ex cogitatione per syllogismum* deducit'['누군가가 "나는 생각한다, 그러므로 [8/155]나는 존재하거나 실존한다"라고 말할 때, 그는 실존을 사유로부터 삼단논법에 의해 끌어낸 것이 아니다']. 데카르트는 추론에 무엇이 속하는지 아는 까닭에 저 명제에서 추론에 의한 도출이 행해져야 한다면 여기에는 다음과 같은 대전제가 속할 것이라고 덧붙인다. 'illud omne, quod cogitat, est sive existit'['생각하는 것은 모두 존재하거나 실존한다']. 그러나 이 후자의 명제는 오히려 저 최초의 명제로부터 비로소 도출되는 그러한 명제일 것이다.

---

101. 하인리히 구스타프 호토(Heinrich Gustav Hotho(1802–1873), 『데카르트 철학에 대하여』 (*De philosophia Cartesiana*), Berlin 1826. 여기에서의 '나는 생각한다'에 대한 헤겔의 논의로부터 명백한 것은 데카르트의 이성주의가 첫 번째 태도의 '형이상학'에 포함되지 않는다는 점이다. 위대한 이성주의자들은 모두 고유한 사변철학 전통의 부분들이다.
102. 『데카르트의 서간집』(*Lettres de Mr. Descartes*), ed. Clerselier, 3 Bde., Paris 1657 ff. 편지 번호 CDXL, *Œuvres* IV를 참조.

사유하는 자로서의 나와 존재의 분리 불가능성 명제에 관한 데카르트의 표현들, 즉 의식의 **단순한 직관** 속에 이 연관이 포함되어 제시된다는 것, 이 연관은 단적으로 최초의 것, 원리, 가장 확실하고 가장 명증적인 것이고, 그리하여 어떠한 회의주의도 이것을 용인하지 않을 정도로 그렇게 엄청난 것으로 표상될 수 없을 것이라는 것[103]은 ─너무도 설득력 있고 명백한바, 이 직접적인 결합에 관한 야코비와 다른 이들의 근대적 명제들이란 그저 불필요한 반복들로 여겨질 수 있을 뿐이다.

## § 65

이 입장은 매개된 앎에 대해 그것이 고립되어 취해지면 진리에 대해 불충분하다는 것을 제시한 것에 만족하지 않는다. 오히려 그 입장의 특유성은 직접지가 오로지 고립되어 취해져서만, 즉 매개를 배제해서만 진리를 내용으로 가진다는 데 존립한다. ─ 그러한 배제들 자신에서는 곧바로 형이상학적 지성에로의, 즉 형이상학적 지성의 이것-아니면-저것에로의, 따라서 실제로는 그 자신이 유한한 것, 다시 말하면 일면적 규정들을 견지하는 데 기반하면서도 잘못되게도 저 견해를 넘어섰다고 생각하는 그러한 외면적 매개 관계로의 퇴락으로서 앞에서 언급한 입장이 알려진다. 하지만 우리는 이 점을 전개하지 않은 채 놓아두고자 한다. 배타적인 직접지는 다만 하나의 사실로서 주장될 뿐이며, 여기 서론에서 그것은 이러한 외면적 반성에 따라서만 받아들여져야 한다. 그 자체에서 관건이 되는 것은 [8/156]직접성과 매개의 대립이라는 논리적인 것이다. 그러나

---

103. 이것은 분명 『방법서설』 제4부에 대한 언급이 관계되는 곳이다. 데카르트의 다음과 같은 문장을 비교해보라. '그리고 이 진리 ─ 나는 생각한다, 그러므로 나는 존재한다 ─ 가 회의주의자의 가장 지나친 가정들도 그것을 흔들 수 없을 만큼 확실하다는 것을 알아챈 후, 나는 내가 그것을 망설임 없이 내가 찾고 있는 철학의 제1원리로서 받아들일 수 있다고 판단했다.'(Descartes, *Oeuvres de Descartes*, C. Adam & P. Tannery, eds. 12 vols. Paris: 1897-1910, 6:32)

저 입장은 사태의 본성, 다시 말하면 개념을 고찰하기를 거부하는데, 왜냐하면 그러한 고찰은 매개와 심지어는 인식으로 나아가기 때문이다. 참다운 고찰, 즉 논리적인 것의 고찰은 그 자리를 학문 자신의 내부에서 발견해야 한다.

논리학의 두 번째 부분 전체, 즉 본질론은 직접성과 매개의 본질적인 자기 정립하는 통일에 대한 논구이다.

## § 66

이리하여 우리는 직접지가 **사실로서** 받아들여져야 한다는 것에 계속 머물고자 한다. 그러나 이와 더불어 고찰은 경험의 영역으로, **심리학적** 현상으로 나아가 있다. — 이와 관련하여 제시될 수 있는 것은 너무도 복잡하고 고도로 매개된 고찰의 결과라는 것이 아주 잘 알려진 진리들이 그러한 인식에 친숙하게 된 사람에게는 **직접적으로** 그의 의식 속에 나타난다는 것이야말로 지극히 평범한 경험에 속한다는 점이다. 수학자는 하나의 학문에서 교육받은 모든 이들과 마찬가지로 매우 복잡한 분석을 통해 도달한 해답들을 직접적으로 현재적으로 지닌다. 교양을 갖춘 사람이라면 누구나 오직 다양한 추사유와 오랜 삶의 경험에서 생겨났을 뿐인 일군의 보편적 관점들과 원칙들을 자기의 앎에서 직접적으로 현재적으로 지닌다. 우리가 어떤 한 종류의 앎과 또한 예술 및 기술적 솜씨에서 도달한 능숙함은 바로 그러한 지식과 활동 양식들을 일이 생겨날 때 **직접적으로** 자기의 의식 가운데, 아니 심지어는 외부로 향하는 활동과 자기의 사지 가운데 지닌다는 데 존립한다. — 이 모든 경우에서 앎의 직접성은 그것의 매개를 배제하지 않을 뿐만 아니라 오히려 그 둘은 직접지가 심지어 매개된 앎의 산물과 결과이기까지 한 방식으로 결합해 있다.

[8/157]**직접적 실존**과 그것의 매개와의 결합도 마찬가지로 진부한

통찰이다. 씨앗과 부모는 산출된 것인 아이들 등등과 관련해서는 직접적인 시원적 실존이다. 그러나 씨앗과 부모는, 아무리 실존하는 것으로서의 그들이 일반적으로 직접적이라 하더라도, 마찬가지로 산출된 것이며, 아이들 등등은 그들의 실존의 매개에도 불구하고 이제 직접적인데, 왜냐하면 그들은 있기 때문이다. 내가 베를린에 있다는 것, 이러한 나의 직접적 현재는 이곳을 향해 이루어진 여행 등등에 의해 매개되어 있다.

## § 67

그러나 신, 법적인 것, 인륜적인 것에 대한 직접지에 관한 한— 그리고 여기에는 또한 본능, 심어졌거나 생득적인 관념들, 상식과 자연적 이성 등등의 그 밖의 규정들도 속한다—, 이러한 근원성에 어떤 형식이 주어지든지 간에, 그 속에 포함된 것이 의식되기 위해서는(또한 플라톤의 상기를 위해서도)[104] 본질적으로 **교육**, 즉 발전이 필요하다는 것은 일반적인 경험이다(그리스도교의 세례는 비록 그것이 성사Sakrament임에도 불구하고 그리스도교적인 교육이라는 더 나아간 의무까지도 포함한다). 다시 말하면 종교와 인륜은 그것들이 아무리 신앙이나 직접지라 할지라도, 단적으로 발전, 교육, 도야라고 불리는 매개를 통해 조건 지어져 있는 것이다.

생득 관념들의 주장에서와 그에 대한 반대에서도 여기서 고찰된 것과 유사한 배타적인 규정들의 대립, 요컨대 그렇게 표현될 수 있듯이 일정한 보편적 규정들의 **영혼과의** 본질적인 **직접적 결합**과 외면적 방식으로 생겨나고 주어진 대상들과 표상들에 의해 매개된 다른 결합과의 대립이 지배적이었다. 생득 관념들의 주장에 대해서는

---

104. 이에 대해 헤겔은 그 자신의 『철학사 강의』에서 『파이드로스』 246–51을 언급한다. *Su.* 19/46 ff.를 참조.

[8/158]모든 사람이 이러한 관념들을 가져야만 할 것인바, 예를 들어 모순율이 다른 그와 같은 것들과 더불어 생득 관념으로 헤아려졌던 만큼, 그 모순율을 모든 사람이 그들의 의식 속에 지니고 그것을 알아야만 할 것이라는 경험적 반박이 제기되었다. 이러한 반박에 대해서는 생득적인 것으로서 생각된 규정들이 그렇다고 해서 또한 알려진 것의 관념과 표상의 형식으로 이미 존재하기도 해야 하는 것은 아닌 한에서 하나의 오해가 돌려질 수 있다. 그러나 직접지에 대해서는 이 반박이 전적으로 들어맞는다. 왜냐하면 직접지는 분명히 자기의 규정들이 의식 속에 있는 한에서 그것들을 주장하기 때문이다. ─ 만약 직접지의 입장이 가령 특별히 종교적 신앙에 대해 발전과 그리스도교적이거나 종교적인 교육이 필요하다는 것을 시인한다면,[105] 신앙에 관한 이야기에서 이를 다시 무시하고자 하는 것이야말로 하나의 임의적인 것이며, 또는 교육의 필요성이 시인됨으로써 바로 매개의 본질성이 언명되었다는 것을 알지 못하는 것이야말로 몰사상성이다.

〈보론〉 플라톤 철학에서 우리가 이데아들[이념들]을 상기한다*erinnern*고 말해질 때, 이것은 이데아들이 그 자체에서 인간 속에 존재하지 (소피스트들이 주장했듯이) 무언가 인간에게 낯선 것으로서 외부로부터 인간에게 다다르는 것이 아니라는 의미를 지닌다. 그렇지만 이렇듯 인식을 상기로서 파악하는 것에 의해 인간 속에 그 자체에서 존재하는 것의 발전이 배제되는 것은 아니며, 이러한 발전은 다름 아닌 매개이다. 데카르트와 스코틀랜드 철학자들에게서 나타나는 **생득 관념들**의 사정도 마찬가지인데, 그것들도 마찬가지로 우선은 다만 그 **자체에서**와 소질의 방식으로 인간 속에 현존하는 것으로서 여겨질 수 있을 뿐이다.[106]

---

105. Jacobi, *Werke*, 3:210(「리히텐베르크의 잠언에 대하여」)을 참조.
106. 플라톤의 '상기'설은 대화편들에서 탄생 이전의 이데아 영역에서 영혼이 실존했다는

## § 68

앞에서 제시된 경험들에서는 직접지와 **결합된** 것으로서 나타나는 것을 증거로 끌어댄다. 이 결합이 가령 우선은 단지 외면적이고 경험적인 연관으로서만 받아들여진다면, 그 연관은 경험적 고찰 자신에 대해 본질적이고 분리될 수 없는 것으로서 입증되는데, 왜냐하면 그것은 항상적이기 때문이다. 그러나 더 나아가 만약 [8/159]경험에 따라 이 직접지가 그 자체 자신으로 받아들여진다면, 그것이 신과 신적인 것에 관한 앎인 한에서, 그러한 의식은 일반적으로 감성적인 것, 유한한 것 및 자연적 심정의 직접적 욕망과 경향들을 넘어선 고양으로서 기술된다— 이 고양은 신과 신적인 것에 대한 신앙으로 이행하여 그 신앙에서 끝나며, 그리하여 이 신앙은 직접지이자 직접적인 참으로 여김Fürwahrhalten이지만, 그럼에도 불구하고 매개의 저 발걸음을 자기의 전제와 조건으로 지닌다.

이미 언급한 바와 같이 유한한 존재에서 출발하는 이른바 신의 현존재에 대한 증명들은, 비록 저 증명들의 통상적 형식에서는 완전하고 올바르게 표현되어 있진 않을지라도, 이러한 고양을 표현하고 있으며, 인위적 반성이 창안해 낸 것들이 아니라 정신의 고유하고도 필연적인 매개들이다.

---

신화를 통해 전형적으로 제시된다(예를 들면 『메논』 81과 『파이돈』 75). 케임브리지 플라톤주의자들은 플라톤의 이론을 일정한 기초 개념들이 정신에 '생득적'이라는 견해로서 정식화했다. 그리고 이러한 형식의 이론은 로크에 의해(『인간지성론』 제1권에서) 비판되었다. 그러나 『인간지성론』이 출간된 무렵에 그 이론은 데카르트의 작품에서 가정되는 형태로 널리 알려져 있었다. 라이프니츠에 의해 (로크에 반대하여) 『신인간지성론』에서 옹호된 것은 데카르트의 판본이다. 헤겔이 여기서 언급하는 '스코틀랜드 철학자들'은 토머스 리드(Thomas Reid, 1710–1796), 제임스 오즈월드(James Oswald, 1703–1793), 제임스 비티(James Beattie, 1735–1803)이다. 리드는 '생득 관념'론의 '상식적' 판본을 발전시켰다. 스코틀랜드학파에 대한 헤겔의 지식은 부분적으로 번역들에서 유래하지만, 『철학사 강의』에서 그는 철학사 편람들에 의지하고 있다(Su. 20/281 이하를 참조).

§ 69

앞에서(§ 64) 묘사된 주관적 이념으로부터 존재로의 이행은 직접지의 입장에 대해 주요 관심사를 이루고 본질적으로 근원적이고 몰매개적인 연관으로서 주장되는 바의 것이다. 경험적으로 보이는 결합들을 전혀 고려하지 않고서 취해 보면, 바로 이 핵심은 그 자신 속에서 매개를 보여주며, 게다가 참답게 존재하는 대로의 그 규정에서는 외면적인 것과의 매개나 외면적인 것에 의한 매개로서가 아니라 자기 자신 안에서 자기를 완결하는 것으로서의 매개를 보여준다.

§ 70

이 입장의 주장은 요컨대 단순히 주관적일 뿐인 사상으로서의 이념도 단순히 그 자체로의 존재도 참된 것이 아니라는 것이다. — 단지 그 자체로일 뿐인 존재, 이념의 것이 아닌 존재는 세계의 감성적인 유한한 존재이다. 그러므로 그것에서 직접적으로 주장되는 것은 이념은 오직 존재를 매개로 해서만, 역으로 존재는 오직 [8/160]이념을 매개로 해서만 참된 것이라는 것이다. 직접지의 명제는 정당하게도 무규정적인 공허한 직접성, 추상적 존재 또는 그 자체로의 순수한 통일이 아니라 이념과 존재의 통일을 원한다. 그러나 **구별된** 규정들의 통일이 단순히 순수하게 직접적인, 다시 말하면 전적으로 무규정적이고 공허한 통일이 아니라 바로 그 속에서 규정들 가운데 하나가 오직 다른 규정에 의해 매개되어서만 진리를 갖는다 — 또는 그렇게 말하고자 한다면, 각각의 모든 규정은 오직 다른 규정에 의해서만 진리와 매개되어 있다 — 는 것이 정립되어 있다는 것을 보지 못하는 것은 몰사상성이다. — 이리하여 매개의 규정이 저 직접성 자신 속에 포함되어 있다는 것은 **지성**이 직접지의 고유한 원칙에 따라서 그에 대해 어떠한 이의도 제기해서는 안 되는 **사실**로서 제시되어 있다. 직접성과 매개의 규정들 각각을 그 자체로 절대적인

것으로서 받아들이고 그것들에서 구별의 무언가 확고한 것을 가진다고
생각하는 것은 다만 일상적인 추상적 지성일 뿐이다. 그래서 그러한
지성은 그것들을 합일하는 극복할 수 없는 어려움을 산출한다 — 이는
앞에서 제시되었듯이 사실 속에 현존하지 않을 뿐만 아니라 또한 사변적
개념에서는 사라지는 어려움이다.

## § 71

이 입장의 일면성은 그 기초에 대해 이루어지는 논의에 따라 그 주요
특징들이 명백히 되어야 할 규정들과 귀결을 가져온다. 첫째로, 내용의
본성이 아니라 의식의 사실이 진리의 기준으로서 세워지기 때문에, 주관적
인 앎과 내가 나의 의식에서 일정한 내용을 발견한다는 단언이 참된
것으로서 내세워지는 것의 기초이다. 거기서는 내가 나의 의식에서 발견하
는 것이 모든 이의 의식에서 발견될 수 있는 것으로 높여지고, 의식
자신의 본성으로 내세워진다.

[8/161]이전에 이른바 신의 현존재에 대한 증명들 가운데 하나로
이미 키케로도 그에 호소하고 있는 만민의 일치*consensus gentium*가
제시되었다.[107] 만민의 일치는 중요한 권위이며, 하나의 내용이 모든
이의 의식에서 발견된다는 것으로부터 그 내용이 의식 자신의 본성
속에 놓여 있고 의식에게 필연적이라는 것으로 이행하는 것은 아주

---

107. 여기서 가장 명백한 텍스트는 키케로의 『신들의 본성에 대하여』(*De Natura Deorum*)
1. 43과 2. 12이다. 그러나 일치의 원리는 좀 더 일반적인 것이자 더 오래된 것이다.
키케로는 1권에서 에피쿠로스의 학설을 제시한다. '왜냐하면 어떠한 가르침도 없이
신들에 관한 어떠한 선(先)개념도 지니지 않는 민족과 종족은 존재하지 않기 때문이다.
이것을 에피쿠로스는 프로렙시스(prolepsis), 즉 정신 속에서 미리 파악된 종류의 정보라
고 부른다.'(*De Natura Deorum* 1. 43) 그리고 2권에서는 스토아학파의 학설을 제시한다.
'주된 쟁점에 대해서는 모든 민족의 모든 이가 동의한다. 왜냐하면 신들이 존재한다는
것은 모든 이에게 생득적이며, 정신 속에 새겨져 있기 때문이다.' 그러나 키케로의
화자들은 다만 아리스토텔레스의 '우리가 말하는 것은 모든 이에게 그렇게 보이는
바로 그것이다'(*Ethics*, 5. 1173a1)를 '이성화'하고 있을 뿐이다.

손쉬운 일이다. 이러한 보편적 일치라는 범주에는 가장 도야되지 않은 인간의 감수성도 알아차리지 못할 수 없는 본질적인 의식, 즉 개별자의 의식이란 동시에 특수한 것, 우연적인 것이라고 하는 의식이 놓여 있었다. 만약 이 의식의 본성 자신이 탐구되지 않는다면, 다시 말하면 이 의식의 특수한 것, 우연적인 것이 분리되고 그 힘겨운 추사유의 작업을 통해 오로지 의식의 자체적이고도 대자적으로 보편적인 것만이 찾아내질 수 없다면, 오직 하나의 내용에 대한 모든 이의 일치만이 그 내용이 의식 자신의 본성에 속한다는 존경할 만한 선입견을 근거 지을 수 있다. 물론 보편적으로 현존하는 것으로서 나타나는 것을 필연적인 것으로서 알고자 하는 사유의 욕구에 대해 만민의 일치는 충분하지 않다. 그러나 또한 사실의 저 보편성이 만족할 만한 증명일 것이라는 가정 내부에서도 그것은 신에 대한 신앙이 발견되지 않는 개인들과 민족들이 존재한다는 경험으로 인해 이 신앙에 대한 증명으로서는 포기되었다.[108] 그러나 [8/162]나는 나의

---

108. [헤겔의 주해] 경험에서 무신론과 신에 대한 신앙이 많게든지 적게든지 확산해 있는 것을 발견하기 위해 관건이 되는 것은 사람들이 신 일반의 규정으로 만족하는가 아니면 신에 대한 좀 더 규정된 인식이 요구되는가 하는 것이다. 최소한 중국과 인도 등등의 우상에 대해서는, 그와 마찬가지로 아프리카의 물신들에 대해서도, 또한 그리스의 신들 자신에 대해서도 그리스도교 세계에서는 그러한 우상들이 신이라는 것이 시인되지 않을 것이다. 따라서 그러한 것들을 믿는 자는 신을 믿는 것이 아니다. 그에 반해 특수한 개체 속에 유가 놓여 있듯이 우상들에 대한 그러한 신앙에도 그 자체에서 신 일반에 대한 신앙이 놓여 있다는 고찰이 이루어진다면, 우상 숭배도 단지 우상에 대한 것이 아니라 신에 대한 신앙으로 여겨진다. 역으로 아테네인들은 제우스 등등을 단지 구름 등등으로 간주하고 가령 오직 신 일반만을 주장한 시인들과 철학자들을 무신론자로서 취급했다[옮긴이 ― 일신론을 주장한 시인은 오직 크세노파네스와 파르메니데스뿐이었다. 비록 크세노파네스가 확실히 '도시의 신들'에 대한 통렬한 비판자였음에도 불구하고, 그 누구도 그들을 '무신론자'로서 다루지 않았다. 헤겔이 염두에 두고 있는 것은 분명히 철학자들이다. 그리고 시인들이 언급되는 까닭은 소크라테스를 '구름'이 제우스의 자리를 차지했다고 주장한 이로 묘사한 이가 아리스토파네스였기 때문이다. 불가지론자였던 프로타고라스와 일신론자였던 아낙사고라스는 소크라테스가 재판에 부쳐지기 전에 '불경'으로 고발되었다. 어쨌든 이 '그리스' 논증은 헤겔 자신의 것이겠지만, 앞의 우상 숭배자들에 대한 논의와 § 72의 논증은 흄의 『종교의 자연사』(Natural History of Religion, 1757)에 빚지고 있는 것일 수 있다]. ― 관건이 되는 것은 그 자체에서 하나의 대상에 무엇이 포함되어 있는지가 아니라

의식 속에서 하나의 내용을 그 진리에 대한 확신과 더불어 발견하며, 따라서 이 확신은 특수한 주체로서의 나에게가 아니라 정신 자신의 본성에 속한다는 단순한 단언을 해야 하는 것보다 더 간단하고 더 편리한 것은 아무것도 없다.

§ 72

직접지가 진리의 기준이어야 한다는 것에서 따라 나오는 것은 둘째로, 모든 미신과 우상 숭배도 진리로 설명된다는 점과 의지의 가장 불법적이고 가장 비인륜적인 내용도 정당화되어 있다는 점이다. 인도인에게는 이른바 매개된 앎으로부터, 즉 이치 추론들과 추론들로부터 암소와 원숭이 또는 브라만과 라마가 신으로서 여겨지는 것이 아니며, 오히려 그는 그것을 믿는다. 그러나 자연적 욕망과 경향은 자연히 자기의 관심들을 의식

───

그 가운데 무엇이 의식에 대해 드러나 있는지이다. 이러한 규정의 혼동이 타당화된다면, 인간의 각각의 모든 감성적 직관이, 즉 가장 조야한 감성적 직관마저도 종교일 것이다. 왜냐하면 물론 그 자체에서 그러한 각각의 모든 직관, 각각의 모든 정신적인 것 안에는 발전되고 순화되면 종교로 높여지는 원리가 포함되어 있기 때문이다. 그러나 종교의 능력이 있는 것(저 그 자체에서의 것은 능력과 가능성을 표현한다)과 종교를 가지는 것은 서로 다른 것이다. ─ 가령 근래에 다시 탐험 여행가들(예를 들면 선장 로스[옮긴이 ─ Sir John Ross(1777–1856), 『배핀만 탐험 목적을 위한…… 발견 여행』(*A Voyage of Discovery … for the Purpose of Exploring Baffin's Bay …*), London, 1819. 헤겔은 128–129를 발췌했다. *Berliner Schriften*, ed. Hoffmeister, 710, 또는 *G.W.*, 19:511, 86, 30–32에 대한 주해를 참조]와 패리[옮긴이 ─ Sir William Edward Parry(1790–1855), 수많은 여행기의 저자. 헤겔이 패리를 읽었다는 것은 결정적으로는 증명될 수 없다. 그는 로스 탐험대의 중위였으며, 헤겔은 아마도 로스의 책을 통해 그에 대해 알았을 것이다.])은 모든 종교를 부인하고 심지어는 아프리카의 마술사들(헤로도토스의 고에텐 [*Goëten*, 옮긴이 ─ 『역사』 2권을 참조])에게서도 발견될 수 있는 무언가 종교와 같은 것까지도 부인한 (에스키모) 종족들을 발견했다. 전혀 다른 측면에서 최근에 보낸 안식년의 처음 몇 달을 로마에서 지낸 한 영국인은 자기의 여행기에서 오늘날의 로마인들에 대해 일반 민중은 광신적이지만 읽고 쓸 줄 아는 사람은 모두 무신론자라고 말한다[옮긴이 ─ 헤겔은 *Morning Chronicle*, 1825년 3월 16일에서 로마 무신론에 대한 영어로 된 보고를 발견했다. Petry in *Hegel-Studien* 11(1976):32–33(또는 *Berliner Schriften*, 731, 또는 *G.W.*, 19:512)을 참조]. ─ 어쨌든 근래에 무신론이라는 비난이 드물어진 것은 분명 주로 종교의 내실과 종교에 대한 요구가 최소한으로 축소되었기 때문일 것이다(§ 73을 참조).

속에 정립하며, 비도덕적인 목적들은 의식 속에서 전적으로 직접적으로 발견된다. 선하거나 악한 성격은 [8/163]관심들과 목적들에서 알려지고 게다가 너무도 직접적으로 알려지는 의지의 **규정된 존재**를 표현할 것이다.

§ 73

마지막으로 신에 대한 직접지는 단지 신이 있다는 것으로만 나아갈 뿐, 신이 무엇인지에는 이르지 못할 것이다. 왜냐하면 후자는 인식일 것이고 매개된 앎으로 나아갈 것이기 때문이다. 그리하여 종교의 대상으로서의 신은 분명히 신 일반으로, 즉 무규정적인 초감성적인 것으로 제한되어 있으며, 종교는 그 내용에서 최소한으로 축소되어 있다.

만약 단지 신이 존재한다는 신앙이 여전히 유지되거나 심지어 그러한 신앙이 성립할 정도로만 작용하는 것이 현실적으로 필요하다면, 우리는 다만 종교적 앎의 너무도 빈곤한 것을 하나의 획득으로 여기게끔 하고, 그 교회에서 오래전에 아테네에 존재했던 알지 못하는 신에게! 바쳐진 제단으로 되돌아오는 데에 이른 이 시대의 빈곤함에 대해 놀라지 않을 수 없을 것이다.[109]

§ 74

그래도 직접성이라는 형식의 일반적 본성이 짧게 진술되어야 한다. 요컨대 이 형식 자신이 **일면적**이기 때문에, 그것은 자기의 내용 자신도 일면적으로 만들며, 따라서 유한하게 만드는 것이다. 보편적인 것에 그 형식은 추상의 일면성을 부여하며, 그리하여 신은 몰규정적인 본질이 된다. 그러나 신은 오직 자기 자신 안에서 자기를 자기와 매개하는 자로서 알려지는 한에서만 정신이라 불릴 수 있다. 오직 그렇게 해서만 신은

---

109. 「사도행전」 17장 23절. '내가 아테네시를 돌아다니며 여러분이 예배하는 곳을 살펴보았더니 "알지 못하는 신에게"라고 새겨진 제단까지 있었습니다.'

구체적이고 살아 있으며 정신이다. 바로 그에 따라 정신으로서의 신에 관한 앎은 자기 안에 매개를 포함한다. ── 특수한 것에 직접성의 형식은 있다, 자기에게 관계한다는 규정을 부여한다. 그러나 특수한 것은 바로 자기 바깥의 다른 것[타자]에 관계한다고 하는 것이다. 저 형식에 의해 유한한 것이 절대적인 것으로서 정립된다. 전적으로 추상적인 것으로서의 직접성의 형식이 각각의 모든 내용에 대해 무관심하고 바로 그에 따라 각각의 모든 내용을 받아들일 수 있는 까닭에, 그것은 우상 숭배적이고 [8/164]비도덕적인 내용을 대립된 내용과 마찬가지로 승인할 수 있다. 오직 내용에 대해 그것이 자립적이 아니라 다른 것에 의해 매개되어 있다고 하는 그러한 통찰만이 내용을 그것의 유한성과 비진리로 격하시킨다. 그러한 통찰은 내용이 자기에게서 매개를 지니는 까닭에 매개를 포함하는 앎이다. 하나의 내용이 참된 것으로 인식될 수 있는 것은 오직 그 내용이 다른 것과 매개되지 않고 유한하지 않으며, 그러므로 자기를 자기 자신과 매개함으로써 매개인 동시에 자기 자신에 대한 직접적인 관계인 한에서일 뿐이다. ── 스스로 유한한 앎, 즉 형이상학과 계몽의 **지성 동일성**에서 벗어났다고 생각하는 저 지성 자신이 직접적으로 다시 이 **직접성**, 다시 말하면 추상적인 자기에-대한-관계, 추상적 동일성을 진리의 원리와 기준으로 삼는다. 추상적 사유(반성하는 형이상학의 형식)와 추상적 직관(직접지의 형식)은 하나의 같은 것이다.

〈보론〉 직접성의 형식이 매개의 형식에 대립하는 것으로서 견지됨으로써 그것은 일면적이며, 이 일면성은 오직 이 형식으로만 환원되는 모든 내용에 전달된다. 직접성은 일반적으로 추상적인 자기에-대한-관계이며, 그리하여 동시에 추상적 동일성, 추상적 보편성이다. 그 경우 만약 자체적이고도 대자적으로 보편적인 것이 오직 직접성의 형식에서만 받아들여지면, 그것은 단지 추상적으로 보편적인 것일 뿐이며, 신은 이 입장으로부터는 단적으로 몰규정적인 본질이라는 의미를 얻는다. 그 경우 정신으로서의 신에 대해 말한다고 하더라도 그것은 단지 공허한 말일 뿐이다. 왜냐하면 정신은 의식과 자기의식으로서 어느 경우에든 자기를 자기 자신과 타자로부터 구별함이고 따라서 곧바로 매개이기 때문이다.

## § 75

진리에 대한 사유에 주어지는 이 세 번째 태도에 대한 판정은 이 입장이 직접적으로 그 자신 안에서 진술하고 승인하는 방식으로만 수행될 수 있었다. 이리하여 직접지, 즉 [8/165]타자와의 것이든 아니면 그 자신 안에서 자기와의 것이든 매개를 지니지 않는 앎이 존재한다는 것은 사실상 거짓된 것으로서 제시되었다. 그와 마찬가지로 사유가 오직 타자에 의해 매개된 — 유한하고 조건 지어진 — 규정들에서만 전진한다는 것과 그와 마찬가지로 매개에서 이 매개 자신이 지양되지 않는다는 것도 사실상의 비진리로 설명되었다. 그러나 일면적 직접성에서도 일면적 매개에서도 전진하지 않는 그러한 인식의 사실의 예가 논리학 자신과 철학 전체이다.

## § 76

출발점과 관련하여 위에서 순진무구한 형이상학이라고 불렸던 것과 직접지의 원리를 고찰하면, 그 비교로부터 밝혀지는 것은 직접지의 원리가 이 형이상학이 근래에 데카르트 철학으로서 받아들인 저 시원으로 되돌아왔다는 점이다. 양자에서는 다음과 같이 주장되고 있다.

1. 사유와 사유하는 자의 존재의 단순한 분리 불가능성, — 즉 나는 생각한다, 그러므로 나는 존재한다는 것은 의식에서 나의 존재, 실재성, 실존이 내게 직접적으로 계시되어 있다는 것(데카르트는 동시에 자신이 사유에서 의식 일반 그 자체를 이해하고 있다는 것을 『철학의 원리』 [Principia philosophiae] I, 9에서 명확히 설명한다)과,[110] 그리고 저 분리

---

110. 그 부분을 제시하면 다음과 같다.
　　9. '사유'가 의미하는 것.

불가능성이 단적으로 최초의(매개되거나 증명된 것이 아닌) 가장 확실한 인식이라는 것과 전적으로 똑같다.

2. 신의 표상과 신의 실존의 분리 불가능성도 마찬가지이며, 그리하여 이 실존은 신의 표상 자신 안에 포함되어 있고, 저 표상은 단적으로 실존의 규정 없이 존재하지 않으며, 따라서 이 실존은 필연적이고 영원한 실존이다.[111]

---

'사유'라는 용어에 의해 나는 우리가 의식하는 한에서 우리 안에서 일어나는 것으로서 의식하는 모든 것을 이해한다. 따라서 사유는 여기서 단지 이해, 의지, 상상뿐만 아니라 또한 감각적 의식과 동일시되어야 한다. 왜냐하면 만약 내가 '나는 보고 있다, 또는 나는 걷고 있다, 그러므로 나는 존재한다'라고 말하고, 이것을 육체적 활동들로서의 봄이나 걷기에 적용되는 것으로서 취한다면, 결론은 절대적으로 확실하지 않기 때문이다. 이것이 확실하지 않은 까닭은 종종 자는 동안에 일어나듯이 내가 나는 보고 있다거나 걷고 있다고 생각하지만, 나의 눈은 닫혀 있고 내가 움직이지 않고 있는 것이 가능하기 때문이다. 그러한 생각들은 내가 육체를 전혀 갖고 있지 않을지라도 가능할 수 있을 것이다. 그러나 만약 내가 '봄'과 '걷기'를 봄이나 걷기에 대한 현실적 감각이나 의식에 적용되는 것으로 취한다면, 결론은 아주 확실한데, 왜냐하면 그것은 보고 있다거나 걷고 있다는 감각이나 사유를 지니는 유일한 것인 정신에 관계되기 때문이다.

111. [헤겔의 주해] 데카르트, 『철학의 원리』 I, 15: 'Magis hoc (ens summe perfectum existere) *credet*, si attendat, nullius alterius rei ideam apud se inveniri, in qua eodem modo necessariam existentiam contineri animadvertat; intelliget, illam ideam exhibere veram et immutabilem naturam, quaeque *non potest non existere*, cum necessaria existentia *in ea contineatur*.' ['그는 만약 자기의 관념들 가운데 어떤 다른 관념들에도 이 필연적 실존이 동일한 방식으로 포함되어 있지 않다는 것에 주목하게 된다면 이것을(가장 완전한 존재자가 실존한다는 것을) 더욱더 믿게 될 것이다. 그는 저 관념이 참되고 변하지 않는 본성, 즉 그 속에 필연적인 실존이 포함되는 까닭에 실존하지 않을 수 없다고 하는 본성을 보여준다는 것을 알게 될 것이다.' 옮긴이 — 헤겔이 여기서 언급하는 것은 『철학의 원리』 I, 17이다.] 그에 뒤따르는 마치 매개나 증명처럼 들리는 표현은 이 최초의 기초에 어떠한 손해도 입히지 않는다. — 스피노자에게서도 신의 본질, 다시 말하면 추상적 표상이 실존을 자기 안에 포함한다는 것은 전적으로 똑같다. 스피노자의 첫 번째 정의는 자기원인(causa sui)에 대한 것인데, 그것은 다음과 같다. 즉 'cujus *essentia* involvit existentiam; sive id, cujus *natura non potest concipi*, nisi existens'['그의 본질이 실존을 내포하는 것, 또는 그의 본성이 실존한다고밖에는 파악될 수 없는 것', 『에티카』 I, 정의 1]. — 존재로부터 개념의 분리 불가능성은 근본 규정이자 전제이다. 그러나 존재로부터의 이러한 분리 불가능성이 그에 속하는 것은 어떤 개념인가? 유한한 사물들의 개념은 아닌데, 왜냐하면 이것들은 바로 그 실존이 우연적이고 창조된 것인 그러한 것들이기 때문이다. — 스피노자에게서 신이 필연적으로 실존한다는 제11명제와 그와 마찬가지로 신의 실존과 그의 본질은 하나의 같은 것이라는 제20명제에 증명이 뒤따르는 것은 — 증명의 불필요한 형식주의이다. 신은 실체(게다가 유일한)이다. 그러나 실체는 자기원인이고, 그러므로 신은 필연적으로 실존한다 — 는 것은 신이 그 개념과 존재가

[8/166]3. 외적 사물들의 실존에 대한 마찬가지로 직접적인 의식에 관해 이야기하자면, 그것은 감성적 의식 이외에 다른 아무것도 뜻하지 않는다. 우리가 그러한 의식을 갖는다는 것은 인식들 가운데 가장 사소한 것이다. 유일하게 관심의 대상이 되는 것은 외면적 사물들의 존재에 대한 이러한 직접지란 기만과 오류이며, 감성적인 것 그 자체에는 아무런 진리도 없고, 이러한 외면적 사물들의 존재는 오히려 우연적이고 일시적인 존재, 가상이라는 것, ─ 외면적 사물들은 본질적으로 그것들의 개념과 본질로부터 분리될 수 있는 실존만을 지닌다고 하는 것을 아는 것뿐이다.

## § 77

그러나 두 입장은 다음과 같이 구별된다.

1. 데카르트 철학은 이러한 증명되지 않고 증명될 수 없는 것으로 가정된 전제들로부터 그 이상의 더욱 전개된 인식으로 전진하며, 이러한 방식으로 새로운 시대의 학문들이 솟아나게 했다. 그에 반해 근대의 입장은 유한한 매개들에서 앞으로 나아가는 인식이란 단지 유한한 것만을 [8/167]인식하고 아무런 진리도 포함하지 않는다는 그 자체로 중요한 결론에 도달했으며(§ 62), 신에 관한 의식에 대해서는 저 신앙에, 더욱이 전적으로 추상적인 신앙에 머무를 것을 요구한다.[112]

2. 근대의 입장은 여기서 한편으로는 데카르트에 의해 도입된 통상적인 학문적 인식의 방법에 아무것도 변화시키지 못한 채 그로부터 생겨난

---

분리 불가능한 것이라는 점 이외에 다른 아무것도 뜻하지 않는다.[옮긴이 ─ 『에티카』 1부의 정리 11은 다음과 같다. '신 또는 그 각각이 영원하고도 무한한 본질을 표현하는 무한한 속성으로 이루어진 실체는 필연적으로 존재한다.']

112. [헤겔의 주해] 안셀무스는 이에 반대해 다음과 같이 말한다. 'Negligentiae mihi videtur, si postquam confirmati sumus in fide, non studemus, quod credimus, intelligere'(『왜 신은 인간이 되었는가?』(Tractat. Cur Deus homo) I, 1 ─ '우리가 신앙에서 확고해진 후에 우리가 믿는 것이 무엇인지 알려고 하지 않는다면, 그것은 내게 게으름으로 보인다.'[옮긴이 ─ 이 언급은 『왜 신은 인간이 되었는가?』 I, 1에서의 대화 상대(보소)의 첫 번째 연설의 첫 문장이다.] ─ 여기서 안셀무스는 그리스도교 교설의 구체적 내용에서 저 근대적 신앙이 포함하는 것과는 전혀 다른, 인식을 위한 어려운 과제를 지닌다.

경험적이고 유한한 것의 학문들을 전적으로 똑같은 방식으로 계속해 나간다ㅡ 그러나 다른 한편으로 이 입장은 이 방법을 포기하는 것과 더불어, 이제 그것이 다른 방법을 알지 못하는 까닭에, 그 내실에 따라 무한한 것에 관한 앎을 위한 모든 방법을 포기한다. 그런 까닭에 이 입장은 상상과 단언의 난폭한 자의, 도덕적 자부심과 감각의 오만함 또는 가장 강력하게 철학과 철학적 학설에 반대하는 입장을 표명하는 무절제한 제멋대로의 생각과 이치 추론에 자신을 내맡긴다. 철학은 요컨대 단순한 단언이나 상상을, 또한 이치 추론의 임의적이고 오락가락하는 사유를 허락하지 않는다.

## § 78

내용이나 앎의 자립적인 직접성과 그에 반해 그것과 통합할 수 없는 마찬가지로 자립적인 매개와의 대립은 무엇보다도 우선 그것이 단순한 전제와 임의적인 단언인 까닭에 제쳐놓아야 한다. 그와 마찬가지로 표상에서 취해졌든 사유에서 취해졌든 다른 모든 전제나 선입견도 그것들이 학문에 들어설 때는 포기되어야 한다. 왜냐하면 학문, 바로 그것에서는 그와 같은 모든 규정이 비로소 탐구되고, 그 규정들과 그것들의 대립들에 놓여 있는 것이 무엇인지가 인식되어야 하기 때문이다.

[8/168]인식의 모든 형식을 관통하여 수행된 부정적 학문으로서의 회의주의는 거기서 그러한 전제들의 허무함이 밝혀질 서론으로서 제시될 것이다. 그러나 회의주의는 즐겁지 않은 도정일 뿐 아니라 또한 곧바로 언급되게 되듯이 변증법적인 것 자신이 긍정적 학문의 본질적인 계기인 까닭에 불필요한 길이기도 할 것이다. 그 밖에 회의주의는 또한 유한한 형식들을 단지 경험적으로나 비학문적으로만 발견해야 하고 주어진 것으로서 받아들여야 할 것이다. 그러한 완수된 회의주의에 대한 요구는 학문에 모든 것에 대한 의심, 다시

말하면 모든 것에서의 완전한 무전제성이 선행해야 한다는 요구와 같다. 이 요구는 본래 순수하게 사유하고자 하는 결단 속에서 모든 것을 사상하고 자기의 순수한 추상, 사유의 단순성을 파악하는 자유에 의해 성취된다.

# 논리학의 좀 더 자세한 개념과 구분

## § 79

논리적인 것은 형식에 따라 세 가지 측면을 지닌다. α) 추상적 또는 지성적 측면, β) 변증법적 또는 부정적-이성적 측면, γ) 사변적 또는 긍정적-이성적 측면.

이 세 가지 측면은 논리의 세 부분을 이루는 것이 아니라 각각의 모든 논리적-실재적인 것의, 다시 말하면 각각의 모든 개념 또는 각각의 모든 참된 것 일반의 계기들이다. 이 계기들 모두가 첫 번째 계기, 즉 **지성적** 계기하에 정립됨으로써 따로따로 분리되어 놓일 수 있지만, 그렇게 되면 그것들은 그 진리에서 고찰되지 않는다. ─ 여기서 논리적인 것의 규정들에 대해 이루어진 진술 및 구분은 여기서도 마찬가지로 다만 선취되어 있고 역사학적일 뿐이다.

[8/169] ## § 80

α) 지성으로서의 사유는 고정된 규정성과 다른 규정성에 대한 그것의 구별성에 그대로 머문다. 그러한 제한된 추상적인 것이 지성에게는 그 자체로 존립하고 존재하는 것으로서 여겨진다.

⟨보론⟩ 사유 일반 또는 좀 더 자세하게는 개념 파악에 대해 말할 때, 거기서는 자주 단순히 지성의 활동만이 염두에 두어지곤 한다. 그러나

실로 사유는 우선은 지성적 사유이지만, 그것은 거기에 계속 머물지 않으며, 개념은 단순한 지성 규정이 아니다. — 지성의 활동은 일반적으로 그 내용에 보편성의 형식을 나눠주는 것에 존립하며, 게다가 지성에 의해 정립된 보편적인 것은 추상적으로 보편적인 것이다. 그러나 그 추상적으로 보편적인 것 그 자체는 특수한 것에 대립하여 견지됨으로써 동시에 그 자신도 다시 특수한 것으로서 규정된다. 지성이 자기의 대상들에 대해 분리하고 사상하면서 관계한다는 점에서, 그리하여 그것은 그 자체로서 철저히 구체적인 것과 관계하고 거기에 계속 머무르는 직접적인 직관과 감각의 반대이다.

지성과 감각의 이 대립에 관계되는 것이 바로 사유 일반에 대해 행해지곤 하고 결국 사유란 경직되고 일면적이며 자기의 결론에서 타락하고 파괴적인 결과들로 이어진다는 것으로 귀착되는 그토록 자주 반복되는 저 비난들이다. 그러한 비난들에 대해서는, 그것들이 그 내용에 따라 정당한 한에서, 우선은 그 비난들이 사유 일반이나 좀 더 자세하게는 이성적 사유가 아니라 다만 지성적 사유에 해당할 뿐이라고 대응할 수 있다. 그러나 거기서 더 나아간 것은 무엇보다도 우선 단순히 지성적일 뿐인 사유에 대해서도 그것의 권리와 공로가 승인되어야만 한다는 점이다. 그 권리와 공로는 일반적으로 이론적 영역에서뿐만 아니라 실천적 영역에서도 지성이 없이는 어떠한 확고함과 규정성에도 도달하지 못한다는 점에 존립한다. 여기서 우선 인식에 관해 이야기하자면, 인식은 현존하는 대상들을 그것들의 규정된 구별들에서 파악하는 것과 더불어 시작되며, 그래서 예를 들어 자연의 고찰에서는 소재, 힘, 유 등등이 구별되고 이러한 그것들의 고립에서 그 자체로 고정된다. 사유는 여기서 지성으로서 행동하며, 그것의 원리는 동일성, 자기에 대한 단순한 관계이다. 그 경우 이 동일성은 또한 인식에서 우선은 하나의 규정으로부터 다른 규정에로의 전진을 조건 짓는 것이기도 하다. 그래서 [8/170]특히 수학에서는 크기[양]가 다른 모든 규정을 제거하고서 그것에서 전진이 이루어지는 바로 그 규정이다.

그에 따라 기하학에서는 도형들에서 동일적인 것이 주목됨으로써 도형들이 서로 비교된다. 인식의 다른 영역들에서도, 가령 예를 들어 법학에서도 우선은 동일성에서 전진이 이루어진다. 여기서는 하나의 규정에서 다른 규정으로 추론된다는 점에서, 이러한 추론은 동일성의 원리에 따른 전진 이외에 다른 것이 아니다. — 이론적인 것에서와 마찬가지로 실천적인 것에서도 지성은 없을 수 없다. 행위에는 본질적으로 성격이 속하며, 성격적인 인간은 지성적인 인간인바, 그는 그러한 인간으로서 일정한 목적을 염두에 두고 이를 확고하게 추구한다. 무언가 위대한 것을 의욕하는 자는, 괴테가 말하듯이,[113] 자신을 제한할 줄 알아야만 한다. 그에 반해 모든 것을 의욕하는 자는 실제로는 아무것도 의욕하지 않으며 아무것도 성취하지 못한다. 세계에는 수많은 흥미로운 것들이 존재한다. 스페인의 시, 화학, 정치, 음악, 이 모든 것은 아주 흥미로우며, 그것들에 대해 관심을 지니는 자를 나쁘다고 여길 수 없다. 그러나 일정한 상황 속에 놓인 개인으로서 무언가를 성취하기 위해서는 무언가 일정한 것을 붙잡아야만 하지 자기의 힘을 여러 방면으로 분산시켜서는 안 된다. 그와 마찬가지로 각각의 모든 직업에서 문제가 되는 것은 그것을 지성을 가지고서 추구하는 것이다. 그래서 예를 들어 판사는 법률을 견지하고 그에 따라 자기의 판결을 내려야 하며, 이런저런 것에 의해 방해받지 않고 어떤 변명도 인정하지 않으며 좌고우면하지 않아야 한다. — 그런데 더 나아가 일반적으로 지성은 교양의 본질적인 계기이다. 교양이 있는 인간은 모호하고 무규정적인 것에 만족하는 것이 아니라 대상들을 그 확고한 규정성에서 파악한다. 그에 반해 교양이 없는 인간은 불확실한 채로 이리저리 동요하며, 그러한 사람에게 이야기되고 있는 것이 무엇인지 이해시키거나

---

113. 시 「자연과 예술」('Natur und Kunst')에서. '위대한 것을 의욕하는 자는 집중해야만 한다네. / 제한에서 비로소 장인이 모습을 드러내지. / 법칙만이 우리에게 자유를 줄 수 있다네.'(*Werke*, Berlin edition, Aufbau Verlag, 1973, 2:121). 같은 도덕이 종종 『빌헬름 마이스터의 수업 시대』(*Wilhelm Meister's Apprenticeship*)에서 설파된다.

그가 문제가 되는 일정한 요점을 흔들림 없이 파악하게 하는 데 이르게 하기 위해서는 종종 많은 수고가 들어간다.

그런데 더 나아가 이전의 논의에 따르면 논리적인 것 일반은 단순히 주관적인 활동의 의미에서가 아니라 오히려 단적으로 보편적이고 따라서 동시에 객관적인 것으로서 파악되어야 하는 가운데, 이 점은 또한 지성, 즉 논리적인 것의 이러한 최초의 형식에도 적용된다. 이에 따르면 지성은, 신의 선함이라고 불리는 것에서 유한한 사물들이 존재하고 그것들이 존립한다고 하는 것이 이해되는 한에서, 바로 그 신의 선함이라 불리는 것에 상응하는 것으로서 여겨질 수 있다.[114] 그래서 우리는 예를 들어 자연에서 동물뿐만 아니라 또한 식물의 다양한 종들과 유들이 자기를 [8/171]유지하고 번성하는 데 필요로 하는 모든 것을 갖추고 있는 것에서 신의 선함을 인식한다. 나아가 인간, 즉 개인들과 전체 민족들에서도 사정은 마찬가지인데, 그들도 똑같이 그들의 존립과 발전을 위해 필요로 하는 것을 한편으로는 (예를 들어 그 땅의 기후, 상태, 산물 등등과 같이) 직접적으로 현존하는 것으로서 발견하며, 다른 한편으로는 소질, 재능 등등으로서 소유한다. 그런데 그러한 방식으로 파악하면, 일반적으로 지성은 대상적 세계의 모든 영역에서 나타나며, 대상 속에서 지성의 원리가 자신의 권리에 도달하는 것은 본질적으로 대상의 완전성에 속한다. 그래서 예를 들어 국가는 만약 그 국가에서 아직 신분과 직업들의 규정된 구별화에 도달해 있지 못하다면, 그리고 개념에 따라 서로 다른 정치적이고 통치적인 기능들이 아직 같은 방식으로 특수한 기관들로 형성되어 있지 않다면 불완전한데, 그것은 이 점이 예를 들어 감각, 운동, 소화

114. 이것은 지성에 대해 죽음을 초래하는 힘으로서의 성격을 부여하는 헤겔의 통상적인 논의와 날카롭게 대조를 이룬다. 그러한 논의의 고전적 장소는 아마도 『정신현상학』 서문일 것이다. 그야 어쨌든 그 자신이 고정화와 분리라는 대립적 가치들의 통일이라고 하는 지성에 대한 헤겔의 변증법적 파악은 일반적으로 이해되고 있지 않다. 아니, 사실 그것은 기억조차 되고 있지 않다. 그러나 헤겔에게 그것이 지니는 중요성은 § 81에 대한 주해에서 그가 지성에 대한 이러한 긍정적 평가로 되돌아가는 것에서 파악될 수 있다.

등등의 서로 다른 기능들을 지닌 발전된 동물 유기체에서 사실인 것과 마찬가지이다. ― 그런데 더 나아가 지금까지의 논의로부터 알아낼 수 있는 것은 일상적인 표상에 따르면 지성에게서 가장 멀리 놓여 있는 것으로 보이는 그러한 활동 영역과 분야들에서도 그럼에도 불구하고 지성이 없어서는 안 되는바, 이 결여가 사실인 그 정도로 그러한 것은 결함으로서 여겨져야만 한다는 점이다. 이 점은 특히 예술과 종교 그리고 철학에 적용된다. 그래서 예를 들어 예술에서는 개념에 따라 서로 다른 미의 형식들이 또한 이러한 그 형식들의 구별에서 견지되어 표현된다는 점에서 지성이 모습을 나타낸다. 똑같은 것이 더 나아가 개별적인 예술작품들에도 적용된다. 그에 따라 서로 다른 인물들의 성격이 그 순수성과 규정성에서 관철되고, 그와 마찬가지로 문제가 되는 서로 다른 목적과 관심들이 명확하고 결정적으로 서술되는 것은 희곡 작품의 미와 완성에 속한다. ― 다음으로 종교적 영역에 관해 이야기하자면, (내용과 파악의 그 밖의 상이성을 도외시한다면) 예를 들어 그리스 신화가 북유럽 신화에 대해 지니는 장점은 본질적으로 전자에서는 개별적 신 형상들이 조형적 규정성으로 형성되어 있는 데 반해, 후자에서는 그것들이 흐릿한 무규정성의 안개 속에서 서로 뒤섞인다는 점에 존립한다. ― 마지막으로 철학역시 지성이 없을 수 없다는 것은 지금까지의 논의에 따르면 거의 특별히 다시 언급할 필요가 없을 것이다. 철학함에는 무엇보다도 우선 각각의 모든 사상이 그 완전한 정확성에서 파악되어야지 모호하고 무규정적인 것으로 끝맺어서는 안 된다는 것이 속한다.

[817]그러나 더 나아가 또한 지성은 너무 멀리 가서는 안 된다고 이야기되곤 하는데, 거기에는 지성적인 것이란 당연히 최종적인 것이 아니라 오히려 유한하며, 좀 더 자세하게는 지성적인 것이 극단으로 치달으면 그 대립물로 전화하는 종류의 것이라고 하는 올바른 것이 놓여 있다. 추상들에서 이리저리 뒤척이는 것은 청년의 방식인 데 반해, 삶의 경험이 풍부한 사람은 추상적인 이것–아니면–저것에 관여하는 것이 아니라 구체

적인 것을 붙잡는다.

## § 81

β) **변증법적 계기**는 그러한 유한한 규정들의 고유한 자기 지양이자 그것들의 대립된 규정들로의 이행이다.

1. 변증법적인 것은, 지성에 의해 그 자체로 분리되어 받아들여지면, 특히 학문적 개념들로 제시되면 회의주의를 이룬다. 회의주의는 변증법적인 것의 결과로서 단순한 부정을 포함한다. 2. 변증법은 보통 자의에 의해 일정한 개념들에서의 혼란과 그 개념들에서 모순의 단순한 가상을 산출하는 외적인 기예로서 여겨지며, 그리하여 이 규정들이 아니라 이 가상이 허무한 것이고, 그에 반해 지성적인 것은 오히려 참된 것이다. 종종 변증법은 또한 이리저리 왔다 갔다 하는 이치 추론의 주관적인 변덕의 체계 그 이상이 아니기도 한데, 거기에는 내실이 없고 그 불모성은 그러한 이치 추론을 산출하는 그러한 명민함으로 덮여 있다. ── 그 특유한 규정성에서의 변증법은 오히려 지성 규정들과 사물들 및 유한한 것 일반의 고유한 참다운 본성이다. 반성은 우선은 고립된 규정성을 넘어감이자 그 규정성의 관계시킴인바, 그에 의해 이 규정성은 관계 속에 정립되는데, 그야 어쨌든 그것은 그 고립된 타당성에서 유지된다. 그에 반해 변증법은 다음과 같은 내재적 넘어감인바, 거기서는 지성 규정들의 일면성과 제한성이 바로 그것이 그것인 바의 것으로서, 요컨대 그 규정들의 부정으로서 나타난다.[115] 모든 유한한 것은 이러한 것, 즉 자기 자신을

---

115. 이 지점에서는 피히테의 다음과 같은 문장이 상기할 만한 가치를 지닌다. '하지만 분석하는 것은 우리가 아니다. 오히려 앎이 자기를 분석하며, 그렇게 할 수 있는데, 왜냐하면 앎은 그것의 모든 존재에서 대–재자기에–대한 것(ein Für-sich)이기 때문이다.'(『학문론의 서술』(*Darstellung der Wissenschaftslehre*), 1801, *Werke*, 2:37)

지양하는 것이다. [8/173]따라서 변증법적인 것은 학문적 전진의 운동하는 영혼을 이루며, 오로지 그에 의해서만 내재적 연관과 필연성이 학문의 내용으로 들어가는 원리이고, 아울러 변증법적인 것에는 일반적으로 유한한 것 너머로의 외면적이지 않은 참다운 고양이 놓여 있다.

〈보론 1〉 변증법적인 것을 적절히 파악하고 인식하는 것은 지극한 중요성을 지닌다. 그것은 일반적으로 현실에서의 모든 운동과 모든 생명 및 모든 활동의 원리이다. 그와 마찬가지로 변증법적인 것은 또한 참으로 학문적인 모든 인식의 영혼이기도 하다. 우리의 일상적 의식에서 '공존하라[자신의 삶을 살고 타인의 삶을 살게 하라]leben und leben lassen', 따라서 하나가 타당하고 또한 다른 것도 타당하다는 격언에 따르면 추상적 지성 규정들에 머물지 않는 것은 단적인 공정성으로서 나타난다. 그러나 좀 더 자세히 하자면 유한한 것은 단순히 외부로부터 제한되는 것이 아니라 자기의 고유한 본성에 의해 지양되고 자기 자신에 의해 자기의 반대로 이행한다. 가령 사람들은 예를 들어 인간이 죽을 수밖에 없다고 말하고서는 그 죽음을 단지 외적인 상황들에서만 그 근거를 지니는 어떤 것으로서 바라보는데, 그러한 고찰 방식에 따르면 살아 있다는 것과 또한 죽을 수밖에 없다는 것은 인간의 두 가지 특수한 특성이다. 그러나 참다운 견해는 다음과 같은 것, 즉 삶 그 자체가 죽음의 씨앗을 자기 안에 담지하며, 일반적으로 유한한 것은 자기 자신 안에서 자기와 모순됨으로써 자기를 지양한다고 하는 것이다. — 그런데 더 나아가 변증법은 단순한 궤변법 Sophistik과 혼동되어서는 안 된다. 궤변법의 본질은 바로 일면적이고 추상적인 규정들을 그 고립에서 그 자체로 타당하게 만드는 데 존립하는바, 그러한 행위는 그때그때의 개인과 그의 특수한 상황의 이해관계를 수반한다. 그래서 예를 들어 행동과 관련해서는 내가 실존한다는 것과 내가 실존을 위한 수단을 가진다는 것이 본질적 계기이다. 그러나 그 경우 내가 이 측면, 즉 나의 복지라는 이 원리를 그 자체로 끄집어내고서는 그로부터 나는 도둑질해도 좋다거나 나의 조국을 배반해도 좋다는 결론을 끌어낸다면, 그것은 궤변Sophisterei이다. ── 그와 마찬가지로 나의 행동에서 나의 주관적 자유는 내가 행하는 것에 있어 내가 나의 통찰과 확신을 가진다는 의미에서 본질적인 원리이다. 그러나 내가 **오로지** 이 원리로부터만 이치 추론한다면, 이것도 마찬가지로 궤변이며, 그와 더불어 인류의 모든 원칙이 무너질 것이다. ── 변증법은 그러한 행위와 본질적으로 서로 다르다. 왜냐하면 변증법은 바로 사물들을 자체적이고도 대자적으로 고찰하는 데로 귀착하는바, 그러한 고찰에서는 더 나아가 일면적인 지성 규정들의 유한성이 드러나기 때문이다. [8/174] ── 그야 어쨌든 변증법은 철학에서 새로운 것이 아니다. 고대인들 가운데서 플라톤이 변증법의 창시자로 불리는데,[116] 실로 그렇게 불리는 것이 정당한 것은 플라톤 철학에서 변증법이 처음으로 자유로운 학문적인 동시에 객관적인 형식으로 출현하는 한에서다. 소크라테스에게서 변증법적인 것은 그의 철학함의 일반적 성격과 일치하여 아직은 지배적으로 주관적인 형태, 요컨대 아이러니Ironie의 형태를 지닌다. 소크라테스는 그의 변증법을 일단은 일상적 의식 일반에게로, 그리고 나서는 특히 소피스트들에게로 향하게 했다. 그 경우 그는 자신의 대화들에서 이야기의 주제가 된 사태에 관해 좀 더 자세하게 가르치고자 하는 것처럼 보이는 모습을 취하곤 했다. 그는 이와 관련하여 온갖 종류의 물음을 던졌고, 그리하여 그가 대화를 나눈 사람들을 그들에게 처음에는 올바른 것으로서 나타났던 것의 대립물로 이끌었다. 예를 들어 소피스트들이 자기들을 교사라고 불렀을 때, 소크라테스는 일련의 물음에 의해 소피스트인 프로타고라스가 모든 배움이

---

116. 헤겔은 여기서 아마도 디오게네스 라에르티오스(Diogenes Laertius), 3:56에 의지하고 있을 것이다. 그러나 그는 아리스토텔레스가 제논을 변증법의 창시자라고 부른 (Diogenes Laertius, 9:25) 다른 전통을 알고 있었고 또한 그 자신도 그에 의지했다. 아래의 『파르메니데스』에 관한 언급들을 참조.

단순히 상기일 뿐이라는 것을 승인하지 않을 수 없도록 했다.[117] — 그리고 나서 플라톤은 그의 엄밀한 학문적 대화편들에서 변증법적인 취급을 통해 일반적으로 모든 고정된 지성 규정들의 유한성을 보여준다. 그래서 그는 예를 들어 『파르메니데스』에서 하나로부터 여럿을 도출하고, 그럼에도 불구하고 어떻게 해서 여럿이 다만 자기를 하나로서 규정하는 것일 뿐인지를 보여준다.[118] 그러한 위대한 방식으로 플라톤은 변증법을 취급했다. — 근래에 변증법을 다시 상기시키고 그것이 새롭게 존엄을 지니도록 하되, 더욱이 이미 (§ 48에서) 논의한 이른바 이성의 이율배반들을 관철함으로써 그렇게 한 이는 누구보다도 칸트였다. 이율배반들에서는 결코 근거들에서의 단순한 우왕좌왕이나 한갓 주관적일 뿐인 행위가 아니라 오히려 각각의 모든 추상적 지성 규정이 어떻게 해서, 그것이 자기 자신을 제공하는 대로만 취해지게 되면, 직접적으로 그 대립물로 전화하는 것인지를 제시하는 것이 문제가 된다. — 그런데 지성이 아무리 변증법에 대해 반대하곤 한다고 할지라도, 변증법은 그럼에도 불구하고 결코 단순히 철학적 의식에 대해서만 현존하는 것으로서 여겨져서는 안 된다. 오히려 여기서 다루어지는 바로 그것은 또한 이미 그 밖의 모든 의식과 일반적 경험에서도 발견된다. 우리를 둘러싼 모든 것이 변증법적인 것의 예로서 고찰될 수 있다. 우리는 모든 유한한 것이 확고하고 최종적인 것이 아니라 오히려 변화하고 무상한 것이며, 이러한 것이 유한한 것의 변증법 이외에 다른 것이 아닌바, 이러한 변증법에 의해 그 자체에서 자기 자신의 타자로서의 유한한 것은 또한 직접적으로 자기인 바의 것 너머로 추동되어 자기의 대립물로 전화한다는 것을 알고 있다. 앞에서(§ 80에서) [8/175]지성이 신의 **선함**에 관한 표상에 포함된 바로 그것으로

---

117. 헤겔의 기억은 여기서 실수를 범하고 있다. 모든 배움이 단지 상기일 뿐이라는 것을 승인하지 않을 수 없게 된 것은 물론 『메논』의 노예 소년이다.
118. 헤겔의 「회의주의 논문」(*Su.* 2/228 ff.와 235 ff.)과 『철학사 강의』(*Su.* 18/284 ff.)를 참조.

여겨져야 한다고 이야기되었다면, 이제부터는 변증법에 대해 똑같은 (객관적인) 의미에서 변증법의 원리가 신의 **권능[위력]**_Macht_에 관한 표상에 상응한다고 주의해둘 수 있다. 우리는 모든 사물(다시 말하면 모든 유한한 것 그 자체)이 심판을 받는다고 말하는데, 이와 더불어 우리는 아무리 확실하고 확고하다고 생각될 수 있을지라도 그 어떤 것도 그 앞에서 존립할 수 없는 보편적인 저항 불가능한 위력으로서의 변증법에 대한 직관을 지닌다. 물론 그 경우 이 규정을 가지고서 신적 본질의 깊이, 신의 개념이 남김없이 다 드러나 있는 것은 아직 아니다. 그러나 분명 그 규정은 모든 종교적 의식에서 본질적 계기를 형성한다. — 그런데 더 나아가 변증법은 또한 자연적 세계와 정신적 세계의 모든 특수한 영역과 형태들에서도 자기를 관철한다. 예를 들어 천체의 운동에서 그렇다. 하나의 행성은 지금 이 장소에 있지만, 그 자체에서 또한 다른 장소에 있는 것이기도 하며, 스스로 운동함으로써 이러한 자기의 타자 존재를 실존하게 한다. 그와 마찬가지로 물리적 원소들도 자기를 변증법적인 것으로서 입증하며, 기상학적 과정은 그것들이 지닌 변증법의 현상이다. 똑같은 원리 바로 그것이 그 밖의 모든 자연 과정의 기초를 형성하며, 그에 의해 동시에 자연은 자기 자신 너머로 추동된다. 정신적 세계에서 그리고 좀 더 자세하게는 법적인 것과 인륜적인 것의 영역에서 변증법의 출현에 관해 이야기하자면, 여기서는 다만 일반적 경험에 따르자면 하나의 상태나 하나의 행위의 극단적인 것이 어떻게 그것의 대립물로 전화되곤 하는가 하는 것을 상기할 필요가 있을 뿐인데, 그 경우 그러한 변증법은 또한 다면적으로 격언들에서도 인정되고 있다. 그래서 예를 들어 극단의 정의는 극단의 부정의_summum ius summa iniuria_라고 하는데, 이것으로 언명된 것은 추상적 정의[법]가 그 극단으로 치달으면 부정의[불법]로 전화한다는 것이다. 그와 마찬가지로 정치적인 것에서는 무정부의 극단과 전제 정치의 극단이 상호적으로 서로를 초래하곤 한다는 것이 잘 알려져 있다. 우리는 너무도 잘 알려진 저 격언들, 즉 교만은 불행을 가져온다_Hochmut_ kommt vor dem Fall, 모난 돌이 정 맞는다Allzuscharf macht schartig 등등에서 인륜적인 것의 영역에서 개별적인 형태로 이루어진 변증법에 대한 의식을 발견한다. — 또한 감각, 즉 육체적 감각뿐만 아니라 정신적 감각도 자기의 변증법을 지닌다. 아픔의 극단과 기쁨의 극단이 어떻게 서로 이행하는지는 잘 알려져 있다. 기쁨으로 채워진 심정은 눈물 속에서 가벼워지며, 가장 내밀한 비애는 상황에 따라 웃음을 통해 고지되곤 한다.

〈보론 2〉 회의주의Skeptizismus는 단순히 회의론Zweifelslehre으로서만 여겨져서는 안 된다. 회의주의는 오히려 자기의 사태, 다시 말하면 모든 유한한 것의 허무함을 단적으로 확신하고 있다. 오직 의심할 뿐인 자는 [8/176]여전히 자기의 의심이 풀릴 수 있을 것이며, 자기가 그 사이에서 이리저리 동요하는 이런저런 규정된 것이 확고하고 참다운 것으로서 나타나게 되리라는 희망 속에 서 있다. 그에 반해 본래적인 회의주의는 지성의 모든 고정된 것에 대한 완전한 절망이며, 그로부터 나타나는 신념은 부동심과 자기 내 평정의 그것이다. 이것은 우리가 특히 섹스토스 엠페이리코스에게서 서술된 것으로 발견하고 스토아학파와 에피쿠로스학파의 교조적 체계에 대한 보완으로서 후기 로마 시대에 형성된 바의 고원한 고대 회의주의다.[119] 이 고원한 고대 회의주의와 이미 앞에서(§ 39) 언급한 저 근대 회의주의, 즉 한편으로는 비판철학에 선행하고 다른 한편으로는 이 비판철학으로부터 출현한 회의주의가 혼동되어서는 안 된다. 후자는 다만 초감성적인 것의 진리와 확실성을 부인하고 그에 반해 감성적인 것과 직접적 감각에 현존하는 것을 우리가 견지해야 할

---

119. 헤겔이 '고대' 회의주의와 '근대' 회의주의를 대비시키는 것은 1802년의 「회의주의 논문」으로 소급된다. 그런데 여기서 헤겔은 그 논문에서보다 섹스토스(와 키케로)에 대해 얼마간 좀 더 높은 평가를 부여하고 있다. 그 이유는 아마도 그 논문에서는 섹스토스를 고대 회의주의 내부에 자리매김하여 평가하고, 여기서는 섹스토스를 고대 회의주의의 모습을 전해주는 자로서 자리매김하고 있기 때문일 것이다. 회의주의 전통 전체에 대한 헤겔의 해석에 대해서는 M. N. Forster, *Hegel and Scepticism*, Cambridge: Harvard Univ. Press, 1989를 참조.

것으로서 묘사하는 데만 존립한다.

　그야 어쨌든 회의주의가 오늘날에도 자주 모든 긍정적[적극적] 지식 일반이나 따라서 또한 그에 있어 긍정적 인식이 문제가 되는 한에서의 철학의 저항하기 어려운 적으로서 여겨진다면, 그에 반해 주의해야 할 것은 회의주의를 두려워해야 하고 그에 맞설 수 없는 것은 실제로는 다만 유한하고 추상적으로 지성적인 사유일 뿐인 데 반해, 철학은 회의주의를 자기 내의 하나의 계기로서, 요컨대 변증법적인 것으로서 포함한다고 하는 점이다. 그러나 그 경우 철학은 회의주의에서 그러한 것처럼 변증법의 한갓 부정적인 결론에 머무르지 않는다. 회의주의는 자기의 결과를 단순한 부정으로서, 다시 말하면 추상적 부정으로서 견지한다는 점에서 그 결과를 오인한다. 변증법이 자기의 결과로 부정적인 것을 지닌다는 점에서, 이 부정적인 것은 바로 결과로서 동시에 긍정적인 것이기도 하다. 왜냐하면 부정적인 것은 그것이 그로부터 결과하는 바로 그것을 지양된 것으로서 자기 안에 포함하며 바로 그것 없이 존재하지 않기 때문이다. 그러나 이러한 것은 논리적인 것의 세 번째 형식, 요컨대 **사변적인 것** 또는 **긍정적-이성적인 것**의 근본 규정이다.

## § 82

　γ) 사변적인 것 또는 긍정적-이성적인 것은 대립 속에 있는 규정들의 통일, 즉 규정들의 해소와 그것들의 이행에 포함된 **긍정적인 것**을 파악한다.

　1. 변증법은 긍정적인 결과를 지닌다. 왜냐하면 그것은 [8/177]규정된 내용을 지니기 때문이거나 그 결과가 참으로는 공허한 추상적 무가 아니라 일정한 규정들의 부정이기 때문인바, 그 규정들은 바로 그 결과가 직접적 무가 아니라 하나의 결과인 까닭에 결과 속에 포함되어 있다. 2. 따라서 이 이성적인 것은 비록 사유된 것이자 또한 추상적인

것임에도 불구하고 동시에 **구체적인 것**이기도 하다. 왜냐하면 그것은 단순한 형식적 통일이 아니라 **구별된 규정들**의 통일이기 때문이다. 그런 까닭에 일반적으로 철학은 단순한 추상들이나 형식적 사상들에는 전혀 관계하지 않으며, 오로지 구체적 사상들과만 관계한다. 3. 사변적 논리학에는 단순한 **지성-논리학**이 포함되어 있으며, 후자는 전자로부터 곧바로 만들어질 수 있다. 이를 위해서는 사변적 논리학으로부터 변증법적인 것과 이성적인 것을 제거하는 것 이외에 아무것도 필요하지 않다. 그래서 그것은 **통상적인 논리학**, 즉 그 유한성에서 무언가 무한한 것으로서 여겨지는 함께 모아놓은 여러 사상 규정들에 관한 **역사학적 이야기**|*Historie*|인 바의 것이 된다.

〈보론〉 이성적인 것은 그 내용에 따라서는 단지 철학의 소유물만이 아니다. 오히려 그것은 인간이 교양과 정신적 발전의 어떤 단계에 처해 있든지 간에 그 모든 인간에 대해 현존한다고 말해야만 하며, 그러한 의미에서 인간은 예로부터 정당하게도 이성적 본질로서 불려왔다. 이성적인 것에 관해 아는 경험적으로 일반적인 방식은 우선은 선입견과 전제의 방식이며, 이성적인 것의 성격은, 앞의 논의에 따르면(§ 45), 일반적으로 무조건적이고 그리하여 자기의 규정성을 자기 자신 안에 포함하는 그러한 것이라는 것이다. 이러한 의미에서 인간은, 그가 신에 관해 이 신을 단적으로 자기 자신에 의해 규정된 것으로서 아는 한에서, 무엇보다도 우선 이성적인 것에 관해 안다. 더 나아가 그와 마찬가지로 자기의 조국과 그 법률들에 관한 시민의 앎도, 그에게 이것들이 무조건적인 것인 동시에 자기의 개별적인 의지를 지니고서 스스로 그에 복종해야 하는 보편적인 것으로서 여겨지는 한에서 이성적인 것에 관한 앎이며, 같은 의미에서 아이의 앎과 의욕마저도 이미 그 아이가 자기 부모의 의지를 알고 그것을 의욕한다는 점에서 이성적이다.

그런데 더 나아가 **사변적인 것** 일반은, [8/178]그것이 사유되는 한에서,

이성적인 것(좀 더 정확하게는 긍정적–이성적인 것) 이외에 다른 아무것도 아니다. 일상생활에서 **사변**_Spekulation_이라는 표현은 매우 모호한 동시에 부차적인 의미에서 사용되곤 한다. 그래서 예를 들면 결혼의 모험Heirats-spekulationen이나 상업 투기Handelsspekulationen에 대해 말하는데, 그 경우 거기서 대강 이해되는 것은 다만 한편으로는 직접적으로 현존하는 것을 넘어서야 한다는 것, 그리고 다른 한편으로는 그러한 사변[모험·투기]의 내용을 형성하는 바로 그것은 우선은 단지 주관적인 것일 뿐이지만, 그러한 것으로 머물러서는 안 되고 실현되거나 객관성으로 옮겨져야 한다고 하는 것일 뿐이다.

사변과 관련한 이러한 보통의 언어 사용에 대해서는 앞에서 이념에 관해 주의해두었던 것과 똑같은 것이 적용되는데, 거기에는 더 나아가 또 다른 주의가 연결된다. 그것은 이미 좀 더 교양이 있다고 여겨지는 그러한 사람들에 의해서도 다양한 방식으로 사변에 대해 분명히 한갓 주관적인 것의 의미에서 이야기된다고 하는 것, 요컨대 자연적이거나 정신적인 상태와 관계들에 대한 일정한 견해가 물론 단순히 사변적으로만 받아들여지면 아주 아름답고 올바를 수 있지만, 경험은 그것과 일치하지 않으며, 현실에서는 그와 같은 것이 허용될 수 없을 것이라고 일컬어지는 양식으로 이야기된다고 하는 것이다. 그 경우 그에 반해 말할 수 있는 것은 사변적인 것이란 그것의 참된 의미에 따라서는 잠정적으로도 결정적으로도 한갓 주관적인 것이 아니라 오히려 분명히 지성이 그에 머무르는 저 대립들을(따라서 또한 주관적인 것과 객관적인 것의 대립도) 지양된 것으로서 자기 안에 포함하며, 바로 그리함으로써 스스로를 구체적인 것으로서 그리고 총체성으로서 입증하는 바로 그것이라는 점이다. 그런 까닭에 사변적 내용은 또한 일면적인 명제 속에서 언명될 수 없다. 예를 들어 만약 우리가 절대적인 것이란 주관적인 것과 객관적인 것의 통일이라고 말한다면, 이것은 물론 올바르지만, 여기서는 오직 **통일**만이 언명되고 이것에 강세가 놓이는 한에서 일면적인 데 반해, 실제로 주관적인 것과 객관적인 것은 동일할 뿐만 아니라 또한 구별되기도 하는 것이다.

사변적인 것의 의미에 관해 여기서 좀 더 언급될 수 있는 것은 사변적인 것이 이전에 특히 종교적 의식 및 그것의 내용과 관련하여 신비적인 것으로서 표현되곤 했던 바로 그것으로 이해되어야 한다는 점이다. 오늘날 신비적인 것에 대해 말할 때, 이것은 일반적으로 불가사의한 것이나 불가해한 것과 같은 의미로서 여겨지며, 그 경우 이러한 불가사의한 것과 불가해한 것은 그 밖의 교양과 감수 방식의 상이성에 따라 한편에 의해서는 본래적이고 참다운 것으로서, 그러나 다른 한편에 의해서는 미신과 기만에 속하는 것으로서 여겨진다. 이에 관해 우선 주의해야 하는 것은 [8/179]신비적인 것이 물론 불가사의한 것이지만 오직 지성에 대해서만 그러하며, 게다가 단순히 추상적 동일성이 지성의 원리지만 (사변적인 것과 같은 의미의 것으로서의) 신비적인 것은 지성에게 오직 그 분리와 대립에서만 참으로 여겨지는 것과 같은 규정들의 구체적 통일이라고 하는 바로 그 까닭에 그러하다는 점이다. 그 경우 신비적인 것을 참다운 것으로서 인정하는 사람들도 마찬가지로 그것이 단적으로 불가사의한 것이라는 데서 끝맺고 만다면, 그리함으로써 그들 편에서 언명되는 것은 다만 사유가 그들에 대해서도 마찬가지로 추상적인 동일성 정립의 의미만을 지닌다는 것과 바로 그런 까닭에 진리에 도달하기 위해서는 사유를 포기하거나, 또한 그렇게 말해지기도 하곤 하듯이, 이성을 붙잡아 두어야만 한다는 것일 뿐이다. 그러나 우리가 보았듯이 추상적으로 지성적인 사유는 확고하고 최종적인 것이 아니다. 그것은 오히려 자기 자신의 끊임없는 지양으로서 그리고 자기의 대립물로의 전환으로서 입증되며, 그에 반해 이성적인 것 그 자체는 바로 대립된 것들을 관념적인 계기로서 자기 안에 포함한다. 그리하여 모든 이성적인 것은 동시에 신비적인 것으로서도 표현되어야 하지만, 그것이 말하는 것은 다만 이성적인 것이 지성을 넘어간다고 하는 것일 뿐, 결코 이성적인 것 일반이 사유에 접근 불가능하고 불가해한 것으로서 여겨져야 한다는 것이 아니다.

§ 83

논리학은 세 개의 부분으로 나누어진다.

Ⅰ. 존재론[존재에 관한 학설]*Die Lehre von dem Sein*.

Ⅱ. 본질론[본질에 관한 학설]*Die Lehre von dem Wesen*.

Ⅲ. 개념과 이념론[개념과 이념에 관한 학설]*Die Lehre von dem Begriffe und der Idee*.

요컨대,

Ⅰ. 사상의 직접성, — 즉 개념 자체[그 자체에서의 개념]에서의,

Ⅱ. 사상의 반성과 매개, — 즉 개념의 대자존재와 가상에서의,

Ⅲ. 사상의 자기 자신에게로 되돌아와 있음과 사상의 발전된 자기 곁에 있음-Beisichsein, — 즉 자체적이고도 대자적인 개념에서의 사상에 관한 학설들로 나누어진다.

〈보론〉 여기서 제시된 논리학의 구분은 사유에 관한 지금까지의 논의 전체와 마찬가지로 단순한 선취로서 여겨져야 하며, 그에 대한 정당화나 증명은 사유 자신의 완수된 논구로부터 비로소 생겨날 수 있다. 왜냐하면 [8/180]철학에서 증명한다는 것은 대상이 어떻게 자기 자신에 의해 그리고 자기 자신으로부터 자기가 바로 그것인 바의 것으로 되는지를 제시한다는 것을 뜻하기 때문이다. — 여기서 언급된 사상 또는 논리적 이념의 세 개의 주요 단계가 서로에 대해 맺는 관계는 일반적으로 개념이 비로소 참된 것이자 좀 더 자세하게는 존재와 본질의 진리이며, 그 양자는 고립되어 그 자체로 견지되면, 그리하여 동시에 참되지 않은 것으로서 여겨져야 하는바, — 존재는 그것이 겨우 직접적인 것일 뿐이기 때문에, 그리고 본질은 그것이 겨우 매개된 것일 뿐이기 때문에 그러하다는 식으로 파악되어야 한다. 여기에서는 우선 만약 사정이 그러하다면 왜 곧바로 참된 것에서가 아니라 참되지 않은 것에서 시작하는가 하는 물음이 제기될

수 있을 것이다. 그에 대한 대답으로 이바지하는 것은 진리란 바로 자기를 그러한 진리로서 **확증해야** 하는바, 여기서, 즉 논리적인 것 내부에서 그 확증은 개념이 자기를 자기 자신에 의해 자기 자신과 매개된 것으로서, 그리고 이와 더불어 동시에 참으로 직접적인 것으로서 입증하는 것에 존립한다고 하는 것이다. 여기서 언급된 논리적 이념의 세 개의 단계들의 관계는 다음과 같은 양식에서 구체적이고 실재적인 형태에서 나타난다. 즉, 진리인 바의 신은 오직 우리가 동시에 신에 의해 창조된 세계, 즉 신과 구별되는 자연과 유한한 정신을 참되지 않은 것으로서 인정하는 한에서만 이러한 그의 진리에서, 다시 말하면 절대정신으로서 우리에 의해 인식되는 것이다.

논리학의 제1편

존재론

## § 84 【존재론의 서론】

존재[있음·임][1]는 단지 그 자체에서만의 개념[자체적일 뿐인 개념]der Begriff nur *an sich*이다. 그것의 규정들은 존재적이고, 그것들의 구별에서 서로에 대해 다른 것[타자]이며, 그것들의 더 나아간 규정(변증법적인 것의 형식)은 다른 것으로 이행함이다. 이러한 전진 규정은 한편으로 그 자체에서 존재하는 개념의 밖으로 정립함이자 따라서 전개인 동시에 존재의 자기 안으로 들어감, 존재의 자기 자신 안으로 깊어짐이다. 존재의 영역 안에서 개념의 해명은 존재의 총체성으로 될 뿐만 아니라, 그리하여 또한 존재의 직접성이나 존재 그 자체Seins als solchen의 형식이 지양되기도 한다.[2]

## § 85 【논리학은 절대자의 정의다】

존재 자신 및 존재의 뒤따르는 규정들뿐만 아니라 논리적 규정들

---

1. 헤겔의 논리학에서 '존재'라는 용어는 무엇보다도 우선 규정성의 절대적 부재로서 이해된, 즉 추상 과정의 결과로서가 아니라 엄밀하게 직접적인 것으로서 의도된 '순수존재'를 가리킨다. 그러나 같은 용어가 좀 더 일반적으로는 논리학의 제1편 전체를 나타내는데, 거기서는 '직접성'이 지배적이며 하나의 범주로부터 다음 범주로의 운동은 '이행(Übergang)'이라 불린다. '존재적·존재하는'은 직접적인 것으로서 받아들여질 것을 의도하고 있다. § 80, 84, 89, 113을 참조.
2. 【다음 절로의 전개】 논리학은 주체인 개념이 존재론 → 본질론 → 개념론으로 전개하는 것이다. 그것은 동시에 논리의 각 단계에 해당하는 절대자 규정의 불충분함을 폭로하는 것이기도 하다.

일반은 절대자[절대적인 것]의 정의들로서, 즉 신의 형이상학적 정의들로서 여겨질 수 있다. 그렇지만 좀 더 자세하게는 언제나 한 영역의 최초의 단순한 규정과 그리고 나서는 차이Differenz³로부터 자기에 대한 단순한 관계로의 복귀인 바의 세 번째 규정만이 그렇게 여겨질 수 있다. 왜냐하면 신을 형이상학적으로 정의한다는 것은 신의 본성을 사상들 그 자체로 표현한다는 것을 뜻하기 때문이다. 그러나 논리학은 여전히 사상의 형식 속에 존재하는 바의 모든 사상을 포괄한다. 그에 반해 두 번째 규정들, 즉 그것들의 차이 속에 있는 영역인 바의 규정들은 유한한 것의 정의들이다. 그러나 정의들의 형식이 사용될 때면, 그 형식은 다음의 것, 즉 표상의 기체가 눈앞에 떠오른다는 것을 포함할 것이다. 왜냐하면 신을 사상의 의미와 그 형식에서 표현해야 하는 것으로서의 절대자⁴도 그것의 술어에 대한, 곧 사상에서의 규정되고 현실적인 표현에 대한 관계에서는 다만 사념된 사상, 그 자체로 무규정적인 기체에 머물 뿐이기 때문이다. 사상, 즉 [8/182]여기서 유일하게 문제가 되는 사태는 오직 술어에만 포함된 까닭에, 명제의 형식이나 저 주어는 무언가 전적으로 불필요한 것이다(§

---

3. 헤겔에게 있어 차이는 규정의 최초의 단순하고 전개되지 않은 통일에 뒤따르고, '자기에 대한 단순한 관계로의 복귀'라는 세 번째 계기에 선행하는 두 번째 계기를 특징짓는다. 이러한 중간 위치는 그 용어에 이중적인 의미를 부여한다. 한편으로 차이 있는 것은 단순한 최초의 통일에 머무르는 것보다 더 발전된 것이다. 왜냐하면 차이 있는 것은 '특수한' 것이자 더 '분화된' 것(§ 196, 199, 200, 201, 202, 203)이기 때문이다. 다른 한편으로 차이 있는 것은 '자기에 대한 단순한 관계로의 복귀'에 저항할 수 있다. 이러한 측면에서의 차이는 넘어서지기를 기다리는 유한성이 아니라 새로운 분화된 통일을 거부하고 자기 자신을 절대화하고자 하는 이원론을 의미한다. 그렇다면 여기서 우리는 몇몇 포스트 모더니스트의 근본적인 차이나 차연에 아주 가까운 것을 마주하고 있다 할 것이다.

4. 헤겔은 셸링과 마찬가지로 절대자라는 용어를 채택하지만, 헤겔의 논리적 용법은 신을 절대적으로 무한한 존재자(ens absolute infinitum)로서 정의하는 스피노자에 의해 확정되어 있다. '절대자'는 그 밖의 어떤 것에 매여 있거나 관계되거나 의존하지 않는다. 헤겔의 용법에서 독특한 것은 어떤 외면적으로 제한하는 '관계들' 없이 존재하기 위해서는 '절대적'인 것이 논리적으로 모든 유한한 관계들과 필연성들을 포함해야만 한다는 것이다. 절대자는 단적으로 그것들의 '타자'일 수 없다. 왜냐하면 그러한 것은 그 자신이 그것들에 대한 '관계'일 것이기 때문이다.

31 및 아래의 판단에 관한 장[§ 166 이하]을 참조).[5]

〈보론〉 논리적 이념의 각각의 모든 영역은 자기를 규정들의 총체성으로서 그리고 추상적인 것의 서술로서 드러내 보인다. 질*Qualität*과 양*Quantität* 그리고 도량*Maß*의 세 단계를 자기 안에 포함하는 존재도 마찬가지이다. 질은 우선 어떤 것이 자기의 질을 잃으면 스스로가 그것인 바의 것이기를 그만둘 정도로 존재와 동일한 규정성이다. 그에 반해 양은 존재에게 외면적인, 존재에 대해 무관심한 규정성이다. 그래서 예를 들어 집은 크거나 작거나 간에 계속해서 집인 바의 것이며, 빨강은 더 밝거나 더 어둡거나 간에 여전히 빨강이다. 존재의 세 번째 단계, 도량은 처음 두 단계의 통일, 즉 질적인 양이다. 모든 사물은 자기의 도량을 지닌다. 다시 말하면 그것들은 양적으로 규정되어 있으며, 그것들의 그렇고 그런 크기의 존재는 그것들에 대해 무관심하다. 그러나 동시에 이 무관심성도 그 한계를 지니는바, 그 이상의 더 많음이나 더 적음에 의해 그 한계를 넘어서게 되면, 사물들은 바로 그것들이 그것이었던 바의 것이기를 그만둔다. 그러고 나서 도량으로부터 이념의 두 번째 주요 영역, 본질로의 전진이 생겨난다.

여기서 언급된 존재의 세 가지 형식은 바로 그것들이 최초의 형식들이기 때문에 동시에 가장 빈곤한, 다시 말하면 가장 추상적인 것들이다. 직접적인 감성적 의식은, 그것이 동시에 사유하는 태도를 보이는 한에서, 주로 질과 양의 추상적 규정들에 제한되어 있다. 이러한 감성적 의식은 가장 구체적이고 따라서 동시에 가장 풍부한 의식으로서 여겨지곤 한다. 그렇지만 이 점은 다만 그 소재에 따라서만 그러한 것이며, 그에 반해 그것의 사상 내용 측면에서는 실제로는 가장 빈곤하고 가장 추상적인 의식이다.

---

5. 【다음 절로의 전개】 이상의 두 절은 논리학 전체의 서론이며, 특히 다음 절로의 논리 전개는 없다.

# A. 질


## a. 존재


**§ 86 【시원은 매개된 것이 아니다】**

순수존재가 시원[시작]Anfang을 이룬다. 왜냐하면 그것은 순수사상일 뿐만 아니라 또한 무규정적인 단순한 직접적인 것이지만, [8/183]최초의 시원은 매개되고 그 이상으로 규정된 것일 수 없기 때문이다.[6]


추상적인 공허한 존재에서 학문을 시작하는 것에 대해 제기될 수 있을 모든 의심과 상기는 시원의 본성이 수반하는 것에 대한 단순한 의식에 의해 해결된다. 존재는 나=나로서, 절대적 무차별이나 동일성 등등으로서 규정될 수 있다. 단적으로 확실한 것, 다시 말하면 자기 자신의 확실성에서, 또는 절대적으로 참된 것의 정의나 직관에서 시작하고자 하는 욕구에서 그와 같은 형식의 이런저런 것들은 그것들이 최초의 것이어야만 한다는 것으로 여겨질 수 있다. 그러나 이러한 형식의 각각의 모든 것 내부에 이미 매개가 존재한다는 점에서, 그것들은 참으로 최초의 것이 아니다. 매개는 최초의 것에서 두 번째 것으로 넘어가 있음이자 구별된 것들로부터의 출현이다. 만약 나=나나 또한 지적 직관이 참으로 오직 최초의 것으로서만 받아들여진다면, 그것은 이러한 순수한 직접성 속에서는 존재 이외의 다른 것이 아니며, 마찬가지로 역으로 더는 이러한 추상적 존재가 아니라

---

6. 【다음 절로의 전개】 순수존재는 그 내부에 이미 공허나 규정성의 아님, 또는 매개성의 없음을 포함하는 까닭에 다음에 순수존재 속에 존재하는 부정성의 고찰이 가능해진다.

자기 안에 매개를 포함하는 존재로서의 순수존재는 순수한 사유나
직관이다.

　　존재가 절대적인 것[절대자]의 술어로서 진술되면, 이것은 절대적
인 것은 존재라는 절대적인 것의 최초 정의를 준다. 이것은 (사상에서)
단적으로 시원적인 가장 추상적이고 가장 빈약한 정의이다. 그것은
엘레아학파의 정의이지만, 동시에 또한 신은 모든 실재성의 총체라는
잘 알려진 것이기도 하다. 요컨대 각각의 모든 실재성 속에 있는
제한성이 사상되어야 하고, 그리하여 신은 다만 모든 실재성 속의
실재적인 것, 가장 실재적인 것일 뿐이라는 것이다. 실재성이 이미
반성을 포함한다는 점에서, 이것은 야코비가 스피노자의 신에 대해
말하는 것, 즉 신은 모든 현존재 안의 존재의 원리das Principium라고
하는 것에서 직접적으로 언명되어 있다.[7]

[8/184]〈보론 1〉 우리는 사유하기 시작할 때 순수한 몰규정성 속에 있는
사상 이외에 아무것도 지니지 않는다. 왜냐하면 규정에는 이미 하나와
다른 것이 속하기 때문이다. 그러나 시원에서 우리는 아직 다른 것을
지니지 않는다. 우리가 여기서 가지는 바의 몰규정적인 것은 직접적인
것인바, 매개된 몰규정성이나 모든 규정성의 지양이 아니라 몰규정성의
직접성, 모든 규정성 이전의 몰규정성, 가장 최초의 것으로서의 몰규정적
인 것이다. 그러나 이것을 우리는 존재라고 부른다. 이것은 감각될 수도

---

7. 『스피노자의 학설에 대하여』(Werke, 4:1, 87 그리고 4:2, 127). 여기서 '나＝나'는 피히테의
제1원리이고, '절대적 무차별이나 동일성'은 셸링학파의 원리이다. '단적으로 확실한
것'은 데카르트 철학의 시원이다. 헤겔의 '시원'은 우리를 엘레아의 파르메니데스에게로
데려간다. 그러나 헤겔이 곧바로 강조하듯이 그것이 그리스도교 스콜라주의에 대해
남아 있는 모든 것이라는 것은 학교-형이상학('첫 번째 태도')에 의해 직접적으로 확증된
다. 우리는 여기서 바움가르텐의 형이상학 입문서를 상기할 수 있을 것이다. 그러나
헤겔은 아마도 우리가 존재론적 논증의 멘델스존 버전에 대한 칸트의 위대한 공격에
대해 생각하기를 기대했을 수도 있다(『순수이성비판』, 「초월론적 변증론」, B, 599–630).
모든 실재성의 총체로서의 신에 대한 정의는 직접적으로 『순수이성비판』 B, 605–10에
나온다.

없고 직관될 수도 없으며 표상될 수도 없다. 오히려 그것은 순수한 사상이고, 그러한 것으로서 그것은 시원을 이룬다. 본질도 몰규정적인 것이지만, 그것은 이미 매개를 거쳐 온 것으로서 규정을 이미 지양된 것으로서 자기 안에 포함하는 몰규정적인 것이다.

〈보론 2〉 우리는 논리적 이념의 서로 다른 단계들을 철학사에서 서로 잇따라 출현한 철학 체계들의 형태로 발견하는데, 그 체계들의 각각은 절대적인 것의 특수한 정의를 자기의 기초로 지닌다. 그런데 논리적 이념의 전개가 추상적인 것에서 구체적인 것으로 나아가는 전진으로서 입증되는 것과 마찬가지로, 철학사에서도 가장 이른 체계들은 가장 추상적이고 따라서 동시에 가장 빈곤한 체계들이다. 그러나 좀 더 이전 철학 체계들이 좀 더 나중의 그것들에 대해 맺는 관계는 일반적으로 논리적 이념의 좀 더 이전 단계들이 좀 더 나중의 그것들에 대해 맺는 관계와 같으며, 더욱이 그 관계는 좀 더 나중의 그것들이 좀 더 이전의 단계들을 지양된 것들로서 자기 안에 포함하는 그러한 양식의 것이다. 이러한 것이 철학사에서 출현하고 그토록 자주 오해되는 것, 즉 하나의 철학 체계에 대해 다른 철학 체계에 의해 행해지는, 좀 더 정확하게는 좀 더 이전의 철학 체계에 대해 좀 더 나중의 그것들에 의해 행해지는 반박의 참된 의미이다. 하나의 철학에 대한 반박에 관해 말할 때, 이것은 우선은 다만 반박된 철학 일반이 더는 타당하지 않으며 그것은 제거되고 끝장나 있다는 식으로 추상적으로 부정적인 의미에서만 받아들여지곤 한다. 만약 사정이 그러하다면, 철학사 연구는 철저히 비극적인 과업으로서 여겨져야만 할 것이다. 왜냐하면 이 연구는 시간이 지나가는 가운데 출현한 모든 철학 체계가 어떻게 자기에 대한 반박을 발견했는지 가르쳐주기 때문이다. 그러나 모든 철학이 반박되었다는 것이 승인되어야 하는 것과 마찬가지로, 동시에 또한 어떠한 철학도 반박되지 않았으며 또한 반박될 수도 없다는 것이 주장되어야만 한다. 후자는 다음과 같은 이중의 관계에서 사실이다. 첫째, 철학이라는 이름을 얻을 만한 각각의 모든 철학은 이념 일반을 자기의 내용으로 지닌다. 둘째, 각각의 모든 [8/185]철학 체계는 이념의 발전 과정에서 하나의 특수한 계기나 하나의 특수한 단계의 서술로서 여겨져야 한다. 그러므로 하나의 철학을 반박한다는 것은 다만 그 철학의 제한이 넘어서지고 그 철학의 규정된 원리가 하나의 관념적인 계기로 격하된다는 의미를 지닐 뿐이다. 그리하여 철학사는 그 본질적 내용에 따라서는 과거의 것이 아니라 영원하고 단적으로 현재적인 것을 다루며, 그 결과에서는 인간 정신의 잘못들이 진열된 회랑이 아니라 오히려 신들의 형상들을 모신 판테온에 비교되어야 한다. 그러나 이 신들의 형상들은 변증법적 발전 속에서 서로 잇따라 출현하는 이념의 서로 다른 단계들이다. 그런데 철학사에서 발생하는 그 내용의 전개가 순수한 논리적 이념의 변증법적 전개와 한편으로는 얼마나 일치하고 다른 한편으로는 얼마나 편차를 나타내는지를 좀 더 자세하게 입증하는 것은 여전히 철학사에 맡겨져 있다. 하지만 여기서는 우선은 다만 논리학 의 시원이 본래적인 철학사의 시원과 같다는 것만이 언급될 수 있다. 이 시원을 우리는 엘레아학파의 철학에서, 좀 더 상세하게는 파르메니데 스의 철학에서 발견한다. 그는 '오직 존재만이 있고, 무는 있지 않다'[8]고 말하는 점에서 절대적인 것을 존재로서 파악한다. 이것은 철학의 본래적 인 시원으로서 여겨져야 한다. 왜냐하면 철학은 일반적으로 사유하는 인식이지만, 여기서 처음으로 순수한 사유가 견지되어 자기 자신에게

---

8. 파르메니데스의 시에서 이것과 가까운 것은 단편 6인 것으로 보인다. '왜냐하면 있음은 있고, 있지 않음은 있지 않기 때문이다.' 그러나 윌리스가 그렇게 보고 있듯이 헤겔이 염두에 두고 있는 것이 단편 2일 수도 있을 것이다. 거기서 여신은 파르메니데스에게 다음과 같이 말한다. '사유에 대해 존재하는 유일한 길은 있다는 것과 있지 않을 수 없다는 한편에 있는데, 그것은 진리를 시중드는 설득의 길이다. 그리고 있지 않은 다른 한편에서는 있지 않아야 하는 것이 필연적이지만, 내가 그대에게 말하는 것은 전혀 설득력이 없다. 왜냐하면 그대는 있지 않은 것을 알 수도 없고 그것을 주장할 수도 없기 때문이다. 왜냐하면 사유함과 있음은 같기 때문이다.'(Diels and Kranz, *Fragmente der Vorsokratiker*[*D.K.*], 28B, 2, 3, 6.)

대상적으로 되었기 때문이다.

사실 인간은 처음부터 사유해왔다. 왜냐하면 오직 사유에 의해서만 인간은 동물과 구별되기 때문이다. 하지만 사유를 그 순수성에서 파악하는 동시에 그것을 단적으로 객관적인 것으로서 파악하는 데 도달하기 위해서는 수천 년이 걸렸다. 엘레아학파는 대담한 사상가들로서 유명하다. 그러나 그 경우 이러한 추상적 경탄에는 자주 이 철학자들이 단순히 존재만을 참된 것으로서 인정하고, 그 밖에 우리 의식의 대상을 형성하는 모든 것에게서 진리를 부인했다는 점에서 너무 멀리 가버렸다는 주의가 덧붙여진다. 그런데 단순한 존재에 머물러서는 안 된다는 것은 사실 전적으로 올바르다. 하지만 우리 의식의 그 밖의 내용을 이를테면 존재와 나란히 그 바깥에 놓여 있는 것으로서나 다만 또한 존재할 뿐인 어떤 것으로서 고찰하는 것은 몰사상적이다. 그에 반해 참된 관계는 다음과 같은 것, 즉 존재 그 자체는 고정되고 최종적인 것이 아니라 오히려 변증법적인 것으로서 자기의 대립물로 전화하는바, 그 대립물이란 마찬가지로 직접적으로 받아들여지게 되면 무라고 하는 것이다. 그리하여 존재가 최초의 순수사상이라는 것에, 그리고 [8/186]그 밖에 시원이 그 무엇에서(나 = 나에서, 절대적 무차별에서 또는 신 자신에게서)[9] 마련될 수 있든지 간에 이러한 그 밖의 것들은 우선은 다만 표상된 것일 뿐이고 사유된 것이 아니라는 것에, 그리고 그와 같은 것은 그 사상 내용에 따라서는 바로 다만 존재일 뿐이라는 것에 여전히 머물러 있다.

### § 87 【순수존재는 순수한 추상 = 무이다】

그런데 이 순수존재는 순수한 추상이며, 따라서 절대적으로-부정적인 것인바, 그것은 마찬가지로 직접적으로 받아들여지게 되면 무이다.[10]

---

9. 앞에서 언급되었듯이 '절대적 무차별'은 셸링의 동일철학의 출발점이며, '나 = 나'는 피히테 관념론의 출발점이다. '신에게서 시작'할 것을 이야기한 사상가들은 많았지만, 헤겔이 염두에 두고 있는 것은 분명 스피노자일 것이다.

1. 이로부터 절대적인 것[절대자]의 두 번째 정의, 즉 절대적인 것은 무라는 것이 따라 나왔다. 실제로 그 정의는, 사물—자체란 무규정적인 것, 단적으로 몰형식적인 동시에 몰내용적인 것이라거나, —또한 신은 다만 최고의 본질일 뿐 그 밖에 더는 아무것도 아니라고 말해질 때, 그 속에 포함되어 있는데, 왜냐하면 그러한 것으로서의 신은 바로 똑같은 부정성으로서 언명되어 있기 때문이다. 불교도가 모든 것의 원리 및 모든 것의 최종적인 궁극 목적과 목표로 삼고 있는 무도 똑같은 추상이다.[11] —2 대립이 이러한 직접성에서 존재와 무로서 표현되어 있을 때, 그 대립이 허무하다고 하는 것은 너무나 명백한 것으로서 보이는 까닭에, 사람들은 존재를 고정하여 그것을 이행에 맞서 보존하고자 하지 않을 수 없을 것이다. 추사유는 이러한 관점에서 존재를 위해 그것을 무로부터 구별시켜 줄 확고한 규정을 찾아내고자 하는 생각에 이르지 않을 수 없다. 존재는 예를 들어 모든 변화 속에서 지속하는 것, 무한히 규정될 수 있는 **질료** 등등으로서나, 또한 추사유 없이 어떤 하나의 개별적인 실존, 가장 가까이에 있는 감성적인 것이나 정신적인 것으로서 받아들여진다. 그러나

---

10. 【다음 절로의 전개】『논리의 학』에서 헤겔은 다음과 같이 경고한다. '무는 어떤 것에 대립되곤 한다. 그러나 어떤 것은 이미 다른 어떤 것과 구별되는 규정된 존재자이다. 그러므로 어떤 것에 대립된 무, 즉 모종의 어떤 것의 무 역시 규정된 무이다. 그러나 여기서 무는 그것의 규정되지 않은 단순성에서 받아들여져야 한다.'(*Su.* 5/84) 아무튼 무도 순수한 추상으로서 있다. 그러나 무는 절대적으로 부정적인 것인 까닭에 무 그대로 머물 수 없다.

11. 불교에 관한 헤겔의 정보가 매우 부적절했다는 점은 거의 지적할 필요가 없을 것이다. 하지만 여기서 중요한 것은 불교를 무의 절대성에 관한 패러다임으로 제공함으로써 —그리고 그가 아주 친숙했던 노력, 즉 '있지 않음'이라는 엘레아적인 도정을 걸어가고자 하는 고르기아스의 노력을 무시함으로써 — 헤겔이 우리에게 자신의 논리학이 서구 사상의 발전 이론 이상이라는 것을 보여준다는 점이다. 그는 우리에게 이념의 계기들이 서구 역사의 시간적 순서에서 출현한다고 말한 바 있다. 그러나 그는 지금 그 순서를 스스로 깨뜨릴 최초의 매우 유용한 기회를 잡고 있다. 물론 기억해야 할 것은 그가 그렇게 한 것이 아마도 고르기아스를 '사변적' 철학자로서 간주하지 않았기 때문일 것이라는 점이다.

그러한 그 이상의 좀 더 구체적인 모든 규정은 존재를 더는 여기 시원에서 직접적으로 있는 바의 순수존재로서 놓아두지 않는다. 오직 이러한 순수한 무규정성에서 그리고 그러한 무규정성 때문에만 존재는 무,— 말할 수 없는 것이다. 존재의 무로부터의 구별은 단순한 의견[사념]*Meinung*일 뿐이다. — 문제가 되는 것은 바로 이 시원들에 대한 의식일 뿐인데, 요컨대 그것들은 이러한 공허한 추상들 이외에 아무것도 아니며, 양자의 각각은 다른 것만큼이나 공허하다는 것이다. 존재 속에서나 양자 속에서 [8/187]하나의 확고한 의미를 찾아내고자 하는 **충동**은 존재와 무를 그 이상으로 이끌고 나가 그것들에 참된, 다시 말하면 구체적인 의미를 부여하는 이러한 **필연성** 자신이다. 이러한 전진은 논리적 상론이자 뒤따르는 것에서 자기를 내보이는 진행 과정이다. 그것들에 대해 좀 더 심오한 규정들을 발견하는 **추사유**는 바로 그에 의해 그러한 규정들이 단지 우연적인 방식이 아니라 필연적인 방식으로 산출되는 논리적 사유이다. — 그러한 까닭에 그 규정들이 획득하는 각각의 모든 뒤따르는 의미는 오직 절대적인 것의 좀 더 상세한 규정과 좀 더 참된 정의로서 여겨져야 한다. 그 경우 그러한 정의는 더는 존재와 무와 같은 공허한 추상이 아니라 오히려 그 속에서 양자, 즉 존재와 무가 계기들인 바의 구체적인 것이다. — 무의 그 자체로[대자적으로] 최고의 형식은 **자유**이겠지만, 그것은 최고의 강렬함으로 자기 안에 침잠하여 그 자신이, 게다가 절대적인 긍정인 한에서의 부정성이다.[12]

〈보론〉 존재와 무는 비로소 **구별되어야 할 뿐**이다. 다시 말하면 그것들의 구별은 처음에는 다만 그 **자체에서** 있을 뿐, 아직은 **정립**되어 있지 않다. 일반적으로 구별에 관해 이야기할 때, 이로써 우리는 둘을 가지는데,

---

12. 부정성의 최고 형식으로서의 '자유'는 다름 아닌 자기표현의 원리이며, 그러한 것으로서 절대적인 긍정이다.

그것들 각각에는 다른 것에서는 발견되지 않는 규정이 속한다. 그러나 존재는 바로 단적으로 몰규정적인 것일 뿐이며, 그 같은 몰규정성은 또한 무이기도 하다. 그리하여 이 양자의 구별은 다만 사념된 구별, 동시에 구별이 아닌 전적으로 추상적인 구별일 뿐이다. 그 밖의 모든 구별에서 우리는 언제나 또한 구별된 것들을 자기 밑에 포괄하는 공통의 것을 지닌다. 우리가 예를 들어 두 개의 서로 다른 유에 관해 이야기한다면, 유는 그 둘 모두에게 공통된 것이다. 그와 마찬가지로 우리는 자연적 본질과 정신적 본질이 존재한다고 말한다. 여기서 본질은 양자 모두에게 속하는 것이다. 그에 반해 존재와 무에서 구별은 그 지반 없음에 있으며, 바로 그런 까닭에 그것은 구별이 아닌데, 왜냐하면 두 규정은 똑같은 지반 없음이기 때문이다. 하지만 사람들이 가령 존재와 무는 두 개의 사상이며, 따라서 사상이 양자에게 공통된 것이라고 말하고자 한다면, 거기서는 존재가 특수한 규정된 사상이 아니라 오히려 아직 전혀 규정되어 있지 않고 바로 그로 인해 무와 구별될 수 없는 사상이라는 점이 간과될 것이다. — 나아가 존재는 또한 분명 절대적 풍요로서 그리고 무는 [8/188]그에 반해 절대적 빈곤으로서 표상된다. 그러나 우리가 모든 세계를 고찰하고서 세계에 대해 모든 것이 있으며 그 이상으로는 아무것도 아니라고 말한다면, 우리는 모든 규정된 것을 떠나보내며, 그 경우 절대적 충만 대신에 절대적 공허만을 지닌다. 더 나아가 똑같은 것이 또한 단순한 존재로서의 신의 정의에도 적용된다. 그 정의에는 동등한 정당성을 지니고서 신은 무라고 하는 불교도들의 정의가 대립하며, 이 정의의 결론에서는 더 나아가 인간이 자기 자신을 무화함으로써 신이 된다는 것도 주장된다.

## § 88【존재와 무의 통일은 생성】

그와 마찬가지로 역으로 이러한 직접적이고 자기 자신에게 동등한 것으로서 무는 존재인 바의 것과 똑같다. 따라서 존재와 그와 마찬가지로

무의 진리는 양자의 **통일**_Einheit_이다. 이 통일이 생성이다.[13]

1. '존재와 무는 똑같다'라는 명제는 **표상**이나 지성에 대해서는 그것들이 그 명제를 아마도 진지하게 생각된 것으로 여기지 않을 만큼 역설적인 명제로서 나타난다. 실제로 이 명제는 사유가 자기에게 요구하는 가장 까다로운 것이기도 하다. 왜냐하면 존재와 무는 전적인 **직접성** 속의 대립인바, 다시 말하면 한쪽에 이미 다른 쪽에 대한 그것의 관계를 포함하는 규정이 정립되어 있지 않은 대립이기 때문이다. 그러나 그것들은 앞 절에서 제시되었듯이 이러한 규정, 즉 바로 양자 속에서 같은 규정을 **포함한다**. 그런 한에서 그것들의 통일을 연역하는 것은 전적으로 **분석적**이다. 이 점은 일반적으로 방법적인 것으로서의, 다시 말하면 필연적인 것으로서의 철학함의 전진 전체가 단지 하나의 개념 속에 이미 포함된 것의 **정립** 이외에 다른 아무것도 아닌 것과 마찬가지이다. ── 그러나 **또한 존재와 무가 단적으로 서로 다르다는 것, ─ 즉 하나가 다른 것인 바의 것이 아니라는** 것도 그것들의 통일과 마찬가지로 올바르다. 하지만 여기서는 바로 존재와 무가 아직은 직접적인 것이므로 그 구별이 아직 규정되지 않은 까닭에, 그것들에서 존재하는 바의 구별은 말할 수 없는 것, 단순한 **의견[사념]**이다.

2. 존재와 무는 똑같다는 명제를 우스운 것으로 만들기 위해서나 [8/189]아니면 오히려 불합리야말로 저 명제의 결론이자 적용이라는 참되지 않은 단언과 더불어 그 불합리를 제시하기 위해서는 커다란 재치를 들일 필요가 없다. 예를 들어 이 명제에 따르면 내 집, 나의 재산, 호흡을 위한 공기, 이 도시, 태양, 법, 정신, 신이 있든 없든 똑같다는 것이다. 그러한 예들에서는 한편으로 특수한 목적들, 즉

---

13. 【다음 절로의 전개】 생성은 대립물인 존재와 무의 통일이다. 다음에 생성에 다다른 입장에서 최초의 존재가 다시 파악된다.

어떤 것이 나에 대해 지니는 **유용성**이 밀어 넣어지고서는 과연 유용한 사태가 있는가, 없는가 하는 것이 내게 아무래도 상관없는 것인지가 물어진다. 사실 철학은 바로 인간을 무한한 양의 유한한 목적들과 의도들로부터 해방하여 그가 그것들에 대해 무관심하게 만듦으로써, 그러한 사태들이 있는가, 없는가 하는 것이 그야말로 그에게 똑같게 하는 그러한 가르침이다. 그러나 일반적으로는 하나의 **내용**에 대해 말하자마자 그와 더불어 타당한 것으로서 전제된 다른 실존들, 목적들 등과의 연관이 정립된다. 그런데 하나의 **규정된** 내용의 존재나 비존재가 **똑같은가** 아니면 또한 똑같지 않은가 하는 것은 그러한 전제들에 달려 있다. 내용으로 가득 찬 구별이 존재와 무의 공허한 구별에 밀어 넣어지는 것이다. ─ 그러나 다른 한편으로 단순히 존재나 비존재의 규정 아래에 정립되는 것은 그 자체에서 본질적인 목적, 절대적 실존들과 이념들이다. 그러한 구체적 대상들은 단지 존재할 뿐이거나 또한 비존재할 뿐인 것과는 전혀 다른 어떤 것이다. 존재나 무와 같은 빈약한 추상들은─ 그것들은 바로 시원의 규정들일 뿐이기 때문에 존재하는 가장 빈약한 규정들이다─ 저 대상들의 본성에 대해서는 전적으로 부적합하다. 참다운 내용은 이미 오래전에 이러한 추상들 자신과 그것들의 대립을 넘어서 있다. ─ 일반적으로 구체적인 것이 존재와 무에 밀어 넣어지면, 몰사상성에는 그것에 보통 있는 일이, 즉 지금 말해지고 있는 것과는 전혀 다른 것을 표상 앞에 획득하고 그에 대해 이야기하는 일이 발생하는데, 여기서는 단순히 추상적인 존재와 무에 대해 말하고 있을 뿐이다.

[8/190]3. 쉽게 말할 수 있는 것은 사람들이 존재와 무의 통일을 **개념 파악**하지 못한다는 것이다. 그러나 그 통일의 개념은 앞의 절들에서 제시되었으며, 그것은 이렇게 제시된 것 이상의 것이 아니다. 그 통일을 개념 파악한다는 것은 이 제시된 것을 파악하는 것 이외에 다른 아무것도 뜻하지 않는다. 그러나 사람들은 개념 파악한다는

것에서 본래적인 개념 그 이상의 어떤 것을 이해한다. 더 다양하고 더 풍부한 의식, 즉 하나의 표상이 요구되며, 그리하여 사유가 자기의 일상적 실천에서 더 친숙해 있을 구체적인 경우로서의 그러한 개념이 제시된다. 개념 파악할 수 없다는 것이 다만 어떠한 감성적 혼합물도 없이 추상적 사상들을 견지하여 사변적 명제들을 파악하기에 익숙하지 않다는 것을 표현할 뿐인 한에서, 말할 수 있는 것은 다름이 아니라 철학적 앎의 양식이 당연히 사람들이 일상생활에서 익숙해져 있는 앎의 양식 및 또한 다른 학문들에서 지배적인 양식과 서로 다르다고 하는 것이다. 그러나 개념 파악하지 못한다는 것이 다만 존재와 무의 통일을 **표상**할 수 없다는 것을 의미할 뿐이라면, 실제로 이것은 오히려 각각의 모든 이가 이 통일에 관한 무한히 많은 표상을 지니는 만큼 사실이 아니다. 사람들이 그러한 표상을 지니지 못한다는 것은 다만 앞에 놓여 있는 개념을 저 표상들의 어느 하나에서 인식하지 못하고 이 표상을 그 개념의 예로서 알지 못한다는 것을 말하고자 할 수 있을 뿐이다. 그것의 가장 가까이 놓여 있는 예가 **생성**이다. 각각의 모든 사람은 생성의 표상을 지니며, 그와 마찬가지로 생성이 하나의 표상이라는 것을, 나아가 그 표상을 분석하면 존재의 규정뿐만 아니라 또한 존재의 단적인 타자, 즉 무의 규정도 그 속에 포함되어 있다는 것을, 더 나아가 이러한 두 규정이 분리되지 않은 채 이 하나의 표상 속에 있으며, 그리하여 생성은 존재와 무의 통일이라는 것을 시인할 것이다. — 마찬가지로 가까이 놓여 있는 예는 **시원**이다. 사태는 그 시원에서는 아직 존재하지 않는다. 그러나 시원은 단지 사태의 무가 아니라 이미 그 속에는 또한 사태의 존재가 있다. 시원은 [8/191]그 자신이 생성이기도 하지만, 이미 그 이상의 전진에 대한 고려를 표현한다. — 학문들의 좀 더 통상적인 발걸음에 순응하기 위해서는 논리학을 순수하게 사유된 시원의, 그러므로 시원으로서의 시원의 표상에서 시작하여 이 표상을 분석할 수 있을 것이다. 그래서 우리는 아마도 존재와 무가 하나 속에 분리되어 있지 않은 것으로서 나타난다는 것을 오히려 분석의 결과로서 받아들이게 될 것이다.

4. 그러나 여전히 주의해야 하는 것은 '존재와 무는 **똑같다**'라든가 '존재와 무의 **통일**', 그리고 그와 마찬가지로 주관과 객관 등등의 그러한 다른 모든 통일이라는 표현이 당연히 부적절하다는 점이다. 왜냐하면 통일이 강조되고 상이성이 실로 그 속에 놓여 있지만(왜냐하면 예를 들어 그 통일이 정립된 것은 존재와 무이기 때문이다), 이 상이성이 동시에 언명되고 인정되어 있지 않으며, 그러므로 그 상이성이 단지 부적절한 방식으로 사상되었을 뿐이고, 그것이 숙고되지 않은 것으로 보이는 것에는 비뚤어지고 올바르지 않은 것이 놓여 있기 때문이다. 실제로 사변적 규정은 그러한 명제의 형식에서는 올바르게 표현될 수 없다. 통일은 동시에 현존하고 정립된 상이성 속에서 파악되어야 한다. 생성은 존재와 무의 통일로서 존재와 무로부터의 결과의 참된 표현이다. 생성은 단지 존재와 무의 **통일**일 뿐만 아니라 자기 안에서의 **불안**Unruhe인바, — 단순히 자기에-대한-관계로서 운동 없는 것이 아니라 그것 속에 있는 존재와 무의 상이성에 의해 자기 안에서 자기 자신에 맞서 있는 그러한 통일이다. — 그에 반해 **현존재**Dasein는 이러한 **통일** 또는 이러한 통일 형식에서의 생성이다. 그런 까닭에 현존재는 일면적이고 유한하다. 대립은 마치 사라진 것처럼 있다. 대립은 통일 속에서 단지 그 자체에서[자체적으로] 있을 뿐, 통일 속에 정립되어 있지 않은 것이다.

5. 존재가 무로의 이행이고 무가 존재로의 이행이라는 명제, — 곧 생성의 명제에는 '무에서는 아무것도 생성되지 않는다Aus nichts wird nichts', '어떤 것은 오직 어떤 것에서만 생성된다'라는 명제, [8/192]물질의 영원성의 명제, 범신론의 명제가 대립한다. 고대인들은 '어떤 것에서 어떤 것이 생성된다'라거나 '무에서는 아무것도 생성되지

않는다'라는 명제가 사실상 생성을 지양한다는 단순한 반성을 한 바 있었다.[14] 왜냐하면 그로부터 어떤 것이 생성되는 것과 생성되는 바로 그것은 하나의 같은 것이기 때문이라는 것이다. 오직 추상적인 지성 동일성의 명제만이 현존하는 것이다. 그러나 '무에서는 아무것도 생성되지 않는다'라거나 '어떤 것은 오직 어떤 것에서만 생성된다'라는 명제들이 범신론의 기초라는 일치된 의식 없이, 그리고 고대인들이 이 명제들에 대한 고찰을 남김없이 다 수행했다는 것에 관한 지식 없이, 그것들이 또한 우리 시대에도 전적으로 순진무구하게 개진되는 것을 보는 것은 기이한 것으로서 눈에 띄지 않을 수 없다.

〈보론〉 생성이 최초의 구체적 사상이자 따라서 최초의 개념인 데 반해, 존재와 무는 공허한 추상들이다. 우리가 존재의 개념에 관해 이야기한다면, 그 개념은 다만 생성이라고 하는 것에만 존립할 수 있다. 왜냐하면 존재로서의 존재는 공허한 무이지만, 후자로서는 공허한 존재이기 때문이다. 그러므로 존재 안에서 우리는 무를 그리고 무 안에서는 존재를 지닌다. 그러나 무 안에서 자기 곁에 머무르는 이러한 존재는 생성이다. 생성의

---

14. 여기에서도 우리는 파르메니데스 등의 엘레아학파를 떠올릴 수 있다. 아리스토텔레스는 다음과 같이 논평하고 있다. '학문을 연구한 최초의 사람들은 진리와 사물의 본성에 관한 그들의 탐구에서 그들의 경험 부족으로 인해 오도되었는데, 그 경험 부족은 이를테면 그들을 또 다른 길로 밀어 넣었다. 그리하여 그들은 존재하는 사물들의 어떤 것도 있게 되거나 존재로부터 사라지지 않는다고 말하는데, 왜냐하면 있게 되는 것은 있는 것으로부터나 있지 않은 것으로부터 그리해야만 하지만, 그 양자는 불가능하기 때문이다. 왜냐하면 있는 것은 있게 될 수 없고(왜냐하면 그것은 이미 있기 때문이다), 있지 않은 것으로부터는 아무것도 있게 될 수 없기 때문이다(왜냐하면 어떤 것이 기체로서 현재해야만 하기 때문이다). 그리하여 또한 그들은 이것의 결론을 과장하여 오직 존재 그 자체만이 있다고 주장하며 심지어 사물들의 다수성이 존재한다는 것마저도 부정하는 데까지 나아갔다.'(『자연학』1. 8. 191 a 26 ff) 헤겔에게 있어 변증법과 상호 배제적인 선택지들의 사변적 지양은 이러한 막다른 골목에서 벗어나는 논리적인 길이었다. 그는 우리에게 논리적 발전 이론을 제공한다. 다른 한편 우리는 ─ '범신론'에 반대하는 ─ 이 절이 1830년에야 덧붙여졌다는 점에 주의해야 한다. 그것은 '사변적' 신학에 대한 경건주의의 대립이 점점 더 힘을 지니게 된 것을 반영한다. 이 『엔치클로페디』의 1830년 판에 붙인 「머리말」을 참조.

통일에서는 구별이 생략되어서는 안 된다. 왜냐하면 구별이 없으면 다시 추상적 존재로 되돌아올 것이기 때문이다. 생성은 다만 존재가 그 진리에 따라 그것인 바의 것의 정립된 존재[정립되어 있음]Gesetztsein일 뿐이다.

우리는 아주 자주 사유가 존재에 대립한다고 주장하는 것을 듣는다. 그렇지만 그러한 주장에서 우선 물어져야 할 것은 존재라는 것에서 무엇이 이해되는가 하는 것이다. 반성이 그러한 존재를 규정하는 대로 존재를 취하게 되면, 우리는 존재에 대해 다만 그것은 단적으로 동일하고 긍정적인 것이라고 진술할 수 있을 뿐이다. 이제 사유를 고찰하게 되면, 우리는 그것이 최소한 마찬가지로 단적으로 자기와 동일한 것이라는 것을 알아차리지 못할 수 없다. 그리하여 양자, 즉 존재와 사유에는 똑같은 규정이 속한다. 그러나 존재와 사유의 이러한 동일성은 구체적으로 받아들여져서는 안 되며, 그리하여 돌이 존재하는 것으로서는 사유하는 인간인 바의 것과 똑같다고 말해져서는 안 된다. 구체적인 것은 아직 추상적 규정 그 자체와는 전혀 다른 어떤 것이다. 그러나 존재에서는 구체적인 것에 대해 말하지 않는다. 왜냐하면 존재는 바로 전적으로 추상적인 것일 뿐이기 때문이다. 이에 따라 그렇다면 자기 안에서 무한히 구체적인 것인 신의 존재에 대한 물음도 거의 관심거리가 아니다.[15]

생성은 최초의 구체적인 사상 규정으로서 동시에 최초의 참다운 [8/193]사상 규정이다. 철학사에서 논리적 이념의 이 단계에 상응하는 것은 헤라클레이토스의 체계이다. 헤라클레이토스가 '모든 것은 흐른다'(πάντα ρεῖ·판타 레이)'라고 말할 때, 그것으로 생성이 현존재하는 모든 것의 근본 규정으로서 언급되었는데, 그에 반해 앞에서 언급되었듯이 엘레아학파는 존재, 즉 움직이지 않는 과정 없는 존재를 유일하게 참된 것으로서

---

15. 신의 존재에 대한 물음이 거의 관심거리가 아닌 까닭은 정확하게는 신이 무한히 구체적이기 때문이다. 물론 신의 존재에서의 존재는 무한히 구체적인 신의 존재이지만, 신의 참다운 존재를 해명해 주는 것은 그의 한갓 추상적인 존재가 아니라 뒤따라 출현하는 범주들이다. 따라서 거의 관심거리가 아닌 것은 다만 신의 추상적인 존재에 대한 물음일 뿐이지 뒤따르는 것들에 대한 물음이 아니다.

파악했다. 그 후에 더 나아가 엘레아학파의 원리와 관련하여 데모크리토스에게서는 다음과 같다.[16] '존재는 비존재 이상의 것이 아니다.'(οὐδὲν μᾶλλον τὸ ὄν τοῦ μὴ ὄντος ἐσί · 우덴 말론 토 온 투 메 온토스 에시) 그 경우 거기서는 바로 추상적 존재의 부정성이 그리고 존재와 자기의 추상 속에서 마찬가지로 불안정한 무와의 생성 속에서 정립된 동일성이 언명되어 있다. — 동시에 우리는 여기에서 하나의 철학 체계에 대한 다른 철학 체계에 의한 참다운 반박의 예를 지니는바, 그 반박은 바로 반박된 철학의 원리가 그 변증법에서 제시되어 이념의 좀 더 고차적인 구체적 형식의 관념적 계기로 격하되는 데 존립한다. — 그러나 더 나아가서는 생성도 자체적이고도 대자적으로 아직은 지극히 빈곤한 규정이며, 그것은 자기를 자기 안에서 더욱더 심화시키고 채워 나가야 한다. 생성의 그러한 자기 내 심화를 우리는 예를 들어 **생명**에서 지닌다. 이 생명은 하나의 생성이다. 하지만 그것으로 생성의 개념이 남김없이 다 드러나 있는 것은 아니다. 우리는 더 고차적 형식에서의 생성을 **정신**에서 발견한다. 정신도 생성이지만, 한갓 논리적일 뿐인 생성보다 더 내포적이고 더 풍부한 생성이다. 정신이 그것들의 통일인 바의 계기들은 존재와 무라는 단순한 추상들이 아니라 논리적 이념과 자연의 체계이다.

---

16. 여기서 헤겔은 본래 헤라클레이토스라 하고 있었다. 그러나 인용되는 단편은 데모크리토스에게서 유래한다(Diels-Kranz, *Die Fragmente der Vorsokratiker*, Demokrit B 156). 이것은 헤겔 저작에서 가장 두드러진 역사적으로 잘못된 인용이다. 그는 『철학사 강의』에서도 이를 되풀이하는데, 그것은 분명히 필기의 잘못이 아니다. 헤겔 전집의 최초 편집자들이 그것을 그대로 둔 것은 그들이 그것을 단순한 기억의 잘못이 아니라 헤겔의 충분히 고려된 견해라고 생각했음을 보여주는 것으로 보인다. 왜냐하면 인용의 원전은 쉽게 확인될 수 있기 때문이다. 『형이상학』의 첫 번째 권에서(A. 4. 985b4-10) 아리스토텔레스는 원자론자들 '레우키포스와 그의 동료 데모크리토스는 충실한 것과 공허한 것을 요소들이라고 부르면서, [하나를 있는 것, 다른 하나를 있지 않은 것이라고 말하고] 그 가운데 충실하고 단단한 것을 있는 것이요, 공허한 것을 있지 않은 것이라 하고(공허한 것도 물체에 못지않게 있다는 이유를 들어 그들은 있는 것이 있지 않은 것보다 있음의 정도가 결코 더 높지 않다고 말한다), 이것들을 일컬어 있는 것들의 질료적 원인이라고 말한다.' 아마도 헤겔은 모종의 이유에서 이 말을 헤라클레이토스에게 돌릴 수 있다고 확신했던 듯하다.

# b. 현존재

§ 89 【생성의 모순을 지양한 현존재】

생성 속에서 무와 하나로서의 존재, 그래서 존재와 하나로서의 무는 다만 사라지는 것일 뿐이다. 생성은 그것의 자기 내 모순에 의해 양자가 지양된 통일 속으로 붕괴한다. 그리하여 그 결과는 현존재*Dasein*이다.[17]

이 최초의 예에서는 단연코 § 82와 바로 그곳의 주해에서 제시된 것이 상기될 수 있다. 앎에서의 전진과 발전을 [8/194]근거 지을 수 있는 유일한 것은 결과들을 그 진리에서 견지하는 것이다. 어떤 하나의 대상이나 개념에서 모순이 제시될 때(그리고 그 속에서 모순, 다시 말하면 대립된 규정들이 제시될 수 없고 또 제시되어서는 안 되는 것은 그 어디에서든 전혀 아무것도 없다. 지성의 추상 작용은 하나의 규정성에 대한 강력한 견지, 즉 그 속에 놓여 있는 다른 규정성에 대한 의식을 덮어 숨기고 멀리하고자 하는 노력이다), ― 즉 이제 그러한 모순이 인식될 때, 사람들은 다음과 같은 결론을 내리곤 한다. '그러므로 이 대상은 무이다.' 마치 제논이 처음으로 운동에 대해 그것은 자기 모순되며, 그러므로 그것은 존재하지 않는다는 것을 보여주었던 것처럼, 또는 고대인들이[18] 하나[일자], 다시

---

17. 【다음 절로의 전개】 현존재는 생성의 모순을 지양한 존재이다. 모순이 지양되면 새로운 단계의 개념이 되기 때문에, 존재가 현존재로서 고찰된다.
18. 여럿의 존재를 부정하고 하나의 존재를 주장하며 생성, 즉 발생과 소멸을 부정하는 것이 파르메니데스와 제논인 한에서, 여기서 '고대인들'은 엘레아학파를 가리킬 것이다.

말하면 절대적인 것은 발생하지도 소멸하지도 않는다고 표현함으로써 발생과 소멸, 즉 생성의 두 종류를 참되지 않은 규정들로 인식했던 것처럼 말이다. 그래서 이러한 변증법은 단순히 결과의 부정적 측면에만 머무르고 동시에 현실적으로 현존하는 것을 사상한다. 그러나 규정된 결과, 여기서는 순수한 무는 존재를 자기 안에 포함하는 무이며, 그와 마찬가지로 무를 자기 안에 포함하는 존재이다. 그래서 1. 현존재는 존재와 무의 통일, 즉 그 속에서 이 규정들의 직접성 및 그와 더불어 그것들의 관계에서의 그 모순도 사라진 통일, ─ 그 속에서 그것들이 다만 계기들일 뿐인 통일이다. 2. 결과가 지양된 모순인 까닭에, 그것은 자기와의 단순한 통일의 형식 속에 존재하거나 그 자신이 하나의 존재로서, 그러나 부정 또는 규정성을 지니는 존재로서 존재한다. 현존재는 그 계기들의 하나, 즉 존재의 형식 속에 정립된 생성이다.

〈보론〉 우리의 표상에도 다음의 것, 즉 생성이 있을 때는 거기서 어떤 것이 나온다는 것과 그리하여 생성은 결과를 지닌다는 것이 포함되어 있다. 그러나 그 경우 여기서는 어떻게 해서 생성이 단순한 생성으로 머물지 않고 결과를 지니는 데 이르는가 하는 물음이 발생한다. 이 물음에 대한 대답은 [8/195]앞에서 우리에게 생성으로서 나타났던 것으로부터 생겨난다. 요컨대 생성은 자기 안에 존재와 무를 포함하며, 게다가 이 양자가 단적으로 서로에게로 전환되고 서로가 상호적으로 지양되는 식으로 포함하는 것이다. 이리하여 생성은 전적으로 쉼 없는 것으로서 입증되지만, 이 쉼 없는 것은 이러한 추상적인 쉼 없음 속에서 유지될 수 없다. 왜냐하면 존재와 무가 생성 속에서 사라지고 오직 이러한 것만이 생성의 개념이라는 점에서, 그리하여 생성 그 자신이 사라지는 것, 이를테면 자기의 원료를 다 먹어 치움으로써 자기 자신 안에서 꺼지는 불이기 때문이다. 그러나 이러한 과정의 결과는 공허한 무가 아니라 부정과 동일한 존재인바, 우리는 그것을 현존재라고 부르며, 그것의 의미로서 우선 입증되는 것은 **생성되었**다고 하는 것이다.

§ 90 【현존재란 규정성을 지니는 존재】

α) 현존재는 직접적인 또는 존재적인 규정성으로서 있는 **규정성**을 지니는 존재, 즉 질*Qualität*이다. 이러한 자기의 규정성에서 자기 안으로 반성된 것으로서의 현존재는 현존재하는 **것***Daseiendes*, 어떤 **것***Etwas*이다. ― 현존재에서 전개되는 범주들은 개괄적으로만 제시될 수 있다.[19]

〈보론〉 질은 바로 다음에 고찰되어야 하는 양과는 구별되게 일반적으로 존재와 동일한 직접적 규정성이다. 양도 사실 마찬가지로 존재의 규정성이긴 하지만, 더는 존재와 직접적으로 동일한 규정성이 아니라 존재에 대해 무관심한, 즉 존재에 외면적인 규정성이다. ― 어떤 것은 그것의 질에 의해 바로 그것인 바의 것이며, 그것은 자기의 질을 잃음으로써 바로 그것인 바의 것이기를 그만둔다. 더 나아가 질은 본질적으로 다만 유한한 것의 범주일 뿐이며, 바로 그런 까닭에 그것은 또한 정신적 세계에서가 아니라 오직 자연에서만 그것의 본래적인 자리를 지닌다. 그래서 예를 들어 자연에서는 이른바 단순한 원소들, 즉 산소, 질소 등등이 실존하는 질들로서 고찰될 수 있다. 그에 반해 정신의 영역에서는 질이 오직 종속적인 방식으로만 나타나지, 그에 의해 정신의 어떤 하나의 규정된 형태가 남김없이 다 드러나게 될 것처럼 나타나지는 않는다. 예를 들어 심리학의 대상을 형성하는 주관적 정신을 고찰하게 되면, 우리는 사실 사람들이 성격이라 부르는 것의 논리적 의미가 질의 그것이라고 말할 수 있긴 하겠지만, 성격은 그것이, 앞에서 언급한 단순한 원소들을

---

19. 【다음 절로의 전개】 질은 질의 다름, 요컨대 규정성을 지니고서 자기를 전개하여 어떤 것이 된다. 따라서 질을 지닌 것을 어떤 것으로 규정하는 것 자신이 무언가 다른 것을 규정하는 것이게 된다.

지니는 자연에서 그러하듯이, 영혼을 관통하고 영혼과 직접적으로 동일한 규정성인 것처럼 이해되어서는 안 된다. 그에 반해 질은 정신이 [8/196]부자유하고 병든 상태에 처해 있는 한에서는 정신에서도 좀 더 규정적으로 그러한 것으로서 나타난다. 이 점은 특히 열정과 광기로까지 고조된 열정의 상태에서 사실이다. 그 의식이 전적으로 질투심과 두려움 등등에 사로잡혀 있는 광기의 사람에 대해 우리는 정당하게도 그의 의식이 질로서 규정되어 있다고 말할 수 있다.

### § 91 【어떤 것과 다른 것】

존재적인 규정성으로서의 질은 그 질 속에 포함되나 질과는 구별되는 부정에 대립해서는 실재성*Realität*이다. 더는 추상적인 무가 아니라 현존재와 어떤 것으로서의 부정은 다만 이 어떤 것에서의 형식일 뿐인바, 그것은 타자존재[다른 것임]*Anderssein*로서 존재한다. 이 타자존재가 질의 고유한 규정이지만 우선은 질과 구별되어 있다는 점에서, 질은 다른 것에-대한-존재[대-타-존재]*Sein-für-Anderes*인바, — 현존재의, 즉 어떤 것의 넓이이다. 다른 것에 대한 이러한 관계에 맞선 질의 존재 그 자체는 자체존재[그 자체에서 있음]*Ansichsein*이다.[20]

〈보론〉 모든 규정성의 기초는 부정이다(스피노자가 말하듯이, 모든 규정은 부정이다*omnis determinatio est negatio*).[21] 몰사상적인 사념은 규정된 사물들을 오직 긍정적인 것으로서만 고찰하고 그것들을 존재의 형식 아래서 붙든다. 그렇지만 단순한 존재를 가지고서는 다 마무리되지 않는

---

20. 【다음 절로의 전개】 어떤 것은 그 자신에게 있는 다른 것을 구별하여 나뉘어 나타나게 함으로써 현존재에 본래 질적으로 있는 것이 자체존재로서 파악된다. 이것은 질을 부정적으로 파악하는 것이다.
21. 이것은 헤겔이 즐겨 인용하는 것이지만, 사실은 잘못이다. 스피노자의 남아 있는 텍스트에서 가장 가까운 대응구는 서간 50에 있다. '그러므로 형상은 규정 이외에 다른 것이 아니고, 규정은 부정이기 때문이다(Quia ergo figura non aliud, quam determinatio, et determinatio negatio est).'

다. 왜냐하면 이 존재는 우리가 앞에서 보았듯이 단적으로 공허한 동시에 불안정한 것이기 때문이다. 그 밖에 규정된 존재로서의 현존재와 추상적 존재의 여기서 언급되는 혼동에는 올바른 것이 놓여 있는데, 즉 현존재에는 당연히 부정의 계기가 처음에는 이를테면 단지 감싸여 있는 것으로서만 포함되어 있으며, 그리고 나서 그 부정의 계기가 대자존재에서 비로소 자유롭게 출현하여 자기의 권리에 도달한다고 하는 것이 놓여 있는 것이다. — 그런데 더 나아가 현존재를 존재적인 규정성으로서 간주하게 되면, 우리는 그것에서 사람들이 실재성에서 이해하는 바로 그것을 지닌다. 그래서 사람들은 예를 들어 계획이나 의도의 실재성에 관해 이야기하는데, 그 경우 그 실재성에서 이해되는 것은 그와 같은 것이 더는 단지 내적일 뿐인 것, 주관적일 뿐인 것이 아니라 현존재 속으로 나와 있다고 하는 것이다. 그 경우 똑같은 의미에서 또한 육체는 영혼의 실재성으로, 이 법은 자유의 실재성으로, 또는 전적으로 일반적으로 세계는 신적인 개념의 실재성으로 불릴 수 있다. 그러나 더 나아가 또한 실재성에 대해서는 또 다른 의미에서 이야기되곤 하는데, 거기서 이해되는 것은 다음과 같은 것, 즉 어떤 것이 그것의 본질적인 규정이나 그것의 개념에 따른 상태에 있다고 하는 것이다. 예를 들어 이것은 실재적인 일이라거나 이 사람은 실재적인 인간이라고 말할 때 그러하다. 여기서 다루어지고 있는 것은 직접적인 외면적 현존재가 아니라 [8/197]오히려 현존재하는 것과 그 개념과의 일치이다. 그러나 그 경우 그렇게 파악된 실재성은 더는 우리가 우선은 대자존재로서 알게 될 관념성Idealität과 구별되어 있지 않다.

## § 92 【질이 지니는 부정성인 한계】

β) 규정성과 구별된 것으로서 견지되는 존재, 자체존재는 존재의 공허한 추상일 뿐일 터이다. 현존재에서 규정성은 존재와 하나인바, 동시에 부정으로서 정립된 규정성은 한계Grenze, 제한Schranke이다.[22] 따라서 타자존재

는 현존재 바깥의 무관심한 것이 아니라 그것의 고유한 계기이다. 어떤 것은 그것의 질에 의해 첫째로 유한하고 둘째로 변화적이며, 그리하여 유한성과 변화성은 그것의 존재에 속한다.[23]

〈보론〉 현존재에서 부정은 존재와 여전히 직접적으로 동일하며, 이 부정은 우리가 한계라고 부르는 그것이다. 어떤 것은 오직 그것의 한계 속에서 그리고 그것의 한계에 의해서만 바로 그것인 바의 것이다. 그리하여 한계는 현존재에 단순히 외면적인 것으로서 여겨져서는 안 되며, 오히려 그것은 현존재 전체를 관통한다. 한계를 현존재의 단순히 외면적인 규정 으로서 파악하는 것은 그 근거를 양적인 한계와 질적인 한계를 혼동하는 데서 지닌다. 여기서는 우선은 질적인 한계에 대해 말하고 있다. 예를 들어 우리가 3모르겐[24] 크기의 토지를 고찰하면, 이것은 그 토지의 양적인 한계이다. 그러나 더 나아가 또한 이 토지는 숲이나 연못이 아니라 목초지 인데, 이것은 그것의 질적인 한계이다. ─ 인간은 현실적이고자 하는 한에서 현존재해야만 하며, 그 목적을 위해 그는 자기를 한정해야만 한다. 유한한 것에 대해 너무 혐오하는 자는 전혀 어떠한 현실성에도 도달하지 못한다. 오히려 그는 추상적인 것에 머물러 자기 자신 안에서 서서히 시들어간다.

이제부터 우리가 한계에서 지니는 것이 무엇인지 좀 더 자세히 고찰하 게 되면, 우리는 그것이 어떻게 모순을 자기 안에 포함하며, 그리하여 자기를 변증법적인 것으로서 입증하는지 발견한다. 요컨대 한계는 한편 으로는 현존재의 실재성을 이루며, 다른 한편으로 그것은 현존재의

---

22. 우리는 여기서 Grenze를 '한계'로, begrenzt를 '한정된'으로 옮기고 있다. Beschränken는 begrenzen보다 더 강한 의미를 지니고 있다는 점을 고려하여 '제한하다'로 옮긴다. '한계(Grenze)'는 그것이 넘어서져야 할 '당위(sollen)'와 관련하여 '제한(Schranke)'이 된다.
23. 【다음 절로의 전개】 어떤 것은 한계에 의해 질적으로 유한하지만, 동시에 한계를 넘어서면 다른 것으로 되는 가변적인 것이기도 하다. 그 가변성의 내용이 문제가 된다.
24. Morgen. 땅 넓이의 단위. 두 마리의 소가 오전 중에 갈 수 있는 넓이로 약 2,500평.

부정이다. 그러나 더 나아가 어떤 것의 부정으로서의 한계는 추상적인 무 일반이 아니라 존재하는 무 또는 우리가 다른 것[타자]이라고 부르는 바로 그것이다. 어떤 것에서는 우리에게 곧바로 다른 것이 떠오르며, 우리는 단지 어떤 것만이 아니라 또한 다른 것도 존재한다는 것을 안다. 그러나 다른 것은 우리가 그저 <sup>[8/198]</sup>그것 없이도 어떤 것이 생각될 수 있을 것이라는 형태로만 발견하는 그러한 것이 아니다. 오히려 어떤 것은 그 자체에서 자기 자신의 타자이며, 어떤 것에게는 다른 것 속에서 그것의 한계가 객관적으로 된다. 이제부터 우리가 어떤 것과 다른 것 사이의 구별에 관해 묻는다면, 양자는 같은 것이라는 점이 나타나는데, 그 경우 이 동일성은 라틴어에서도 양자를 *aliud-aliud*(어떤 것–다른 것)라고 부르는 것에 의해 표현되어 있다. 어떤 것에 맞서 있는 다른 것은 그 자신이 어떤 것이며, 그에 따라서 우리는 다른 어떤 것*etwas Anderes*이라고 말한다. 그와 마찬가지로 다른 한편으로는 마찬가지로 어떤 것으로서 규정된 다른 것에 맞서 있는 첫 번째 어떤 것은 그 자신이 다른 것이다. 다른 어떤 것이라고 말할 때, 우리는 우선은 어떤 것이 그 자체로 받아들여지면 다만 어떤 것일 뿐이며, 다른 것이라는 규정은 오직 한갓 외면적일 뿐인 고찰에 의해서만 그것에게 속한다고 표상한다. 그래서 예를 들어 우리는 해와 다른 어떤 것인 달이 분명 해가 없더라도 있을 수 있다고 생각한다. 그러나 실제로 (어떤 것으로서의) 달은 그 자신에서 자기의 타자를 지니며, 이 점이 그것의 유한성을 이룬다. 플라톤 은 다음과 같이 말한다. '신은 세계를 하나와 다른 것의(τοῦ ἑτέρου · 투 헤테루) 본성으로부터 만들었다네. 그는 이것들을 모아 그로부터 하나와 다른 것의 본성을 지닌 세 번째 것을 형성했지.'<sup>25</sup> — 이렇게 해서 일반적으로 유한한 것의 본성이 언명되었는데, 유한한 것은 어떤 것으로서 다른 것에 대해 무관심하게 대립하는 것이 아니라 그 자체에서 자기

---

25. 『티마이오스』, 34 이하를 참조.

자신의 타자이며, 이리하여 변화한다. 변화에서는 현존재가 본디부터 그에 붙들려 있고 그 현존재가 자기를 넘어서도록 추동하는 내적 모순이 나타난다. 표상에 대해 현존재는 우선은 단순히 긍정적인 것으로서 그리고 동시에 자기의 한계 내부에서 정지하여 지속하고 있는 것으로서 나타난다. 그 경우 사실 우리는 또한 모든 유한한 것(그리고 그러한 것이 현존재다)이 변화에 종속해 있다는 것도 알고 있다. 하지만 현존재의 이러한 변화성은 표상에 그 실현이 그 자신 속에 근거 지어져 있지 않은 단순한 가능성으로서 나타난다. 그러나 실제로 현존재의 개념에는 스스로 변화한다는 것이 놓여 있으며, 그 변화는 다만 현존재 자체[그 자체에서의 현존재]인 것의 현현일 뿐이다. 살아 있는 것은 죽으며, 게다가 단순히 그것이 그러한 살아 있는 것으로서 자기 자신 안에 죽음의 싹을 지니고 있기 때문에만 그러하다.

## § 93 【어떤 것의 무한 진행】

어떤 것은 다른 것이 되지만, 다른 것은 그 자신이 하나의 어떤 것이며, 그러므로 그것은 마찬가지로 다른 것이 되고, 그렇게 무한히|ins Unendliche 계속된다.[26]

## [8/199] § 94 【악무한】

이러한 무한성은, 그것이 유한한 것의 부정 이외에 아무것도 아님에도 그 유한한 것이 마찬가지로 다시 발생함으로써 그러한 만큼이나 지양되지 않았다는 점에서, 나쁜 무한성[악무한]schlechte Unendlichkeit 또는 부정적 무한성이며,[27] — 또는 이러한 무한성은 다만 유한한 것의 지양의 당위를 표현

---

26. 【다음 절로의 전개】 유한한 어떤 것→다른 것→그것 역시 어떤 것……으로 고찰하는 것은 유한성을 토대로 무한을 고찰하는 것이다.

27. 이 '악무한'은 전형적으로는 (공간, 시간, 인과적 연쇄 등등과 관련하여) 갈릴레오와 뉴턴의 자연철학에서 발견된다. 그리고 그것의 논리적 패러다임은 자연수의 연속이다. 그러나 그에 대해 헤겔이 지닌 반감의 좀 더 중요한 근거는 그것이 칸트와 피히테의

할 뿐이다. 무한한 진행Progreß ins Unendliche은 유한한 것이 어떤 것일 뿐만 아니라 또한 어떤 것의 다른 것이기도 하다는 그 유한한 것이 포함하는 모순의 언명에 머무르며, 서로를 초래하는 이 규정들의 교체의 영속적인 계속이다.[28]

〈보론〉 현존재의 계기들, 즉 어떤 것과 다른 것을 서로로부터 떼어놓을 때, 우리는 다음과 같은 것을 지닌다. 즉 어떤 것은 다른 것이 되고, 이 다른 것은 그 자신이 어떤 것인데, 그 경우 이 어떤 것 그 자체도 마찬가지로 변화하며, 그렇게 무한히 계속된다. 반성은 여기서 무언가 아주 높은 것, 아니 가장 높은 것에 도달했다고 생각한다. 그러나 이러한 무한한 진행은 참으로 무한한 것이 아닌데, 참으로 무한한 것은 오히려 자기의 타자 속에서 자기 자신 곁에 존재하는 것, 또는 과정으로서 언명하자면 자기의 타자 속에서 자기 자신에 도달하는 것에 존립한다. 참된 무한성[진무한]wahren Unendlichkeit의 개념을 적절히 파악하여 단순히 무한 진행der unendliche Progreß의 나쁜 무한성에 머무르지 않는 것은 커다란 중요성을 지닌다. 공간과 시간의 무한성에 대해 말할 때, 사람들이 붙잡곤 하는 것은 우선은 무한 진행이다. 그래서 예를 들어 사람들은 '이 시간', '지금'이라고 말하는데, 그 경우 이 한계를 계속해서 뒤를 향해서나 앞을 향해서 넘어가게 된다. 공간에서도 사정은 마찬가지인데, 공간의 무한성에 대해서는 신앙심을 불러일으키는 천문학자들에 의해 수많은 공허한 장광설이 제시된다. 그 경우 분명 주장되기도 하곤 하는 것은 사유가 이 무한성에 대한 고찰에 나선다면 사유가 굴복하지 않을 수 없으리라는 것이다.

---

실천철학에서 전개되는 방식일 것이다. 헤겔에게는 '도덕에서의 무한한 진보'를 위해 요구되는 '불사성의 요청'이란 '당위'의 절대적 승리를 나타내는 것일 뿐이었다. 이러한 반감은 그가 칸트에 대한 그 자신의 체계적 개요(위의 §§ 53–60)에서 사실상 『실천이성비판』을 무시하는 이유이다. 지금 이 절에 대한 그의 강의 보론에서 마지막 부분을 참조

28. 【다음 절의 전개】 어떤 것과 다른 것의 대립만으로는 모순의 악무한으로부터 벗어날 수 없지만, 양자는 서로 초래하는 면을 지니므로 해결의 길이 열린다.

그러나 그런 만큼이나 우리가 그러한 고찰에서 계속해서 그리고 언제나 계속해서 앞으로 나아가기를 결국 그만둔다는 것은 물론 올바르지만, 그 까닭은 이 과업의 숭고함 때문이 아니라 지루함 때문이다. 이러한 무한 진행의 고찰에 몰입하는 것이 지루한 까닭은 여기서는 계속해서 같은 것이 반복되기 때문이다. 하나의 한계가 정립되고 그것을 넘어서고, 그리고 나서 또다시 한계가 정립되고 그렇게 끝없이 계속된다. 그러므로 여기서 우리는 언제나 유한한 것 안에 머무르는 표면적인 교체 이외에 아무것도 지니지 않는다. 사람들이 저 무한성 속으로 넘어감으로써 유한한 것으로부터 해방된다고 생각한다면, 이것은 [8/200]실제로는 다만 탈주의 해방일 뿐이다. 그러나 탈주하는 자는 아직 자유롭지 않은데, 왜냐하면 그는 탈주에서도 여전히 그로부터 탈주하는 바로 그것에 의해 조건 지어져 있기 때문이다. 거기서 더 나아가 사람들이 무한한 것에는 도달할 수 없을 것이라고 말한다면, 이것은 전적으로 올바르지만, 그 까닭은 다만 추상적으로 부정적인 어떤 것이라고 하는 규정이 바로 그 무한한 것 안에 놓이기 때문일 뿐이다. 철학은 그러한 공허하고 한갓 저편의 것일 뿐인 것과 함께 떠돌아다니지 않는다. 철학이 관계하는 것은 언제나 구체적이고 단적으로 현재적인 것이다. — 사람들은 분명 또한 철학의 과제를 어떻게 해서 무한한 것이 자기 자신에서 벗어나기로 결단하는가 하는 물음에 철학이 대답해야 한다는 식으로 세워놓기도 했다. 그 근저에 무한한 것과 유한한 것의 고정된 대립이라는 전제가 놓여 있는 이 물음에 대해서는 다만 이 대립이 참되지 않은 것이며, 무한한 것은 실제로는 영원히 자기에게서 벗어나 있고 또한 영원히 자기에게서 벗어나 있지 않기도 하다고 대답할 수 있을 뿐이다. — 덧붙이자면, 무한한 것이란 비–유한한 것das Nichtendliche이라고 말할 때, 우리는 그것으로 실제로는 참된 것을 이미 언명했다. 왜냐하면 유한한 것 자신이 첫 번째 부정적인 것인 까닭에, 비–유한한 것은 부정의 부정자, 즉 자기와 동일한 부정이자 그리하여 동시에 참된 긍정이기 때문이다.

여기서 논의된 반성의 무한성은 다만 참된 무한성에 도달하려는 시도, 불행한 중간물일 뿐이다. 이것은 일반적으로 근래에 독일에서 관철되어 온 그러한 철학의 입장이다. 여기서 유한한 것은 다만 지양되어야 할 뿐인바, 무한한 것은 단지 부정적인 것일 뿐만 아니라 또한 긍정적인 것이기도 해야 한다. 이러한 당위에는 언제나 어떤 것이 정당한 것으로서 인정되지만, 바로 그것이 자기를 관철할 수 없다고 하는 무력함이 놓여 있다. 칸트 철학과 피히테 철학은 윤리적인 것과 관련하여 이러한 당위의 입장에 머물러 있다. 이성 법칙에 대한 영속적인 접근은 이러한 도정에서 도달하는 가장 극단적인 것이다. 그리고 나서 사람들은 또한 영혼의 불사성도 이러한 요청 위에 근거 지었다.

### § 95 【진무한에서 대자존재로】

γ) 실제로 현존하는 것은 어떤 것이 다른 것으로 되고, 다른 것이 일반적으로 다른 것으로 된다고 하는 것이다. 어떤 것은 다른 것에 대한 관계에서 그 자신이 이미 그 다른 것에 맞선 다른 것이다. 그리하여 어떤 것이 이행해 가는 그것은 이행하고 있는 바로 그것과 전적으로 같은 것인 까닭에 ─ 양자는 다른 것이라는 하나의 같은 규정 이상의 것을 지니지 않는다 ─, [8/201]이리하여 어떤 것은 다른 것으로 이행하는 가운데 오직 자기 자신과 합치할 뿐이며, 이렇게 이행 안에서와 다른 것 안에서 자기 자신과 관계하는 것이 참다운 무한성*wahrhafte Unendlichkeit*이다.[29] 또는 부정적으로 고찰하면, 변화되는 것은 다른 것이며, 그것은 다른 것의 다른 것이 된다. 그래서 존재가, 그러나 부정의 부정으로서 다시 산출되어 있으며, 그것이 대자존재*Fürsichsein*이다.[30]

---

29. 뒤따르는 주해에서 헤겔의 설명이 보여주듯이, 이것은 '절대적인 것'과 논리적으로 동일하다.
30. 【다음 절로의 전개】 대자존재는 어떤 것과 다른 것의 모순이 지양되어 자신에게로 돌아온 존재이기 때문에, 다른 것의 계기를 내부에 간직한 새로운 단계의 자립적인 존재가 된다.

유한한 것과 무한한 것의 대립을 극복될 수 없게 만드는 이원론은 그러한 방식으로는 곧바로 무한한 것이 다만 양자 가운데 하나일 뿐이고, 그리하여 무한한 것은 유한한 것이 그에 대해 다른 특수한 것인 바의 단지 하나의 **특수할 뿐**인 것으로 만들어진다는 단순한 고찰을 하지 못한다. 단지 하나의 특수한 것일 뿐이고, 유한한 것과 나란히 존재하며, 바로 그리함으로써 이 유한한 것에서 자기의 제한, 한계를 지니는 그러한 무한한 것은 바로 그것이 그것이어야 하는 것, 즉 무한한 것이 아니라 그저 유한할 뿐이다. ─ 유한한 것은 이쪽에, 무한한 것은 저쪽에, 즉 전자는 이편에, 후자는 저편에 놓여 있는 그러한 관계에서 유한한 것에게는 무한한 것과 **동등한** 존립과 **자립성**의 존엄이 돌려진다. 유한한 것의 존재가 절대적 존재로 만들어진다. 그러한 이원론에서는 유한한 것이 확고하게 그 자체로 서 있는 것이다. 무한한 것에 의해 이를테면 건드려지게 되면 유한한 것은 무화될 것이다. 그러나 유한한 것은 무한한 것에 의해 건드려질 수 있어서는 안 되며, 양자 사이에는 하나의 심연, 하나의 넘어설 수 없는 틈이 존재해야 하고, 무한한 것은 단적으로 저쪽에 유한한 것은 이쪽에 끝까지 머물러야 한다. 유한한 것을 무한한 것에 맞서 확고히 고수하는 것에 관한 주장이 모든 형이상학 저쪽으로 넘어서 있다고 생각한다는 점에서, 그 주장은 전적으로 다만 가장 평범한 지성 형이상학의 지반 위에 서 있을 뿐이다. 여기서는 무한 진행이 표현하는 바로 그것이 일어나고 있다. 한편으로는 유한한 것이 **자체적이고도 대자적으로 존재하지 않는다는** 것, 유한한 것에게는 자립적 현실성, 절대적 존재가 속하지 **않는다는** 것, 유한한 것은 다만 지나가 버리는 것일 뿐이라는 것이 승인된다. 다른 한편으로는 이러한 것이 곧바로 망각되고, [8/202]유한한 것이 무한한 것에 그저 맞서 있어 단적으로 그로부터 분리되고 무화에서 떼어내어져 자립적으로, 그 자체로[대자적으로] 지속하는 것으로서 표상된다. — 사유가 그러한 방식으로 무한한 것에 올라선다고 생각함으로써 사유에는 그 반대, — 즉 단지 유한한 것일 뿐인 무한한 것에 도달하고, 그 사유에 의해 방기되었던 유한한 것을 오히려 언제나 유지하고 절대적인 것으로 만드는 일이 생겨난다.

유한한 것과 무한한 것의 지성 대립Verstandesgegensatz의 허무함에 대한 앞서 제시된 고찰(이것과는 플라톤의 『필레보스』[31]가 유용하게 비교될 수 있다)에 따라 또한 여기서 쉽사리 무한한 것과 유한한 것은 그리하여 하나이다, 참된 것, 참다운 무한성은 무한한 것과 유한한 것의 통일로서 규정되고 진술된다는 표현에 이를 수 있다면, 그러한 표현은 실로 올바른 것을 포함하긴 하지만, 그것은 앞에서 존재와 무의 통일에 관해 주의해두었던 것과 마찬가지로 비뚤어지고 그릇된 것이다. 그 표현은 더 나아가 무한성의 유한화, 유한한 무한한 것이라는 정당한 비난으로 이어진다. 왜냐하면 저 표현에서는 유한한 것이 그대로 방치된 것으로서 나타나기 때문이다. 유한한 것이 분명히 지양된 것으로서 표현되지 않는 것이다. — 또는 무한한 것과 하나로서 정립된 유한한 것이 물론 그것이 이러한 통일 바깥에서 그것이었던 것으로 머물 수 없으며, 최소한 그 규정에서 무언가 어떤 영향을 받는다(칼륨이 산과 결합하면 그 특성들의 일부를 상실하듯이)는 점이 반성될 것이라는 점에서, 바로 이러한 일이 무한한 것에게도 생겨나는바, 부정적인 것으로서의 무한한 것도 그 자신 편에서 마찬가지로 타자에게서 중화될 것이다. 실제로 그러한 일이 또한 지성의 추상적이고 일면적인 무한한 것에도 일어난다. 그러나 참다운 무한자는 단순히 일면적인 산과 같은 행태를 보이는 것이 아니라 자기를 유지한다. 부정의 부정은 중화가 아니다. 무한한 것은

---

31. 『필레보스』 23–38을 참조.

긍정적인 것이며 오직 유한한 것만이 지양된 것이다.

대자존재에는 관념성의 규정이 들어서 있다. [8/203]우선은 오직 그것의 존재나 그것의 긍정에 따라서만 파악된 현존재는 실재성을 지니며(§ 91), 그리하여 유한성도 우선은 실재성의 규정에 존재한다. 그러나 유한한 것의 진리는 오히려 그것의 관념성이다. 그와 마찬가지로 또한 유한한 것 옆에 놓여 그 자신이 다만 두 개의 유한한 것 가운데 하나일 뿐인 지성의 무한한 것도 참되지 않은 것, 관념적인 것이다. 유한한 것의 이러한 관념성은 철학의 주요 명제이며, 그런 까닭에 각각의 모든 참다운 철학은 **관념론**이다.[32] 유일하게 관건이 되는 것은 그 규정 자신에서 곧바로 특수하고 유한한 것으로 만들어지는 것을 무한한 것으로 받아들이지 않는 것이다. ── 그런 까닭에 여기서는 이 구별에 좀 더 자세하게 주의를 환기해왔다. 철학의 근본 개념, 즉 참다운 무한자도 그것에 달려 있다. 이 구별은 이 절에 포함된 전적으로 단순한, 그런 까닭에 아마도 눈에 띄지 않는, 그러나 반박될 수 없는 반성들을 통해 처리된다.

---

32. '각각의 모든 참다운 철학은 관념론'인 까닭은 '각각의 모든 참다운 철학'이 모든 유한한 자료를 '참으로 무한한' 개념의 맥락에서 해석하기 때문이다. 그러한 의미에서 모든 체계적 철학, 요컨대 칸트의 '이성의 이념들'을 가지고서 운용되는 모든 철학은 헤겔 철학과 같은 의미에서 '관념론'이다. 그리고 헤겔 철학은 결코 버클리의 의미에서의 주관적 관념론이 아니라 객관적 관념론이다. 헤겔은 『논리의 학』에서 '따라서 관념론 철학과 실재론 철학의 대립은 의미가 없다(*Su.* 5/172)라고 말한다. 그야 어쨌든 이념(Idee)은 의미 또는 의미 있는 것이 자기를 분절화해 가는 총체적 과정인 한에서의 절대자를 가리키는 헤겔의 용어이다. 물론 이념은 복수로 사용될 수도 있고, ⋯⋯의 이념'의 형식으로 특수화될 수도 있다. 그러나 그 모든 곳에서 이념은 실현되었거나 실현되고 있는 것으로서의 개념이다. 이념에서 하나의 계기로서 인정되는 것은 관념적(ideell)이다. 그리고 관념성(Idealität)은 관념적인 것에 속한다. '관념성'은 지금 이 주해에서 볼 수 있듯이 유한한 것, 실재성의 진리이다. 그리고 이러한 관념성을 인정하는 것이 헤겔적인 의미에서의 '관념론'이다.

# c. 대자존재

§ 96 【대자존재자는 하나】

α) 자기 자신에 대한 관계로서의 대자존재[그 자체로 있음]는 직접성이며, 부정적인 것의 자기 자신에 대한 관계로서의 그것은 대자존재자[그 자체로 있는 것], 하나[일자]das Eins, — 자기 자신 안에서 몰구별적인 것, 따라서 다른 것을 자기로부터 배제하는 것이다.[33]

〈보론〉 대자존재는 완성된 질이며, 그러한 것으로서의 그것은 존재와 현존재를 자기의 관념적 계기들로서 자기 안에 포함한다. 존재로서의 대자존재는 자기에 대한 단순한 관계이며, 현존재로서의 그것은 규정되어 있다. 그러나 그 경우 이러한 규정성은 더는 다른 것과 구별되는 어떤 것의 유한한 규정성이 아니라 그 구별을 자기 안에 지양된 것으로서 포함하는 무한한 규정성이다.

대자존재의 가장 가까운 예를 우리는 나[자아]에게서 지닌다. 우리는 우리를 현존재하면서 우선은 다른 현존재자와 구별되고 그것에 관계된 것으로서 안다. 그러나 거기서 더 나아가 우리는 또한 현존재의 이러한 넓이도 이를테면 대자존재라는 단순한 형식으로 첨예화된 것으로서 안다. 우리가 나라고 말한다는 점에서, 이것은 [8/204]자기에 대한 무한한 동시에 부정적인 관계의 표현이다. 우리는 인간이 자기를 나[자아]로서 아는 것에 의해 동물과 구별되고 그리하여 자연 일반과 구별된다고 말할 수 있는데, 그 경우 그것에서는 동시에 자연적 사물들이 자유로운 대자존재가 되지 못하고 오히려 현존재에 제한된 것으로서 언제나 다만 다른

---

33. 【다음 절로의 전개】 '하나'는 다른 것을 문제로 하지 않아도 좋은 존재이므로, 다른 것과의 관계는 외적으로 된다. 그래서 다음에 많은 '하나'의 외적 상호 관계가 문제가 된다.

것에–대한–존재[대–타–존재]일 뿐이라는 것이 언명되어 있다. —— 그런데 더 나아가 대자존재는 일반적으로 관념성으로서 파악될 수 있는 데 반해,[34] 현존재는 앞에서 실재성으로서 표현되었다. 실재성과 관념성은 자주 동등한 자립성을 지니고서 서로 맞서 있는 한 쌍의 규정들로서 여겨지며, 그에 따라 사람들은 실재성 외에 또한 관념성도 존재한다고 말한다. 그러나 관념성은 실재성 외부에 그것과 나란히 존재하는 어떤 것이 아니다. 오히려 관념성의 개념은 명시적으로 실재성의 진리라는 것에 존립하는바, 다시 말하면 실재성은 그것이 그 자체에서 그것인 바의 것으로서 정립되면 자기 자신을 관념성으로서 입증하는 것이다. 그리하여 우리는 실재성을 가지고서는 아직 다 끝난 것이 아니며, 그것 이외에 또한 관념성도 인정해야 한다는 것을 시인할 뿐일 때, 관념성에 대해 필요한 존중을 입증했다고 믿어서는 안 된다. 실재성과 더불어서나 어쨌든 또한 실재성 위에 있기도 한 그러한 관념성은 실제로는 그저 공허한 이름일 뿐이다. 그러나 관념성은 다만 그것이 어떤 것의 관념성이라는 점에서만 하나의 내용을 지닌다. 그러나 그 경우 이 어떤 것은 단지 무규정적인 이것이나 저것이 아니라 실재성으로서 규정된 현존재인바, 이러한 현존재에는 그것이 그 자체로 견지되게 되면 어떠한 진리도 속하지 않는다. 자연과 정신의 구별을 각각의 근본 규정으로서 전자는 실재성으로 후자는 관념성으로 환원될 수 있다는 식으로 파악한 것이 부당한 것은 아니다. 그러나 자연은 바로 그 자체로 고정되고 완성된 것이어서 정신이 없이도 존립할 수 있는 것이 아니다. 오히려 자연은 정신에서 비로소 자기의 목표와 자기의 진리에 도달한다. 그와 마찬가지로 정신도 자기편에서 단지 자연의 추상적 저편일 뿐인 것이 아니다.

---

34. 이러한 파악은 셸링의 것이었다. 그것은 자연철학에 관한 그의 초기 논문들에서 발견될 수 있는데, 우리는 1799년의 「자연철학의 체계 구상에 대한 서론」(*Werke*, 3: 272)이나 『자연의 철학을 위한 이념』(1797, 1803), 『브루노』(1801) 등을 참조할 수 있을 것이다. 물론 그 교설은 '관념들의 질서는 사물들의 질서와 동일하다'라는 스피노자의 테제에서 유래한다.

오히려 정신은 다만 자연을 지양된 것으로서 자기 안에 포함하는 한에서만 비로소 참답게 존재하며 정신으로서 확증된다. 여기서 우리의 독일어 표현 **지양하다**_aufheben_의 이중적 의미가 상기될 수 있다. 지양한다는 것에서 우리는 일단 제거하다, 부정하다 정도를 이해하며, 그에 따라 예를 들어 법률, 제도 등등이 지양되었다고 말한다. 그러나 거기서 더 나아가 지양한다는 것은 보존한다는 것 정도를 뜻하기도 하며, 이러한 의미에서 우리는 어떤 것이 잘 지양되어 있다고 이야기한다. 같은 단어가 부정적 의미와 긍정적 의미를 지니는 이러한 언어 사용에서의 이중 의미는 우연적인 것으로서 여겨져서도 안 되고, 가령 혼란을 불러일으키는 것으로서 언어에 대한 비난거리가 되어서도 안 된다. 오히려 그것에서는 [8/205]우리 언어의 한갓 지성적일 뿐인 이것–아니면–저것을 넘어서는 사변적 정신이 인식될 수 있다.

### § 97 【하나의 반발은 '여러 하나'】

β) 부정적인 것의 자기에 대한 관계는 부정적 관계이며, 그러므로 하나[일자]의 자기 자신으로부터의 구별화, 하나의 반발_Repulsion_, 다시 말하면 여러 하나의 정립이다. 대자존재자의 직접성에 따르면 이러한 여럿은 존재자들이며, 그런 한에서 존재하는 하나들의 반발은 현존하는 것들로서의 그것들의 서로에 대한 반발 또는 상호적 배제가 된다.[35]

〈보론〉 하나[일자]에 대해 말할 때, 우리는 거기서 우선은 여럿[다자]을 떠올리곤 한다. 그 경우 여기서는 여럿이 어디서 생겨나는가 하는 물음이 발생한다. 표상에서는 이 물음에 대한 대답이 발견되지 않는다. 왜냐하면 표상은 여럿을 직접적으로 현존하는 것으로서 간주하며, 하나는 바로 그저 여럿 중의 하나로서만 여겨지기 때문이다. 그에 반해 개념에 따라서

---

35. 【다음 절로의 전개】 하나의 부정은 '여러 하나'의 반발이 되고, 그 '상호적 배제'가 된다. 그것을 반대로 보면 어떻게 될 것인가?

는 하나가 여럿의 전제를 형성하며, 자기 자신을 여럿으로서 정립하는 것은 하나의 사상에 놓여 있다. 요컨대 대자적으로 존재하는 하나 그 자체는 존재와 같이 몰관계적인 것이 아니라 현존재와 마찬가지로 관계이다. 그러나 하나는 어떤 것으로서 다른 것에 관계하는 것이 아니라 어떤 것과 다른 것의 통일로서 자기 자신에 대한 관계이며, 게다가 이 관계는 부정적 관계이다. 이리하여 하나는 단적으로 자기 자신과 양립할 수 없는 것으로서, 자기를 자기 자신으로부터 밀어내는 것으로서 입증되며, 하나가 자기를 그것으로서 정립하는 바로 그것이 여럿이다. 우리는 대자존재 과정에서의 이 측면을 반발이라는 구상적 표현으로써 나타낼 수 있다. 사람들은 우선은 물질에 대한 고찰에서 반발에 관해 이야기하며, 그것에서 바로 다음과 같은 것, 즉 여럿으로서의 물질은 이러한 여러 하나의 각각에서 그 밖의 모든 것에 대해 배제하는 것으로서 행동한다는 것을 이해한다. 그 밖에 우리는 반발의 과정을 하나는 **반발하는** 것이고 여럿은 **반발되는** 것인 것처럼 파악해서는 안 된다. 오히려 하나는, 앞에서 언급했듯이, 바로 다만 다음과 같은 것, 즉 자기를 자기 자신으로부터 배제하여 여럿으로서 정립하는 것일 뿐이다. 그러나 여럿의 각각은 모두 그 자신이 하나이고, 각각이 그러한 것으로서 행동함으로써 이러한 전면적인 반발은 그것의 대립물―견인으로 전환된다.

### § 98 【반발에서 견인으로, 그리고 질에서 양으로】

γ) 그러나 **여럿**은 다른 것인 하나이며, 각각의 모두는 [8/206]하나 또는 여럿 중의 하나이기도 하다. 따라서 그것들은 하나의 같은 것이다. 또는 반발을 그 자신에서 고찰하면, 여러 하나의 서로에 대한 부정적 **행동**으로서의 반발은 그와 마찬가지로 본질적으로 그것들의 서로에 대한 관계이다. 그리고 하나가 자기의 반발 작용에서 스스로 그에 관계하는 바로 그것들이 하나들인 까닭에, 하나는 그것들에서 자기 자신에 관계한다. 따라서 반발은 그와 마찬가지로 본질적으로 **견인***Attraktion*이다. 그리고 배제하는 하나

또는 대자존재는 지양된다. 이리하여 하나에서 자체적이고도–대자적으로–규정되어 있음에 도달한 질적 규정성은 **지양된 것으로서의** 규정성으로, 다시 말하면 양*Quantität*으로서의 존재로 이행해 있다.[36]

　　**원자론적 철학**은 거기서는 절대적인 것이 대자존재로서, 하나로서, 그리고 여러 하나로서 규정되는 그러한 입장이다. 또한 그 철학의 근본적인 힘으로서는 하나의 개념에서 나타나는 반발이 가정되었다. 그러나 그리해서 견인이 아니라 우연, 다시 말하면 몰사상적인 것이 그것들을 결합해야 한다. 하나가 하나로서 고정되어 있다는 점에서, 하나의 다른 하나들과의 결합은 당연히 전적으로 외면적인 어떤 것으로서 여겨져야 한다. — 원자에 대한 다른 원리로서 가정되는 공허는 원자들 사이의 존재하는 무로서 표상된 반발 자신이다.[37] — 근래의 원자론 — 그리고 물리학은 여전히 계속해서 이 원리를 유지하고 있다 — 은 그것이 작은 입자들, 즉 분자들을 견지하는 한에서 원자들을 포기했다. 그리하여 그것은 감성적 표상에 좀 더 가까워졌지만, 사유하는 규정을 버렸다. — 더 나아가 반발력[척력] 옆에 견인력[인력]이 정립됨으로써, 대립은 실로 완전하게 되었으며, 사람들은 이러한 이른바 자연력의 발견에 많은 자부심을 지녔다. 그러나 양자의 서로에 대한 관계, 즉 그것들의 구체적이고도 참다운 것을 이루는 것은 그것이 칸트의 『자연과학의 형이상학적 원리』에서도 여전히 그 속에 방치된 불투명한 혼란으로부터 떼어져야 할 것이다.[38] [8207] — 근래에 원자론적인 견해는 물리적인 것에서보다 **정치**

---

36. 【다음 절로의 전개】 존재론의 질의 규정성은 남김없이 논의되고, 하나로부터 여럿을 도출했다. 이제 양적 규정성을 논의하는 단계에 도달했다.
37. 헤겔은 특히 키케로에게 의존하고 있다. 『신성에 대하여』(*De Divinatione*) 2. 17, 40과 『신들의 본성에 대하여』(*De Natura Deorum*) 1. 8을 참조.
38. *Metaphysische Anfangsgründe der Naturwissenschaft*(1786). 비판기의 칸트 자연철학을 대표하는 저작. 뉴턴의 『자연철학의 수학적 원리』(1686)가 간행된 지 정확히 100년 후에 출판된 이 저작을 통해 칸트는 비판철학의 입장에서 근대의 수학적 자연과학의

적인 것에서 더욱더 중요해졌다. 그 견해에 따르면 개별자들 그 자체의 의지가 국가의 원리이다. 견인하는 것은 욕구와 경향의 특수성이며, 보편적인 것, 국가 자신은 계약의 외면적 관계이다.

〈보론 1〉 원자론적 철학은 이념의 역사적 발전에서 본질적 단계를 형성하며, 이 철학의 원리는 일반적으로 여럿의 형태에서의 대자존재이다. 오늘날에도 여전히 원자론이 형이상학에 관해 아무것도 알고자 하지 않는 그러한 자연 연구자들에게서 커다란 총애를 받고 있다면, 여기서 상기해야 할 것은 우리가 원자론의 품 안에 안긴다고 해서 형이상학에서나 좀 더 자세하게는 자연을 사상들로 환원하는 것에서 벗어나는 것은 아니라는 점이다. 왜냐하면 원자는 실제로는 그 자신이 사상이며, 그리하여 물질을 원자들로 구성된 것으로서 파악하는 것은 형이상학적 파악이기 때문이다. 사실 뉴턴은 물리학에 대해 형이상학을 경계하도록 명시적으로 경고했다.[39] 그렇지만 그의 명예를 위해 지적되어야만 하는 것은 그 자신이 결코 이러한 경고에 따라 행동하지 않았다는 점이다. 순수하고 순전한 물리학자는 사실상 한갓 동물일 뿐이다. 왜냐하면 동물은 사유하지 않기 때문이다. 그에 반해 사유하는 본질로서의 인간은 타고난 형이상학자이다. 그 경우 거기서 관건이 되는 것은 다만 우리가 적용하는 형이상

---

형이상학적 근거 짓기를 시도했다. '서문'과 본론인 '운동학', '동역학', '역학', '현상학'으로 이루어지는데, 여기서 언급되는 것은 제2장 「동역학의 형이상학적 원리」이다(Akad 4: 498-517). 헤겔이 여기서 '불투명한 혼란'으로 의미하는 것은 『논리의 학』(Su. 5/200-208)에서 완전하게 설명되어 있다.

39. 뉴턴은 『자연철학의 수학적 원리』(1687)에 대한 「일반적 주해」에서 '나는 가설을 세우지 않는다'라고 주장하고, 형이상학적인 것은 물리학 안에서 어떠한 장소도 지니지 않는다고 선언했다. 그러나 이것을 헤겔은 받아들일 수 없었다. 확실히 헤겔은 물리학에서의 지각과 경험의 가치를 인정한다. 그러나 그것은 경험적 물리학이 자연의 범주들과 법칙들에 따라서 사유한다는 정당한 권리까지는 침해하지 않는 한에서의 일이다. 왜냐하면 물리학은 '그 범주들과 법칙들을 다만 사유에 의해서만 획득할 수 있기' 때문이다. 어쨌든 그 「주해」에서 뉴턴 자신은 '미립자' 물질 이론을 주장했다. '미립자(Corpuscles)'는 나누어질 수 있다는 점에서 '원자'와는 다르다. 이것은 '원자론'의 논리적으로 퇴화한 형식이다.

학이 과연 올바른 종류의 것인가, 그리고 특히 우리가 견지하고 우리의 이론적 행위뿐만 아니라 또한 우리의 실천적 행위의 기초를 형성하는 것이 과연 구체적인 논리적 이념 대신에 지성에 의해 고정된 일면적인 사유 규정들이 아닌가 하는 점일 뿐이다. 이러한 비난은 원자론적인 철학에도 적중되는 바의 것이다. 고대 원자론자들은 (이 점이 오늘날에도 자주 사실이듯이) 모든 것을 여럿으로서 바라보았으며, 그 경우 우연이 공허 속에서 떠도는 원자들을 결합하는 것이어야 했다. 그러나 여럿의 서로에 대한 관계는 결코 단순히 우연적인 것이 아니다. 오히려 이 관계는 (앞에서 언급했듯이) 여럿 자신 속에 근거 지어져 있다. 칸트는 물질을 반발과 견인의 통일로서 고찰함으로써 마땅히 바로 그에게 물질에 대한 파악을 완전하게 만든 공적이 돌려져야 하는 자이다. 여기에는 견인이 당연히 대자존재의 개념 속에 포함된 다른 계기로서 인정되어야 하고, 그리하여 견인도 반발과 마찬가지로 본질적으로 물질에 속한다고 하는 올바른 것이 놓여 있다. [8/208]그러나 그 경우 물질의 이러한 이른바 동역학적 구성은 반발과 견인이 곧바로 현존하는 것으로서 요청되고 연역되지 않는다는 결함을 겪고 있는데, 그 경우 그러한 연역으로부터는 또한 그것들의 단순히 주장될 뿐인 통일의 어떻게와 왜가 밝혀졌을 것이다. 그야 어쨌든 칸트가 물질을 그 자체로 현존하고 나서 (이를테면 부수적으로) 여기서 언급된 두 힘을 부여받는 것으로서가 아니라 물질을 오로지 그 힘들의 통일 속에 존립하는 것으로서 고찰해야 한다고 명시적으로 가르쳤다면, 그리고 독일의 물리학자들이 한동안 이 순수동역학을 받아들여 왔다면, 근래에 이 물리학자들의 다수는 다시금 좀 더 편리하게 원자론적 입장으로 되돌아와, 그들의 동료인 고故 케스트너[40]의 경고에 반해,

---

40. Abraham Gotthelf Kästner, 1719–1800. 수학자이자 철학자인 케스트너는 괴팅겐의 수학과 물리학 교수이자 상당한 명성을 지닌 문학 에세이스트였다. 그의 '경고'는 아마도 『고등 역학의 원리』(Angfangsgründe der höheren Mechanik)의 어딘가에서 발견될 수 있을 것이다.

물질을 원자라고 불리는 무한히 작은 사물 알갱이들로 구성된 것으로서 고찰하는 길을 발견했는데, 그 경우 그 원자들은 그것들에 부착된 견인력과 반발력이나 또한 그 밖의 임의적인 힘들의 유희에 의해 서로 관계 속에 정립되어야 한다. 그렇다면 이것도 마찬가지로 형이상학인바, 그에 대해서는 그것이 지닌 몰사상성으로 인해 당연히 경계해야 할 충분한 근거가 현존할 것이다.

〈보론 2〉 지금 이 절에서 제시된 질의 양으로의 이행은 우리의 일상적 의식에서는 발견되지 않는다. 우리의 일상적 의식에게 질과 양은 서로 나란히 자립적으로 존립하는 한 쌍의 규정들로 여겨지며, 그에 따르면 사물들은 질적으로뿐만 아니라 또한 양적으로도 규정되어 있다고 한다. 이 규정들이 어디서 유래하고 이것들이 서로에 대해 어떤 관계를 맺는가에 대해서는 여기서 더는 물어지지 않는다. 그러나 양은 지양된 질 이외에 다른 것이 아니며, 여기서 고찰된 질의 변증법은 바로 그에 의해 이 지양이 성립하는 바의 것이다. 우리는 처음에 존재를 지녔으며, 그것의 진리로서 생성이 생겨났다. 이 생성은 현존재로의 이행을 형성했고, 그것의 진리로서 우리는 변화를 인식했다. 그러나 변화는 그 결과에서 다른 것에 대한 관계와 그 다른 것에로의 이행으로부터 떼어내진 대자존재로서 나타났으며, 그리고 나서 그 대자존재는 결국 자기의 과정의 양 측면, 즉 반발과 견인에서 자기 자신의 지양으로서, 그리하여 그 계기들의 총체성에서 질 일반의 지양으로서 입증되었다. 그러나 이 지양된 질은 추상적인 무나 마찬가지로 추상적이고 몰규정적인 존재가 아니라 다만 규정성에 대해 무관심한 존재일 뿐이며, [820]존재의 이러한 형태는 우리의 일상적 표상에서도 양으로서 나타나는 바로 그것이다. 그에 따라 우리는 사물들을 우선은 그 질의 관점에서 고찰하며, 이러한 질은 우리에게 사물의 존재와 동일한 규정성으로서 여겨진다. 다음으로 우리가 계속해서 양의 고찰로 나아가면, 이 양은 곧바로 우리에게, 하나의 사물이 비록 그 양이 변화하여 더 커지거나 더 작아지거나 하는데도 불구하고 여전히 바로 그것인 바의 것으로 머문다고 하는 형태로, 무관심하고 외면적인 규정성의 표상을 준다.

# B. 양

## a. 순수량

### § 99 【순수량】

양*Quantität*은 그것에서는 규정성이 더는 존재 자신과 하나로서가 아니라 지양되거나 무관심한[아무래도 상관없는] 것으로서 정립된 순수존재이다.[41]

1. 크기*Größe*라는 표현은 그것이 주로 규정된 양을 가리키는 한에서 양에 대해 적합하지 않다. 2. 수학은 크기를 증가하거나 감소할 수 있는 것으로서 정의하곤 한다. 이 정의는 정의되어야 할 것 자신을 다시 포함한다는 점에서 결함이 있지만, 이 정의에는 다음과 같은 것, 즉 크기 규정이란 변화할 수 있고 무관심한 것으로서 정립되어 있으며, 그리하여 그 규정의 변화, 즉 증가한 넓이나 농도와 상관없이 그 사태, 예를 들어 집과 빨강이 집과 빨강이기를 그만두지 않는 그러한 규정이라고 하는 것이 놓여 있다. 3. 절대적인 것은 순수한 양[순수량]이다 ─ 이 입장은 일반적으로 절대적인 것에는 질료의 규정, 즉 그것에서는 물론 형식이 현존하긴 하지만 무관심한 규정인 그러한 질료의 규정이 부여된다고 하는 것과 합치한다. 또한 양은 절대적인 것, 즉 절대적─무차별적인 것에서는 모든 구별이 단지 양적일 뿐이라는 식으로 절대적인 것이 파악될 때, 그 절대적인

---

41. 【다음 절로의 전개】 양은 이미 존재 자신과 하나가 아닌 존재이므로, 다음 절에서는 양이 존재에 직결되는 존재 방식과 존재에서 떨어지는 존재 방식의 양방이 고찰된다.

것의 근본 규정을 이룬다.[42] —— 그 밖에 순수공간, [8210]시간 등등은 실재적인 것이 무관심한 공간 채움이나 시간 채움으로서 파악되어야 하는 한에서 양의 예들로서 받아들여질 수 있다.

〈보론〉 크기에 대한 수학에서의 통상적인 정의, 즉 증가하거나 감소할 수 있는 그러한 것이라고 하는 정의는 첫눈에 보기에 지금 이 절에 포함된 개념 규정보다 더 명확하고 더 그럴듯해 보인다. 그렇지만 좀 더 자세히 살펴보면 그 정의는 오직 논리적 발전 도정에서 양의 개념으로서 생겨났을 뿐인 바로 그것을 전제와 표상의 형식에서 포함한다. 요컨대 크기에 대해 그것의 개념이란 증가하거나 감소할 수 있다는 데 존립한다고 말할 때, 바로 그것을 가지고서 언명되는 것은 크기(또는 좀 더 올바르게는 양)란— 질과는 구별되게 — 규정된 사태가 그것의 변화에 대해 무관심한 태도를 보이는 그러한 규정이라고 하는 것이다. 그 경우 양에 대한 통상적 정의의 위에서 지적한 결함에 관해 이야기하자면, 그 결함은 좀 더 자세하게는 증가와 감소가 바로 크기를 다르게 규정하는 것을 뜻할 뿐이라는 데 존립한다. 그렇지만 이리하여 양은 우선은 다만 변화할 수 있는 것 일반일 뿐일 것이다. 그러나 질 역시 변화할 수 있으며, 그 경우 질에 대한 양의 앞에서 언급된 구별은 증가 또는 감소를 통해 표현되어 있는바, 바로 그것에는 크기 규정이 어느 쪽으로든 변화할 수 있다 하더라도

---

42. 여기서는 셸링의 철학적 입장, 즉 동일철학을 떠올리게 하고 있다. 헤겔이 동일성 체계(Identitätssystem)라고도 특징짓고 있는 셸링의 동일철학 입장이 명확히 내세워진 것은 『나의 철학 체계의 서술』(*Darstellung meines Systems der Philosophie*, 1801)에서다. 거기서는 그 자체에서의 사물을 파악할 수 있는 절대적 이성의 입장이 부르짖어지며, 유한자인 사물을 근거 짓는 절대적 동일성의 존재와 그 본질이 구별되고 있다. 절대적 동일성의 본질은 주관적인 것과 객관적인 것의 대립을 근절하는 절대적 무차별인 데 반해, 이 절대적 무차별의 외부에 정립되는 주관적인 것과 객관적인 것의 양적 차별(포텐츠)이 절대적 동일성의 존재 형식이다. 셸링은 무한자인 절대적 무차별에 대해서 주관적인 것과 객관적인 것의 양적 차별이 유한자가 존립하는 근거라고 간주하고, 객관적인 것보다 주관적인 것이 양적으로 우위를 보이는 각 포텐츠 안에서 자연으로 부터 정신으로의 발전을 보고 있었다.

사태는 계속해서 그것인 바의 것으로 머문다고 하는 것이 놓여 있다. — 다음으로 여기서 좀 더 주의해야 하는 것은 철학에서는 일반적으로 단순히 올바른 정의나 더더군다나 단순히 그럴듯한 정의, 다시 말하면 그 올바름이 지금 이 의식에게 직접적으로 명확한 그러한 정의가 문제가 되는 것이 전혀 아니라 오히려 **확증된** 정의, 다시 말하면 그 내용이 그저 눈앞에서 발견된 것으로서 받아들여지는 것이 아니라 자유로운 사유에서, 따라서 동시에 자기 자신 안에서 근거 지어진 것으로서 인식되는 그러한 정의가 문제가 된다는 점이다. 이 점은 수학에서 양에 대한 통상적인 정의가 어쨌든 아무리 올바르고 직접적으로 명확하다 할지라도 그것으로는 이 특수한 사상이 보편적 사유에 얼마나 근거 지어져 있으며, 따라서 얼마나 필연적인지를 알아야 한다는 요구가 여전히 충족되어 있지 않을 것이라고 하는 양식으로 지금 이 경우에 적용된다. 다음으로 여기에는 양이 사유에 의해 매개되지 않고서 직접적으로 표상에서 받아들여짐으로써 양이 그 타당성 범위와 관련하여 과대 평가되고 심지어는 절대적 범주로까지 높여지는 일이 아주 쉽사리 일어난다는 또 다른 고찰이 연결된다. 이 점은 실제로 <sup>[8/211]</sup>그 대상들이 수학적 계산에 종속될 수 있는 그러한 학문들만이 **정밀과학**으로서 인정될 때 사실이다. 그 경우 여기서는 또다시 앞에서(§ 98 보론) 언급된 저 나쁜 형이상학, 즉 구체적 이념 대신에 일면적이고 추상적인 지성 규정들을 정립하는 바로 그 형이상학이 나타난다. 자유, 법, 인륜, 아니 신 자신과 같은 대상들이 측정되고 계산되거나 수학적 공식으로 표현될 수 없는 까닭에 그것들에 대해서는 우리가 정확한 인식을 포기하고서 일반적으로 그저 무규정적인 표상에만 만족해야 하고, 그리고 나서 그것들의 좀 더 자세한 것이나 특수한 것에 관해서는 각각의 개인이 의욕하는 것으로부터 만들어 낼 수 있도록 그들의 임의에 내맡겨져 있을 때, 우리의 인식은 실제로 나쁜 상태에 놓여 있을 것이다. — 그러한 파악으로부터 어떤 실천적으로 해로운 결론들이 생겨나는지는 직접적으로 명확하다. 그야 어쨌든 좀 더 자세히 고찰하자면 여기서 언급된 입장, 즉 양이라는 논리적 이념의 이 일정한 단계가 논리적 이념 자신과 동일시되는 배타적으로 수학적인 입장은 학문적 의식의 역사에서 주로 프랑스에서 지난 세기 중엽 이후 자기의 완전한 확증을 발견한 **유물론**의 입장 이외에 다른 것이 아니다. 물질이라는 추상적인 것은 바로 다음과 같은 것, 즉 그것에는 물론 형식이 현존하지만, 다만 무관심하고 외면적인 규정으로서만 현존하는 그러한 것이다. — 그런데 만약 사람들이 여기서 제시된 논의를 마치 그에 의해 수학의 존엄이 손상되거나 아니면 마치 양적 규정을 단순히 외면적이고 무관심한 규정으로 표현함으로써 나태함과 피상성에서 마음의 거리낌이 사라지고 우리가 양적 규정들을 방치하거나 최소한 그리함으로써 바로 그렇듯 정확하게 받아들일 필요가 없다고 주장되어야 할 것처럼 파악하고자 한다면, 그것은 매우 오해하는 것일 터이다. 어쨌든 양은 이념의 한 단계인바, 그러한 것으로서의 양에는 또한 우선은 논리적 범주로서, 그러고 나서는 더 나아가 대상적 세계에서도, 즉 자연적 세계뿐만 아니라 또한 정신적 세계에서도 그 권리가 생성되어야만 한다. 그러나 그 경우 여기서는 곧바로 자연적 세계의 대상들에서와 정신적 세계의 대상들에서 크기 규정이 동등한 중요성을 지니는 것이 아니라는 구별도 나타난다. 요컨대 타자존재와 동시에 탈자존재[자기 밖에 있음]Außersichsein 형식에서의 이념으로서의 자연에서는 바로 그런 까닭에 또한 양이 정신의 세계, 즉 이러한 자유로운 내면성의 세계에서보다 더 커다란 중요성을 지니는 것이다. 실로 우리는 정신적 내용도 양적 관점에서 고찰한다. 하지만 곧바로 밝혀지는 것은 [§212]우리가 신을 삼위일체로서 간주할 때, 여기서 3이라는 수는 우리가 예를 들어 공간의 3차원이나 심지어 그 근본 규정이 바로 세 개의 선으로 한정된 평면이라고 하는 것일 뿐인 삼각형의 세 변을 고찰할 때보다 훨씬 더 하위의 의미를 지닌다고 하는 점이다. 더 나아가 또한 자연 내부에서도 양적 규정의 더 커다랗고 더 적은 중요성이라는 앞에서 언급된 구별이 발견되는바, 게다가 비유기적[무기적] 자연에서는 양이 이를테면 유기적 자연에서보다 더 중요한 역할을 담당한다고 하는 양식으로 발견된다. 그러고 나서 우리가 또한 비유기적 자연 내부에서도 역학적 분야를 좀 더 좁은 의미에서의 물리학적 및 화학적 분야로부터 구별한다면, 여기서도 다시 한번 같은 구별이 나타난다. 역학은 두루 인정되고 있다시피 수학의 도움이 거의 없을 수 없는, 아니 수학이 없으면 거의 아무런 전진도 이루어질 수 없고, 바로 그런 까닭에도 수학 자신 바로 다음으로 탁월하게 정밀한 학문으로서 여겨지곤 하는 그러한 학문적 분과인바, 그 경우 거기서는 또다시 유물론적인 입장과 배타적으로 수학적인 입장의 합치와 관련한 위에서의 논평이 상기될 수 있다. ─ 그야 어쨌든 여기서 상세히 논의된 모든 것에 따르자면, 자주 일어나는 일이지만 대상적인 것의 모든 구별과 모든 규정성이 단순히 양적인 것에서만 찾아질 때, 그것은 바로 정확하고 근본적인 인식에 대해서는 가장 방해가 되는 선입견들 가운데 하나로서 설명되어야만 한다. 물론 예를 들어 정신은 자연 이상이고, 동물은 식물 이상이다. 하지만 단지 그러한 더 많음이나 더 적음에만 머물러 그것들을 그것들의 특유한, 즉 여기서는 우선 질적인 규정성에서 파악하는 데로 나아가지 않는다면, 우리는 또한 이 대상들과 그것들의 구별에 대해 거의 아무것도 알지 못한다.

## § 100 【양의 연속성과 분리성】

양은 우선은 자기에 대한 자기의 직접적인 관계에서나 견인에 의해 정립된 자기 자신과의 동등성이라는 규정에서 **연속적**_kontinuierliche_ 크기[연속량]이다. 그 속에 포함된 하나라는 다른 규정에서 그것은 **분리적**[비연속적]_diskrete_ 크기[분리량·비연속량]이다. 그러나 전자의 양은 그와 마찬가지로 분리적인데, 왜냐하면 그것은 다만 **여럿**의 연속성일 뿐이기 때문이다. 후자의 양도 그와 마찬가지로 연속적인데, 왜냐하면 그것의 연속성은 여러 하나의 동일한 것으로서의 하나, 즉 **단위**[통일]_die Einheit_이기 때문이다.[43]

1. 따라서 그런 한에서는 연속적 크기와 분리적 크기가 [8/213]마치 하나의 규정이 다른 규정에 속하지 않는 것처럼 종류들로서 여겨져서는 안 된다. 오히려 그것들은 다만 같은 전체가 한 번은 그것의 규정들 가운데 하나의 규정 아래에, 다른 한 번은 다른 규정 아래에 정립되어 있다는 것에 의해 구별될 뿐이다. 2. 공간과 시간 또는 물질의 무한한 분할 가능성이나 분할될 수 없는 것들로부터의 그것들의 존립과 관련한 이율배반은 한 번은 연속적인 것으로서의, 다른 한 번은 분리적인 것으로서의 양에 관한 주장 이외에 다른 아무것도 아니다. 공간과 시간 등등이 단지 연속적 양의 규정을 가지고서만 정립되면, 그것들은 무한히 분할 가능하다. 그러나 분리적 크기의 규정을 가지는 그것들은 그 자체에서 나누어져 있으며, 분할 불가능한 하나들로 존립한다. 한쪽은 다른 쪽만큼이나 일면적이다.

〈보론〉 양은 대자존재의 바로 다음 결과로서 대자존재 과정의 두 측면, 즉 반발과 견인을 관념적 계기로서 자기 안에 포함하며, 그에 따라 연속적일 뿐만 아니라 또한 분리적[비연속적]이기도 하다. 이 두 계기의 각각은 또한 다른 계기도 자기 안에 포함하며, 그리하여 단순히 연속적일 뿐인 크기도 단순히 분리적일 뿐인 크기도 존재하지 않는다. 그럼에도 불구하고 그 둘에 대해 크기의 서로 대립하는 두 개의 특수한 종류로서 말해질 때, 이것은 단적으로 우리의 추상하는 반성의 결과일 뿐이다. 추상하는 반성은 규정된 크기들을 고찰하는 데서 한 번은 양의 개념에 분리 불가능하게 통일되어 포함된 계기들 가운데 한 계기를, 다른 한 번은 다른 계기를 도외시하는 것이다. 그래서 사람들은 예를 들어 이 방이 차지하는 공간은 연속적 크기이며, 그 속에 모여 있는 100명의 이 인간들은 분리적 크기를

---

43. 【다음 절로의 전개】 순수량 속에 있는 연속성과 분리성의 구별은 아직 잠재적이고 상호 전환성을 지니지만, 다음에 그것이 현재화하는 단계에 이른다.

형성한다고 말한다. 그러나 공간은 연속적인 동시에 분리적인바, 그에 따라 우리는 공간의 점들에 관해 이야기하며, 그러고 나서 또한 공간을, 예를 들어 일정한 길이를 그러저러한 피트와 인치 등등으로 나누는데, 그것은 다만 공간이 그 자체에서 분리적이기도 하다는 전제 아래에서만 이루어질 수 있다. 다른 한편으로는 그와 마찬가지로 또한 100명의 인간으로 존립하는 분리적 크기도 동시에 연속적인바, 그들에게 공통적인 것, 즉 모든 개인을 관통하고 이들을 서로 결합하는 인간이라는 유가 이 크기의 연속성이 그에 근거 지어져 있는 바로 그것이다.

## b. 정량

§ 101 【정량】

본질적으로 양 안에 포함된 배타적 규정성을 지니고서 **정립된 양**은 **정량**Quantum, 즉 한정된 양이다.[44]

〈보론〉 정량은 양의 현존재이며, 그에 반해 순수량은 존재에, (바로 다음에 고찰되어야 하는) 도度는 대자존재에 상응한다. — 순수량에서 정량으로의 전진을 좀 더 자세히 이야기하자면, 그 전진은 순수량에서는 연속성과 분리의 구별로서의 구별이 처음에는 다만 그 자체에서 현존하는 데 반해, 정량에서는 구별이 정립되고, 게다가 그래서 이제부터는 양이 일반적으로 구별된 것이나 한정된 것으로서 나타난다는 점에 근거 지어져 있다. 그러나 이와 더불어 또한 동시에 정량은 무규정적인 다수의 정량

---

44. 【다음 절로의 전개】 정량=한계를 지니는 양에는 그 스스로 한계를 넘어서는 부정성이 포함된다.

또는 규정된 크기들로 나누어진다. 이러한 규정된 크기들의 각각은 다른 크기들과 구별된 것으로서 통일[단위]을 형성하며, 그와 마찬가지로 그것은 다른 한편으로 오로지 그 자체로만 고찰되면 여럿이다. 그러나 그래서 정량은 수로서 규정되어 있다.

### § 102 【수】

정량은 그 전개와 완전한 규정성을 수Zahl에서 지니는데, 수는 그것의 요소로서 하나를 자기 안에 포함하는바, 분리의 계기에 따라서는 **집합수** Anzahl를, 연속성의 계기에 따라서는 **단위[통일]**를 정량의 질적 계기로서 자기 안에 포함한다.[45]

산술에서 **계산법**들은 수들을 다루는 우연적 방식들로서 제시되곤 한다. 이 계산법들 속에 필연성과 따라서 지성이 놓여 있어야 한다면, 그 지성은 원리 속에 놓여 있어야만 하며, 이 원리는 오직 수 자신의 개념에 포함된 규정들 속에만 놓여 있을 수 있다. 여기서는 이 원리가 짧게 제시되어야 한다. — 수 개념의 규정들은 **집합수**와 **단위[통일]**이며, 수 자신은 양자의 통일이다. 그러나 그 통일은 경험적인 수들에 적용되면 다만 그것들의 **동등성**일 뿐이다. 그래서 계산법들의 원리는 [8/215]수들을 단위와 집합수의 관계 속으로 정립하고 이 규정들의 동등성을 산출하는 것이어야만 한다.

하나들이나 수들 자신이 서로에 대해 무관심하다는 점에서, 그것들이 놓이게 되는 통일은 일반적으로 외면적인 **함께 모음**Zusammenfassen으로서 나타난다. 그런 까닭에 계산한다는 것은 일반적으로 수를 **셈하는 것**Zählen이며, 계산하는 **법**들의 구별은 오로지 함께 셈해지는 수들의 질적 성질에만 놓여 있고, 그 성질에 대해서는 단위와 집합수

---

45. 【다음 절로의 전개】 수는 그 안에 연속성과 분리성의 요소를 지니지만, 그것은 양적 규정성에 어울리게 어떤 한계 안에서의 것이다.

의 규정이 원리이다.

수를 세는 것*Numerieren*이 첫 번째 것, 즉 수 일반을 만듦, 임의의 여러 하나의 함께 모음이다. — 그러나 계산법은 이미 수들이지 더는 단순한 하나가 아닌 그러한 것들을 함께 셈하는 것이다.

수들은 직접적으로 그리고 무엇보다도 우선 전혀 무규정적으로 수들 일반이며, 따라서 일반적으로 부등하다. 그러한 수들의 함께 모음 또는 셈하는 것이 덧셈이다.

바로 다음 규정은 수들이 일반적으로 **동등**하다는 것인데, 따라서 그것들은 하나의 단위[통일]를 형성하며, 그러한 단위의 **집합수**가 현존한다. 그러한 수들을 셈하는 것이 **곱셈**인바, — 거기서는 두 수, 즉 인수들에서 집합수와 단위라는 규정들이 어떻게 배분되는가 하는 것, 즉 어떤 것이 집합수로, 그에 반해 어떤 것이 단위로 취해지는가 하는 것은 아무래도 상관없다.

마지막으로 세 번째 규정성은 집합수와 단위의 **동등성**이다. 그렇게 규정된 수들을 함께 셈하는 것은 **거듭제곱**으로의— 그리고 우선은 **제곱**으로의 고양이다. — 그 이상의 제곱은 수의 자기 자신과의 곱셈의 형식적인 계속, 즉 다시 무규정적인 집합수로 귀착되는 계속이다. — 이 세 번째 규정에서 유일한 현존하는 구별의, 즉 집합수와 단위의 완전한 동등성이 달성된 까닭에, 이 세 가지 계산법보다 더 많은 계산법은 존재할 수 없다. — 함께 셈하기[합산]에는 [8216]똑같은 규정성들에 따른 수들의 분해가 상응한다. 따라서 앞에서 제시되고 그런 한에서 **긍정적**인 것들이라고 불릴 수 있는 세 가지 계산법들과 더불어 또한 세 가지 **부정적**인 계산법들도 존재한다.

〈보론〉 수 일반이 그 완전한 규정성에서의 정량인 까닭에, 우리는 정량을 이른바 분리적 크기의 규정을 위해서뿐만 아니라 그와 마찬가지로 또한 이른바 연속적 크기의 규정을 위해서도 사용한다. 그런 까닭에 수는 공간의 일정한 도형들과 그것들의 관계를 제시하는 것이 문제가 되는 기하학에서도 이용되어야만 한다.

## c. 도

§ 103 【연속량 · 분리량에서 외연량 · 내포량으로】

한계는 정량 자신의 전체와 동일하다. 자기 안에서 다양한*vielfach* 것으로서의 한계는 외연적 크기[외연량]이지만, 자기 안에서 단일한*einfache* 규정성으로서는 내포적 크기[내포량] 또는 도*Grad*이다.[46]

연속적 크기 및 분리적 크기와 외연적 크기 및 내포적 크기와의 구별은 전자의 것들이 양 일반에 귀착하지만, 후자의 것들은 양 그 자체의 한계 또는 규정성에 귀착된다는 점에 존립한다. ─ 마찬가지로 외연적 크기와 내포적 크기는 또한 그 각각이 다른 것이 지니지 않는 규정성을 포함하는 두 가지 종류가 아니다. 외연적 크기인 것은 그와 마찬가지로 내포적 크기이며, 그 역도 마찬가지이다.

〈보론〉 내포적 크기 또는 도는 그 개념에 따라서 외연적 크기 또는 정량과 서로 다르며, 그런 까닭에, 자주 일어나는 일이긴 하지만, 사람들이 이 구별을 인정하지 않고 크기의 두 형식을 곧바로 동일시한다면, 그것은 허용되지 않는 것으로서 표현하지 않으면 안 된다. 이 점은 특히 물리학에서 사실인데, 여기서 예를 들어 비중의 구별이, 그 비중이 다른 물체의

─────

46. 【다음 절로의 전개】 정량은 외연량에서 내포량, '도'로 전화한다. 그러나 내포량은 외연량에서 도출된 양이며, 본래 모순을 지닌다. 모순은 전개한다.

그것보다 두 배 큰 하나의 물체가 그것의 공간 내부에 다른 물체보다 두 배 많은 물질적 부분들(원자들)을 포함한다고 말해지는 것에 의해 설명될 때 그러하다. 열과 빛에서도 사정은 마찬가지인데, 서로 다른 온도와 광도가 [8217]열입자들이나 광입자들(또는 분자들)의 더 많음이나 더 적음에 의해 설명되어야 할 때 그러한 것이다. 그러한 설명을 사용하는 물리학자들은 사실 그들에게 그러한 설명이 허용될 수 없다는 질책이 주어질 때면, 그것을 가지고서는 그러한 현상들의 (잘 알려져 있듯이 인식 불가능한) 그 자체에서의 것[자체적인 것]das Ansich에 관해서는 결코 결정이 이루어져서는 안 되며, 언급된 표현들이 사용되는 것은 다만 좀 더 커다란 **편리함** 때문일 뿐이라고 변명하곤 한다. 여기서 우선 좀 더 커다란 편리함에 관해 이야기하자면, 그것은 계산의 좀 더 손쉬운 적용에 관계되어야 한다. 그렇지만 왜 마찬가지로 수에서 자기의 규정된 표현을 지니는 내포적 크기가 외연적 크기와 마찬가지로 편리하게 계산될 수 없어야 한다는 것인지 이해할 수 없다. 물론 좀 더 편리한 것은 계산뿐만 아니라 또한 사유 자신도 전적으로 포기하는 것일 터이다. 더 나아가 앞에서 언급한 변명에 대해 좀 더 주의해야 하는 것은 이러한 종류의 설명에 관여함으로써 우리가 어쨌든 지각과 경험의 영역을 넘어서서 형이상학과 (다른 기회에 한가한 것으로, 아니 해로운 것으로 설명된) 사변의 영역에 관여한다는 점이다. 경험에서는 물론 탈러들로 채워진 두 개의 지갑 가운데 하나가 다른 것보다 두 배 더 무거울 때, 이러한 일이 벌어지는 까닭은 이 지갑들 가운데 하나는 200탈러를, 다른 것은 단지 100탈러만을 포함하기 때문이라는 것이 발견될 것이다. 우리는 이 주화들을 볼 수 있고 일반적으로 감각들을 가지고서 지각할 수 있다. 그에 반해 원자, 분자 등등은 감각적 지각의 영역 외부에 놓여 있으며, 그것들의 허용 가능성과 의미에 관해 결정하는 것은 사유의 사태이다. 그러나 (앞의 § 98 보론에서 언급했듯이) 대자존재의 개념 안에 포함된 여럿의 계기를 원자들의 형태로 고정하고 최종적인 것으로서 견지하는 것은 추상적 지성인바, 그와 같은 추상적 지성은 더 나아가 지금 이 경우에서는 순진무구한 직관뿐만 아니라 참다운 구체적 사유와도 모순되는 가운데 외연적 크기를 양의 유일한 형식으로서 간주하고, 내포적 크기가 발견되는 곳에서는 이것을 그 특유한 규정성에서 인정하는 것이 아니라 그것을 자기 안에서 견지될 수 없는 가설에 의지하여 강제적인 방식으로 외연적 크기로 환원하고자 노력하는 것이기도 하다. 근래의 철학에 대해 행해진 비난들 가운데 그 철학이 모든 것을 동일성으로 환원시킨다는 비난도 특별히 자주 들려 왔고, 나아가 또한 분명 사람들이 그에 대해 동일철학[47]이라는 별명을 부여해 왔다면, 여기서 제시된 논의로부터 알아낼 수 있는 것은, [8218]개념에 따라서 뿐만 아니라 또한 경험에 따라서도 서로 다른 그와 같은 것을 구별하도록 재촉하는 것은 바로 철학인 데 반해, 추상적 동일성을 인식의 최고 원리로 높이고, 그런 까닭에 그들의 철학이 좀 더 당연하게 동일철학이라고 표현될 수 있는 것은 전문적인 경험주의자들이라는 점이다. 그야 어쨌든 단순히 연속적일 뿐인 크기와 단순히 분리적일 뿐인 크기가 존재하지 않는 것과 마찬가지로 또한 단순히 내포적일 뿐인 크기와 단순히 외연적일 뿐인 크기도 존재하지 않으며, 그리하여 양의 두 규정이 자립적인 종류들로서 서로 대립하지 않는다는 것은 전적으로 올바르다. 각각의 모든 내포적 크기는 또한 외연적이기도 하며, 또한 그 역도 사정은 마찬가지이다. 그래서 예를 들어 일정한 온도는 하나의 내포적 크기인바, 그것 그 자체에는 또한 전적으로 단순한 감각이 상응한다. 그 경우 온도계에 다가가면, 우리는 이 온도에 어떻게 수은주의 일정한 팽창이 대응하며, 이 외연적 크기가 내포적 크기로서의 온도와 함께 동시에 변화한다는 것을 발견한다. 나아

---

47. 이것은 셸링이 1801년에 자기의 사변적 관념론에 부여한 명칭이었다(특히 『브루노』를 참조). 헤겔은 여기서 자신의 성숙한 관념론이 여전히 '동일철학'이라는 것을 함축적으로 인정한다. 그러나 그는 자연과 정신(또는 실재적인 것과 관념적인 것)의 사변적 '동일성'을 형식논리학의 '동일률'과 구분한다. 이러한 형식적 '동일성'의 철학적 투사는 라인홀트와 바르딜리였다.

가 정신의 영역에서도 사정은 마찬가지이다. 더 내포적인[강한] 성격은 덜 내포적인[강한] 성격보다 그 작용에서 더 멀리 미친다.

### § 104 【도의 모순에서 무한한 양적 진행으로】

도에서 정량의 개념이 정립되어 있다. 도는 그 자체로[대자적으로] 무관심하고 단순한 것으로서의 크기이지만, 그리하여 크기는 그 크기가 그에 의해 정량인 바의 규정성을 단적으로 자기 바깥에 다른 크기들에서 지닌다. 대자존재하는 무관심한 한계가 절대적 외면성이라고 하는 이러한 모순 속에 무한한 양적 진행이 정립되어 있는바, — 직접성, 그것은 직접적으로 그것의 반대물, 즉 매개된 존재*Vermitteltsein*(방금 정립된 정량을 넘어감)로 전화하며, 그 역도 마찬가지이다.[48]

수는 사상이지만, 자기에게 완전히 외면적인 존재로서의 사상이다. 수는 사상이기 때문에 직관에 속하지 않지만, 직관의 외면성을 자기의 규정으로 지니는 사상이다. — 따라서 정량은 단지 무한히 증가하거나 감소할 수 있을 뿐만 아니라, 그것 자신이 자기의 개념에 의해 이러한 자기 너머로 내보냄이다. 그와 마찬가지로 무한한 양적 진행은 [8/219]정량 일반이자 그 규정성에서 정립되면 도라는 하나의 같은 모순의 몰사상적인 반복이기도 하다. 이러한 모순을 무한 진행의 형식으로 언명해야 할 필요가 없다는 점에 관해 아리스토텔레스에게서의 제논은 다음과 같이 정당하게 말한다. '어떤 것을 한번 말하는 것과 그것을 언제나 말하는 것은 같은 것이다.'[49]

---

48. 【다음 절로의 전개】 무한 진행은 한 정량과 그것을 넘어서는 복수의 외면적인 양의 상호 전화 관계이며, 그럼에도 불구하고 자신을 유지하는 모순의 과정이다. 모순은 극복된다.

49. Diels-Kranz, 29, Zenon B 1. 그러나 이 보고는 실제로는 아리스토텔레스『자연학』에 대한 주해에서의 심플리키오스에 의한 것이다.

〈보론 1〉 앞에서(§ 99) 언급한 수학에서의 통상적인 정의에 따라 크기가 증가하고 감소할 수 있는 그러한 것으로서 표현되고, 또한 여기서 그 근저에 놓여 있는 직관의 올바름에 대한 어떠한 이의도 제기될 수 없다고 하더라도, 우선은 아직 우리가 어떻게 그러한 증가할 수 있는 것이나 감소할 수 있는 것을 가정하는 데 도달하게 되는가 하는 물음이 남아 있다. 사람들이 이 물음에 대답하기 위해 단순히 경험을 끌어대고자 한다면, 이것은 충분하지 않을 것이다. 그 까닭은 우리가 그 경우에 크기의 사상이 아니라 단지 표상만을 지닌다는 것을 도외시한다고 하더라도, 이 크기가 한갓 (증가함과 감소함의) 가능성으로서 입증될 뿐, 우리에게 그러한 행태의 필연성에 대한 통찰이 없을 것이기 때문이다. 그에 반해 우리의 논리적 발전 도정에서는 양이 자기 자신을 규정하는 사유의 하나의 단계로서 밝혀졌을 뿐만 아니라 또한 단적으로 자기 너머로 내보내는 것이 양의 개념 안에 놓여 있다는 것, 그리하여 우리가 여기서 한갓 가능한 것이 아니라 필연적인 것과 관계한다는 것이 제시되었다.

〈보론 2〉 양적인 무한 진행은 주로 반성하는 지성에게 무한성 일반이 문제가 될 때 그 반성하는 지성이 견지하곤 하는 것이다. 그러나 무한 진행의 이러한 형식에 대해서는 우선은 앞에서 질적으로 무한한 진행과 관련하여 주의해두었던 것과 같은 것이 적용되는바, 요컨대 이러한 형식의 무한 진행은 진무한의 표현이 아니라 다만 단순한 당위를 넘어서지 못하고 그리하여 실제로는 유한한 것에 머무르는 저 악무한의 표현일 뿐이다. 나아가 스피노자가 정당하게도 한갓 상상된 무한-*infinitum imaginationis*[50]이라고 부르는 이러한 유한한 진행의 양적 형식에 관해 좀 더 상세하게 이야기

50. 스피노자가 이성의 무한과 상상의 무한을 구별하는 것에 대해서는 특히 『에티카』 제1부 정리 8의 주해와 제2부 정리 44, 그리고 서간 12(헤겔 자신이 사용하는 Paulus 판에서는 29)를 참조. Spinoza, *Opera*, H. E. G. Paulus, ed. 2 vols. Jena, 1802–03과 *Opera*, ed. Gebhardt, 4 vols. Heidelberg, 1924. 이와 관련된 헤겔 자신의 스피노자 이해에 대해서는 『신앙과 앎』의 「B. 야코비 철학」을 참조.

하자면, 또한 시인들(특히 할러[51]와 클롭슈톡[52])도 드물지 않게 이 표상을
사용함으로써 자연의 무한성뿐만 아니라 또한 신 자신의 무한성도 직관적
으로 그려 보이고자 했다. [820]우리는 예를 들어 할러에게서 신의 무한성
에 대한 유명한 기술을 발견하는데, 그것은 다음과 같다.

> 나, 엄청난 숫자의,
>
> 수백만의 산들을 쌓고,
>
> 시간 위에 시간을
>
> 세계 위에 세계를 더미로 쌓아
>
> 아득히 높은 곳에서 다시
>
> 현기증을 느끼며 당신을 바라봅니다.
>
> 수의 모든 위력으로
>
> 수천 번이나 덧보태도
>
> 여전히 당신의 한 부분도 아닙니다.[53]

그러므로 여기서 우리는 우선은 양과 좀 더 상세하게는 수의 자기

---

51. Albrecht von Haller, 1708–77. 스위스의 해부학·생리학·식물학자, 시인. 해부학적인
실험 관찰을 생리학적 기능의 연구와 통일시켜 실험 생리학, 신경 생리학을 기초했다.
특히 많은 동물 실험에 기초하여 신경의 감수성과 근육의 흥분성 원리를 정식화한
『인체 생리학의 기초』(Elementa physiologiae corporis humani. 8 vols., 1757–66)는 광범위
한 영향을 미쳤다. 그의 청년기의 시집 『알프스』(Die Alpen, 1732)는 자주 칸트에게
받아들여졌는데, 헤겔은 그의 작품 속에서 악무한을 방기하고 진무한에 이르는 것이
시사되고 있다고 본다(『논리의 학』 Su. 5/265f.).
52. Friedrich Gottlieb Klopstock, 1724–1803. 18세기 중엽의 독일의 시인. 독일 시의 개혁자이자
힘찬 종교적 감정과 열광적인 예언자적 성격을 담은 작품을 통해 이상주의적인 사랑,
자연, 조국, 삶과 죽음, 신에 의한 천지창조와 같은 주제를 노래함으로써 젊은 날의
괴테를 비롯하여 독일 문학계에 깊은 영향을 주었다. 헤겔은 한편으로 클롭슈톡이
독일 민족의 긍지에 의해 영감을 받은 시인이라는 점을 인정하면서도 그의 작품에
대해서는 내용과 형식이 분열되어 있다고 비판적으로 바라본다(『미학』 Su. 15/346,
470).
53. Albrecht von Haller, 「영원성에 대한 불완전한 시가」(Unvollkommenes Gedicht über die
Ewigkeit), 『스위스 시의 시도』(Versuch Schweizerischer Gedichte, Bern, 1732)에서.

자신 너머로의 저 지속적인 내보냄을 가지는데, 그것을 칸트는 소름이 끼치는 것이라고 표현한다. 그렇지만 그것에서 본래적으로 소름이 끼치는 것은 다만 지속적으로 하나의 한계가 정립되고 다시 지양됨으로써 진척이 이루어지지 못한다고 하는 지루함뿐일 것이다. 그런데 더 나아가 앞에서 언급된 시인은 악무한에 대한 저 기술에 적절하게 결론으로서 다음의 것을 덧붙인다.

나, 그것을 내려놓으니, 당신이 온전히 내 앞에 계십니다 ──.

그렇다면 그것으로 언명되는 것은 바로 참으로 무한한 것이 유한한 것의 단순한 저편으로서 여겨져서는 안 된다고 하는 것과 우리가 참으로 무한한 것의 의식에 다다르기 위해서는 저 **무한한 진행**progressus in infinitum을 포기해야 한다고 하는 것이다.

〈보론 3〉 퓌타고라스[54]는 잘 알려져 있듯이 수들로 철학했으며, 사물들의 근본 규정을 수로서 파악했다. 이러한 파악은 일상적 의식에게는 첫눈에 보기에 철저히 역설적인 것으로서, 아니 정신 착란적인 것으로서 나타나지 않을 수 없으며, 그런 까닭에 그에 대해 어떻게 생각해야 할 것인가 하는 물음이 발생한다. 이 물음에 대답하기 위해 우선 상기해야

---

54. 헤겔은 퓌타고라스를 논의하는 데서 주로 아리스토텔레스의 『형이상학』 A, 5, 985b23 이하와 섹스토스 엠페이리코스를 자료상의 전거로 삼고 있다. 『철학사 강의』에서 퓌타고라스학파에 대한 헤겔의 논의는 예외적으로 방대한데, 그는 우선 이오니아학파로부터 퓌타고라스학파로의 흐름을 실재 철학으로부터 관념 철학으로의 발전으로서, 즉 사상이 자연적·감성적인 것을 벗어나 지적·관념적인 것으로 이행하는 과정으로서 자리매김한다. 그리고 퓌타고라스학파가 감성적인 것을 제거한 수의 원리를 자연의 근원에 두고서 절대적인 것을 사상의 규정에서 파악하고자 시도한 것을 '이데아의 징후'(Su. 18/239)로 간주한다. 그러나 다른 한편으로 헤겔은 퓌타고라스학파가 수와 수적 비례를 사물의 본질로 잘못 이해함으로써 빠지게 된 나쁜 수학주의에 대해 비판한다. 요컨대 그들이 '죽어 있고 개념이 없으며 무차별하고 대립이 없는 연속성'(Su. 18/237)인 수를 개념 그 자신과 혼동하고, 수의 원리를 공간과 음악에서의 관계를 넘어서서 천체와 정신의 영역들에도 확장하여 적용한 것을 '후기 퓌타고라스학파의 사상의 혼란과 참혹함'(Su. 18/260)이라고 하여 물리치는 것이다.

할 것은 철학의 과제가 일반적으로 사물들을 사상들로, 게다가 규정된 사상들로 환원하는 데 존립한다는 점이다. 그런데 수는 물론 하나의 사상이며, 게다가 감성적인 것에 가장 가까이 서 있는 그러한 사상, 또는 좀 더 규정적으로 표현하자면, 우리가 감성적인 것에서 일반적으로 상호 외재와 여럿을 이해하는 한에서 감성적인 것 자신의 사상이다. 그리하여 우리는 우주를 수로서 파악하려고 하는 시도에서 형이상학으로의 첫걸음을 인식한다. 퓌타고라스는 철학의 역사에서 잘 알려져 있듯이 이오니아 철학자들과 엘레아학파 사이에 서 있다. 그런데 [8/221]이미 아리스토텔레스가 지적하듯이 전자가 여전히 사물들의 본질을 질료적인 것으로서(ΰλη · 휠레로서) 바라보는 데 머물러 있고, 그러나 후자와 좀 더 자세하게는 파르메니데스가 존재의 형식에서 순수사유로 진보한 데 반해, 퓌타고라스 철학은 그 원리가 이를테면 감성적인 것과 초감성적인 것 사이의 다리를 형성하는 그런 것이다. 그렇다면 이로부터는 또한 거기서 퓌타고라스가 사물들의 본질을 단순한 수들로서 파악했다는 점에서 분명히 너무 멀리 갔다고 생각하고, 나아가 사물들이 물론 셈해질 수 있으며, 그에 대해서는 어떠한 이의도 제기될 수 없지만, 그럼에도 사물들은 여전히 단순한 수들 그 이상*mehr*이라고 말하는 사람들의 견해에 대해 어떻게 생각해야 할 것인지가 밝혀진다. 여기서 사물들에 돌려진 그 이상에 관해 이야기하자면, 실로 사물들이 단순한 수들 그 이상이라는 것은 기꺼이 시인되어야 하지만, 다만 관건이 되는 것은 이러한 그 이상이라는 것에서 무엇이 이해되는가 하는 것이다. 보통의 감성적 의식은 자기의 입장에 따라 여기서 제기된 물음에 대해 감성적 지각 가능성을 가리킴으로써 대답하고, 그리하여 사물들은 단지 셈해질 수 있을 뿐만 아니라 그 밖에 또한 볼 수 있고 냄새 맡을 수 있으며 만질 수 있는 등등의 것이라고 말하는 데 주저하지 않을 것이다. 이리하여 퓌타고라스 철학에 대해 퍼부어진 비난, 우리의 근대적인 방식에 따라 표현하자면, 그것이 너무나 관념론 적이라는 것으로 환원될 것이다. 그러나 실제로 그 사정은 앞에서 퓌타고라스 철학의 역사적 위치에 관해 언급한 것에서 이미 알아낼 수 있듯이 그와 정반대이다. 요컨대 사물들이 단순한 수들 그 이상이라는 것이 시인되어야만 한다면, 이것은 단순한 수의 사상이 아직 그에 의해 사물들의 규정된 본질이나 개념을 표현하기에 충분하지 않다는 것으로 이해되어야 한다. 그리하여 퓌타고라스가 그의 수 철학을 가지고서 너무 멀리 갔다고 주장하는 것 대신에 오히려 말해져야 할 것은 그와 반대로 그가 아직 **충분히** 멀리 가지 못했으며, 더욱이 이미 엘레아학파가 순수한 사유로의 바로 다음 발걸음을 내디뎠다고 하는 것이다. ── 그러나 더 나아가 또한 그 규정성이 본질적으로 일정한 수들과 수의 관계들에 기반하는 것이 사물들은 아니라 하더라도 사물들의 상태들이나 일반적으로 자연현상들인 경우도 존재한다. 이것은 특히 음들의 구별과 그것들의 조화로운 화음의 경우에 사실인데, 그 현상에 대해서는 잘 알려져 있듯이 그것을 지각함으로써 퓌타고라스가 처음으로 사물들의 본질을 수로서 파악하게 되는 동기를 부여받게 되었다고 이야기된다. 그런데 일정한 수들이 그 근저에 놓여 있는 그러한 현상들을 또한 그 수들로 환원하는 것이 결정적인 학문적 관심사라 할지라도, [8222]사상 일반의 규정성을 단지 수적일 뿐인 규정성으로서 간주하는 것은 어떤 방식으로도 허용되지 않는다. 실로 사람들은 우선은 가장 보편적인 사상 규정들을 최초의 수들에 연결할 동기가 있다고 생각하고, 그에 따라 하나는 단순하고 직접적인 것이며, 둘은 구별과 매개이고, 셋은 이 양자의 통일이라고 말할 수 있다. 그렇지만 이러한 결합들은 전적으로 외면적인바, 앞에서 언급된 수들 그 자체 안에는 바로 이러한 규정된 사상들의 표현이라고 하는 것이 놓여 있지 않다. 게다가 사람들이 이러한 방식으로 더 나아가면 나아갈수록, 그만큼 더 일정한 수들과 규정된 사상들의 결합에서 단순한 자의가 나타난다. 그래서 예를 들어 4는 1과 3의 통일 및 그와 관련된 사상으로서 고찰될 수 있다. 하지만 4는 그와 마찬가지로 또한 2의 두 배이기도 하며, 마찬가지로 9는 단지 3의 제곱일 뿐만 아니라 또한 8과 1, 7과 2 등등의 합이기도 하다. 오늘날에도 일정한 비밀 결사들이 온갖 종류의 수들과 도형들에 커다란 중요성을 부여하고 있다면, 이것은 한편으로는 해롭지 않은 놀이로서 그리고 다른 한편으로는 사유에서의 무익함의 징표로서 여겨져야 한다. 그 경우 사람들은 분명 그와 같은 것 배후에는 하나의 깊은 의미가 숨어 있으며, 우리는 그것에서 많은 것을 사유할 수 있다고 말하기도 한다. 그렇지만 철학에서 관건이 되는 것은 우리가 어떤 것을 사유할 수 있다는 것이 아니라 우리가 현실적으로 사유한다는 것인바, 사상의 참다운 요소는 자의적으로 선택된 상징들에서가 아니라 오직 사유 자신에서만 찾아져야 한다.

### § 105 【도의 모순에서 비례로】

이렇듯 정량의 그 대자존재하는 규정성에서 자기 자신에게 외면적임 *Äußerlichsein*이 정량의 질을 이룬다. 정량은 그와 같은 것 속에서 바로 그것 자신이며, 자기에게 관계되어 있다. 외면성, 다시 말하면 양적인 것과 대자존재, 즉 질적인 것이 그것 속에서 통합되어 있다. — 정량이 그것 자신에서 그렇게 정립되면 양적 비례[관계]quantitative *Verhältnis*, — 즉 하나의 **직접적인 정량**, 즉 지수인 만큼이나 또한 매개, 요컨대 어떤 하나의 정량의 다른 정량에 대한 관계*Beziehung*이기도 한 규정성인데, — 비례의 양항은 동시에 그것들의 직접적인 가치에 따라서 유효한 것이 아니며, 오히려 그것들의 가치는 오직 이러한 관계에서만 존재한다.[55]

〈보론〉 양적인 무한 진행은 우선은 수의 자기 자신 너머로의 끊임없는 내보냄으로서 나타난다. [8/223]그렇지만 좀 더 자세히 고찰하면 양은 이 진행에서 자기 자신에게로 되돌아오는 것으로서 입증된다. 왜냐하면

---

55. 【다음 절로의 전개】 처음에 양은 질에 무관심한 규정으로 여겨졌다. 비례에 이르면 양은 그 자신의 질적인 것을 지니기 때문에, 다음 절은 질과 양의 통일을 고찰하게 된다.

사상에 따라 그 속에 포함된 것은 일반적으로 수에 의한 수의 규정되어 있음이며, 이것이 양적 관계[비례]를 주기 때문이다. 우리가 예를 들어 2 : 4라고 말한다면, 이로써 우리는 그것들의 직접성 그 자체에서 유효한 것이 아니라 오직 그것들의 서로에 대한 상호 관계만이 문제가 되는 두 개의 크기를 지닌다. 그러나 이 관계(비례의 지수)는 그 자신이 하나의 크기이며, 그에 의해 그 크기는 서로에 대해 관계된 크기들과 구별되는바, 그것들의 변화와 더불어 비례 자신이 변화되는 데 반해, 오직 지수가 변화되지 않을 뿐인 한에서 비례는 그 양항의 변화에 대해 무관심한 것으로서 태도를 보이며 똑같은 것으로 머문다. 그런 까닭에 우리는 2 : 4 대신에 비례를 변화시킴이 없이 3 : 6을 정립할 수 있는데, 왜냐하면 지수 2는 두 경우에서 같은 것으로 머물기 때문이다.

### § 106【비례에서 도량으로】

비례의 **항**들은 아직 직접적인 정량들이며, 질적 규정과 양적 규정은 서로에게 아직 외면적이다. 그러나 그것들의 진리에 따라서는, 즉 양적인 것 자신이 그 외면성에서 자기에 대한 관계라거나 대자존재와 규정성의 무관심성이 통합되어 있다고 하는 것에 따라서는 비례는 **도량***Maß*이다.[56]

〈보론〉 양은 지금까지 고찰된 그 계기들을 통한 변증법적 운동에 매개되어 질로의 복귀로서 입증되었다. 양의 개념으로서 우리는 우선은 지양된 질, 다시 말하면 존재와 동일한 것이 아니라 그에 대해 무관심하고 외면적일 뿐인 규정성을 가졌다. 그 경우 이 개념은 (앞에서 지적되었듯이) 증가하거나 감소할 수 있는 것이라고 하는, 수학에서 통상적인 크기에

---

56.【다음 절로의 전개】 양의 최고의 발전인 비례는 비례의 값과 비례의 양항의 수와의 관계가 외면적이지만, '그 외면성에서 자기에 대한 관계', 즉 질적 규정성을 보존하고 있다. 비례가 지니는 질과 양의 모순이 지양되어 고찰은 크게 질과 양을 통일한 존재, 도량의 단계에 이른다.

대한 정의의 근저에 놓여 있는 것이기도 하다. 그런데 이 정의에 따라서 우선은 크기가 단지 가변적인 것 일반인 것처럼 보일 수 있다면(왜냐하면 증가뿐만 아니라 감소도 바로 다만 크기를 다르게 규정하는 것을 의미할 뿐이기 때문이다), 그러나 이리하여 크기가 그 개념에 따라 마찬가지로 가변적인 현존재(질의 두 번째 단계)와 구별되지 않는다면, 저 정의의 내용은 우리가 양에서 그 변화에도 불구하고 같은 것으로 머무는 그러한 가변적인 것을 지닌다는 것으로 완전하게 되어야만 할 것이다. 이리하여 양의 개념은 자기 안에 모순을 포함하는 것으로서 입증되며, 이 [8224]모순은 양의 변증법을 이루는 바로 그것이다. 그러나 이 변증법의 결과는 마치 질이 참된 것이고 그에 반해 양[57]은 참되지 않은 것이라는 듯이 질로의 단순한 복귀가 아니라, 이 양자의 통일과 진리, 즉 질적인 양 — 또는 **도량**이다. — 그렇다면 여기서 알아차릴 수 있는 것은, 만약 우리가 대상적 세계에 대한 고찰에서 양적인 규정에 몰두한다면, 우리가 그러한 몰두의 목표로서 염두에 두고 있는 것이 실제로는 언제나 이미 도량인바, 그러한 점은 우리의 언어에서도 우리가 양적인 규정들과 비례를 탐구하는 것을 **측정한다**<sup></sup>*Messen*고 표현하는 것에 의해 암시되어 있다는 점이다. 그래서 우리는 예를 들어 진동하게 되는 서로 다른 현들의 길이를 진동에 의해 산출되는 음들의 그 길이의 차이에 상응하는 질적 차이라는 관점 아래 측정한다. 그와 마찬가지로 화학에서는 서로 결합하는 원소들의 양이 탐구되는데, 그것은 그러한 결합을 조건 짓는 도량, 다시 말하면 일정한 질들의 근저에 놓여 있는 바로 그 양들을 인식하기 위해서이다. 또한 통계학에서도 사람들이 몰두하는 수들은 다만 그에 의해 조건 지어진 질적 결과들 때문에만 관심거리이다. 그에 반해 여기서 제시되는 주도적인 관점을 지니지 않는 단순한 수 탐구 그 자체는 당연히 이론적 관심도 실천적 관심도 만족시킬 수 없는 공허한 호기심으로서 여겨진다.

---

57. 원문에서는 Qualität로 되어 있으나, 그것은 분명 Quantität이어야 할 것이다.

# C. 도량

§ 107 【도량은 질과 결부된 정량】

도량은 질적 정량인바, 우선은 **직접적인 것**으로서, 그에 현존재 또는
질이 결부된 정량이다.[58]

〈보론〉 질과 양의 통일로서의 도량은 이리하여 동시에 완성된 존재이다.
우리가 존재에 대해 이야기할 때, 그것은 우선은 전적으로 추상적이고
몰규정적인 것으로서 나타난다. 그러나 존재는 본질적으로 다음과 같은
것, 즉 자기 자신을 규정하는 것인바, 그것은 도량에서 자기의 완성된
규정성에 다다른다. 우리는 도량을 또한 절대자의 정의로서도 간주할
수 있으며, 그에 따라 신은 [8/225]만물의 도량[척도]이라고 말해져 왔다.[59]
이러한 직관은 또한 고대 헤브라이 송가들의 기본 음조를 형성하는 것이기
도 하다.[60] 그것들에서 신에 대한 찬미는 본질적으로 그가 모든 것, 즉

---

58. 【다음 절로의 전개】 질적인 정량인 도량에서 양이 증감함으로써 두 개의 질적 결과가
    생긴다.
59. 프로타고라스는 '인간이 만물의 척도다'라고 말했다. 플라톤은(『법률』 4:716c에서)
    분명히 그에 반대하여 '인간이 아니라 신이 척도다'라고 주장한다. 헤겔이 뒤에서
    도량[척도]으로서의 네메시스에 관해 이야기할 때 그는 아마도 핀다로스나 비극 작가들
    로부터 얻은 것을 염두에 두고 있을 것이다. 그러나 우리는 엠페도클레스에게서의
    '강한 맹세'나, 헤라클레이토스에게서 태양이 '자기의 척도를 넘어서지' 못하도록 하는
    '디케의 시종'으로서의 에리뉘에스를 기억해야 할 것이다. 우주적 '정의'는 누구보다도
    우선 아낙시만드로스에게서 명백하다. *D.K.*, 31, B 30과 아리스토텔레스, 『형이상학』
    B. 4. 1,000b12를 참조.
60. 윌리스는 『시편』 74장과 104장 그리고 『잠언』 8장과 『욥기』 38장을 제안했다. '주님은

바다와 대륙, 강과 산 그리고 그와 마찬가지로 다양한 종류의 식물과 동물에 그 한계를 정립했다고 하는 것으로 귀착된다. — 우리는 그리스인들의 종교적 의식에서도 인륜적인 것에 대한 좀 더 가까운 관계에서 네메시스*Nemesis*로서 표상된 도량의 신성을 발견한다. 그 경우 이 표상에는 일반적으로 모든 인간적인 것 — 부, 명예, 위력 그리고 기쁨과 고통 등등 — 은 그것의 일정한 도량을 지니며, 그 도량을 넘어가는 것은 파멸과 몰락으로 이어진다고 하는 것이 놓여 있다. — 이제부터 더 나아가 대상적 세계에서의 도량의 출현에 관해 이야기하자면, 우리는 우선 자연에서 도량이 그 본질적 내용을 형성하는 그러한 실존들을 발견한다. 이 점은 특히 태양계의 경우에 사실인데, 우리는 태양계를 일반적으로 자유로운 도량의 영역으로서 간주해야 한다. 다음으로 우리가 비유기적 자연에 대한 고찰에서 좀 더 앞으로 나아가면, 여기서는 도량이 이를테면 배후로 물러선다. 여기서는 현존하는 질적 규정들과 양적 규정들이 서로에 대해 무관심한 것으로서 다면적으로 입증되는 한에서 말이다. 그래서 예를 들어 바위나 강의 질은 규정된 크기에 결부되어 있지 않다. 그렇지만 좀 더 자세히 살펴보면 우리는 앞에서 언급된 것들과 같은 대상들도 단적으로 도량 없는 것이 아니라는 것을 발견한다. 왜냐하면 강에서의 물과 바위의 개별적인 구성 요소들은 화학적 연구에서 다시 그것들 안에 포함된 원소들의 양적 관계에 의해 조건 지어져 있는 질들로서 입증되기 때문이다. 그러나 다음으로 유기적 자연에서는 도량이 다시 좀 더 결정적으로 직접적 직관에 속하는 가운데 나타난다. 식물과 동물의 다양한 유들은 그 전체에서뿐만 아니라 그 개별적 부분들에서도 일정한 도량을 지니는데, 거기서 여전히 주의해야 하는 것은 좀 더 불완전한, 즉 비유기적 자연에 좀 더 가까이 있는 유기적 형성물들이 좀 더 고차적인 것들과 구별되는 것은 부분적으로 그 도량의 좀 더 커다란 무규정성에 의해서라는

모든 것을 잘 재고, 헤아리고, 달아서 처리하셨다'라는 유명한 텍스트는 구약성서 외경인 『지혜서』의 11장 21절이다.

사정이다. 그래서 우리는 예를 들어 화석들에서 현미경을 통해서만 알아볼 수 있는 이른바 암모나이트와 수레바퀴 크기에 이르기까지의 다른 것들을 발견한다. 도량의 똑같은 무규정성이 또한 유기적 형성의 낮은 단계에 있는 많은 식물에서도 나타나는데, 이 점은 예를 들어 양치류에서 사실이다.

§ 108 【양의 증감과 질의 변화·무변화】

도량에서 질과 양이 단지 **직접적인** [8/226]통일 속에 있는 한에서, 그것들의 구별은 마찬가지로 직접적인 방식으로 그것들에서 출현한다. 그런 한에서 특수한 정량은 한편으로는 단순한 정량이고, 현존재가 증가하고 감소할 수 있으면서도 그런 한에서 **규칙**인 도량이 그로 인해 지양되지 않지만, 다른 한편으로 정량의 변화는 또한 질의 변화이기도 하다.[61]

〈보론〉 도량에서 현존하는 질과 양의 동일성은 처음에는 단지 **자체적일** 뿐, 아직은 **정립**되어 있지 않다. 여기에는 그 통일이 도량인 바의 이 두 규정이, 한편으로는 현존재의 양적 규정들이 변화한다고 하더라도 그 질이 영향을 받음이 없이 양적 규정들이 변화될 수 있는 형태로, 각각 그 자체로도 관철된다고 하는 것이 놓여 있다. 그러나 또한 다른 한편으로 이러한 무관심한 증가와 감소는 그것을 넘어감으로써 질이 변화되는 그러한 자기의 한계를 지닌다. 그래서 예를 들어 물의 온도는 우선은 그것의 액체 상태의 유동성에 대한 관계에서 무관심하지만, 그다음으로 액체 상태의 유동적인 물의 온도의 증가나 감소에서는 이러한 응집 상태가 질적으로 변화하여 물이 한편으로는 증기로 다른 한편으로는 얼음으로 전환되는 한 점이 등장한다. 양적 변화가 일어날 때, 이것은

---

61. 【다음 절로의 전개】 이 절에서 질과 양의 통일로서 도량을 통일성을 깨트리지 않는 직접성의 범위에서 고찰했기 때문에, 다음 절에서는 그것의 부정적 존재인 도량 없는 것을 고찰한다.

우선은 전적으로 거리낌 없는 어떤 것으로서 나타나지만, 그 배후에는 여전히 다른 어떤 것이 숨어 있는바, 양적인 것의 이러한 겉보기에 거리낌 없는 변화는 이를테면 그에 의해 질적인 것이 붙잡히는 하나의 책략[간지]이다. 여기에 놓여 있는 도량의 이율배반을 이미 그리스인들은 여러 가지 비유적 표현으로 직관적으로 그려 보았다. 그들은 예를 들어 하나의 밀알이 과연 한 무더기의 밀을 만드는 것인지의 물음이나 말의 꼬리에서 하나의 털을 뽑는 것이 과연 털 없는 꼬리를 만드는 것인가 하는 물음에서 그렇게 했다.[62] 사람들이 존재의 무관심하고 외면적인 규정성으로서의 양의 본성과 관련하여 우선은 저 물음들에 대해 부정하면서 대답하는 경향이 있을지라도, 바로 그다음에 시인하지 않으면 안 될 것은 이러한 무관심한 증가와 감소도 그 한계를 지닌다는 것, 그리고 여기서는 마침내 언제나 다만 한 알의 밀이 계속해서 덧붙여짐으로써 한 무더기의 밀이 생겨나고, 언제나 다만 하나의 털이 계속해서 뽑힘으로써 털 없는 꼬리가 생겨나는 하나의 점에 도달하게 된다는 것이다. 이 예들과 사정이 마찬가지인 것이 기운차게 걸어가는 자기의 당나귀의 짐을 계속해서 조금씩 늘려감으로써 그 당나귀가 마침내 견딜 수 없게 된 짐으로 인해 맥없이 주저앉아 버렸다는 저 농부 이야기의 경우이다. [8/227]이와 같은 것들을 그저 한가한 교탁에서의 쓸데없는 잔소리로 설명하고자 한다면, 그것은

---

62. 무더기 역설(Sorites Paradox, 연속선상에서 시점이나 경계선을 딱 잘라 규정하는 것과 관련된 어려움을 가리킨다)의 논리적 예들은 디오게네스 라에르티우스, 키케로, 호라티우스에서 유래한다. 고대 전통에서는 털 없는 꼬리의 말이 아니라 대머리 사람이었다. 디오게네스 라에르티우스(2:108)에 따르면, 머리카락을 하나씩 제거할 때 언제 한 사람이 대머리가 되는지를 결정하는 논리적 어려움에 처음으로 주의를 기울인 것은 메가라의 에우불리데스였다. 호라티우스는 그의 두 번째 책의 첫 번째 서간에서 그 예를 사람의 머리로부터 말의 꼬리로 바꿨다. sorites(연쇄 논법, 궤변)의 그리스어 어원인 soros는 '무더기'를 의미한다. 그리고 키케로는 독창적인 밀 무더기 예를 그의 『아카데미카』(2:92)에서 제공한다. 무거운 짐이 실린 당나귀와 농부의 예는 그 출처가 불분명하지만, 그것은 헤겔의 독창적인 것이 아니라 격언에서 유래한 것일 터이다. '낙타의 등을 부러뜨리는 것은 마지막 지푸라기다.' 다른 한편, '무더기 역설'은 연쇄 삼단논법(Sorites Argument)과 구별되어야 하는데, 연쇄식에서는 많은 삼단논법이 함께 무더기로 연결되어 단일한 일련의 전제들과 최종적인 결론을 이룬다.

아주 부당하게 대하는 것일 터이다. 왜냐하면 그것들에서 실제로 다루어지고 있는 것은 실천적 관계에서나 좀 더 상세하게는 인륜적 관계에서도 그에 친숙해져 있는 것이 대단히 중요한 사상이기 때문이다. 그래서 예를 들어 우리가 행하는 지출과 관련하여 우선은 그 내부에서 더 많고 더 적음이 문제가 되지 않는 일정한 활동 공간이 성립한다. 그러나 그 경우 한편으로든 다른 편으로든 그때그때의 개별적인 관계들에 의해 규정된 도량을 넘어서게 되면, 도량의 질적 본성이 (앞에서 언급된 물의 서로 다른 온도의 예와 똑같은 방식으로) 관철되는바, 방금 여전히 좋은 살림으로서 여겨질 수 있었던 것이 인색함이나 낭비로 된다. — 나아가 똑같은 것이 또한 정치에도 적용되는데, 게다가 한 국가의 헌법이 그 영토의 크기나 그 주민과 그 밖의 다른 양적 규정들의 수에 독립적인 것으로서 여겨져야만 하는 것과 마찬가지로 또한 의존적인 것으로서도 여겨져야만 한다고 하는 양식으로 적용된다. 예를 들어 우리가 천 제곱마일의 영토와 4백만 인구의 주민을 가진 국가를 고찰한다면, 우선은 2제곱마일의 영토와 2천 명의 주민이 더 많아지든 더 적어지든 그러한 국가의 헌법에 아무런 본질적인 영향을 지닐 수 없다는 점을 주저 없이 시인해야 할 것이다. 그러나 그에 반해 그와 마찬가지로 부인되어서는 안 되는 것은 하나의 국가가 계속해서 점점 더 커지거나 더 작아지게 되면 마침내, 다른 모든 상황은 도외시한다고 하더라도, 이러한 양적 변화로 인해 이미 그 헌법의 질적인 것도 더는 변화하지 않고서 남아 있을 수 없는 한 점이 등장한다는 점이다. 작은 스위스 칸톤의 헌법은 큰 나라에 들어맞지 않으며, 그와 마찬가지로 로마 공화국의 헌법은 그것을 작은 독일 자유시로 이식하는 데서는 부적합했다.

## § 109 【도량과 도량 없는 것의 무한 진행】

도량 없는 것Das Maßlose은 우선은 이렇듯 도량이 자기의 양적 본성에 의해 자기의 질 규정성을 넘어감이다. 그러나 다른 양적 관계, 즉 최초 도량의 도량 없는 것이 그와 마찬가지로 질적인 까닭에, 도량 없는 것도 마찬가지로 도량이다. 질로부터 정량으로의 그리고 후자로부터 전자로의 이 두 이행은 또다시 무한 진행으로서 — 즉 [8228]도량이 도량 없는 것에서 자기를 지양하고 회복하는 것으로서 표상될 수 있다.[63]

〈보론〉 양은 우리가 보았듯이 단지 변화, 다시 말하면 증가와 감소를 할 수 있을 뿐만 아니라 일반적으로 그러한 것으로서 자기 자신을 넘어감이다. 나아가 양은 이러한 자기의 본성을 도량에서도 확증한다. 그러나 도량 안에 현존하는 양이 일정한 한계를 넘어감으로써 또한 그에 상응하는 질도 지양된다. 그렇지만 이로써 질 일반이 아니라 다만 이 규정된 질만이 부정되는데, 그 질의 자리를 곧바로 또다시 다른 질이 차지한다. 우리는 양의 단순한 변화로서 그리고 다음으로는 또한 양의 질로의 전화로서 번갈아 가며 입증되는 도량의 이러한 과정을 결절선의 이미지에서 직관할 수 있다.[64] 그와 같은 결절선을 우리는 우선은 자연에서 여러 가지 형식으로 발견한다. 증가와 감소에 조건 지어진 물의 질적으로 서로 다른 응집 상태들에 대해서는 이미 앞에서 생각한 바 있다. 금속의 서로 다른 산화 단계들에서의 사정도 비슷한 방식으로 나타난다. 또한 음들의 구별도 도량의 과정에서 일어나는, 우선은 단지 양적일 뿐인 것의 질적인 변화로의 전화의 예로서 고찰될 수 있다.

## § 110 【도량 직접성의 지양】

여기서 실제로 일어나는 것은 여전히 도량 그 자체에 속하는 직접성이 지양된다는 것이다. 질과 양 자신은 도량에서 우선은 **직접적인 것으로서**

---

63. 【다음 절로의 전개】 § 108 및 § 109의 도량이 지니는 직접성과 부정성을 다음 절에서 총괄한다.
64. 헤겔이 이 이미지를 사용하는 것은 자연철학에 한정되지 않는다. 그는 그것을 『정신현상학』에서 '종교'의 역사적 전개를 보여주기 위해 처음으로 사용했다(*Su.* 3/500). 따라서 그 역사 속에서 절대정신의 진보적 자기 규정은 도량의 범주 안에 속한다.

있으며, 도량은 그것들의 상대적 동일성일 뿐이다. 그러나 도량은 도량 없는 것으로 자기를 지양하는 것으로, 그렇지만 도량의 부정이면서도 그 자신이 양과 질의 통일인 이 도량 없는 것에서 그와 마찬가지로 다만 자기 자신과 합치할 뿐인 것으로 나타난다.[65]

## § 111 【존재론에서 본질론으로】

무한한 것, 즉 부정의 부정으로서의 긍정은 존재와 무, 어떤 것과 타자 등등의 좀 더 추상적인 측면들 대신에 이제 질과 양을 자기의 측면들로 가졌다. 이것들은 α) 우선은 [8/229]양으로 이행된 질(§ 98)과 질로 이행된 양(§ 105)이며, 그리하여 양자는 **부정들**로서 제시되어 있다. β) 그러나 그것들의 **통일**(도량)에서 그것들은 우선은 구별되어 있으며, 하나는 오직 다른 것을 매개로 해서만 존재한다. 그리고 γ) 이러한 통일의 직접성이 자기를 지양하는 것으로서 입증된 후에, 이 통일은 이제부터는 그 **자체**에서 그것인 바의 것으로서, 즉 존재 일반과 그것의 형식들을 지양된 것들로서 자기 안에 포함하는 단순한 자기에-대한-관계Beziehung-auf-sich로서 정립되어 있다. ── 존재는, 또는 자기 자신의 부정에 의해 **자기와의 매개**이자 **자기 자신에 대한 관계**이고, 그리하여 그와 마찬가지로 **자기를 자기에 대한 관계로, 즉 직접성으로 지양하는 매개**이기도 한 직접성은, 본질이다.[66]

〈보론〉 도량의 과정은 단지 질의 양으로의, 그리고 양의 질로의 영속적인

---

65. 【다음 절로의 전개】 무한한 과정에서 자기 자신과 합치한다는 것은 존재론으로서의 고찰이 이것으로 마무리된다는 것이다. 다음에서 새로운 고찰 단계로의 이행이 문제가 된다.

66. 【다음 절로의 전개】 존재론의 최종적인 것인 도량은 질과 양의 통일이지만, 양자는 다른 것임과 동시에 서로를 매개로 해서만 존재하는 것이다. 존재론의 개념들에도 포함되는 자기를 지양하여 자기 관계로 되는 매개, 직접성으로 지양되는 매개가 더욱 발전하면, 이제 존재는 본질로 전화한다. '논리학의 두 번째 부분 전체, 즉 본질론은 직접성과 매개의 본질적인 자기 정립하는 통일에 대한 논구이다.'(§ 65 '주해')

전화의 형태로 된 무한 진행의 나쁜 무한성[악무한]이 아니라 동시에 자기의 타자 속에서 자기 자신과 합치함이라는 참된 무한성[진무한]이다. 질과 양은 도량에서 우선은 서로 어떤 것과 다른 것으로서 대립한다. 그러나 이제 질은 그 자체에서 양이며, 그와 마찬가지로 역으로 양은 그 자체에서 질이다. 그리하여 이 양자가 도량의 과정에서 서로에게로 이행함으로써, 이 두 규정의 각각은 다만 각 규정이 그 자체에서 이미 그것인 바의 것으로 될 뿐인바, 우리는 이제 도량의 규정들에서 부정된 존재, 즉 일반적으로 지양된 존재를 획득하는데, 그것이 바로 본질이다. 도량 안에는 그 자체에서 이미 본질이 있었으며, 도량의 과정은 다만 자기를 자기가 그 자체에서 그것인 바의 것으로서 정립하는 데 존립할 뿐이다. ― 일상적 의식은 사물들을 존재하는 것으로서 파악하며, 그것들을 질과 양 그리고 도량에 따라 고찰한다. 그러나 그 경우 이 직접적 규정들은 고정된 것으로서가 아니라 이행하는 것으로서 입증되는바, 본질은 그 규정들의 변증법이 도달한 결과이다. 본질에서는 더는 이행이 발생하지 않으며, 오직 관계만이 존재한다. 관계의 형식은 존재에서는 다만 우리의 반성일 뿐이다. 그에 반해 본질에서 관계는 본질의 고유한 규정이다. (존재의 영역에서) 어떤 것이 다른 것으로 될 때, 이리하여 어떤 것은 사라졌다. 본질에서는 그렇지 않다. 여기서 우리는 참으로 다른 것이 아니라 다만 상이성[서로 다름], 즉 하나의 자기의 타자에 대한 관계를 지닐 뿐이다. 그러므로 본질의 이행은 동시에 이행이 아니다. 왜냐하면 서로 다른 것의 서로 다른 것으로의 이행에서는 [8/230]서로 다른 것이 사라지는 것이 아니고 오히려 서로 다른 것들은 그 관계 속에 머물기 때문이다. 우리가 예를 들어 존재와 무를 말한다면, 존재는 그 자체로 있고, 그와 마찬가지로 무도 그 자체로 있다. 긍정적인 것과 부정적인 것의 경우에는 사정이 전혀 다르다. 이것들은 실로 존재와 무의 규정을 가진다. 그러나 긍정적인 것은 그 자체로는 아무런 의미도 지니지 않으며, 오히려 그것은 단적으로 부정적인 것에 관계되어 있다. 부정적인 것의 사정도 그와 마찬가지이다. 존재의 영역에서 관계성은 오직 그 **자체에서** 존재할 뿐이다. 그에 반해 본질에서 그것은 정립되어 있다. 그러므로 이러한 것이 일반적으로 존재의 형식들과 본질의 형식들이 지니는 구별이다. 존재에서는 모든 것이 직접적이고, 그에 반해 본질에서는 모든 것이 상대적[관계적]relativ이다.

논리학의 제2편

본질론

## § 112 【존재의 발전인 본질】

본질Wesen은 정립된 개념으로서의 개념이며, 본질에서의 규정들은 오직 상대적일 뿐이고, 아직은 단적으로 자기 안으로 반성된 것으로서 있지 않다. 그런 까닭에 개념은 아직은 대자Fürsich로서 존재하지 않는다. 본질은 자기 자신의 부정성에 의해 자기를 자기와 매개하는 존재로서, 오직 자기 자신에 대한 관계가 다른 것[타재]에 대한 관계라는 점에서만 자기 자신에 대한 관계이지만, 그 다른 것은 직접적으로 존재하는 것으로서가 아니라 정립되고 매개된 것으로서 존재한다. — 존재는 사라지지 않았으며, 오히려 첫째로 본질은 자기 자신에 대한 단순한 관계로서 존재이다. 그러나 둘째로 존재는 직접적인 것이라는 그것의 일면적 규정에 따라 오직 부정적일 뿐인 것, 즉 가상[외관]Schein으로 격하되어 있다. — 이리하여 본질은 자기 자신 안에서의 가현Scheinen[1]으로서의 존재이다.[2]

---

1. 'Schein'과 'Scheinen'을 이해하고 옮기는 데서 우리는 세 가지 점을 염두에 두어야만 하는데, 그 가운데 둘은 헤겔의 논의 맥락에서, 하나는 일상적 용법에서 주어진다. 첫째, '현상(Erscheinung)'은 좀 더 고차적으로 발전된 것으로 Schein의 '진리'를 좀 더 온전하게 표현한다. 둘째, Scheinen의 사용은 '반성' 논리의 기저에 놓여 있는 물리적 유비를 통해 규정된다. 마지막으로 일상적 용법은 Schein이 기만적이라고 말해준다. 즉 그것은 그렇게 보이지만 실제로는 그렇지 않은 것을 가리킨다. 이러한 일상적 용법은 앞의 첫째와는 조화를 이루지만, 둘째와는 부딪친다. 왜냐하면 내부로 향해 '비추는' '본질'의 '빛'은 '존재'를 '존재의 진리'인 '본질'로 만드는 내적 운동을 표현하기 때문이다. 이러한 상황은 우리를 당혹스럽게 하지 않을 수 없다. 지금까지 Schein 및 Scheinen을 우리는 '……인 것으로 보인다', '겉보기' 등으로 옮겨 왔지만, 그런 맥락에서는 부정적인 함축이 지배적이었다. 어쨌든 우리는 가능한 한 헤겔의 논의 맥락과 철학사와 관련한 설명 그리고 비유적인 그의 용법에 충실히 머물고자 하는데, 그래서 주로 가상[외관]과 가현[비춤]으로 옮기고자

절대자는 본질이다. ─ 이 정의는 존재가 마찬가지로 자기에 대한 단순한 관계인 한에서 절대자는 존재라는 정의와 똑같은 것이다. 그러나 그 정의는 동시에 더 고차적이다. 왜냐하면 본질이란 자기 안으로 들어간 존재이기 때문인바, 다시 말하면 본질의 자기에 대한 단순한 관계는 다음과 같은 관계, 즉 부정적인 것의 부정으로서, 부정적인 것의 자기 안에서의 자기 자신과의 매개로서 정립된 관계이기 때문이다. ─ 그러나 절대자가 본질로서 규정됨으로써 부정성은 자주 다만 모든 규정된 술어의 사상[추상]*Abstraktion*이라는 의미에서만 받아들여진다. 그 경우 이 부정적 행위, 추상 작용은 본질 외부에 속하며, 그래서 본질 자신은 다만 이러한 자기의 전제들 없는 결과, 추상의 증류 찌꺼기*Caput mortuum*[3]로서만 존재한다. 그러나 이 부정성이 존재에게 외면적인 것이 아니라 존재의 고유한 변증법인 까닭에, 존재의 진리, 즉 본질은 자기 안으로 들어갔거나 자기 안에 존재하는 존재로서 있다. 직접적 존재로부터의 본질의 구별을 이루는 것은 저 반성*Reflexion*, 즉 본질의 자기 자신 안에서의 가현인바, 반성은 본질 자신의 특유한 규정이다.

[8/232]〈보론〉 본질에 관해 이야기할 때, 우리는 그것으로부터 직접적인 것으로서의 존재를 구별하고 이 후자를 본질과 관련하여 단순한 가상으로서 간주한다. 그러나 이 가상은 전혀 없는 것이 아닌바, 무가 아니라

한다. 요컨대 존재론에서 직접적이라는 일면적 규정을 지닌 존재가 본질 속에서는 단지 부정적인 것, 즉 가상 내지 외관으로 격하되어 그것 자신으로는 의미를 지니지 않게 되고, 무언가의 나타남으로서만 의미를 지니는 것이다. 따라서 본질은 자기 자신 안에서의 가현, 즉 자신이 무언가의 외관임을 비추어 보이는 것으로서의 존재이다.

2. 【다음 절로의 전개】 본질은 무엇보다도 우선 '자기 자신의 부정성을 통해 자기를 자기와 매개하는 존재'이다. 다음 절에서는 '자기를 자기와 매개하는' 측면이 고찰된다.

3. 앞에서 살펴보았듯이 죽은 머리 내지 죽은 자를 의미하는 이 말은 모든 '살아 있는 영'이 추출되거나 발산될 때 남는 '죽은' 침전물을 가리키는 연금술사의 용어이다.

지양된 것으로서의 존재이다. ― 본질의 입장은 일반적으로 반성의 입장이다. 반성[반사]Reflexion이라는 표현은 우선은 빛이 그것의 직선적인 전진에서 반사면에 부딪혀 이로부터 반사되는 한에서 빛에 대해 사용된다. 그리하여 우리는 여기서 이중화된 것을, 즉 일단은 직접적인 것, 존재적인 것을, 그리고 나서는 둘째로 매개되거나 정립된 것으로서의 바로 그것을 갖는다. 그런데 이것은 바로 우리가 하나의 대상에 대해 반성하거나 (또한 그렇게 말하곤 하듯이) 추사유하는 경우에도 사실이다. 여기서는 요컨대 대상이 그 직접성에서 타당한 것이 아니고, 오히려 우리가 그 대상을 매개된 것으로서 알고자 하는 한에서 말이다. 또한 분명 철학의 과제나 목적은 사물의 본질을 인식해야 한다는 것으로 파악되곤 하며, 그러한 인식에서 이해되는 것은 대체로 다만 사물들이 그 직접성에 방치되는 것이 아니라 다른 것에 의해 매개되거나 근거 지어진 것으로서 지시되어야 한다고 하는 것이다. 여기서는 사물들의 직접적 존재가 이를테면 겉껍질이나 그 뒤에 본질이 은폐된 장막으로서 표상된다. ― 더 나아가 모든 사물은 본질을 지닌다고 말할 때, 그것으로 언명되는 것은 사물들이 참으로는 그것들이 직접적으로 그것으로서 나타나는 바의 것이 아니라고 하는 것이다. 그 경우 또한 하나의 질에서 다른 질로의 단순한 떠돎이나 질적인 것으로부터 양적인 것으로의 그리고 그 역의 단순한 전진으로 다 마무리되는 것도 아닌바, 오히려 사물들에는 지속적인 것이 존재하며, 이것이 우선은 본질이다. 이제부터 본질이라는 범주의 그 밖의 의미와 사용에 관해 이야기하자면, 여기서 우선 상기될 수 있는 것은 우리가 독일어에서 조동사 *sein*의 과거를 표현하기 위해 *Wesen*이라는 표현을 사용한다는 점인데, 요컨대 우리는 지나간 존재를 *gewesen*이라고 표현하는 것이다. 언어 사용의 이러한 불규칙성의 근저에는 우리가 본질을 틀림없이 지나간 존재로서 간주할 수 있는 한에서 본질에 대한 존재의 관계에 관한 올바른 직관이 놓여 있는데, 그 경우 거기서 여전히 주의해야 하는 것은 다만 지나가 버린 것이 그렇다고 해서 추상적으로 부정되는 것이 아니라 다만 지양되었을 뿐이고 그리하여 동시에 보존되어 있다고 하는 점이다. 예를 들어 우리가 카이사르는 갈리아에 있었다*gewesen*고 말한다면, 그 말로써는 다만 여기서 카이사르에 관해 진술되는 것의 직접성이 부정될 뿐이지 갈리아에서의 그의 체재가 일반적으로 부정되는 것은 아니다. 왜냐하면 카이사르의 갈리아 체재가 바로 이 진술의 내용을 형성하는 것이지만, 그 내용이 여기서는 지양된 것으로서 표상되기 때문이다. ── 일상생활에서 본질에 관해 [8/233]이야기할 때, 이것은 흔히 다만 총괄이나 총체라는 의미만을 지니며, 그에 따라 사람들은 예를 들어 차이퉁스베젠[저널리즘]*Zeitungswesen*, 포스트베젠[우편 사무]*Postwesen*, 슈토이어베젠[조세 제도]*Steuerwesen* 등등에 관해 이야기하는데, 그 경우 거기서는 다만 이것들이 개별적으로 그 직접성에서가 아니라 복합체로서 그리고 거기서 더 나아가 가령 그것들의 다양한 관계들에서도 받아들여져야 한다는 것 정도가 이해된다. 그렇다면 그러한 언어 사용에는 대략 우리에게 본질로서 밝혀진 바로 그것이 포함되어 있을 뿐이다. ── 나아가 사람들은 또한 유한한 본질에 관해 이야기하고, 인간을 유한한 본질이라고 부른다.[4] 그렇지만 본질에 관해 이야기할 때, 사람들은 본래적으로 유한성을 넘어서 있으며, 그런 한에서 인간을 이렇게 지칭하는 것은 부정확하다. 다음으로 더 나아가 최고의 본질이 존재하며[주어져 있으며]*es gibt*, 신이 이 이름으로 불려야 한다고 말할 때, 이에 대해서는 두 가지가 지적되어야 한다. 요컨대 첫째로, 존재한다[주어져 있다]*geben*는 표현은 유한한 것을 암시하는 그러한 것이며, 그래서 우리는 예를 들어 그러그러한 만큼의 행성들이 존재한다거나 그러저러한 식물들이 존재하며 그러저러한 성질

---

4. 우리의 일상적 언어 사용에서는 '유한한 존재'라고 할 것이다. 그러나 앞의 한 각주에서도 지적해 두었듯이, 영어의 'the supreme being'과 프랑스어의 'I'Etre suprême'이 헤겔의 독일어에서는 'das höchste Wesen'이고, 'the rational being'이 'das vernünftige Wesen'이라는 점, 그리고 헤겔의 논리학에서 '존재(Sein)', '본질(Wesen)' 그리고 '개념(Begriff)'의 구별이 단적으로 근본적이라는 점을 기억한다면, 여기서도 'ein endliches Wesen'은 '유한한 본질'로 옮겨야 할 것이다.

의 식물들이 존재한다고 말한다. 그리하여 그렇게 존재하는 그것은 그것 바깥에나 그것 옆에 또 다른 것이 존재하는 어떤 것이다. 그러나 단적으로 무한한 것으로서의 신은 바로 다만 존재할 뿐이고 그것 바깥에나 그것 옆에 또 다른 본질들이 존재하는 그러한 것이 아니다. 신 바깥에 따로 여전히 존재하는 것에게는 신으로부터의 그것의 분리에서 어떠한 본질성 도 속하지 않으며, 오히려 그와 같은 것은 이러한 고립 속에서 자기 안에서 근거 없고 본질 없는 것으로서, 즉 단순한 가상으로서 여겨져야 한다. 그러나 여기에는 또한 둘째로, 신에 대해 단순히 최고의 본질höchstem Wesen로서 이야기하는 것은 불충분하다고 언급되어야만 한다는 점이 놓여 있다. 여기서 적용되는 양의 범주는 실제로는 그 자리를 오직 유한한 것의 영역에서만 발견한다. 그래서 우리는 예를 들어 이것은 지구상에서 가장 높은 산이라고 말하는데, 거기서는 이 가장 높은 산 이외에 또 다른 마찬가지로 높은 산들이 존재한다는 표상을 지닌다. 우리가 누군가 에 대해 그는 자기 나라에서 가장 부유한 사람이라거나 가장 학식이 많은 사람이라고 말할 때도 사정은 그와 마찬가지이다. 그렇지만 신은 단지 하나의 본질도 또한 단지 최고의 본질도 아닌바, 오히려 유일한 본질das Wesen이다. 그러나 거기서 곧바로 주의해야 하는 것은 비록 신에 대한 이러한 파악이 종교적 의식의 발전에서 중요하고 필연적인 단계를 형성하는 것일지라도, 그것에 의해 신에 관한 그리스도교적 표상의 깊이 가 아직은 결코 다 드러나는 것은 아니라고 하는 점이다. 신을 다만 단적으로 본질로서 바라보고 그에 머무른다면, 우리는 그를 다만 겨우 보편적이고 저항할 수 없는 위력으로서나 달리 표현하자면 주로서 안다. 그러나 주에 대한 경외는 분명 시원이지만, 또한 다만 지혜의 시원일 뿐이다. —— [823]신이 주로서 그리고 본질적으로 오직 주로서만 파악되는 것은 우선은 유대교와 더 나아가서는 이슬람교에서다. 이 종교들의 결함 은 일반적으로 여기서는 유한한 것이 자기의 권리에 도달하지 못한다는 점에 존립하는데, 그 유한한 것을 (자연적인 것으로서든 아니면 정신의 유한한 것으로서든) 그 자체로 견지하는 것은 이교적이고 이와 더불어 동시에 다신론적인 종교들의 특징적인 것을 이룬다. —— 그러나 더 나아가 또한 최고의 본질로서의 신은 인식될 수 없다고 주장되었던 일도 자주 일어났다. 이것은 일반적으로 근대 계몽과 좀 더 자세하게는 추상적 지성의 입장인데, 이 입장은 최고의 본질이 있다il y a un être suprême[5]고 말하는 데 만족하고서는 그것으로 끝맺는다. 그렇게 이야기되고 신이 단지 최고의 저편의 본질로서만 여겨질 때, 사람들은 세계를 그 직접성에서 확고하고 긍정적인[적극적인] 어떤 것으로서 자기 앞에 지니며, 그러함에 있어 본질이란 바로 모든 직접적인 것의 지양이라는 것을 망각한다. 추상적인 저편의 본질이자 그리하여 구별과 규정성이 그 외부에 속하는 것으로서의 신은 실제로는 단순한 이름, 즉 추상하는 지성의 단순한 **증류 찌꺼기**이다. 신에 대한 참된 인식은 사물들이 그 직접적 존재에서는 아무런 진리도 지니지 못한다는 것을 아는 데서 시작된다.

단순히 신에 대한 관계에서뿐만 아니라 그 밖의 관계에서도 사람들이 본질 범주를 추상적 방식으로 사용하고, 나아가 사물들에 대한 고찰에서 그것들의 본질을 그것들의 현상의 규정된 내용에 대해 무관심하고 그 자체로 존립하는 것으로서 고정하는 일이 자주 벌어진다. 그래서 사람들은 특히 인간에게 있어 관건이 되는 것은 다만 그의 본질일 뿐이며 그의 행위와 그의 행동이 아니라고 말하곤 한다. 그런데 거기에는 실로 인간이 행하는 것이 그 직접성에서가 아니라 오직 그의 내적인 것에 의해 매개된 것으로서만 그리고 그의 내적인 것의 현현으로서만 고찰되어야 한다는 올바른 것이 놓여 있다. 다만 거기서 간과되어서는 안 되는 것은 본질과 더 나아가서는 내적인 것이 바로 현상 안으로 나타나는 것에 의해서만 그러한 것들로서 확증된다고 하는 점이다. 그에 반해 저렇듯 인간을

---

5. 헤겔은 여기서 프랑스어 'être suprême'를 독일어 'höchste Wesen'에 상응하는 것으로 언급하고 있다. 그는 'être suprême'이 '본질'이라는 것을, 그리고 구체적 '존재'가 전혀 아닌 최고로 공허한 것이라는 것을 『정신현상학』 「계몽」 장에서 보여주었다(3/398 ff.).

그의 행위 내용과 구별되는 본질로 끌어내는 것의 근저에는 다만 그의 단순한 주관성만을 관철하고 자체적이고도 대자적으로 타당한 것에서 벗어나고자 하는 의도가 놓여 있곤 할 뿐이다.

## § 113 【본질에서의 자기에 대한 관계는 자기 내 반성】

본질에서의 자기에-대한-관계는 동일성, 즉 자기-내-반성[자기-안으로의-반성]*Reflexion-in-sich*의 형식이다. 이것은 여기서 존재의 직접성 대신에 들어섰다. 양자는 자기에-대한-관계*Beziehung-auf-sich*라는 똑같은 추상들이다.[6]

[8/235]모든 제한되고 유한한 것을 존재하는 것으로 취하는 감성의 몰사상성은 그것을 자기와 동일한, 즉 자기 안에서 자기와 모순되지 않는 것으로서 파악하는 지성의 완고함으로 이행한다.

## § 114 【본질·가상은 새로운 자기 동일성】

이 동일성은 존재로부터 유래하는 가운데 우선은 오직 존재의 규정들에 붙들려 있을 뿐이고 외면적인 것으로서의 존재에 관계된 것으로서 나타난다. 그래서 그 외면적인 것이 본질로부터 분리되어 받아들여지면, 그것은 비본질적인 것*das Unwesentliche*이라 불린다. 그러나 본질은 자기 내 존재*Insichsein*인바, 그것은 오직 그것이 자기에 대해 부정적인 것을 그 자신 안에, 즉 타자에-대한-관계, 매개를 그 자신 안에 지니는 한에서만 본질적이다. 따라서 본질은 비본질적인 것을 자기의 고유한 가상으로서 자기 안에 지닌다. 그러나 구별 작용이 가현이나 매개 작용에 포함되어 있지만, 구별된 것이 스스로가 그것에서 나와 그것 속에 있지 않거나 가상으로서 놓여 있는 바로 그 동일성과의 구별 속에서 스스로 동일성의 형식을

---

6. 【다음 절로의 전개】 본질의 최초 규정 = 자기에 대한 관계는 자기 내 반성이며, 이 관점에서 앞의 본질과 가상이 다시 파악된다.

얻어넘으로써, 그것은 그렇듯 자기에게 관계하는 직접성 또는 존재의 방식 속에 존재한다. 그에 의해 본질의 영역은 직접성과 매개의 아직은 불완전한 결합이 된다. 이 영역에서는 모든 것이 자기에게 관계하는 동시에 자기를 넘어서 있는 식으로, — 즉 반성의 존재로서, 즉 타자가 그것 속에서 가현하고 그것이 타자 속에서 가현하는 존재로서 정립되어 있다. — 따라서 본질의 영역은 또한 정립된 모순의 영역이기도 한데, 그 모순은 존재의 영역에서는 단지 그 자체에서[자체적으로] 있을 뿐이다.[7]

본질의 전개에서는, 하나의 개념이 모든 것 안에서 실체적인 것인 까닭에, 존재의 전개에서와 똑같은 규정들이, 그러나 반성된 형식으로 출현한다. 그러므로 존재와 무 대신에 이제 긍정적인[적극적인] 것과 부정적인[소극적인] 것의 형식들이 등장하는데, 전자는 우선은 대립 없는 존재에 상응하여 동일성으로서, 후자는 전개되어 (자기 안에서 가현하면서) 구별로서 등장한다. — 그래서 더 나아가 생성은 곧바로 그 자신이 [8/236]현존재의 근거*Grund*로서 등장하는데, 근거에 대해 반성된 것으로서의 현존재는 실존*Existenz*이다 등등. — 논리학의 이 (가장 어려운) 부분은 주로 형이상학과 학문들 일반의 범주들을 — 반성하는 지성의 산물들로서 포함하는데, 반성하는 지성은 구별들을 자립적인 것으로서 가정하는 동시에 또한 그것들의 상대성도 정립하지만, 양자를 다만 상호병렬적으로나 상호계기적으로 또한에 의해 결합할 뿐이며, 이 사상들을 통합하여 그것들을 개념으로 통일하지는 못한다.

---

7. 【다음 절로의 전개】 본질·가상은 그 자신이 동일성이지만, 본질과 가상이 분리된 아직은 불완전한 결합이다. 그것은 본질이 가상을 자기 속에 지니기 때문이다. 따라서 본질·가상에 들어서기 전에 본질 자신이 내부에서 지니는 다른 존재를 일단 사상하여 자기 내에서 지니는 반성 규정이 다음에 고찰된다.

# A. 실존의 근거로서 본질[8]

## a. 순수 반성 규정들

### α. 동일성

§ 115 【본질의 자기와의 동일성】

본질은 자기 안에서 가현하거나 순수한 반성이며, 그래서 그것은 단지 자기에 대한 관계일 뿐이며, 직접적인 관계로서가 아니라 반성된 관계로서ー자기와의 동일성이다.[9]

이 동일성은 그것이 견지되고 구별이 사상[추상]되는 한에서 형식적 동일성 또는 지성 동일성이다. 또는 추상은 오히려 이 형식적 동일성의 정립, 자기 안에서 구체적인 것의 이러한 단순성의 형식에로의 전환인바, ー 구체적인 것에 현존하는 다양한 것의 한 부분이 (이른바 분석에 의해) 제거되고 오직 그것들 가운데 한 부분만이 끄집어내지거나 아니면 그것들의 상이성이 제거되어 다양한 규정성들이 하나로 수축하는 것이다.

동일성이 한 명제의 주어로서의 절대적인 것[절대자]과 결합하면, ー 그 명제는 다음과 같다. 절대적인 것은 자기와 동일한 것이다.

---

8. '근거'와 '이유'로서의 'Grund'에 대해서는 아래의 각주 21을 참조. 프랑스어의 'raison d'être'라는 표현이 헤겔이 'Grund'를 가지고서 의미하는 것에 가장 가까울 것이다.
9. 【다음 절로의 전개】 본질·가상의 동일성의 핵심을 이루는 반성된 자기 관계를 확인한 것 자신이 자기 관계의 부정성을 포함한다. 그것이 다음에 고찰된다.

— 이 명제가 참된 만큼이나 그것이 과연 그 진리에서 생각되고 있는지는 모호하다. 그런 까닭에 이 명제는 그 표현에서 적어도 불완전하다. 왜냐하면 [8/237]과연 추상적인 지성 동일성이, 다시 말하면 본질의 다른 규정들에 대한 대립에서의 동일성이 생각되고 있는지 아니면 자기 안에서 구체적인 것으로서의 동일성이 생각되고 있는지가 결정되어 있지 않기 때문이다. 그래서 밝혀지게 될 바의 동일성은 우선은 근거이며, 그다음으로는 좀 더 고차적인 진리에서 개념이다. — 또한 '절대적'이라는 말 자신도 종종 '추상적'이라는 의미 이상의 것을 지니지 않는다. 그래서 절대적 공간, 절대적 시간은 추상적 공간과 추상적 시간 이상의 아무것도 의미하지 않는다.

본질의 규정들이 본질적인 규정들로서 받아들여지면, 그것들은 전제된 주어의 술어들이 되는데, 그 주어는 그 규정들이 본질적인 까닭에 모든 것이다. 그에 의해 성립하는 명제들은 **보편적 사유 법칙들**로서 언명되어왔다. 그에 따라 **동일률**[동일성의 명제]*Der Satz der Identität* 은 다음과 같다. '모든 것은 자기와 동일하다.[10] A = A.' 그리고 부정적으로는 'A는 A인 동시에 A가 아닐 수 없다.' — 이 명제는 참된 사유 법칙이기보다는 추상적 지성의 법칙 이외에 아무것도 아니다. 명제의 형식이 이미 그 자신에 모순되는데, 왜냐하면 하나의 명제는 또한 주어와 술어 사이의 구별도 약속하지만, 이 명제는 그 형식이 요구하는 것을 수행하지 않기 때문이다. 그러나 특히 그 법칙은 이 법칙의 반대를 법칙들로 삼는 뒤따르는 이른바 사유 법칙들에 의해 지양된다. — 만약 사람들이 이 명제가 증명될 수는 없지만, 각각의 모든 의식은 그에 따라 행동하며, 스스로 이 명제를 지각하는 바의 경험에 따라 곧바로 그것에 동의한다고 주장한다면, 그 학파의 이러한 이른바

---

10. 추상은 지성이 그에 의해 모든 내용을 '절대적'으로 만드는 방법이다. 절대자의 사변적 동일성에 대해서는 § 103의 보론에 붙인 각주를 참조. 어떤 종합 명제의 형식 속에 함축된 '모순'은 '사변적' 명제의 기초이다. §§ 79~82를 참조.

경험에는 어떠한 의식도 이 법칙에 따라 사유하지 않고 표상들 등등을 지니지 않으며, 나아가 말하지도 않고, 어떤 종류의 것이든 어떠한 실존도 그 법칙에 따라 실존하지 않는다고 하는 일반적 경험이 대립할 수 있다. 이러한 있어야 하는 진리의 법칙에 따라 말하는 것(행성은 — 행성이다, 자기는 — 자기이다, 정신은 — 정신이다)은 완전히 정당하게도 어리석은 것으로 여겨진다. 이러한 것이 분명 일반적 경험이다. 오로지 그러한 법칙들만을 타당한 것으로 여기는 학파는 [8/238] 이미 오래전에 그것들을 진지하게 개진하는 자기의 논리학과 더불어 상식에서나 이성에서 신망을 잃어버렸다.

〈보론〉동일성은 우선은 또다시 우리가 이전에 존재로서 가졌던 것과 같은 것이지만, 직접적 규정성의 지양에 의해 생성된 것으로서, 그리하여 관념성으로서의 존재이다. — 동일성의 참된 의미에 대해 적절히 이해하는 것은 커다란 중요성을 지닌다. 그 경우 거기에는 무엇보다도 우선 동일성이 단순히 추상적 동일성으로서, 다시 말하면 구별을 배제하는 동일성으로서 파악되지 않는 것이 속한다. 이것이야말로 바로 그에 의해 모든 나쁜 철학이 유일하게 철학이라는 이름을 받을 만한 것으로부터 구별되는 점이다. 직접적으로 존재하는 것의 관념성으로서 그 진리에서의 동일성은 우리의 종교적 의식에 대해서뿐만 아니라 또한 그 밖의 모든 사유와 의식 일반에 대해서도 하나의 고차적인 규정이다. 우리는 신에 관한 참된 앎이 그를 동일성으로서 — 즉 절대적 동일성으로서 아는 데서 시작된다고 말할 수 있다. 그 경우 거기에는 동시에 세계의 모든 위력과 영광이 신 앞에서 무너지고 오직 그의 위력과 그의 영광의 비춤das Scheinen으로서만 존립할 수 있다고 하는 것이 놓여 있다. — 나아가 또한 그와 마찬가지로 인간이 그에 의해 자연 일반으로부터 그리고 좀 더 자세하게는 동물로부터 구별되는 것은 자기 자신에 대한 의식으로서의 동일성이다. 동물은 자기를 나로서, 다시 말하면 자기 자신 안에서의 자기의 순수한 통일로서 파악하는 데 이르지 못한다. —— 더 나아가 사유에 대한 관계에서 동일성의 의미에 관해 이야기하자면, 여기서 무엇보다도 우선 관건이 되는 것은 존재와 그 규정들을 지양된 것으로서 자기 안에 포함하는 참된 동일성을 추상적인, 즉 단지 형식적일 뿐인 동일성과 혼동하지 않는 것이다. 주로 감각과 직접적 직관의 입장에서 사유에 대해 그토록 자주 퍼부어진 완고함의 일면성과 무내용성 등등이라는 저 모든 비난은 그 근거를 전도된 전제, 즉 사유의 활동이란 다만 추상적인 동일화의 활동일 뿐이라는 것에서 지니는바, 형식논리학은 그 자신이 바로 이러한 전제를 지금 이 절에서 조명된 이른바 최고의 사유 법칙의 수립을 통해 확증한다. 만약 사유가 저 추상적 동일성 이상의 아무것도 아니라면, 그것은 가장 불필요하고 가장 지루한 일로 설명되어야만 할 것이다. 물론 개념과 더 나아가 이념은 자기와 동일하지만, 다만 그것들이 동시에 자기 안에 구별을 포함하는 한에서만 그러하다.

## β. 구별

### § 116 【본질은 자기 구별을 포함한다】

본질은 다만 순수한 동일성과 자기 자신 안에서의 가상일 뿐이지만, 그것은 본질이 자기에게 관계하는 부정성이고, 그리하여 자기를 자기 자신으로부터 밀쳐냄인 한에서만 그러하다. 그러므로 본질은 본질적으로 **구별**의 규정을 포함한다.[11]

여기서 타자존재는 더는 질적인 타자존재, 규정성, 한계가 아니다. 오히려 본질, 곧 자기에게 관계하는 것 속에 있는 것으로서의 부정은

---

11. 【다음 절로의 전개】 본질이 지니는 동일성이 수반하는 부정성은 구별=자기 구별이며, 다음 절 이후에 그 내용이 단계적으로 고찰된다.

동시에 관계로서 구별, 정립된 존재[정립되어 있음], 매개된 존재[매개되어 있음]이다.

〈보론〉 동일성이 어떻게 구별에 도달하는가? 라고 물을 때, 이 물음에는 동일성이 단순한, 다시 말하면 추상적인 동일성으로서 그 자체로 있는 어떤 것이며, 나아가 그와 마찬가지로 구별도 마찬가지로 그 자체로 있는 다른 어떤 것이라는 전제가 놓여 있다. 그렇지만 이 전제에 의해서는 제기된 물음에 대한 대답이 불가능해진다. 왜냐하면 만약 동일성이 구별과는 서로 다른 것으로서 여겨진다면, 우리는 실제로는 이로써 단지 구별을 지닐 뿐이고, 그로부터 전진이 이루어져야 할 바로 그것이 전진이 어떻게 이루어지는지를 묻는 사람에 대해 전혀 현존하지 않는 까닭에 구별로의 전진이 지시될 수 없기 때문이다. 그리하여 이 물음은, 좀 더 자세히 살펴보면, 전적으로 몰사상적인 것으로서 입증되는바, 그 물음을 제기하는 자에게는 무엇보다도 우선 그가 동일성에서 무엇을 생각하고 있는가 하는 또 다른 물음이 제출될 수 있을 것이며, 그 경우 거기서 밝혀지게 될 것은 그가 바로 거기서 아무것도 생각하고 있지 않으며, 동일성은 그에게 있어 단지 공허한 이름일 뿐이라는 것이다. 그런데 더 나아가, 우리가 보았듯이, 동일성은 물론 부정적인 것이지만, 추상적인 공허한 무 일반이 아니라 오히려 존재와 그 규정들의 부정이다. 그러나 그러한 것으로서의 동일성은 동시에 관계이며, 게다가 자기에 대한 부정적 관계 또는 자기 자신으로부터 자기의 구별화이다.

## § 117 【직접적 구별인 상이성】

구별은 1. 직접적 구별, 즉 상이성[서로 다름]인데, 그것에서는 구별된 것들이 각각 그 자체로 그것인 바의 것이자 타자에 대한 자기의 관계에 대해 무관심한바, 그러므로 그 관계는 그것에게 외면적인 관계이다. 서로 다른 것들이 자기들의 구별에 대해 무관심한 까닭에, [8/240]구별은 그것들 바깥의 제3자, 즉 비교하는 자에게 속한다. 이러한 외면적 구별은 관계된 것들의 동일성으로서는 **동등성**Gleichheit, 그것들의 비동일성으로서는 **부등성**Ungleichheit이다.[12]

지성은 이 규정들 자신을 다음과 같은 식으로 떼어놓는다. 즉, 비록 비교가 동등성과 부등성을 위한 하나의 같은 기체를 가진다고 할지라도, 이 서로 다른 **측면들**과 견지들이 그 기체에 있어야 하긴 하지만, 동등성은 그 자체로 다만 앞엣것, 즉 동일성이고, 부등성은 그 자체로 구별이라는 것이다.

상이성도 마찬가지로 하나의 명제로, 즉 모든 것은 서로 다르다는, 또는 서로 완전히 동등한 두 개의 사물은 존재하지 않는다[13]는 명제로 전환되었다. 여기서는 모든 것에게 첫 번째 명제에서 그것에 덧붙여진 동일성과 대립된 술어가 주어지는데, 그러므로 첫 번째 것에 모순되는 법칙이 주어진다. 그렇지만 상이성이 오직 외적인 비교에만 속하는 한에서, 어떤 것은 그 자체 자신으로 다만 자기와 **동일**할 뿐이고, 그래서 이 두 번째 명제는 첫 번째 명제에 모순되는 것이어서는 안 된다. 그러나 그 경우에는 또한 상이성이 어떤 것에나 모든 것에 속하지 않는바, 그것은 이 주어의 본질적 규정을 이루지 못한다. 이 두 번째 명제는 이러한 방식으로 전혀 말해질 수 없다. — 그러나 그 명제에 따라 어떤 것 **자신**이 서로 다르다면, 그것은 **그것의 고유한 규정성**에 의해 그러한 것이다. 그러나 이와 더불어 더는 상이성 그 자체가 아니라 **규정된** 구별이 생각되어 있다. — 이것은 또한 라이프니츠 명제의 의미이기도 하다.[14]

---

12. 【다음 절로의 전개】 상이성은 바로 그 본질의 내부에 있지만, 서로 다른 것들은 구별에 대해 무관심하다. 그것은 바로 그 본질에 외적인 동등성과 부등성이기 때문이다. 그 상이성은 다음 절에서 바로 그 본질의 안으로부터 본 구별이 된다.

13. 라이프니츠, 『모나드론』(Monadologie), § 9를 참조.

14. 이것은 이른바 '불가 식별자 동일의 원리'이다. '자연에는 서로 완전히 똑같고 내적

〈보론〉 동일성에 대한 고찰에 나섬으로써 지성은 실제로는 이미 그것을 넘어서 있는바, 지성이 자기 앞에 지니는 것은 단순한 상이성의 형태에서의 구별이다. 요컨대 우리가 이른바 동일성의 사유 법칙에 따라 바다는 바다다, 공기는 공기다, 달은 달이다 등등이라고 말한다면, 우리에게 이 대상들은 서로에 대해 무관심한 것으로서 여겨지며, 그리하여 [8/241]우리가 우리 앞에 지니는 것은 동일성이 아니라 구별이다. 그러나 계속해서 우리는 또한 사물들을 단순히 서로 다른 것으로서 고찰하는 데에 머무르는 것이 아니라 이것들을 서로 **비교하며**, 이를 통해 우리는 **동등성과 부등성**이라는 규정들을 획득한다. 유한한 학문들의 과업은 대부분 이 규정들의 적용에 존립하며, 오늘날 학문적 취급에 관해 이야기할 때 사람들이 그것에서 이해하곤 하는 것은 특히 고찰되는 대상들을 서로 비교하는 것으로 귀착되는 그러한 방도이다. 우리가 이러한 도정에서 아주 중요한 많은 결과에 도달했다는 사실은 부인될 수 없으며, 이와 관련하여 특히 비교 해부학과 비교 언어 연구 분야에서의 근래의 위대한 성취들이 상기될 수 있다. 그렇지만 거기서 만약 사람들이 이러한 비교하는 방도가 인식의 모든 영역에 적용되어 똑같은 성과를 지닐 수 있을 것으로 생각한다면 너무 멀리 나간 것이라는 점이 지적되어야 할 뿐만 아니라, 그 밖에 또한 특히 강조되어야 하는 것은 단순한 비교에 의해서는 학문적 욕구가 여전히 최종적으로는 충족될 수 없다는 점과 앞에서 언급된 종류의 결과들은 오직 참으로 개념 파악하는 인식을 위한 (물론 필수 불가결한) 예비 작업으로서만 여겨질 수 있다는 점이다. — 그야 어쨌든 비교에서 문제가 되는 것이 현존하는 구별들을 동일성으로 환원하는 것인 한에서, 수학은

---

차이, 즉 내재적 성격에 토대한 차이를 발견할 수 없는 두 개의 존재[헤겔의 의미에서의 본질]는 절대로 존재하지 않는다.' 다른 한편 헤겔이 강의 보론에서 이야기하는, 두 개의 서로 구별되지 않는 나뭇잎을 찾는 궁정 기사들 이야기는 라이프니츠, 『신인간지성론』(*Nouveaux essais sur l'entendement humain*, 1765) 제2책, 제27장, § 3에서 발견된다.

이 목적을 가장 완전하게 달성하고, 게다가 바로 양적 구별이 단지 전적으로 외면적인 구별일 뿐인 까닭에 그렇게 하는 그러한 학문으로서 여겨져야만 한다. 그래서 예를 들어 기하학에서는 질적으로 서로 다른 삼각형과 사각형이 이러한 질적 구별이 사상됨으로써 그 크기에 따라 서로 등치된다. 수학을 이러한 장점으로 인해 경험적 학문들 편에서나 철학 편에서 부러워해서는 안 된다는 점에 대해서는 이미 앞에서(§ 99 보론) 이야기한 바 있으며, 그 밖에 그것은 앞에서 단순한 지성 동일성에 관해 언급한 바로 그것으로부터 밝혀진다. — 사람들의 이야기에 따르면 언젠가 라이프니츠가 궁정에서 상이성의 명제[15]를 발표했을 때, 궁정 기사들과 궁녀들은 정원 주위를 거닐며 두 개의 서로 구별되지 않는 나뭇잎을 제시함으로써 철학자의 사유 법칙을 반박하기 위해 그것을 찾아내고자 애썼다고 한다. 이것은 의심할 바 없이 형이상학을 다루는 편리한, 오늘날에도 여전히 사랑받는 방식이다. 그렇지만 라이프니츠의 명제와 관련하여 주의해야 하는 것은 구별이 바로 단순히 외면적이고 무관심한 [824]상이성으로서가 아니라 그 자체에서의 구별로서 파악되어야 한다는 점과 그리하여 구별되어 있다는 것은 사물들 그 자체 자신에게 속한다는 점이다.

§ 118 【상이성에서 자기 자신에서의 구별로】

동등성이란 다만 같지 않은 것, 즉 서로 동일하지 않은 그러한 것들의 동일성일 뿐이며,— 부등성이란 부등한 것들의 관계이다. 그러므로 양자는 서로로부터 무관심하게 서로 다른 측면들이나 견지들에 속하는 것이 아니다. 오히려 하나는 다른 것으로의 가현이다. 따라서 상이성은 반성의 구별 또는 자기 자신에서의 구별, 규정된 구별이다.[16]

---

15. 불가 식별자 동일의 원리를 말한다.
16. 【다음 절로의 전개】 자기 구별은 이제 구별된 다른 편에 무관심한 상이성에서 자기 자신에서의 구별이 되었다. 다음 절에서는 자기 자신에서의 구별이 좀 더 발전한다.

〈보론〉 단순히 서로 다를 뿐인 것들이 서로에 대해 무관심한 것으로서 입증되는 데 반해, 동등성과 부등성은 단적으로 서로에 대해 관계하고 그것들 가운데 하나가 다른 것 없이는 생각될 수 없는 한 쌍의 규정들이다. 단순한 상이성으로부터 대립으로의 이러한 전진은 더 나아가 또한 우리가 비교한다는 것이란 다만 현존하는 구별의 전제하에서만 의미를 지니고, 그와 마찬가지로 역으로 구별한다는 것이란 다만 현존하는 동등성의 전제하에서만 그러하다는 것을 시인하는 한에서 이미 일상적 의식에서도 발견된다. 그에 따라 사람들은 또한 구별을 제시하는 과제가 제기될 때 오직 그 구별이 직접적으로 나타나 있는 (예를 들어 깃펜과 낙타와 같은) 그러한 대상들만을 서로 구별하는 사람에게 커다란 명민함을 돌리지 않으며, 다른 한편으로는 단지 서로 명백히 가까운 것 ― 너도밤나무와 떡갈나무, 사원과 교회 ― 만을 비교할 줄 아는 사람이 비교하는 것에서 그리 성공하지 못했다고 말할 것이다. 그리하여 우리는 구별에서 동일성을 요구하고 동일성에서 구별을 요구한다. 그럼에도 불구하고 경험적 학문들의 영역에서는 이 두 규정 가운데 하나 위에서 다른 규정이 잊히고, 한 번은 학문적 관심이 다만 현존하는 구별을 동일성에로 되돌리는 것에만, 그리고 다른 한 번은 다시 그와 마찬가지로 일면적인 방식으로 새로운 구별을 찾아내는 것에만 정립되는 일이 아주 자주 벌어진다. 이것은 특히 자연과학에서 사실이다. 여기서 사람들은 우선은 새롭고 더욱더 새로운 원소들, 힘들, 유들, 종들 등등을 발견하거나, 다른 표현에 따르면 지금까지 단순한 것으로 여겨졌던 물체들을 합성된 것으로서 입증하는 것을 과제로 삼으며, 최근의 물리학자들과 화학자들은 분명 [8/243]단지 네 개의 전혀 단순하지 않은 원소들에 만족했을 뿐인 고대인들을 비웃는다. 그러나 더 나아가 다른 한편으로는 또다시 단순한 동일성이 주목되며, 그에 따라 예를 들어 전기와 화학적 현상이 본질적으로 똑같은 것으로서 여겨질 뿐만 아니라 심지어는 소화와 동화의 유기체적 과정도 단순히 화학적일 뿐인 과정으로서 고찰된다. 이미 앞에서(§ 103 보론) 언급했듯이,

사람들이 근래의 철학을 드물지 않게 조롱하여 동일철학이라고 이름 붙였다면, 구별을 사상하는 단순한 지성 동일성의 허무함을 제시하면서도 그러한 만큼이나 거기서 더 나아가 단순한 상이성으로 끝맺는 것이 아니라 현존재하는 모든 것의 내적 통일을 인식하는 것으로 나아가는 것은 바로 철학, 게다가 우선은 사변적 논리학이다.

### § 119【자기 자신에서의 구별에서 양극적 대립으로】

2. 그 자체에서의 구별[구별 자체]은 본질적 구별, 즉 긍정적인[적극적인] 것과 부정적인[소극적인] 것이며, 그리하여 전자는 부정적인 것이 아니라고 하는 식으로 자기에 대한 동일적인 관계이고, 후자는 긍정적인 것이 아니라고 하는 식으로 그 자체로[대자적으로] 구별된 것이다. 각각이 타재[다른 것]가 아니라는 식으로 그 자체로 있다는 점에서, 각각은 타자 안에서 가현하며, 오직 타자가 있는 한에서만 존재한다. 따라서 본질의 구별은 대립*Entgegensetzung*인바, 그 대립에 따라 구별된 것은 타자 일반이 아니라 자기의 타자를 자기에게 맞서 지닌다. 다시 말하면 각각은 자기의 고유한 규정을 오직 타자에 대한 자기의 관계에서만 지니며, 오직 타자 속으로 반성되어 있는 한에서만 자기 안으로 반성되어 있고, 타자도 그와 마찬가지이다. 그래서 각각은 타자의 자기의 타자이다.[17]

그 자체에서의 구별은 '모든 것은 본질적으로 구별된 것이다'라는 명제를 주며, ― 또는 그것은 '어떤 것에게는 두 개의 대립된 술어들 가운데 단 하나만이 속하며, 제3자는 존재하지 않는다'라고 표현되기도 했다. ― 이 대립률[대립의 명제]*Satz des Gegensatzes*은 어떤 것이 한편에 따라서는 오직 자기에 대한 관계이어야 하지만, 다른 한편에 따라서는

---

17.【다음 절로의 전개】 본질 자신이 지니는 양극적 구별은 자기 자신에서의 구별이 발전한 것이라는 점이 밝혀졌기 때문에, 다음 절에서는 그러한 본질의 새로운 단계에서의 특징짓기가 문제가 된다.

대립된 것, 즉 자기의 타자에 대한 관계이어야 한다는 점에서 너무나도 분명히 동일률과 모순된다. 그러한 두 개의 모순되는 [8/244]명제를 그저 비교만이라도 해보지 않고서 그것들을 법칙으로서 서로 나란히 세우는 것은 추상의 특유한 몰사상성이다. ── 배중율*Satz des ausgeschlossenen Dritten*은 모순을 자기로부터 멀리하려고 하고, 그렇게 함으로써 모순을 범하는 규정된 지성의 명제이다. A는 +A이거나 −A이어야 한다. 그리하여 이미 제3자, 즉 +도 아니고 −도 아니며, 그와 마찬가지로 또한 +A로서와 −A로서 정립된 A가 언명되어 있다. 만약 +W가 서쪽을 향해 6마일, −W가 동쪽을 향해 6마일을 의미하고, +와 −가 지양되면, 6마일의 길이나 공간은 계속해서 그것이 대립 없이나 대립을 지니고서 그것이었던 것으로 머문다. 수나 추상적 방향의 단순한 플러스와 마이너스조차도 우리가 그렇게 하고자 한다면 0을 그것들의 제3자로 지닌다. 그러나 +와 −의 공허한 지성 대립이 수나 방향 등등과 같은 바로 그러한 추상들에서도 자기의 자리를 지니지 못한다는 것이 부인되어서는 안 된다.

　모순적 개념들에 관한 학설에서는 하나의 개념이 예를 들어 파랑(그러한 학설에서는 색깔의 감성적 표상과 같은 것도 개념이라고 불린다)이라 칭해지고 다른 개념은 파랑 아닌 것이라고 칭해지며, 그리하여 이 다른 것은 긍정적인 것, 가령 노랑이 아니라 다만 추상적–부정적인 것으로서만 견지되어야 한다. ── 부정적인 것이 그 자신 안에서 그와 마찬가지로 긍정적이라는 점에 대해서는 다음 절을 참조. 이 점은 또한 이미 하나의 타자에게 대립된 것이 그것의 타자라는 규정에도 놓여 있다. ── 이른바 모순적 개념들의 대립이 지니는 공허함은 그 완전한 서술을 보편적 법칙의 다음과 같은 이를테면 웅대한 표현에서 지녔다. 요컨대 각각의 모든 사물에는 그토록 대립된 모든 술어 가운데 하나가 속하고 다른 것은 속하지 않으며, 그리하여 정신은 알거나 알지 못하고, 노랗거나 노랗지 않다는 등등으로 무한히 계속되는 것이다.

　동일성과 대립 자신이 대립해 있다는 것이 잊힘으로써, 대립률도 모순율[모순의 명제] 형식에서의 동일률로 [8/245]받아들여지고, 두 개의 서로 모순되는 징표들 가운데 어느 것도 그에 속하지 않거나(바로 앞을 참조) 양자 모두 그에 속하는 하나의 개념이 예를 들어 네모난 원과 같이 논리적으로 잘못된 것으로 설명된다.[18] 그런데 비록 네모난 원과 직선의 원호가 같은 정도로 이 명제에 저촉된다고 할지라도, 기하학자들은 원을 직선의 변들로 이루어진 다각형으로 고찰하고 취급하기에 주저하지 않는다. 그러나 원과 같은 어떤 것(그것의 단순한 규정성)은 아직 개념이 아니다. 원의 개념에서는 중심과 원주가 똑같이 본질적이며, 두 징표는 그것에 속한다. 하지만 원주와 중심은 서로 대립하고 모순되고 있다.

　물리학에서 그토록 많이 관철되고 있는 양극성의 표상은 자기 안에 대립의 좀 더 올바른 규정을 포함하지만, 만약 물리학이 사상들과 관련하여 통상적인 논리학을 견지하고 있다면, 그것은 양극성을 발전시켜 그 안에 놓여 있는 사상들에 도달하게 될 때 쉽사리 놀라게 될 것이다.

　〈보론 1〉 긍정적인 것은 또다시 동일성이지만, 그 동일성의 좀 더 고차적인 진리에서의, 즉 자기 자신에 대한 동일한 관계로서의 그리고 동시에 긍정적인 것이 부정적인 것이 아니라고 하는 방식에서의 동일성이다. 부정적인 것은 그 자체로는 구별 자신 이외의 다른 것이 아니다. 동일한 것 그 자체는 우선은 몰규정적인 것이다. 그에 반해 긍정적인 것은 자기와

---

18. 우리는 모든 일반 개념이 모순적인 것은 그것이 A이면서 동시에 not–A이고 A도 아니고 not–A도 아니기 때문임에 주의해야 한다. 물론 일상적 대화에서 그렇게 말하는 사람은 어리석거나 궤변가일 것이다. 그러나 그것은 논리적 변증법의 핵심이다. '힘들'의 '양극성'은 실재적 모순이 실재적 세계에서 어떻게 나타나는지를 보여준다. 피히테는 이러한 '모순' 파악을 논리학에서, 셸링은 자연철학에서 개척했다.

동일한 것이긴 하지만, 타자에 맞서 규정된 것으로서의 그러한 것이며, 부정적인 것은 동일성이 아니라는 규정에서의 구별 그 자체이다. 이러한 것은 그 자신 안에서의 구별의 구별이다. — 사람들은 긍정적인 것과 부정적인 것에서 절대적 구별을 지닌다고 생각한다. 그렇지만 양자는 그 자체에서 같은바, 그런 까닭에 우리는 긍정적인 것을 또한 부정적인 것으로도 부를 수 있을 것이며, 그와 마찬가지로 역으로 부정적인 것을 긍정적인 것으로도 부를 수 있을 것이다. 그래서 가령 자산과 부채도 재산의 두 개의 특수한, 그 자체로 존립하는 종류들이 아니다. 채무자로서의 한 사람에게 부정적인 것이 다른 사람, 즉 채권자에게는 긍정적인 것이다. 동쪽으로 향하는 길의 사정도 마찬가지인데, 그 길은 동시에 서쪽으로 향하는 길이기도 하다. 그러므로 긍정적인 것과 부정적인 것은 본질적으로 서로에 의해 조건 지어져 있으며 오직 서로에 대한 그것들의 관계에서만 존재한다. 자석에서의 N극은 S극 없이 있을 수 없으며, S극은 N극 없이 있을 수 없다. [824]자석을 따로따로 잘라내면, 우리는 한 토막에서 N극을 그리고 다른 한 토막에서 S극을 갖는 것이 아니다. 나아가 그와 마찬가지로 또한 전기에서도 양전기와 음전기는 두 개의 서로 다른 그 자체로 존립하는 유동체가 아니다. 대립에서 구별된 것은 일반적으로 단지 하나의 다른 것[타재]이 아니라 자기의 타자를 자기에게 맞서 지닌다. 일상적 의식은 구별된 것들을 서로에 대해 무관심한 것으로서 바라본다. 그래서 사람들은 나는 인간이며, 내 주위에는 공기, 물, 동물 그리고 다른 것 일반이 있다고 말한다. 거기서 모든 것은 서로에게서 떨어져 나간다. 그에 반해 철학의 목적은 무관심성을 추방하고 사물들의 필연성을 인식하는 것이며, 그리하여 타자는 자기의 타자에게 맞서 있는 것으로서 나타난다. 그래서 예를 들어 비유기적 자연은 단순히 유기체적인 것과 다른 어떤 것으로서가 아니라 그것의 필연적인 타자로서 고찰되어야 한다. 양자는 서로에 대한 본질적인 관계 속에 존재하며, 양자 가운데 하나는 오직 다른 것을 자기로부터 배제하고 바로 그에 의해 그것에 관계하는 한에서만 존재한다. 그와 마찬가지로 또한 자연은 정신없이 존재하지 않으며, 정신은 자연 없이 존재하지 않는다. 사람들이 사유에서 이제 또 다른 것도 가능하다고 말하는 것에서 벗어났다면, 그것은 일반적으로 중요한 발걸음이다. 사람들은 그렇게 말함으로써 여전히 우연적인 것에 붙잡혀 있다. 그에 반해 앞에서 언급했듯이 참된 사유는 필연성의 사유이다. ─ 근래의 자연과학이 우선은 자기[Magnetismus에서 양극성으로서 지각된 대립을 자연 전체를 관통하는 것으로서, 즉 보편적인 자연법칙으로서 인정하는 데 도달했다면, 이것은 의심할 바 없이 학문의 본질적 진보로서 여겨져야 하며, 다만 거기서 우선 문제가 되어야 할 것은 우리가 대립과 나란히 곧바로 또다시 단순한 상이성을 타당화하지 않는 것이다. 그러나 우리는 예를 들어 한번은 정당하게도 색들을 양극적인 대립에서 서로 맞서 있는 것으로서(이른바 보색들로서) 고찰하지만, 그다음에는 또다시 빨강, 노랑, 초록 등등의 무관심하고 단지 양적일 뿐인 구별로서 바라본다.

〈보론 2〉 (추상적 지성의 명제인) 배중률에 따라 이야기하는 대신에, 오히려 모든 것은 대립되어 있다고 말해야 할 것이다. 지성이 주장하는 것과 같은 추상적인 이것–아니면–저것은 실제로는 어디에도, 즉 하늘에도 땅에도, 정신적인 세계에도 자연적인 세계에도 존재하지 않는다. 어떻게든 존재하는 모든 것은 구체적인, 그리하여 자기 자신 안에서 구별되고 대립된 것이다. 그 경우 사물들의 유한성은 [824]그것들의 직접적 현존재가 그것들이 그 자체에서 그것인 것에 상응하지 않는다는 점에 존립한다. 그래서 예를 들어 비유기적 자연에서 산酸은 그 자체에서 동시에 염기인바, 다시 말하면 그것의 존재는 단적으로 다만 자기의 타자와 관계되어 있다고 하는 것일 뿐이다. 그러나 그리하여 산이 대립 속에서 움직이지 않고서 지속하는 것은 아니며, 오히려 자기가 그 자체에서 그것인 바의 것으로서 자기를 정립하기 위해 애쓴다. 일반적으로 세계를 움직이는 것은 모순이며, 모순이 생각될 수 없다고 말하는 것은 가소로운 일이다. 이 주장에서 올바른 것은 다만 모순에서 안주할 수는 없다고 하는 것과 모순이 자기를 자기 자신에 의해 지양한다고 하는 것일 뿐이다. 그러나 그 경우 지양된 모순은 추상적 동일성이 아니다. 왜냐하면 이 추상적 동일성은 그 자신이 다만 대립의 한 측면일 뿐이기 때문이다. 모순으로서 정립된 대립의 바로 다음 결과는 근거이다. 근거는 동일성뿐만 아니라 또한 구별도 지양되어 단순히 관념적일 뿐인 계기들로 격하된 것들로서 자기 안에 포함한다.

## § 120 【양극적 대립에서 근거로】

긍정적인 것은 대자적인 동시에 자기의 타자에 대한 자기의 관계에 대해 무관심하지 않아야 하는 저 상이한 것이다. 부정적인 것도 그와 마찬가지로 자립적이고 자기에 대한 부정적 관계이며 대자적이어야 하지만, 동시에 부정적인 것으로서 단적으로 이러한 자기에 대한 자기의 관계, 자기의 긍정적인 것을 오직 타자 속에서만 지녀야 한다. 그리하여 양자는 정립된 모순인바, 양자는 그 자체에서 똑같다. 양자는 또한 각각이 타자와 자기 자신의 지양이라는 점에서 대자적으로도 똑같다. 이리하여 양자는 근거로 간다[몰락한다]gehen zu Grunde. ── 또는 직접적으로 본질적 구별이란 자체적이고도 대자적인 구별로서 다만 자기 자신으로부터 자기의 구별일 뿐이며, 그러므로 동일한 것을 포함한다. 그러므로 자체적이고도 대자적으로 존재하는 구별 전체에는 그 자신뿐만 아니라 또한 동일성도 속한다. ── 자기에게 관계하는 구별로서의 그것은 마찬가지로 이미 자기와 동일한 것으로서 언명되어 있으며, 대립된 것은 일반적으로 하나[일자]와 그것의 타자, 자기와 자기의 대립된 것을 자기 자신 안에 포함하는 그러한 것이다. 그렇게 규정된 본질의 자기 내 존재가 근거이다.[19]

---

19. 【다음 절로의 전개】 본질은 이제는 하나와 타자라는 형태로 나타나는 관계의 내재성, 즉 근거로서 파악된다. 다음 절 이하에서는 근거가 지니는 단계성이 고찰된다.

## γ. 근거

§ 121 【근거는 본질의 동일성과 구별의 통일】

근거는 동일성과 구별의 통일, [8/248]구별과 동일성이 바로 그것으로서 밝혀진 것의 진리, — 자기-내-반성[자기-안으로의-반성]인 만큼이나 타자-내-반성[타자-안으로의-반성]이자 그 역이기도 한 것이다. 근거는 총체성으로서 정립된 본질이다.[20]

근거율[근거의 명제]은 다음과 같다. '모든 것은 자기의 충분한 근거를 지닌다',[21] 다시 말하면 어떤 것의 규정은 자기와 동일한 것으로서도, 서로 다른 것으로서도, 단순히 긍정적일 뿐인 것으로서나 단순히 부정적일 뿐인 것으로서도 어떤 것의 참된 본질성이 아니며, 오히려 어떤 것은 자기의 존재를 타자 속에서, 즉 어떤 것의 자기-와-동일한 것으로서 자기의 본질인 타자 속에서 지닌다는 것이다. 이 타자도 그와 마찬가지로 추상적인 자기 내 반성이 아니라 타자 내 반성이다. 근거는 자기 안에 존재하는 본질이고, 이 본질은 본질적으로 근거인바, 근거는 다만 본질이 어떤 것의 근거, 타자의

---

20. 【다음 절로의 전개】 근거는 구별과 동일성의 진리로서 대립물이 통일된 것이다. 자기 이외의 다른 것의 근거가 된다는 것이다. 고찰은 자기와 다른 것의 관계라는 새로운 단계로 나아간다.

21. 라이프니츠, 「자연과 은총의 원리들」 § 7-8과 『모나드론』 § 32를 참조. 이것은 일반적으로 '충족 이유율'이라고 불린다. 그러나 헤겔의 범주적 구조에 충실하게 우리는 여기서 '근거'라는 용어를 사용하지 않을 수 없는데, 물론 '근거'는 '이유'를 함축한다. 헤겔이 자신의 보론에서 말하듯이, 오로지 '개념'만이 '충분한 근거'일 수 있다. 라이프니츠는 충족 이유율을 이러한 의미에서 정식화하고 사용했다(특히 『모나드론』 §§ 32-38을 참조). '근거율'은 (작용인보다는) 목적인에 대한 논리적 요구이며, 헤겔은 종교적 탐구를 그 자신에게로 되돌리기 위해 근거율의 논리적 성격을 사용한다. 논리적 인식은 그 자신을 오직 자기 자신의 목적으로서만 이해할 수 있다.

근거인 한에서만 본질이다.

〈보론〉 근거에 대해 그것은 동일성과 구별의 **통일**이라고 말할 때, 이 통일에서 추상적인 동일성이 이해되어서는 안 된다. 왜냐하면 그렇지 않으면 우리는 다만 다른 명명만을, 즉 사상에 따라서는 그에 반해 또다시 참되지 않은 것으로서 인식된 지성 동일성 자신만을 지닐 것이기 때문이다. 그런 까닭에 우리는 저 오해에 대처하기 위해 또한 근거란 통일일 뿐만 아니라 또한 그와 마찬가지로 동일성과 구별의 **구별**이기도 하다고도 말할 수 있다. 우리에게 우선은 모순의 지양으로서 생겨난 근거는 이리하여 새로운 모순으로서 나타난다. 그러나 그러한 것으로서의 근거는 움직이지 않고서 자기 안에서 지속하는 것이 아니라 오히려 자기를 자기 자신으로부터 밀쳐냄이다. 근거는 오직 그것이 근거 짓는 한에서만 근거이다. 그러나 근거로부터 출현한 것은 근거 자신이며, 여기에 근거의 형식주의가 놓여 있다. 근거 지어진 것과 근거는 하나의 같은 내용이며, 양자 사이의 구별이란 자기에 대한 단순한 관계와 매개 또는 정립된 존재의 단순한 형식 구별이다. 우리가 사물들의 근거들을 물을 때, 이것은 일반적으로 이미 앞에서(§ 112 보론) 언급된 반성의 입장이다. 그 경우 우리는 사태를 이를테면 이중적으로, 즉 첫째로는 그 직접성에서, 둘째로는 사태가 더는 직접적으로 존재하지 않는 그 근거에서 보고자 한다. 그 경우 이것은 이른바 충분한 근거[충족 이유]의 사유 법칙의 단순한 의미이기도 한데, 그 법칙에 의해서는 바로 사물들이 본질적으로 매개된 것으로서 고찰되어야 한다는 것이 언명될 뿐이다. [8/249]그야 어쨌든 형식논리학은, 다른 학문들이 자기들의 내용을 직접적으로 타당화하지 않기를 요구하면서도 그 자신은 이 사유 법칙을 도출하거나 그 매개를 제시함이 없이 그것을 수립하는 한에서, 이 사유 법칙을 수립하는 데서 다른 학문들에 나쁜 예를 제공하고 있다. 그렇다면 논리학자가 우리의 사유 능력은 실로 우리가 모든 것에서 근거를 물어야만 하는 식의 성질을 지닌다고 주장하는 것과 똑같은 권리를 지니고서 의사도 무슨 까닭에 물에 빠진 사람이 익사하는가 하는 질문을 받을 때 사람은 확실히 물밑에서는 살 수 없는 식으로 되어 있다고 대답할 수 있을 것이며, 그와 마찬가지로 범죄자는 어째서 처벌당하는가 하는 질문을 받는 법률가도 시민 사회가 실로 범죄가 처벌받지 않고서 남아 있어서는 안 되는 식의 성질을 지닌다고 대답할 수 있을 것이다. 그러나 비록 논리학에 대해 제기되는 근거의 사유 법칙에 대한 근거 짓기 요구는 도외시한다고 하더라도, 논리학은 적어도 우리가 근거에서 무엇을 이해해야 하는가 하는 물음에 대해서는 대답해야 한다. 근거란 귀결을 가지는 바로 그것이라고 하는 통상적 설명은 첫눈에 보기에 위에서 제시된 개념 규정보다 더 명확하고 더 파악하기 쉬운 것으로 나타난다. 그렇지만 더 나아가 귀결이란 무엇인가라고 묻고 귀결이란 근거를 지니는 바로 그것이라는 것을 대답으로 얻는다면, 이러한 설명의 파악하기 쉬움은 다만 그 설명에서는 우리에게 있어 선행하는 사상운동의 결과로서 밝혀진 것이 전제된다는 점에 존립할 뿐이라는 것이 보이게 된다. 그러나 논리학의 과업은 바로 단순히 표상되고 그러한 것으로서 개념 파악되지 않고 증명되지 않은 사상들을 자기 자신을 규정하는 사유의 단계들로서 제시하는 것일 뿐인바, 그리함으로써 동시에 그 사상들이 개념 파악되고 증명된다. — 일상적 삶에서나 그와 마찬가지로 유한한 학문들에서 사람들은 아주 자주 이러한 반성 형식들을 적용함으로써 고찰되는 대상들의 사정이 본래 어떠한지를 알아내고자 하는 의도에서 그 형식들을 사용한다. 그런데 이러한 고찰 방식에 대해서는 거기서 다루어지는 것이 이른바 인식의 가장 친밀한 필수품일 뿐인 한에서 아무런 이의도 제기될 수 없다고 할지라도, 동시에 주의해야만 하는 것은 그 고찰 방식이 이론적 측면에서도 실천적 측면에서도 결정적인 만족을 줄 수 없으며, 게다가 근거가 아직은 자체적이고도 대자적으로 규정된 내용을 지니지 않고, 그리하여 우리가 어떤 것을 근거 지어진 것으로서 고찰함으로써 직접성과 매개의 단순한 형식 구별만을 획득하는 까닭에 그러하다고 하는 점이다. 그래서 예를 들어 사람들은 전기 현상을 보고 그것의 근거에 관해 묻는다. 우리가 그에 대해 전기가 이 현상의 근거라는 것을 대답으로 얻는다면, [8250]이것은 우리가 직접적으로 우리 앞에 지녔던 것과 같은 내용이 다만 내면적인 것의 형식으로 옮겨진 것일 뿐이다. ― 그러나 더 나아가 또한 근거는 단지 단순하게 자기와 동일한 것일 뿐만 아니라 또한 구별되기도 한 것인바, 그런 까닭에 하나의 같은 내용에 대해 서로 다른 근거들이 제시될 수 있으며, 근거들의 그러한 상이성은 구별의 개념에 따라 거기서 더 나아가 같은 내용을 위한 근거와 그에 반하는 근거라는 형식에서의 대립으로 전진한다. ― 예를 들어 우리가 하나의 행위, 좀 더 자세하게는 가령 도둑질을 고찰하게 되면, 이것은 거기서 좀 더 많은 측면이 구별될 수 있는 하나의 내용이다. 도둑질에 의해 재산이 침해되었다. 그러나 궁핍에 처한 도둑은 그에 의해 또한 자기의 욕구 충족을 위한 수단을 획득했으며, 더 나아가 도둑질을 당한 사람이 자기 재산을 좋게 사용하지 않았으리라는 것도 사실일 수 있다. 그런데 여기서 발생한 재산 침해가 결정적인 관점이고 그 앞에서는 그 밖의 것들이 뒤로 물러서야만 한다는 것이야말로 실로 올바르지만, 근거의 사유 법칙에는 이러한 결정이 놓여 있지 않다. 실로 이 사유 법칙에 대한 통상적인 파악에 따르면 단순히 근거 일반에 대해서가 아니라 **충분한** 근거에 대해 말하고 있는바, 그런 까닭에 우리는 예로 들어 언급된 행위에서 재산 침해 이외에 따로 강조된 관점들도 분명 근거들이긴 하지만, 이 근거들은 충분하지 않다고 생각할 수 있을 것이다. 그렇지만 그와 관련해 주의해야 하는 것은 충분한 근거에 관해 이야기할 때, 이 술어는 불필요하거나 그에 의해 근거라는 범주 자체가 넘어서지는 종류의 것이라는 점이다. 생각된 술어에 의해 단지 일반적으로 근거 짓는 능력만이 표현되어야 한다면, 그 술어는 불필요하거나 동어반복적이다. 왜냐하면 근거는 바로 이러한 능력을 소유하는 한에서만 근거이기 때문이다. 만약 한 병사가 자기의 생명을 유지하기 위해 전투에서 달아난다면, 그는 물론 의무에 반해서 행동하는 것이지만, 그가 그렇게 행동하도록 규정한 근거가 충분하지는 않다고 주장될 수는 없는데, 왜냐하면 그렇지 않다면 그는 자기의 자리에 머물러 있었을 것이기 때문이다. 그러나 더 나아가 또한 말해야만 하는 것은 한편으로는 모든 근거가 충분한 것과 마찬가지로 다른 한편으로는 어떠한 근거도 그 자체로서는 충분하지 않은바, 게다가 위에서 이미 언급했듯이 근거가 아직은 자체적이고도 대자적으로 규정된 내용을 지니지 않고, 그리하여 자기 활동적이거나 산출하고 있지 않은 까닭에 그러하다는 것이다. 그러한 자체적이고도 대자적으로 규정되고 그리하여 자기 활동적인 내용으로서 우리에게 곧바로 밝혀지게 될 것은 개념인바, 이 개념은 라이프니츠가 **충분한** 근거에 관해 이야기하고 사물들을 이 관점 아래 고찰하는 데로 밀고 나갈 때 그에게서 문제가 되는 바의 바로 그것이다. [8/251]라이프니츠는 거기서 우선은 오늘날에도 여전히 많은 이에게 그토록 사랑받는 단순히 기계론적일 뿐인 파악 방식을 염두에 두고 있는데, 그는 그것을 정당하게도 불충분한 것으로 설명한다. 그래서 예를 들어 혈액 순환의 유기체적 과정이 단순히 심장의 수축으로 환원될 때 그것은 단지 기계론적일 뿐인 파악이며, 해롭지 않게 만들기나 위협 또는 그와 같은 다른 외면적 근거들을 형벌의 목적으로서 간주하는 저 형법 이론도 그와 마찬가지로 기계론적이다. 라이프니츠가 형식적인 근거의 사유 법칙과 같은 그토록 빈약한 것에 만족했다고 생각할 때, 사람들은 그를 실제로는 아주 부당하게 평가한다. 라이프니츠에 의해 관철된 고찰 방식은 개념 파악하는 인식이 문제가 되는 곳에서 단순한 근거들에서 끝맺고 마는 저 형식주의와는 정반대이다. 라이프니츠는 이와 관련하여 **작용인**causas effizientes과 **목적인**causas finales을 서로 맞세우고, 전자에 머무는 것이 아니라 후자로까지 꿰뚫고 나아갈 것을 요구한다. 이 구별에 따르면 예를 들어 빛, 열, 습기는 실로 식물 성장의 **목적인**으로서가 아니라 **작용인**으로서 여겨질 수 있을 것인바, 그 경우 그 **목적인**은 바로 식물 자신의 개념 이외에 다른 것이 아니다. ─ 여기서 좀 더 주의해 둘 수 있는 것은 주로 법적인 것과 인륜적인 것의 영역에서 단순한 근거들에 머무르는 것이 일반적으로 소피스트들의 입장이자 원리라는 점이다. 소피스트학에 관해 이야기할 때, 사람들은 그것을 흔히 그저 그것에서는 옳은 것과 참된 것을 왜곡하고 일반적으로 사물들을 잘못된 빛 속에서 제시하는 것이 문제가 되는 그러한 고찰 방식으로 이해하곤 할 뿐이다. 그렇지만 이러한 경향은 직접적으로 소피스트학에 놓여 있는 것이 아닌바, 소피스트학의 입장은 우선은 이치 추론의 그것 이외에 다른 것이 아니다. 소피스트들은 종교적 영역과 인륜적 영역에서 단순한 권위와 관습이 그리스인들을 더는 만족시키지 못하고, 그 그리스인들이 자신들에게 타당해야 했던 것을 사유에 의해 매개된 내용으로서 의식화할 욕구를 지각했던 시대에 바로 그 그리스인들에게서 등장했다. 소피스트들은 사물들을 고찰할 수 있게 해주는 다양한 관점들을 찾아내라는 지시를 나누어 가짐으로써 그러한 요구에 부응했으며, 그 경우 그 다양한 관점들이란 우선은 바로 근거들 이외에 다른 것이 아니다. 그런데 앞에서 언급했듯이 근거는 아직은 자체적이고도 대자적으로 규정된 내용을 지니지 않은 것이고, 인륜적인 것과 법적인 것에 못지않게 비인륜적인 것과 불법적인 것을 위해서도 근거들이 찾아질 수 있는 까닭에, 어떤 근거들이 타당해야 하는가에 관한 결정은 [825]주관에 속하는바, 관건이 되는 것은 주관의 개인적인 신념과 의도들이며, 그에 대해서는 주관이 결정한다. 그 후 이로 말미암아 자체적이고도 대자적으로 타당하고 모두에 의해 인정된 것의 객관적 지반이 붕괴하였으며, 소피스트학의 바로 이 부정적 측면이야말로 그것이 응당하게도 앞에서 언급된 악평을 받게 한 그것이다. 잘 알려져 있듯이 소크라테스는 어디에서나 소피스트들과 싸웠지만,[22] 그들의 이치 추론에 그저 곧바로 권위와 관습을 맞세우는 것에 의해서가 아니라 오히려 단순한 근거들이 견지될 수 없다는 것을 변증법적으로 제시하고 그에 맞서 옳은 것과 선한 것, 일반적으로 보편적인 것이나 의지의 개념을 관철함으로써 그렇게 했다. 만약 오늘날 단지 현세적인 사물들에 관한 논의에서뿐만 아니라 또한 설교들에서도 종종 특별히 그저 이치 추론적으로만 일이 처리되고, 그래서 예를 들어 가능한 모든 근거가 신에 대한 감사를 위해 제출된다면, 소크라테스와 그와 마찬가지로 플라톤도 그와 같은 것을 소피스트적인 궤변으로 설명하기를 주저하지 않았을 것이다. 왜냐하면 이미 말했듯이 소피스트적인 궤변에서 우선 문제가 되는 것은 어쨌든 참다운 것일 수 있는 내용이 아니라 그에 의해 모든 것이 옹호될 수 있지만, 또한 모든 것이 그에 의해 공격당할 수도 있는 근거들의 형식이기 때문이다. 반성이 풍부하고 이치 추론하는 우리 시대에는 모든 것에 대해, 그리고 또한 가장 나쁘고 가장 전도된 것에 대해서도 훌륭한 근거를 제시할 줄 모르는 사람은 아직 성공하지 못했음에 틀림이 없다. 세계에서 타락하게 된 모든 것은 훌륭한 근거로 인해 타락하게 되었다. 근거들이 내세워지게 되면, 사람들은 우선은 그 앞에서 뒤로 물러서는 경향이 있다. 그러나 그 후 그것들의 사정이 어떠한지를 경험하게 되면, 사람들은 그것들에 대해 못 들은 체하게 되고 더는 그것들에 의해 감명받지 않게 된다.

## § 122 【근거에서 실존으로】

본질은 우선은 자기 안에서의 가현과 매개이다. 매개의 총체성으로서 본질의 자기와의 통일은 이제 구별 및 그와 더불어 매개의 자기 지양으로서 정립되어 있다. 그러므로 이것은 직접성 또는 존재의 회복이지만, 존재가

---

22. 소피스트들은 근거율을 변증법적으로, 즉 회의적으로 사용했다. 대립하지만 동등한 자격을 지닌 근거들이 언제나 주어질 수 있다는 원리를 정식화한 것은 프로타고라스였다. 소크라테스는 아낙사고라스의 이론에 대한 반응(『파이돈』 97c)에서 라이프니츠적이거나 사변적인 원리를 정식화했다. 그는 실존하는 질서가 최선의 것을 위한 것이라는 증거를 제외하면 어떠한 근거도 충분하지 않다고 논증했다.

매개의 지양에 의해 매개되어 있는 한에서 존재의 회복, — 즉 실존*Existenz*[23]
이다.[24]

근거는 아직 자체적이고도 대자적으로 규정된 내용을 지니지 않으
며, 또한 그것은 목적도 아니다. 따라서 그것은 활동적이지도 않고
산출하고 있지도 않다. 오히려 실존이 근거로부터 다만 출현할 뿐이다.
[8/253]그런 까닭에 규정된 근거는 무언가 형식적인 것, 즉 그것과
연관된 직접적인 실존에 대한 관계에서 자기 자신에 대해 관계된
것으로서, 요컨대 긍정Affirmation으로서 정립되는 한에서의 어떤 하나
의 규정성이다. 근거는 바로 그것이 근거임으로써 또한 좋은 근거이기
도 하다. 왜냐하면 '좋은'이란 전적으로 추상적으로는 또한 긍정적인
것 이상의 것을 의미하지 않으며, 어떤 하나의 방식으로 하나의
승인된 긍정적인 것으로서 언명될 수 있는 각각의 모든 규정성은
좋기 때문이다. 따라서 근거는 모든 것에 대해 발견되고 제시될
수 있으며, 좋은 근거(예를 들어 행동하기에 좋은 동기Beweggrund)는
어떤 것을 야기할 수 있거나 또한 아닐 수도 있으며, 귀결을 가질
수 있거나 또한 아닐 수도 있는 것이다. 근거는 예를 들어 그것을
비로소 활동적인 하나의 원인으로 만드는 의지 속에 수용됨으로써
어떤 것을 야기하는 동기가 된다.

---

23. Existenz는 ex-sistere라는 어원과 헤겔 논리학 서술에서의 맥락에 따라 '현출존재'라고
    옮겨지기도 한다.
24. 【다음 절로의 전개】 본질의 첫 번째 단계는 타자를 상정하지 않는 자기 안에서
    가현하는 것이며, 두 번째 단계가 타자를 상정한 구별과 매개의 자기 지양이다. 본질과
    본질의 실존인 타자와의 관계가 다음에 문제가 된다.

# b. 실존

§ 123 【근거와 실존의 상관】

실존은 자기-내-반성과 타자-내-반성의 직접적 통일이다. 따라서 실존은 자기-내-반성된 것들로서의 무규정적 다수의 실존하는 것들인데, 그것들은 동시에 그와 마찬가지로 타자-안으로-가현하는 것, 즉 상대적인바, 근거들과 근거 지어진 것들의 상호적인 의존과 무한한 연관의 하나의 세계를 형성한다. 근거들은 그 자신이 실존들이며, 실존하는 것들은 그와 마찬가지로 여러 측면에 따라 근거 지어진 것들인 만큼이나 근거들이다.[25]

〈보론〉 (*existere*에서 유래한) 실존*Existenz*이라는 표현은 출현해 있음[나와 있음]을 가리키는바, 실존은 근거로부터 출현한, 즉 매개의 지양을 통해 회복된 존재이다. 지양된 존재로서의 본질은 우리에게 우선은 자기 안으로의 가현으로서 입증되었으며, 이러한 가현의 규정들은 동일성과 구별 및 근거이다. 근거는 동일성과 구별의 통일이며, 그러한 것으로서 동시에 자기를 자기 자신으로부터 구별함이다. 그러나 근거로부터 구별된 것이 [8/254]단순한 구별이 아닌 것은 근거 자신이 추상적 동일성이 아닌 것과 마찬가지이다. 근거는 자기 자신의 지양이며, 그것이 자기를 거기로 지양하는 것, 즉 그의 부정의 결과는 실존이다. 근거로부터 출현한 것으로서의 실존은 바로 그 근거를 자기 안에 포함하는바, 근거는 실존의 뒤에 남는 것이 아니라 바로 자기를 지양하여 실존 속으로 옮겨 놓는 것일 뿐이다. 그렇다면 이 점은 또한 우리가 어떤 것의 근거를 고찰할 때, 이 근거가 추상적으로 내면적인 것이 아니라 오히려 그 자신이 또다시 실존하는

---

25. 【다음 절로의 전개】 실존은 근거로부터 직접적 통일로 생겨난 것이며, 그 상관[관계]은 상대적이다. 그것은 상대성을 극복하는 도정으로 나아간다.

것인 한에서 일상적 의식에서도 발견된다. 그래서 우리는 예를 들어 큰 화재의 근거로서 건물에 불을 일으킨 번갯불을 고찰하고, 그와 마찬가지로 한 민족이 지닌 헌법의 근거로서 그 민족의 습속과 삶의 관계들을 고찰한다. 그런데 이러한 것은 일반적으로 실존하는 세계가 반성에 대해 우선은, 자기 안으로 반성한 동시에 타자 안으로 반성한 것들로서 서로에 대해 상호적으로 근거로서와 근거 지어진 것으로서 관계 맺는, 무규정적 다수의 실존하는 것들로서 나타나는 형태이다. 실존하는 것의 총체로서 세계의 이러한 다채로운 유희 속에서는 우선은 어디에서도 확고한 발판이 제시되지 않으며, 여기서 모든 것은 다만 다른 것에 의해 조건 지어지고 그와 마찬가지로 다른 것을 조건 짓는 상대적인 것으로서만 나타난다. 반성하는 지성은 이러한 전면적인 관계들을 탐구하고 추적하는 것을 자기의 과업으로 삼는다. 하지만 궁극 목적에 관한 물음은 거기서는 대답이 이루어지지 않은 채로 남으며, 그런 까닭에 개념 파악하는 이성의 욕구는 논리적 이념의 그 이상의 전개와 더불어 이러한 단순한 상대성의 입장을 넘어간다.

### § 124 【실존에서 사물로】

그러나 실존하는 것의 타자–내–반성은 자기–내–반성과 분리되어 있지 않다. 근거는 그것들의 통일인바, 실존은 그 통일로부터 출현했다. 따라서 실존하는 것은 그 자신에서 상대성과 다른 실존하는 것들과의 자기의 다양한 연관을 포함하며, 근거로서의 자기 안으로 반성되어 있다. 그래서 실존하는 것은 **사물**Ding이다.[26]

칸트 철학에서 그토록 유명해진 **사물–자체**Ding–an–sich[27]는 여기서

---

26. 【다음 절로의 전개】 실존하는 것 그 자신이 그 내부에 근거의 성격을 지니는 까닭에 자립적인 것이 된다. 그것이 사물이다. 사물이 지니는 새로운 성격이 문제가 된다.
27. 칸트의 비판 이론에서 현상의 근거로 제시되는 사물 자체, 즉 그 자체에서의 사물은

그 발생에서, 요컨대 타자-내-반성에 맞서 그리고 구별된 [8/255]규정
들 일반에 맞서 그것들의 공허한 기초로서 견지되는 추상적인 자기-
내-반성으로서 나타난다.

〈보론〉 사물-자체는 인식될 수 없다고 주장될 때, 이것은 우리가 인식을
대상을 그것의 구체적 규정성에서 파악하는 것으로 이해하는 한에서
시인될 수 있지만, 사물-자체는 전적으로 추상적이고 무규정적인 사물
일반 이외에 다른 것이 아니다. 그야 어쨌든 사물-자체에 대해 말하는
것과 똑같은 권리를 지니고서 또한 질-자체에 대해, 양-자체에 대해
그리고 그와 마찬가지로 더 나아가서는 그 밖의 모든 범주에 대해서도
말할 수 있을 것이며, 그것들에서는 이 범주들이 그것들의 추상적 직접성
에서, 다시 말하면 그것들의 발전과 내적인 규정성이 도외시되고서 이해
되어야 할 것이다. 그런 한에서 바로 사물이 오직 그것의 그 자체에서의
것[자체적인 것]Ansich에서만 고정될 때, 그것은 지성의 자의로서 여겨질
수 있다. 그러나 더 나아가 또한 그 자체에서의 것이 자연적 세계뿐만
아니라 또한 정신적 세계의 내용에도 적용되고, 그에 따라 예를 들어
전기 자체나 식물 자체에 대해 그리고 그와 마찬가지로 인간 자체나
국가 자체에 대해 말하고, 이러한 대상들의 그 자체에서의 것에서 그것들
의 올바른 것과 본래적인 것이 이해되곤 한다. 여기에서의 사정은 사물-자
체 일반에서와 다르지 않은바, 게다가 좀 더 자세히 하자면 대상들의
단순한 자체적인 것에 머무르게 되면 대상들이 그 진리에서가 아니라
단순한 추상의 일면적인 형식에서 파악된다고 하는 것이다. 그래서 예를
들어 인간-자체가 아이라면, 아이의 과제는 이러한 추상적이고 발전되지

---

사유될 수는 있지만 인식될 수는 없어 전적으로 문제의 여지가 있는 것으로 파악될
수 있다(§ 44와 거기에 붙인 각주를 참조). 헤겔의 경험 이론에서 사물 자체는 자기를
아는 사태 자신에 의해 대체된다. 칸트를 뒤따르면서도 변증법적으로 반박하는 헤겔의
용법에서 단순한 사물은 지각에서 참되게 취해진 본질이다. 『정신현상학』 2장을 참조

않은 자체적인 것에 머무는 것이 아니라 우선은 단지 그 **자체에서만** 있는 것 — 요컨대 자유롭고 이성적인 본질— 이 또한 대자적으로도 되는 것에 존립한다. 그와 마찬가지로 국가-자체는 아직 거기서는 국가의 개념 안에 놓여 있는 다양한 정치적 기능들이 그것들의 개념에 적절한 체제의 확립에 이르지 못한 아직 발전되지 않은 가부장적 국가이다. 같은 의미에서 또한 씨앗도 식물-자체로서 여겨질 수 있다. 이러한 예들로부터 알아낼 수 있는 것은 우리가 사물들의 자체적인 것이나 사물-자체 일반이 우리의 인식에 대해 접근할 수 없는 어떤 것이라고 생각할 때 우리가 대단히 오류에 처해 있다는 점이다. 모든 사물은 우선은 그 **자체에서** 있지만, 거기서 끝맺는 것이 아니며, 그 자체에서의 식물인 씨앗이 오직 자기를 전개하는 것일 뿐이듯이, 또한 사물 일반은 추상적인 자기-내-반성으로서의 자기의 단순한 자체적인 것을 넘어서서 자기를 또한 타자-내-반성으로서도 입증하는 데로 나아가며, 그래서 사물은 **특성들을** 가진다.

## c. 사물

### § 125 【사물은 특성들을 가진다】

사물은 근거와 실존이라는 규정들의 하나[일자] 속에 정립된 발전으로서의 총체성이다. 사물은 그것의 계기들의 하나, 즉 **타자-내-반성**에 따라서 자기에게서 구별들을 지니는데, 그에 따르면 그것은 **규정되고 구체적인** 사물이다. α) 이 규정들은 **서로로부터** 서로 다르다. 규정들 자신에서가 아니라 사물에서 그것들은 그것들의 자기-내-반성을 지닌다. 그것들은 사물의 **특성들**_Eigenschaften_이며, 그것들의 사물에 대한 관계는

가짐*Haben*이다.[28]

관계로서의 가짐이 존재[있음]를 대신한다. 어떤 것은 실로 자기에게서 **질들도** 가지지만, 이렇듯 가짐을 존재자에게로 옮겨 놓은 것은 부정확하다. 왜냐하면 질로서의 규정성은 직접적으로 어떤 것과 하나이고, 어떤 것은 자기의 질을 잃을 때 존재하기를 그치기 때문이다. 그러나 **사물**은 구별, 즉 자기의 규정들로부터도 구별된 동일성으로서 자기—내—반성이다. —— 가짐·*Haben*은 많은 언어에서 과거를 표시하기 위해 사용되며, — 이는 과거가 **지양된** 존재이고 정신이 과거의 자기—내—반성이라는 점에서 정당한바, 과거는 오로지 이러한 자기—내—반성 속에서만 여전히 존립을 지니지만, 정신은 자기 속에서 지양된 이 존재를 또한 자기로부터 구별한다.

〈보론〉 사물에서 모든 반성 규정 전체가 실존하는 것으로서 반복된다. 그래서 사물은 우선은 사물—자체로서 자기와 동일한 것이다. 그러나 동일성은 우리가 보았듯이 구별 없이 있지 않으며, 사물이 가지는 특성들은 상이성의 형식에서 실존하는 구별이다. 이전에 서로 다른 것들이 서로에 대해 무관심한 것으로서 입증되고 그것들의 서로에 대한 관계가 오직 그것들에 외면적인 비교에 의해서만 정립되었던 데 반해, 우리는 이제부터 사물에서 서로 다른 특성들을 서로 결합하는 유대를 지닌다. 그야 어쨌든 특성은 질과 혼동되어서는 안 된다. 실로 사람들은 어떤 것이 질들을 가진다고도 말한다. 그렇지만 이 표현은 가짐이 자기의 질과 직접적으로 동일한 어떤 것에 아직 속하지 않는 자립성을 암시하는 한에서 부적합하다. [8/257]어떤 것은 오직 그것의 질에 의해서만 그것인

---

28. 【다음 절로의 전개】 여기서 비로소 존재론의 '……라는 질이다'를 대신하여 본질론의 '……라는 특성을 가진다'라는 관계가 등장한다. 다음에 사물과 특성의 상호 관계가 분석된다.

바의 것인 데 반해, 사물은 물론 마찬가지로 그것이 특성들을 가지는 한에서만 실존하지만, 그럼에도 이런저런 규정된 특성에 매여 있지 않으며, 그리하여 특성을 잃는다고 해서 바로 그것인 바의 것이기를 그치지 않고서 그 특성을 잃을 수 있다.

### § 126 【특성은 물질이 된다】

β) 그러나 타자–내–반성은 또한 근거에서도 직접적으로 그 자신에서 자기–내–반성이며, 따라서 특성들은 그와 마찬가지로 자기와 동일하고 **자립적**이며, 사물에 대한 자기들의 매여 있음으로부터 해방되어 있다. 그러나 자기–내–반성된 것들로서의 특성들이 사물의 서로로부터 **구별되**는 규정성들이기 때문에, 특성들은 그 자신이 구체적으로 있는 것으로서의 사물들이 아니라 추상적 규정성들로서 자기 안으로 반성된 실존들, 즉 **물질들[질료들]**_Materien_이다.[29]

물질들, 예를 들어 자기적, 전기적 물질들은 또한 **사물들**로 불리지 않는다.[30] —— 그것들은 본래적인 질들, 그것들의 존재와 하나, 직접성에 도달한 규정성이지만, 반성된 것, 실존인 존재와 하나이다.[31]

---

29. 【다음 절로의 전개】 사물의 특성인 전기성이나 자기성 등의 Materie는 사물이 아니라 사물의 특성, 물질이다. 물질이 다음에 고찰된다.
30. 헤겔은 '지각'과 '지성' 사이의 개념적 다리로서 (지금은 사용되지 않는) 과학적 '물질' 이론을 이용한다. 그가 올바르게 말하듯이, 누구도 '물질'을 고유한 '사물'로서 간주하지 않았다. 그 자신의 견해로는 (우리의 견해에서와 마찬가지로) 자기와 전기 등등은 '힘'이었다. 그러나 이론적 잘못은 개념의 전개를 위해 논리적으로 필연적이었는데, 왜냐하면 '사물–세계'에서 실재적 사물들의 일시적이고 가변적인 '특성들'은 '실재적인' 기초를 지니는 것으로서 고찰되어야 하기 때문이다.『정신현상학』제2장과『엔치클로페디: 자연철학』§ 334를 참조.
31. 이 부분은 C. —— B에서는 '…… 그것들의 존재와 하나, 직접성에 도달한 규정성, 그러나 실존인 직접성에 도달한 규정성'으로, W에서는 '…… 그것들의 존재와 하나, 반성된 것, 실존인 존재로서의 직접성에 도달한 규정성'으로 되어 있다.

〈보론〉 사물이 가지는 특성들을 그 사물이 그것으로 구성되는[그것으로 부터 존립하는] 물질들 내지 소재들로 자립화하는 것은 실로 사물의 개념 속에 근거 지어져 있으며, 그런 까닭에 또한 경험에서도 발견되지만, 예를 들어 색깔이나 냄새 등등과 같은 한 사물의 일정한 특성들이 특수한 색소, 향소 등등으로서 제시될 수 있다는 것으로부터 그것으로 모든 것이 다 마무리되었으며, 사물들에서의 사정이 본래적으로 어떠한지를 알아내기 위해 그 사물들을 그것들이 그로부터 합성된 소재들로 분해하는 것 이외에 그 이상 아무것도 해서는 안 된다고 추론하는 것은 사상에 반할 뿐만 아니라 경험에 반하기도 한다. 이렇게 자립적인 소재들로 분해하는 것은 그 본래적인 자리를 오직 비유기적 자연에서만 발견하는바, 화학자가 예를 들어 식염이나 석고를 그 소재들로 분해하고서는 전자는 염산과 나트륨으로 구성되고, 후자는 황산과 석회로 구성된다고 말한다 면 나름의 정당성을 지닌다. [8/258]나아가 그와 마찬가지로 또한 지질학이 화강암이 석영과 장석과 운모로 합성되어 있다고 고찰하는 것도 정당하다. 그 경우 그 사물이 그것으로 구성되는 이 소재들 자신이 부분적으로 또다시 사물들인데, 그것들 그 자체가 다시 한번 예를 들어 유황과 산소로 구성되는 황산과 같이 좀 더 추상적인 소재들로 분해될 수 있다. 그런데 그와 같은 소재들이나 물질들은 사실상 그 자체로[대자적으로] 존립하고 있는 것으로서 제시될 수 있는 데 반해, 사물들의 다른 특성들은 마찬가지 로 특수한 물질들로서 고찰됨에도 불구하고, 그것들에게는 이러한 자립 성이 속하지 않는 일도 자주 발생한다. 그래서 사람들은 예를 들어 열소, 전기적 물질과 자기적 물질에 관해 이야기하지만, 그러한 소재들과 물질 들은 지성의 단순한 허구로서 여겨져야 한다. 이러한 것은 일반적으로 오직 이념의 일정한 발전 단계들로서만 그 타당성을 지니는 개별적 범주들 을 자의적으로 움켜쥐고서는, 어떻게 불리는 것이든 이것들을 설명을 위해, 그렇지만 순진무구한 직관과 경험에 모순되게 고찰되는 모든 대상 이 그것들로 환원되는 그러한 형태로 다루는 추상적인 지성 반성의 방식이다. 그래서 그 경우 또한 사물이 자립적인 소재들로 구성된다는 것은 그러한 것이 더는 타당성을 지니지 않는 그러한 영역들에서도 다면적으로 적용되게 된다. 이미 자연 내부에서, 즉 유기체적 생명에서 이러한 범주는 불충분한 것으로서 입증된다. 사람들은 분명 이 동물이 뼈와 근육, 신경 등등으로 구성되어 있다고 말하지만, 직접적으로 명확해지는 것은 그것에서의 정황이 한 조각의 화강암이 앞에서 언급된 소재들로 구성되어 있다고 하는 것과는 다르다는 점이다. 이 소재들은 자기들의 통합에 대해 전적으로 무관심하게 행동하며 이 통합 없이도 마찬가지로 존립할 수 있는 데 반해, 유기체적 육체의 서로 다른 부분들과 지절들은 오직 그 통합에서만 자기의 존립을 지니며 서로로부터 분리되어서는 그러한 것들로서 실존하기를 그친다.

§ 127 【사물과 물질의 주종 관계 교체】

그래서 물질은 추상적인 또는 무규정적인 타자–내–반성이거나 동시에 규정된 것으로서의 자기–내–반성이다. 따라서 물질은 현존재하는 사물성, 즉 사물의 존립이다. 사물은 이러한 방식으로 물질들에서 자기의 자기–내–반성을 지니며(§ 125의 반대), 그 자신에서 존립하는 것이 아니라 물질들로 구성되고, 오직 그것들의 표면적인 연관, 그것들의 외면적인 결합일 뿐이다.[32]

[8/259] § 128 【합체한 물질은 형식이 된다】

γ) 물질은 실존의 자기와의 직접적 통일로서 또한 규정성에 대해서는 무관심하다. 따라서 여러 서로 다른 물질들이 하나의 물질, 즉 동일성이라는 반성 규정에서의 실존으로 합체하는데, 그에 맞서서 이 구별된 규정성

---

32. 【다음 절로의 전개】 '사물은 이러한 방식으로 물질들에서 자기의 자기–내–반성을 지닌다'라고 하듯이 사물과 물질의 주종 관계가 역전되고, 사물은 물질이 외면적으로 결합한 것이 된다. 그 결합의 형식이 문제가 된다.

들과 그것들이 사물에서 서로에 대해 지니는 그것들의 외면적 관계는 형식, — 즉 **구별**의 반성 규정이지만, 그러나 실존하는 것으로서의 그리고 총체성으로서의 그것이다.[33]

이러한 하나의 몰규정적인 물질은 또한 사물–자체와 같은 것이기도 한데, 다만 후자는 자기 안에서 전적으로 추상적인 것으로서, 전자는 그 자체에서 또한 타자에 대해, 우선은 형식에 대해 존재하는 것으로서 그러하다.

〈보론〉 사물이 그것들로 구성되는 서로 다른 물질들은 그 자체에서 다른 것과 하나의 같은 물질이다. 이리하여 우리는 하나의 물질 일반을 획득하는데, 그것에서 구별은 그것에 외면적인 것으로서, 다시 말하면 단순한 형식으로서 정립되어 있다. 사물들을 모두 다 하나의 같은 물질을 기초에 지니고 단순히 외면적으로만, 즉 그 형식에 따라서만 서로 다른 것으로서 파악하는 것은 반성하는 의식에게는 아주 친숙하다. 여기서 물질은 그 자체에서 철저히 무규정적이지만, 모든 규정을 받아들일 수 있는 동시에 단적으로 영구적이고 모든 교체와 모든 변화에서 자기 자신에게 동등하게 머무는 것으로서 여겨진다. 그런데 규정된 형식들에 대한 물질의 이러한 무관심성은 물론 유한한 사물들에서 발견된다. 그래서 예를 들어 대리석 덩어리에 이런저런 입상의 형식이 주어지는가 아니면 기둥의 형식이 주어지는가 하는 것은 그 대리석 덩어리에 아무래도 상관없다. 그렇지만 거기서 간과해서는 안 되는 것은 대리석 덩어리와 같은 물질이 오직 상대적으로(조각가에 대한 관계에서)만 형식에 대해 무관심하며, 그렇지만 결코 일반적으로 형식을 지니지 않는 것은 아니라는 점이다. 그에 따라 광물학자는 또한 오직 상대적으로만 형식을 지니지

---

33. 【다음 절로의 전개】 이제 사물은 물질[질료]과 형식의 전체성으로서 파악된다. 그 동일성과 대립성이 다음의 과제가 된다.

않는 대리석도 규정된 암석 형성체로서, 즉 예를 들어 사암, 반암 등등과 같은 마찬가지로 규정된 다른 형성체들과 구별된 것으로서 고찰한다. 그리하여 물질을 그 고립 속에 그리고 그 자체에서 형식을 지니지 않는 것으로서 고정하는 것은 다만 추상하는 지성일 뿐인 데 반해, 실제로는 물질의 사상은 형식의 원리를 철두철미 자기 안에 포함하며, 그런 까닭에 경험에서도 형식을 지니지 않는 물질은 그 어디에서도 실존하는 것으로서 나타나지 않는다. 그야 어쨌든 물질을 근원적으로 현존하는 것으로서 그리고 그 자체에서 형식을 지니지 않는 것으로서 파악하는 것은 아주 오래된 것으로, 우리는 그것을 이미 그리스인들에게서 우선은 카오스라는 신화적 형식에서 만나게 되는데, [8/260]카오스는 실존하는 세계의 형식을 지니지 않는 기초로서 표상된다. 그 경우 이러한 표상의 귀결에는 신을 세계의 창조자로서가 아니라 단순한 세계 형성자로서, 즉 데미우르고스로서 바라보는 것이 놓여 있다. 그에 반해 좀 더 심오한 직관은 신이 세계를 무로부터 창조했다고 하는 것인데, 그 직관에서는 나아가 일반적으로 한편으로는 물질 그 자체에 어떠한 자립성도 속하지 않는다는 것, 그리고 다른 한편으로는 형식이 외부로부터 물질에 다다르는 것이 아니라 총체성으로서 물질의 원리를 자기 자신 안에 담지한다는 것이 언명되어 있는바, 그러한 자유롭고 무한한 형식은 바로 다음에서 우리에게 개념으로서 밝혀질 것이다.

§ 129 【물질과 형식의 대립성】

그래서 사물은 **물질**[질료]과 형식으로 나누어지는데, 그것들의 각각은 사물성의 **총체성**이자 자립적으로 그 자체로 존재한다. 그러나 긍정적이고 무규정적인 실존이어야 할 **물질**은 실존으로서 타자─내─반성뿐만 아니라 또한 자기 내 존재도 포함한다. 이러한 규정들의 통일로서 물질은 그 자신이 형식의 총체성이다. 그러나 형식은 이미 규정들의 총체성으로서 자기─내─반성을 포함하거나, 자기에게 관계하는 형식으로서 그것은 물질의 규정을 이루어야 할 바로 그것을 지닌다. 양자는 그 자체에서 똑같다. 이러한 양자의 통일은, 정립되면, 일반적으로 그와 마찬가지로 구별된 물질과 형식의 관계이다.[34]

§ 130 【사물에서 현상으로】

이러한 총체성으로서의 사물은 그 부정적 통일에 따라서는 그 속에서 물질이 규정되어 특성들로 격하된(§ 125) 바의 형식인 동시에, 사물의 자기 내 반성 속에서 부정된 것인 만큼이나 동시에 자립적인 것이기도 한 물질들로 구성되어 있다고 하는 모순이다. 그래서 사물은 자기를 자기 자신 안에서 지양하는 것으로서의 본질적인 실존이라고 할 수 있는바, 현상*Erscheinung*이다.[35/36]

물질들의 자립성만큼이나 사물 속에서 정립된 그것들의 부정은 물리학에서는 다공성*Porosität*으로서 나타난다.[37] 여러 물질의 각각(색소, 향소 그리고 다른 소재들, 몇몇 사람에 따르면 거기에는 또한 음소가, 그러고 나서는 본래 열소와 전기적 물질 등등이 속한다)은 또한 부정되어 있으며, 이러한 그것들의 부정, 즉 그것들의 구멍들 속에는 [826]여러 다른 자립적인 물질들이 있는데, 그것들도 마찬가지로 구멍을 가지고 있어 자기 안에 다른 물질들을 그렇게 상호적으로

---

34. 【다음 절로의 전개】 물질과 형식은 모두 사물의 계기임과 동시에 자립적이다. 사물은 그러한 물질과 형식이라는 대립물의 통일이라는 것이 분명해진다. 사물이 새롭게 다시 파악된다.
35. 여기서 보듯이 현상(Erscheinung)은 가상에서 좀 더 고차적으로 발전한 것으로, 가상의 진리를 온전히 포함하고 표현한다.
36. 【다음 절로의 전개】 본질은 실존의 근거라는 성격의 최종 단계에서 사물이 되고, '사물은 현상한다'에 이르렀다. 다음 절에서는 이 과정을 총괄하고, 자기를 자기 자신 안에서 지양하는 실존이 지니는 모순이 새롭게 심화한다.
37. '구멍'의 이론은 엠페도클레스에서 유래한다(*D.K.*, 31, A86을 참조). 그러나 헤겔은 그 시대의 과학 사상가 가운데서 그것을 특히 존 돌턴에게서 발견했다(『정신현상학』 *Su.* 3/109-110과 『엔치클로페디: 자연철학』 *Su.* 9/495-96에서의 주해를 참조).

실존하게 한다. 구멍들은 **경험적인** 어떤 것이 아니라 지성의 허구들인 바, 지성은 자립적인 물질들이 지니는 부정의 계기를 이러한 방식으로 표상하고, 모순의 그 이상의 형성을 그 속에서는 모든 것이 **자립적** 이고 모든 것이 서로 뒤섞여 그와 마찬가지로 **부정되어** 있는 저 안개가 낀 것 같은 혼란으로 덮는다. ― 똑같은 방식으로 정신에서도 능력들이나 활동들이 실체화되면, 그것들의 살아 있는 통일도 그와 마찬가지로 하나가 다른 것 속으로 작용을 미치는 혼란이 된다.

구멍들(유기체적인 것에서의 구멍들, 즉 나무의 구멍들, 피부의 구멍들을 말하는 것이 아니라 색소, 열소 등등이나 금속들, 결정들 등등과 같은 이른바 물질들에서의 구멍들)이 관찰에서 확증되지 않는 것처럼, 또한 물질 자신, 더 나아가서는 그것으로부터 분리된 형식, 우선은 사물과 사물의 물질들로부터의 존립[구성] 또는 사물 자신이 존립하고 단지 특성들을 가질 뿐이라는 것도 반성하는 지성의 산물인바, 이 반성하는 지성은, 자기가 관찰하고 자기가 관찰한 바로 그것을 제시한다고 내세운다는 점에서, 오히려 모든 측면에 따라 모순이지만 그 모순이 그에게는 계속해서 은폐된 그러한 하나의 형이상학을 산출한다.

# B. 현상

§ 131 【본질은 반드시 현상한다】

본질은 **현상해야만** 한다. 본질의 자기 안에서의 가현은 자기를 직접성으로 지양하는 것인데, 이 직접성은 자기–내–반성으로서는 **존립**(물질)이며, 그러한 만큼이나 그것은 형식, 타자–내–반성, **자기를 지양하는** 존립이다. 가현은 그에 의해 본질이 존재가 아니라 본질인 바의 규정이며, 전개된 가현이 현상이다. 따라서 본질은 현상의 배후나 **저편**에 있는 것이 아니라 [8/262]본질이 실존하는 바로 그것이라는 점에 의해서 실존이야말로 현상이다.[38]

〈보론〉 자기의 모순 속에 정립된 실존이 현상이다. 이 현상은 단순한 가상과 혼동되어서는 안 된다. 가상은 존재 또는 직접성의 가장 가까운 진리이다. 직접적인 것은 우리가 그것에서 지닌다고 생각하는 바로 그것이 아닌바, 즉 자립적이고 자기에 기반하는 것이 아니라 다만 가상일 뿐이며, 그러한 가상으로서 직접적인 것은 자기 안에 존재하는 본질의 단순성 속으로 총괄되어 있다. 이러한 본질은 우선은 자기 안에서 가현하는 것의 총체성이지만, 그 경우 이 내면성에 머무르는 것이 아니라 거기서 벗어나 근거로서 실존 속으로 들어서는데, 자기의 근거를 자기 자신 안에서가 아니라 타자 속에 지니는 것으로서의 실존은 바로 다만 현상일

---

38. 【다음 절로의 전개】 현상은 본질이 타자로의 반성 속에서 가상으로 발전한 것이다. 그 현상의 존립이 취하는 내용과 형식이 다음의 과제가 된다.

뿐이다. 현상에 관해 이야기할 때, 우리는 그것과 실존하는 사물들의 무규정적인 다양성의 표상을 결합하는데, 그 사물들의 존재는 단적으로 다만 매개일 뿐인바, 그리하여 그것들은 자기 자신에 기반하는 것이 아니라 다만 계기들로서만 자기들의 타당성을 지닌다. 그러나 여기에는 또한 동시에 본질이 현상의 배후나 저편에 머무르는 것이 아니라 오히려 이를테면 자기의 가상[빛]을 직접성 속으로 방출하고 그 가상에게 현존재의 기쁨을 베풀어 주는 무한한 선이라고 하는 것이 놓여 있다. 이리하여 정립된 현상은 자기의 발로 서 있는 것이 아니며, 자기의 존재를 자기 자신 속에서가 아니라 타자 안에서 지닌다. 본질로서의 신은, 그가 자기의 자기 내에서의 가현 계기들에 실존을 부여함으로써 세계를 창조하는 선이듯이, 동시에 세계에 대한 위력으로서, 그리고 이 실존하는 세계가 그 자체로 실존하고자 하는 한에서, 그 세계의 내용을 단순한 현상으로서 드러내는 정의로서 자기를 입증한다.

현상은 일반적으로 논리적 이념의 아주 중요한 단계이며, 우리는 철학이 보통의 의식에게 존재하는 것이자 자립적인 것으로서 여겨지는 것을 단순한 현상으로서 간주한다는 점에 의해 그 보통의 의식과 구별된다고 말할 수 있다. 그렇지만 거기서 관건이 되는 것은 현상의 의미가 적절하게 파악되는 것이다. 요컨대 어떤 것에 대해 그것이 단지 현상일 뿐이라고 말할 때, 이것은 마치 이러한 단지 현상할 뿐인 것과 비교하여 존재하는 것이나 직접적인 것이 더 고차적인 것이라는 듯이 오해될 수 있는 것이다. 실제로는 사정이 정반대인데, 요컨대 현상은 단순한 존재보다 더 고차적인 것이다. 현상이 자기–내–반성의 계기와 타자–내–반성의 계기를 자기 안에 통합하여 포함하는 데 반해, [8/263]존재나 직접성은 아직은 일면적으로 몰관계적인 것이자 (가상적으로) 단지 자기에게만 기반하는 것인 한에서, 현상은 일반적으로 존재의 진리이자 이 존재보다 더 풍부한 규정이다. 그러나 더 나아가 현상의 저 단지는 물론 결함을 가리키는데, 이 결함은 현상이 여전히 이러한 자기 안에서 단절된 것, 자기의 발판을 자기 자신 안에 가지지 못하는 것이라고 하는 것에 존립한다. 단순한 현상보다 더 고차적인 것은 우선은 **현실성인바**, 본질의 세 번째 단계로서의 현실성에 대해서는 나중에 다루어지게 될 것이다. —— 근래의 철학의 역사에서 앞에서 언급된 보통의 의식과 철학적 의식 사이의 구별을 처음으로 다시 관철한 공적이 마땅히 돌려져야 하는 것은 **칸트**이다. 그렇지만 칸트는, 현상을 오직 주관적 의미에서만 파악하고 그 현상 바깥에 추상적 본질을 우리의 인식이 접근할 수 없는 **사물 자체**로서 고정해 놓은 한에서, 여전히 어중간한 상태에 머물러 있다. 단지 현상일 뿐이라는 것, 이것은 직접적으로 대상적인 세계 자신의 고유한 본성인바, 세계를 그러한 현상으로서 앎으로써 우리는 그와 동시에 본질을 인식하는데, 본질은 현상의 배후나 저편에 머무는 것이 아니라 바로 세계를 단순한 현상으로 격하시킴으로써 자기를 본질로서 드러낸다. —— 그야 어쨌든 순진무구한 의식이 우리가 단적으로 단지 현상들과만 관계해야 한다는 주관적 관념론의 주장에 안도하기를 주저할 때, 그러한 의식이 총체성을 욕망하는 것에 대해 나쁘게 생각해서는 안 된다. 다만 이러한 순진무구한 의식에게 일어나는 일은 그 의식이 인식의 객관성을 구해내는 데 나섬으로써 쉽사리 추상적 직접성으로 되돌아와 이것을 곧바로 참되고 현실적인 것으로서 견지한다는 것이다. 피히테는 「최근 철학의 본래적인 본질에 관한 좀 더 광범위한 대중에의 명명백백한 보고. 독자를 이해시키기 위한 시도」 [베를린 1801]라는 제목의 작은 저술에서 주관적 관념론과 직접적 의식 사이의 대립을 저자와 독자 간의 대화 형식을 취해 대중적인 형식으로 다루면서 주관적으로 관념론적인 입장의 정당성을 입증하기 위해 노력했다.[39] 이 대화에서 독자는 저자에게 자기가 스스로를 저 입장으로 옮겨

---

39. 이 저술("Sonnenklarer Bericht an das größere Publikum über das eigentliche Wesen der neuesten Philosophie; ein Versuch, den Leser zum Verstehen zu zwingen")은 1801년에 출간되었다. 헤겔의 언급은 그가 '주관적 관념론자', 즉 그 용어의 전통적 의미에서의 '관념론자'로부터 얼마나 멀리 떨어져 있는지를 보여준다. § 95의 주해에 붙인 각주를 참조.

놓는 것에 결단코 성공하고 싶어 하지 않는다고 하는 자신의 고뇌에 대해 하소연하며, 자기를 둘러싼 사물들이 현실적 사물들이 아니라 한갓 현상들이어야 한다는 점에 대해 절망적인 의견을 털어놓고 있다. 그 독자의 이러한 낙담은 물론 스스로를 단순히 주관적인 표상들의 뚫고 나갈 수 없는 범위 안에 사로잡혀 있는 것으로서 바라볼 것이 그 독자에게 기대되는 한에서 나쁘게 해석되어서는 안 된다. 그렇지만 그야 어쨌든 [8/264]현상에 대한 단순히 주관적인 파악은 도외시하고서 반드시 말해야만 하는 것은, 우리가 우리를 둘러싼 사물들에서 확고하고 자립적인 실존들이 아니라 단지 현상들과만 관계하고 있다는 것에 만족해할 모든 원인을 지닌다는 점인데, 왜냐하면 우리는 그 경우에는 육체적으로뿐만 아니라 정신적으로도 즉각적으로 굶어 죽게 될 것이기 때문이다.

## a. 현상의 세계

### § 132【현상은 연쇄한다】

현상하는 것은 그것의 존립이 직접적으로 지양된 방식으로, 즉 이 존립이 다만 형식 자신의 하나의 계기일 뿐인 방식으로 실존한다. 형식은 그 존립 또는 물질을 자기의 규정들의 하나로서 자기 속에 포괄한다. 그래서 현상하는 것은 자기의 근거를 자기의 본질로서의 물질, 즉 자기의 직접성에 반하는 자기의 자기-내-반성 속에서 지니지만, 그리함으로써 다만 형식이라는 다른 규정성 속에서만 그 근거를 지닌다. 이러한 현상하는 것의 근거도 그와 마찬가지로 현상하는 것이며, 그래서 현상은 형식에 의해, 그리하여 그와 마찬가지로 비존립에 의해 존립의 무한한 매개로 나아간다. 이 무한한 매개는 동시에 자기에 대한 관계의 통일이며, 실존은

현상의, 즉 반성된 유한성의 총체성과 세계로 전개된다.[40]

## b. 내용과 형식

### § 133 【형식의 이중성】

현상의 세계의 상호외재는 총체성이며 전적으로 그 현상의 자기에-대
한-관계에 포함되어 있다. 그래서 현상의 자기에 대한 관계는 완전히
규정되어 있고, 그 자신 속에 형식을 지니는데, 이러한 동일성 속에서
지니는 까닭에, 본질적인 존립으로서 지닌다. 그래서 형식은 내용이며,
그 형식의 전개된 규정성에 따라서는 현상의 법칙이다. 자기 안으로 반성되
지 않은 것으로서의 형식에는 현상의 부정적인 것, 즉 비자립적이고
가변적인 것이 속하는데, ― 이 형식은 무관심하고 외면적인 형식이다.[41]

형식과 내용의 대립에서 본질적으로 견지되어야 하는 것은 내용이
형식 없는 것이 아니라 [8/265]형식이 내용에 외면적인 것인 만큼이나
내용은 형식을 그 자신 안에 지닌다는 것이다. 형식의 이중화가 현존하
는바, 형식은 한 번은 자기 안으로 반성된 것으로서 내용이고, 다른
한 번은 자기 안으로 반성되지 않은 것으로서 외면적이고 내용에
대해 무관심한 실존이다. 여기에 그-자체에서 현존하는 것은 내용과
형식의 절대적 관계, 요컨대 그것들의 서로로의 전환인데, 그리하여

---

40. 【다음 절로의 전개】 현상은 형식의 한 요소이지만, 현상의 세계로 발전함으로써
    내용을 지닌다. 거기에서의 내용과 형식의 관계가 다음의 문제가 된다.
41. 【다음 절로의 전개】 형식이 없는 내용은 없지만, 동시에 내용에 외적인 형식도 있다.
    그래서 다음에 내용과 형식의 외화 과정이라는 상호 관계가 분석된다.

내용은 형식의 내용으로의 전환 이외에 아무것도 아니고, 형식은 내용의 형식으로의 전환 이외에 아무것도 아니다. 이러한 전환은 가장 중요한 규정들 가운데 하나이다. 그러나 이것은 절대적 관계에서 야 비로소 정립된다.

〈보론〉 형식과 내용은 반성하는 지성이 아주 자주 사용하고, 게다가 주로 내용은 본질적이고 자립적인 것으로서, 그에 반해 형식은 비본질적 이고 비자립적인 것으로서 여겨지는 양식으로 사용하는 한 쌍의 규정들이 다. 그렇지만 그에 반대하여 지적해야 하는 것은 실제로는 양자가 똑같이 본질적이라는 것, 그리고 형식 없는 소재가 존재하지 않는 만큼이나 형식 없는 내용도 존재하지 않지만, 이러한 양자(내용과 소재나 물질)는 바로, 후자가 비록 그 자체에서는 형식 없는 것이 아닐지라도 그것의 현존재에서는 형식에 대해 무관심한 것으로서 입증되는 데 반해, 내용 그 자체는 오직 그것이 형성된 형식을 자기 안에 포함하는 것에 의해서만 내용인 바의 것이라고 하는 점에 의해 서로 구별된다고 하는 것이다. 그러나 그 경우 우리는 더 나아가 형식을 또한 내용에 대해 무관심하고 내용에 외면적인 실존으로서도 발견하는데, 이 점이 사실인 까닭은 현상 일반이 아직도 외면성에 붙들려 있기 때문이다. 예를 들어 우리가 책을 살펴보게 된다면, 그것이 쓰여 있는지 아니면 인쇄되어 있는지, 그것이 종이로 제본되어 있는지 아니면 가죽으로 제본되어 있는지는 그 책의 내용에 대해 물론 아무래도 상관없다. 그러나 그 경우 그렇다고 해서 그러한 외면적이고 무관심한 형식은 도외시한다고 하더라도 책의 내용 자신이 형식 없는 것이라고 말하는 것은 결코 아니다. 물론 그 내용과 관련해서도 형식 없는 것이라고 표현하는 것이 부당하지 않은 책들은 충분히 존재한다. 그렇지만 내용에 대한 이러한 관계에서 몰형식성은 기형성과 같은 의미인데, 이 기형성에서는 형식 일반의 부재가 아니라 다만 올바른 형식이 현존하지 않는다는 것이 이해되어야 한다. 그러나 이러한 올바른 형식이란 내용에 대해 무관심한 것이 아니어서, 오히려 그것은 내용 자신이다. 바로 그런 까닭에 올바른 형식이 빠져 있는 예술작품은 올바른, 다시 말하면 [826]참된 예술작품이 아닌바, 한 예술가의 작품들의 내용이 실로 좋지만(아니, 분명 탁월하기까지 하지만), 그것들에게는 올바른 형식이 빠져 있다고 말한다면, 그것은 그 예술가 그 자신에 대해서는 나쁜 변명이다. 참다운 예술작품들은 바로 다만 그 내용과 형식이 전적으로 동일한 것으로서 입증되는 그러한 것들일 뿐이다. 사람들은 『일리아스』에 대해 그 내용이란 트로이 전쟁 또는 좀 더 규정적으로는 아킬레우스의 분노라고 말할 수 있으며, 그것으로 우리는 모든 것을 가지지만, 그럼에도 거의 아무것도 가지지 못하는데, 왜냐하면 『일리아스』를 『일리아스』로 만드는 것은 저 내용이 형성되어 있는 시적 형식이기 때문이다. 그와 마찬가지로 『로미오와 줄리엣』의 내용도 두 가문의 불화로 인해 초래된 두 연인의 파멸이다. 하지만 이것은 아직 셰익스피어의 불멸하는 비극이 아니다. — 더 나아가 학문적 영역에서의 내용과 형식의 관계에 관해 이야기하자면, 이와 관련해서는 철학과 그 밖의 학문들 사이의 구별이 상기되어야 한다. 후자의 학문들의 유한성은 일반적으로 여기서는 단지 형식적일 뿐인 활동으로서의 사유가 자기의 내용을 외부로부터 주어진 것으로서 받아들인다는 것, 그리고 그 내용이 그 근저에 놓여 있는 사상에 의해 내부로부터 규정된 것으로서 알려지지 않는다는 것, 그리하여 형식과 내용이 서로를 완전히 관통하지 못한다는 것에 존립한다. 그에 반해 철학에서는 이러한 분리가 떨어져 나가며, 그런 까닭에 철학은 무한한 인식으로서 표현될 수 있다. 그럼에도 불구하고 철학적 사유도 아주 자주 단순한 형식 활동으로서만 고찰되며, 특히 오직 사상 그 자체만을 다루는 것으로 승인되는 논리학에 대해서는 그것의 몰내용성이 다 마무리된 사태로서 여겨진다. 물론 내용에서 단지 손으로 붙잡을 수 있는 것 일반, 즉 감성적으로 지각할 수 있는 것이 이해될 뿐이라면, 철학 일반에 대해서와 마찬가지로 특히 논리학에 대해서도 이것이 어떠한 내용도,

다시 말하면 그러한 감성적으로 지각할 수 있는 내용을 가지지 않는다는 것이 기꺼이 승인될 수 있을 것이다. 그러나 내용에서 이해되는 것과 관련하여 이미 일상적 의식과 일반적 언어 사용도 결코 단순히 감성적인 지각 가능성이나 일반적으로 단순한 현존재에만 머무르지 않는다. 내용 없는 책에 관해 이야기할 때, 사람들은 그것에서 이해하는 것은 잘 알려져 있듯이 단순히 비어 있는 종이들로 이루어진 책이 아니라 그 내용이 아무 내용도 아닌 것과 마찬가지인 그러한 책인바, 좀 더 자세히 고찰하면 최종적인 분석에서 밝혀지는 것은 교양을 갖춘 의식에게 우선 내용으로서 표시되는 바의 것이란 사상성의 의미 이외의 다른 의미를 지니지 않는다고 하는 것이다. 그러나 그와 더불어 동시에 또한 인정되는 것은 사상들이 내용에 대해 무관심하고 그 자체에서 공허한 형식들로서 고찰되어서는 안 된다는 점과 예술에서처럼 [8/267]그와 마찬가지로 또한 다른 모든 영역에서도 내용의 진리와 옹골참은 본질적으로 그 내용이 형식과 동일한 것으로서 입증된다는 것에 기반한다는 점이다.

§ 134【내용과 형식의 외적 관계】

그러나 직접적인 실존은 존립 자신의 규정성이면서 형식의 규정성이기도 하다. 따라서 그 실존은 내용의 규정성에 대해 외면적인데, 그 점은 내용이 자기의 존립의 계기를 통해 지니는 이 외면성이 내용에 본질적인 것과 마찬가지이다. 그렇게 정립된 현상은 관계[상관 = 두 항의 관계] *Verhältnis*인바, 하나의 같은 것, 곧 내용이 발전된 형식으로서, 자립적인 실존들의 외면성과 대립 및 그 실존들의 **동일적인** 관계Beziehung로서 존재하며, 구별된 것들은 오로지 그 관계 속에서만 바로 그것들인 바의 것들이다.[42]

---

42.【다음 절로의 전개】하나의 것의 내용과 형식은 외적인 이항 관계로 현상하고, 다음에 그것은 전체와 부분의 관계로 파악된다.

# c. 관계[상관]

### § 135 【상관·관계의 첫 번째, 전체와 부분】

α) 직접적 관계[상관]는 전체와 부분들의 관계이다. 내용은 전체이며, (형식의) 부분들, 즉 자기의 반대로 구성된다. 부분들은 서로서로 다르고, 자립적인 것이다. 그러나 부분들은 다만 그것들의 서로에 대한 동일한 관계에서만 또는 그것들이 함께 합쳐져 전체를 이루는 한에서만 부분들이다. 그러나 그 함께는 부분의 반대와 부정이다.[43]

〈보론〉 본질적 관계[상관]는 현상 작용의 규정된 전적으로 일반적인 방식이다. 실존하는 모든 것은 관계 속에 놓여 있으며, 이 관계가 각각의 모든 실존의 참다운 것이다. 그로 인해 실존하는 것은 추상적으로 그 자체로 있는 것이 아니라 오직 타자 속에서만 있지만, 이 타자 속에서 그것은 자기에 대한 관계Beziehung인바, 관계[상관]Verhältnis는 자기에 대한 관계와 타자에 대한 관계의 통일이다.

전체와 부분들의 관계는 전체의 개념과 실재가 서로 상응하지 않는 한에서 참되지 않다. 전체의 개념은 부분들을 포함한다는 것이다. 그러나 그 경우 전체가 그 개념에 따라 그것인 바의 것으로서 정립되면, 즉 전체가 부분으로 나누어지면, 그와 더불어 그것은 전체이기를 그만둔다. 실로 이러한 관계에 상응하는 사물들도 존재한다. 하지만 이러한 것들은 또한 [8/268]바로 그러한 까닭에 다만 저급하고 참되지 않은 실존들일

---

43. 【다음 절로의 전개】 전체와 부분은 상호 외적인 이항 관계이지만, 부분은 동일한 관계로써 결합해 있는 까닭에 전체를 구성한다. 이것이 다음 절에서는 하나의 같은 것으로서 분석된다.

뿐이다. 거기서 일반적으로 상기해야 할 것은 철학적 논의에서 참되지 않은 것에 관해 이야기할 때, 이것이 마치 그와 같은 것이 실존하지 않는 것처럼 이해되어서는 안 된다는 점이다. 나쁜 국가나 병든 육체도 어쨌든 실존할 수 있을 것이다. 그러나 이 대상들은 참되지 않은데, 왜냐하면 그것들의 개념과 그것들의 실재는 서로 상응하지 않기 때문이다. — 직접적 관계로서의 전체와 부분들의 관계는 일반적으로 반성하는 지성에 매우 가까이 놓여 있고 그런 까닭에 그 지성이 자주 실제로는 좀 더 깊은 관계들이 다루어지는 곳에서도 그에 만족하는 그러한 관계이다. 그래서 예를 들어 살아 있는 육체의 사지와 기관들은 단순히 그것의 부분들로서 고찰되어서는 안 되는데, 왜냐하면 그것들은 오직 그것들의 통일에서만 바로 그것들인 바의 것이고 그 통일에 대해 결코 무관심한 것으로서 행동하지 않기 때문이다. 이러한 사지와 기관들은 해부학자의 손에서 비로소 단순한 부분들로 되는데, 그러나 그 경우 해부학자는 더는 살아 있는 몸이 아니라 시체와 관계한다. 이러한 것이 말하는 것은 그러한 해부 일반이 행해져서는 안 된다고 하는 것이 아니라 분명 전체와 부분들의 외면적이고 기계적인 관계는 유기체적 생명을 그 진리에서 인식하기에 충분하지 않다는 것이다. — 이 점은 이러한 관계를 정신과 정신적 세계의 형태화들에 적용하는 데서 훨씬 더 높은 정도로 사실이다. 비록 심리학에서 명시적으로 영혼이나 정신의 부분들에 관해 이야기하지 않는다고 할지라도, 이 분과의 단순히 지성적일 뿐인 취급의 근저에는, 정신적 활동의 서로 다른 형식들이 단지 그 고립 속에서 이른바 특수한 힘들과 능력들로서 차례차례 열거되고 기술되는 한에서, 저 유한한 관계의 표상이 마찬가지로 놓여 있다.

## § 136 【관계[상관]의 두 번째, 힘과 발현】

β) 그리하여 이 관계[상관]의 하나의 같은 것, 즉 그 관계 속에 현존하는 자기에 대한 관계는 자기에 대한 직접적으로 **부정적인** 관계이며, 게다가

다음과 같은 매개로서의 관계이다. 즉, 하나의 같은 것은 구별에 대해 무관심하다는 것, 그리고 자기 자신을 자기-내-반성으로서 구별로 밀어내고 자기를 타자-내-반성으로서 실존하면서 정립하며, 역으로 이 타자-내-반성을 자기에 대한 관계로 그리고 무관심성으로 되돌리는 것이 자기에 대한 부정적 관계라는 것인바, — 이것이 힘과 그 발현[외화]이다.[44]

[8/269]전체와 부분의 관계는 직접적 관계이며, 따라서 몰사상적인 관계이자 자기와의 동일성의 상이성으로의 전환이다. 전체로부터 부분들로 그리고 부분들로부터 전체로 이행되며, 각각이 그 자체로, 즉 한 번은 전체가, 다른 한 번은 부분들이 자립적 실존으로서 받아들여짐으로써, 하나 속에서 다른 것에 대한 대립이 잊힌다. 또는 부분들이 전체 속에 존립하고 전체는 저 부분들로부터 존립해야 한다는 점에서, 한 번은 하나가, 다른 한 번은 다른 것이 존립하는 것이고, 그와 마찬가지로 각각의 경우마다 그것의 다른 것이 비본질적인 것이다. 기계적 관계란 그것의 표면적 형식에서 일반적으로 부분들이 서로에 대해서나 전체에 대해 자립적인 것들로서 존재한다는 데 존립한다.

물질의 분할 가능성과 관련된 무한한 진행도 이 관계를 사용할 수 있으며, 그 경우 그것은 그 관계의 양 측면의 몰사상적인 교체이다. 하나의 사물은 한 번은 전체로서 받아들여지고, 다음에는 부분 규정으로 이행된다. 이제 이 규정이 잊히고, 부분이었던 것이 전체로서 고찰된다. 그리고 나서는 다시 부분의 규정이 등장하고 등등으로 무한히 계속된다. 그러나 이러한 무한성은 그것이 그것인 바의 부정적인 것으로서 받아들여지면 관계[상관]의 자기에 대한 부정적 관계,

---

44. 【다음 절로의 전개】 힘과 발현은 발현 그 자신이 힘인 방식으로 체화되어 있지만, 힘은 밖으로부터 유발될 필요가 있는 유한한 관계[상관]이다. 따라서 힘과 발현이 지니는 하나의 같은 것의 내용이 좀 더 추구된다.

힘, 자기 내 존재로서의 자기와의 동일한 전체이며, ― 이러한 자기 내 존재로서 자기를 지양하고 발현하면서, 역으로 사라지고 힘으로 되돌아가는 발현이다.

힘은 이러한 무한성에도 불구하고 유한하기도 하다. 왜냐하면 내용, 즉 힘과 발현의 하나의 같은 것은 겨우 그 자체에서만 이러한 동일성이기 때문이다. 관계의 양 측면은 아직 그 자신이 각각 그 자체로 관계의 구체적 동일성도 아니고 총체성도 아니다. 따라서 관계의 양 측면은 서로에 대해 서로 다른 것들이고, 관계는 유한한 관계이다. 따라서 힘은 외부로부터의 유발이 필요하고, 맹목적으로 작용하는바, [8/270]형식의 이러한 불완전함으로 인해 또한 내용도 제한적이고 우연적이다. 내용은 형식과 아직은 참답게 동일하지 않고, 아직은 자체적이고도 대자적으로 규정된 것인 개념과 목적으로서 존재하지 않는다. ― 이 구별은 지극히 본질적이지만, 쉽게 파악될 수 없다. 이 구별은 목적 개념 자신에서 비로소 좀 더 자세하게 규정되어야 한다. 이 구별이 간과되면, 이것은 신을 힘으로서 파악하는 혼란, 즉 헤르더의 신이 특히 겪고 있는 혼란으로 이어진다.[45]

사람들은 힘 자신의 본성이 알려지지 않으며 다만 그 발현만이 인식된다고 말하곤 한다. 한편으로 힘의 내용 규정 전체는 발현의 그것과 전적으로 같다. 그런 까닭에 하나의 현상을 힘으로부터 설명하는 것은 공허한 동어 반복이다. 그러므로 알려지지 않은 채 남아 있다고 하는 것은 실제로는 오로지 그에 의해서만 힘이 발현으로부터 구별되는 자기-내-반성의 공허한 형식, ― 즉 그와 마찬가지로 무언가 잘 알려진 것인 형식 이외에 아무것도 아니다. 이 형식은 오직 현상으로부터만 인식되어야 하는 내용과 법칙에 결코 아무것도 덧붙

45. 특히 *Gott. Einige Gespräche*(『신. 몇 개의 대화』), Gotha, 1787을 참조. 헤겔은 제2판(1800)의 논평을 썼지만, 그것은 출간되지 않았고 지금은 분실되었다. 스피노자 논쟁에서 헤르더의 논박이 지니는 위치에 대해서는 프레더릭 바이저, 『이성의 운명』, 제5장을 참조.

이지 못한다. 그리하여 또한 어디에서나 힘에 관해서는 아무것도 주장해서는 안 된다고 단언한다. 그러므로 도무지 알 수 없는 것은 왜 힘의 형식이 학문들 안으로 도입되었는가 하는 것이다. — 그러나 다른 한편으로 힘의 본성은 물론 알려지지 않은 것인데, 왜냐하면 힘의 내용의 자기 자신 안에서의 연관의 필연성뿐만 아니라, 또한 내용이 그 자체로 제한되어 있고 따라서 자기 바깥의 타자를 매개로 해서 자기의 규정성을 지니는 한에서 그 내용의 필연성도 결핍되어 있기 때문이다.

〈보론 1〉 힘과 그 발현의 관계는 전체와 부분들의 직접적인 관계를 뒤돌아볼 때 무한한 것으로서 여겨져야 한다. 왜냐하면 그것 속에는 이 마지막 관계 속에서 겨우 그 자체에서만 현존했던 양 측면의 동일성이 정립되어 있기 때문이다. 전체는 비록 그 자체에서 [8/271]부분들로부터 존립한다고 할지라도, 그럼에도 불구하고 그것이 나누어짐으로써 전체이기를 그만두는 데 반해, 힘은 그것이 발현됨으로써 비로소 힘으로서 확증되고 그 발현에서 자기 자신으로 되돌아오는데, 왜냐하면 발현은 그 자신이 또다시 힘이기 때문이다. 그러나 더 나아가 또한 이 관계도 또다시 유한한바, 이 관계의 유한성은 일반적으로 이러한 매개되어 있음에 존립하는데, 이는 역으로 전체와 부분과의 관계가 그 직접성으로 인해 유한한 것으로서 입증되었던 것과 마찬가지이다. 힘과 그 발현의 매개된 관계의 유한성은 우선은 각각의 모든 힘이 조건 지어져 있고 자기의 존립을 위해 그 자신 이외의 타자를 필요로 한다는 점에서 나타난다. 그래서 예를 들어 자기력은 잘 알려져 있듯이 그 담지자를 특히 철에서 지니는데, 철의 그 밖의 특성들(색깔, 비중, 산酸에 대한 관계 등등)은 자기磁氣에 대한 이 관계로부터 독립적이다. 그 밖의 모든 힘에서도 사정은 그와 마찬가지인데, 그 힘들은 일반적으로 그 자신 이외의 타자에 의해 조건 지어지고 매개된 것으로서 입증된다. 더 나아가 힘의 유한성은 그것이 발현되기 위해서는 유발이 필요하다는 점에서도 나타난다. 힘이 그에 의해 유발되는 바로 그것은 그 자신이 또다시 힘의 발현인데, 이 힘도 발현되기 위해서는 마찬가지로 유발되어야만 한다. 이러한 방식으로 우리는 또다시 유발하기와 유발되기의 무한 진행 또는 상호성을 획득하는데, 그러나 거기에는 언제나 여전히 운동의 절대적 시원이 빠져 있다. 힘은 아직은 목적과 같이 자기를 자기 자신 안에서 규정하는 것이 아니고, 내용은 규정적으로 주어진 것이며, 힘은 그것이 발현된다는 점에서 사람들이 그렇게 말하곤 하듯이 그 작용에서 맹목적인바, 그 경우 그것에서는 바로 추상적인 힘의 발현과 합목적적인 활동 사이의 구별이 이해되어야 한다.

〈보론 2〉 비록 힘들 자신이 아니라 오직 힘들의 발현만이 인식될 수 있다는 그토록 자주 반복되는 주장이, 힘이란 바로 다만 발현하는 것일 뿐이고 그리하여 우리는 법칙으로서 파악된 발현의 총체성 속에서 동시에 힘 자신을 인식하는 까닭에, 근거 지어지지 않은 것으로서 거부되어야만 한다고 할지라도, 거기서 간과되어서는 안 되는 것은 힘들의 그 자체에서의 것의 인식 불가능성에 관한 이러한 주장 속에는 이 관계의 유한성에 대한 올바른 예감이 포함되어 있다는 점이다. 하나의 힘의 개별적인 발현들은 우리에게 우선은 무규정적인 다양성과 그 개별화에서 우연적인 것으로서 다가오며, 그 경우 우리는 이 다양한 것을 그것의 내적 통일로 환원하는데, 이 통일을 우리는 힘이라고 부르는바, 가상적으로 우연적인 것은 우리가 [8/272]그 속에서 지배적인 법칙을 인식함으로써 우리에게 필연적인 것으로서 의식되게 된다. 그러나 서로 다른 힘들 자신이 또다시 다양한 것이며, 그것들의 단순한 상호병렬 속에서 우연적인 것으로서 현상한다. 그에 따라 사람들은 경험적 물리학에서 중력, 자기력, 전기력 등등에 관해 이야기하고, 그와 마찬가지로 경험적 심리학에서는 기억력, 상상력, 의지력과 그 밖의 온갖 종류의 영혼의 힘들에 관해 이야기한다.

그 경우 여기서는 이러한 서로 다른 힘들을 마찬가지로 하나의 통일적인 전체로서 의식하려는 욕구가 다시 일어나는데, 이 욕구는 서로 다른 힘들을 가령 똑같은 공통의 근원적인 힘으로 환원함으로써 자기의 만족을 얻을 수 없을 것이다. 우리는 그러한 근원적인 힘에서 실제로는 다만 하나의 공허한 추상, 즉 추상적인 사물 자체와 마찬가지로 내용 없는 것을 지닐 것이다. 거기에 추가되는 것은 힘과 그 발현의 관계가 본질적으로 매개된 관계라는 것과 그리하여 만약 힘이 근원적인 것으로서나 자기에 기반하는 것으로서 파악된다면 그것은 힘의 개념에 모순된다는 것이다. —— 우리는 힘의 본성에 얽힌 이러한 정황에서 실존하는 세계란 신적인 힘들의 발현이라고 말해질 때 실로 그것을 받아들인다. 하지만 우리는 신 자신을 단순한 힘으로서 간주하는 것에는 주저하게 되는데, 왜냐하면 힘은 아직 하위의 유한한 규정이기 때문이다. 나아가 이러한 의미에서 또한 교회는, 사람들이 학문들의 이른바 르네상스에서 자연의 개별적 현상들을 그 근저에 놓여 있는 힘들로 환원하는 데 나섰을 때, 이 시도를 신을 부인하는 것으로 선언했는데, 그 까닭은 만약 천체의 운동과 식물들의 성장 등등을 불러일으키는 것이 중력과 식물 성장의 힘 등등이라면, 신적인 세계 통치를 위해서는 아무것도 남아 있지 않을 것이고, 그리하여 신은 그러한 힘들의 유희에서 한가한 구경꾼으로 격하될 것이기 때문이었다. 그런데 사실 자연 연구자들과 특히 뉴턴[46]은 우선은, 그들이 자연현상들의 설명을 위해 힘이라는 반성 형식을 사용한다고 해서 세계의 창조자이자 통치자로서의 신의 영광에 어떤 훼손이 벌어져서는 안 된다고 분명히 변호했다. 그렇지만 이러한 힘들로부터의 설명의 귀결에는 이치 추론하는 지성이 개별적 힘들을 각각 그 자체로 고정하고 그것들을 이러한 유한성 속에서 최종적인 것으로서 견지하는 데로 나아간다는 것이 놓여 있는바,

---

46. 뉴턴 자신은 물론 성서의 계시에 대한 경건한 신자였다. 그러나 그를 이신론의 아버지로 그려 보이는 것은 이미 라이프니츠에 의해 정립되었다. 이신론에 대한 헤겔의 비판에 대해서는 § 73–74를 참조.

자립적 힘들과 소재들의 그러한 유한하게 된 세계에 맞서 신의 규정을 위해서는 [827]다만 인식 불가능한 최고의 피안적인 본질의 추상적 무한성만이 남는다. 그 경우 이것은 유물론과 근대적 계몽의 입장인데, 신에 관한 계몽의 앎은 신의 무엇*Was*을 포기하는 가운데 그의 존재의 단순한 사실*Daß*로 축소된다. 그런데 유한한 지성 형식들이 틀림없이 자연이나 정신적 세계의 형태화들을 그 진리에서 인식하기에 충분하지 않은 한에서 비록 여기서 언급되는 논박에서 교회와 종교적 의식이 옳다고 인정될 수 있다고 할지라도, 또한 다른 한편으로는 우선은 경험적 학문의 형식적 정당화가 간과되어서는 안 되는데, 그 정당화는 일반적으로 현존하는 세계를 그 내용의 규정성에서 사유하는 인식에게 반환하고 단순히 세계가 신에 의해 창조되었고 통치된다고 하는 것에 대한 추상적 신앙으로만 끝맺지 않는 것에 존립한다. 교회의 권위에 뒷받침된 우리의 종교적 의식이 우리에게 신이란 그의 전능한 의지로써 세계를 창조한 자이며, 그는 별들을 그 궤도로 이끌고 모든 피조물에 그 존립과 번영을 베풀어 주는 자라는 것에 관해 가르칠 때, 그럼에도 거기서는 또한 왜가 여전히 대답 되어야 하는바, 이 물음에 대한 대답은 일반적으로 경험적 학문뿐만 아니라 또한 철학적 학문의 공동의 과제를 형성하는 바로 그것이다. 종교적 의식이 이 과제와 그 안에 포함된 권리를 인정하지 않는 가운데 신적인 계율의 탐구 불가능성을 끌어들인다는 점에서, 그리하여 그 탐구 불가능성은 그 자신이 앞에서 언급된 단순한 지성 계몽의 입장으로 나아가는 것인바, 그러한 것을 끌어들이는 것은 다만 신을 정신과 진리에서 인식하라는 그리스도교의 분명한 계명과 모순되는, 결코 그리스도교적인 겸손이 아니라 교만하고도 광신적인 겸손의 임의적인 단언으로서만 여겨져야 한다.

## § 137 【힘 · 발현에서 내적인 것 · 외적인 것으로】

힘은 자기 자신에서 자기에 대한 부정적 관계인 전체로서 다음과 같은 것, 즉 자기를 자기로부터 밀쳐내고 발현[자기를 외화]하는 것이다. 그러나 이러한 타자–내–반성, 즉 부분들의 구별이 그와 마찬가지로 자기–내–반성인 까닭에, 발현은 자기 안으로 되돌아오는 힘이 그에 의해 힘으로서 존재하는 매개이다. 힘의 발현은 그 자신이 이러한 관계[상관] 속에 현존하는 양 측면의 상이성을 지양하는 것이며, [8/274]그 자체에서 내용을 이루는 동일성의 정립이다. 그런 까닭에 그것들의 진리는 다음과 같은 관계[상관], 즉 그 두 측면이 오직 내적인 것과 외적인 것으로서만 구별된 관계이다.[47]

## § 138 【내적인 것·외적인 것과 선행 범주들과의 관계】

γ) 내적인 것은 현상과 관계의 한 측면의 단순한 형식으로서 존재하는 바의 근거, 즉 자기–내–반성이라는 공허한 형식인바, 이에 대해서는 마찬가지로 관계의 다른 측면의 형식으로서의 실존이 타자–내–반성이라는 공허한 규정을 지니고서 외적인 것으로서 대립한다. 그것들의 동일성은 충만한 동일성, 내용, 힘의 운동 속에서 정립된 자기–내–반성과 타자–내–반성의 통일이다. 양자는 같은 하나의 총체성이며, 이 통일이 그것들을 내용으로 만든다.[48]

## § 139 【내적인 것과 외적인 것의 내용의 동일성】

따라서 외적인 것은 첫째로 내적인 것과 같은 내용이다. 내면적인 것은 또한 외면적으로도 현존하며 그 역도 마찬가지이다. 현상은 본질 속에 있지 않은 것을 아무것도 내보이지 않으며, 본질 속에는 현현되지 않는 것이 아무것도 없다.[49]

---

47. 【다음 절로의 전개】 내적인 것·외적인 것을 도출했기 때문에, 다음에 상관관계의 세 단계를 총괄한다.
48. 【다음 절로의 전개】 내적인 것과 외적인 것의 동일성에 도달했기 때문에, 다음에 그 동일성의 내용이 분석된다.
49. 【다음 절로의 전개】 내적인 것과 외적인 것의 동일성이 분석되었기 때문에, 다음에

§ 140 【내적인 것과 외적인 것의 대립 관계】

둘째로, 그러나 내적인 것과 외적인 것은 또한 형식 규정들로서 서로에게, 게다가 단적으로 자기와의 동일성과 단순한 다양성 또는 실재성의 추상들로서 대립해 있다. 그러나 그것들이 하나의 형식의 계기들로서 본질적으로 동일하다는 점에서, 처음에 단지 하나의 추상 속에 정립되어 있을 뿐인 것은 또한 **직접적으로 오직** 다른 하나의 추상 속에서만 존재한다. 따라서 단지 내면적인 것일 뿐인 것은 또한 그와 더불어 단지 외면적인 것일 뿐이며, 단지 외면적인 것일 뿐인 것은 또한 처음에는 단지 내면적인 것일 뿐이다.[50]

본질을 단순히 내적일 뿐인 것으로서 받아들이는 것은 반성의 통상적인 오류이다. 만약 본질이 단순히 그렇게 받아들여지면, 또한 이 고찰도 전적으로 **외면적인** 것이며 저 본질은 공허한 외면적 추상이다.

한 시인은 말한다 ─ 자연의 내적인 것으로

[8/275]창조된 정신은 들어가지 못하네,
그가 그저 **겉껍데기**만이라도 안다면 너무 행복하리.[51]

───────

그 부정성(대립성)이 문제가 된다.

50. 【다음 절로의 전개】 내적인 것과 외적인 것은 최고의 상관관계이지만, 그 동일성과 대립성 모두 추상적이고 불완전하다. 그러나 단지 내면적인 것일 뿐인 것은 외면적인 것일 뿐이라고 하고 있듯이, 양자가 서로 이행하는 계기도 있다. 다음 절에서 양자의 대립이 발전된다.

51. [헤겔의 주해] 괴테의 「내키지 않는 외침」(unwilligen Ausruf), *Zur Naturwissenschaft*(『자연과학에 대하여』) [*Zur Morphologie*(『형태학에 대하여』)] I. Bd., 3. Heft [1820; S. 304]를 참조.

그것을 나는 60년간 거듭해서 듣는다네,
그걸 저주하지만, 남몰래, ……

오히려 그는 바로 그 정신에 대해 자연의 본질이 내적인 것으로서 규정되어 있을 때 정신은 단지 겉껍데기를 알 뿐이라고 말했어야만 했을 것이다.[52] — 존재 일반에서나 또한 단지 감성적일 뿐인 지각에서도 개념은 처음에는 다만 내적인 것일 뿐이기 때문에, 개념은 그 같은 것에게 외적인 것 — 곧 주관적이고 진리를 지니지 않는 존재 및 사유이다. — 자연에서뿐만 아니라 정신에서도 개념, 목적, 법칙이 처음에는 단지 내적인 소질, 순수한 가능성일 뿐인 한에서, 그것들은 처음에는 다만 외면적인 비유기적 자연, 제3자의 학문, 낯선 폭력 등등일 뿐이다. — 외면적으로, 다시 말하면 그의 행위들에서(물론 그의 단지 육체적일 뿐인 외면성에서는 아니다) 존재하는 바의 인간, 그는 내면적이다. 그리고 만약 인간이 단지 내면적일 뿐이라면, 다시 말하면 단지 의도와 신념에서만 유덕하고 도덕적 등등이고 그의 외적인 것이 그것과 동일하지 않다면, 하나는 다른 것과 마찬가지로 속이 비고 공허하다.

〈보론〉 내적인 것과 외적인 것의 관계는 두 가지 선행하는 관계들[53]의 통일로서 동시에 단순한 상대성과 현상 일반의 지양이다. 그러나 그럼에도 불구하고 지성은 내적인 것과 외적인 것을 그 분리에서 견지한다는 점에서, 이것들은 한 쌍의 공허한 형식들인바, 하나는 다른 것만큼이나

자연에는 알맹이도 껍데기도 없지,
자연은 모든 것을 단번에, 등등.

52. 헤겔이 한 시인의 말로 인용한 것은 알브레히트 폰 할러의 것이다. Albrecht von Haller, 「인간적 덕의 허위」("Die Falschheit der menschlichen Tugenden" in *Versuch schweizerischer Gedichte*, Bern, 1732), V. 289 f.를 참조. '자연의 내적인 것으로 창조된 정신은 들어가지 못하네, / 자연이 겉껍데기라도 가리킨다면, 너무 행복하리!' 인용의 맥락은 헤겔이 주어가 자연인 할러의 시에서처럼 '가리킨다'가 아니라 '안다'로 생각한다는 것을 보여준다.
53. 전체와 부분의 관계와 힘과 발현의 관계.

허무하다. — 자연의 고찰에서뿐만 아니라 또한 정신적 세계의 고찰에서
도 내적인 것과 외적인 것의 관계에 놓여 있는 정황을 적절히 파악하여
오직 전자만이 본질적인 것이고 본래적으로 관건이 되는 것이며, 그에
반해 후자는 비본질적인 것이고 아무래도 좋은 것이라고 하는 오류를
경계하는 것은 커다란 중요성을 지닌다. [827]우리가 이 오류와 마주치는
것은 우선은 종종 이런 일이 일어나듯이 자연과 정신 사이의 구별이
외적인 것과 내적인 것의 추상적 구별로 환원될 때이다. 여기서 자연에
대한 파악에 관해 말하자면, 자연은 물론 단지 정신에 대해서뿐만 아니라
또한 그 자체에서도 외면적인 것 일반이다. 그렇지만 이 일반은 추상적
외면성의 의미에서 받아들여져서는 안 되는데, 왜냐하면 그러한 외면성은
전혀 존재하는 것이 아니고 오히려 자연과 정신의 공통된 내용을 형성하는
이념이 자연에서는 오직 외면적일 뿐인 것으로서, 그러나 바로 그런
까닭에 또한 동시에 오직 내면적일 뿐인 것으로서도 현존하기 때문이다.
그런데 자기의 이것–아니면–저것을 지닌 추상적 지성이 아무리 이러한
자연 파악에 반대할 수 있을지라도, 그럼에도 불구하고 그 같은 파악은
또한 우리의 그 밖의 의식에서와 가장 명확하게는 우리의 종교적 의식에서
도 발견된다. 이 종교의식에 따르면 자연은 정신적 세계에 못지않게
신의 계시이며, 양자가 서로 구별되는 것은 자연이 자기의 신적 본질을
의식하는 데 이르지 못하지만, 반면에 바로 이것이 (이리하여 우선은
유한한) 정신의 분명한 과제라는 점에 의해서이다. 자연의 본질을 단순히
내적일 뿐이고 그런 까닭에 우리에게는 다가설 수 없는 것으로서 바라보는
사람들은 따라서 신을 질투가 많은 자로서 간주하는, 그러나 이미 플라톤
과 아리스토텔레스가 그에 대한 반대를 천명했던 고대인의 입장에 들어선
다.[54] 신은 자기가 무엇인지를 알리고 계시하며, 게다가 우선은 자연을

---

54. 예를 들어 『파이드로스』 247a, 『티마이오스』 29e, 『형이상학』 A. 2. 983a4를 참조.
    또한 헤겔 『철학사 강의』에서 플라톤과 아리스토텔레스에 관한 논의도 참조할 수
    있을 것이다.

통해 그리고 자연 속에서 그렇게 한다. ── 그런데 더 나아가 일반적으로 한 대상의 결함이나 불완전성은 단지 내면적인 것일 뿐이고 따라서 동시에 단지 외면적인 것일 뿐이라거나, 같은 말이지만, 단지 외면적인 것일 뿐이고 따라서 단지 내면적인 것일 뿐이라는 점에 존립한다. 그래서 예를 들어 어린이는 인간 일반으로서 실로 이성적 본질이지만, 어린이의 이성 그 자체는 우선은 단지 내면적인 것, 다시 말하면 소질, 사명 등등으로서만 현존하며, 이러한 단지 내면적일 뿐인 것은 동시에 어린이에게 그의 부모의 의지, 그의 교사의 지식으로서, 일반적으로 그 어린이를 둘러싼 이성적 세계로서 단지 외면적일 뿐인 것의 형식을 지닌다. 그렇다면 어린이의 교육과 교양은 어린이가 우선은 단지 그 자체에서만, 따라서 다른 이들(성인들)에 대해서만 그것인 바의 것으로, 즉 대자적으로도 되는 데에 존립한다. 어린이 안에서 처음에 단지 내적인 가능성으로서만 현존하는 이성이 교육을 통해 현실화하며, 그와 마찬가지로 역으로 그 어린이는 우선은 외적인 권위로서 여겨진 인륜, 종교, 학문을 자기의 고유하고 내적인 것으로서 의식하게 된다. ── 이러한 연관에서 성인의 경우에도 그가 자기의 소명에 [827]거슬러 자기의 앎이나 의욕의 자연성에 계속해서 사로잡혀 있는 한에서는 어린이의 경우와 사정이 마찬가지이다. 그래서 예를 들어 범죄자에게는 그가 받게 되는 형벌이 실로 외적인 폭력의 형식을 지니지만, 이 형벌은 실제로는 다만 범죄자 자신의 범죄적인 의지의 현현일 뿐이다. ── 그렇다면 지금까지의 논의로부터 미루어 살필 수 있는 것은 또한 누군가가 자기의 보잘것없는 성취, 아니 비난받을 만한 행위에 대해 그것과는 구별되어야 하는 자기의 이른바 탁월한 의도와 신념의 내면성을 끌어댈 때 그것을 어떻게 여겨야 할 것인가 하는 것이다. 물론 개별적인 경우에는 외적 상황이 호의적이지 않아 좋게 생각된 의도가 물거품이 되고 합목적적인 계획이 그 실행에서 좌절되는 일이 있을 수도 있다. 그렇지만 일반적으로는 여기서도 내적인 것과 외적인 것의 본질적 통일이 타당한바, 요컨대 우리는 그 인간이 행하는 것이 바로 그이며,

내면적 탁월성의 의식을 열띠게 내세우는 위선적인 허영심에 대해서는 복음서의 저 구절이 내밀어질 수 있다고 말해야만 하는 것이다. '너희는 그 열매로 그들을 알아야 한다.'[55] 이 위대한 말은 우선은 인륜적이고 종교적인 측면에서 타당하지만, 더 나아가서는 학문적이고 예술적인 성취와 관련해서도 적용된다. 여기서 후자에 관해 이야기하자면, 가령 날카로운 안목을 지닌 교사가 한 아이에게서 결정적인 소질을 알아보고서 이 아이에게는 라파엘이나 모차르트가 숨어 있다는 의견을 표명할 수 있을 것인데, 그 경우 그러한 의견이 얼마나 근거가 있었는지는 결과가 가르쳐줄 것이다. 그러나 다음으로 서투른 화가와 열등한 시인이 자기의 내적인 것이 고상한 이상으로 가득 차 있다는 것에 위안을 얻고 있다면 그러한 것은 나쁜 위안이며, 만약 그들이 자기들을 자기들의 성취에서가 아니라 자기들의 지향에서 평가해야 한다는 요구를 제기한다면, 그러한 오만불손한 요망은 당연히 공허하고 근거가 없는 것으로서 거부될 것이다. 역으로 올바르고 쓸모 있는 것을 이루어 낸 다른 사람들을 판정하는 데서 그러한 것은 그들의 외적인 것일 뿐이며 그들에게 내면적으로 문제가 되는 것은 전혀 다른 어떤 것, 즉 그들의 허영심이나 그 밖의 비난받을 만한 열정의 만족이었다는 것을 주장하기 위하여 내적인 것과 외적인 것의 참되지 않은 구별을 이용하는 일도 자주 일어난다. 이러한 것은 스스로는 위대한 것을 성취하지 못하면서 위대한 것을 자기에게로 끌어내려 깎아내리려고 노력하는 질투심이다. 그에 반해 우리는 타인의 위대한 장점에 맞서서는 사랑 이외에 다른 구제 수단은 없다는 괴테의 아름다운 언명을 상기해야 한다.[56] 다시 더 나아가 다른 사람의 칭찬할 만한 성취를 헐뜯기 위해 위선에 관해 [8/278]이야기할 때, 그에 반대하여 깨달아야 하는 것은 인간이란 실로 개별적인 것에서 자기를 꾸미고 많은 것을

---

55. 「마태복음」 7장 16절과 20절.
56. 『선택적 친화성』(*Wahlverwandschaften*, 1809)에서의 '오틸리아의 일기'로부터 『준칙과 반성들』, *Werke*, 18:479.

숨길 수 있지만, **삶의 흐름**_decursus vitae_에서 어김없이 알려지는 그의 내적인 것 일반은 그렇지 않다는 점인바, 요컨대 이러한 연관에서도 인간이란 일련의 그의 행위들 이외에 다른 것이 아니라고 말해야만 한다. 근래에 이렇듯 진리에 반하여 내적인 것을 외적인 것으로부터 분리함으로써 다면적으로 위대한 역사적 인물들에게 죄를 짓고 그들의 순수한 파악을 흐리게 하고 왜곡한 것이 특히 이른바 실용적 역사 서술이다.[57] 사람들은 세계사적 영웅들이 수행한 위대한 행위들을 단순하게 이야기하고 그들의 내적인 것을 이 행위들의 내용에 상응하는 것으로서 인정하는 것에 만족하는 대신 명백하게 드러나 있는 것 배후에서 이른바 은밀한 동기를 탐지해낼 권리와 의무가 있다고 간주했으며, 그러고 나서는 역사 탐구가 지금까지 칭송되고 찬양받던 것에서 그 빛무리를 벗겨내고 그것을 그 근원과 그 본래적인 의미와 관련하여 보통의 평범함의 수준으로 격하시키는 데 성공하면 성공할수록 그 역사 탐구가 그만큼 더 심원하다고 생각했다. 그 경우 그러한 실용적 역사 탐구를 위해서는 자주 심리학의 연구도 권고되었다. 왜냐하면 사람들은 심리학을 통해 일반적으로 인간들을 행동하도록 규정하는 본래의 동기가 무엇인지에 관한 정보를 얻기 때문이다. 그렇지만 여기서 참조하도록 지시되는 심리학은 인간적 본성의 보편적이고 본질적인 것 대신 주로 개별화된 충동과 열정 등등의 특수하고 우연적인 것만을 자기 고찰의 대상으로 삼고 있는 다름 아닌 저 자질구레한 세상 인정에 대한 지식일 뿐이다. 그 밖에 이러한 심리학적–실용적 방도에서는 위대한 행위의 근저에 놓여 있는 동기와 관련하여 역사가에게 한편으로는 조국과 정의, 종교적 진리 등등의 실체적 관심과 다른 한편으로는 허영심과 지배욕, 소유욕 등등의 주관적이고 형식적인 관심 사이에서의

---

57. 실용적 역사란 도덕적 반성과 도덕적 교훈이 쓰인 역사이다. 헤겔은 이 실용적 역사를 『역사철학 강의』 서론에서 역사 서술의 두 번째 양식인 반성하는 역사의 두 번째 종류로서 설명하고 있다. 이 실용적 역사라는 말은 폴뤼비오스 『역사』(_Historiai_)에서 유래한다. 물론 폴뤼비오스에게서 그것은 국가의 사건들(Pragmata)에 대한 서술을 의미한다.

선택이 남아 있지만, 후자가 본래의 동인으로서 여겨진다. 그 까닭은 바로 그렇지 않으면 내적인 것(행위하는 자의 신념)과 외적인 것(행위의 내용) 사이의 대립이라는 전제가 확증을 획득하지 못할 것이기 때문이다. 그러나 이제 진리에 따라서는 내적인 것과 외적인 것이 같은 내용을 지니는 까닭에, 저 학교 선생님들의 상투어에 맞서서도 분명히, 만약 역사적 영웅들에게 문제가 되었던 것이 단순히 주관적이고 형식적인 관심뿐이었다면,[58] 그들은 [8/279]그들이 성취한 것을 성취하지 못했을 것이라고 주장해야만 하며, 그래서 내적인 것과 외적인 것의 통일과 관련하여 위인들은 그들이 한 것을 의욕했고, 그들이 의욕한 것을 했다고 인정하지 않을 수 없다.

## § 141 【현상에서 현실성으로】

그에 의해 하나의 동일한 내용이 관계[상관] 속에 있어야 하는 공허한 추상들은 하나가 다른 것으로 직접적으로 이행하는 데서 지양된다. 내용은 그 자신이 다름 아닌 그것들의 동일성이다(§ 138). 그것들은 가상으로서 정립된 본질의 가상이다. 힘의 발현에 의해 내적인 것은 실존으로 정립된다. 이러한 정립은 공허한 추상들을 통한 매개 작용이다. 이 매개 작용은 자기 자신 안에서 직접성으로 사라지는데, 이 직접성에서 내적인 것과 외적인 것은 자체적이고도 대자적으로 동일하며, 그것들의 구별은 오직 정립된 존재로서만 규정되어 있다. 이 동일성이 바로 현실성[현실]이다.[59]

---

58. '형식적'은 '주관적'과 함께 여기서 언급되는 관심들을 세계사적 개인의 의지와 행위의 참된 의미로부터 구별 짓는다. 헤겔의 『역사철학 강의』, Suhrkamp *Werke*, 12:46–48을 참조. 또한 헤겔이 『정신현상학』에서 근대의 '덕' 이념에 관해 이야기하는 것도 참조할 수 있을 것이다. Suhrkamp *Werke*, 3:290. 어쨌든 지금의 맥락에서 '형식적'은 '공허한'이나 '무의미한'을 의미할 수 있을 것이다.
59. 【다음 절로의 전개】 상관관계의 발전이 회고되고, 상관이 자체적이고도 대자적으로 동일하여 직접성으로 되었기 때문에, 현상은 이제 본질적 현상으로서 현실성이 된다. 현실성의 첫 번째 단계인 직접성으로서의 현실성이 이하에서 전개된다.

# C. 현실성

§ 142 【현실이란 눈에 보이는 본질】

현실성[현실]은 본질과 실존의 또는 내적인 것과 외적인 것의 직접적으로 된 통일이다. 현실적인 것의 외화[발현]는 현실적인 것 자신이며, 그리하여 현실적인 것은 그 외화에서도 마찬가지로 본질적인 것으로 남아 있고, 본질적인 것이 직접적인 외면적 실존 속에 있는 한에서만 본질적인 것이다.[60]

이전에 직접적인 것의 형식으로서는 존재와 실존이 나타났다. 존재는 일반적으로 반성되지 않은 직접성이자 타자로의 이행이다. 실존은 존재와 반성의 직접적 통일이고, 따라서 현상이며, 근거로부터 나와서 근거로 간다. 현실적인 것은 저 통일의 **정립된 존재**, 자기와 동일하게 된 관계이다. 따라서 그것은 이행에서 벗어나 있으며, 그것의 **외면성**은 그것의 에너지이다. 그것은 자기의 외면성에서 자기 안으로 반성되어 있다. [8/280]그것의 현존재는 다만 그 자신의 **현현**일 뿐, 다른 것의 현현이 아니다.

〈보론〉 현실과 사상, 좀 더 자세하게는 이념은 진부한 방식으로 서로 대립시켜지곤 하며, 그에 따라 사람들은 일정한 사상의 올바름이나 진리

---

60. 【다음 절로의 전개】 본질이 외화하여 현실성이 된 것에는 외화하는가 아닌가의 필연성에 강약의 단계가 있다. 그 단계들이 다음부터 고찰된다.

에 대하여 실로 어떠한 이의도 제기할 수 없지만, 그와 같은 것은 현실에서는 발견되지 않거나 현실에서는 실행될 수 없다고 이야기하는 것을 자주 들을 수 있다. 그렇지만 그렇게 말하는 사람들은 그에 의해 그들이 사상의 본성도 현실의 본성도 적절히 파악하지 못했다는 것을 증명한다. 요컨대 그러한 이야기에서는 한편으로는 사상이 주관적 표상, 계획, 의도 등등과 같은 의미를 지니는 것으로서, 그리고 다른 한편으로는 현실이 외면적, 감성적 실존과 같은 의미를 지니는 것으로서 받아들여지는 것이다. 범주들과 그것들의 명칭이 바로 그렇게 정확히 사용되지 않는 일상생활에서 그와 같은 것은 너그럽게 봐줄 수 있으며, 어쨌든 예를 들어 일정한 조세 제도의 계획이나 이른바 이념이 그 자체에서 전적으로 좋고 합목적적이지만, 그와 같은 것이 그와 마찬가지로 이른바 현실에서는 발견되지 않고 주어진 관계에서는 실행될 수 없다는 것이 사실일 수 있다. 그렇지만 추상적 지성이 이 규정들을 장악하여 그것들을 고정되고 확고한 대립으로서 간주하고 이를테면 우리는 이 현실적 세계에서는 이념을 우리의 머리에서 일소해야만 한다고 주장하는 데로까지 그 규정들의 대립을 증대시킨다면, 그와 같은 것은 학문과 상식의 이름으로 단연코 저버려야 한다. 요컨대 한편으로 이념들은 단순히 우리의 머릿속에 박혀 있는 것이 전혀 아닌바, 이념 일반은 그 실현이 우리의 임의에 따라 비로소 성취될 수 있거나 또한 성취될 수 없는 그렇게 무력한 것이 아니라 오히려 단적으로 작용하는 것인 동시에 또한 현실적인 것이며, 다른 한편으로 현실은 몰사상적이거나 사유와 반목하고 의기소침해진 실천가가 상상하듯이 그렇게 나쁘거나 비이성적인 것이 아닌 것이다. 현실은 단순한 현상과 달리 우선은 내적인 것과 외적인 것의 통일인 만큼 이성에 타자로서 대립하지 않는다. 오히려 현실은 전적으로 이성적인 것이며, 이성적이지 않은 것은 바로 그러한 까닭에 현실적인 것으로서도 여겨질 수 없다. 그 밖에 예를 들어 사람들이 훌륭하고 이성적인 것을 아무것도 이루어 낼 줄 모르는 시인이나 정치가를 현실적인 시인이나 [828]현실적인 정치가로서 인정하기를 주저하는 한에서 교양 있는 언어 사용도 그에 상응한다. — 그렇다면 여기서 논의된 보통의 현실 파악과 현실을 손으로 붙잡을 수 있고 직접적으로 지각할 수 있는 것과 혼동하는 것에서는 플라톤 철학에 대한 아리스토텔레스 철학의 관계와 관련하여 널리 퍼져 있는 선입견의 근거도 찾아질 수 있다. 이 선입견에 따르면 플라톤과 아리스토텔레스 사이의 구별은 전자가 이념을 그리고 오직 이념만을 참된 것으로서 인정하는 데 반해, 후자는 이념을 던져버리고 현실적인 것을 붙잡으며, 그런 까닭에 경험주의의 창시자와 선구자로서 여겨져야 한다는 점에 존립한다고 한다. 이에 관해 주의해야 하는 것은 물론 현실이야말로 아리스토텔레스 철학의 원리를 형성하지만, 그럼에도 그것은 직접적으로 현존하는 것의 보통의 현실이 아니라 현실로서의 이념이라는 점이다. 그렇다면 플라톤에 대한 아리스토텔레스의 논박은 좀 더 자세하게는 플라톤적 이념이 단순한 뒤나미스[가능태]로서 표시되고 그에 반해 양자에 의해 똑같이 유일하게 참된 것으로서 인정되는 이념이 본질적으로 에네르게이아[현실태]로서, 다시 말하면 단적으로 밖으로 나와 있는 내적인 것으로서, 그리하여 내적인 것과 외적인 것의 통일로서나 여기서 논의된 그 말의 강조적인 의미에서의 현실로서 고찰되어야 한다는 것이 관철된다는 점에 존립한다.[61]

## § 143 【현실성의 첫 번째 단계 = 가능성】

현실성은 이러한 구체적인 것으로서 저 규정들과 그것들의 구별을 포함하며, 그런 까닭에 또한 그 규정들의 전개이기도 하고, 그리하여 그것들은 현실성에서 동시에 가상으로서, 오직 정립되었을 뿐인 것으로서 규정되어 있다(§ 141). α) 동일성 일반으로서 현실성은 우선은 가능성 —곧 현실적인 것의 구체적 통일에 맞서는 것으로서, 추상적이고 비본질적

---

61. '플라톤에 대한 아리스토텔레스의 논박'에 대한 헤겔의 좀 더 상세한 견해에 대해서는 『철학사 강의』 제2권에서의 아리스토텔레스의 형이상학을 다루는 부분에서의 논의, *Su.* 19/151 이하를 참조.

인 본질성으로서 정립된 자기–내–반성이다. 가능성은 현실성에 대해 본질적인 것이지만, 그러나 그것은 동시에 단지 가능성일 뿐이라는 방식으로 그러하다.[62]

가능성의 규정은 분명 칸트가 그것을 그리고 그와 더불어 현실성 및 필연성을 '이 규정들이 개념을 객관으로서 조금이라도 증가시키는 것이 아니라 다만 인식 능력에 대한 관계만을 표현한다는 점에서' 양상들로서 간주할 수 있었던 바로 그것이다.[63] 실제로 가능성은 [8/282]자기–내–반성의 공허한 추상, 즉 내적인 것이 이제 지양되고 단지 정립되었을 뿐이며 외면적인 내적인 것으로서 규정되어 있고 그래서 물론 단순한 양상으로서, 즉 불충분한 추상으로서, 좀 더 구체적으로 하자면 또한 오직 주관적 사유에 속할 뿐인 것으로서 정립되어 있다는 것을 제외하면, 앞에서 내적인 것으로 불렀던 그것이다. 그에 반해 현실성과 필연성은 참답게는 타자에 대한 단순한 양식과 방식이 결코 아니고 오히려 정반대인바, 그것들은 단지 정립되었을 뿐만 아니라 자기 내에서 완성된 구체적인 것으로서 정립되어 있다. ― 가능성이 우선은 현실적인 것으로서의 구체적인 것에 반해 자기–와의–동일성이라는 단순한 형식인 까닭에, 가능성을 위한 규칙은 다만 어떤 것이 자기 내에서 모순되지 않고, 그래서 모든 것이 가능하다는 것이다. 왜냐하면 모든 내용에는 이러한 동일성의 형식이 추상을 통해 주어질 수 있기 때문이다. 그러나 모든 것은 그와 마찬가지로 불가능하기도 한데, 왜냐하면 모든 내용에서는, 그 내용이 구체적인 것인 까닭에, 규정성이 규정된 대립으로서 따라서 모순으로서 파악될 수 있기 때문이다. ― 따라서 그러한 가능성과 불가능성에

---

62. 【다음 절로의 전개】 가능성은 현실성에 불가결하지만, 단순한 가능성에 머무는 일도 있다. 다음에 이 점이 심화된다.
63. 『순수이성비판』, B 266.

관한 이야기보다 더 공허한 이야기는 존재하지 않는다. 특히 철학에서는 어떤 것이 가능하다거나 또 다른 어떤 것도 가능하고, 그리고 어떤 것은 사람들이 그렇게 표현하기도 하듯이 생각될 수 있다고 제시하는 것에 관해 이야기해서는 안 된다. 역사가는 그 자체로도 이미 참되지 않은 것으로서 설명된 이 범주를 사용하지 말도록 그와 마찬가지로 직접적으로 지시받고 있다. 그러나 공허한 지성의 감각은 가능성과 아주 많은 가능성을 공허하게 고안하는 것을 가장 많이 빼겨댄다.

〈보론〉 가능성은 표상에 우선은 더 풍부하고 더 포괄적인 규정으로서 나타나며, 그에 반해 현실성은 더 빈약하고 더 제한된 규정으로서 나타난다. 그에 따라 사람들은 모든 것이 가능하지만, 가능한 모든 것이 그렇다고 해서 또한 현실적인 것은 아니라고 말한다. 그렇지만 실제로는, 다시 말하면 사상에 따라서는 현실성이 더 포괄적인 것인데, 왜냐하면 현실성은 구체적인 사상으로서 추상적 계기로서의 가능성을 자기 안에 포함하기 때문이다. 이 점은 우리가 가능한 것에 대해 [8283]현실적인 것과 구별하여 이야기할 때 그것을 단지 가능할 뿐인 것으로서 특징짓는 한에서 우리의 일상적 의식에서도 발견된다. ─ 가능성에 대해서는 일반적으로 그것이 사유 가능성에 존립한다고 말하곤 한다. 그러나 여기서 사유에서 이해되는 것은 하나의 내용을 오직 추상적 동일성의 형식에서 파악하는 것일 뿐이다. 그런데 모든 내용이 이 형식 속으로 들여질 수 있고 거기에는 다만 그 내용이 놓여 있는 관계로부터 그것이 분리된다는 것이 속할 뿐인 까닭에, 너무도 부조리하고 너무도 불합리한 것도 가능한 것으로서 여겨질 수 있다. 오늘 저녁에 달이 땅으로 떨어지는 것은 가능한데, 왜냐하면 달은 땅과 분리된 물체이고 그런 까닭에 공중에 던져진 돌과 마찬가지로 밑으로 떨어질 수 있기 때문이다. ─ 또한 튀르키예 술탄이 교황이 되는 것도 가능한데, 왜냐하면 그도 인간이고 그러한 인간으로서 그리스도교로 개종할 수 있고 가톨릭 사제가 될 수 있고 등등이기 때문이다. 그렇다면 가능성에 관한 이러한 이야기에서 이전에 논의한 방식으로 다루어지는 것은 주로 근거에 관한 사유 법칙인데, 이에 따르면 근거가 제시될 수 있는 바로 그것은 가능하다고 한다. 누군가가 교양이 없으면 없을수록, 그가 스스로 고찰하는 대상들의 규정된 관계들에 대한 지식이 적으면 적을수록, 그만큼 더 그 사람은 예를 들어 정치 영역에서 이른바 선술집 정론가가 그러하듯이 온갖 종류의 가능성에 몰입하는 경향을 보이곤 한다. 더 나아가 실천적 관계에서는 악의나 게으름이 일정한 의무를 회피하기 위하여 가능성의 범주 뒤로 자기를 숨기는 일도 드물지 않게 일어나며, 이러한 측면에서는 이전에 근거의 사유 법칙을 사용하는 것에 대해 언급한 바로 그것이 타당하다. 이성적이고 실천적인 인간은 바로 가능한 것이 단지 가능할 뿐인 까닭에 가능한 것을 가지고서 자기를 내세우는 것이 아니라 현실적인 것을 견지하지만, 물론 그 현실적인 것에서는 단순히 직접적으로 현존재하는 것이 이해되어서는 안 된다. 그 밖에 일상생활에서도 추상적 가능성에 대한 올바른 경멸을 표현하는 온갖 격언이 없지 않다. 그래서 예를 들어 사람들은 손안의 참새 한 마리가 지붕 위의 참새 열 마리보다 낫다고 말한다. — 그러나 더 나아가 모든 것이 가능한 것으로서 여겨지는 것과 같은 권리를 가지고서 모든 것이 불가능한 것으로서 여겨질 수 있는데, 그것도 그 자체가 언제나 구체적인 것인 각각의 모든 내용은 서로 다를 뿐 아니라 대립하기도 하는 규정들을 자기 안에 포함하는 한에서 그러하다. 그래서 예를 들어 내가 있다고 하는 것보다 더 불가능한 것은 아무것도 없는데. 왜냐하면 나는 자기에 대한 단순한 관계인 동시에 단적으로 타자에 대한 관계이기 때문이다. 자연적 세계와 정신적 세계의 그 밖의 모든 내용의 사정도 그와 마찬가지이다. 우리는 물질이 [8/284]가능하지 않다고 말할 수 있다. 왜냐하면 물질이란 반발과 견인의 통일이기 때문이다. 같은 것이 생명에, 법에, 자유에 그리고 무엇보다도 우선 참다운, 다시 말하면 삼위일체신으로서의 신 자신에 적용되는데, 그러한 신의 개념은 추상적인 지성 계몽에 의해 그것의 원리에 따라 이른바 사유에 모순되는 것으로서 배척되어 왔다. 일반적으로 이러한 공허한 형식들에서 떠도는 것이 공허한 지성이며, 그 형식들과 관련하여 철학의 과업은 오직 그것들의 허무함과 몰내용성을 제시하는 데 존립한다. 이것이 가능한지 불가능한지는 내용에, 다시 말하면 그 전개에서 필연성으로서 입증되는 현실성의 계기들의 총체성에 달려 있다.

### § 144 【가능성에서의 현실은 우연】

β) 그러나 현실적인 것은 자기–내–반성으로서의 가능성과 구별되는 가운데 그 자신이 다만 외면적인 구체적인 것, 비본질적인 직접적인 것일 뿐이다. 또는 직접적으로 하자면, 현실적인 것은 우선은(§ 142) 내적인 것과 외적인 것의 단순한, 그 자신이 직접적인 통일인 한에서 비본질적인 외적인 것으로서 있으며, 그래서 동시에(§ 140) 단지 내적일 뿐인 것, 자기–내–반성이라는 추상이다. 그리하여 현실적인 것 자신은 단지 가능할 뿐인 것으로서 규정되어 있다. 단순한 가능성의 이러한 가치에서 현실적인 것은 우연한 것이며, 역으로 가능성은 단순한 우연 자신이다.[64]

### § 145 【가능성과 우연성은 현실의 내용에 달려 있다】

가능성과 우연성은 현실성의 계기들, 즉 현실적인 것의 외면성을 이루는 단순한 형식들로서 정립된 내적인 것과 외적인 것이다. 그것들은 자기 안에서 규정된 현실적인 것에서, 즉 그것들의 본질적인 규정 근거로서의 내용에서 그것들의 자기–내–반성을 지닌다. 따라서 우연한 것과 가능한 것의 유한성은 좀 더 자세하게는 형식 규정이 내용과 구별되어 있다는 데 존립하며, 따라서 과연 어떤 것이 우연하고 가능한지 아닌지는 내용에

---

64. 【다음 절로의 전개】 가능성과 우연성이 현실로 되어 나타날 때의 양자의 현실성과의 관계가 다음에 고찰된다.

달려 있다.[65]

〈보론〉 가능성은 현실성의 단지 내적일 뿐인 것으로서 바로 그리하여
또한 단지 외적일 뿐인 현실성 또는 우연성이기도 하다. 우연한 것은
일반적으로 자기 [8/285]존재의 근거를 자기 자신 안에서가 아니라 타자
안에서 지니는 그러한 것이다. 이러한 것은 현실성이 의식에 우선 나타나
고 자주 현실성 자신과 혼동되는 형태이다. 그렇지만 우연한 것은 다만
타자-내-반성이라는 일면적 형식에서의 현실적인 것 또는 단순히 가능
할 뿐이라는 의미에서의 현실적인 것일 뿐이다. 그에 따라 우리는 우연한
것을 있을 수도 있고 또한 없을 수도 있으며, 그럴 수도 있고 또한
다를 수도 있는 그러한 것, 즉 그것의 그러함과 달리 있음이 그 자신이
아니라 타자 속에 근거 지어져 있는 그러한 것으로서 간주한다. 그런데
이러한 우연성을 극복하는 것은 일반적으로 한편으로는 인식의 과제이
며, 그러한 만큼이나 또한 다른 한편으로는 실천적인 것의 영역에서도
의욕의 우연성 또는 자의*Willkür*에 머무르지 않는 것이 문제가 된다.
그럼에도 불구하고 특히 근래에 우연성을 부당하게 높이 평가하고
그것에 자연에 대한 관계에서뿐만 아니라 정신적 세계에 대한 세계에서
도 실제로는 그것에 속하지 않는 가치를 갖다 붙이는 일이 다면적으로
일어났다. 여기서 우선 자연에 관해 이야기하자면, 자연은 드물지 않게
주로 오직 그 형성물의 풍부함과 다양성 때문에만 경탄의 대상이 되곤
한다. 그렇지만 이러한 풍부함 그 자체는 그 속에 현존하는 이념의
전개를 도외시한다면 그 어떤 좀 더 고차적인 이성 관심도 내놓지
않으며, 비유기적이고 유기적인 형성물들의 엄청난 다양성 속에서 우리
에게 다만 무규정적으로 달려 나가는 우연성의 직관만을 보증한다.
그야 어쨌든 외적 상황에 의해 조건 지어진 식물과 동물의 가지각색의

---

65. 【다음 절로의 전개】 이 절에서 현실성에서의 우연성과 가능성이 지니는 형식과
   내용이 정리되었기 때문에, 다음에 우연성과 가능성의 타자로의 진행이 분석된다.

개별성을 보여주는 다채로운 유희, 구름의 다양하게 교체되는 형상들과 이합집산 등등은 자기의 자의에 몰입하는 정신의 그와 마찬가지로 우연한 착상보다 더 고차적인 것으로 여겨져서는 안 되며, 그러한 현상에 대한 경탄이란 바로 그로부터 자연의 내적 조화와 합법칙성에 대한 좀 더 자세한 통찰로 전진해야 하는 아주 추상적인 태도이다. ─ 다음으로 의지와 관련하여 우연성을 적절히 평가하는 것은 특수한 중요성을 지닌다. 의지의 자유에 관해 이야기할 때, 그것에서는 자주 그저 자의, 다시 말하면 우연성의 형식 속에 있는 의지가 이해된다. 실로 자기를 이것으로나 저것으로 규정하는 능력으로서의 자의는 물론 그 개념에 따라 자유로운 의지의 본질적인 계기이다. 그렇지만 자의는 결코 자유 자신이 아니라 우선은 다만 형식적 자유일 뿐이다. 자의를 지양된 것으로서 자기 안에 포함하는 참으로 자유로운 의지는 자기의 내용을 자체적이고도 대자적으로 확고한 것으로서 의식하며, 그 내용을 동시에 단적으로 자기의 것으로서 안다. 그에 반해 [8/286]자의의 단계에 머무르는 의지는 비록 그것이 내용에 따라 참되고 옳은 것으로 결정하고 있다고 할지라도 언제나 여전히 자기의 마음에 들 때면 자기가 또한 다른 것으로도 결정할 수 있다고 하는 허영심에 붙들려 있다. 그 밖에 좀 더 자세히 고찰하면 자의는 여기서 형식과 내용이 여전히 서로 맞서 있는 한에서 모순으로서 입증된다. 자의의 내용은 주어진 것이며, 의지 자신에서가 아니라 외적 상황에 근거 지어진 것으로서 알려진다. 그러한 까닭에 그러한 내용과 관련하여 자유는 다만 선택이라는 형식에만 존립하며, 그 경우 그 형식적 자유는 또한, 최종적으로 분석해 보면 의지가 저것이 아니라 바로 이것을 결정하는 것도 의지에 의해 발견된 내용이 그에 근거 지어져 있는 상황의 바로 그 외면성에 돌려져야만 한다는 것이 발견되는 한에서, 단순히 사념된 자유로서 여겨져야 한다.

  그런데 우연성이 지금까지의 논의에 따르면 현실성의 일면적인 계기일 뿐이고 그런 까닭에 현실성 자신과 혼동되어서는 안 된다고 할지라도,

이념 일반의 한 형식으로서의 우연성에는 대상적 세계에서도 그 권리가 마땅히 돌아가야 한다. 이러한 것은 우선은 그 표면에서 우연성이 말하자면 자유롭게 돌아다니는 자연에 적용되는데, 그 경우 그렇게 우연성이 자유롭게 돌아다닌다는 것 그 자체는 자연에서 오직 그렇게만 있고 달리 있을 수 없음을 발견하고자 하는 (이따금 잘못되게도 철학에 돌려지는) 오만함 없이 인정되어야 한다. 그와 마찬가지로 정신적 세계에서도 이미 앞에서 그러한 것을 의지와 관련하여 언급했듯이 우연적인 것이 관철되는데, 의지는 우연적인 것을 자의의 형태에서, 그렇지만 다만 지양된 계기로서만 자기 안에 포함한다. 정신 및 정신의 활동과 관련해서도 우리는 이성적 인식의 좋은 의도를 지닌 노력을 통해 우연성의 성격이 속하는 현상들을 필연적인 것으로서 제시하거나 사람들이 그렇게 말하곤 하듯이 선험적으로 구성하고자 하는 데로 미혹되지 않도록 경계해야 한다.[66] 그래서 예를 들어 언어에서는, 비록 그것이 이를테면 사유의 신체라고 할지라도, 따져볼 것도 없이 우연이 결정적인 역할을 하며, 법이나 예술 등등의 형태화들에서도 사정은 그와 마찬가지이다. 학문과 좀 더 자세하게는 철학의 과제가 일반적으로 우연성의 가상 밑에 숨어 있는 필연성을 인식하는 데에 존립한다는 말은 전적으로 옳다. 그렇지만 이것이 마치 우연적인 것이 단순히 우리의 주관적 표상에 속하며 그런 까닭에 진리에 도달하기 위해서는 단적으로 [8/287]제거해야 할 것처럼 이해되어서는 안 된다. 일면적으로 이러한 방향을 추구하는

---

66. 헤겔은 종종 자연과학 분야와 역사 분야에서 사실을 선험적으로 구성한다는 비난을 받는다. 그러나 헤겔이 그것이 무엇이든 잘못을 범할 수 있다고 할지라도, 헤겔에 대해 그것들에서 사실을 선험적으로 구성한다고 비난하는 것은 오히려 해석자들의 잘못이다. 그는 특정한 종류의 이성적 결정론자가 아니라 오히려 자연의 질서에서나 정신의 영역에서 우연성이 필연이며 자유가 학문적 인식의 존재에 근본적이라는 점을 논리적으로 증명하는 데 관심이 있었다. 자연에서의 우연에 관해 그는 (셸링과 달리) 칸트적이라기보다는 아리스토텔레스적이다. 그리고 그 자신은 여기서 종종 그에게 돌려지는 견해가 '공허한 언어 놀이이자 억지스러운 종류의 현학'이라고 말하고 있다. 물론 관건이 되는 것은 세계를 이성적으로 파악한다는 것의 참다운 헤겔적 내용일 것이다.

학문적 노력은 공허한 유희나 완고한 현학이라는 정당한 비난에서 벗어나지 못할 것이다.

### § 146 【우연성은 타자의 가능성 = 조건이 된다】

현실성의 저 **외면성**은 좀 더 자세하게는 다음과 같은 것, 즉 직접적 현실성으로서의 우연성이 본질적으로 오직 **정립된 존재**로서만 자기와 동일한 것이며, 그러나 이 정립된 존재도 마찬가지로 지양되어 현존재하는 외면성이라는 것을 포함한다. 그래서 저 외면성은 하나의 **전제된** 것인바, 이 전제된 것의 직접적 현존재는 동시에 하나의 **가능성**이며, 지양된다는 — 즉, 다른 것의 가능성이라는 규정[사명]을 지닌다. — 그것은 **조건**Bedingung이다.[67]

〈보론〉 우연한 것은 직접적인 현실성으로서 동시에 다른 것의 가능성이다. 그렇지만 그것은 더는 단순히 우리가 처음에 가졌던 저 추상적 가능성이 아니라 존재하는 것으로서의 가능성이며, 그래서 그것은 조건이다. 우리가 하나의 사태의 조건에 관해 이야기할 때, 거기에는 두 가지 서로 다른 것이 놓여 있다. 요컨대 하나는 현존재, 실존, 일반적으로 직접적인 것이고, 또 하나는 이 직접적인 것의 규정이 지양되고 다른 것의 현실화에 이바지한다는 것이다. — 그런데 일반적으로 직접적 현실성 그 자체는 그것이 바로 그것이어야 하는 것이 아니라 자기 내에서 부서진 유한한 현실성이며, 먹힌다는 것이 그것의 규정이다. 그러나 그 경우 현실성의 다른 측면은 그것의 본질성이다. 이 본질성은 우선은 내적인 것인바, 단순한 가능성으로서의 내적인 것은 마찬가지로 지양되어야 할 것으로 규정되어 있다. 지양된 가능성으로서 본질성은 최초의 직접적 현실성을

---

67. 【다음 절로의 전개】 우연성은 직접적 현실성, 즉 자기 내에서의 매개가 미발달된 현실성이므로, 역으로 다른 것의 가능성이라고 하는 사명을 지니며, 다른 현실의 조건이 된다. 그 조건의 발달이 다음의 과제가 된다.

자기의 전제로 지닌 새로운 현실성의 출현이다. 이것은 조건이라는 개념이 자기 안에 포함하는 교체[교호적 변화]이다. 우리가 하나의 사태의 조건들을 고찰할 때, 이 조건들은 전적으로 거리낌 없는 것으로서 나타난다. 그러나 실제로 그러한 직접적 현실성은 전혀 다른 어떤 것이 될 싹을 자기 안에 포함한다. 이 다른 것은 우선은 다만 가능한 것일 뿐이지만, 그리고 나서 그 형식은 지양되고 현실성으로 옮겨진다. 그렇게 해서 출현하는 이 새로운 현실성은 그것이 소비하는 직접적 현실성의 고유한 내적인 것이다. 그래서 사물들의 전혀 다른 형태가 생성되는데, 또한 다른 어떤 것이 생성되는 것도 아니다. 왜냐하면 최초의 현실성이 다만 그 본질에 따라 정립될 뿐이기 때문이다. 자기를 희생하고 [8/288]몰락하며 소비되는 조건들은 다른 현실성 속에서 오직 자기 자신과만 합치한다. ─ 그런데 일반적으로 현실성의 과정은 그러한 양식의 것이다. 현실은 단지 직접적으로 존재하는 것이 아니라 본질적인 존재로서 그 자신의 고유한 직접성의 지양이며, 그것을 통해 자기를 자기 자신과 매개하고 있다.

§ 147 【조건 전체로부터 필연성으로】

γ) 그렇게 전개된 이 외면성은 가능성과 직접적 현실성이라는 규정들의 원환이며, 그것들의 서로에 의한 매개는 실재적 가능성 일반이다. 그러한 원환으로서의 그 외면성은 더 나아가 총체성이며, 그래서 내용, 자체적이고도 대자적으로 규정된 사태이고, 그와 마찬가지로 이 통일성 속에 있는 규정들의 구별에 따르면 대자적 형식의 구체적 총체성, 즉 내적인 것의 외적인 것으로의 그리고 외적인 것의 내적인 것으로의 직접적인 자기전이이다. 형식의 이러한 자기운동은 활동성, 즉 자기를 현실성으로 지양하는 실재적 근거로서의 사태의 활동이자 우연적 현실성의, 즉 조건들의 활동인바, 요컨대 조건들의 자기-내-반성이자 다른 현실성으로의, 즉 사태의 현실성으로의 조건들의 자기 지양이다. 모든 조건이 현존할

때 사태는 현실적으로 되어야만 하며, 사태는 그 자신이 조건들 가운데 하나인데, 왜냐하면 사태는 우선은 내적인 것 자신으로서 다만 전제된 것일 뿐이기 때문이다. 전개된 현실성은 내적인 것과 외적인 것의 하나가 되는 교체, 즉 하나의 운동으로 합일되어 있는 그것들의 대립된 운동들의 교체로서 **필연성**이다.[68]

필연성은 실로 올바르게도 가능성과 현실성의 통일로서 정의되어 왔다. 그러나 단지 그렇게만 표현되면 이 규정은 피상적이며 그런 까닭에 이해될 수 없다. 필연성의 개념은 몹시 어려운데, 실로 그 까닭은 필연성이 개념 자신이지만, 그 개념의 계기들은 아직 현실성으로서 있고, 그럼에도 그 현실성들은 동시에 오직 형식들로서만, 즉 자기 내에서 분열된 것으로서 그리고 이행하는 것으로서만 [829]파악되어야 하기 때문이다. 그런 까닭에 뒤따르는 두 절에서 필연성을 형성하는 계기들에 대한 해명이 좀 더 상세히 제시되어야 한다.

⟨보론⟩ 어떤 것에 대해 그것은 필연적이라고 말할 때, 우리는 우선은 왜를 묻는다. 그리하여 필연적인 것은 정립된 것으로서, 매개된 것으로서 입증되어야 한다. 그렇지만 단순한 매개에 머무른다면, 우리는 아직은 필연성에서 이해되는 바로 그것을 갖지 못한다. 단순히 매개된 것은 자기 자신에 의해서가 아니라 타자에 의해 바로 그것인 바의 것이며, 따라서 그것은 또한 단지 우연한 것일 뿐이기도 하다. 그에 반해 필연적인 것에 대해 우리는 그것이 자기 자신에 의해 바로 그것인 바의 것이기를, 그리하여 실로 매개되어 있지만 동시에 매개를 지양된 것으로서 자기 안에 포함하기를 요구한다. 그에 따라 우리는 필연적인 것에 대해 그것은

---

68. 【다음 절로의 전개】 우연성에서 필연성에 이를 때에 현실성이 취하는 조건, 사태, 활동이라는 세 개의 모습을 다음에는 필연성 그 자신의 계기로서 자리매김한다. 이 점에서는 바로 이어지는 헤겔의 '주해'의 설명이 상세하다.

있고, 그래서 우리에게 그것은 타자에 의해 조건 지어져 있음이 떨어져 나가는 자기에 대한 단순한 관계로서 여겨진다고 말한다. — 필연성에 대해서는 그것이 맹목적이라고 말하곤 하는데, 물론 그것은 필연성의 과정에는 아직 목적 그 자체가 대자적으로 현존하지 않는 한에서 정당하다. 필연성의 과정은 서로 아무런 관련도 없고 자기 내에 아무런 연관도 지니지 않는 것으로 보이는 뿔뿔이 흩어진 상황들의 실존과 함께 시작된다. 이 상황들은 자기 내에서 붕괴하는 직접적 현실이며, 이 부정에서 새로운 현실이 출현한다. 우리는 여기서 그 형식에 따라 자기 내에서 이중화되어 있는 하나의 내용을, 즉 첫째는 문제가 되어 있는 사태의 내용으로서, 그리고 둘째는 긍정적인 것으로서 나타나고 우선은 그렇게 관철되고 있는 흩어진 상황들의 내용으로서 지닌다. 그에 따라 자기 내에서 허무한 것으로서의 이 내용은 자기의 부정적인 것으로 전도되며 그래서 사태의 내용이 된다. 직접적 상황들은 조건들로서는 붕괴하지만, 또한 동시에 사태의 내용으로서는 보존된다. 그 경우 사람들은 그러한 상황들과 조건들에서 전적으로 다른 어떤 것이 출현했다고 말하며, 그런 까닭에 이러한 과정인 필연성을 맹목적이라고 부른다. 그에 반해 합목적적 활동을 고찰하면 우리는 여기서는 목적에서 이미 앞서 알려지는 내용을 지니며, 그런 까닭에 이 활동은 맹목적이 아니라 내다보고 있다. 우리가 세계는 섭리에 의해 통치되고 있다고 말할 때, 거기에는 목적 일반이 앞서 자체적이고도 대자적으로 규정된 것으로서 작용하는 것이고, 그리하여 거기서 나오는 것은 앞서 알려지고 의욕된 것에 상응한다고 하는 것이 놓여 있다. 그야 어쨌든 우리는 세계를 필연성에 의해 규정된 것으로서 파악하는 것과 신적 섭리에 대한 믿음을 결코 [8290]서로를 상호적으로 배제하는 것으로서 간주해서는 안 된다. 그 사상에 따라 신적 섭리의 근저에 놓여 있는 것은 바로 다음에 우리에게 개념으로서 밝혀질 것이다.[69] 개념은 필연성의 진리이며, 필연성을 지양된 것으로서 자기 안에 포함한다. 마찬가지로 역으로 필연성은 그 자체에서 개념이다.

필연성은 오직 그것이 개념적으로 파악되지 않는 한에서만 맹목적이며, 그런 까닭에 역사철학이 자기의 과제를 생기한 것의 필연성에 대한 인식으로서 간주한다고 해서 역사철학에 대해 퍼부어지는 맹목적 숙명론이라는 비난보다 더 전도된 것은 존재하지 않는다. 이리하여 역사철학은 신정론의 의미를 보존하며, 신적 섭리로부터 필연성을 배제함으로써 그것에 영광을 돌린다고 생각하는 사람들은 실제로는 이러한 추상을 통해 신적 섭리를 맹목적이고 몰이성적인 자의로 격하시키고 있다. 순진무구한 종교적 의식은 신의 영원하고 깨트릴 수 없는 의지에 대해 말하는데, 거기에는 필연성을 신의 본질에 속하는 것으로서 명백히 인정하는 것이 놓여 있다. 인간은 신과 구별되게 자기의 특수한 생각과 의욕에서 기분과 자의에 따라 행동하며, 그래서 그에게는 그의 행위에서 자기가 생각하고 의욕한 것과는 전적으로 다른 어떤 것이 나오는 일이 일어난다. 그에 반해 신은 자기가 무엇을 의지하는지 알며, 그의 영원한 의지에서 내적이거나 외적인 우연에 의하여 규정되지 않고, 자기가 의지하는 것을 또한 저항 없이 성취한다. —— 필연성의 입장은 일반적으로 우리의 신념 및 태도와 관련하여 커다란 중요성을 지닌다. 생기하는 것을 우리가 필연적인 것으로서 간주할 때, 이러한 것은 첫눈에 보아 완전히 부자유한 관계인 것으로 보인다. 고대인은 잘 알려져 있듯이 필연성을 운명으로서 파악했으며, 그에 반해 근대인의 입장은 위안의 입장이다. 이 위안은 일반적으로 우리가 우리의 목적, 우리의 관심을 포기함으로써 그에 대해 보상을 얻을 전망에서 그러한 것을 한다는 데 존립한다. 그에 반해 운명은 위안이 없다. 우리가 이제부터 운명과

---

69. 여기서 이렇게 간략하게 언급하고 있는 섭리에 대해 『역사철학 강의』「서론」에서는 역사의 이성적 취급 양식과 관련하여 좀 더 완전하게 설명하고 있다. *Su.* 12/25 이하를 참조. 그 설명은 이렇게 시작되고 있다. "또 다른 것은 이성이 세계를 통치한다는 사상의 이 현상이 우리에게 잘 알려진 또 다른 적용 — 요컨대 세계가 우연과 외면적이고 우연적인 원인들에 내맡겨져 있는 것이 아니라 섭리가 세계를 통치한다는 종교적 진리 형식에서의 적용과 연관된다는 점이다."

관련하여 고대인의 신념을 좀 더 자세히 고찰하면, 그 신념은 그럼에도 불구하고 우리에게 결코 부자유의 직관이 아니라 오히려 자유의 직관을 보증한다.[70] 이 점은 부자유가 대립을 견지하는 것에 근거 지어져 있다는 데, 요컨대 우리가 있고 생기하는 것을 있어야 하고 생기해야 할 것과의 모순 속에 서 있는 것으로서 고찰한다는 데 놓여 있다. 그에 반해 고대인의 신념에서는 다음과 같은 것이 놓여 있었다. 즉, 그러한 것이 있는 **까닭**에 그것은 있으며, 그것이 있는 **그대로** 그것은 있어야 한다는 것이다. 그러므로 여기에는 어떠한 대립도 현존하지 않으며, 따라서 또한 어떠한 부자유도, 어떠한 고통도, 어떠한 고난도 현존하지 않는다. 그런데 운명에 대한 이러한 태도는 실로 앞에서도 언급했듯이 물론 [8/291]위안이 없다. 하지만 그러한 신념은 또한 위안이 필요하지 않으며, 게다가 그 까닭은 바로 여기서는 주관성이 아직 그 무한한 의미에 도달하지 못했기 때문이다. 이러한 관점은 고대의 신념과 우리 근대의 그리스도교적 신념과의 비교에서 결정적인 관점으로서 파악되어야만 하는 바의 것이다. 만약 주관성에서 단순히 자기의 특수한 경향과 관심의 우연하고 자의적인 내용을 지닌 유한한 직접적 주관성, 즉 일반적으로 그 말의 강조적인 의미에서 사태와 구별되는 사람[인격]으로 불리는 것만이 이해된다면

---

70. '운명'에 대한 사유는 헤겔의 초기부터 후기에 이르기까지 지속적으로 나타난다. 헤겔에게 운명이란 일반적으로 인간의 행위가 초래한 결과가 인간에게 이해할 수 없지만 피하기 어려운 부정적인 위력으로서 나타나는 행위와 결과의 연관이자 거의 '필연성'과 같은 뜻이다. 헤겔은 초기에는 그리스의 서사시와 비극 그리고 셰익스피어에 의지하여 운명의 존중을 역설했지만, 후기에는 오히려 운명의 극복을 주장한다. 가령 『정신현상학』에서는 '인륜적 행위'가 신의 계명과 인간의 계명 가운데 한쪽만을 따르는 결과로 몰락한다는 식의 비극적 '전도'(*Su.* 3/274)에서 운명이 논의된다. 그러나 비극에서 운명은 인간에게 낯선 힘으로서 나타나는 데 지나지 않으며, 자기와 운명의 참된 합일은 존재하지 않는다. 그래서 운명은 『정신현상학』에서는 '자기 내에서 완성되지 않은 정신의 필연성'으로서의 '시간'(*Su.* 3/584–5)을 의미하며, 절대지에 의해 극복된다. 헤겔의 체계 시기에 운명은 대체로 '기계적 연관'에서의 '객관적 보편성'(『논리의 학』, *Su.* 6/421)이라든가 '맹목적으로 불가해한 몰개념적인 힘'(『종교철학 강의』, *Su.* 17/109)으로서 부정적인 의미에서 파악되며 그 극복이 주장된다. 그러나 그러한 연관에서 참으로 문제가 되는 것은 지금의 논의 맥락이 보여주듯이 필연성으로서의 운명이 개념적으로 파악되는 것이다.

(사태와 사람을 구별하는 의미에서 우리는, 게다가 정당하게, 관건이 되는 것은 사람이 아니라 **사태**라고 이야기하곤 한다), 우리는 운명에 대한 고대인의 고요한 순종에 경탄하지 않을 수 없을 것이고, 이러한 신념을, 고집스럽게 자기의 주관적 목적을 추구하고 그럼에도 그 목적의 달성을 포기하지 않을 수 없는 것으로 보일 때면 그 대신에 다른 형태의 보상을 얻을 전망을 지니고서만 스스로를 위안하는 저 근대적인 신념보다 더 고차적이고 가치 있는 것으로서 인정할 수밖에 없을 것이다. 그러나 더 나아가 주관성은 또한 단순히 사태에 대립하는 것으로서 나쁘고 유한한 주관성이 아니다. 오히려 주관성은 그 진리에 따라서는 사태에 내재하며, 그리하여 무한한 주관성으로서 사태 자체의 진리이다. 그렇게 파악하면 위안의 입장은 전혀 다른 좀 더 고차적인 의미를 획득하며, 그리스도교가 위안, 그것도 절대적인 위안의 종교로서 여겨질 수 있는 것은 이러한 의미에서다. 그리스도교는 잘 알려져 있듯이 신이 모든 인간을 구원하기를 원한다는 교설을 포함하며,[71] 그것으로는 주관성이 무한한 가치를 지닌다는 것이 언명되어 있다. 그 경우 좀 더 자세히 하자면 그리스도교가 위안이 되는 것은 여기서 신 자신이 절대적 주관성으로서 알려지지만, 주관성이 특수성의 계기를 자기 안에 포함함으로써 또한 우리의 특수성도 단순히 추상적으로 부정되어야 할 것이 아니라 동시에 보존되어야 할 것으로서 인정되고 있다는 점에 놓여 있다. 고대인의 신들도 실로 마찬가지로 인격적인 것으로서 여겨졌다. 그렇지만 제우스나 아폴론 등등의 인격성은 현실적인 인격성이 아니라 표상된 인격성일 뿐이며, 또는 달리 표현하자면 이 신들은 자기를 그러한 것으로서 스스로 **아는** 것이 아니라 다만 **알려질** 뿐인 한갓 의인화일 뿐이다. 그렇다면 우리는 고대 신들의 이러한 결함과 무력함을, 고대인에게는 인간뿐만 아니라 신들도 운명(페프로메논πεπρωμένον 또는 에이마르메네

---

71. 「디모데전서」 2장 4절. "하나님께서는 모든 사람이 다 구원을 얻고 진리를 알게 되기를 원하십니다."

εἱμαρμένη)에 종속한다고 여겨졌던 한에서도, 고대인의 종교의식에서 발견한다. 그러한 운명은 드러나지 않은 필연성으로서, 그리하여 전적으로 비인격적이고 [8/292]몰자아적이며 맹목적인 것으로서 표상되어야 한다. 그에 반해 그리스도교의 신은 단순히 알려지는 것이 아니라 단적으로 자기를 아는 신이며 단순히 표상된 인격성이 아니라 오히려 절대적으로 현실적인 인격성이다. —— 그야 어쨌든 여기서 언급한 점들을 그 이상으로 상세하게 논의하는 것과 관련해서는 종교철학에 들어가지 않을 수 없지만, 여기서 여전히 분명히 할 수 있는 점은 인간이 자기에게 닥치는 운명을 인간은 누구나 자기 자신의 행운의 대장장이라는 저 오랜 격언의 의미에서 파악하는 것이 어떠한 중요성을 지니는가 하는 것이다. 여기에는 인간이 일반적으로 오직 자기 자신만을 향유할 수 있다는 것이 놓여 있다. 그 경우 대립하는 견해는 우리가 우리에게 벌어지는 일의 책임을 다른 사람이나 상황의 불리함 등등으로 미루는 견해이다. 그렇다면 이것은 또다시 부자유의 입장이자 동시에 불만의 원천이다. 그에 반해 자기에게 닥치는 것이 오직 자기 자신의 전개일 뿐이고 오직 자기만이 그 자신의 책임을 짊어진다는 것을 인정함으로써 인간은 자유인으로서 행동하며, 자기가 맞닥뜨리는 모든 것에서 자기에게는 어떠한 부정도 일어나지 않는다는 믿음을 지닌다. 자기와 스스로의 운명에 대한 불만 속에 사는 인간은 바로 자기에게 다른 사람들에 의해 부정이 일어난다는 잘못된 생각으로 인해 여러 전도되고 비뚤어진 일을 범한다. 그런데 실로 우리에게 일어나는 것에는 물론 여러 우연한 것도 있다. 그렇지만 이 우연한 것은 인간의 자연성에 근거 지어져 있다. 그러나 인간은 그 밖에 자기의 자유에 대한 의식을 지닌다는 점에서 자기가 맞닥뜨리는 불만스러운 것에 의해 그의 영혼의 조화, 그의 마음의 평화가 파괴되지 않는다. 그러므로 필연성에 관한 견해, 그것에 의해 인간의 만족과 불만족 및 그리하여 그의 운명 자신이 규정된다.

§ 148 【현실성의 세 가지 계기에 의해 필연성이 외화한다】

조건과 **사태**와 **활동성**의 세 가지 계기 가운데

a. 조건은 α) 전제된 것das Vorausgesetzte이다. 단지 **정립되었을** 뿐인 것으로 서 그것은 오직 사태에 대해 상대적인 것으로서만 있다. 그러나 선행하는 *voraus* 것으로서는 대자적인 것으로서 있으며, — 사태에의 관계없이 실존하는 우연적이고 외면적인 상황이다. 그러나 이러한 우연성에서 동시에 총체성인 사태에의 관계에서는 이 전제된 것은 **조건들의 완전한 원환**이다. β) 조건들은 수동적이며, 사태를 위해 재료로서 사용되고, 그리하여 [8/293] 사태의 **내용** 가운데로 들어간다. 조건들은 그와 마찬가지로 이 내용에 적합하며 그 내용의 규정 전체를 이미 자기 안에 포함한다.

b. **사태도** 그와 마찬가지로 α) 전제된 것이다. 정립된 것으로서 그것은 처음에는 다만 내적이고 가능한 것일 뿐이며, 선행하는 것으로서는 그 자체로[대자적으로] 자립적인 내용이다. β) 사태는 조건들의 사용을 통해 자기의 외면적 실존을, 즉 조건들에 상호적으로 상응하는 자기의 내용 규정들의 실현을 획득하며, 그리하여 사태는 그와 마찬가지로 이 내용 규정들로부터 사태로서 입증되고 조건들로부터 출현한다.

c. **활동성도** α) 마찬가지로 대자적이고(한 인간, 한 인격), 자립적으로 실존하고 있으며, 동시에 그것은 자기의 가능성을 오로지 조건들과 사태 에서만 지닌다. β) 활동은 조건들을 사태로, 사태를 실존의 측면으로서의 조건들로 옮겨 놓는 운동이지만, 오히려 다만 사태를 그것이 그 **자체에서** 그 속에 현존하고 있는 조건들로부터 끌어내 정립하고, 조건들이 지니는 실존의 지양을 통해 사태에 실존을 부여하는 운동일 뿐이다.

이 세 가지 계기가 서로에 대해 **자립적인 실존**의 형태를 지니는 한에서, 이 과정은 **외적 필연성**으로서 존재한다. — 이 필연성은 제한된 내용을 자기의 사태로 지닌다. 왜냐하면 사태는 단순한 규정성에서의 이러한 전체이기 때문이다. 그러나 그 전체가 그 형식에서 자기에게 외면적인

까닭에, 따라서 그것은 또한 그 자신 안에서와 자기의 내용에서도 자기에게 외면적이고, 사태에서의 이 외면성은 사태 내용의 제한이다.[72]

## § 149 【상대적 필연성에서 절대적 필연성으로】

따라서 필연성은 그 자체에서는 자기 내에서 가현함으로써 그 구별들이 자립적인 현실적인 것의 형식을 지니는, 하나의 자기와 동일한, 그러나 내용으로 가득 찬 본질이다. 그리고 이 동일한 것은 동시에 절대적 형식으로서 직접성을 매개된 존재로 그리고 매개를 직접성으로 지양하는 **활동성**이다. ― 필연적인 바의 것은 매개하는 근거(사태와 활동성)와 **직접적** [8/294]현실성, 즉 동시에 조건이기도 한 우연한 것으로 나누어진 **다른 것**에 의해 필연적이다. 다른 것에 의한 것으로서의 필연적인 것은 자체적이고도 대자적인 것이 아니라 단순히 **정립된 것**이다. 그러나 매개는 그와 마찬가지로 직접적으로 그 자신의 지양이다. 근거와 우연한 조건은 직접성으로 옮겨지며, 그럼으로써 저 정립된 존재는 현실성으로 지양되고 사태는 자기 자신과 합치된다. 이러한 자기 내로의 복귀에서 필연적인 것은 단적으로, 즉 무조건적인 현실성으로서 있다. ― 필연적인 것은 하나의 원환을 이루는 상황들에 의해 매개되어 필연적이다. ― 필연적인 것이 필연적인 까닭은 상황들이 그러하기 때문이다. 그리고 한편으로 필연적인 것은 매개되지 않고서 필연적이다. ― 필연적인 것은 필연적이기 때문에 필연적이다.[73]

---

72. 【다음 절로의 전개】 외적 필연성은 조건, 사태, 활동의 제약을 받아 성립하지만, 필연성 그 자신은 그 제약을 돌파해 간다.
73. 【다음 절로의 전개】 현실은 그 필연성의 요소가 자기 내에서 반성하고 내부에서 원환하여 무조건적인 현실성, 즉 자립적인 현실이 되어 있다. 따라서 자립적인 두 항의 현실이 지니는 상관관계가 존재한다. 따라서 다음에 그 절대적 상관의 단계들이 검토된다.

# a. 실체성 관계

§ 150【필연성의 첫 번째 형태로서의 실체성 관계】

필연적인 것은 자기 내에서 절대적 관계[상관], 다시 말하면 관계가 그와 마찬가지로 절대적 동일성으로 지양되는 (선행하는 절들에서) 전개된 과정이다.

그 직접적 형식에서의 필연적인 것은 실체성과 우유성*Akzidentalität*의 관계이다. 이 관계의 자기와의 절대적 동일성은 실체 그 자체이다. 실체는 필연성으로서 이러한 내면성이라는 형식의 부정성이며, 그러므로 자기를 현실성으로서 정립하지만, 그와 마찬가지로 이러한 외면적인 것의 부정성인바, 이 부정성에 따라 직접적인 것으로서의 현실적인 것은 단지 우유적인 것일 뿐이고, 이 우유적인 것은 이러한 자기의 단순한 가능성에 의해 다른 현실성으로 이행한다. 이 이행은 형식 활동성으로서의 실체적 동일성인 바의 것이다(§ 148, 149).[74]

§ 151【실체는 우유성의 총체성】

이리하여 실체는 우유성들의 총체성인바, 우유성들에게 실체는 그것들의 절대적 부정성으로서, 다시 말하면 절대적 위력으로서 그리고 동시에 모든 내용의 풍요로서 계시된다. 그러나 이 내용은 이러한 현현 자신 이외에 아무것도 아니다. 왜냐하면 자기 내에서 내용으로 반성된 규정성 [829]자신은 실체의 위력 속에서 이행하는 형식의 한 계기일 뿐이기 때문이다.[75] 실체성은 절대적인 형식 활동성이자 필연성의 위력이며, 모든 내용

---

74. 【다음 절로의 전개】 현실적인 것은 단지 우유적인 것일 뿐이라는 것이 좀 더 반성된다.
75. 라손은 다음과 같은 보충을 제안한다. "……실체의 위력 속에서 다른 계기로 이행하는 형식의 한 계기……."

은 오로지 이 과정에만 속하는 계기일 뿐인바, — 형식과 내용의 서로에게로의 절대적 전환이다.[76]

〈보론〉 우리는 철학사에서 **실체**를 스피노자 철학의 원리로서 만난다. 칭찬받는 만큼이나 비난받기도 하는 이 철학의 의미와 가치에 관해서는 스피노자의 등장 이래로 커다란 오해가 발생했고 그에 관해 이러니저러니 많은 이야기가 있었다. 스피노자의 체계에 대해 제기되곤 하는 비난은 주로 무신론의 비난과 더 나아가 범신론의 그것인데, 그 까닭은 실로 그 체계에 의해 신이 실체로서 그리고 오직 실체로서만 파악되었기 때문이다. 이러한 비난들에 대해 어떻게 생각할 것인지는 우선은 실체가 논리적 이념의 체계에서 차지하는 그 지위로부터 밝혀진다. 실체는 이념의 발전 과정에서의 본질적인 단계이지만, 이념 자신, 즉 절대적 이념이 아니라 아직 필연성이라는 제한된 형식에서의 이념이다. 그런데 신은 물론 필연성 또는 그렇게도 말할 수 있듯이 절대적 사태이지만, 또한 동시에 절대적 인격이기도 한바, 이것은 스피노자가 아직 도달하지 못한 점이며, 이 점과 관련해서는 스피노자 철학이 그리스도교적인 의식의 내용을 형성하는 신의 참된 개념 뒤에 머물러 있다는 것이 승인되어야만 한다. 스피노자는 그 혈통에 따라 유대인이었으며, 모든 유한한 것이 지나가 버리는 것으로서, 사라지는 것으로서 나타나는 것은 일반적으로 동양적인 직관인데, 이것이 그의 철학에서 그 사상적 표현을 발견했다. 그런데 실체적 통일의 이러한 동양적 직관은 실로 그 이상의 모든 참다운 발전의 기초를 형성하지만, 거기에 머무를 수는 없다. 그것에 여전히 없는 것은 개별성이라는 서양적 원리인바, 이 원리는 철학적 형태로는 스피노자주의와 동시대에, 즉 라이프니츠의 모나드론

---

76. 【다음 절로의 전개】 실체와 우유성의 상관은 실체성(내용)이 규정적인 절대적 위력이자 우유성의 현현(형식)으로 나타난다. 그러나 그것은 현실성에서의 상관의 첫걸음일 뿐이며, 더욱더 발전한다.

에서 처음으로 나타났다.[77] — 이로부터 우리가 스피노자 철학에 대해 제기된 무신론이라는 비난을 되돌아보면, [8/296]그 비난은 이 철학에 따르면 신이 부인되지 않을 뿐만 아니라 오히려 유일하게 참답게 존재하는 것으로서 인정되는 한에서 근거 없는 것으로서 거부될 수 있을 것이다. 또한 스피노자가 실로 유일하게 참된 것으로서의 신에 대해 말하기는 하지만, 이 스피노자주의적인 신은 참된 신이 아니며 그런 까닭에 신과 같은 것이 아니라고 주장할 수도 없을 것이다. 그 경우 또한 그들의 철학함으로 이념의 하위 단계에 머물러 있는 그 밖의 모든 철학자도, 그리고 그와 마찬가지로 신을 단순히 주로서만 아는 까닭에 유대인이나 이슬람교도뿐만 아니라 신을 단지 인식할 수 없는 최고의 저편의 본질로서만 간주하는 모든 여러 그리스도교인도 같은 정당성을 지니고서 무신론의 죄가 씌워져야만 할 것이다. 스피노자 철학에 제기된 무신론이라는 비난은 좀 더 자세히 고찰하면 그 철학에서는 차이나 유한성의 원리가 그것의 권리에 도달하지 못한다는 것으로 환원되며, 그리하여 이 철학에 따르면 본래 적극적으로 존재하는 것이라는 의미에서의 세계가 전혀 존재하지 않는 까닭에 이 체계는 무신론으로서가 아니라

---

77. 사물로서의 신은 우리가 이신론에서 지니는 것이다. 사태로서의 신은 우리가 스피노자의 『에티카』에서 지니는 것이다. '인격적 개별화의 원리'로서의 신은 우리가 모나드론에서 도달하는 것이다. 이 예들은 개념적 진행을 파악할 수 있도록 도와주며, 그 역도 마찬가지이다. 신의 '동양적 직관'은 모세의 입법자이다. 이것은 사태 자신이지 인격이 아니다. 다른 주체들의 공동체가 그에 대해 논리적으로 필연적인 주체만이 '인격'이다. 그리하여 신이 '인격'인 누군가의 관점에서 스피노자는 '무신론자'이다. 그러나 우리는 우리가 모세에 관해 이야기하는 것이 무엇이든 그것을 스피노자에 관해서도 이야기해야 한다. 요컨대 모세는 철학자가 아니기 때문에, 이러한 논리적 요구가 그에게나 그를 읽는 사람들에게는 분명하지 않은 것이다. 한편 '범신론'과 따라서 스피노자의 '무우주론' 및 '사변철학은 범신론이다'라는 비난에 관한 헤겔의 논의에 대해서는 『논리의 학』과 『철학사 강의』에서의 스피노자와 관련된 논의 부분, 그리고 『종교철학』 Su. 16. 97 이하와 『엔치클로페디(제3판): 정신철학』 573절을 참조할 수 있다. 어쨌든 헤겔에게 있어 일반적으로 범신론으로 되는 사상들은 신을 단지 실체로서만 파악하는 '실체성의 견지'에 머무르고 있다. 그러나 신은 더 나아가 '주체'로서도 규정되고 '정신'으로서도 파악되어야만 한다. 이러한 입장을 전개하는 것이 사변철학이다. 사변철학을 '범신론'이라고 꾸짖으며 비난하는 자는 정신과 실체의 구별을 알지 못하는 자이다.

오히려 역으로 **무우주론**으로서 표현되어야 할 것이다. 그렇다면 이로부터 **범신론**이라는 비난에 대해 어떻게 생각해야 하는지도 밝혀진다. 아주 자주 이런 일이 일어나듯이 범신론이 유한한 사물들 그 자체와 그것들의 복합을 신으로서 간주하는 교설로 이해된다면, 우리는 스피노자 철학을 범신론의 비난으로부터 방면하지 않을 수 없을 것이다. 왜냐하면 그 철학에 따르면 유한한 사물들이나 세계 일반에는 단적으로 진리가 속하지 않기 때문이다. 그에 반해 이 철학은 바로 그 무우주론 때문에 물론 범신론적이다. 그렇다면 **내용**과 관련하여 이렇게 해서 인정된 결함은 동시에 형식에 관련된 결함으로서 입증되는데, 게다가 우선은 스피노자가 실체를 자기 체계의 정점에 세워놓고 그것을 사유와 연장의 통일로서 정의하면서 자기가 어떻게 이 구별에 도달하였고 그 구별을 실체적 통일로 환원하기에 이르렀는지 제시하지 않는 한에서 그러하다. 그러고 나서 내용에 대한 그 이상의 논구는 이른바 수학적 방법에서 이루어지며, 그에 따라서 우선은 정의들과 공리들이 내세워지고, 거기에 정리들이 나란히 서며, 그것들의 증명은 단순히 저 증명되지 않은 전제들로 지성적으로 환원하는 데 존립할 뿐이다. 그런데 비록 스피노자 철학이 그 내용과 결과를 단적으로 배척하는 사람들에 의해서도 그 방법의 엄밀한 일관성으로 인해 칭찬받곤 할지라도, 실제로 형식의 이러한 무조건적인 인정은 내용의 무조건적인 [8/297]배척과 마찬가지로 근거 지어지지 않은 것이다. 스피노자주의적인 내용의 결함은 바로 형식이 내용에 내재하는 것으로서 알려지지 않고 그런 까닭에 다만 외적이고 주관적인 형식으로서만 그 내용에 다가간다는 점에 존립한다. 스피노자에 의해 선행하는 변증법적인 매개 없이 직접적으로 파악되는 바의 실체는 보편적인 부정적 위력으로서 이를테면 모든 규정된 내용을 본래 허무한 것으로서 자기 안에 삼켜버리고 적극적인 존립을 자기 내에 지니는 아무것도 자기에게서 산출하지 못하는 어둡고 형태 없는 심연일 뿐이다.

§ 152 【실체성 관계에서 인과성 관계로】

실체가 절대적 위력으로서 오직 내적일 뿐인 가능성으로서의 자기에 관계하고 따라서 자기를 우유성으로 규정하는 위력이고, 그에 의해 정립된 외면성은 이 실체와 구별된다는 계기에 따라서는 실체는 그것이 필연성의 최초의 형식에서 실체인 것과 마찬가지로 본래의 관계[상관] — 인과성 관계이다.[78]

# b. 인과성 관계

§ 153 【원인과 결과】

실체는 우유성으로의 자기의 이행에 반하여 자기 내로 반성함으로써 **본원적 사태**ursprüngliche Sache이지만, 그와 마찬가지로 자기 내 반성 또는 자기의 단순한 가능성을 지양하고 자기를 자기 자신의 부정적인 것으로서 정립함으로써 하나의 결과Wirkung, 즉 그래서 다만 정립된 것일 뿐이지만 작용Wirken의 과정을 통해 동시에 필연적이기도 한 현실Wirklichkeit을 산출하는 한에서 실체는 **원인**Ursache이다.[79]

원인은 **본원적 사태**로서 절대적 자립성과 결과에 반하여 자기를 보존하는 존립의 규정을 지닌다. 그러나 원인은 그 동일성이 저

---

78. 【다음 절로의 전개】 실체(내용)와 그 외적 나타남인 우유적인 것(형식)의 상관관계가 강해지면, 자기 내 반성에 의해 실체가 자기를 우유성으로 규정하는 관계가 된다. 그에 의해 다음 단계의 상관관계로 발전한다.
79. 【다음 절로의 전개】 원인과 결과는 동일성의 측면이 있지만, 동시에 구별성도 있다. 그것이 다음에 고찰된다.

본원성 자신을 이루는 필연성에서 오직 결과로 이행했을 뿐이다. 또다시 규정된 내용에 대해 말할 수 있는 한에서 결과 속에는 원인 속에 없는 내용은 없다. ─ 저 동일성은 절대적 내용 자신이다. 그러나 그와 마찬가지로 그것은 또한 형식 규정이기도 한바, 원인의 본원성은 [8/298]그것이 그 속에서 자기를 정립된 존재로 만드는 결과에서 지양된다. 그러나 그렇다고 해서 원인이 사라진 것은 아니며, 그리하여 현실적인 것은 오직 결과일 뿐이다. 왜냐하면 이 정립된 존재도 마찬가지로 직접적으로 지양되어 있기 때문이다. 정립된 존재는 오히려 원인의 자기 자신 내에서의 반성, 원인의 본원성이다. 결과에서 비로소 원인은 현실적이며 원인이다. 따라서 원인은 자체적이고도 대자적으로 자기원인*causa sui*이다. ─ 야코비는 매개의 일면적 표상을 견지하여 (『스피노자에 관한 서한』[80] 제2판, S. 416) 자기원인(이것과 자기결과*effectus sui*는 같은 것이다), 곧 원인의 이러한 절대적 진리를 단순히 형식주의로 받아들였다. 그는 또한 신이 근거로서가 아니라 본질적으로 원인으로서 규정되어야만 한다고 진술하기도 했다. 그것으로 그가 의도한 것이 획득되지 않았다는 것은 원인의 본성에 관한 좀 더 근본적인 추사유로부터 밝혀질 것이다. 유한한 원인과 그것의 표상에서도 이러한 동일성은 내용과 관련하여 현존한다. 비, 즉 원인과 습기, 즉 결과는 하나의 같은 실존하는 물이다. 그래서 형식과 관련해서는 결과(습기) 속에서 원인(비)은 떨어져 나간다. 그러나 그와 더불어 또한 원인 없이는 아무것도 아닌 결과의 규정도 떨어져 나가며, 다만 무차별적인 습기만이 남는다.

인과관계의 일반적인 의미에서 원인은 그 내용이 (유한한 실체에서처럼) 유한한 한에서 그리고 원인과 결과가 두 개의 서로 다른 자립적

---

80. Friedrich Heinrich Jacobi, 『모제스 멘델스존에게 보낸 서한들에서 스피노자의 학설에 대하여』(*Über die Lehre des Spinoza in Briefen an den Herrn Moses Mendelssohn*, 1785, 개정증보판, 1789).

인 실존들로서 표상되는 한에서 유한하다 ─ 그러나 그것들은 다만 그것들에서 인과성 관계가 추상됨으로써만 그러한 것들이다. 유한성에서는 형식 규정들의 관계에서 그것들의 **구별**에 머무르는 까닭에, 교대로 원인은 **또한** 정립된 것으로서나 결과로서도 규정된다. 그러고 나서 이 결과는 다시 **다른** 원인을 지닌다. 그래서 여기서도 결과로부터 원인으로의 <sup>[8/299]</sup>무한한 진행이 발생한다. 내려가는 진행도 그와 마찬가지인데, 왜냐하면 결과는 원인과의 자기의 동일성에 따라 스스로 원인으로서, 동시에 다른 원인으로서 규정되며, 그것은 다시 다른 결과들을 지니는 등등으로 무한히 진행하기 때문이다.

〈보론〉 지성이 실체성에 저항하곤 할지라도, 그에 반해 인과성, 다시 말하면 원인과 결과의 관계[상관]는 지성에 친숙하다. 하나의 내용을 필연적인 것으로서 파악하는 것이 문제가 될 때, 지성적 반성은 그 내용을 주로 인과성 관계로 환원하려고 하는 것을 자기의 관심사로 삼는다. 그런데 실로 이 관계는 물론 필연성에 속한다. 하지만 그 관계는 필연성의 과정에서의 하나의 측면일 뿐인바, 그 과정은 그러한 만큼이나 인과성 속에 포함된 매개를 지양하고 자기를 단순한 자기에 대한 관계로서 입증하는 것이기도 하다. 인과성 그 자체에 머무르게 되면, 우리는 인과성을 그 진리에서가 아니라 단지 유한한 인과성으로서만 지니며, 그 경우 이러한 관계의 유한성은 원인과 결과가 그 구별에서 견지된다는 점에 존립한다. 그러나 이 양자는 단지 구별될 뿐만 아니라 그러한 만큼이나 또한 동일하기도 하며, 그 경우 이 점은 우리가 원인에 대해 그것은 결과를 지니는 한에서만 원인이고, 결과에 대해서는 그것이 원인을 지니는 한에서만 결과라고 말하는 형태로 우리의 일상적 의식에서도 발견된다. 그리하여 원인과 결과 이 양자는 하나의 같은 내용이며, 그것들의 구별은 우선은 다만 **정립**과 **정립된 존재**의 구별일 뿐이지만, 그 경우 그 형식 구별도 마찬가지로 지양되는바, 요컨대 원인은 다른 것의 원인일 뿐만 아니라 또한 자기 자신의 원인이며, 결과는 다른 것의 결과일 뿐만 아니라 또한 자기 자신의 결과이기도 한 것이다. 이에 따르면 사물들의 유한성은 원인과 결과가 그것들의 개념에 따라서는 동일한 반면, 이 두 형식이 그 양식에서 분리되어 나타난다는 점, 원인은 실로 결과이기도 하고 결과는 실로 원인이기도 하지만, 전자는 그것이 원인인 같은 관계에서 그러한 것이 아니고 후자는 그것이 결과인 같은 관계에서 그러한 것이 아니라는 점에 존립한다. 그렇다면 이것은 또다시 원인의 끝없는 계열인 동시에 결과의 끝없는 계열로서 나타나기도 하는 형태의 무한 진행을 준다.

## § 154 【인과성 관계에서 교호작용으로】

원인과 결과는 서로 다르다. 결과는 그러한 것으로서 **정립된 존재**이다. 그러나 정립된 존재도 마찬가지로 자기-내-반성과 [8/300]직접성이며, 원인과 결과의 상이성을 견지하는 한에서 원인의 작용, 곧 원인의 정립 Setzen은 동시에 전제 작용Voraussetzen이다. 이리하여 거기서 결과가 생기하는 다른 실체가 현존한다. 이 실체는 **직접적인** 것으로서 자기에게 관계하는 부정성이 아니며 **능동적**이 아니라 수동적이다. 그러나 실체로서 그것은 마찬가지로 능동적이며, 전제된 직접성과 그것 안으로 정립된 결과를 지양하고 **반작용**하는바, 다시 말하면 이 실체는 최초의 실체의 능동성을 지양하지만, 이 최초의 실체도 그와 마찬가지로 자기의 직접성이나 그것 안으로 정립된 결과의 이러한 지양이며, 이리하여 다른 실체의 능동성을 지양하고 반작용한다. 이리하여 인과성은 **교호작용**Wechselwirkung의 관계 [상관]로 이행한다.[81]

교호작용에서는, 비록 인과성이 아직은 그 참다운 규정에서 정립되

---

81. 【다음 절로의 전개】 시행착오를 통해 원인과 결과의 상관관계를 확정하기 위해서는 작용과 반작용이 필요하다. 따라서 인과성은 교호작용으로 발전한다.

어 있지는 않을지라도, 원인과 결과의 무한한 진행이 진행으로서는 참다운 방식으로 지양되어 있다. 왜냐하면 원인에서 결과로 그리고 결과에서 원인으로의 직선적인 넘어감이 자기 안으로 **휘어지고** 뒤로 **굽혀져** 있기 때문이다. 무한 진행이 자기 내에 완결된 관계로 이렇듯 휘어지는 것은 언제나처럼 단순한 반성, 즉 저 몰사상적인 반복에서는 오직 하나의 같은 것, 요컨대 하나의 원인과 다른 원인 및 그것들의 서로에 대한 관계가 있을 뿐이라는 반성이다. 그렇지만 이 관계의 발전인 교호작용은 그 자신이 **구별** 작용의 교체이지만, 원인들이 아니라 계기들의 그것인바, 그것들의 대자적인 각각에서는 또다시 원인이 결과 안에서 원인이라는(그리고 그 역도 마찬가지라는) 동일성에 따라서, — 이러한 불가분성에 따라서 마찬가지로 또한 다른 계기도 정립된다.

## C. 교호작용

### § 155 【교호작용의 두 항의 잠재적 동일성】

교호작용 속에서 구별된 것으로서 견지되는 [830]규정들은 α) 그 자체에서는 같은 것이다. 한 측면은 다른 측면과 같이 원인이며 본원적이고 능동적이며 수동적이고 등등이다. 그와 마찬가지로 다른 것을 전제하는 것과 그에 대해 작용하는 것, 직접적 본원성과 교체에 의한 정립된 존재는 하나의 같은 것이다. 최초의 것으로서 가정된 원인은 그것의 직접성으로 인해 수동적이고 정립된 존재이자 결과이다. 따라서 둘로서 언급된 원인들의 구별은 공허하며, 그 자체에서는 오직 하나의 원인, 곧 자기의 결과 속에서 실체로서의 자기를 지양하는 것과 마찬가지로 이러한 작용 속에서

자기를 비로소 자립화하는 원인이 현존할 뿐이다.[82]

### § 156 【교호작용의 두 항의 동일성의 현재성】

[β] 그러나 이 통일성Einheit은 또한 대자적이기도 한데, 왜냐하면 이 교체 전체는 원인의 고유한 **정립**이고 오직 이러한 원인의 정립만이 원인의 **존재**이기 때문이다. 구별의 허무함은 단지 그 자체에서나 우리의 반성인 것만이 아니다(앞의 절). 오히려 교호작용 그 자신이 정립된 규정들의 각각을 또다시 지양하여 대립된 규정으로 역전시키는 것, 그러므로 그 자체에서 있는 계기들의 저 허무함을 정립하는 것이다. 본원성 속으로 결과가 정립되며, 다시 말하면 본원성이 지양된다. 원인의 작용은 반작용이 된다 등등.[83]

〈보론〉 교호작용은 그 완전한 발전 속에 정립된 인과성 관계이며, 이 관계는 반성이 인과성 관점에서의 사물에 대한 고찰이 앞에서 언급된 무한 진행으로 인해 자기에게 만족스러운 것으로서 입증되지 않을 때 거기로 도피하곤 하는 것이기도 하다. 그래서 예를 들어 역사적 고찰에서는 우선은 한 민족의 성격과 습속이 그 민족의 체제와 법률의 원인인가 아니면 그와 반대로 전자가 후자의 결과인가 하는 물음이 다루어지며, 그러고 나서는 이 양자, 즉 한편의 성격 및 습속과 다른 한편의 체제 및 법률을 교호작용의 관점에서, 요컨대 원인은 그것이 원인인 같은 관계에서 동시에 결과이며, 결과는 그것이 결과인 같은 관계에서 동시에 원인이라는 형태로 파악하는 데로 나아간다. 그러고 나서 똑같은 일이 자연과 [8302]특히 살아 있는 유기체의 고찰에서도 일어나는데, 살아 있는

---

82. 【다음 절로의 전개】 원인과 결과의 교호작용의 바탕에 놓여 있는 동일성을 산출하는 활동을 하는 오직 하나의 원인이 다음에 추구된다.
83. 【다음 절로의 전개】 교호작용의 두 항의 동일성이란 상호 간의 구별이 지니는 허무함이다. 여기에 이르러 교호작용의 고찰은 완결된다. 따라서 다음에 지금까지의 과정을 총괄하고, 그것이 제3부 '개념론'으로의 이행 규정이 된다는 것을 밝힌다.

유기체의 개별적 기관과 기능들도 마찬가지로 서로에 대해 교호작용의 관계에 서 있는 것으로서 입증된다. 물론 교호작용은 실로 원인과 결과 관계의 가장 가까운 진리인바, 그것은 말하자면 개념의 문턱에 서 있다. 그렇지만 바로 그런 까닭에 개념 파악하는 인식이 문제가 되는 한에서 우리는 이 관계의 적용에 만족해서는 안 된다. 우리가 주어진 내용을 단순히 교호작용의 관점에서만 고찰하는 데 머무른다면, 이것은 사실상 철저히 몰개념적인 태도이다. 그 경우 우리는 단순히 말라붙은 사실에만 관계하며, 우선은 인과성 관계의 적용에서 문제가 되는 매개의 요구가 또다시 충족되지 않은 채 남아 있다. 교호작용 관계의 적용에서 불충분한 것은 좀 더 자세히 고찰하면 이 관계가 개념을 위한 등가물로 통용되는 대신 오히려 그 자신이 비로소 개념 파악되리라는 데 존립한다. 그리고 이것은 그 관계의 양항이 직접적으로 주어진 것으로서 방치되는 것이 아니라 선행하는 두 절에서 그러한 것이 제시되었듯이 제3자, 즉 그 경우 바로 개념인 바의 더 고차적인 것의 계기로 인식됨으로써 이루어진다. 우리가 예를 들어 스파르타 민족의 습속을 그 체제의 결과로서, 그래서 역으로 후자를 그 습속의 결과로서 고찰한다면, 이러한 고찰은 어쨌든 올바를 수 있다. 하지만 이러한 견해는 최종적인 만족을 보증하지 않는데, 그 까닭은 그러한 견해에 의해서는 사실상 이 민족의 체제도 습속도 개념 파악되지 않기 때문이다. 이러한 개념 파악은 오직 저 양자와 그와 마찬가지로 스파르타 민족의 삶과 역사를 보여주는 그 밖의 모든 특수한 측면이 이 개념 속에 근거 지어진 것으로서 인식됨으로써만 이루어진다.

§ 157 【필연성의 정체】

[Y] 이리하여 이러한 자기 자신과의 순수한 교체는 정체가 드러난 또는 정립된 필연성이다. 필연성 그 자체의 유대는 아직은 내적이고 숨겨진 것으로서의 동일성이다. 왜냐하면 이 동일성은, 현실적인 것들로서 여겨지

지만, 그 자립성이 바로 필연성이어야 하는 그러한 것들의 동일성이기 때문이다. 따라서 인과성과 교호작용을 통한 실체의 진행 과정은 다만 자립성이 자기에 대한 무한한 부정적 관계라고 하는 정립일 뿐인바, — 부정적 관계 일반인 것은 거기서 구별 작용과 [8/303]매개 작용이 서로에 대해 자립적인 현실적인 것들의 본원성으로 되기 때문이고, — 자기 자신에 대한 무한한 관계인 것은 그것들의 자립성이 바로 그것들이 동일성으로서만 존재하기 때문이다.[84]

### § 158 【총괄. 필연성의 진리는 개념론에서】

그리하여 이러한 필연성의 진리는 자유이며, 실체의 진리는 개념, — 즉 자기를 자기로부터 다양한 자립적인 것들로 밀어내는 것이 이러한 밀어냄으로서 자기와 동일하고, 이러한 자기 자신에 머무르는 교체 운동이 다만 자기와의 교체 운동일 뿐인 자립성이다.[85]

〈보론〉 필연성은 냉혹하다고 언급되곤 하며, 게다가 필연성 그 자체에, 다시 말하면 그 직접적인 형태에 머무르는 한에서 그것은 정당하다. 우리는 여기서 자기의 존립을 그 자체로 지니는 하나의 상태 또는 일반적으로 하나의 내용을 지니며, 그 경우 필연성에 우선 포함되는 것은 그러한 내용 위로 다른 내용이 다가오며, 그에 의해 전자의 내용이 몰락한다는 것이다. 이러한 것이 직접적이거나 추상적인 필연성의 냉혹한 것이자 애처로운 것이다. 필연성에서 서로에게 묶인 것으로서 나타나고 그에 따라 자기의 자립성을 상실해 가는 양자의 동일성은 처음에는 다만 내적인

---

84. 【다음 절로의 전개】 교호작용은 필연성의 정체를 폭로하는 것이며, 그것은 내적인 동일성이다. 그것이 현재화하면, 필연성은 자유로 고양된다. 여기서는 아직 내적이고 숨겨진 동일성이다. 따라서 다음에 필연성과 자유의 관계가 문제가 된다.
85. 【다음 절로의 전개】 현실성을 총괄하고, 필연성의 진리는 자유이며, 실체의 진리는 제3부 '개념론'에서 해명한다는 것이 제시되었다. 다음에 일단 크게 '존재론'과 '본질론'을 총괄하여 제3부 '개념론'으로의 이행 규정으로 삼는다.

것일 뿐이고 아직은 필연성에 종속해 있는 자들에 대해서는 현존하지 않는다. 그래서 이러한 입장에서는 자유도 처음에는 다만 우리가 직접적으로 그것이고 또 직접적으로 지니는 바로 그것을 포기함으로써만 구제되는 추상적 자유일 뿐이다. —— 그러나 더 나아가 우리가 지금까지 살펴보았듯이 필연성의 과정은 바로 그에 의해 우선 현존하는 경직된 외면성이 극복되고 그 내적인 것이 계시되는 그런 종류의 것인바, 그에 의해 드러나는 것은 서로에게 묶여 있는 것들이 실제로는 서로 낯선 것이 아니라 다만 그 각각이 다른 것에 대한 관계에서 자기 자신 곁에 있고 자기 자신과 합치하는 그러한 전체의 계기일 뿐이라는 점이다. 이러한 것이 필연성의 자유로의 변용인바, 이 자유는 단순한 추상적 부정의 자유가 아니라 오히려 구체적이고 적극적인 자유이다. 그렇다면 이로부터 알아차릴 수 있는 것은 자유와 필연성을 서로를 상호적으로 배제하는 것으로서 고찰하는 것이 얼마나 전도된 것인가 하는 것이다. 물론 필연성 그 자체는 아직 자유가 아니다. 그러나 자유는 필연성을 자기의 전제로 지니며 필연성을 지양된 것으로서 자기 안에 지닌다. 인륜적 인간은 자기 행위의 내용을 [8304]필연적인 것으로서, 자체적이고도 대자적으로 타당한 것으로서 의식하며, 그렇다고 해서 그의 자유가 손상을 겪는 것은 전혀 아니고, 오히려 그의 자유는 이러한 의식에 의해 비로소 아직 내용이 없고 한갓 가능할 뿐인 자유로서의 자의와는 구별되는 현실적이고 내용이 풍부한 자유가 된다. 처벌받는 범죄자는 자기에게 닥치는 벌을 자기의 자유에 대한 제한으로서 바라본다. 그렇지만 그 벌은 실제로는 그가 그에 종속되는 낯선 폭력이 아니라 오히려 그 자신의 행위의 현현일 뿐이며, 이 점을 인정함으로써 그는 스스로 자유인으로서 행동한다. 일반적으로 자기를 단적으로 절대 이념에 의해 규정된 것으로서 아는 것이야말로 인간의 최고 자립성이며, 이러한 의식과 태도를 스피노자는 신에 대한 **지적 사랑**amor intellectualis Dei이라고 부른다.[86]

§ 159【존재와 본질의 진리로서의 개념】

이리하여 개념이 존재와 본질의 진리이다. 왜냐하면 자기 자신 내로의 반성의 가현은 동시에 자립적인 직접성이며, 다양한 현실의 이러한 존재는 직접적으로 자기 자신 내로의 가현일 뿐이기 때문이다.[87]

개념이 자기를 존재와 본질의 진리로서 입증했고, 그 양자는 자기의 근거로서의 개념으로 되돌아갔다는 점에서, 개념은 **역으로** 자기의 근거로서의 존재로부터 자기를 전개했다. 전진의 전자 측면은 이러한 전진을 통해 그 내적인 것이 드러난 존재의 자기 자신 속으로의 심화로서, 후자 측면은 좀 더 불완전한 것에서 좀 더 완전한 것이 출현하는 것으로서 여겨질 수 있다. 그러한 전개가 오직 후자의 측면에 따라서만 고찰됨으로써 사람들은 철학에 비난을 쏟아왔다. 여기서 좀 더 불완전한 것과 좀 더 완전한 것에 대한 피상적인 사상이 지니는 좀 더 규정된 내실은 자기와의 **직접적인** 통일로서의 존재가 자기와의 자유로운 매개로서의 개념에 대해 지니는 구별이다. 존재가 개념의 한 계기로서 나타났다는 점에서 개념은 그에 의해 존재의 진리로서 입증되었다. 이러한 존재의 자기–내–반성으로서 그리고 매개의 지양으로서 개념은 [8/305]직접적인 것을 전제하는 것 ― 즉 자기–내–복귀와 동일한 전제 작용인바, 그 동일성이 자유와 개념을 이룬다. 따라서 만약 그 계기가 불완전한 것이라고 불린다면 개념, 곧 완전한 것은 말할 것도 없이 불완전한 것에서 발전하는 것이다. 왜냐하면 개념은 본질적으로 이렇게 자기의 전제를 지양하는 것이기 때문이다. 그러나 개념은 동시에 인과성 일반에서나 좀 더 자세하게는 교호작용에서 밝혀졌듯이 자기를 정립하는 것으로서 전제를 만드

---

86. 『에티카』 5, 정리 27, 32, 36 등을 참조. 신의 생명과 사랑에 대한 직접적 참여인 이 사랑은 우리가 '직관적 학문'을 성취할 때 우리에게 다가온다.
87. 【다음 절로의 전개】 존재와 본질의 진리는 양자의 통일인 개념에서 해명된다.

는 그러한 것이기도 하다.

그래서 개념은 존재와 본질에 대한 관계에서 단순한 직접성으로서의 존재로 되돌아간 본질이라고 규정되었으며, 그에 의해 이 본질의 가현은 현실성을 지니고 그것의 현실성은 동시에 자기 자신 내에서의 자유로운 가현이다. 그러한 방식으로 개념은 자기에 대한 자기의 단순한 관계로서 또는 자기 자신 내에서의 자기의 통일의 직접성으로서 존재를 지닌다. 존재는 아주 빈곤한 규정인바, 개념 속에서 제시될 수 있는 가장 적은 것이다.

필연성에서 자유로 또는 현실적인 것에서 개념으로의 이행은 가장 어려운 것이다. 왜냐하면 자립적인 현실성은 오로지 그 이행에서와 자기와 다른 자립적인 현실과의 동일성에서만 자기의 실체성을 지니는 것으로서 생각되어야 하기 때문이다. 그래서 개념도 가장 어려운 것인데, 왜냐하면 개념 자신이 바로 이러한 동일성이기 때문이다. 그러나 현실적인 실체 그 자체, 즉 자기의 대자존재에서 아무것도 자기 속으로 밀고 들어오지 못하도록 하는 원인은 이미 정립된 존재로 이행할 필연성 또는 운명에 종속해 있으며, 이 종속은 오히려 가장 어려운 것이다. 그에 반해 필연성의 사유는 오히려 저 어려움의 해소이다. 왜냐하면 사유라는 것은 타자 속에서 자기 자신과의 자기의 합치, — 즉 추상의 도피가 아니라 [8306]현실적인 것이 필연성의 위력에 의해 결부된 다른 현실적인 것 속에서 자기를 다른 것으로서가 아니라 자기 자신의 존재와 정립으로서 지니는 해방[자유롭게 함]이기 때문이다. 대자적으로 실존하는 것으로서 이 해방은 자아[나]라고 불리며, 자기의 총체성으로 발전한 것으로서는 자유로운 정신이라고, 감정으로서는 사랑이라고, 향유로서는 축복이라고 불린다. — 스피노자주의적인 실체의 위대한 직관은 단지 그 자체에서만 유한한 대자존재로부터의 해방이다. 그러나 개념 자신은 대자적으로 필연성의 위력이자 현실적인 자유이다.

〈보론〉 여기서 이루어진 바와 같은 개념이 존재와 본질의 진리로서 지칭될 때, 우리는 왜 개념으로부터 시작하지 않았느냐는 물음을 각오해야만 한다. 이 물음에 대답으로 이바지하는 것은 사유하는 인식이 문제가 되는 곳에서 진리에서 시작할 수 없는 까닭은 시원을 형성하는 것으로서의 진리란 단순한 단언에 기반하지만 사유된 진리는 자기를 사유에 대해 그러한 것으로서 증명해야 하기 때문이라고 하는 것이다. 개념이 논리학의 정점에 세워지고, 그 내용에 따라 전적으로 올바른 것이지만, 그것이 존재와 본질의 통일로서 정의된다면, 존재에서 무엇이 그리고 본질에서 무엇이 생각되어야 하고 이 양자가 어떻게 개념의 통일 속으로 총괄되기에 이르는가 하는 물음이 성립할 것이다. 그러나 이 경우에는 사태에 따라서가 아니라 오직 이름에 따라서만 개념에서 시작했을 것이다. 본래적인 시원은 존재를 가지고서 마련될 것인바, 여기서도 그러한 것은 다만 존재의 규정들과 그와 마찬가지로 또한 본질의 규정들이 직접적으로 표상에서 받아들여질 수 있을 것인 데 반해, 우리는 존재와 본질을 그것들의 고유한 변증법적인 발전에서 고찰하고 자기 자신을 개념의 통일로 지양하는 것으로서 인식했다고 하는 구별을 가지고서만 행해진다.

# 논리학의 제3편

# 개념론

§ 160 【개념은 자유롭고 자립적인 것이다】

개념은 자기에 대해 존재하는 실체적 위력으로서 자유로운 것이며, 그 계기들의 각각이 개념인 바의 전체이자 자기와 분리되지 않은 통일로서 정립되었다는 점에서 총체성이다.[1] 그래서 개념은 그것의 자기와의 동일성에서 자체적이고도 대자적으로 규정된 것이다.[2]

〈보론〉 개념의 입장은 일반적으로 절대적 관념론의 그것이며, 철학은 그 속에서 그 밖의 의식에 대해 존재하는 것이자 그 직접성에서 자립적인 것으로서 여겨지는 모든 것이 단순히 관념적인 계기로서 알려지는 한에서 개념 파악하는 인식이다. 지성 논리학에서는 개념이 사유의 단순한 형식으로서 그리고 좀 더 자세하게는 일반적인 표상으로서 여겨지곤 하며, 개념에 대한 이러한 하위의 파악은 감정과 심정 편에서 그토록 자주 반복되는 주장, 즉 개념 그 자체는 죽은 것, 공허한 것, 추상적인 것이라는

---

1. 원문은 Der Begriff ist das *Freie*, als die *für sie seiende substantielle Macht*, und ist *Totalität*, indem *jedes* der Momente *das Ganze* ist, das *er* ist, und als ungetrennte Einheit mit ihm gesetzt ist;이다. 그런데 1830년 판본에서는 *Totalität*, indem이 *Totalität*, in dem으로 되어 있었다. 그러나 그것은 문법적으로 불가능하다. Nicolin and Pöggeler는 *Totalität*, in der로 수정할 것을 제안한다. 그러나 여기서는 Suhrkamp 판을 따랐다. 니콜린과 푀겔러의 제안을 따르면, 다음과 같이 옮길 수 있을 것이다. '개념은 자기에 대해 존재하는 실체적 위력으로서 자유로운 것이자 총체성이며, 거기서는 그 계기들의 각각이 개념인 바의 전체이자 자기와 분리되지 않은 통일로서 정립되었다.

2. 【다음 절로의 전개】 개념은 존재와 본질을 통일한 전체적이고 자립적인 것, 자유로운 것이다. 그 자유는 그 자신이 전진한다. 그 내용이 다음 절에서 밝혀진다.

주장이 그에 관계되는 바로 그것이다. 그렇지만 실제로 사정은 정반대인 바, 개념은 오히려 모든 생명의 원리이고 따라서 동시에 단적으로 구체적인 것이다. 사정이 그러하다는 것은 지금까지의 논리적 운동 전체의 결과로서 밝혀졌으며, 그런 까닭에 여기서 비로소 증명될 필요는 없다. 여기서 특히 이른바 단지 형식적일 뿐인 것으로서의 개념과 관련하여 관철되는 형식과 내용의 대립에 관해 이야기하자면, 그 대립은 반성에 의해 견지되는 그 밖의 모든 대립과 더불어 변증법적으로, 다시 말하면 자기 자신에 의해 극복된 것으로서 이미 우리의 등 뒤에 놓여 있으며, 사유의 이전의 모든 규정을 지양된 것으로서 자기 안에 포함하는 것은 바로 개념이다. 물론 개념은 형식으로서 여겨질 수 있지만, 모든 내용의 풍부함을 자기 안에 담고 있는 동시에 자기로부터 방출하는 무한한 창조적 형식으로서이다. 그와 마찬가지로 만약 우리가 구체적인 것에서 오직 감성적으로 구체적인 것, 일반적으로 직접적으로 지각 가능한 것만을 이해한다면 어쨌든 개념도 추상적이라고 불릴 수 있을 것이다. 개념 그 자체는 손으로 붙잡을 수 없으며,[3] 일반적으로 개념이 [8/308]문제가 될 때 우리에게 듣기와 보기는 지나갔음이 틀림없다. 그럼에도 불구하고 앞에서 언급했듯이 개념은 동시에 단적으로 구체적인 것인바, 게다가 개념이 존재와 본질을, 따라서 이 두 영역의 풍부함 전체를 관념적인 통일 속에서 자기 안에 내포하는 한에서 그러하다. ― 이전에 그러한 것을 언급한 바 있듯이 논리적 이념의 서로 다른 단계들이 절대자의 일련의 정의들로서 여겨질 수 있다면, 여기서 우리에게 밝혀지는 절대자

---

3. 헤겔은 여기서 분명 'Begriff'와 'greifen'의 언어적 연관을 염두에 두고서 이렇게 말하고 있을 것이다. 이와 관련하여 헤겔은 『논리의 학』에서 다음과 같이 말한 바 있다. '이러한 것을 적어도 표상에나마 받아들이기 위해서는 진리가 마치 무언가 손으로 잡을 수 있는 것이어야만 하는 것처럼 생각하는 의견을 제쳐 놓아야 한다. 그러한 손으로 잡을 수 있음은 예를 들어 신의 사유 속에 존재하는 플라톤의 이데아들에까지 들여와져, 마치 그것들이 이를테면 실존하는 사물들이지만 다른 세계나 영역 속에서 존재하며, 현실의 세계는 그 세계 외부에 있고, 저 이데아들과는 상이하고 이러한 상이성에 의해 비로소 실재적인 실체성을 지니는 것처럼 생각된다.' *Su.* 5/44

의 정의는 절대자란 개념이라는 정의이다. 그 경우 우리는 물론 거기서 개념을 단순히 우리의 주관적 사유의 그 자체에서 몰내용적인 형식으로서만 바라보는 지성 논리학에서 발생하는 그러한 것과 다르고 또 그보다 더 고차적인 의미에서 파악해야만 한다. 여기서는 다만 우선은 여전히 다음과 같은 물음이 제기될 수 있을 것이다. 즉, 만약 사변적 논리학에서 개념이 사람들이 보통 이 표현과 결합하곤 하는 것과 그렇게 전혀 다른 의미를 지닌다면, 왜 이 전혀 다른 것을 여기서 그럼에도 불구하고 개념이라고 부르고, 그에 의해 오해와 혼란을 불러일으키는 것인가 하는 것이다. 그러한 물음에 대해서는 형식논리학의 개념과 사변적 개념 사이의 거리가 아무리 멀다 하더라도 좀 더 자세한 고찰에서 밝혀지는 것은 개념의 좀 더 심오한 의미가 처음에 그렇게 보이는 것만큼 그렇게 일반적인 언어 사용에 전혀 낯설지 않다는 것이다. 가령 사람들은 하나의 내용의, 예를 들어 소유에 관련되는 법적 규정들의 소유 개념으로부터의 도출과 그와 마찬가지로 역으로 그러한 내용의 개념으로의 환원에 관해 이야기한다. 그러나 그것으로 인정되는 것은 개념이 단순히 그 자체에서 몰내용적인 형식이 아니라는 것이다. 왜냐하면 한편으로는 그러한 것에서는 아무것도 도출될 수 없고 다른 한편으로는 주어진 내용을 개념의 공허한 형식으로 환원시키는 것에 의해서는 그 내용이 그저 자기의 규정성을 박탈당할 뿐, 인식되지는 않을 것이기 때문이다.

## § 161 【개념의 전진은 자유를 지향한 발전】

개념의 전진은 더는 타자로의 이행도 가현도 아니라 발전이다. 왜냐하면 구별되는 것은 직접적으로 동시에 서로와 그리고 전체와 동일한 것으로서 정립되어 있고, 규정성은 개념 전체의 자유로운 존재로서 있기 때문이다.[4]

4. 【다음 절로의 전개】 개념의 운동은 '이행'이나 '가현'과는 다른 '발전'이다. 발전한다는 것은 내부에서 생겨난 구별을 동일화하는 것이다. 그래서 우선 개념 자신의 구별이 확정된다.

〈보론〉 타자로의 이행은 존재 영역에서의 변증법적 과정이며, 타자로의 가현은 본질 영역에서의 그것이다. 그에 반해 개념의 운동은 그 자체에서 이미 현존하는 것만이 그에 의해 정립되는 발전이다. [8/309]자연에서 개념 의 단계에 상응하는 것은 유기체적 생명이다. 그래서 예를 들어 식물은 그 씨앗에서 발전한다. 이 씨앗은 이미 식물 전체를 자기 안에, 그러나 관념적인 방식으로 포함하며, 그리하여 우리는 식물의 발전을 마치 식물 의 서로 다른 부분들, 즉 뿌리, 줄기, 잎 등등이 씨앗 안에 이미 실재적으로, 그렇지만 아주 작게만 현존하는 것처럼 파악해서는 안 된다. 이것은 이른바 내포 가설Einschachtelungshypothese인데,[5] 그리하여 이 가설의 결함은 처음에 관념적인 방식으로만 현존하는 바로 그것이 이미 실존하고 있는 것으로서 고찰된다는 점에 존립한다. 그에 반해 이 가설에서 올바른 것은 다음의 것, 즉 개념이 자기의 과정에서 자기 자신 곁에 머무른다는 것과 그 과정을 통해 내용에 따라서 새로운 것이 정립되는 것이 아니라 단지 형식 변화만이 산출된다는 것이다. 그렇다면 그 과정에서 자기 자신의 발전으로서 입증되는 개념의 이러한 본성은 사람들이 인간에게 생득적인 관념에 관해 이야기하거나 플라톤이 그렇게 했듯이 모든 배움을 단순히 상기로서 바라볼 때 염두에 두는 것이기도 하다. 그렇지만 그 배움은 그와 마찬가지로 교육을 통해 형성된 의식의 내용을 이루는 바로 그것이 그 규정된 전개 속에서 바로 그 의식 속에 이미 앞서 현존했던 것처럼 이해되어서는 안 된다. ── 개념의 운동은 이를테면 하나의 유희로 서만 여겨질 수 있다. 그 운동을 통해 정립되는 다른 것은 실제로는

---

5. 보네의 내포(Emboîtement) 이론은 스토아학파와 중세의 '발아적 이성(seminal reasons)' 이론을 되살리고 있는 라이프니츠에게서 영감을 얻고 있다. 보네는 식물이 씨앗을 담고 있는 방식으로 각각의 배아는 다음 것을 담고 있다고 주장한다. 논리적으로 그것의 요점은 어떠한 자유로운 발전도 가능하지 않다는 것이다. 헤겔 자신은 자연에는 실재적인 '진화'가 존재하지 않는다고 믿고 있다. 그러나 개념적 발전에 관한 그의 변증법적 이론은 자연 진화의 가능성에 대해 적절히 준비된 논리적 이론을 제공한다. 칸트의 『판단력비판』 § 80은 '후성설'과 '전성설'을 그 논리적 측면에서 비교하고 있다.

다른 것이 아닌 것이다. 그리스도교의 교설에서 이것은 신이 자기에게 타자로서 맞서 있는 세계를 창조했을 뿐만 아니라 그는 또한 영원으로부터 한 아들을 낳았던바, 그 아들 속에서 신은 정신으로서 자기 자신 곁에 있다는 식으로 언명된다.

### § 162 【개념론의 구분】

개념론은 1. 주관적 또는 형식적 개념에 관한 교설, 2. 직접성으로 규정된 것으로서의 개념에 관한 또는 객관성에 관한 교설, 3. 이념, 주관–객관, 개념과 객관성의 통일, 절대적 진리에 관한 교설로 나누어진다.[6]

보통의 논리학은 오직 여기서 전체의 세 번째 부분의 한 부분으로서 출현하는 소재들만을, 그 밖에는 위에서 출현한 이른바 사유의 법칙들을 그리고 응용 논리학에서는 사유의 저 형식들이 도대체 유한하여 그 자체로 더는 충분하지 않은 까닭에 심리학적이고 형이상학적이며 그 밖에 경험적인 자료가 그에 결부되는 인식에 관한 몇 가지를 포함한다. [8310]그렇지만 그로 인해 이 학문은 확고한 방향을 상실했다.[7] — 그야 어쨌든 적어도 논리학의 본래적인 영역에 속하는 저 형식들은 다만 의식적 사유의, 물론 이성적이 아니라 단지 지성적일 뿐인 사유로서의 그 의식적 사유의 규정들로서 받아들여진다.

선행하는 논리적 규정들, 즉 존재와 본질의 규정들은 실로 단순한 사상 규정들이 아니다. 그 규정들은 그 이행, 즉 변증법적 계기에서 그리고 자기와 총체성으로의 그 복귀에서 개념으로서 입증된다. 그러나 그것들은(§ 84와 112를 참조) 다만 규정된 개념들, 그 자체에서

---

6. 【다음 절로의 전개】 개념론의 첫 번째인 주관적 개념은 일반적으로 '형식적 학문'이라고 말하는 보편·특수·개별의 개념 계기들, 판단 형식, 추론 형식을 다룬다.
7. 1808년 5월 20일에 니트함머에게 보낸 헤겔의 편지에서 우리는 이런 식으로 논의를 펼친 '보통의 논리학자들'이 누구인지 알 수 있다. 그들은 슈타인바르트, 키제베터, 메멜이다.

의 개념들 또는 같은 말이지만 우리에 대한 개념들일 뿐이다. 왜냐하면 각각의 규정이 그것으로 이행하거나 그것에서 가현하고 따라서 상대적인 것으로서 존재하는 타자는 특수한 것으로서 규정되어 있지 않고, 또한 그것들의 제3자가 개별적인 것이나 주체로서 규정되어 있지 않으며, 그 각각의 규정이 보편성이 아닌 까닭에 자기의 대립된 규정 속에서의 그 규정의 동일성, 즉 그것의 자유가 정립되어 있지 않기 때문이다. — 보통 개념들에서 이해되는 것은 지성 규정들이고 또한 그저 일반적 표상들일 뿐이며, 따라서 일반적으로 유한한 규정들이다. § 62를 참조.

개념의 논리학은 보통 단지 형식적일 뿐인 학문으로서 이해되는바, 그래서 그것에서 관건이 되는 것은 개념, 판단, 추론 등의 형식 그 자체이고, 어떤 것이 참인지 아닌지는 전혀 문제가 되지 않으며, 이것은 전적으로 오로지 내용에만 달려 있다는 것이다. 실제로 개념의 논리적 형식들이 표상이나 사상들의 죽어 있고 비활동적이며 무관심한 용기라면, 그 형식들에 대한 지식은 진리를 위해 아주 불필요하고 없어도 되는 역사적 보고Historie일 것이다. 그러나 실제로 그것들은 역으로 개념의 형식들로서 현실적인 것의 살아 있는 정신이며, 현실적인 것에 대해서는 오직 이러한 형식들의 힘으로, 그 형식들에 의해 그리고 그것들 속에서 참된 것만이 참되다. 그러나 이 형식들의 자기 자신에 대한 진리는 그것들의 필연적 연관과 마찬가지로 지금까지 전혀 고찰되거나 탐구되지 않았다.

# A. 주관적 개념

## a. 개념 그 자체

§ 163 【개념의 세 가지 계기】

개념 그 자체는 자기의 규정성에서 자기 자신과의 자유로운 동등성으로서의 **보편성**의 계기, — 그 속에서 보편적인 것이 흐려지지 않은 채 자기 자신과 동등하게 머무는 규정성인 **특수성**의 계기, 그리고 보편성과 특수성이라는 규정성들의 자기–내–반성으로서의 **개별성**의 계기를 포함하는데, 개별성의 자기와의 부정적 통일은 **자체적이고도 대자적으로 규정된** 것인 동시에 자기와 동일한 것 또는 보편적인 것이다.[8]

개별적인 것은 개념으로부터 출현하고 그리하여 보편적인 것으로서, 자기와의 부정적 동일성으로서 **정립되어** 있다는 점을 제외하면 현실적인 것인 바의 것과 같은 것이다. **현실적인 것**Das *Wirkliche*은 바로 다만 그 자체에서나 직접적으로 본질과 실존의 통일인 까닭에 작용할wirken 수 있다. 그러나 개념의 개별성은 단적으로 작용하는 것인바, 게다가 더는 가상을 지니는 원인처럼 타자에게 작용하는 것이 아니라 오히려 **자기 자신에게** 작용하는 것이다. — 그러나 개별성은 우리가 개별적인 사물이나 개별적인 인간을 이야기할 때 따르는 단지 **직접적일 뿐인** 개별성의 의미에서 받아들여져서는 안 된다.

---

8. 【다음 절로의 전개】 개념은 우선 보편·특수·개별의 각 계기에서 규정되는 것이지만, 보편·특수·개별은 그 자신이 각 계기를 포함한 '총체적인 것'이다. 즉, 마지막까지 자기와 동일한 것 또는 자기와의 부정적 통일이다. 이 관점이 다음에 심화된다.

개별성의 이러한 규정성은 판단에서 비로소 나타난다. 개념의 각각의 모든 계기는 그 자신이 개념 전체이다(§ 160). 그러나 개별성, 주체는 총체성으로서 **정립된** 개념이다.

〈보론 1〉 개념에 관해 말할 때, 사람들이 거기서 염두에 두는 것은 보통 추상적 보편성일 뿐이며, 그 경우 개념은 분명 보편적인 표상으로서도 정의되곤 한다. 그에 따라 사람들은 색, 식물, 동물 등등의 개념에 관해 말하며, 이러한 개념들은 서로 다른 색들, 식물들, 동물들 등등이 그에 의해 서로 구별되는 특수한 것을 제거하는 데서 그것들에 공통된 것이 견지됨으로써 발생해야 한다. [8/312]이것은 지성이 개념을 파악하는 방식이며, 감정은 그러한 개념들을 공허하고 내용이 없는 것으로, 단순한 도식과 그림자로 설명할 때 옳다. 그러나 개념의 보편적인 것은 단순히 그에 맞서 특수한 것이 자기의 존립을 대자적으로 지니는 공통된 것이 아니라 오히려 자기 자신을 특수화하고(상세히 드러내고) 자기의 타자 속에서 흐려지지 않은 명확성에서 자기 자신 곁에 머무르는 것이다. 단순히 공통될 뿐인 것을 참으로 보편적인 것, 일반적인 것과 혼동하지 않는 것은 인식에 대해서뿐만 아니라 우리의 실천적 행동에 대해서도 너무도 커다란 중요성을 지닌다. 사유 일반과 좀 더 자세하게는 철학적 사유에 대해 감정의 입장으로부터 제기되곤 하는 모든 비난, 그리고 이른바 너무 멀리까지 추동된 사유의 위험성에 대해 그토록 자주 반복되는 주장은 그 근거를 저 혼동에서 지닌다. 그야 어쨌든 그 참되고 포괄적인 의미에서의 보편적인 것은 인간의 의식에 들어서기까지 몇천 년의 세월이 필요했다고 말하지 않을 수 없고 그리스도교에 의해 비로소 그에 대한 완전한 인정에 도달한 사상이다. 그 밖에는 그토록 높은 교양을 지닌 그리스인들도 그 참된 보편성에서의 신도 인간도 알지 못했다. 그리스인의 신들은 정신의 특수한 힘들일 뿐이었으며, 보편적인 신, 민족들의 신은 아테네인들에게 아직은 숨겨진 신이었다. 그래서 그리스인들에게서도 그들 자신과 야만인들 사이에는 절대적인 틈이 존립했고, 인간 그 자체는 아직은 그 무한한 가치나 그 무한한 권리에서 인정되지 않았다. 사람들은 분명 근대 유럽에서 노예제가 사라진 것의 근거가 어디에 놓여 있는가 하는 물음을 제기했으며, 그러고 나서 때로는 이런 때로는 저런 특수한 상황을 이 현상의 설명을 위해 제시한다. 그리스도교의 유럽에 어째서 더는 노예가 존재하지 않는가 하는 참다운 근거는 그리스도교 자신의 원리 이외의 다른 어느 것에서도 찾아질 수 없다. 그리스도교는 절대적 자유의 종교이며, 오직 그리스도교도에 대해서만 인간 그 자체가 그의 무한성과 보편성에서 가치를 지닌다. 노예에게 없는 것은 그의 인격성에 대한 인정이다. 그러나 인격성의 원리는 보편성이다. 주인은 노예를 인격으로서가 아니라 자아가 없는 사물로서 바라보며, 노예는 자신을 자아로서 여기는 것이 아니라 주인이 그의 자아이다.[9] — 앞에서 언급된 단순히 공통된 것과 참답게 보편적인 것 사이의 구별은 루소의 잘 알려진『사회계약론』에서 적절한 방식으로 언명되어 발견된다. [8/313] 거기서는 국가의 법률이 보편적 의지(*volonté générale* · 일반의지)에서 생겨나야만 하지만, 그렇다고 해서 **모두의 의지**(*volonté de tous* · 전체의지) 일 필요는 전혀 없다고 말한다.[10] 루소가 만약 이 구별을 언제나 염두에 두고 있었더라면 그는 국가론과 관련하여 좀 더 근본적인 것을 성취했을 것이다. 보편적 의지는 의지의 개념이며, 법률들은 이 개념에 근거 지어진 의지의 특수한 규정들이다.

〈보론 2〉 개념의 발생과 형성에 관해 지성 논리학에서 보통 행해지는

---

9. 분명히 헤겔은 아리스토텔레스의 '자연적 노예제' 이론을 칸트 이후의 관념론의 언어로 다시 진술하고 있다(『정치학』 1:3-7. 1253b1-1255b30을 참조). 아리스토텔레스는 노예의 '자아'와 관련해 일관적이지 않았다. 왜냐하면 그는 자유인이 '노예로서의' 노예와 친구일 수 없음에도 불구하고, '인간으로서의' 그와 친구일 수 있을 거라고 말했기 때문이다(『윤리학』 8.11. 1161b5-8; 『정치학』 1. 1255b12-15를 참조). 그러나 아마도 이러한 구별은 노예 신분의 많은 사람이 '자연적 노예'가 아니라는 경험적 사실을 인정하는 것일 터이다.
10. 『사회계약론』 제2권 제3장을 참조.

설명과 관련하여 좀 더 주의해야 하는 것은 우리가 개념을 형성하는 것이 전혀 아니라는 것과 개념 일반이 발생한 어떤 것으로서 고찰되어서는 결코 안 된다는 것이다. 물론 개념은 단순히 존재나 직접적인 것만이 아니다. 오히려 개념에는 또한 매개도 속한다. 그러나 이 매개는 개념 자신 안에 놓여 있으며, 개념은 자기에 의해 그리고 자기 자신과 매개된 것이다. 처음에 우리의 표상 내용을 형성하는 대상들이 있고 그 뒤에 앞에서 언급했듯이 대상들에 공통된 것을 추상하고 총괄하는 조작으로써 그것들의 개념을 형성하는 우리의 주관적 활동이 온다고 가정하는 것은 전도된 것이다. 오히려 개념이 참으로 최초의 것이고, 사물들은 그것들에 내재하고 그것들 속에서 자기를 계시하는 개념의 활동에 의해 바로 그것들인 바의 그것이다. 이것은 우리의 종교적 의식에서 우리가 바로 신이 세계를 무에서 창조했다거나 달리 표현하여 세계와 유한한 사물들이 신적 사상과 신적 의지의 충만함에서 출현했다고 말하는 식으로 나타난다. 그것에서는 사상과 좀 더 자세하게는 개념이 자기를 실현하기 위해 자기 외부에 현존하는 소재를 필요로 하지 않는 무한한 형식 또는 자유롭고 창조적인 활동이라는 것이 인정되고 있다.

### § 164 【개념은 구체적 보편】

개념은 단적으로 **구체적**인 것이다. 왜냐하면 개별성인 바의 자체적이고도–대자적인–규정된–존재로서의 자기와의 부정적 통일은 그 자신이 자기에 대한 자기의 관계, 보편성을 이루기 때문이다. 그런 한에서 개념의 계기들은 분리될 수 없다. 반성 규정들은 각각이 대자적으로, 대립된 규정으로부터 분리되어 파악되고 타당해야 한다. 그러나 개념에서 그것들의 **동일성**이 [83]4]정립되어 있다는 점에서 개념의 계기들 각각은 직접적으로 오직 다른 계기들로부터 그리고 그것들과 더불어서만 파악될 수 있다.[11]

---

11. 【다음 절로의 전개】 개념의 세 계기인 보편·특수·개별은 언제나 오직 다른 계기들로부터 그리고 그것들과 더불어서만 파악될 수 있다. 이 점이 계기들 사이의 관계인 새로운

보편성과 특수성 및 개별성은 추상적으로 받아들이면 동일성과 구별 및 근거와 같은 것이다. 그러나 보편적인 것은 **명시적으로** 그 안에 동시에 특수한 것과 개별적인 것이 포함되어 있다는 의미에서 자기와 동일한 것이다. 더 나아가 특수한 것은 구별된 것 또는 규정성이지만, 자기 내에서 보편적이고 또한 개별적인 것으로서 존재한다는 의미에서 그러하다. 그와 마찬가지로 개별적인 것은 **주체[기체]**_Subjekt_, 즉 유와 종을 자기 안에 포함하고 그 자신이 실체적인 기초라는 의미를 지닌다. 이것은 계기들의 그 구별 속에 **정립된 미분리성**(§ 160), — 즉 그[개념] 속에서 각각의 모든 구별이 분단, 흐림을 이루는 것이 아니라 그와 마찬가지로 투명한 개념의 **맑음[명확성]**이다.

우리는 개념이란 추상적인 어떤 것이라는 말보다 더 일상적인 것을 아무것도 듣지 못한다. 이것은 한편으로는 경험적으로 구체적인 감성적인 것이 아니라 사유 일반이 그것의 지반인 한에서, 다른 한편으로는 개념이 아직은 **이념**이 아닌 한에서 올바르다. 그런 한에서 주관적 개념은 아직은 형식적이다. 그렇지만 마치 개념이 자기 자신 이외의 어떤 다른 내용을 가지거나 획득해야 하는 것처럼 그러한 것은 전혀 아니다. — 절대적 형식 자신으로서 개념은 모든 **규정성**이지만, 그 진리에서 존재하는 바의 규정성이다. 그러므로 개념은 추상적이라 할지라도 구체적인 것, 게다가 단적으로 구체적인 것, 주체 그 자체이다. 그러나 절대적–구체적인 것은 정신(§ 159의 주해를 참조), — 즉 개념으로서 자기를 자기의 객관성과 구별하지만, 그 객관성은 그 구별 작용에도 불구하고 그 개념의 것으로 머물고 실존하는 한에서의 개념이다. 다른 모든 구체적인 것은 그것이 아무리 풍부하더라도 자기와 그렇게 내밀하게 동일하지 않고, 그런 까닭에

형식을 낳는다.

그 자신에서 그렇게 구체적이지 않으며, 사람들이 대개 구체적인 것에서 이해하는 것, 즉 외면적으로 함께 모아둔 다양한 것은 가장 적게 구체적이다. — 또한 개념이라고, 게다가 규정된 개념이라고 불리는 것, 예를 들어 인간, 집, 동물 등등도 단순한 규정들과 [8315]추상적 표상들인바, — 즉 개념으로부터 오직 보편성의 계기만을 취하고 특수성과 개별성을 제거하며, 그래서 그것들에서 전개되어 있지 못하고, 따라서 바로 개념을 사상하는 추상들이다.

## § 165 【개별 · 특수에서 판단으로】

개별성의 계기는 처음에 개념의 계기들을 구별로서 **정립한다.** 왜냐하면 개별성은 개념의 부정적인 자기–내–반성이고, 따라서 우선은 최초의 부정으로서의 개념의 자유로운 구별 작용이기 때문이다. 그리하여 개념의 규정성이 정립되지만, 특수성으로서 정립되는바, 다시 말하면 구별들은 첫째로 단지 개념 계기들의 서로에 반한 규정성만을 지니며, 둘째로 그와 마찬가지로 한 계기가 다른 계기라고 하는 그것들의 동일성이 정립된다. 개념의 이러한 정립된 특수성이 판단이다.[12]

일상적 종류의 **명확하고 분명하며 적합한**[13] 개념들은 명확하고 분명한 개념들에서 **표상들[관념들]**이 생각되는 한에서, 즉 전자에서는 추상적이고 단순하게 규정된 규정성이, 후자에서는 그러한 규정성

---

12. 【다음 절로의 전개】 개념의 내부로부터 계기들을 구별하고, 동시에 두 개의 계기가 동일하다는 것은 판단 형식이 그것에 해당한다. 주해에서 말하듯이 '개념의 참다운 구별들, 즉 보편개념, 특수개념, 개별개념은 그것들이 외면적 반성에 의해 서로 분리되는 한에서만 개념의 종류들을 이룬다. — 개념의 내재적 구별화와 규정 작용은 판단에 현존한다. 왜냐하면 판단한다는 것은 개념의 규정 작용이기 때문이다.' 따라서 개념 그 자체는 판단으로 이행한다.

13. '명확하고 분명하며 적합한(*klaren, deutlichen* und *adäquaten*) 개념들'은 데카르트(『제일 철학에 관한 성찰』)와 라이프니츠(『인식, 진리 및 관념에 관한 성찰』 등)에게서 유래하지만, 아래에서 헤겔이 '보통의' 논리학을 논의하는 것에서 미루어 헤겔이 직접적으로 염두에 두고 있는 것은 볼프학파의 논리학 책들일 것이다.

이긴 하지만, 그것에서 여전히 하나의 **징표**, 다시 말하면 어떤 하나의 규정성이 주관적 인식을 위한 표지로 두드러져 있는 한에서 개념이 아니라 심리학에 속한다. 징표라는 사랑받는 범주만큼이나 논리학의 외면성과 타락의 징표인 것은 아무것도 없다. 적합한 개념은 좀 더 개념을, 아니 심지어는 이념도 암시하지만, 여전히 개념이나 또한 표상의 그 대상, 즉 외면적 사물과의 일치라는 형식적인 것 이외에 아무것도 표현하지 않는다. — 이른바 하위개념과 동위개념의 근저에는 외면적 반성에서의 보편적인 것과 특수한 것의 몰개념적인 구별과 그것들의 상관관계가 놓여 있다. 그러나 더 나아가 **반대개념**과 **모순개념**, **긍정개념**과 **부정개념** 등등의 종류들을 열거하는 것은 그 자체로 [8/316]이미 그것들을 고찰했던 존재와 본질의 영역에 속하고 개념 규정성 자신 그 자체와는 아무런 관계도 없는 사상의 규정성들을 우연히 주워 모으는 것 이외에 다른 것이 아니다.[14] — 하지만 개념의 참다운 구별들, 즉 보편개념, 특수개념, 개별개념은 그것들이 외면적 반성에 의해 서로 분리되는 한에서만 개념의 **종류들**을 이룬다. — 개념의 내재적 구별화와 규정 작용은 판단에 현존한다. 왜냐하면 판단한다는 것은 개념의 규정 작용이기 때문이다.


# b. 판단


### § 166 【판단은 개념의 특수성】
판단은 그 특수성에서의 개념, 즉 대자적으로 존재하는 동시에 서로가

---

14. 사유와 논리학에 대한 외면적 반성의 접근과 이해에 대해서는 「예비 개념」에서의 논의를 참조.

아니라 자기와 동일한 것으로서 정립된 그 계기들의 구별하는 관계로서의 개념이다.[15]

사람들은 대개 판단에서 맨 먼저 주어와 술어라는 두 극단의 **자립성**에 대해, 즉 전자는 대자적인 하나의 사물이나 하나의 규정이고 그와 마찬가지로 술어는 저 주어 바깥에, 가령 나의 머릿속에 있는 일반적 규정이라고 생각하는바— 그 경우 그 규정은 나에 의해 전자의 규정과 결합하고, 이리하여 판단된다는 것이다. 그렇지만 계사, '이다'가 술어를 주어에 대해 진술한다는 점에서, 저 외면적이고 주관적인 **포섭** 작용은 다시 지양되고, 판단은 대상 자신의 규정으로서 받아들여진다. ── 우리 말에서 판단*Urteil*의 어원학적인 의미는 더 심오하며, 개념의 통일을 일차적인 것으로서 그리고 개념의 구별화를 근원적인 분할*ursprüngliche* Teilung로서 표현하는바, 이것이야말로 참으로 판단이다.

추상적 판단은 '개별적인 것은 보편적인 것이다'라는 명제이다. 이것은 개념의 계기들이 그 직접적 규정성 또는 최초의 추상에서 받아들여짐으로써 주어와 술어가 우선은 서로에 반해 지니는 규정들이다. [8/317]('특수한 것은 보편적인 것이다'와 '개별적인 것은 특수한 것이다'라는 명제들은 판단의 그 이상의 전진 규정에 속한다.) 각각의 모든 판단에서 '개별적인 것은 보편적인 것이다', 또는 좀 더 규정적으로는 '주어는 술어다'(예를 들어 '신은 절대정신이다')와 같은 그러한 명제가 언명된다는 사실이 논리학들에서 제시되지 않는다는 것을 발견하는 것은 관찰에서의 놀랄 만한 결함으로 여겨져야 한다. 물론 개별성과 보편성이라는 규정들, 주어와 술어는 또한 구별되어 있기도

---

15. 【다음 절로의 전개】 판단은 세 개의 계기를 구사하여 자기와 동일한 것을 구별하면서 관계시키는 것이므로, 판단은 대상 자신의 규정이다. 그 대상이 주관적인 것에 지나지 않지만, 객관적인 것까지 포함하는지가 다음 문제가 된다.

하다. 그러나 바로 그런 까닭에 그에 못지않게 각각의 모든 판단이 그 규정들을 동일한 것으로서 진술하고 있다는 전적으로 보편적인 사실은 남는다.

계사 '이다'는 자기의 외화에서 자기와 동일한 개념의 본성에서 나온다. 개별적인 것과 보편적인 것은 개념의 계기들로서 고립될 수 없는 그러한 규정성들이다. 이전의 반성 규정성들도 그것들의 상관에서 또한 서로에 대한 관계도 지닌다. 그러나 그것들의 연관은 단지 가짐일 뿐, 존재, 그 자체로서 정립된 동일성이나 보편성이 아니다. 그런 까닭에 판단이 비로소 개념의 참다운 특수성이다. 왜냐하면 판단은 개념의 규정성 또는 구별화이지만, 그 규정성은 보편성으로 머무르기 때문이다.

〈보론〉 판단은 개념들의, 그것도 종류가 서로 다른 개념들의 결합으로서 고찰되곤 한다. 이러한 파악에서 올바른 것은 다음의 것, 즉 개념이 물론 판단의 전제를 형성하고, 판단에서 구별의 형식으로 나타난다는 것이다. 그에 반해 종류가 서로 다른 개념들에 관해 이야기하는 것은 잘못이다. 왜냐하면 개념 그 자체는 비록 그것이 구체적이라 하더라도 본질적으로 하나이기 때문인바, 개념 안에 포함된 계기들은 서로 다른 종류로서 여겨져서는 안 된다. 그와 마찬가지로 판단 항들의 결합에 관해 말하는 것도 잘못이다. 왜냐하면 이 결합에 관해 이야기할 때면 결합한 것들이 결합 없이도 그 자체로 현존하는 것으로서 생각되기 때문이다. 이러한 외면적인 파악은 판단에 대해 바로 그것이 주어에 술어가 덧붙여짐으로써 성립한다고 말할 때 좀 더 규정적으로 드러난다. 여기에서 주어는 외부에 그 자체로 존립하는 것으로서 [8318]그리고 술어는 우리의 머릿속에 놓여 있는 것으로서 여겨진다. 그렇지만 이러한 견해에 대해서는 계사인 '이다'가 모순된다. 우리가 '이 장미는 빨갛다'라든가 '이 그림은 아름답다'라고 말할 때, 그것으로 언명되는 것은 우리가 외면적으로 비로소 장미에

빨갛다는 것이나 그림에 아름답다는 것을 부가한다는 것이 아니라 이러한 것이 이 대상들의 고유한 규정이라고 하는 것이다. 그렇다면 형식논리학에서 판단에 대한 통상적인 파악의 더 나아간 결함은 그 파악에 따르면 판단 일반이 단순히 우연적인 어떤 것으로서 나타난다는 것과 개념에서 판단으로의 전진이 지시되지 않는다는 것에 존립한다. 그러나 개념 그 자체는 지성이 생각하듯이 과정 없이 자기 안에 머무르는 것이 아니라, 오히려 무한한 형식으로서 단적으로 활동적이며, 이를테면 모든 생동성의 도약점*punctum saliens*[16]이고, 그리하여 자기를 자기 자신으로부터 구별하고 있다. 이렇듯 개념의 고유한 활동을 통해 개념이 그 계기들의 구별로 분화하는 것이 정립된 것이 판단이며, 이에 따라 판단의 의미는 개념의 특수화로서 파악되어야 한다. 개념은 실로 그 자체에서 이미 특수한 것이다. 하지만 개념 그 자체에서 특수한 것은 아직 정립되어 있지 않으며, 오히려 아직 보편적인 것과의 투명한 통일 속에 있다. 그래서 예를 들어 이전에(§ 160 보론) 주의했듯이 식물의 씨앗은 실로 이미 뿌리, 가지, 잎 등등의 특수한 것을 포함한다. 하지만 이 특수한 것은 처음에는 다만 그 자체에서 현존할 뿐이며, 씨앗이 자기를 열어 보임으로써 비로소 정립되는데, 이러한 것은 식물의 판단으로서 간주해야 한다. 그렇다면 이 예는 또한 개념이나 판단이 단지 우리의 머릿속에만 놓여 있는 것도 아니고 그저 우리에 의해 형성되는 것만도 아니라는 점에 주의를 환기하는 데도 이바지할 수 있다. 개념은 사물들 자신에 내재하는 것으로 그에 의해 사물들은 그 사물들인 바의 것이며, 그리하여 한 대상을 개념 파악한다는 것은 그 대상의 개념을 의식하게 된다는 것을 의미한다. 우리가 그 대상의 판정에 착수한다면, 대상에 이런저런 술어를 덧붙이는 것은 우리의 주관

---

16. 발생학의 초기 역사에서 수정된 달걀의 혈반은 그로부터 살아 있는 유기체의 발전이 시작되는 '도약점'으로서 생각되었다. 예를 들어 아리스토텔레스, 『동물지』 6.3을 참조 덧붙이자면, punctum saliens는 일반적으로 어떤 사안에서 결정적인 전환점 내지는 변곡점을 의미하며, 특별히 실러에게서는 드라마에서 사건이 절정에 도달한 동시에 해결되는 계기가 되는 플롯 내의 극적인 행위를 가리킨다.

적 행위가 아니다. 오히려 우리는 그 대상을 그것의 개념에 의해 정립된 규정성에서 고찰한다.

### § 167 【판단은 주객 일반에 존재한다】

판단은 보통 주관적인 의미에서, 즉 단지 자기의식적인 사유에서만 출현하는 조작이나 형식으로서 받아들여진다. 그러나 이 구별은 논리적인 것에서는 아직 현존하지 않는바, 판단은 전적으로 일반적으로 받아들여져야 한다. 즉, 모든 사물은 판단이다, — 다시 말하면 그것들은 자기 안에서 보편성 또는 내적 본성인 개별적인 것들이거나 [831]또는 개별화되어 있는 보편자이다. 보편성과 개별성은 그것들에서 구별되지만, 동시에 동일하다.[17]

마치 내가 하나의 주어에 대해 하나의 술어를 덧붙이는 것처럼 생각하는 저 단순히 주관적이어야 하는 판단의 의미에는 '장미는 빨갛다', '금은 금속이다'와 같은 판단의 오히려 객관적인 표현이 모순된다. 내가 그것들에 무언가를 비로소 덧붙이는 것이 아니다. — 판단들은 명제들과는 구별된다. 명제들은 주체들[주어들]에 대한 보편성의 관계 속에 서 있지 않은 주체들의 규정 — 하나의 상태, 개별적 행위 등등을 포함한다. '카이사르는 그러저러한 해에 로마에서 태어났고, 10년 동안 갈리아에서 전쟁을 수행했으며, 루비콘강을 건넜다' 등등은 명제이지 판단이 아니다. 더 나아가 예를 들어 '나는 어젯밤 잘 잤다'라거나 '받들어총!' 같은 명제들이 판단의 형식으로 될 수 있다고 말하는 것은 전적으로 공허한 어떤 것이다. '마차가 지나간다'와 같은 명제는 움직여 지나가는 것이 마차인지 아닌지나 그 대상이 움직이는 것이지 오히려 우리가 그것을 거기에

---

17. 【다음 절로의 전개】 주해에서 말하고 있듯이 판단은 사물 모두에, 즉 주객 일반에 있는 개념의 형식이다. 판단은 사물 일반에 존재하므로, 그 유한성을 어떻게 생각할 것인지가 다음의 과제가 된다.

서서 바라보는 곳이 움직이지 않는지가 의심스러울 수 있을 때만 하나의, 그것도 주관적인 판단일 것이다. 그러므로 거기서 관심은 아직 적절하게 규정되지 않은 표상을 위한 규정을 발견하는 것으로 향한다.

### § 168 【판단의 입장은 유한성의 입장】

판단의 입장은 유한성이며, 사물들의 유한성은 그 입장에서는 사물들이 판단이라는 것, 그것들의 현존재와 그것들의 보편적 본성(그것들의 육체와 그것들의 영혼)이 실로 통합되어 있으며, 그렇지 않으면 사물들은 무라는 것, 그러나 이러한 그것들의 계기들은 이미 서로 다를 뿐만 아니라 일반적으로 분리될 수 있다는 것에 존립한다.[18]

### § 169 【개별은 보편이라는 형식이 지니는 내용】

'개별적인 것은 보편적인 것이다'라는 추상적 판단에서 [8/320]주어는 부정적으로 자기에게 관계하는 것으로서 직접적으로 구체적인 것이며, 그에 반해 술어는 추상적이고 무규정적인 것, 보편적인 것이다. 그러나 그것들은 '이다'에 의해 연관되는 까닭에, 술어도 그 보편성에서 주어의 규정성을 포함해야만 하며, 그래서 그 규정성은 **특수성**이고, 이 특수성은 주어와 술어의 **정립된 동일성**이다. 이리하여 이 형식 구별에 무관심한 것으로서의 특수성은 **내용**이다.[19]

주어는 술어에서 비로소 그 명시적인 규정성과 내용을 지닌다.

---

18. 【다음 절로의 전개】 사물의 유한성은 그 현존재와 그 보편적 본성이 본래 통합되어 있기는 하지만 분리될 수 있는, 요컨대 근원 분할하여 판단할 수 있는 근거이다. 그래서 결국 판단 형식의 음미가 이루어진다.
19. 【다음 절로의 전개】 판단은 우선은 추상적인 것, '개별적인 것은 보편적인 것이다'에서 시작된다. 이로부터 술어의 보편성이 주어의 개별적인 것도 나타내는 '특수'가 발생한다. 그것이 주어와 술어의 형식을 초월한 동일성이라는 내용이다. 그 동일성이 다음에 고찰된다.

따라서 주어는 그 자체로는 단순한 표상 또는 공허한 이름이다.[20] '신은 가장 실재적인 것이다' 등등이나 '절대자는 자기와 동일하다' 등등의 판단들에서 신, 절대자는 단순한 이름이다. 주어가 무엇인지는 술어에서 비로소 진술된다. 구체적인 것으로서의 주어가 그 밖에 또한 무엇인지는 이 판단과 아무런 관계도 없다.

〈보론〉 '주어는 그에 관해 어떤 것이 진술되는 바로 그것이고, 술어는 진술된 것이다'라고 말한다면, 이것은 무언가 매우 진부한 것이고, 그렇게 말함으로써 이 양자의 구별에 대해 좀 더 자세한 것을 아무것도 경험하지 못한다. 주어는 그것의 사상에 따라 우선은 개별적인 것이고 술어는 보편적인 것이다. 그 경우 판단의 그 이상의 발전에서는 주어가 단순히 직접적으로 개별적인 것에, 그리고 술어는 단순히 추상적으로 보편적인 것에 머무르지 않는 일이 일어난다. 주어와 술어는 곧바로 또한 전자는 특수한 것과 보편적인 것의, 후자는 특수한 것과 개별적인 것의 의미를 획득한다. 판단의 양항이 지니는 의미에서의 이러한 교체는 주어와 술어라는 두 명칭 하에서 일어나는 바로 그것이다.

---

20. 우리는 여기서 『정신현상학』 '서문'에서의 다음과 같은 진술을 참조할 수 있을 것이다. '사유는 주어로부터 술어로의 이행에서 계속 나아가는 대신, 주어가 상실되어 가는 까닭에 오히려 저지되었다고 느끼며, 스스로 주어의 상실을 안타깝게 여기기 때문에 주어의 사상으로 되돌려진다고 느낀다. 또는 사유는, 술어 자체가 주어로서, 바로 그 존재로서, 즉 주어의 본성을 남김없이 드러내는 본질로서 언명되어 있는 까닭에, 주어를 직접적으로 또한 술어에서도 발견한다. 그리고 이제 사유가 술어에서 자기 내로 돌아와 이치 추론의 자유로운 입장을 유지하는 대신 사유가 내용 속으로 침잠해 있거나, 아니면 최소한 그 속에 침잠해 있어야 한다는 요구가 현존한다. — 그리하여 현실적인 것은 보편자라고 말해질 때도 주어로서의 현실적인 것은 자기의 술어 속에서 소멸한다. 보편자는 명제가 현실적인 것은 보편적이라는 것을 진술하도록 단지 술어의 의미만을 지녀서는 안 된다. 오히려 보편자는 현실적인 것의 본질을 표현해야 한다. — 따라서 사유는 그것이 주어에서 가졌던 스스로의 고정된 대상적 지반을 상실하는 것과 마찬가지로 또한 술어에서도 다시금 주어로 되돌려지거니와, 술어에서 자기 안이 아니라 내용의 주어 속으로 복귀한다.' *Su.* 3/59–60

§ 170【주어와 술어의 내속과 포섭】

주어와 술어의 좀 더 자세한 규정성에 관해 이야기하자면, 전자는 자기 자신에 대한 부정적 관계로서(§ 163, 166 주해) 술어가 그것에서 자기의 존립을 지니고 관념적으로 존재하는(술어는 주어에 내속한다) 근저에 놓여 있는 확고한 것이다. 그리고 주어가 일반적으로 그리고 직접적으로 구체적이라는 점에서, 술어의 규정된 내용은 주어의 여러 규정성 가운데 하나일 뿐이며, 주어는 그 술어보다 더 풍부하고 더 폭넓다.

[8/321]역으로 술어는 보편적인 것으로서 그 자체로 존립하며, 주어가 있는지 없는지 무관심하다. 술어는 주어를 넘어서며. 그것을 자기 밑에 포섭하고, 자기 편에서 주어보다 더 넓다. 오로지 술어의 규정된 내용만이 (앞 절) 양자의 동일성을 이룬다.[21]

§ 171【판단의 전진 과정】

판단에서 주어와 술어 및 규정된 내용 또는 동일성은 우선은 그것들의 관계 자신 속에서 서로 다르고 서로 떨어져 나가는 것으로서 정립되어 있다. 그러나 그 자체에서, 다시 말하면 개념에 따라서 그것들은 결국 동일한데, 왜냐하면 주어의 구체적 총체성은 그 어떤 무규정적인 다양성이 아니라 오로지 개별성, 즉 동일성에서의 특수하고 보편적인 것이고, 바로 이러한 통일이 술어이기 때문이다(§ 170). — 더 나아가 계사에서 주어와 술어의 동일성은 실로 정립되어 있지만, 우선은 단지 추상적인 이다로서 그러할 뿐이다. 이 동일성에 따라서 주어는 술어의 규정 속에서도 정립되어야 하며, 그에 따라 또한 술어도 주어의 규정을 획득하고 계사가 채워진다. 이러한 것은 내용으로 가득 찬 계사를 통한 판단의 추론으로의 전진 규정이다. 우선은 판단에서 판단의 전진 규정은 처음에 추상적이고 감성적인 보편성을 전체성[전칭성]*Allheit*, 즉 유와 종으로 그리고 전개된 개념

---

21.【다음 절로의 전개】주어와 술어는 각각 상대를 포섭하고 상대에 내속하는 관계이므로, 양자의 동일성은 일치한 영역의 내용, 즉 특수성에 있다. 그 점이 심화된다.

보편성으로 규정하는 것이다.[22]

    판단의 전진 규정의 인식은 판단의 **종류들**로서 제시되곤 하는 바로 그것에 비로소 **연관**뿐만 아니라 의미도 준다. 통상적인 열거는 전적으로 우연적인 것으로서 보인다는 점 이외에 구별의 제시에서도 무언가 피상적이고 심지어 조야하고 야만적이기까지 한 것이다. 긍정 판단, 정언 판단, 실연 판단이 어떻게 구별되어 있는가 하면 그것은 한편으로는 일반적으로 근거가 없고, 다른 한편으로는 무규정적으로 남아 있다. 서로 다른 판단들은 필연적으로 서로로부터 따라 나오는 것으로서 그리고 개념의 전진 규정 작용으로서 고찰되어야 한다. 왜냐하면 판단 자신은 **규정된 개념** 이외에 아무것도 아니기 때문이다.

    [8322]존재와 본질의 선행하는 두 영역에 대한 관계에서 판단으로서의 **규정된 개념**들은 이 영역들의 재생산이지만, 개념의 단순한 관계 속에서 정립되어 있다.

    〈보론〉 판단의 서로 다른 종류들은 단순히 경험적 다양성으로서가 아니라 사유에 의해 규정된 총체성으로서 파악되어야 하며, 이 요구를 처음으로 관철한 것은 칸트의 위대한 공적에 속한다. 그런데 비록 칸트가 내세운 판단 구분,[23] 즉 판단을 그의 범주표의 도식에 따라 질의 판단, 양의 판단, 관계의 판단, 양상의 판단으로 구분한 것이 한편으로는 이

---

22. 【다음 절로의 전개】 주해에서 말하듯이 '서로 다른 판단들은 필연적으로 서로로부터 따라 나오는 것으로서 그리고 개념의 전진 규정 작용으로서 고찰되어야 한다. 왜냐하면 판단 자신은 규정된 개념 이외에 아무것도 아니기 때문이다.' 그것은 보편의 내용이 충실해지는 것에서 나타난다. 따라서 추상적이고 감성적인 보편이 문제가 되는 현존재의 판단(질적 판단)이 최초의 판단이 된다.

23. 『순수이성비판』 B. 95를 참조. 칸트는 1. 양의 판단을 전칭(단일성), 특칭(다수성), 단칭(전체성), 2. 질의 판단을 긍정(실재성), 부정(부정성), 무한(제한성), 3. 관계의 판단을 정언(내속과 자체 존재), 가언(원인성과 의존성), 선언(상호성), 4. 양상의 판단을 개연(가능성–불가능성), 실연(현존재–비존재), 확연(필연성–우연성)으로 구분하고 있다.

범주들 도식의 단순히 형식적인 적용 때문에, 다른 한편으로는 또한 그 내용으로 인해 충분한 것으로서 인정될 수 없다고 할지라도, 그 구분의 근저에는 판단의 서로 다른 종류들을 규정하는 것이 논리적 이념 자신의 보편적 형식들이라고 하는 참다운 직관이 놓여 있다. 그에 따라 우리는 우선은 존재와 본질 그리고 개념의 단계들에 상응하는 판단의 세 가지 주요 종류를 획득한다. 그리고 나서 이 주요 종류들 가운데 두 번째 것은 차이의 단계로서의 본질의 성격에 상응하여 또다시 자기 내에서 이중화되어 있다. 판단의 이러한 체계론의 내적 근거는 개념이 존재와 본질의 관념적 통일인 까닭에 판단에서 이루어지는 그것의 전개도 우선은 이 두 단계를 개념에 합당하게 재형성하여 재생산해야 하지만, 그리고 나서는 그 자신, 즉 개념이 참다운 판단을 규정하고 있는 것으로서 입증된 다는 점에서 찾아져야 한다. ― 판단의 서로 다른 종류들은 동등한 가치를 지니고서 서로 나란히 서 있는 것으로서가 아니라 오히려 연속적인 단계를 형성하고 있는 것으로서 여겨져야 하며, 그것들의 구별은 술어의 논리적 의미에 기반한다. 그렇다면 이러한 것은, 사람들이 예를 들어 단지 '이 벽은 푸르다', '이 난로는 뜨겁다' 등등과 같은 판단만을 내리곤 하는 사람에게는 주저 없이 아주 보잘것없는 판단 능력만을 돌리는 데 반해, 그 판단들에서 일정한 예술작품이 아름다운지 아닌지, 하나의 행동이 선한지 아닌지 등등을 문제로 다루는 사람에 대해서 비로소 그가 참으로 판단할 줄 안다고 이야기하게 되는 한에서, 일상적 의식에서도 이미 발견된다. 처음에 언급한 종류의 판단들에서 내용은 오직 추상적 질을 형성할 뿐이며, 그 질이 현존한다는 것에 대해 결정하기 위해서는 직접적 지각으로 충분하다. 그에 반해 하나의 예술작품에 대해 그것이 아름답다 거나 하나의 행동에 대해 그것이 선하다고 이야기하게 될 때는 언급된 대상들이 그것들이 마땅히 그래야 할 것, 다시 말하면 개념과 비교된다.

## α. 질적 판단

### § 172 【긍정 판단】

직접적 판단은 현존재의 판단이다. 주어는 자기의 술어로서의 보편성에 서 정립되어 있는데, 그 술어는 직접적인(그리하여 감성적인) 질이다. 1. 긍정 판단: 개별적인 것은 특수한 것이다. 그러나 개별적인 것은 특수한 것이 아니다. 좀 더 자세하게 하자면, 그러한 개별적인 질은 주어의 구체적 본성에 상응하지 않는다. 요컨대 2. 부정 판단.[24]

'장미는 빨갛다'나 '빨갛지 않다'와 같은 질적 판단들이 진리를 포함할 수 있다는 것은 가장 본질적인 논리적 선입견들 가운데 하나이 다.[25] 그것들은 올바를 수 있을 것이다. 다시 말하면 지각, 유한한 표상 작용과 사유의 제한된 범위 안에서 그럴 수 있을 것이다. 이러한 것은 그와 마찬가지로 유한하고 그 자체로 참되지 않은 것인 내용에 의존한다. 그러나 진리는 오직 형식, 다시 말하면 정립된 개념과 그 개념에 상응하는 실재성에만 기반한다. 그러나 그러한 진리는 질적 판단에는 현존하지 않는다.

〈보론〉 올바름과 진리는 일상생활에서 아주 자주 같은 의미를 지닌 것으로서 여겨지며, 그에 따라 종종 단순한 올바름이 문제가 되는 곳에서 한 내용의 진리에 대해 말한다. 이 올바름은 일반적으로 우리의 표상과 그 표상의 내용이 그 밖에 어떤 성질의 것일 수 있든지 간에 그 내용과의

---

24. 【다음 절로의 전개】 질적 판단은 긍정 판단에서도 부정 판단에서도 유한한 범위에서는 상응하지 않는다고 말할 수 있다. 그러나 유한한 범위의 설정 자신이 주어와 술어의 관계가 실재와 개념의 관계로 되어 있지 않기 때문에 진리가 아니다. 따라서 질적 판단에는 진리가 존재하지 않는다. 그러면 부정 판단에서는 어떻게 될 것인가?
25. 중요한 것은 헤겔의 '논리학'이 '사실들'이 아니라 '관념들의 관계들'을 다룬다는 점을 깨닫는 것이다. 『정신현상학』「서문」에서 철학적 진리의 본성을 역사학적 진리와 수학적 진리의 본성과 비교하는 헤겔의 논의를 참조.

형식적 일치에만 관련된다. 그에 반해 진리는 그 대상의 자기 자신과의, 다시 말하면 자기의 개념과의 일치에 존립한다. 누군가가 병들었다거나 누군가가 뭔가를 훔쳤다는 것은 어쨌든 올바를 수 있을 것이다. 그러나 그러한 내용은 참이 아니다. 왜냐하면 병든 신체는 생명의 개념과 일치하지 않고, 그와 마찬가지로 도둑질은 인간적 행위의 개념에 상응하지 않는 행동이기 때문이다. 이 예들로부터 알아챌 수 있는 것은 직접적으로 개별적인 것에 대해 하나의 추상적인 질이 진술되는 직접적 판단은 그것이 아무리 올바를 수 있을지라도 진리를 포함할 수 없다는 점이다. 왜냐하면 그 같은 판단에서 주어와 술어는 실재와 개념의 서로에 대한 관계 속에서 있지 않기 때문이다. — 그렇다면 더 나아가 직접적 판단의 비진리는 그것의 형식과 내용이 서로 [8/324]상응하지 않는다는 점에 존립한다. 우리가 '이 장미는 빨갛다'라고 말할 때, 계사 '이다'에는 주어와 술어가 서로 일치한다는 것이 놓여 있다. 그러나 구체적인 것으로서의 장미는 단지 빨갈 뿐 아니라 또한 향기가 나며, 규정된 형식과 '빨강'이라는 술어 속에 포함되어 있지 않은 다른 여러 가지 규정들을 가진다. 다른 한편으로 이 술어는 추상적으로 보편적인 것으로서 단지 이 주어에만 속하는 것이 아니다. 마찬가지로 빨간 또 다른 꽃들과 일반적으로 다른 대상들도 존재한다. 그래서 직접적 판단에서의 주어와 술어는 서로 이를테면 오직 한 점에서만 접촉한다. 그러나 그것들은 서로 합치하지 않는다. 그러나 개념의 판단에서는 사정이 다르다. 우리가 '이 행위는 선하다'라고 말할 때, 이것은 개념의 판단이다. 우리는 곧바로 여기서는 주어와 술어의 사이에 직접적 판단에서와 같은 그러한 느슨하고 외면적인 관계가 발생하지 않는다는 것을 알아챘다. 이 직접적 판단에서는 술어가 주어에 속하거나 또한 속하지 않을 수 있는 어떤 하나의 추상적인 질에 존립하는 데 반해, 개념의 판단에서는 술어가 이를테면 주어의 영혼인바, 이 영혼의 육체로서의 주어는 이 영혼에 의해 철저하게 규정되어 있다.

## § 173【부정 판단, 부정적 무한 판단】

최초의 부정으로서의 이 부정에서는 여전히 술어에 대한 주어의 관계가 남아 있으며, 그에 의해 술어는 그 **규정성**이 부정되었을 뿐인 상대적으로 보편적인 것으로서 존재한다('장미는 빨갛지 않다'라는 것은 그러나 그것이 여전히 색깔을, — 우선은 다른 색깔을 지닌다는 것을 포함하는데, 그러나 그것은 다시 긍정 판단이 될 뿐이다). 그러나 개별적인 것은 또한 보편적인 것이 아니다. 그래서 3. 판단은 aa) 개별적인 것은 개별적인 것이라는 공허한 동일적 관계, — 동일 판단으로서의 자기와 bb) 주어와 술어의 현존하는 완전한 부적합성, 이른바 무한 판단으로서의 자기로 나뉜다.[26]

> 후자의 예들은 '정신은 코끼리가 아니다', '사자는 탁자가 아니다' 등등인바 — 바로 '사자는 사자다', '정신은 정신이다'라는 동일 명제들과 같이 올바르지만 불합리한 명제들이다. 이 명제들은 실로 직접적인 이른바 질적 판단의 진리이기는 하지만, 일반적으로 판단이 아니며, 오직 [8325]참되지 않은 추상도 견지할 수 있는 주관적 사유에서만 출현할 수 있다. — 객관적으로 고찰하면, 그것들은 존재하는 것의 또는 감성적 사물의 본성을 표현하는바, 요컨대 그것들은 공허한 동일성과 **충만한** 관계로의 분열이며, 그러나 이 충만한 관계는 관계된 것들의 질적 타자존재, 그것들의 완전한 부적합성이다.

〈보론〉 주어와 술어 사이에 더는 전혀 아무런 관계도 발생하지 않는

---

26. 【다음 절로의 전개】 부정적 무한 판단은 유한성과 비진리성을 해명한 질적 판단의 최종적인 것이다. 예를 들어 '질병은 생명 기능이 아니다'라는 부정 판단에서 질병의 경우는 특정한 생명 기능의 단순한 부정이지만, 그 판단 명제 자신은 질병이 생명 기능 일반의 최종적인 부정이 되어버린다. 부정 판단은 부정적 무한 판단에 이르는 내용을 지닌다. 이 부정적 무한 판단에서 질적 판단은 전부 끝난다. 따라서 다음에 본질론 차원의 판단에 대한 음미가 시작된다.

부정적-무한 판단은 형식논리학에서 단순히 무의미한 기묘한 것으로서 제시되곤 한다. 그렇지만 사실상 이러한 무한 판단은 단순히 주관적 사유의 하나의 우연한 형식으로서 여겨져서는 안 된다. 오히려 그것은 선행하는 직접적 판단들(긍정 판단과 단순한 부정 판단)의 바로 그다음의 변증법적 결과로서 밝혀지는바, 거기서는 그 판단들의 유한성과 비진리가 명시적으로 드러난다. 범죄는 부정적-무한 판단의 객관적 예로서 고찰될 수 있다. 범죄, 가령 좀 더 자세하게는 도둑질을 범하는 자는 민사 소송에서처럼 단순히 이 특정한 물건에 대한 타인의 특수한 권리만이 아니라 타인의 권리 일반을 부정하며, 그러한 까닭에 그는 단순히 훔친 물건을 다시 돌려주도록 강제되는 것만이 아니라 그 밖에 처벌되기도 하는데, 왜냐하면 그는 법 그 자체, 다시 말하면 법 일반을 침해했기 때문이다. 그에 반해 민사 소송은 단순한-부정 판단의 예이다. 왜냐하면 그것에서는 단순히 이 특수한 권리만이 부정되고 그리하여 법 일반은 인정되기 때문이다. 그것에서의 사정은 '이 꽃은 빨갛지 않다'라는 부정 판단에서와 마찬가지이다. 이 판단에서는 단지 이 특수한 색이 부정될 뿐, 그러나 꽃에서의 색 일반이 부정되는 것은 아니다. 왜냐하면 꽃은 파랗고 노랗고 등등일 수도 있기 때문이다. 그렇다면 죽음도 그와 마찬가지로 부정적-무한 판단인바, 단순한-부정 판단인 질병과는 구별된다. 질병에서는 단지 이런저런 특수한 삶의 기능만이 저지되거나 부정된다. 그에 반해 죽음에서는 사람들이 말하곤 하듯이 육체와 영혼이 나누어지는바, 다시 말하면 주어와 술어가 완전히 서로에게서 떨어져 나간다.

## β. 반성의 판단

§ 174 【반성의 판단에서 주어와 술어】
(자기 내로 반성되어) 판단 속으로 정립된 개별적인 것으로서의 개별적

인 것은 술어를 지니는데, 스스로 [8/326]자기에게 관계하는 것으로서의 주어는 동시에 그 술어에 대해 **타자**로 머문다. — 실존에서 주어는 더는 직접적으로 질적인 것이 아니라 타자와의, 즉 외적 세계와의 상관과 연관에서 질적이다. 이리하여 **보편성**은 이러한 상대성의 의미를 획득했다. (예를 들어 유용하다, 위험하다. 무게, 산 — 그러고 나서 충동 등등)[27]

〈보론〉 반성의 판단은 일반적으로 그 술어가 더는 직접적이고 추상적인 질이 아니라 주어가 그 술어를 통해 자기를 다른 것[타자]에 관계된 것으로서 입증하는 종류의 것이라는 점에 의해 질적 판단과 구별된다. 예를 들어 우리가 '이 장미는 빨갛다'라고 말하면, 우리는 그 주어를 타자에 대한 관계 없이 그것의 직접적인 개별성에서 바라본다. 그에 반해 '이 식물은 약효가 있다'라는 판단을 내리면, 우리는 주어, 즉 그 식물을 그것의 술어, 즉 약효가 있음을 통해 다른 것(그것에 의해 치료되는 질병)과 관계하고 있는 것으로서 바라본다. '이 물체는 탄력적이다', '이 도구는 유용하다', '이 형벌은 가혹하다' 등등의 판단들에서도 사정은 마찬가지이다. 그러한 판단들의 술어들은 일반적으로 반성 규정들인바, 그 규정들을 통해서는 실로 주어의 직접적 개별성을 넘어서지만, 또한 주어의 개념은 아직 제시되지 않는다. — 보통의 이치 추론은 주로 판단의 이러한 방식으로 나아가곤 한다. 문제가 되는 대상이 구체적이면 구체적일수록 반성의 대상은 그만큼 더 많은 관점을 드러낸다. 그렇지만 반성에 의해 그 대상의 특유한 본성, 다시 말하면 개념이 남김없이 다 드러나는 것은 아니다.

---

27. 【다음 절로의 전개】 현존재의 판단(질적 판단)에서 규정의 전개는 술어 측면에서 행해졌다. 반성의 판단에서는 규정의 전개가 주어 측면에서 행해진다. 보론에서는 '그 규정들을 통해서는 실로 주어의 직접적 개별성을 넘어서지만, 또한 주어의 개념은 아직 제시되지 않는다'라고 하고 있다. 이 불충분함을 반성의 판단 형식들에서의 주어 전개는 어떻게 해결하는가?

§ 175 【단칭 판단, 특칭 판단, 전칭 판단】

1. (단칭 판단에서의) 주어, 즉 개별적인 것으로서의 개별적인 것은 보편적인 것이다. 2. 이러한 관계에서 주어는 그것의 단칭성 위로 들어 올려진다. 이러한 확대는 외면적 확대, 주관적 반성, 당장은 무규정적인 특수성이다(직접적으로 부정적이기도 하고 긍정적이기도 한 특칭 판단에서 그렇다. ― 개별적인 것은 자기 내에서 나누어지며, 부분적으로는 자기를 자기에, 부분적으로는 타자에 관계시킨다). 3. 약간의 것은 보편적인 것이며, 그래서 특수성은 보편성으로 확대된다. 또는 이 보편성은 주어의 개별성에 의해 규정되면 전칭성(공통성, 일상적인 반성–보편성)이다.[28]

[8/327]〈보론〉 주어는 단칭 판단에서 보편적인 것으로서 규정되어 있다는 점에서 그리하여 이러한 단순히 개별적인 것으로서의 자기를 넘어선다. 우리가 '이 식물은 약효가 있다'라고 말할 때, 거기에는 단순히 이 개별적 식물만이 약효가 있다는 것이 아니라 몇몇의 또는 약간의 식물이 그러하다는 것이 놓여 있으며, 그렇다면 이것은 특칭 판단('약간의 식물은 약효가 있다', '약간의 인간은 발명의 재간이 있다' 등등)을 준다. 직접적으로 개별적인 것은 이 특칭성에 의해 자기의 자립성을 잃고 다른 개별적인 것과 연관되게 된다. 인간은 이 인간으로서는 더는 단순히 이 개별적인 인간이 아니라 다른 인간들과 더불어 있으며 그래서 집합 속의 한 인간이다. 그러나 바로 그와 더불어 이 인간은 또한 자기의 보편적인 것에도 속하며 그에 의해 들어 올려진다. 특칭 판단은 긍정적이기도 하고 부정적이기도 하다. 만약 단지 약간의 물체만이 탄력적이라면, 그 밖의 것들은

---

28. 【다음 절로의 전개】 보론에서 말하고 있듯이 '전칭성은 반성이 우선 빠지곤 하는 그러한 보편성의 형식'이지만, 개별적인 것들을 묶는 보편성의 내용이 문제가 된다. 보편성은 개별적인 것들의 '근거'이자 '실체'인 '유'를 표현하는 보편이다. 이 보편의 의미가 다음의 과제가 된다.

탄력적이지 않다. — 그 경우 여기에는 또다시 반성의 판단의 세 번째 형식, 다시 말하면 전칭 판단('모든 인간은 죽을 수밖에 없다', '모든 금속은 전기 전도체이다')으로의 전진이 놓여 있다. 전칭성은 반성이 우선 빠지곤 하는 그러한 보편성의 형식이다. 여기서는 개별적인 것들이 기초를 형성하며, 그것들을 총괄하여 모두로서 규정하는 것은 우리의 주관적 행위이다. 여기서 보편적인 것은 단지 그 자체로 존립하고 그에 대해 무관심한 개별적인 것들을 포괄하는 외적인 유대로서만 나타난다. 그렇지만 실제로 보편적인 것은 개별적인 것의 근거와 지반, 뿌리와 실체이다. 우리가 예를 들어 가이우스, 티투스, 셈프로니우스와 한 도시나 한 나라의 그 밖의 주민을 고찰한다면, 그들이 모두 인간이라고 하는 것은 단순히 그들에게 무언가 공통된 것이 아니라 그들의 **보편적인 것**, 그들의 유이며, 이 모든 개별자는 이러한 그들의 유 없이는 전혀 존재하지 않을 것이다. 그에 반해 사실상 단순히 모든 개별자에 속하고 그들에게 공통된 것일 뿐인 저 피상적이고 단지 말로만 보편성인 데 지나지 않는 것에서는 사정이 다르다. 사람들은 인간이 동물과 달리 서로 공통되게 귓불을 갖추고 있다는 것을 알아챘다.[29] 그렇지만 명백한 것은 가령 어떤 사람이나 다른 사람이 귓불을 가지고 있지 않을지라도 그에 의해 그의 그 밖의 존재, 그의 성격, 그의 능력 등등이 저촉되지는 않을 것인 데 반해, 가이우스가 가령 사람은 아닐지라도 용기와 학식 등등이 있을 수 있다고 하는 것은 아무런 의미도 지니지 않을 것이라는 점이다. 개별적인 인간은 그가 무엇보다도 우선 인간 그 자체이고 보편적인 것 안에 있는 한에서만 특수한 것 안에 있는 바로 그것이며, 이러한 보편적인 것은 단지 다른 추상적인 질들이나 단순한 반성 규정들 바깥과 그 옆에

---

29. 헤겔의 논리학은 과학적 관찰과 자연법칙에 관계한다. 그러나 블루멘바흐에 대한 그의 연구에서 유래하는 이 예는(*Su.* 5/516–517을 참조) 철학적 '진리'가 가치 개념임을 생생하게 보여준다. 만약 돌고래가 이야기할 수 있다면, 우리는 우리의 인간 개념을 근본적으로 수정해야 할 것이다.

있는 것이 아니라 오히려 이 모든 특수한 것을 관통하고 자기 안에 포함하는 것이다.

[8/328] § 176【반성의 판단에서 필연성의 판단으로】

주어도 마찬가지로 보편적인 것으로서 규정됨으로써 주어와 술어의 동일성 및 이에 의해 판단 규정 자신이 무관심한 것으로서 정립되어 있다. 주어의 부정적 자기-내-반성과 동일한 보편성으로서의 내용의 이러한 통일은 판단 관계를 필연적인 관계로 만든다.[30]

〈보론〉 반성의 전칭 판단으로부터 필연성의 판단으로의 전진은 우리가 모든 것에 속하는 것은 유에 속하며 그런 까닭에 필연적이라고 말하는 한에서 이미 우리의 일상적 의식에서도 발견된다. 우리가 모든 식물, 모든 인간 등등을 말할 때, 이것은 마치 우리가 식물 그 자체die Pflanze, 인간 그 자체der Mensch 등등을 말하는 것과 똑같은 것이다.


## γ. 필연성의 판단[31]


### § 177【정언 판단, 가언 판단, 선언 판단】

내용의 그 구별에서의 동일성으로서의 필연성의 판단은 1. 그 술어 속에 한편으로는 주어의 실체 또는 본성, 즉 구체적 보편자 — 유Gattung를 포함한다. 다른 한편으로 필연성의 판단은 이 보편적인 것이 그와 마찬가지로 부정적인 것으로서의 규정성을 자기 안에 포함한다는 점에서 배타적인 본질적 규정성 — 종Art을 포함한다. — 이것이 정언 판단이다.

---

30.【다음 절로의 전개】 반성의 판단의 최종적인 것은 주어와 술어의 필연적인 관계를 보여주는 전칭 판단이다. 그래서 다음에 필연성의 판단이 개시된다.
31. 필연성의 판단은 사물의 유와 종에 근거한 판단이다.

2. 이 두 항은 그 실체성에 따라 자립적 현실성의 형태를 얻으며, 그것들의 동일성은 다만 내적인 동일성일 뿐이고, 따라서 하나의 현실성은 동시에 그 자신의 현실성이 아니라 다른 것의 존재이다. — 이것이 가언 판단이다.

3. 개념의 이러한 외화에서 동시에 내적 동일성이 정립되면, 보편적인 것은 그 배타적 개별성에서 자기와 동일한 유이다. 이러한 보편적인 것을 한 번은 그 자체로서, 다른 한 번은 그것의 자기를 배제하는 특수화의 원환으로서 자기의 양항으로 지니고, 그 특수화의 '이것-아니면-저것'도 '이것도 저것도'도 유인 그러한 판단은 — 선언 판단이다. 이리하여 우선은 유로서의 그리고 [8/329]이제는 또한 그 종들의 권역으로서의 보편성은 총체성으로서 규정되고 정립된다.[32]

〈보론〉 정언 판단('금은 금속이다', '장미는 식물이다')은 필연성의 **직접적** 판단이며 본질 영역에서의 실체성 관계에 상응한다. 모든 사물은 정언 판단이다. 다시 말하면 모든 사물은 그것들의 확고하고 불변적인 기초를 이루는 그 실체적 본성을 지닌다. 우리가 사물들을 그것들의 유의 관점에서 그리고 유에 의해 필연성을 지니고서 규정된 것으로서 고찰함으로써 비로소 판단은 참다운 판단이기 시작한다. 만약 '금은 비싸다'와 '금은 금속이다'와 같은 판단들이 같은 단계에 서 있는 것으로서 고찰된다면, 그것은 논리적 교양의 결여로서 묘사되어야만 한다. 금이 비싸다는 것은 우리의 경향과 욕구나 그것을 획득하기 위한 비용에 대한 그것의 외면적 관계에 관련되며, 금은 비록 저 외적 관계가 변화되거나 떨어져 나갈지라도 계속해서 금인 바의 바로 그것이다. 그에 반해 금속성

---

32. 【다음 절로의 전개】 필연성의 판단의 최종적인 것은 '우선은 유로서의 그리고 이제는 또한 그 종들의 권역으로서의 보편성은 총체성으로서 규정되고 정립된다'라는 것이다. 보론에서는 '유는 그 종들의 총체성이며, 종들의 총체성은 유다. 보편적인 것과 특수한 것의 이러한 통일은 개념이며, 이 개념은 이제부터 판단의 내용을 형성하는 바로 그것이다'라고 말한다. 그래서 다음은 개념의 판단이 음미된다.

은 금의 실체적 본성을 이루는바, 그러한 실체적 본성이 없으면 금은 그 밖에 금에 있는 것이나 금에 대해 진술될 수 있는 모든 것과 더불어 존립할 수 없는 것이다. 우리가 '가이우스는 인간이다'라고 말할 때도 사정은 그와 마찬가지이다. 우리는 그렇게 말함으로써 그가 그 밖에 무엇일 수 있든지 간에 그 모든 것은 인간이라고 하는 그의 실체적 본성에 상응하는 한에서만 가치와 의미를 지닌다는 것을 언명하고 있다. ― 그러나 좀 더 나아가 정언 판단도 그 안에서 특수성의 계기가 아직 자기의 권리에 도달하지 못하는 한에서 여전히 결함이 있다. 그래서 예를 들어 금은 분명 금속이다. 하지만 은, 구리, 철 등등도 마찬가지로 금속이며, 금속성 그 자체는 그 종들의 특수한 것에 대해 무관심한 태도를 보인다. 여기에 정언 판단에서 가언 판단으로의 전진이 놓여 있는바, 가언 판단은 A가 있으면 B가 있다는 정식에 의해 표현될 수 있다. 우리는 여기서 이전에 실체성의 관계에서 인과성의 관계로의 전진과 똑같은 전진을 지닌다. 가언 판단에서는 내용의 규정성이 매개된 것으로서, 다른 내용에 의존하는 것으로서 나타나며, 그렇다면 이것은 바로 원인과 결과와의 관계이다. 그런데 가언 판단의 의미는 일반적으로 그에 의해 보편적인 것이 그것의 특수화 속에 정립된다는 것이며, 이와 더불어 우리는 필연성의 판단의 세 번째 형식으로서 선언 판단을 획득한다. A는 B이거나 C이거나 D이다. 문학적인 예술작품은 서사시적이거나 서정시적이거나 희곡적이다. 색깔은 노랗거나 파랗거나 빨갛거나 등등이다.[33] 선언 판단의 두 항은 동일하다. 유는 그 종들의 총체성이며, [8/330]종들의 총체성은 유다. 보편적인 것과 특수한 것의 이러한 통일은 개념이며, 이 개념은 이제부터 판단의 내용을 형성하는 바로 그것이다.

———

33. 여기서 선언적 '필연성'을 이해하기 위해 우리는 이 주장을 '그림을 위한 기본적인 색깔은 빨강이나 노랑 또는 파랑이다'로서 읽어야만 한다. 물론 시문의 삼분법은 직접적으로 개념의 계기들에 토대하며, 그래서 그에 대해 숙고하는 것이 훨씬 더 흥미롭다.

## δ. 개념의 판단

### § 178 【실연 판단】

개념의 판단은 개념, 즉 단순한 형식에서의 총체성, 자기의 완전한 규정성을 지닌 보편적인 것을 자기의 내용으로 지닌다. 주어는 1. 우선은 술어로 특수한 존재의 자기의 보편적인 것에 대한 반성을— 즉, 이 두 규정의 일치나 불일치를, 좋다, 참이다, 옳다 등등을 지니는 개별적인 것이다. — 이것이 실연 판단이다.[34]

한 대상이나 행동 등등이 과연 좋은지 나쁜지, 참인지, 아름다운지 등등과 같은 판단을 비로소 사람들은 일상생활에서도 판단이라고 부른다. 사람들은 예를 들어 '이 장미는 빨갛다', '이 그림은 빨갛다, 녹색이다, 먼지투성이다' 등등의 긍정 판단이나 부정 판단을 내릴 줄 아는 사람에게는 판단력을 돌리지 않을 것이다.

실연 판단은 그것이 사회에서 그 자체로 타당화를 요구할 때 오히려 부적당한 것으로 여겨짐에도 불구하고 직접지와 신앙의 원리에 의해 철학에서조차 교설의 유일하고 본질적인 형식이 되었다. 사람들은 저 원리를 주장하는 이른바 철학 저작들에서 이성, 지식, 사유 등등에 관한 수많은 단언을 읽을 수 있다. 그 단언들은 그럼에도 불구하고 외적 권위가 더는 통용되지 않는 까닭에 하나의 똑같은 것의 무한한 반복을 통해 신망을 얻으려고 한다.

### § 179 【개연 판단, 확연 판단】

실연 판단은 우선은 직접적인 그 주어에서 술어 속에서 표현되는

---

34. 【다음 절로의 전개】 실연 판단의 주어는 우선은 개별적인 것이므로 개별성·우연성·직접성을 면할 수 없다. 그래서 실연 판단은 판단 형식으로서의 음미가 필요하다.

특수한 것과 보편적인 것의 관계를 포함하지 않는다. 따라서 이 판단은 주관적인 특수성일 뿐이며, 이 판단에는 [8/331]대립된 단언이 동등한 권리 또는 오히려 부당한 권리를 지니고서 대립한다. 따라서 그것은 2. 곧바로 개연 판단일 뿐이다. 그러나 3. 그 주어에서 객관적 특수성이 정립되면, 즉 주어의 특수성이 주어의 현존재의 성질로서 정립되면, 이제 주어는 객관적 특수성의 주어의 성질에 대한, 다시 말하면 그것의 유에 대한 관계를, 따라서 술어의 내용을 이루는 바로 그것(앞 절)을 표현한다(이 — 직접적 개별성 — 집 — 유는 이러저러한 성질 — 특수성 — 좋거나 나쁘다). — 이것이 확연 판단이다. — 모든 사물은 특수한 성질을 지닌 개별적 현실성 속에 있는 유(그 사물의 규정과 목적)이다. 그리고 사물의 유한성은 사물의 특수한 것이 보편적인 것에 적합할 수 있거나 또한 적합하지 않을 수도 있다고 하는 것이다.[35]

## § 180 【판단에서 추론으로】

이러한 방식으로 주어와 술어는 각각 자신이 판단 전체이다. 주어의 직접적 성질은 우선은 현실적인 것의 개별성과 그 보편성 사이를 매개하는 근거로서, 즉 판단의 근거로서 나타난다. 실제로 정립된 것은 개념 자신으로서의 주어와 술어의 통일이다. 개념은 공허한 '이다', 즉 계사의 채움이며, 그것의 계기들이 동시에 주어와 술어로서 구별되어 있다는 점에서 개념은 그것들의 통일로서, 즉 그것들을 매개하는 관계로서 정립되었다, — 이것이 추론이다.[36]

---

35. 【다음 절로의 전개】 개념의 판단의 최종적인 것인 확연 판단에서 주어는 '특수한 성질을 지닌 개별적 현실성 속에 있는 유'라는 것을 보여주는 데 이르렀다. 주어는 이미 술어의 내용을 받아들이고 있다. 이러한 개념의 판단이야말로 비로소 참된 가치 판단이다. 그리고 확연 판단에서는 '이 집은 이러저러한 성질을 지니므로 좋다'('토대가 확고한 집은 좋다')라는 형태로 두 항의 판단 형식을 넘어서는 사실상 세 항의 새로운 형식 '개별—특수—보편'이 되었다. 판단에서 삼단논법으로의 이행 규정이 다음에 문제가 된다.

36. 【다음 절로의 전개】 판단 형식의 최종적인 것인 확연 판단에서는 '주어와 술어는

# c. 추론

§ 181 【판단과 개념의 통일로서의 추론】

추론은 개념과 판단의 통일이다. 추론은 판단의 형식 구별이 되돌아간 단순한 동일성으로서의 개념이며, 개념이 동시에 실재성에서, 요컨대 그 규정들의 구별에서 정립된 한에서의 판단이다. 추론은 이성적인 것이자 모든 이성적인 것이다.[37]

[8332]추론은 실로 보통은 이성적인 것의 형식으로서 제시되곤 하지만, 주관적인 형식으로서 제시되며, 그 형식과 그 밖의 이성적 내용, 예를 들어 이성적 원칙, 이성적인 행동, 이념 등등의 사이에 어떤 하나의 연관이 제시되지는 않는다. 사람들은 일반적으로 아주 자주 이성에 대해 말하고 이성에 호소하지만, 이성의 규정성이 무엇인지, 이성이 무엇인지는 제시하지 않으며, 그러함에 있어 추론한다는 것에 대해 조금도 생각하지 않는다. 실제로 형식적 추론이란 이성적인 내실과는 아무런 관계도 없는 그러한 몰이성적인 방식에서의 이성적

---

각각 자신이 판단 전체이다.' 그리고 주어의 직접적 성질이 매개하는 근거가 되고, 계사의 공허함을 채운다. 판단의 이항 형식은 주어-직접적 성질에 의한 개념-술어의 삼항의 추론 형식으로 발전한다. 따라서 최초의 추론 형식은 개별(적 명제)-특수(적 명제)-보편(적 명제)의 형식으로 제시된다. 그러나 헤겔의 추론은 그가 그것을 실제로는 보편·특수·개별이라는 세 가지 계기의 용어로 표현하고 있는 까닭에 복잡하고 까다롭다.

37.【다음 절로의 전개】 추론의 최초의 형식은 판단에서 막 생겨난 직접적 추론, '개별-특수-보편'이다. 그 추론도 역시 개념이기 때문에, 개념에 합치하는 추론 형식을 찾아 자기 전진의 도정이 시작된다.

인 것이다. 그러나 그러한 내실은 오직 사유가 그에 의해 이성인 바의 규정성에 의해서만 이성적일 수 있는 까닭에, 그것은 오로지 추론이라고 하는 형식에 의해서만 그러한 것일 수 있다. — 그러나 추론은 지금 이 절이 표현하고 있듯이 정립된 (우선은 형식적-)실재적인 개념 이외에 다른 것이 아니다. 그런 까닭에 추론은 모든 참된 것의 본질적인 근거이다. 그리고 절대자의 정의는 이제부터는 절대자란 추론이라고 하는 것, 또는 이 규정을 명제로서 언명한다면 '모든 것은 추론이다'라고 하는 것이다. 모든 것은 개념이고, 개념의 현존재는 개념 계기들의 구별인바, 그리하여 개념의 **보편적 본성**은 특수성을 통해 자기에게 외면적 실재성을 부여하고, 이를 통해 그리고 부정적인 자기-내-반성으로서 자기를 **개별적인 것**으로 만든다. — 또는 역으로 말하면 현실적인 것은 특수성을 통해 자기를 **보편성**으로 고양하고 자기를 자기와 동일하게 만드는 **개별적인 것**이다. — 현실적인 것은 하나이지만, 그와 마찬가지로 개념 계기들의 서로로부터 갈라져 나감인바, 추론은 현실적인 것이 그에 의해 자기를 하나로서 정립하는 개념 계기들의 원환이다.

〈보론〉 개념이나 판단과 마찬가지로 추론도 단순히 우리의 주관적 사유의 형식으로서 고찰되곤 하며, 그에 따르면 추론이란 판단의 근거 짓기라고 말해진다. 그런데 물론 판단은 추론을 가리키지만, 그러나 판단은 단순히 이러한 전진을 성립시키는 우리의 주관적 행위가 아니다. 오히려 판단 자신이야말로 자기를 추론으로서 정립하고 추론에서 개념의 통일로 [8/333]되돌아오는 바로 그것이다. 좀 더 자세히 하자면 추론으로의 이행을 형성하는 것은 확연 판단이다. 우리는 확연 판단에서 자기의 성질을 통해 자기의 보편적인 것, 다시 말하면 자기의 개념과 관계하는 개별적인 것을 지닌다. 여기서는 특수한 것이 개별적인 것과 보편적인 것 사이를 매개하는 중심으로서 나타나며, 이러한 것이 추론의 근본 형식인바, 추론의 그 이상의 발전은 형식적으로 파악하면 개별적인 것과 보편적인 것도 이후 주관성으로부터 객관성으로의 이행이 그에 의해 형성되는 그러한 자리를 차지한다는 데 존립한다.

### § 182 【추론 형식의 발전】

직접적 추론은 개념의 규정들이 추상적인 것들로서 서로에 대해 오직 외적 관계에 서 있다는 것이며, 그리하여 두 극단은 개별성과 보편성이지만, 양자를 결합하는 중심으로서의 개념도 마찬가지로 다만 추상적 특수성일 뿐이다. 이리하여 두 극단은 서로에 대해서와 마찬가지로 그들의 중심에 대해서도 무관심하게 그 자체로 존립하는 것으로 정립되어 있다. 그리하여 이 추론은 몰개념적인 것으로서의 이성적인 것, — 형식적 지성 추론이다. — 거기서 주어는 다른 규정성과 결합된다. 또는 보편적인 것은 이 매개를 통해 자기에게 외면적인 주어를 포섭한다. 그에 반해 이성적 추론은 주어가 매개를 통해 자기를 자기 자신과 결합한다는 것이다. 그래서 주어는 비로소 주어[주체]이며, 또는 주어는 그 자신에서 비로소 이성 추론이다.[38]

다음의 고찰에서는 그 일상적이고 친숙한 의미에 따른 지성 추론이 우리가 그러한 추론을 만든다는 의미에 따라 그것에 속하는 그 주관적 방식에서 표현된다.[39] 실제로 지성 추론은 다만 주관적 추론일 뿐이다. 그러나 이 주관적 추론은 그와 마찬가지로 지성 추론이 오직 사물의 유한성만을 표현하되, 그러나 그 형식이 여기서 달성한 규정적 방식으로 표현한다고 하는 객관적 의미도 지닌다. 유한한 사물들에서는

---

38. 【다음 절로의 전개】 직접적 추론은 주관에 의해 주어(적 명제) · 중간항(적 명제) · 술어(적 명제)가 외적으로 결합된 것이지만, 주해에서 말하듯이 '오직 사물의 유한성만을 표현하되, 그러나 그 형식이 여기서 달성한 규정적 방식으로 표현한다'라는 의의를 지닌다. 따라서 다음에 이 추론을 유한한 추론=질적 추론의 측면에서 음미한다.
39. '지성 추론'과 '이성 추론'의 '일상적이고 친숙한' 구분은 아마도 『순수이성비판』 B, 359 이하에서 칸트에 의해 주어진 것일 터이다.

주체성이 사물성으로서 그것들의 속성들, 그것들의 특수성과 분리될 수 있으며, 그와 마찬가지로 사물들의 보편성이 [8/334]사물의 단순한 질과 그 사물의 다른 사물들과의 외면적 관계인 한에서뿐만 아니라 또한 그 사물의 유와 개념인 한에서도 그 보편성과 분리될 수 있다.

〈보론〉 사람들은 추론을 이성적인 것의 형식으로서 보는 위에서 언급된 파악에 따라 또한 이성 자신도 추론하는 능력으로서, 그와 반해 지성을 개념을 형성하는 능력으로서 정의해 왔다. 정신을 서로 나란히 존립하는 힘들이나 능력들의 단순한 총체로서 바라보는, 여기에서 근저에 놓여 있는 피상적인 표상을 도외시한다고 하더라도, 이렇듯 지성을 개념과 그리고 이성을 추론과 함께 세워놓는 것에 관해 주의해야 하는 것은 개념이 단순히 지성 규정으로서만 고찰될 수 없는 것과 마찬가지로 추론도 곧바로 이성적인 것으로서 고찰될 수는 없다는 점이다. 요컨대 한편으로 형식논리학에서 추론에 관한 교설에서 다루어지곤 하는 바로 그것은 사실상 다름 아닌 단순한 지성 추론인바, 그것에는 이성적인 것의 형식으로서, 아니 단적으로 이성적인 것으로서 여겨질 명예가 단연코 속하지 않으며, 다른 한편으로 개념 그 자체는 단순한 지성 형식이 전혀 아닌바, 개념을 그러한 형식으로 격하시키는 것은 오히려 추상하는 지성일 뿐이라는 것이다. 그에 따라 사람들은 분명 단순한 지성 개념들과 이성 개념들을 구별하곤 하지만, 그것이 두 종류의 개념들이 존재하는 것처럼 이해되어서는 안 된다. 오히려 이해되어야 하는 것은 단순히 개념의 부정적이고 추상적인 형식에 머무르는가 아니면 개념을 그것의 참된 본성에 따라 긍정적인 동시에 구체적인 것으로서 파악하는가 하는 것이 우리의 행위라는 점이다. 그래서 예를 들어 자유가 필연성의 추상적 대립으로서 고찰된다면 그것은 자유의 단순한 지성 개념인 데 반해 자유의 참되고 이성적인 개념은 필연성을 지양된 것으로서 자기 내에 포함한다. 그와 마찬가지로 이른바 이신론이 내세우는 신의 정의는 신의 단순한 지성 개념인 데

반해, 신을 삼위일체로서 아는 그리스도교는 신의 이성 개념을 포함한다.[40]

## α. 질적 추론

### § 183 【질적 추론의 제1격】

최초의 추론은 앞 절에서 제시되었듯이 현존재의 추론 또는 질적 추론, 1. E–B–A(개별–특수–보편),[41] [8/335]즉 개별적인 것으로서의 주어가 하나의 질에 의해 보편적 규정성과 결합한다는 것이다.[42]

주어(소명사)가 개별성의 규정 그 이상의 규정을 지닌다는 것, 그와 마찬가지로 다른 극단(결론의 술어, 대명사)이 단지 보편적인 것이라는 것 그 이상으로 규정되어 있다는 것은 여기서 고찰되지 않는다. 여기서는 오직 주어와 술어가 추론을 형성하게 해주는 그 형식만이 고찰된다.

---

40. 헤겔의 『종교철학 강의』에서 이신론이란 자연종교와 마찬가지로 지성과 관계하는 한에서의 형이상학적 종교이다[*Su.* 16/259]. 일반적으로 그리스도교의 신관은 인격신론이지만, 이것은 역사적으로는 삼위일체신론의 모습을 취했다. 그러나 이신론은 이러한 인격신을 인정하지 않는다. 그것은 신을 단순한 지성 개념으로 삼고 이것을 단순한 추상체라고 생각한다. 이러한 사고방식은 원래 계몽의 것인데, 계몽은 신앙의 절대 실재를 추방하고 단순한 지고의 존재를 인정하는 데 지나지 않았다. 그런 의미에서 이신론은 계몽의 한 결과이며, 신의 인식을 부정한다. 이렇듯 인격신을 인정하지 않는 종교를 헤겔은 『종교철학 강의』에서 '지성적 종교'[*Su.* 16/259]라고 부르며, 이것이야말로 이신론이라고 말한다.
41. 여기와 이하에서 헤겔은 약호, 즉 E(Einzelnes, 개별), B(Besonderes, 특수), A(Allgemeines, 보편)를 사용하고 있다.
42. 【다음 절로의 전개】 질적 추론의 제1격은 삼항 관계의 각각이 따로 규정될 수 있다는 점에서 '개별성과 특수성 그리고 보편성이 서로 전적으로 추상적으로 대립하는'(보론) 지성적인 것이다. 다음 절에서는 그 결합을 지적한다.

〈보론〉 현존재의 추론은 단순한 지성 추론이며, 게다가 여기서는 개별성과 특수성 그리고 보편성이 서로 전적으로 추상적으로 대립하는 한에서 그렇다. 그렇다면 이 추론은 개념의 최고의 탈자화[자기 밖으로 나옴] Außersichkommen이다. 우리는 여기서 직접적으로 개별적인 것을 주어로서 지닌다. 그리고 나서 이 주어에서 어떤 하나의 특수한 측면, 속성이 두드러지고, 그 속성을 매개로 개별적인 것은 보편적인 것으로서 입증된다. 예를 들어 우리가 '이 장미는 빨갛다, 빨강은 하나의 색깔이다, 그러므로 이 장미는 색깔이 있는 것이다'라고 말할 때 그렇다. 통상적인 논리학에서 다루어지곤 하는 것은 주로 이 형태의 추론이다. 이전에 사람들은 추론을 모든 인식의 절대적 규칙으로서 간주했으며, 학문적 주장은 그 주장이 추론에 의해 매개된 것으로서 지시될 때만 정당화된 것으로서 여겨졌다. 오늘날 우리는 추론의 서로 다른 형식들을 거의 오로지 논리학의 편람들에서만 만나며, 그것들에 대한 지식을 실천적 삶에서도 또한 학문에서도 별달리 사용될 수 없는 공허한 학교 지식으로 여긴다. 그와 관련하여 우선 주의해야 하는 것은 각각의 모든 기회에 형식적 추론을 전적으로 상세하게 처리하는 것이 비록 불필요하고 현학적이라 할지라도 추론의 서로 다른 형식들이 우리의 인식에서 계속해서 관철되고 있다는 점이다. 예를 들어 누군가가 겨울철 아침에 깨어나 거리에서 마차가 덜거덕거리는 소리를 듣고서 분명 꽁꽁 얼어붙었겠다고 생각하게 될 때, 이로써 그는 일종의 추론 조작을 실행하고 있는바, 우리는 이러한 조작을 날마다 너무도 다양한 복잡한 상황에서 반복한다. 그리하여 적어도 사유하는 인간으로서의 우리가 이러한 자기의 일상적 행위를 명확히 의식하게 되는 것은 예를 들어 소화, 혈액 형성, 호흡 등등의 기능들에 대해서뿐만 아니라 또한 [8/336]우리를 둘러싸고 있는 자연의 사건들과 형성물들에 대해서도 알게 되는 것이 누구나 인정하듯이 흥미롭다는 점에 못지않게 흥미로울 수 있을 것이다. 여기서 주저 없이 시인할 수 있는 것은 적절히 소화하고 호흡하는 등등을 위하여 그에 앞서 해부학과 생리학의 연구가 필요하지 않은 것과 마찬가지로 올바르게 추론하기 위하여 먼저 논리학을 연구할 필요도 없다는 점이다. ── 처음으로 추론의 서로 다른 형식들과 이른바 격들을 그 주관적 의미에서, 게다가 본질적으로 더는 아무것도 덧붙여질 수 없을 만큼 확실하고 규정적으로 관찰하고 기술한 것은 아리스토텔레스이다. 그런데 비록 이러한 업적이 아리스토텔레스에게 커다란 명예를 가져온다고 할지라도, 그가 그의 본래적으로 철학적 탐구에서 이용한 것은 결코 지성 추론의 형식들도 아니고 또한 일반적으로 유한한 사유의 형식들도 아니다.

### § 184【질적 추론의 내용 면에서 본 우연성】

이 추론은 α) 그 규정들에 따라 전적으로 우연적이다. 왜냐하면 추상적 특수성으로서의 중심[매사]은 주어의 단지 어떤 하나의 규정성일 뿐인바, **직접적이고 그리하여 경험적-구체적인 것으로서의 주어**는 여러 규정성을 지니고, 그러므로 마찬가지로 많은 다른 보편성과 결합될 수 있으며, 그와 마찬가지로 또한 **개별적 특수성**도 또다시 서로 다른 규정성들을 자기 안에 지니고, 그러므로 주어는 **똑같은 중명사를 통해 구별되는 여러 보편적인 것들과 관계될 수** 있기 때문이다.[43]

> 형식적 추론은 사람들이 그 부당성을 통찰하여 그것을 그러한 방식으로 사용하지 않는 것을 정당화하고자 하는 것 이상으로 유행하지 않게 되었다. 이 절과 다음 절은 진리에 대해 그러한 추론이 허무하다는 것을 제시한다.
>
> 이 절에서 제시된 측면에 따르면 그러한 추론들에 의해서는 사람들이 그렇게 부르듯이 너무나도 서로 다른 것이 **증명**될 수 있다. 취해질 필요가 있는 것은 다만 요구되는 규정으로의 이행이 그로부터 이루어

---

43. 【다음 절로의 전개】 질적 추론의 제1격의 내용 측면에서의 결함에 이어서, 다음에는 형식 측면에서의 결함이 지적된다.

질 수 있는 **중명사**[매사]뿐이다. 그러나 다른 **중명사**를 가지고서는 대립된 것에 이르기까지 다른 어떤 것이 **증명**될 수 있다. — 한 대상이 구체적이면 구체적일수록 그것은 자기에게 속하는 **중명사**들로 이바지할 수 있는 그만큼 더 많은 측면을 지닌다. 이 측면들 가운데 어떤 측면이 [8/337]다른 측면보다 더 본질적인가 하는 것은 또다시 하나의 추론에 기반해야만 하는바, 그러한 추론은 개별적 규정성을 견지하고 이 규정성을 위해 마찬가지로 쉽게 그것을 **중요**하고 필연적인 것으로서 관철할 수 있는 한 측면이나 **시점**을 발견할 수 있다.

〈보론〉 사람들이 삶의 일상적 교제에서 지성 추론대로는 거의 생각하지 않는다고 할지라도, 이 지성 추론은 거기서 지속해서 자기의 역할을 한다. 그래서 예를 들어 민사 소송에서는 자기편에 유리한 법 조항을 관철하는 것이 변호사의 과업이다. 그러나 그러한 법 조항은 논리적 관점에서는 다름 아닌 **중명사**이다. 다음으로 또한 예를 들어 서로 다른 강국들이 하나의 같은 땅을 요구하는 외교적 협상에서도 똑같은 것이 발생한다. 여기서는 계승의 권리, 그 땅의 지리적 위치, 그 주민의 혈통과 언어 또는 그 밖의 어떤 근거가 **중명사**로서 강조될 수 있다.

## § 185 【질적 추론의 형식 면에서 본 우연성】

β) 그와 마찬가지로 이 추론은 그 속에 있는 관계의 형식에 의해 우연적이다. 추론의 개념에 따르면 참된 것은 구별된 것들이 그것들의 통일인 중심[매사]에 의해 관계하는 것이다. 그러나 극단들의 중심에 대한 관계들(이른바 전제들, 대전제와 소전제)은 오히려 직접적인 관계들이다.[44]

---

44. 【다음 절로의 전개】 헤겔의 추론론은 난해하다. 개별·특수·보편의 삼항 관계를 흔히 말하는 대전제·소전제·결론에 겹쳐지게 하고 있기 때문이다. 이 제1격은 양극항의 각각과 중간항의 관계가 '무매개'이며, 그것은 그래서 계속해서 증명이 필요한

추론의 이러한 모순은 또다시 무한 진행을 통해 그 전제들이 마찬가지로 제각각 추론에 의해 증명되어야 한다는 요구로서 표현된다. 그러나 이 추론이 두 개의 바로 그러한 전제들을 가지는 까닭에, 이 요구, 게다가 언제나 이중화하는 요구는 무한히 되풀이된다.

## § 186 【제1격에서 제2격으로】

여기서 (경험적 중요성으로 인해) 이러한 형식으로 절대적 올바름이 돌려지는 추론의 결함으로서 언급되는 것은 추론의 전진 규정에서 저절로 지양되어야만 한다. 여기 [8/338]개념의 영역 내부에서는 판단에서처럼 대립된 규정성이 단순히 그 자체에서 현존하는 것이 아니라 정립되어 있으며, 그래서 추론의 전진 규정을 위해서도 오직 그때마다 추론 자신에 의해 정립된 것만이 받아들여질 필요가 있다.

직접적 추론 E-B-A(개별-특수-보편)에 의해 개별적인 것이 보편적인 것과 매개되고 이 결론에서 보편적인 것으로서 정립된다. 이리하여 주어로서의 개별적인 것은, 그래서 그 자신이 보편적인 것으로서, 이제 두 극단의 통일이자 매개하는 것이다. 이것이 추론의 제2격, 2. A-E-B(보편-개별-특수)를 준다. 이 제2격은 제1격의 진리, 즉 매개가 개별성에서 일어나고, 그리하여 무언가 우연한 것이라는 것을 표현한다.[45]

## § 187 【제2격에서 제3격으로】

제2격은 (앞의 결론으로부터 개별성에 의해 규정되어 옮겨오고, 그리하여 이제 직접적 주어의 자리를 차지하는) 보편적인 것을 특수한 것과 결합한다. 이리하여 보편적인 것은 이 결론에 의해 특수한 것으로서,

---

악무한의 과정을 보인다. 이 모순이 제2격을 낳는다.
45. 【다음 절로의 전개】제1격의 내부에서 개별이 매개자로 됨으로써 제2격으로의 이행을 도출했다. 다음에는 제2격의 진리성을 음미해 간다.

그러므로 이제 다른 것들이 그 자리를 차지하는 극단들을 매개하는 것으로서 정립되어 있다. 이것이 추론의 제3격, 즉 3. B–A–E(특수–보편–개별)이다.[46]

추론의 이른바 격들(아리스토텔레스는 정당하게도 단지 세 개의 격만을 알고 있다. 제4격은 근래의 사람들의 불필요한, 아니 어리석기까지 한 부가물이다)은 그것들에 대한 통상적인 논구에서[47] 서로 나란히 세워지지만, 그것들의 필연성이나 더 나아가서는 그것들의 의미와 가치를 제시하는 것에 대해서는 조금도 생각되지 않는다. 그런 까닭에 그 격들이 나중에 공허한 형식주의로서 다루어졌다면, 그것은 놀라운 일이 아니다. 그러나 그것들은 개념 규정으로서의 각각의 모든 계기 그 자신이 전체와 [8/339]매개하는 근거가 된다고 하는 필연성에 기반한 매우 근본적인 의의를 지닌다. — 그러나 그 밖에 서로 다른 격들에서 올바른 추론을 끌어내기 위하여 이 명제들이 보편적 등등의 것이거나 부정적이거나 간에 어떠한 규정들

---

46. 【다음 절로의 전개】 질적 추론을 철학의 세 영역에 맞추어 보면, 논리학–자연–정신이다. 중간항에 정신이 오거나 논리학이 오거나 한다. 마지막으로 논리학이 중간항이 되는 제3격에서는 '논리적 이념은 정신 및 자연의 절대적 실체, 보편적인 것, 모든 것을 관통하는 것이다.'(보론) 이렇게 해서 질의 추론은 전부 다루었기 때문에, 다음은 양의 추론이다.

47. 추론, 즉 삼단논법의 격들은 두 전제와 결론에서 명사들의 순서에서 성립한다. 타당한 삼단논법에서의 세 명사에 대해 S, M, P를 사용하면, 타당한 논증은 다음과 같은 세 개의 도식적 패턴으로 구성될 수 있다(아리스토텔레스, 『분석론 전서』 1. 4. 26a21). 제1격: S–M, M–P ∴ S–P, 제2격: M–S, M–P ∴ S–P, 제3격: S–M, P–M ∴ S–P. 그러나 아리스토텔레스가 제4격, 즉 P–M, M–S ∴ S–P로 이루어진 타당한 삼단논법이 가능하다는 것을 알고 있었다는 것은 분명하다. 이 격으로 이루어진 모든 타당한 논증은 아주 쉽게 제1격으로 제시될 수 있다. 이 점을 보여주었다고 생각되는 테오프라스토스는 아마도 아리스토텔레스 자신의 교설을 가르치고 있었을 것이다. 아리스토텔레스가 제4격을 인정하지 않은 것은 그의 이론이 결론에서의 S와 P의 형식적 위치에 토대하는 것이 아니기 때문이다. 그는 S와 P를 그것들의 외연에 따라 정의하며, 따라서 그 정의는 형식적인 것이 아니라 그것들의 의미에 의존한다. 이 점은 확실히 헤겔의 사변적 삼단논법에 대해서도 참이다.

을 가지는가 하는 것은 기계적 탐구인바, 이 탐구는 그 몰개념적인 기계론과 그 내적인 무의미함으로 인해 당연히 망각 속으로 빠져들었다. — 우리는 그러한 탐구와 지성 추론 일반의 중요성을 위해 아리스토텔레스를 전혀 끌어들일 수 없다. 물론 그는 이 격들 및 정신과 자연의 셀 수 없는 다른 형식들을 기술하고 그 규정성을 탐구하여 제시했다. 그는 자기의 형이상적 개념들에서뿐만 아니라 또한 자연적인 것과 정신적인 것의 개념들에서 지성 추론의 형식을 기초와 기준으로 삼고자 하는 것에서는 아주 멀었으며, 그래서 우리는 만약 이 개념들이 지성 법칙에 종속되어야 했다면 분명 그러한 개념들 가운데 단 하나도 성립하거나 방치될 수 없었을 것이라고 말할 수 있을 것이다. 아리스토텔레스가 자기의 방식에 따라 본질적으로 가르치는 많은 기술적이고 지성적인 것에서 그에게서 지배적인 것은 언제나 사변적 개념이며, 그는 자기가 처음으로 그토록 규정적으로 제시한 저 지성적 추론이 이 영역으로 들어오지 못하게 한다.

〈보론〉 추론의 격들이 지닌 객관적 의의는 일반적으로 모든 이성적인 것이 삼중의 추론으로서 입증된다는 것, 게다가 그 지절들의 각각이 한 극단의 자리뿐만 아니라 또한 매개하는 중심의 자리도 차지하는 형태로 그러하다는 것이다. 이 점은 특히 철학적 학문의 세 지절, 다시 말하면 논리적 이념, 자연, 정신에서 사실이다. 여기서는 우선 자연이 중간의 결합하는 지절이다. 자연, 이 직접적 총체성은 논리적 이념과 정신의 양극단으로 전개된다. 그러나 정신은 다만 그것이 자연에 의해 매개되어 있음으로써만 정신이다. 다음으로 둘째, 그와 마찬가지로 우리가 개별적이고 활동적인 것으로서 아는 정신이 중심이고, 자연과 논리적 이념이 극단들이다. 정신은 자연 속에서 논리적 이념을 인식하며, 그래서 논리적 이념을 그것의 본질로 높인다. 그와 마찬가지로 셋째, 논리적 이념 자신이 중심이다. 논리적 이념은 [8/340]정신 및 자연의 절대적 실체, 보편적인 것, 모든 것을 관통하는 것이다. 이러한 것이 절대적 추론의 지절들이다.

## § 188 【수학적 추론】

각각의 계기가 모두 중심과 양극단의 자리를 거쳐왔다는 점에서 그것들의 서로에 대한 규정적 **구별**이 **지양**되었으며, 추론은 우선은 그 계기들의 이러한 몰구별성 형식에서 외면적인 지성 동일성, **동등성**을 자기의 관계로 지닌다. 이것이 양적 또는 수학적 추론이다. 만약 두 개의 사물이 제3의 것과 **동등**하면, 그 둘은 서로 동등하다.[48]

〈보론〉 여기서 언급된 양적 추론은 잘 알려져 있듯이 수학에서는 공리로서 출현하는데, 이 공리에 대해서는 그 밖의 공리들에 대해서와 마찬가지로 그 내용이 증명될 수 없으며, 그러나 또한 이 내용이 직접적으로 명백한 까닭에 그 증명이 필요하지 않다고 말해지곤 한다. 그렇지만 사실상 이 수학적 공리들은 그것들에서 특수하고 규정된 사상들이 언명되는 한에서 바로 그것들의 증명으로서 고찰될 수 있는 보편적이고 자기 자신을 규정하는 사유에서 도출될 수 있는 논리적 명제들 이외에 다른 것이 아니다. 여기서 이 점은 수학에서 공리로서 내세워지는 양적 추론의 경우에 사실인데, 그 추론은 질적인 또는 직접적인 추론의 가장 가까운 결과로서 입증된다. ── 그 밖에 양적 추론은 전적으로 몰형식적인 추론인데, 왜냐하면 그것에서는 그 지절들의 개념에 의해 규정된 구별이 지양되어 있기 때문이다. 여기서 어떤 명제들이 전제들이 되어야 하는가 하는 것은 외면적 사정에 달려 있으며, 그런 까닭에 이 추론의 적용에서는 이미 다른 곳에서 확립되고 증명된 것이 전제된다.

---

48. 【다음 절로의 전개】 '양적 추론은 전적으로 몰형식적인 추론인데, 왜냐하면 그것에서는 그 지절들의 개념에 의해 규정된 구별이 지양되어 있기 때문이다.'(보론) 이리하여 양적 추론은 고찰이 종료된다. 다음으로 질과 양의 통일, 넓은 의미의 '질' = 현존재의 추론을 총괄하고, 더 나아간 발전의 계기를 찾는다.

§ 189 【질의 추론에서 반성의 추론으로】

이에 의해 우선은 형식에서 성립한 것은 1. 각각의 모든 계기가 중심의, 그러므로 전체 일반의 규정과 위치를 획득하며, 이리하여 자기의 추상이 지닌 일면성(§ 182와 184)을 그 자체에서 상실했다는 것, 그리고 2. 매개(§ 185)가, 그와 마찬가지로 단지 그 자체에서이긴 하지만, 요컨대 오직 상호적으로 서로를 전제하는 매개들의 원환으로서 완성되었다는 것이다. 제1격 E–B–A(개별–특수–보편)에서는 두 전제 E–B(개별–특수)와 B–A(특수–보편)가 아직 매개되어 있지 않다. [834]전자는 제3격에서, 후자는 제2격에서 매개된다. 그러나 이 두 격의 각각도 자기의 전제들의 매개를 위해 마찬가지로 자기의 두 가지 다른 격을 전제한다.

이에 따라 개념의 매개하는 통일은 더는 단지 추상적 특수성으로서가 아니라 개별성과 보편성의 발전된 통일로서, 게다가 우선은 이 규정들의 반성된 통일로서 정립되어야 한다. 개별성은 동시에 보편성으로서도 규정되는 것이다. 그러한 중심이 반성의 추론을 준다.[49]

## β. 반성의 추론

§ 190 【전체성의 추론·귀납 추론·유비 추론】

그래서 우선은 1. 오로지 주어의 추상적인 특수한 규정으로서만이 아니라 동시에 특히 또한 저 규정성도 그에 속하는 모든 개별적인 구체적 주어들로서의 중심[매사]이 전체성[전칭성]의 추론을 준다. 그러나 특수한 규정성, 즉 중명사*terminus medius*를 전체성으로서 주어로 지니는 대전제는

---

49. 【다음 절로의 전개】 질적 추론의 원환에서 이제 중간항이 개별이면서 동시에 보편으로서 규정되는 개별의 성격을 지닌다는 것이 밝혀졌다. 이 개별이 중간항이 되는 추론이 다음에 전개된다.

저 대전제를 전제로 지녀야 할 **결론**을 오히려 그 자신이 **전제**한다. 따라서 대전제는 2. 그 중심[매사]이 완전한 개별자들 그 자체, 즉 a, b, c, d 등등인 귀납에 기반한다. 그러나 직접적인 경험적 개별성이 보편성과 서로 다르고 그런 까닭에 어떠한 완전성도 제공할 수 없다는 점에서, 귀납은 3. 그 중심이 개별적인 것이지만, 그것의 본질적 보편성, 그것의 유나 본질적 규정성이라는 의미에서의 개별적인 것인 유비에 기반한다. — 첫 번째 추론은 그것의 매개를 위해 두 번째 추론을 지시하고, 두 번째 추론은 세 번째 추론을 지시한다. 그러나 이 세 번째 추론도 그와 마찬가지로 반성 추론의 격들에서 개별성과 보편성의 외면적 관계의 형식들이 다 거쳐온 후에 자기 내에서 규정된 보편성 또는 유로서의 개별성을 요구한다.[50]

전체성의 추론에 의해 § 184에서 제시된 지성 추론의 근본 형식이 지닌 결함이 개선되지만, [8342]새로운 결함이 발생할 뿐인바, 요컨대 대전제가 결론이어야 할 것 자신을 직접적인 명제로서 전제한다. — '모든 사람은 죽을 수밖에 없다, 그러므로 가이우스도 죽을 수밖에 없다', '모든 금속은 전도체다, 그러므로 예를 들어 구리도 전도체다.' 직접적 개별자들을 모두로서 표현하고 본질적으로 경험적 명제이어야 할 저 대전제를 진술할 수 있는 데는 이미 앞서 개별적 가이우스나 개별적 구리에 관한 명제들이 그 자체로 올바른 것으로서 확증되어 있다는 것이 속한다. — 모두에게는 '모든 인간은 죽을 수밖에 없다, 그러나 가이우스는…… 등등이다'와 같은 추론들의 현학성뿐만 아니라 또한 아무것도 말하지 않는 형식주의가 당연히 눈에 띄지 않을

---

50. 【다음 절로의 전개】 반성의 추론의 격들은 그 불충분함을 극복하기 위해 제1격은 제2격을, 제2격은 제3격을, 제3격은 제1격을 지시한다. 순환하는 것이지만, 그 해결로서 자기 내에서 규정된 보편성이 필요로 된다. 따라서 다음에 그 보편이 중간항이 된 필연성의 추론이 시작된다.

수 없다.

〈보론〉 전체성의 추론은 개별적인 것들이 결합하는 중심을 형성하는 귀납의 추론을 지시한다. 우리가 '모든 금속은 전도체다'라고 말할 때, 이것은 모든 개별적인 금속을 가지고서 시도되는 시험에서 결과하는 경험적 명제이다. 이리하여 우리는 다음과 같은 형태를 지니는 귀납의 추론을 얻는다.

$$B - E - A$$
$$E$$
$$E$$
$$\cdot$$
$$\cdot$$
$$\cdot$$

금은 금속이다, 은은 금속이다, 구리, 납 등등도 마찬가지이다. 이러한 것이 대전제이다. 그다음에 '이 모든 물체는 전도체다'라는 소전제가 추가되고, 그로부터 '모든 금속은 전도체다'라는 결론이 결과한다. 그러므로 여기서는 전체성으로서의 개별성이 결합해 주는 것이다. 그런데 이 추론은 마찬가지로 또다시 다른 추론으로 나아간다. 그것은 완전한 개별적인 것들을 자기의 중심으로 지닌다. 이러한 것은 일정한 영역에서 관찰과 경험이 완성되어 있다는 것을 전제한다. 그러나 여기서 문제가 되는 것이 개별성들인 까닭에, 이것은 무한한 진행(E, E, E……)을 준다. 귀납에서는 개별성들이 결코 남김없이 다 다루어질 수 없다. 우리가 모든 금속, 모든 식물 등등이라고 말할 때, 이것은 다만 우리가 지금까지 알게 된 모든 금속, 모든 식물만큼만을 의미한다. 그런 까닭에 각각의 모든 귀납은 불완전하다. 우리는 분명 이런저런 관찰을 했고 많은 관찰을 했지만, [834]모든 경우나 모든 개체가 관찰된 것은 아니다. 귀납의 이러한 결함은 유비로 이어지는 바로 그것이다. 유비의 추론에서는 일정한 유의 사물들에 일정한 특성이 속한다는 것으로부터 같은 유의 다른 사물들에도 같은 특성이 속한다는 것이 추론된다. 그래서 예를 들어 사람들은 지금까지 모든 행성에서 이러한 운동 법칙을 발견했으며, 그러므로 새롭게 발견된 행성도 확실히 같은 법칙에 따라 운동할 것이라고 말한다면 그것은 유비의 추론이다. 유비는 경험 과학들에서 당연히 커다란 존중을 받으며, 우리는 이 방법으로 아주 중요한 결과에 도달했다. 이런저런 경험적으로 발견된 규정이 대상의 내적 본성이나 유에 근거 지어져 있다고 예감하게 하고 계속해서 거기에 서 있는 것은 이성의 본능이다.[51] 그 밖에 유비는 좀 더 피상적일 수도 있고 좀 더 근본적일 수도 있다. 예를 들어 가이우스라는 사람은 학자다, 티투스도 사람이다, 그러므로 티투스도 분명 학자일 것이다라고 말한다면 이것은 어쨌든 몹시 나쁜 유비이며, 게다가 한 인간의 학자임은 곧바로 이러한 그의 유에 전혀 근거 지어져 있지 않은 까닭에 그러한 것이다. 그럼에도 불구하고 그와 같은 피상적인 유비는 아주 자주 나타난다. 그래서 사람들은 예를 들어 지구는 하나의 천체이며 거주자가 있다, 달도 하나의 천체다, 그러므로 달에도 분명 거주자가 있다고 말하곤 한다. 지구에 거주자가 있다는 것은 단순히 지구가 하나의 천체라는 것에만 기반하는 것이 아니다. 그것에는 그 이상의 조건들, 특히 대기로 둘러싸여 있음, 그것과 연관된 물의 현존 등등이 속하며, 이러한 조건들은 바로 우리가 아는 한에서의 달에는 없는 것이다. 이 유비는 앞에서 언급된 것보다 조금도 더 낮지 않다. 근래에 사람들이 자연철학이라고 부른 것은 그 대부분이 공허하고 외면적인, 그럼에도

---

51. 우리는 여기서 '관찰하는 이성'(『정신현상학』 V. A.)이 논리적 이성에 대해 '본능적'이라는 것을 보게 된다. 과학적 관찰자는 유한한 수의 관찰된 경우들로부터 본질의 '직관'으로 나아가야만 한다. 과학적 방법에 대한 헤겔의 파악 그 자신은 여전히 '본능적'일 뿐이다. 그러나 우리는 적어도 관찰의 도약을 '이성적'으로 만드는 것이 다름 아닌 그것이 전체의 '개념'에 들어맞는다는 사실이라는 점을 볼 수 있다.

심오한 결과로서 여겨져야 할 유비들의 허무한 유희에 존립한다. 그로 인해 철학적 자연 고찰은 받아 마땅한 불신에 빠지고 말았다.[52]

## γ. 필연성의 추론

### § 191 【필연성의 추론의 세 종류】

이 추론은 단순히 추상적인 규정들에 따라 받아들이자면 반성 추론이 개별성을 중심으로 하듯이 보편적인 것을 중심으로 한다— 반성 추론은 제2격에 따라서, 필연성의 추론은 제3격에 따라서(§ 187) —. 보편적인 것은 [8/344]자기 내에서 본질적으로 규정된 것으로서 정립되어 있다. 우선 은 1. 규정된 유나 종이라는 의미에서의 특수한 것이 매개하는 규정인데, — 정언 추론에서 그러하다. 2. 직접적 존재라는 의미에서의 개별적인 것, 그것은 매개할 뿐만 아니라 또한 매개되어 있기도 한데, — 가언 추론에 서 그러하다. 3. 매개하는 보편적인 것이 또한 그것의 특수화들의 총체성으로서 그리고 개별적인 특수한 것, 배타적인 개별성으로서 정립되어 있는 데, — 선언 추론에서 그러하다. — 그리하여 하나의 똑같은 보편적인 것이 단지 구별의 형식들로서의 이러한 규정들 속에 존재한다.[53]

### § 192 【추론론의 총괄】

추론은 그것이 포함하는 구별들에 따라 받아들여져 왔으며, 그 구별들

---

52. 자연철학을 불신에 빠트린 것은 주로 셸링의 추종자들과 동맹자들이다. 헤겔 자신의 자연철학 구상은 셸링의 작업에서 유래한다. 그래서 비록 셸링이 때때로 유비 추론의 잘못을 범하고 있을지라도 그것이 그의 이론에 존재하는 모든 것은 아니다. 우리는 헤겔이 그 자신의 자연철학이 유비적으로 해석될 것을 원하지 않는다는 점에 주의해야 한다.
53. 【다음 절로의 전개】 필연성의 추론에 이르러 보편적인 것이 자기 내에서 본질적으로 규정된 것이 사실은 추론을 전개하는 실체라는 것이 증명되었기 때문에, 다음에 추론론의 총괄이 이루어진다.

의 진행 과정의 일반적 결과는 그 속에서 이 구별들과 개념의 탈자존재의 자기 지양이 이루어진다는 것이다. 게다가 1. 계기들의 각각은 그 자신이 계기들의 **총체성**으로서, 그리하여 추론 전체로서 입증되었으며, 그래서 그것들은 그 자체에서 동일하다. 그리고 2. 그 계기들의 구별들의 부정과 그 구별들의 매개는 대자존재를 이룬다. 그리하여 하나의 같은 보편적인 것이 이 형식들 속에 존재하는 바로 그것이고, 이와 더불어 그것은 또한 그 형식들의 동일성으로서도 정립되어 있다. 계기들의 이러한 관념성 속에서 추론은 자기가 관통하여 진행해 온 규정성들의 부정을 본질적으로 포함한다고 하는, 그리고 이와 더불어 매개의 지양에 의한 매개 및 주어와 타자가 아니라 **지양된 타자와의**, 자기 자신과의 결합이라고 하는 규정을 획득한다.[54]

〈보론〉 통상적인 논리학에서는 흔히 추론에 관한 교설의 논구와 더불어 이른바 원리론을 형성하는 제1부가 종결된다. 그에 이어 제2부로서 이른바 방법론이 뒤따르는데, 거기서는 원리론에서 논구된 사유의 형식들을 현존하는 객관들에 적용함으로써 어떻게 학문적 인식의 전체가 성립할 수 있는지가 증명되어야 한다.[55] 이 객관들이 어디서 유래하는지 그리고 일반적으로 객관성의 사상의 정황이 어떠한지에 관해 [8345]지성 논리학은 그 이상으로 아무런 정보도 주지 않는다. 여기서 사유는 단순히 주관적이고 형식적인 활동으로서 그리고 사유에 맞서 있는 객관적인 것은 확고하고

---

54. 【다음 절로의 전개】 추론은 그 발전의 궁극에서 '주어와 타자가 아니라 지양된 타자와의, 자기 자신과의 결합'이 된다. 그 자기 자신이란 대자존재로서의 객관성이다. 보론에서 이야기하고 있듯이 '개념, 판단, 추론을 지닌 이 주관성은…… 변증법적인 것으로서 자기의 제한을 돌파하고 추론을 통해 자기를 객관성으로 열어나가는 것'이다.

55. 칸트가 『순수이성비판』에서 이 구별을 비판적으로 채택한 것이야말로 바로 여기서 헤겔이 그것을 공격하는 것을 필요하게 만들고 있다. 우리는 헤겔의 논리학에서는 아리스토텔레스에게서와 마찬가지로 '추론'이 학문의 방법이라는 점에 주의해야 한다. 존재와 본질의 논리학은 헤겔의 '원리의 교설'이며, 개념의 논리학은 그의 '방법의 교설'이다. 『순수이성비판』 B. 735–36에서 정의되고 있듯이 '전통적' 용법과의 차이는 아주 뚜렷하다.

그 자체로 현존하는 것으로서 여겨진다. 그러나 이러한 이원론은 참된 것이 아니며, 주관성과 객관성이라는 규정들을 그렇게 곧바로 받아들이고 그 유래를 묻지 않는 것은 몰사상적인 방도이다. 양자, 즉 주관성뿐만 아니라 객관성도 어쨌든 사상들이며, 게다가 보편적이고 자기 자신을 규정하는 사유에 근거 지어진 것으로서 입증되어야 하는 규정된 사상들이다. 이 점은 여기서는 우선 주관성에 관해 이루어졌다. 주관성 또는 개념 그 자체와 판단과 추론을 자기 내에 포함하는 주관적 개념을 우리는 논리적 이념의 처음 두 주요 단계, 요컨대 존재와 본질의 변증법적 결과로서 인식했다. 개념에 대해 개념이란 주관적이고 오직 주관적일 뿐이라고 말할 때, 그것은 개념이 물론 주관성 자신인 한에서 전적으로 올바르다. 더 나아가 또한 통상적인 논리학에서 그 규정들이 (동일성과 구별 그리고 근거의) 이른바 사유 법칙들 바로 다음에 이른바 원리론의 내용을 형성하는 판단과 추론도 개념 그 자체와 마찬가지로 주관적이다. 그러나 더 나아가 여기서 언급된 그 규정들, 즉 개념, 판단, 추론을 지닌 이 주관성은 그 채움을 외부로부터 비로소, 즉 그 자체로 현존하는 객관에 의해 획득해야 하는 공허한 골조로서 여겨져서는 안 된다. 오히려 주관성은 변증법적인 것으로서 자기의 제한을 돌파하고 추론을 통해 자기를 객관성으로 열어나가는 것 자신이다.

### § 193 【주관적 개념에서 객관으로】

개념의 이러한 실재화, 즉 그 속에서 보편적인 것이 이러한 하나의 자기 내로 되돌아간 총체성이고, 이 총체성의 구별들이 그와 마찬가지로 이러한 총체성이고 그 총체성이 매개의 지양을 통해 직접적인 통일로서 규정된 그러한 개념의 **실재화**가 객관이다.[56]

---

56. 【다음 절로의 전개】 주관적 개념은 '개념 그 자체 → 판단 → 추론'의 형식을 거쳐 자기를 직접적인 통일로서 규정한다. 즉 '자기 내에서 완전한 자립적인 것'(주해)이 된다. 이것이 객관이며, 이 객관이 다음에 전개된다.

첫눈에 보기에 주관으로부터, 개념 일반으로부터 그리고 좀 더 자세하게는 추론으로부터 — 특히 단지 의식의 행위로서의 지성 추론과 추론 작용만을 염두에 둘 때 — 객관으로의 이러한 이행이 아무리 낯설게 보일 수 있을지라도, 동시에 표상에 대해 이 이행을 수긍할 수 있게 하고자 하는 것이 문제가 될 수는 없다. [8/346]상기될 수 있는 것은 다만 객관이라고 불리는 것에 관한 우리의 일상적 표상이 과연 여기서 객관의 규정을 이루는 것에 대강 상응하는가 하는 점뿐이다. 그러나 사람들은 객관에서 단순히 추상적 존재자나 실존하는 사물 또는 현실적인 것 일반이 아니라 구체적인, 즉 자기 내에서 완전한 자립적인 것을 이해하곤 한다. 이러한 완전성은 개념의 **총체성**이다. 객관이 대상이기도 하고 타자에 대해 외적인 것이기도 하다는 것, 이것은 객관이 주관적인 것에 대한 대립 속으로 정립되는 한에서 나중에 규정될 것이다. 여기서는 우선 개념이 자기의 매개로부터 거기로 이행해 있는 것으로서의 그것은 다만 **직접적**이고 순진무구한 객관일 뿐이며, 그와 마찬가지로 개념도 역시 나중의 대립에서 비로소 주관적인 것으로서 규정된다.

더 나아가 객관 일반은 여전히 계속해서 자기 내에서 무규정적인 하나의 전체, 객관적 세계 일반, 신, 절대적 객관이다. 그러나 객관은 그와 마찬가지로 자기에게서 구별을 지니며, 자기 내에서 (객관적 세계로서의) 무규정적인 다양성으로 분열하고, 이러한 **개별화된** 것들의 각각도 하나의 객관, 자기 내에서 구체적이고 완전하며 자립적인 현존재이다.

객관성이 존재, 실존, 현실성과 비교되었듯이 실존과 현실성으로의 이행도(왜냐하면 존재는 최초의 전적으로 추상적인 직접적인 것이기 때문이다) 객관성으로의 이행과 비교될 수 있다. 실존이 그로부터 출현하는 근거, 현실성으로 지양되는 반성의 관계는 아직 불완전하게 정립된 개념 이외에 다른 것이 아니다. 또는 그것들은 단지 개념의 추상적인 측면들일 뿐이다— 근거는 개념의 단지 본질적인 통일일 뿐이며, 관계는 다만 실재적인, 단지 자기 내에서만 반성되어 있어야 하는 측면들의 관계일 뿐이다—. 개념은 양자의 통일이며, 객관은 본질적일 뿐만 아니라 자기 내에서 보편적이기도 한 통일, 실재적인 구별들뿐만 아니라 총체성들로서의 구별들도 자기 내에 포함하고 있는 통일이다.

[8/347]그 밖에 이러한 모든 이행에서 문제가 되는 것이란 단순히 개념이나 사유의 존재와의 분리 불가능성을 단지 일반적으로만 제시하는 것 이상의 것이라는 점이 밝혀진다. 종종 지적되어왔듯이 존재란 자기 자신에 대한 단순한 관계 이상의 것이 아니며, 이러한 빈곤한 규정은 본래 개념이나 또한 사유 안에도 포함되어 있다. 이러한 이행들의 의의는 규정들을 (신의 현존재에 관한 존재론적 논증에서도 존재란 실재성들 가운데 하나라는 명제에 의해 이루어지듯이) 그것들이 단지 포함되어 있을 뿐인 바대로 받아들이는 것이 아니라 개념을 그것이 우선은 그 자체로 존재나 또한 객관성이라는 이러한 소원한 추상과는 아무 관계도 없는 개념으로서 규정되어 있어야 하는 대로 취하는 것, 그리고 개념 규정성으로서의 개념의 규정성에서 오로지 그 규정성이 개념에 속하고 개념 속에서 현상하는 규정성과는 서로 다른 형식으로 이행하는지 아닌지와 그렇게 이행한다는 사실만을 알아보는 것이다.

이러한 이행의 산물, 즉 객관이 그 이행 속에서 그 특유한 형식에 따라서는 사라진 개념과의 관계 속에 정립될 때, 그 결과는 올바르게는 개념이나 또한 사람들이 주관성이라고 하고 싶어 하는 것과 객관은 그 자체에서 같은 것이라는 식으로 표현될 수 있다. 그러나 그것들이 서로 다르다는 것도 마찬가지로 올바르다. 하나가 다른 것만큼이나 올바르다는 점에서 그와 더불어 하나는 다른 것만큼이나 올바르지 않다. 그러한 표현 방식은 참된 관계를 나타낼 수 없다. 저 그 자체에서의 것은 추상물이고 개념 자신보다 더 일면적인바, 그 개념의 일면성 일반은 개념이 객관, 즉 대립하는 일면성으로 지양된다는 점에서 지양된다. 그래서 저 그 자체에서의 것도 자기의 부정을 통해 대자존재로 규정되어야만 한다. 어디에서나 그렇듯이 사변적 동일성은 개념과 객관이 그 자체에서 동일하다는 저 진부한 동일성이 아니다. ── 종종 충분히 되풀이되어 온 이 주의는 만약 그 [8/348]의도가 이러한 동일성에 관한 김빠지고 악의에 가득 찬 오해를 끝내는 것이어야 한다면 종종 충분히 되풀이될 수 없을 것이다. 그렇지만 또다시 그것은 지성적인 방식으로는 바랄 수 없다.

그 밖에 저 통일을 그것의 자체존재라는 일면적 형식을 상기하지 않고서 전적으로 일반적으로 받아들이면, 그것은 잘 알려져 있듯이 신의 현존재에 관한 존재론적 증명에서 전제되고, 게다가 가장 완전한 것으로서 그리되는 바로 그것이다. 물론 이 증명의 가장 주목할 만한 사상이 처음으로 나오는 안셀무스에게서는 우선은 다만 과연 내용이 오직 우리의 사유에만 존재하는가 하는 것만이 이야기된다. 그의 말은 간단히 다음과 같다. '확실히 그보다 더 큰 것이 생각될 수 없는 것은 오직 지성 안에서만 있을 수는 없다. 왜냐하면 만약 그것이 적어도 오직 지성 안에서만 있다면, 그것은 **또한 사물 안에서도** 있다고 생각될 수 있고, 이러한 것은 더 크기 때문이다. 그러므로 만약 그보다 더 큰 것이 생각될 수 없는 것이 오직 지성 안에만 있다면, 그보다 더 큰 것이 생각될 수 없는 것 그 자신이 그보다 더 큰 것이 생각될 수 있는 그것이다. 그러나 확실히 이것은 있을 수 없다.'[57] ── 유한한 사물들은 우리가 여기서 그 안에 서 있는

57. 안셀무스, 『프로슬로기온』 2. 헤겔은 라틴어 원문으로 다음과 같이 인용하고 있다. 'Certe id, quo maius cogitari nequit, non potest esse in intellectu solo. Si enim vel in solo intellectu est, potest cogitari esse *et in re*: quod maius est. Si ergo id, quo maius

규정들에 따르면 다음과 같은 것, 즉 그것들의 객관성이 그것들의 사상, 다시 말하면 그것들의 보편적 규정과 그것들의 유 및 그것들의 목적과 일치하지 않는 것이다. 데카르트와 스피노자 등등은 이 통일을 좀 더 객관적으로 언명했다. 그러나 직접적 확실성이나 신앙의 원리는 그 통일을 오히려 안셀무스의 좀 더 주관적인 방식에 따라, 요컨대 신의 표상과 신의 존재라는 규정이 우리의 의식 속에서 분리될 수 없게 결합해 있다고 받아들인다. 만약 이 신앙의 원리가 외면적인 유한한 사물들의 표상들도 [8349]그것들이 직관 속에서 실존의 규정과 결합해 있는 까닭에 그것들에 대한 의식과 그것들의 존재와의 분리 불가능성으로 포괄한다면, 이것은 분명 올바르다. 그러나 우리의 의식 속에서 실존이 신의 표상과 똑같은 방식으로 유한한 사물의 표상과 결합해 있다고 생각되어야 한다면, 그것은 가장 커다란 몰사상성일 것이다. 유한한 사물들이 변화할 수 있고 무상하다는 것, 다시 말하면 실존은 단지 일시적으로만 그것들과 결합해 있다는 것, 이 결합은 영원한 것이 아니라 분리될 수 있다는 것을 망각하는 것이다. 그런 까닭에 안셀무스가 유한한 사물들에서 나타나는 그러한 결합을 제쳐놓고 단순히 주관적인 방식으로뿐만 아니라 동시에 객관적인 방식으로도 존재하는 것만을 완전한 것으로 설명한 것은 정당하다. 이른바 존재론적 증명과 완전한 것에 대한 안셀무스의 이러한 규정에 맞서 젠체하는 모든 행위는 아무런 도움도 안 된다. 왜냐하면 그 규정은 직접적 신앙의 원리에서처럼 각각의 모든 철학에서 심지어는 앎과 의지에 반해서까지 되돌아오는 것과 마찬가지로 또한 각각의 모든 순진무구한 인간적 감각에도 놓여 있기 때문이다.

그러나 안셀무스의 논증에서의 결함이자 그 밖에 데카르트나 스피노자뿐만 아니라 직접지의 원리도 그 논증과 공유하는 결함은 가장

cogitari non potest, est in solo intellectu: id ipsum, quo maius cogitari non potest, est, quo maius cogitari potest. Sed certe hoc esse non potest.'

완전한 것으로서 또는 주관적으로도 참된 앎으로서 언명되는 이 통일이 전제된다는 것, 다시 말하면 단지 그 자체의 것으로서만 가정된다는 것이다. 이리하여 추상적인 이 동일성에 맞서서는 곧바로, 오래전에 안셀무스에게 맞서서도 그러했듯이, 두 규정의 상이성이 내세워지는바, 다시 말하면 실제로 유한한 것의 표상과 실존이 무한자에 맞서 내세워진다. 왜냐하면 앞에서 주의했듯이 유한한 것은 목적, 즉 자기의 본질과 개념에 동시에 적합하지 않고 그것과 서로 다른 그러한 객관성, — 또는 실존을 포함하지 않는 그러한 표상, 그러한 주관적인 것이기 때문이다. 이러한 이의 제기와 [8/350]대립은 오직 유한한 것이 참되지 않은 것으로서, 이 규정들이 그 자체로 일면적이고 허무한 것으로서, 그리하여 동일성은 이 규정들이 거기로 이행하여 거기서 화해하고 있는 그러한 것으로서 제시됨으로써만 지양된다.

# B. 객관

§ 194 【객관은 구별된 것들의 자립성과 비자립성의 통일】

객관은 그것 속에서 지양된 것으로서의 구별에 대한 무관심성에 의해 직접적인 존재이자 자기 내에서 총체성이며, 동시에 이 동일성이 다만 계기들의 그 자체에서 존재하는 동일성일 뿐이라는 점에서 객관은 그와 마찬가지로 자기의 직접적인 통일에 대해서도 무관심하다. 객관은 구별된 것들로의 분열인바, 그것들의 각각 자신이 총체성이다. 따라서 객관은 다양한 것의 완전한 자립성과 구별된 것들의 그와 마찬가지로 완전한 비자립성의 절대적 모순이다.[58]

'절대적인 것은 객관이다'라는 정의는 라이프니츠의 모나드에 가장 규정적으로 포함되어 있다.[59] 모나드는 객관이지만 그 자체에서 표상하고 있는 객관이자 나아가 세계 표상의 총체성이어야 한다. 모나드의 단순한 통일 속에서 모든 구별은 오직 관념적이고 비자립적인 것으로서만 존재한다. 아무것도 밖에서 모나드 안으로 들어오지 않는다. 모나드는 자기 내에서 개념 전체이며 오직 개념의 고유한 더 크고 더 적은 발전에 의해서만 구별된다. 그와 마찬가지로 이

---

58. 【다음 절로의 전개】 주관적 개념의 발전인 객관은 처음부터 절대적 모순이므로, 그 자신이 변증법적으로 발전한다. 그것은 '기계론적으로 규정된 객관은 직접적이고 무차별적인 객관'(보론 2)으로부터 발전의 발걸음을 개시한다.

59. 『모나드론』과 「자연과 은총의 원리들」을 참조.

단순한 총체성은 구별들의 절대적 다수성으로 분열하며, 그래서 그것들은 자립적인 모나드들이다. 모나드들의 모나드와 그것들의 내적 발전의 예정 조화 속에서 이 실체들은 그와 마찬가지로 다시 비자립성과 관념성으로 환원되어 있다. 그래서 라이프니츠 철학은 완전히 전개된 모순이다.

〈보론 1〉 절대적인 것(신)이 객관으로서 파악되고 거기에 머무르게 될 때, 근래에 주로 [8/351]피히테가 정당하게도 강조한 바의 이러한 것은 일반적으로 미신과 노예적인 두려움의 입장이다.[60] 물론 신은 객관, 게다가 단적으로 객관인바, 그에 맞서 우리의 특수한 (주관적) 사념과 의욕은 아무런 진리나 타당성도 지니지 못한다. 그러나 바로 절대적 객관으로서의 신은 어둡고 적대적인 힘으로서 주관성에 맞서 있는 것이 아니라 오히려 이 주관성을 본질적 계기로서 자기 자신 안에 포함한다. 이 점은 그리스도교의 교의에서 언명되어 있는바, 거기서는 신이 모든 인간에게 도움이 되기를 원하며 모든 인간이 축복받기를 원한다고 하고 있다. 인간에게 도움이 된다는 것, 인간이 축복받는다는 것, 이것은 인간이 신과 자기의 통일에 대한 의식에 도달하고 신이, 특히 로마인들의 종교적 의식에 대해 사실이었던 것이지만, 인간에 대해 객관이고 바로 그러함으로써 두려움과 공포의 대상이기를 그침으로써 이루어진다. 더 나아가 그리스도교에서 신이 사랑으로서 알려지고, 게다가 신이 자기와 하나인 자기의 아들에게서 개별적인 이 인간으로서 인간들에게 자기를 계시함으로써 인간들을 구제한 한에서 그렇게 알려진다면, 그와 더불어 마찬가지로 언명되는 것은 객관성과 주관성의 대립이 그 자체에서 극복되었으며,

---

60. 헤겔이 여기서 주장하는 것을 담고 있는 구절이 정확히 어디인지는 분명하지 않다. 윌리스는 「학문론 제1서론」(1797), *Werke*, 1:430을 지목하지만, 거기서 언급하는 것은 '미신과 두려움'이 아니라 '숙명론'이다. 피히테가 자신의 입장에 대립하는 것을 '미신과 두려움'으로 특징짓는 것은 '무신론 논쟁'에서이지만, 거기서는 '객관으로서의 신'에 대해 이야기하지 않는다.

우리의 일은 우리가 우리의 직접적인 주관성을 포기하고(옛 아담을 벗어 던지고) 신을 우리의 참되고 본질적인 자신으로서 의식하게 됨으로써 이 구제에 참여하는 것이다. —— 그런데 종교나 종교적 제식의 본질이 주관성과 객관성의 대립을 극복하는 데에 있는 것과 마찬가지로 학문과 좀 더 자세하게는 철학도 이 대립을 사유에 의해 극복하는 것 이외의 다른 과제를 지니지 않는다. 인식에서 일반적으로 문제가 되는 것은 우리에게 맞서 있는 객관적 세계에서 그것의 낯섦을 벗겨 버리고, 사람들 이 말하곤 하듯이, 우리를 세계 속으로 발견해 들이는 것인바, 그것이 의미하는 것은 다름 아니라 객관적인 것을 우리의 가장 내적인 자신인 개념으로 환원하는 것이다. 지금까지의 논의로부터 끌어낼 수 있는 것은 주관성과 객관성을 확고하고 추상적인 대립으로서 간주하는 것이 얼마나 전도된 것인가 하는 것이다. 양자는 단적으로 변증법적이다. 우선은 주관 적일 뿐인 개념은 이를 위해 외적 재료나 소재를 필요로 하지 않고서 자기의 고유한 활동에 따라 자기를 객관화하는 데로 나아가며, 그와 마찬가지로 객관은 경직되고 과정 없는 것이 아니라 객관의 과정이야말로 자기를 동시에 이념으로의 전진을 형성하는 주관적인 것으로서 입증하는 과정이다. 주관성과 객관성의 규정들에 친숙하지 않고 그 규정들을 그 추상에서 견지하려고 하는 자에게 [8352]일어나는 일은 이 추상적 규정들이 그가 알아채기 전에 그의 손가락 사이로 빠져나가고, 그가 스스로 말하고 자 했던 것과는 정반대의 것을 말한다는 것이다.

〈보론 2〉 객관성은 **기계론, 화학론, 목적 관계**의 세 가지 형식을 포함한다. **기계론적**으로 규정된 객관은 직접적이고 무차별적인 객관이다. 그것은 실로 구별을 포함하지만, 서로 다른 것들은 서로에 대해 무관심한 것으로 서의 태도를 취하며, 그것들의 결합은 그것들에 외면적이다. 그에 반해 **화학론**에서 객관은 객관들이 오직 그것들의 서로에 대한 관계에 의해서 만 그것들인 바의 것이고 차이가 그것들의 질을 이룰 정도로 본질적으로 차이 있는 것으로서 입증된다. 객관성의 세 번째 형태, 즉 **목적론적** 관계는 기계론과 화학론의 통일이다. 목적은 또다시 기계론적 객관과 같이 자기 내에서 완결된 총체성이지만, 화학론에서 등장한 차이의 원리에 의해 풍부해지며, 그래서 이 목적은 자기에게 맞서 있는 객관에 관계한다. 그 경우 목적의 실현은 이념으로의 이행을 형성하는 바로 그것이다.

# a. 기계론

## § 195 【기계론의 형식성】

객관은 1. 그 직접성에서는 오직 그 자체에서만의 개념이고, 주관적인 것으로서의 개념을 우선은 자기 바깥에 지니며, 모든 규정성은 외면적으로 정립된 것으로서 존재한다. 따라서 객관은 구별된 것들의 통일로서는 합성된 것, 집합이며, 타자에 대한 작용은 외면적 관계로 머문다 — 이것이 형식적 기계론이다. —— 객관들은 이러한 관계와 비자립성 속에서 그와 마찬가지로 자립적으로 머물며, 저항을 수행하면서 서로 **외면적**이다.[61]

압력과 충격이 기계적 관계들인 것과 마찬가지로, 말들이 우리에 대해 의미를 지니지 않고 감각, 표상, 사유에 외면적으로 머무르는 한에서, 우리도 기계적으로, 즉 암기하여 안다. 그 말들은 그와 마찬가

---

61. 【다음 절로의 전개】 개개의 객관적인 것의 외면적이고 형식적인 기계론은 그 구별된 것이 본래 비자립적임에도 불구하고 외면적으로 자립해 있는 까닭에, 우선 상호의 차이를 의식한 관계로 발전한다.

지로 자기 자신에게도 외면적인바, 무의미한 연속이다. 인간에게 그가 무엇을 하는지가 의례 법칙과 양심의 충고 등등에 의해 규정되고, [8353]그의 고유한 정신과 의지가 그의 행동들 안에 없으며, 그리하여 그 행동들이 그 자신에게 외면적인 것들인 한에서 행동과 경건함 등등도 마찬가지로 기계적이다.[62]

〈보론〉 객관성의 최초 형식으로서 기계론은 또한 대상적 세계의 고찰에서 반성에 대해 우선 나타나고 반성이 아주 자주 그에 머무르는 그러한 범주이기도 하다. 그렇지만 이것은 자연에 대한 관계에서나 훨씬 더하게는 정신적 세계에 대한 관계에서 충분할 수 없는 피상적이고 사상적으로 빈곤한 고찰 방식이다. 자연에서 기계론에 종속해 있는 것은 오직 여전히 자기 내에 닫혀 있는 물질의 전적으로 추상적인 관계들뿐이다. 그에 반해 좀 더 좁은 의미에서 물리적이라고 불리는 영역의 (예를 들어 빛과 열의, 자기와 전기 등등의 현상들과 같은) 현상들과 사건들은 이미 더는 단순히 기계적인 방식으로는(다시 말하면 압력과 충격, 부분들의 변위 등등에 의해서는) 설명될 수 없으며, 하물며 이 범주를 유기적 자연 영역에 응용하거나 거기로 옮겨 놓는 것은 유기적 자연의 특수한 것, 그래서 특히 식물의 영양과 성장이나 심지어 동물의 감각을 파악하는 것이 문제가 되는 한에서 훨씬 더 불충분하다. 어쨌든 근래의 자연 탐구가 단순한 기계론의 범주와 전적으로 다르고 그보다 더 고차적인 범주가 문제로 되는 곳에서도 그럼에도 불구하고 순진무구한 직관에 드러나는 것과 모순되게 이 후자의 범주들을 그토록 완고하게 고집하고 그리함으로써 적합한 자연 인식에의 길을 봉쇄하는 것은 그 자연 탐구의 아주 본질적인, 아니 핵심적인 결함으로서 여겨져야만 한다. — 다음으

---

62. 『정신현상학』에서 헤겔은 '기계적 경건'을 우리 문화의 전개에서 필연적인 단계로서 제시하며(*Su.* 3/336), 그와 마찬가지로 '정신철학' 강의 보론에서는 '기계적 기억'이 주관적 심리학의 필연적 계기라고 주장한다(*Enz.* §§ 461–64).

로 정신적 세계의 형성물들에 관해 이야기하자면, 그 세계의 고찰에서도 기계론적 견해가 다면적으로 부당하게 관철된다. 이것은 예를 들어 인간이 육체와 정신으로 이루어져 있다고 할 때 사실이다. 여기서는 이 양자가 그 자체로 자기의 존립을 지니는 것으로서 그리고 단지 외면적으로만 서로 결합하는 것으로서 여겨진다. 그리고 나서 그와 마찬가지로 또한 영혼이 자립적으로 서로 나란히 존립하는 힘들과 능력들의 단순한 복합체로서 여겨지는 일도 벌어진다. — 그러나 또한 한편으로는 기계론적 고찰 방식이 개념적 인식 일반의 지위를 차지하고 기계론을 절대적 범주로서 관철하려는 요구를 지니고서 등장하는 곳에서 그러한 고찰 방식이 단연코 거부되어야만 할지라도, 또한 다른 한편으로는 기계론에 대해 분명히 일반적인 논리적 범주의 권리와 의미가 청구되어야 하고, 그에 따라 [8354]기계론이 결코 단순히 이 범주의 명칭이 그로부터 유래한 저 자연 영역에만 제한되어서도 안 된다. 그리하여 비록 본래적인 기계학 분야 외부에서, 특히 물리학과 생리학에서 (예를 들어 무게나 지레의 작용과 같은) 기계적 작용들에 주목한다고 하더라도 그에 반대하여 이의를 제기해서는 안 된다. 다만 거기서 간과되어서는 안 되는 것은 이 영역들 내부에서 기계론의 법칙들이 더는 결정적인 것이 아니라 이를테면 다만 보조적인 위치에서 등장한다는 점이다. 그렇다면 여기에는 곧바로 자연 속에서 이런저런 방식으로 정상적으로 작용하고 있는 좀 더 고차적인, 특히 유기체적인 기능들이 보통은 종속적인 기계론이 지배적인 것으로서 두각을 드러내자마자 장애나 저지를 겪게 된다는 또 다른 주의가 연결된다. 그래서 예를 들어 소화불량을 겪는 누군가는 적은 양의 어떤 음식물을 먹은 후 위에서 압력을 감각하는 반면, 소화기관이 건강한 다른 사람은 똑같은 것을 먹었음에도 불구하고 이 감각으로부터 자유로운 상태에 머무른다. 병적 증상이 있는 신체의 지체들에서 무게에 대한 일반적 감각의 경우도 그와 마찬가지이다. — 정신적 세계의 영역에서도 기계론은 나름의, 그렇지만 마찬가지로 단지 종속적일 뿐인 지위를 지닌다. 사람들이 기계적 기억이나 예를 들어 읽기, 쓰기, 음악 연주 등등과 같은 온갖 종류의 기계적 활동에 관해 이야기하는 것은 정당하다. 여기서 기억에 관해 좀 더 자세히 말하자면, 그 행동의 기계적 방식은 심지어 그 활동들의 본질에 속한다. 이러한 사정을 근래의 교육학은 드물지 않게 예지Intelligenz의 자유에 대한 잘못 이해된 열망에서 아동 교육에 아주 해롭게도 간과해 왔다. 그럼에도 불구하고 기억의 본성을 규명하기 위해 기계학으로 도피하고 그 법칙들을 곧바로 영혼에 적용하고자 하는 자는 나쁜 심리학자로서 입증될 것이다. 기억의 기계적인 것은 바로 여기서는 일정한 부호와 음 등등이 그것들의 단순히 외면적인 결합에서 파악되고 나서 이러한 결합에서 재생산되되, 거기서는 분명히 그것들의 의미와 내적 결합에 대해서는 주목할 필요가 없다는 점에서만 존립한다. 기계적 기억과 관련된 이러한 정황을 인식하기 위해 그 이상으로 기계학을 연구할 필요는 없으며, 심리학 그 자체의 이러한 연구에서는 어떠한 수확도 생겨날 수 없다.

[8/355] § 196 【차이 있는 기계론】

객관은 자기가 그에 따라 폭력을 겪는 비자립성을 오직 스스로가 자립적인 한에서만(앞 절) 지니며, 자체적인 정립된 개념으로서 이러한 규정들의 하나가 그것의 다른 것에서 지양되는 것이 아니다. 오히려 객관은 자기의 부정, 즉 자기의 비자립성에 의해 자기를 자기 자신과 결합하고 그래서 비로소 자립적이다. 그래서 외면성과 구별되는 동시에 이 외면성을 자기의 자립성에서 부정하면서 객관은 자기와의 부정적 통일, 중심성, 주관성인 바, — 그 속에서 객관 자신은 외면적인 것으로 향하여 그것과 관계하고 있다. 이 외면적인 것도 마찬가지로 자기 속에서 중심적이며, 그 속에서 마찬가지로 다른 중심과 관계하며, 마찬가지로 자기의 중심성을 타자 안에서 지닌다. — 이것이 2. 차이 있는 기계론(낙하, 욕망, 사교 본능

등등)이다.[63]

## § 197【절대적 기계론】

이러한 관계의 전개는 추론, 즉 한 객관의 **중심적 개별성**(추상적 중심)으로서의 내재적 부정성이 다른 극단으로서의 비자립적 객관들과 그 객관들의 중심성과 비자립성을 자기 내에 통합하는 매사[중심], 즉 상대적 중심을 통해 관계한다는[64] 추론을 형성한다. — 이것이 3. 절대적 기계론이다.[65]

## § 198【추론으로서 본 기계론의 총괄】

제시된 추론(E–B–A[개별–특수–보편])은 삼중의 추론이다. 그 속에서 형식적 기계론이 자리 잡은 비자립적 객관들의 나쁜 개별성은 비자립성으로서 그와 마찬가지로 외면적 **보편성**이다. 따라서 이 객관들은 또한 절대적 중심과 상대적 중심 사이에서도 **중심[매사]**이다(A–E–B[보편–개별–특수]의 추론 형식). 왜냐하면 저 둘이 나누어져 극단들이 되고 마찬가지로 그것들이 서로에 관계되는 것은 이 비자립성에 의해서이기 때문이다. 그와 마찬가지로 [8356]실체적으로 보편적인 것으로서의 절대적 **중심성**(동일하게 머무는 중력)은 순수한 부정성으로서 그와 마찬가지로 개별성을 자기 내에 포함하는바, **상대적 중심**과 **비자립적 객관들** 사이를 매개하는 것, 즉 B–A–E(특수–보편–개별)의 추론 형식이며, 게다가 그와 마찬가지로 본질적으로 내재적 개별성에 따라서는 분화하는 것으로서 그리고 보편성에 따라서는 동일한 결집이자 방해받지 않는 자기 내 존재로서 있다.[66]

---

63. 【다음 절로의 전개】 객관은 다른 객관인 자기와의 부정적 통일을 거쳐 자립적인 객관으로 다시 한번 돌아온다. 이 차이 있는 기계론, 즉 서로의 다름을 의식한 기계론은 삼항 관계이므로 추론 속에 자리매김한다.
64. 예를 들면 추상적 중심인 태양은 비자립적 객관인 달과 중심인 지구를 통해 관계한다.
65. 【다음 절로의 전개】 기계론을, 즉 형식적 기계론→차이 있는 기계론→양자를 통일한 기계론으로 발전을 추구해 왔으므로 그것을 다음에 총괄한다.

태양계와 마찬가지로 예를 들어 실천적인 것에서 국가는 세 가지 추론의 체계이다. 1. 개별적인 것(개인)은 자기의 **특수성**(육체적이고 정신적인 욕구들, 이것은 더 나아가 그 자체로 발양되면 시민 사회를 준다)에 의해 **보편적인 것**(사회, 권리[법], 법률, 통치)과 결합한다. 2. 개인들의 의지, 활동은 사회, 권리 등등에 대한 욕구를 만족시키고 또한 사회, 권리 등등을 충족시키고 실현하는 매개하는 것이다. 3. 그러나 보편적인 것(국가, 통치, 권리)은 개인들과 그들의 만족이 그 속에서 그 충족된 실재성과 매개 및 존립을 지니고 보존하는 실체적 중심(매사)이다. 그 규정들 각각은 매개가 그것들을 다른 극단과 결합함으로써 바로 거기서 자기 자신과 결합하고 자기를 산출하는바, 이 산출이 자기보존이다. ─ 오직 이러한 결합의 본성을 통해서만, 즉 똑같은 **항**들의 추론의 이러한 삼중성을 통해서만 하나의 전체가 그 유기적 조직에서 참답게 이해된다.

## § 199 【화학론으로의 이행】

객관들이 절대적 기계론에서 지니는 실존의 **직접성**은 그것들의 자립성이 그것들의 서로에 대한 관계들을 통해, 그러므로 그것들의 비자립성을 통해 매개되어 있다는 점에서 그 **자체**에서 부정되어 있다. 그래서 객관은 자기의 실존에서 자기의 타자에 대해 **차이** 있는 것으로서 정립되어야 한다.[67]

---

66. 【다음 절로의 전개】 기계론의 개별·특수·보편이라는 '그 규정들 각각은 매개가 그것들을 다른 극단과 결합함으로써 바로 거기서 자기 자신과 결합하고 자기를 산출하는바, 이 산출이 자기보존이다.'(주해) 따라서 기계론은 자기를 산출해 가는 다음 관계로 발전한다.
67. 【다음 절로의 전개】 기계론에서의 객관의 상호 외적인 자립성은 극복되어 자기 자신으로부터 발하는 고유한 타자와의 관계, 즉 화학론으로 발전한다.

# b. 화학론

§ 200 【화학론에서의 모순】

차이 있는 객관은 그것의 본성을 이루고 그것이 그 속에서 실존을 지니는 내재적 규정성을 지닌다. 그러나 개념의 정립된 총체성으로서의 객관은 이러한 자기의 총체성과 자기 실존의 규정성의 모순이다. 따라서 객관은 이 모순을 지양하고 자기의 현존재를 개념과 동등하게 만들려는 노력이다.[68]

〈보론〉 화학론은 일반적으로 별개로 강조되는 것이 아니라 기계론과 하나로 총괄되고 이러한 총괄 속에서 기계적 관계라는 공동의 명칭 아래 합목적성의 관계에 대립되곤 하는 객관성의 범주이다. 이를 위한 동기는 기계론과 화학론이 말할 것도 없이 오직 비로소 그 자체에서만 실존하는 개념이라고 하는 것을 서로 공통으로 지니는 데 반해, 목적은 대자적으로 실존하는 개념으로서 고찰되어야 한다는 점에서 찾아져야 한다. 그러나 더 나아가 또한 기계론과 화학론은 아주 규정적으로 서로 구별되며, 게다가 객관이 기계론 형식에서는 우선은 다만 자기에 대한 무관심한 관계인 데 반해, 화학적 객관은 단적으로 타자에 관계된 것으로서 입증되는 양식에서 그러하다. 그런데 실로 기계론에서도 그것이 전개됨으로써 이미 타자에 대한 관계가 등장한다. 하지만 기계적 객관들의 서로에 대한 관계는 처음에는 단지 외면적 관계일 뿐인바, 서로에 관계된 객관들

---

68. 【다음 절로의 전개】 화학론에서는 객관의 본성과 그 실존의 모순이 곧바로 정립된다. 그 모순은 개념과 존재가 일치하도록 객관을 발전시킨다. 화학론 내부의 화학적 과정이 개념의 추리 형식에 비추어 검증된다.

에 자립성의 가상이 남아 있을 만큼 그러하다. 그래서 예를 들어 자연에서는 우리의 태양계를 형성하는 서로 다른 천체들이 서로에 대해 운동의 관계 속에 있고 이 운동을 통해 서로에 관계된 것으로 입증된다. 그렇지만 운동은 공간과 시간의 통일로서 단지 전적으로 외면적이고 추상적인 관계일 뿐이며, 그리하여 마치 그렇게 외면적으로 서로에 대해 관계하는 천체들은 서로에 대한 이러한 그들의 관계 없이도 그것들인 바의 것이자 그렇게 머무는 것처럼 보인다. — 그에 반해 화학론에서는 사정이 다르다. 화학적이고 차이 있는 객관들은 분명히 오직 그것들의 차이에 의해서만 그것들인 바의 것이고, 그래서 서로를 통해서 그리고 서로에게로 자기를 통합하려고 하는 절대적 충동이다.

[8/358] **§ 201【화학적 과정에서의 삼중의 추론】**

따라서 화학적 과정은 그것의 긴장된 극단의 **중화된 것**을 산물로 지니는데, 이 극단들은 그 **자체**에서 그 중화된 것이다. 개념, 구체적 보편은 객관들의 차이, 즉 특수화를 통해 개별성, 즉 산물과 결합하며, 그 속에서 오직 자기 자신과만 결합한다. 그와 마찬가지로 이 과정에는 또한 다른 추론들도 포함되어 있다. 개별성은 활동성으로서 마찬가지로 매개하는 것이자 또한 산물에서 현존재에 도달하는 구체적 보편, 긴장된 극단들의 본질이다.[69]

**§ 202【중화의 접근 과정과 분리 과정의 외부성】**

화학론은 아직은 객관성의 반성 관계로서 객관들의 차이 있는 본성과 더불어 객관들의 **직접적 자립성**을 전제로 지닌다. 그 과정은 하나의 형식으로부터 다른 형식으로 왔다 갔다 하는 것인바, 그 형식들은 동시에 여전히 외면적으로 머문다. — 중화된 산물에서는 극단들이 서로에 맞서

---

69.【다음 절로의 전개】화학적 과정의 특징은 중화인 까닭에, 다음에 중화를 낳는 과정과 중화된 것이 분열하는 과정이 고찰된다.

지녔던 규정된 특성들이 지양되어 있다. 그 산물은 분명 개념에 따르지만, 직접성으로 다시 주저앉은 것으로서의 그것에는 차이화라는 **활력**을 불어 넣는 원리가 실존하지 않는다. 그런 까닭에 중화된 것은 분리될 수 있는 것이다. 그러나 중화된 것을 차이 있는 극단들로 분화하고 무차별적인 객관 일반에 대해 타자에 맞서 *그것의 차이와 활력을 주는 근원 분할[판단]* 하는 원리와 긴장하는 분리로서의 그 과정은 저 최초의 과정 바깥에 속한다.[70]

〈보론〉 화학적 과정은 아직도 유한하고 조건 지어진 과정이다. 개념 그 자체는 단지 겨우 이 과정의 내적인 것일 뿐이며, 여기서는 아직 자기의 대자존재에서 실존에 도달하지 못한다. 중화된 산물에서 그 과정 은 소실되었고, 자극하는 것은 그 과정 외부에 속한다.

## § 203 【화학론에서 목적론으로】

그러나 이 두 과정의 외면성과 중화된 것으로의 차이 있는 것의 환원 그리고 [839]무차별적인 것이나 중화된 것을 서로에 대해 자립적인 것으로 서 나타나게 하는 그것들의 차이화는 그것들이 지양된 산물들로의 이행에 서 그것들의 유한성을 보여준다. 역으로 그 과정은 차이 있는 객관들의 전제된 직접성을 허무한 것으로서 제시한다. — 개념이 객관으로서 거기 로 침몰해 있던 외면성과 직접성의 이러한 **부정**을 통해 개념은 저 외면성과 직접성에 맞서 자유롭고 대자적으로, — 목적으로서 정립된다.[71]

---

70. 【다음 절로의 전개】 중화에는 접근 과정이 있지만, 일단 접근하게 되면 객관에 활력을 불어넣는 객관을 분리하는 과정이 없다. 이로 인해 화학론은 자기 과정으로서는 불충분 하며, 더 나아간 관계로 발전한다.
71. 【다음 절로의 전개】 화학론의 최고 단계인 중화 과정에서도 객관의 직접성이나 외면성 은 극복할 수 없다. 해결의 길은 객관을 산출한 개념 그 자체가 지니는 목적성밖에 없다.

〈보론〉 화학론의 목적론적 관계로의 이행은 화학적 과정의 두 형식이 서로를 상호적으로 지양한다는 점에 포함되어 있다. 그에 의해 성립하는 것, 그것은 화학론과 기계론에서 단지 겨우 그 자체에서만 현존하는 개념의 해방인바, 이리하여 대자적으로 실존하는 개념이 목적이다.

## c. 목적론

### § 204 【목적론의 전체】

목적은 직접적인 객관성의 **부정**을 매개로 하여 자유로운 실재로 들어선 대자−존재하는 개념이다. 목적은 이 부정이 우선은 추상적이고 따라서 무엇보다도 우선 객관성이 또한 맞서 있을 뿐이라는 점에서 주관적인 것으로서 규정되어 있다. 그러나 주관성이라는 이러한 규정성은 개념의 총체성에 비해 일면적이며, 게다가 목적 자신에 대해 일면적인데, 왜냐하면 목적 속에서는 모든 규정성이 지양된 것으로서 정립되었기 때문이다. 그래서 또한 목적에 대해 전제된 객관은 단지 하나의 관념적인, 그 자체에서 허무한 실재성일 뿐이다. 목적 속에서 정립된 부정과 대립에 대한 목적의 자기와의 동일성의 이러한 모순으로서 목적은 그 자신이 지양 작용, 즉 대립을 부정하여 그것을 자기와 동일하게 정립하는 **활동**이다. 이러한 것이 목적의 실현인바, 이 실현에서 목적은 자기를 자기의 주관성의 타자로 만들고 자기를 객관화함으로써 양자의 구별을 지양하여 자기를 오직 자기와만 결합하고 자기를 보존한다.[72]

---

72. 【다음 절로의 전개】 목적은 자기 안에 있는 대립을 부정하여 그것을 자기와 동일하게 정립하는 활동이며, 자기를 보존하는 변증법적인 것이다. '목적은 사변적 파악을 요구'(주해)하므로, 그 변증법적인 발전 과정이 순서에 따라 해명된다.

[8/360]목적 개념은 한편으로는 불필요하게, 그 밖에는 정당하게 이성 개념이라고 불려 왔고, 지성이 그 자신에서 지니지 않는 특수한 것에 대해 단지 포섭적으로만 관계하는 것으로서의 지성의 추상적 보편에 대립되어 왔다. — 더 나아가 목적인으로서의 목적과 단순한 작용인, 다시 말하면 통상적으로 그렇게 불리는 원인의 구별은 최고의 중요성을 지닌다. 원인은 아직 드러나지 않은 맹목적 필연성에 속한다. 그런 까닭에 원인은 자기의 타자로 이행하고 그러한 가운데 자기의 근원성을 정립된 존재에서 상실하고 있는 것으로서 나타난다. 오직 그 자체에서 또는 우리에 대해서만 원인은 결과에서 비로소 원인이고 자기 내로 되돌아가고 있다. 그에 반해 목적은 그 자신 속에 규정성 또는 거기서 아직은 타자 존재로서 나타나는 것, 즉 결과를 포함하는 것으로서 정립되어 있으며, 그리하여 목적은 자기의 활동에서 이행하는 것이 아니라 자기를 보존한다. 다시 말하면 목적은 오직 자기 자신만을 생기게 하며, 끝[목적]에서 자기가 시초에서, 근원성에서 그것이었던 바의 그것이다. 이러한 자기보존을 통해 비로소 참으로 근원적인 것이 있다. — 그 자신이 자기 규정들의 고유한 통일과 관념성 속에서 판단[근원 분할] 또는 부정, 즉 주관적인 것과 객관적인 것의 대립을 포함하고 그와 마찬가지로 그것의 지양인 개념으로서 목적은 사변적 파악을 요구한다.

목적에서는 곧바로 또는 단순히 그것이 의식에서 표상 속에 현존하는 규정으로서 존재하는 형식이 생각되어서는 안 된다. 칸트는 내적 합목적성의 개념을 가지고서 이념 일반과 특히 생명의 이념을 다시 일깨웠다. 생명에 대한 아리스토텔레스의 규정은[73] 이미 내적 합목적

---

73. 『영혼에 대하여』 2.1.412a14를 참조: '생명으로 우리가 의미하는 것은 성장 및 쇠퇴와 더불어 자기-영양이다.' 2.415b15: '영혼은 그 육체의 목적이다.' 그러나 아리스토텔레스의 주된 목적론 논의는 『자연학』 2.8에서 찾아볼 수 있다. 칸트의 '내적 합목적성'론에

성을 포함하며, 따라서 그것은 오직 유한한 합목적성, 외적 합목적성만을 자기 앞에 지녔던 근대 목적론의 개념보다 무한히 높이 서 있다.

욕구나 충동은 목적의 가장 가까이 놓여 있는 예들이다. 그것들은 [8/361]살아 있는 주관 자신의 **내부에서** 발생하는 느껴진 모순이며, 아직 단순한 주관성인 이러한 부정을 부정하는 활동으로 들어간다. **만족**은 주관과 객관 사이에 평화를 회복한다. 왜냐하면 아직 현존하는 모순(욕구) 속에서 저편에 서 있는 객관적인 것은 그와 마찬가지로 주관적인 것과 합일함으로써 이러한 자기의 일면성에 따라 지양되기 때문이다. — 주관적인 것이든 객관적인 것이든 유한한 것의 확고함과 극복 불가능성을 이야기하는 사람들은 각각의 모든 충동에서 반대의 예를 지닌다. 충동은 말하자면 주관적인 것이 단지 일면적일 뿐이고 객관적인 것과 마찬가지로 아무런 진리도 갖지 않는다고 하는 **확신**이다. 충동은 더 나아가 이러한 자기 확신의 **실행**이다. 충동은 이러한 대립, 즉 단지 주관적인 것일 뿐이고 그에 머무르는 주관적인 것 및 그와 마찬가지로 단지 객관적인 것일 뿐이고 그에 머무르는 객관적인 것과 이러한 그들의 유한성을 지양하는 것을 성취한다.

목적의 활동에서 역시 주의할 수 있는 것은 그 목적 활동인 바의 것이자 목적을 실현의 수단을 통해 그 자신과 결합하는 **추론**에서 본질적으로 항들의 부정이 출현한다는 점이다. — 이것은 목적 그 자체에서 출현하는 직접적 주관성 및 (수단 및 전제된 객관들의) **직접적 객관성**의 방금 언급된 부정이다. 이것은 정신의 신으로의 고양에서 세계의 우연한 사물들 및 자신의 주관성에 대해 행사되는 것과 똑같은 부정이다. 그것은 **서론**과 § 192에서 언급했듯이 이른바

---

대해서는 §§ 61~66을 참조. '유한한 합목적성 또는 외적 합목적성'의 주된 지지자들은 볼프의 추종자들이었다.

신의 현존재에 관한 증명들에서 이러한 고양에 주어지는 형식의 지성 추론들에서 간과되고 누락되는 계기이다.

[8/362] § 205 【목적론의 첫 번째, 외면적 합목적성】

목적론적 관계는 직접적인 것으로서 우선은 **외면적 합목적성**이며, 개념은 전제된 것으로서의 객관에 맞서 있다. 따라서 목적은 유한하며, 이와 더불어 한편으로는 그 **내용**에 따라서, 다른 한편으로는 목적이 자기실현의 **재료**로서 발견되는 객관에서 외면적 조건을 가진다는 점에 따라서 유한하다. 그런 한에서 목적의 자기 규정은 오직 형식적일 뿐이다. 좀 더 자세히 하자면 그 직접성 속에는 **특수성**(형식 규정으로서는 목적의 주관성)이 자기 내 반성된 것으로서, 내용이 형식의 총체성, 그 자체에서의 주관성, 개념과 **구별된** 것으로서 나타난다는 것이 놓여 있다. 이러한 상이성은 목적의 그 자신 내부에서의 유한성을 이룬다. 이에 의해 내용은 객관이 특수하고 발견된 것인 것과 마찬가지로 제한된 것, 우연한 것, 주어진 것이다.[74]

〈보론〉 목적에 관해 말할 때 사람들은 거기서 오직 외면적 합목적성만을 염두에 두곤 한다. 이러한 고찰 방식에서 사물들은 자기의 규정을 자기 자신 속에 담지하는 것으로서가 아니라 단순히 자기 외부에 놓여 있는 목적의 실현을 위해 사용되고 소비되는 수단으로서만 여겨진다. 이러한 것은 일반적으로 이전에 학문들에서도 커다란 역할을 했지만, 그 이후 곧바로 당연한 불신을 받게 되었고 사물들의 본성에 대한 참다운 통찰을 위해 충분하지 않은 것으로서 인식된 **유용성**의 관점이다. 물론 유한한 사물들 그 자체에 대해서는 우리가 그것들을 최종적이 아닌 것으로서 그리고 자기 너머를 지시하는 것으로서 고찰함으로써 그것들의 권리가

---

74. 【다음 절로의 전개】목적의 실현인 객관을 주관성의 특수성을 실현하는 것으로서 파악하면, 목적론을 추론 형식에서 보는 것이 가능해진다.

주어져야만 한다. 그렇지만 유한한 사물들의 이러한 부정성은 그것들의 고유한 변증법이며, 이 변증법을 인식하기 위해 우리는 우선 그것들의 긍정적 내용에 관여해야 한다. 그 밖에 목적론적 고찰 방식에서는 특히 자연에서 고지되는 신의 지혜를 제시하고자 하는 선의의 관심이 문제가 되는 한에서, 주의해야 하는 것은 이렇게 사물들이 수단으로서 봉사하는 목적들을 찾아내는 것을 가지고서는 우리가 유한한 것을 벗어나지 못하고 쉽사리 빈곤한 반성들에 빠진다는 것인바, 그래서 예를 들면 포도나무가 그것이 인간에게 제공하는 잘 알려진 유용함의 관점에서 고찰될 뿐만 아니라 또한 코르크나무도 <sup>[836]</sup>포도주병을 막기 위해 그 껍질에서 잘라내는 마개와의 관계에서 고찰된다. 이전에는 책들 전체가 이러한 정신으로 저술되었던바, 그러한 방식으로는 종교의 참된 관심도 학문의 관심도 촉진될 수 없다는 것은 쉽게 짐작될 수 있다. 외적 합목적성은 이념의 바로 앞에 서 있다. 하지만 그렇게 문턱에 서 있는 것은 종종 바로 가장 불충분한 것이다.

§ 206 【목적론의 추론 형식】

목적론적 관계는 주관적 목적이 자기에게 외면적인 객관성과 매사(중심)를 통해 결합하는 추론인바, 그 매사는 **합목적적 활동**으로서는 주관적 목적과 외면적 객관성의 통일이며 목적하에 **직접적으로** 정립되는 객관성으로서는 수단이다.[75]

〈보론〉 이념으로의 목적의 발전은 세 단계, 즉 **첫째**, 주관적 목적의 단계, **둘째**, 자기를 성취하는 목적의 단계, 그리고 **셋째**, 성취된 목적의 단계를 통해 이루어진다. ── 최초에 우리는 주관적 목적을 가지며, 이 목적은 대자적으로 존재하는 개념으로서 그 자신이 개념 계기들의 총체성

---

75. 【다음 절로의 전개】 목적론 전체가 '주관적 목적─중심─외면적 객관성'의 삼 항 형식의 추론인 까닭에, 각각이 또한 보편·특수·개별의 개념 요소로부터 다시 파악된다.

이다. 이 계기들 가운데 첫 번째 것은 자기와 동일한 보편성의 계기, 이를테면 모든 것이 그 안에 포함되어 있지만, 아직 아무것도 분리되지 않은 중화적인 최초의 물이다.[76] 그리고 나서 두 번째 계기는 이 보편적인 것의 특수화인바, 이에 의해 보편적인 것은 규정된 내용을 얻는다. 다음으로 이 규정된 내용이 보편적인 것의 활동을 통해 정립됨으로써 보편적인 것은 그 내용에 의해 자기 자신에게로 되돌아와 자기를 자기 자신과 결합한다*zusammenschließt*. 그에 따라 우리는 또한 우리가 하나의 목적을 세울 때도 우리가 무언가를 결정하고*beschließen* 그리하여 우리를 우선은 이를테면 열린 것으로서 그리고 이런저런 규정에 접근할 수 있는 것으로서 간주한다고 말한다. 그러나 그 경우 그것은 또한 마찬가지로 우리가 무언가를 결심했다*entschlossen*는 것을 의미하는데, 그것은 주관이 자기의 단지 대자적으로만 존재하는 내면성에서 밖으로 나와 자기에게 맞서 있는 객관성에 관여한다는 것을 표현한다. 그렇다면 이러한 것은 단순히 주관적일 뿐인 목적으로부터 밖으로 향한 합목적적 활동으로의 전진을 준다.

### § 207 【주관적 목적 자신의 추론적 성격】

1. 주관적 목적은 보편적 개념이 특수성을 통해 개별성과 결합하는 추론이다. 그래서 거기서는 자기 규정으로서의 개별성이 판단(근원 분할)하는바, 다시 말하면 개별성은 아직은 무규정적인 저 보편적인 것을 특수화하여 |836|규정된 내용으로 삼을 뿐 아니라 또한 주관성과 객관성의 대립도 정립하며, ― 동시에 그 자신에서 자기 내 복귀이다. 왜냐하면 개별성은 객관에 맞서 전제된 개념의 주관성을 자기 안에서 완결된 총체성과 비교하여 결함 있는 것으로서 규정하며 그와 동시에 밖으로 향하기 때문이다.[77]

---

76. 이것은 이오니아 철학의 시작을 이루는 탈레스의 테제를 가리키고 있다. 그러나 물은 헤겔의 원소론에서 '중화적인' 원소이기도 하다.

§ 208【합목적적 활동은 장악하는 힘】

2. 이러한 밖으로 향한 활동은 — 주관적 목적에서는 내용과 더불어 또한 외면적 객관성도 포함하는 특수성과 동일한 — 개별성으로서 첫째, 직접적으로 객관과 관계하고 그것을 수단으로서 자기 것으로 장악한다. 개념은 이러한 직접적인 힘이다. 왜냐하면 개념은 객관의 존재가 그 속에서 철저히 오직 관념적인 것으로서만 규정되어 있는, 자기와 동일한 부정성이기 때문이다. — 이제 온전한 중심[매사]은 활동성으로서의 이러한 개념의 내적인 힘인바, 수단으로서의 객관은 그 활동성과 직접적으로 합일되어 그 밑에 서 있다.[78]

유한한 합목적성에서 중심은 이렇듯 서로 외면적인 두 계기, 즉 활동성과 수단으로 이바지하는 객관으로 갈라진 것이다. 힘으로서의 목적이 이러한 객관과 맺는 관계와 그것을 자기 밑에 종속시키는 것은 대자적으로 존재하는 관념성으로서의 개념 속에서 객관이 그 자체에서 허무한 것으로서 정립되어 있는 한에서 직접적인바, — 그 관계는 추론의 첫 번째 전제이다. 이 관계 또는 첫 번째 전제는 그 자신이 중심이 되는데, 이 중심은 동시에 자기 내에서 추론이다. 왜냐하면 목적은 자기가 그 안에 포함되어 계속해서 지배하고 있는 이러한 관계, 즉 자기의 활동성에 의해 객관성과 결합하기 때문이다.

〈보론〉 목적의 실행은 목적을 실현하는 매개된 방식이다. 그러나 또한 직접적 실현도 그와 마찬가지로 필요하다. 목적은 객관을 직접적으로

---

77. 【다음 절로의 전개】 주관적 목적 자신도 추론 형식을 지닌다. 이에 따라 헤겔은 주관적 목적이 그 실현성을 불충분하다고 자각함으로써 밖으로 향하는 내적 충동을 지닌다고 설명한다. 헤겔은 다음에 중심인 합목적적 활동을 힘으로서 다시 파악한다.
78. 【다음 절로의 전개】 합목적적 활동은 객관을 장악하는 내적인 힘이라는 것이 밝혀졌다. 그것은 객관을 도구로서 구사한다. 그 과정이 다음에 음미된다.

움켜쥔다. 왜냐하면 목적은 자기 속에 특수성이 그리고 [8/365]이 특수성 속에는 또한 객관성이 포함된 까닭에 객관에 대한 힘이기 때문이다. — 살아 있는 것은 신체를 지닌다. 영혼은 그 신체를 장악하고 그 속에서 자기를 직접적으로 객관화했다. 인간의 영혼은 자기의 육체성을 수단으로 삼는 것과 많은 관계를 지닌다. 인간은 자기가 자기 영혼의 도구가 되기 위해서는 이를테면 비로소 자기의 신체를 소유해야만 한다.

### § 209 【합목적적 활동의 '이성의 책략'】

3. 자기의 수단을 지니는 합목적적 활동은 아직도 밖으로 향해 있다. 왜냐하면 목적은 또한 객관과 동일하지 않기도 하기 때문이다. 따라서 목적은 또한 비로소 객관과 매개되어야만 한다. 수단은 객관으로서 이 두 번째 전제 속에서 추론의 다른 극단, 즉 전제된 것으로서의 객관성, 재료와의 직접적인 관계 속에 존재한다. 이 관계는 이제 목적에 이바지하는 기계론과 화학론의 영역인바, 목적은 그것들의 진리이자 자유로운 개념이다. 객관적인 것이 그 속에서 서로에게서 마멸되고 지양되는 그러한 과정들의 힘으로서의 주관적 목적이 그 과정들 밖에서 자기 자신을 견지하고 그 과정들 안에서 자기를 유지하는 것이라는 것, 이것이 이성의 책략[간지]이다.[79]

〈보론〉 이성은 위력적인 만큼이나 책략적이기도 하다. 책략은 일반적으로 객관들을 그것들의 고유한 본성에 따라 서로에게 작용하게 하고 서로에게서 지쳐 쓰러지도록 하되 자기는 직접적으로 이 과정에 끼어들지 않고, 그럼에도 불구하고 오직 자기의 목적만을 성취하는 매개하는 활동에

---

79. 【다음 절로의 전개】 마지막 문장에서는 주관적 목적을 § 207에서의 '밖으로 향하는' 점이, § 208에서의 '힘'으로 파악한 점이 살려져 있다. 이성의 책략이란 노동 과정에서 객관들을 혹사하면서 자신의 목적을 실현하는 '매개적 활동'이다. 다음에 '실현된 목적' 의 의미가 문제가 된다.

존립한다. 이러한 의미에서 우리는 신적 섭리가 이 세계와 그 과정에 대해 절대적 책략으로서 행동한다고 말할 수 있다. 신은 자기의 특수한 정열과 관심을 지닌 인간들을 내버려 두며, 그에 의해 이루어지는 것은 그가 거기서 이용하는 인간들에게 우선 문제가 되는 것과는 다른 것인 그의 의도의 성취이다.

## § 210 【실현된 목적】

실현된 목적은 그래서 주관적인 것과 객관적인 것의 **정립된 통일**이다. 그러나 이 통일은 본질적으로 주관적인 것과 객관적인 것이 오직 그것들의 **일면성**에 따라서는 중화되고 지양되지만, 객관적인 것이 [8/366]자유로운 개념으로서의 목적에, 그리하여 자기에 대한 위력에 종속하고 적합하게 된다는 것으로 규정되어 있다. 목적은 객관적인 것에 맞서 그리고 그것 속에서 자기를 보존한다. 왜냐하면 목적은 **일면적인 주관적인 것, 특수한** 것이라는 점 이외에 또한 구체적 보편, 즉 양자의 그 자체에서 존재하는 동일성이기도 하기 때문이다. 이 보편적인 것은 단순하게 자기 내로 반성된 것으로서 추론의 세 개의 모든 **명사[항]**와 그것들의 운동을 통해 같은 것으로 머무는 내용이다.[80]

## § 211 【실현된 목적의 유한성】

그러나 유한한 합목적성에서는 성취된 목적도 그것이 중심[매사]과 최초의 목적이었던 만큼이나 자기 안에서 분열된 것이다. 따라서 단지 발견된 재료에서 **외면적으로** 정립된 형식만이 성립했던바, 이 형식은 제한된 목적 내용 때문에 마찬가지로 우연적인 규정이다. 따라서 달성된 목적은 다만 또다시 다른 목적을 위한 수단이나 재료이고 무한히 계속해서

---

80. 【다음 절로의 전개】 실현된 목적이 주관과 객관의 대립물의 통일로서 정식화되고, 객관의 목적론은 완결되었다. 다음의 발전을 위해 거기에 잠재된 부정적 관계가 문제로 된다. 그것은 '유한한 합목적성'이다.

그러한 하나의 객관일 뿐이다.[81]

### § 212 【목적론에서 이념으로】

그러나 목적의 실현에서 그 자체에서 벌어지는 것은 **일면적인 주관성**과 이 주관성에 맞서 현존하는 객관적 자립성의 가상이 지양된다는 것이다. 수단을 붙잡는 데서 개념은 자기를 객관의 그 자체에서 존재하는 본질로서 정립한다. 기계적 과정과 화학적 과정에서 객관의 자립성은 이미 그 자체에서 사라졌으며, 목적의 지배 아래 있는 그 과정들의 진행에서는 저 자립성의 가상, 곧 개념에 맞선 부정적인 것이 지양된다. 그러나 성취된 목적이 다만 수단과 재료로서만 규정되어 있다는 점에서 이 객관은 곧바로 이미 그 자체에서 허무한 것, 단지 관념적일 뿐인 것으로서 정립되어 있다. 이와 더불어 또한 내용과 형식의 대립도 사라졌다. 목적이 형식 규정들의 지양을 통해 자기 자신과 결합한다는 점에서 형식은 자기와 동일한 것으로서, 이리하여 내용으로서 정립되어 있으며, 그리하여 개념은 형식 활동성으로서 [8/367]오직 자기만을 내용으로 지닌다. 이러한 과정을 통해 일반적으로 목적의 개념이었던 것, 즉 주관적인 것과 객관적인 것의 그 자체에서 존재하는 통일이 이제 대자적으로 존재하는 것으로서 정립되어 있는바, ― 이것이 이념이다.[82]

〈보론〉 목적의 유한성은 목적의 실현에서 그것을 위한 수단으로서 사용된 재료가 오직 외면적으로만 그 밑에 포섭되고 그에 적합하게 된다는 점에 존립한다. 그러나 실제로 객관은 그 자체에서 개념이며, 개념이 목적으로서 객관 속에서 실현된다는 점에서 이러한 것은 다만 객관의

---

81. 【다음 절로의 전개】 실현된 목적의 유한성은 그 내부에 무한히 계속되는 관계를 지닌다.
82. 【다음 절로의 전개】 목적의 형태에서의 주관적 개념은 객관 속에서 목적의 미성취라는 기만을 극복하면서 한 걸음 한 걸음 실현되며, 주관적인 것과 객관적인 것의 대자적으로 존재하는 통일이 된다. 그러한 기만의 창출―대립―해소 과정이 개념의 이념 단계이다.

고유한 내적인 것의 현현일 뿐이다. 그래서 객관성은 이를테면 개념이 그 밑에 숨어 있는 외피일 뿐이다. 우리는 유한한 것에서는 목적이 참으로 달성된다는 것을 체험하거나 볼 수 없다. 그래서 무한한 목적의 성취는 다만 그것이 아직 성취되지 않았다고 하는 기만을 지양하는 것일 뿐이다. 선, 절대적으로 선한 것은 자기를 영원히 세계 속에서 성취하며, 그 결과는 선이 이미 자체적이고도 대자적으로 성취되었고 비로소 우리를 기다릴 필요가 없다고 하는 것이다. 이 기만은 우리가 그 속에서 살아가는 바로 그것이며, 동시에 오로지 그 기만만이 세계에 관한 관심이 그에 기반하는 활동하는 것이다. 이념은 그 과정에서 자기 스스로 저 기만을 만들며, 타자를 자기에게 대립시키는바, 이념의 행위는 이 기만을 지양하는 데 존립한다. 진리는 오직 이러한 오류로부터만 출현하며, 바로 여기에 오류 및 유한성과의 화해가 놓여 있다. 타자존재 또는 오류는 지양된 것으로서 그 자신이 진리의 필연적 계기인바, 진리는 오직 자기를 자기의 고유한 결과로 만듦으로써만 존재한다.

# C. 이념

§ 213 【개념과 객관성의 진리로서의 이념】

이념은 자체적으로도 대자적으로도 참된 것, 개념과 객관성의 절대적 통일이다. 이념의 관념적 내용은 그 규정들에서의 개념 이외에 다른 것이 아니다. 이념의 실재적 내용은 개념이 외면적 현존재의 형식에서 자기에게 부여하는 개념의 표현일 뿐인바, 개념은 이 형태를 자기의 관념성 속으로 포함하여 자기의 힘 속에서 보존하며, 그래서 자기를 그 표현 속에서 보존한다.[83]

그런데 절대자는 이념이라고 하는 절대자의 정의는 [8/368]그 자신이 절대적이다. 지금까지의 모든 정의는 이 정의로 되돌아간다. — 이념은 진리이다. 왜냐하면 진리는 다음의 것, 즉 객관성이 개념에 상응한다는 것이지, — 외면적 사물들이 나의 표상들에 상응한다는 것이 아니기 때문이다. 이러한 것은 단지 나, 이것이 지니는 올바른 표상들일 뿐이다. 이념에서는 이것들이, 또한 표상들이, 또한 외면적 사물들이 문제가 되지 않는다. — 그러나 모든 현실적인 것도 그것이 참된 것인 한에서는 이념이며, 자기의 진리를 오로지 이념을 통해서만 그리고 이념의 힘에 의해서만 지닌다. 개별적 존재는 이념의 어떤 하나의 측면이며, 따라서 이것을 위해서는 마찬가지로 특히

---

83. 【다음 절로의 전개】이념은 개념과 객관성의 절대적 통일이다. 그 진리성이 이 절에서, 그 통일성이 다음 절에서 확인된다.

대자적으로 존립하는 것으로서 나타나는 또 다른 현실성들이 필요로 된다. 개념은 오로지 그것들 속에서만 함께 그리고 그것들의 관계에 서만 실현된다. 개별적인 것은 그 자체로 자기의 개념에 상응하지 않는다. 개별적인 것의 현존재의 이러한 제한성이 그것의 유한성과 그것의 몰락을 이룬다.

개념이 단순히 규정된 개념으로서만 받아들여져서는 안 되는 것과 마찬가지로 이념 자신도 어떤 무언가의 이념으로서 받아들여져서는 안 된다. 절대적인 것은 근원 분할[판단]하는 것으로서 자기를 규정된 이념들의 체계로 특수화하는 보편적인 하나의 이념이지만, 그 규정된 이념들은 그 하나의 이념, 즉 자기들의 진리로 되돌아가는 그러한 것일 뿐이다. 이러한 판단으로부터는 이념이 우선은 단지 하나의 보편적인 실체라는 것이 나온다. 그러나 이념의 전개된 참다운 현실성 은 이념이 주체로서, 그래서 정신으로서 존재한다는 것이다.

이념이 실존을 그 출발점이나 지지점으로 지니지 않는 한에서, 이념은 흔히 단순히 형식적일 뿐인 논리적인 것으로 받아들여진다. 우리는 그러한 견해를 실존하는 사물과 아직 이념으로까지 관통되지 못한 그 이상의 모든 규정을 여전히 이른바 실재성과 참다운 현실성으 로 간주하는 입장들에 맡겨야만 한다. —— 이념이 단지 추상적인 것일 뿐인 것처럼 생각하는 표상도 그와 마찬가지로 거짓이다. 이념 은 물론 **참되지 않은** 모든 것이 이념 속에서 소진되는 한에서 추상적인 것이다. 그러나 이념은 그 자신에서 본질적으로 **구체적**이다. 왜냐하 면 이념은 자유로운, 즉 자기 자신을 그리고 이와 더불어 실재성으로 규정하는 [8/369]개념이기 때문이다. 이념은 이념의 원리인 개념이 그것이 존재하는 대로, 즉 그것의 자기 내로의 부정적 복귀로서 그리고 주관성으로서가 아니라 추상적 통일로서 받아들여질 때만 형식적– 추상적인 것일 터이다.

〈보론〉 진리를 우리는 우선은 내가 어떤 것이 어떻게 있는지를 안다는 것으로 이해한다. 그렇지만 이러한 것은 단지 의식과의 관계에서만의 진리 또는 형식적 진리, 단순한 올바름이다. 그에 반해 진리는 좀 더 깊은 의미에서는 객관성이 개념과 동일하다는 것에 존립한다. 진리의 이러한 좀 더 깊은 의미는 예를 들어 참된 국가나 참된 예술작품에 관해 이야기할 때 문제가 되는 바로 그것이다. 이 대상들은 그것들이 마땅히 그래야 할 바로 그것일 때, 다시 말하면 그것들의 실재성이 그 개념에 일치할 때 참이다. 그렇게 파악하면 참되지 않은 것은 보통 나쁜 것이라고 도 불리는 것과 같은 것이다. 나쁜 인간은 참되지 않은 인간, 다시 말하면 인간의 개념이나 인간의 규정에 적합하지 않게 행동하는 인간이다. 그렇 지만 개념과 실재성의 동일성 없이는 전적으로 아무것도 존립할 수 없다. 나쁘고 참되지 않은 것도 오직 그것의 실재성이 여전히 어떻게든 자기의 개념에 적합한 한에서만 존재한다. 바로 그런 까닭에 전적으로 나쁘거나 개념에 어긋나는 것은 자기 자신 내에서 몰락하는 것이다. 오로지 개념만 이 바로 그에 의해 세계 속의 사물들이 자기들의 존립을 지니는 그것이다. 다시 종교적 표상의 언어로 말하자면, 사물들은 오직 그것들에 내재하는 신적이고 따라서 창조적인 사상에 의해서만 바로 그것들인 바의 그것이다. — 이념에 관해 말할 때 우리는 이 이념을 무언가 멀리 떨어진 저편의 것으로 표상해서는 안 된다. 오히려 이념은 전적으로 현재적인 것이며, 그와 마찬가지로 이념은 비록 흐려지고 위축되어 있을지라도 각각의 모든 의식에서도 발견된다. — 우리는 세계를 신에 의해 창조된 거대한 전체로서, 게다가 신이 세계 속에서 자기를 우리에게 알려주었다고 표상 한다. 그와 마찬가지로 우리는 세계를 신적인 섭리에 의해 통치되는 것으로서 간주하는바, 거기에는 세계의 상호외재란 세계가 그로부터 출현한 통일로 영원히 되돌아가며 그에 적합하게 보존된다는 것이 놓여 있다. — 철학에서는 예로부터 이념의 사유하는 인식 이외에 다른 어떤 것도 문제가 되지 않았으며, 철학이라는 이름을 받을 만한 모든 것의 근저에는 언제나 지성에게는 단지 그 분리에서만 타당한 것의 절대적 통일에 대한 의식이 놓여 왔다. — 이념이 진리라는 것에 대해서는 그 증명이 지금 비로소 요구되어야 하는 것이 아니다. 사유의 지금까지의 실행과 발전 전체가 [8/370]이 증명을 포함하는 것이다. 이념은 이러한 진행 과정의 결과이다. 그렇지만 그 결과가 마치 이념이 단지 매개될 뿐인 것, 다시 말하면 이념 자신과는 다른 것에 의해 매개된 것인 것처럼 이해되어서는 안 된다. 오히려 이념은 그 자신의 결과이며 그러한 것으로서 매개된 것만큼이나 직접적인 것이다. 지금까지 고찰된 존재와 본질 그리고 그와 마찬가지로 개념과 객관성의 단계들은 이러한 그것들의 구별에서 고정되고 자기에 기반하는 것이 아니다. 오히려 그것들은 변증 법적인 것으로서 입증되었으며, 그것들의 진리는 다만 이념의 계기들이라고 하는 것뿐이다.

### § 214 【이념의 통일성】

이념은 이성으로서(이러한 것이 이성을 위한 본래의 철학적 의미이다), 더 나아가 주관–객관으로서, 관념적인 것과 실재적인 것의, 유한한 것과 무한한 것의, 영혼과 육체의 통일로서, 자기의 현실성을 자기 자신에서 지니는 가능성으로서, 그 본성이 오직 실존하는 것으로서만 개념 파악될 수 있는 것 등등으로서 파악될 수 있다. 왜냐하면 이념 속에는 지성의 모든 관계가, 그러나 그것들의 자기 내로의 무한한 복귀와 동일성에서 포함되어 있기 때문이다.[84]

지성은 이념에 관해 말해지는 모든 것을 자기 안에서 모순되는

---

84. 【다음 절로의 전개】 이념은 주관과 객관을 고정적으로 구별하는 지성과도, 주관 즉 객관으로서 그 통일을 고집하는 이해와도 달리 주관과 객관을 대립하는 통일, '그것들의 자기 내로의 무한한 복귀와 동일성에서 포함'하는 운동이다. 이념이 지니는 운동적 성격의 음미가 다음의 과제가 된다.

것으로서 제시하는 손쉬운 일을 지닌다. 이러한 것은 지성에게 마찬가지로 되돌려질 수 있거나 오히려 그것은 이미 이념 속에서 성취되어 있다. — 이 일은 이성의 일이며, 물론 지성의 일처럼 쉽지는 않다. — 지성이 예를 들어 주관적인 것은 단지 주관적일 뿐이고 객관적인 것은 오히려 주관적인 것에 대립될 수 있으며, 존재는 개념과는 전적으로 다른 것이고 따라서 개념에서 끄집어내질 수 없고,[85] 그와 마찬가지로 유한한 것은 단지 유한하고 무한한 것의 정반대물일 뿐인바, 그러므로 무한한 것과 동일하지 않으며, 모든 규정을 관통하여 계속해서 그러한 까닭에, 이념은 자기 자신과 모순된다는 것을 보여줄 때, 논리학은 오히려 그와 대립된 것, 요컨대 오직 주관적이기만 해야 하는 주관적인 것, 오직 유한하기만 해야 하는 유한한 것, 오직 무한하기만 해야 하는 무한한 것, 등등은 아무런 진리도 지니지 않고, 자기에게 모순되며, 자기의 [837]반대물로 이행하는바, 거기서 이러한 이행과 그 속에서 극단들이 지양된 것으로서, 가현이나 계기로서 존재하는 통일은 그 극단들의 진리로서 현현한다는 것을 제시한다.

이념에 접근하는 지성은 이중의 오해인바, 지성은 **첫째로** 이념의 극단들이 그것들의 통일 속에 있는 한에서 어떻게 표현될 수 있든지 간에 그 극단들을 그것들이 그것들의 구체적인 통일 속에 있는 것이 아니라 여전히 그 통일 외부의 추상들인 한에서의 의의와 규정에서 받아들인다. 그에 못지않게 지성은 관계가 이미 명확히 정립되어 있을 때조차도 그 관계를 부인한다. 그래서 지성은 예를 들어 심지어는 개별적인 것, 즉 주어에 대해 개별적인 것은 그와 마찬가지로 개별적인 것이 아니라 보편적인 것이라고 진술하는 판단에서의 계사의 본성마저 보지 못한다. — **둘째로** 지성은 자기와 동일한 이념이

---

85. 이것은 존재론적 논증에 대한 칸트의 유명한 비판을 의도적으로 암시하고 있다(『순수이성비판』, B, 631). 또한 § 51과 그 주해도 참조.

자기 자신의 부정적인 것, 즉 모순을 포함한다는 스스로의 반성을 이념 자신에 속하지 않는 외면적인 반성으로 생각한다. 그러나 사실상 이것은 지성에게 고유한 지혜가 아니다. 오히려 이념은 그 자신이 영원히 자기와 동일한 것을 차이 있는 것으로부터, 주관적인 것을 객관적인 것으로부터, 유한한 것을 무한한 것으로부터, 영혼을 육체로부터 분리하고 구별하며 오직 그런 한에서만 영원한 창조, 영원한 생동성, 영원한 정신인 변증법이다. 그렇듯 이념 자신이 추상적 지성으로의 이행 또는 오히려 그것으로의 전화라는 점에서 이념은 그와 마찬가지로 영원히 이성이다. 이념은 이러한 지성적인 것, 서로 다른 것의 유한한 본성과 그것의 산물들이 지닌 자립성의 거짓된 가상을 다시 이해하여 그것을 통일로 되돌리는 변증법이다. 이 이중의 운동이 시간적이지 않고 또한 그 어떤 방식으로 분리되고 구별되어 있지 않다는 점에서 — 그렇지 않다면 그것은 또다시 추상적 지성일 뿐일 것이다 — 이념은 타자에서의 자기 자신의 영원한 직관이다. 이념은 자기의 객관성에서 자기 자신을 성취한 개념이자 [8372]내적 합목적성, 본질적 주관성인 객관이다.

이념을 관념적인 것과 실재적인 것, 유한한 것과 무한한 것, 동일성과 차이 등등의 통일로서 파악하는 서로 다른 방식들은 그것들이 규정된 개념의 어떤 하나의 단계를 표시한다는 점에서 다소간에 형식적이다. 오직 개념 자신만이 자유로우며 참답게 보편적인 것이다. 따라서 이념에서는 개념의 규정성이 그와 마찬가지로 오직 개념 자신일 뿐이며, — 그 속에서 개념이 보편적인 것으로서 자기를 계속 정립하고, 그 속에서 개념이 오직 자기의 고유하고 총체적인 규정성을 지니는 객관성이다. 이념은 무한 판단인바, 그것의 측면들 각각은 자립적인 총체성이고 바로 각 측면이 자기를 그것으로 완성함으로써 바로 그러한 만큼이나 다른 측면으로 이행해 있다. 그 이외로 규정된 개념들의 어떠한 것도 개념 자신과 객관성으로서의 그 두 측면에서 완성된 이러한 총체성이 아니다.

## § 215 【이념의 과정성】

이념은 본질적으로 과정이다. 왜냐하면 이념의 동일성은 오직 그것이 절대적 부정성이고 따라서 변증법적인 한에서만 개념의 절대적이고 자유로운 동일성이기 때문이다. 이념은 개념이 개별성인 보편성으로서 자기를 객관성으로 그리고 그 객관성에 대한 대립물로 규정하고, 개념을 자기의 실체로 지니는 이 외면성을 자기의 내재적인 변증법을 통해 주관성으로 되돌리는 그러한 진행 과정이다.[86]

이념은 a) 과정이기 때문에 '유한한 것과 무한한 것, 사유와 존재 등등의 통일'이라는 절대자를 위한 표현은 종종 상기되듯이 잘못이다. 왜냐하면 통일은 추상적이고 지속해서 정지해 있는 동일성을 표현하기 때문이다. 그와 마찬가지로 이념은 b) 주관성이기 때문에도 저 표현은 잘못이다. 왜냐하면 저 통일은 참다운 통일의 자체적인 것, 실체적인 것을 표현하기 때문이다. 그래서 무한한 것은 유한한 것과, 주체적인 것은 객관적인 것과, 사유는 존재와 오직 중화되는 것으로서 나타난다. 그러나 이념의 부정적 통일에서는 무한한 것은 [8/373]유한한 것을, 사유는 존재를, 주관성은 객관성을 포월한다. 이념의 통일은 주관성, 사유, 무한성이며, 그에 의해 본질적으로 실체로서의 이념과 구별되어야 하며, 마찬가지로 이러한 포월하는 주관성, 사유, 무한성도 이념이 판단하고 규정하면서 자기를 거기로 격하시키는 일면적 주관성, 일면적 사유, 일면적 무한성과 구별되어야 한다.

---

86. 【다음 절로의 전개】 과정으로서의 이념은 '절대적 부정성'과 '내재적인 변증법'에 의해 자신에게로 복귀하는 '자유로운 동일성'이다. 그것은 생명의 과정이 된다.

〈보론〉 이념은 과정으로서 그 발전에서 세 단계를 거쳐 나간다. 이념의 첫 번째 형식은 **생명**, 다시 말하면 직접성의 형식에서의 이념이다. 다음으로 두 번째 형식은 매개 또는 차이의 형식이며, 이것은 **이론적 이념**과 **실천적 이념**이라는 이중의 형태로 나타나는 인식으로서의 이념이다. 인식의 과정은 자기의 결과로 구별에 의해 풍부해진 통일의 회복을 지니며, 이것은 이로써 **절대적인 이념**이라는 세 번째 형식을 주는바, 논리적 과정의 이 최종 단계는 동시에 참다운 최초의 것이자 오직 자기 자신에 의해서만 존재하는 것으로서 입증된다.

## a. 생명

### § 216 【생명에서의 개념의 보편·특수·개별】

직접적인 이념은 **생명**이다. 개념은 영혼으로서 육체 속에 실현되어 있는바, 영혼은 육체의 외면성으로부터 자기에 관계하는 직접적인 **보편성**이고, 그와 마찬가지로 영혼은 육체의 **특수화**인바, 그리하여 육체는 자기에게서 개념 규정 이외의 어떠한 다른 구별도 표현하지 못하며, 마지막으로 영혼은 무한한 부정성으로서의 **개별성**이다. — 이는 자립적 존립의 가상에서 주관성으로 되돌아가는, 육체의 서로 분리해 있는 객관성의 변증법인바, 그리하여 모든 지절이 상호적으로 순간적인 수단이자 순간적인 목적이며, 생명은 그것이 **최초의 특수화**인 것과 마찬가지로 대자적으로 존재하는 부정적 통일로서 결과하고, 변증법적인 것으로서의 육체성 속에서 오직 자기 자신만 결합한다. — 그래서 생명은 본질적으로 살아 있는 것이며, [8/374]그 직접성에 따라서는 이 개별적인 살아 있는 것이다. 유한성은 이 영역에서는 이념의 직접성으로 인해 영혼과 육체가 분리될 수 있다고 하는 규정을 가진다. 이것이 살아 있는 것의 가사성을 이룬다. 그러나 오직 살아 있는 것이 죽은 한에서만 이념의 저 두 측면도 서로 다른 구성 부분들이다.[87]

〈보론〉육체의 개별적 지절들은 오직 그것들의 통일에 의해서만 그리고 그 통일과의 관계에서만 바로 그것들인 바의 것들이다. 그래서 예를 들어 육체에서 잘라낸 손은 아직 이름에 따라서만은 손이지만, 사태에 따라서는 이미 아리스토텔레스가 지적하고 있듯이 손이 아니다.[88] — 지성의 입장에서 생명은 신비로서 그리고 일반적으로 **개념적으로** 파악할 수 없는 것으로서 고찰되곤 한다. 그렇지만 지성은 이로써 오직 자기의 유한성과 허무함을 고백할 뿐이다. 생명은 실제로는 개념적으로 파악할 수 없는 것이 아니라 오히려 우리는 생명에서 개념 자신을, 좀 더 자세하게 는 개념으로서 실존하는 **직접적인 이념**을 우리 앞에 지닌다. 그 경우 이와 더불어 또한 곧바로 생명의 결함이 언명된다. 이 결함은 여기서 개념과 실재성이 서로 아직 참답게 일치하지 않는다는 점에 존립한다. 생명의 개념은 영혼이며, 이 개념은 육체를 자기의 실재성으로 지닌다. 영혼은 이를테면 자기의 육체성으로 넘쳐흐르며, 그래서 육체성은 비로소 감각하고 있지만, 아직은 자유로운 대자존재가 아니다. 그렇다면 생명의 과정은 생명이 아직 사로잡혀 있는 직접성을 극복하는 데 존립하는바, 그 자신이 또다시 삼중적인 과정인 이 과정은 자기의 결과로 판단의 형식에서의 이념, 다시 말하면 인식으로서의 이념을 지닌다.

§ 217 【살아 있는 것은 세 과정으로 이루어진 추론】
살아 있는 것은 그 계기들 자신이 자기 내에서 체계와 추론들(§ 198,

---

87. 【다음 절로의 전개】 생명의 과정은 우선 보편·특수·개별의 개념 운동에서 파악할 수 있는 까닭에, 다음에는 판단과 추론(발전하면 인식)의 형식에서 파악된다.
88. 『동물 발생론』 1. 19. 726b24를 참조.

201, 207)[89]인 추론이지만, 그것들은 활동적 추론들, 과정들이며, 살아 있는 것의 주관적 통일에서는 단 하나의 과정이다. 그래서 살아 있는 것은 스스로 자기 자신과 결합하는 과정인바, 그 결합은 세 개의 과정을 통해 진행된다.[90]

§ 218 【그 첫 번째 과정. 살아 있는 것의 기관 산출 과정】
1. 첫 번째 과정은 살아 있는 것 내부에서의 그것의 과정인데, 그 과정에서 살아 있는 것은 그 자신에서 스스로 분화하여 자기의 [8/375]육체성을 자기의 객체[객관]로, 자기의 비유기적 자연으로 만든다. 상대적으로 외면적인 것으로서의 이 육체성은 그 자신에서 자기의 계기들의 구별과 대립에 들어서는바, 그 계기들은 상호적으로 자기를 희생하고, 하나가 다른 하나를 동화하여 자기 자신을 생산하면서 자기를 보존한다. 그러나 지절들의 이러한 활동은 다만 그 산물들이 거기로 귀환하는 주체의 하나의 활동일 뿐으로, 그리하여 거기서는 다만 주체가 생산되는바, 다시 말하면 주체는 자기를 다만 재생산할 뿐이다.[91]

〈보론〉 그 자신 내부에서의 살아 있는 것의 과정은 자연에서 감수성과 자극성과 재생산이라는 삼중의 형식을 지닌다.[92] 감수성으로서의 살아 있는 것은 직접적으로 자기에 대한 단순한 관계, 즉 자기의 육체 안 어디에나 현재하는 영혼인바, 육체의 상호 외재는 영혼에 대해 아무런

---

89. § 198 = 기계론, § 201 = 화학론, § 207 = 목적론.
90. 【다음 절로의 전개】 살아 있는 것은 세 개의 과정을 거쳐 자기 자신과 결합하는 과정, 활동적인 추론 과정이다. 그 결합 과정이 전개된다.
91. 【다음 절로의 전개】 자신의 육체로부터 '자기의 객체'를 산출하는 과정은 자기 재생산임과 동시에 노폐물을 내는 무기적 자연의 배설 과정이기도 하다. 후자가 우선 분석된다.
92 이 삼분법은 판 할러나 아마도 그 이상으로 소급된다. 그러나 그에 관해 낭만주의 자연 철학자들의 주목을 받은 것은 1793년의 C. F. 킬마이어의 강의였다. 특히 셸링의 『세계영혼에 대하여』, Werke, 2:503–69를 참조. 『정신현상학』의 제5장에서 헤겔은 살아 있는 유기체의 관찰적 학문을 그 위에 세우고자 하는 시도를 비판한다. 그러나 그는 여전히 그것을 자기 자신의 '사변적' 이론에 채택한다.

진리도 지니지 않는다. 자극성으로서의 살아 있는 것은 자기 자신 안에서 분화되어 나타나며, 재생산으로서의 그것은 자기의 지절들과 기관들의 내적 구별로부터 언제나 자기를 회복하고 있다. 살아 있는 것은 오직 자기 자신 내부에서 끊임없이 자기를 갱신하는 이러한 과정으로서만 존재한다.

### § 219 【비유기적 자연의 동화】

2. 개념의 판단[근원 분할]은 자유로운 것으로서 자립적 총체성으로서의 객관적인 것을 자기로부터 방출하는 데로 전진하며, 살아 있는 것의 자기에 대한 부정적 관계는 직접적 개별성으로서 자기에 대립하는 비유기적 자연을 전제로 한다. 살아 있는 것의 이러한 부정적인 것이 바로 그러한 만큼이나 살아 있는 것 자신의 개념 계기라는 점에서 이 부정적인 것은 이러한, 즉 동시에 구체적이기도 한 보편적인 것에서 결함으로서 존재한다. 객관이 그 자체에서 허무한 것으로서 지양되게 하는 변증법은 자기 자신을 확신하는 살아 있는 것의 활동인바, 살아 있는 것은 비유기적 자연에 반하는 이러한 과정에서 이로써 자기 자신을 유지하고 자기를 발전시키고 객관화한다.[93]

〈보론〉 살아 있는 것은 비유기적 자연에 대립하는바, 그것은 비유기적 자연에 대해 그것의 위력으로서 행동하고 비유기적 자연을 자기에게 동화한다. 이 과정의 결과는 화학적 과정에서처럼 서로 대립하는 양 측면의 자립성이 지양되는 중화된 산물이 아니다. 오히려 살아 있는 것은 자기의 위력에 반항할 수 없는 자기의 타자를 포월하는 것으로서 자기를 입증한다. [8/376]살아 있는 것에 의해 종속되는 비유기적 자연이 이러한 일을 감수하는 까닭은 그것이 그 자체에서 대자적으로 생명인

---

93. 【다음 절로의 전개】 살아 있는 것이 비유기적 자연과 대립하고 받아들이는 과정은 개체적 과정임과 동시에 종족 유지라는 유적 과정이기도 하다.

바의 것과 똑같은 것이기 때문이다. 그래서 살아 있는 것은 타자 속에서 오직 자기 자신과만 합치한다. 영혼이 육체로부터 탈주했을 때, 객관성의 기초적인 위력들이 그 역할을 시작한다. 이 위력들은 이를테면 지속적으로 유기적인 육체 속에서 자기의 과정을 시작할 준비가 되어 있는바, 생명은 그에 끊임없는 투쟁이다.

## § 220 【유의 관계의 두 측면】

3. 그 첫 번째 과정에서 자기 안에서 주체와 개념으로 행동하는 살아 있는 개체는 그 두 번째 과정을 통해 자기의 외면적 객관성을 자기에 동화하고 그래서 실재적 규정성을 자기 안에 정립함으로써 이제 그 자체에서 유, 즉 실체적 보편성이다. 유의 특수화는 주체의 그의 유의 다른 한 주체에 대한 관계이며, 판단은 그렇게 서로에 반해 규정된 이러한 개체들에 대한 유의 관계이다. — 이것이 성별*Geschlechtsdifferenz*이다.[94]

## § 221 【유 과정의 두 측면】

유의 과정은 유를 대자존재로 가져온다. 그 과정의 산물은 생명이 아직은 직접적인 이념이기 때문에 두 측면으로 나누어지는바, 한 측면에 따라서는 처음에 직접적인 것으로서 전제되었던 살아 있는 개체 일반이 이제 매개되고 산출된 것으로서 출현한다. 그러나 다른 측면에 따라서는 그 최초의 직접성으로 인해 보편성에 대해 부정적으로 행동하는 살아 있는 개체가 위력으로서의 이 보편성 속에서 몰락한다.[95]

---

94. 【다음 절로의 전개】 이 절에서는 개체를 양성이라는 이를테면 가로의 관계에서 보지만, 다음 절에서는 대대로 이어지는 유와 관련하여 이를테면 세로의 과정으로서 본다.

95. 【다음 절로의 전개】 보론에서 말하고 있듯이 생명에서는 개체(직접성)가 유(보편) 속에서 몰락한다. 살아 있는 것이 그것을 어떤 정도로 인식하고 있는지에서 동물과 인간의 다름이 나타난다.

〈보론〉 살아 있는 것은 죽는다. 왜냐하면 살아 있는 것은 그 자체에서 보편적인 것, 즉 유이지만 직접적으로는 오직 개별적인 것으로서만 실존하는 모순이기 때문이다. 죽음에서 유는 직접적으로 개별적인 것에 대한 위력으로서 입증된다. ― 동물에게 유의 과정은 그의 살아 있음[생동성]의 최고점이다. 그러나 동물은 자기의 유에서 대자적으로 존재하는 데 도달하지 못한다. 오히려 동물은 유의 위력에 굴복한다. 직접적으로 살아 있는 것은 유의 과정에서 자기를 자기 자신과 매개하며, [8/377]그래서 자기의 직접성 위로 고양되지만, 오직 언제나 또다시 그 직접성으로 되돌아와 가라앉을 뿐이다. 이리하여 생명은 우선은 오직 무한한 진행의 나쁜 무한성으로 진행된다. 그렇지만 개념에 따라서 생명 과정을 통해 이루어지는 것은 생명으로서의 이념이 아직 그에 사로잡혀 있는 직접성의 지양과 극복이다.

## § 222 【생명에서 인식으로】

그러나 생명의 이념은 그와 더불어 단지 어떤 하나의 (특수한) 직접적인 이것에서만 해방된 것이 아니라 이러한 최초의 직접성 일반에서도 해방되었다. 그리하여 생명의 이념은 자기에, 즉 자기 자신의 진리에 도달한다. 이리하여 생명의 이념은 자유로운 유로서 자기 자신에 대해 실존으로 들어선다. 단지 직접적일 뿐인 개별적인 살아 있음의 죽음은 정신의 출현이다.[96]

---

96. 【다음 절로의 전개】 이념의 생명 단계의 최고의 산물은 정신의 출현, 즉 인식 활동이다.

# b. 인식

§ 223 【인식으로서의 이념】

이념이 보편성을 자기 실존의 지반으로 지니거나 객관성 자신이 개념으로서 존재하고 이념이 자기를 대상으로 가지는 한에서 이념은 자유롭게 대자적으로 실존한다. 보편성으로 규정된 이념의 주관성은 이념 내부에서의 순수한 **구별 작용,** — 즉 이러한 동일한 보편성 속에서 유지되는 직관이다. 그러나 규정된 구별 작용으로서의 이념은 총체성으로서의 자기를 자기로부터 밀어내고, 게다가 우선은 **자기를 외면적 우주로서 전제하는** 더 나아간 판단(근원 분할)이다. 그것은 그 자체에서 동일하지만, 아직 동일한 것으로서 **정립되어** 있지 않은 두 개의 판단이다.[97]

§ 224 【인식 단계에서의 이념의 임무】

그 자체에서 또는 생명으로서 동일한 이러한 두 이념의 관계는 그래서 상대적인 관계, 즉 이 영역에서 유한성의 규정을 이루는 바로 그것이다. 이 관계는 반성 관계이다. 왜냐하면 이념의 그 자신 안에서의 구별화는 단지 **최초의 판단**(근원 분할)일 뿐이고, 전제함이 아직은 정립으로서 존재하지 않으며, 따라서 주관적 이념에 대해 객관적 이념은 [8/378]발견된 직접적 세계이거나 생명으로서의 이념이 개별적 실존의 현상 속에 있기 때문이다. 동시에 이 판단이 이념 자신 내부에서의 순수한 구별 작용인 한에서(앞 절), 이념은 대자적으로 그 자신이자 자기의 타자이기도 하다. 그래서 이념은 이러한 객관적 세계와 자기와의 그 자체에서 존재하는 동일성의 확신이다. — 이성은 동일성을 정립하고 자기의 확신을 진리로

---

97. 【다음 절로의 전개】 인식의 첫 번째 단계는 '총체성으로서의 자기를 자기로부터 밀어내고, 게다가 우선은 자기를 외면적 우주로서 전제하는' 것이다. 거기에서의 이념의 임무가 다음의 과제가 된다.

까지 고양할 수 있다는 절대적 믿음을 가지고서, 그리고 자기에 대해 그 자체에서 허무한 대립을 또한 허무한 것으로서도 정립하고자 하는 충동을 지니고서 세계에 다가온다.[98]

§ 225 【인식으로서의 이념은 좁은 의미의 인식과 실천으로 나누어진 다】

이러한 과정이 일반적으로 인식이다. 인식에서는 하나의 활동에서 대립이, 즉 주관성이라는 일면성과 함께 객관성이라는 일면성이 그 자체에서 지양된다. 그러나 이 지양은 우선은 단지 그 자체에서만 일어난다. 따라서 그 과정 그 자체는 직접적으로 그 자신이 이 영역의 유한성에 붙들려 있고, 충동의 서로 다른 것으로서 정립된 **이중의 운동**으로 분열하는바, — 이념의 주관성이라는 일면성을 **존재하는** 세계를 자기 내로, 주관적인 표상과 사유 안으로 받아들이는 것을 매개로 하여 지양하고, 자기 자신의 추상적 확실성의 내용을 그렇게 **내용으로서** 참다운 것으로서 여겨지는 이러한 객관성을 가지고서 채우는 운동과 — 역으로 이와 더불어 여기서는 반대로 오직 하나의 **가상**, 즉 우연성들과 그 자체에서 허무한 형태들의 모임으로서만 여겨지는 객관적 세계라는 **일면성**을 지양하고, 그것을 여기서 참답게 존재하는 객관적인 것으로서 여겨지는 주관적인 것의 내적인 것을 통해 규정하고 그것에 이 객관적인 것을 형성해 들이는 [상상하는] 운동으로 분열한다. 전자는 진리를 향한 앎의 충동, 인식 그 자체, 즉 이념의 **이론적 활동**이며, — 후자는 선의 성취를 향한 선의 충동, 의욕, 즉 이념의 **실천적 활동**이다.[99]

---

98. 【다음 절로의 전개】 '이러한 객관적 세계와 자기와의 그 자체에서 존재하는 동일성의 확신'인 이념은 그것을 인식 활동 속에서 실천하고자 한다. 인식으로서의 이념은 좁은 의미의 인식과 실천으로 나누어진다.
99. 【다음 절로의 전개】 인식으로서의 이념은 이론적 활동(좁은 의미의 인식)과 실천적 활동(의욕)으로 나누어지므로, 우선 인식이, 다음에 의욕이 고찰된다.

# α. 인식

## § 226【반성적 인식의 유한성】

하나의 판단 속에, 즉 인식의 행위 자신이 그에 반해 내장된 모순인 바의 대립이라는 전제 속에(§ 224) 놓여 있는 인식의 일반적 유한성은 인식의 고유한 이념에서 좀 더 자세하게는 이념의 계기들이 서로로부터의 상이성의 형식을 얻고, 그 계기들이 실로 완전하다는 점에서 서로에 대해 개념의 관계가 아니라 반성의 관계에 서게 된다는 것으로 규정된다. 따라서 주어진 것으로서의 소재의 동화는 소재를 그 소재에 외면적으로 머무는 동시에 그와 마찬가지로 서로에 대한 상이성 속에서 등장하는 개념 규정들 속으로 받아들이는 것으로서 나타난다. 그것이 지성으로서 활동하는 이성이다. 따라서 이러한 인식이 도달하는 진리는 마찬가지로 다만 유한적 진리일 뿐이다. 개념의 무한한 진리는 단지 그 자체에서만 존재하는 목표, 인식에 대해 저편으로서 고정되어 있다. 그러나 인식은 그 외면적 행위에서 개념의 지도하에 서 있으며, 개념의 규정들은 전진의 내적인 이끄는 실을 이룬다.[100]

〈보론〉 인식의 유한성은 발견된 세계를 전제하는 데 놓여 있으며, 여기에서 인식하는 주관은 타불라 라사로서 나타난다. 사람들은 이러한 표상을 아리스토텔레스에게 돌려왔다. 바로 아리스토텔레스보다 인식에 대한 이러한 외면적인 파악에서 더 멀리 떨어져 있는 사람은 아무도 없음에도 말이다.[101] 이러한 인식은 자기를 아직 개념의 활동으로서 알지 못하는바,

---

100. 【다음 절로의 전개】 반성적 인식의 유한성은 눈앞에 있는 세계를 수동적으로 전제한다는 점에 있다. 인식을 개념 자신의 활동으로 파악하고 있지 않은 것이다. 거기서 오는 인식 방법의 불충분함이 지적된다.

101. 타불라 라사를 아리스토텔레스에게 돌린 것은 로크의 몇몇 추종자들이었음이 틀림없다. 헤겔이 § 8에서 논의했듯이 그것은 아리스토텔레스의 인식론에서 감각–경험의 우위성에 대한 완전한 오해이다.

그 인식은 단지 그 자체에서만 개념의 활동이며, 그러나 대자적으로는 그렇지 않다. 개념의 행동은 인식 자신에게 수동적인 것으로서 나타난다. 그렇지만 그것은 실제로는 능동적이다.

### § 227 【분석적 방법】

유한한 인식은, 그것이 **구별된** 것을 자기에게 맞서 있는 발견된 존재자 — 외적 자연이나 의식의 다양한 **사실들** — 로서 전제한다는 점에서, 1. 우선은 자기 활동의 형식을 위해 **형식적 동일성** 또는 **보편성의 추상**을 지닌다. 따라서 이러한 활동은 주어진 구체적인 것을 분해하고 그것의 구별들을 개별화하며 [8/380]그것들에 추상적 보편성의 형식을 부여하는 데에, 또는 구체적인 것을 근거로서 그대로 두고 비본질적으로 보이는 특수성들을 사상함으로써 구체적 보편자, 즉 유 또는 힘과 법칙을 끄집어내는 데에 존립한다. — 이것이 **분석적 방법**이다.[102]

〈보론〉 사람들은 분석적 방법과 종합적 방법에 대해 전자를 따를 것인지 아니면 후자를 따를 것인지는 단순히 우리의 임의의 사태인 것처럼 말하곤 한다. 그렇지만 이것은 결코 사실이 아니다. 오히려 그것은 인식되어야 할 대상들 자신의 형식인바, 유한한 인식의 개념에서 밝혀지는 앞에서 언급한 두 방법 가운데 어느 것이 적용되어야 하는가 하는 것은 그 형식에 달려 있다. 인식은 우선은 분석적이다. 객관은 인식에 대해 개별화의 형태를 지니며, 분석적 인식의 활동은 인식 앞에 놓여 있는 개별적인 것을 보편적인 것으로 환원하는 데로 향해 있다. 사유는 여기서 다만 추상 또는 형식적 동일성의 의미만을 지닌다. 이러한 것은 **로크**와 모든 경험주의자가 서 있는 입장이다. 많은 사람은 인식이란 일반적으로 주어진 구체적 대상을 그 추상적인 요소들로 분해하고, 그다음에 이 요소들을

---

102. 【다음 절로의 전개】 이 분석적 방법은 다음에 종합적 방법을 취하라고 요구한다.

그 고립에서 고찰하는 것 이외에 그 이상 아무것도 할 수 없다고 말한다. 그렇지만 곧바로 밝혀지는 것은 이러한 것이 사물들의 전도라는 점, 그리고 사물들을 있는 그대로 받아들이려고 하는 인식은 여기서 자기 자신과 모순에 빠진다는 점이다. 그래서 예를 들어 화학자는 한 조각의 고기를 자기의 시험대로 가져와 그것을 다양한 방식으로 찢어발기고 나서 고기가 질소와 탄소와 수소 등등으로 이루어진다는 것을 자기가 발견했다고 말한다. 그러나 그 경우 이러한 추상적 원소들은 더는 고기가 아니다. 경험적 심리학자가 하나의 행위를 고찰에서 드러나는 서로 다른 측면들로 분해하고 나서 그것들을 그 분리에서 견지할 때도 사정은 마찬가지이다. 여기에서 분석적으로 다루어지는 대상은 이를테면 한 껍질 한 껍질 벗겨지는 양파처럼 고찰된다.

§ 228 【종합적 방법】
이 보편성은 2. 또한 규정된 보편성이기도 하다. 여기서 활동은 유한한 인식에서 개념의 무한성에 있지 않고 지성적인 규정된 개념인 개념의 계기들에서 전진한다. 대상을 개념의 형식들 안으로 받아들이는 것이 종합적 방법이다.[103]

[8/381] 〈보론〉 종합적 방법의 운동은 분석적 방법의 정반대의 것이다. 분석적 방법이 개별적인 것에서 출발하여 보편적인 것으로 나아가는 데 반해, 종합적 방법에서는 (정의로서의) 보편적인 것이 출발점을 형성하며, 그로부터 (구분에서의) 특수화를 통해 개별적인 것(정리)으로 나아간다. 이리하여 종합적 방법은 대상에서의 개념 계기들의 전개로서 입증된다.

---

103. 【다음 절로의 전개】 분석적 방법에서는 개별에서 보편으로 나아가며, 종합적 방법에서는 역으로 보편(정의)이 출발점이고 그로부터 특수(분류)를 거쳐 개별(정리)로 나아간다. 따라서 정의·분류·정리의 각각이 다음에 음미된다.

## § 229 【보편에서 파악하는 정의】

aa) 인식에 의해 우선은 규정된 개념 일반의 형식으로 데려와지고 이리하여 그 유와 그 보편적 **규정성**이 정립된 대상이 정의이다. 정의의 재료와 근거 짓기는 분석적 방법(§ 227)에 의해 조달된다. 그렇지만 규정성은 다만 하나의 **징표**, 다시 말하면 대상에 외면적인, 단지 주관적일 뿐인 인식을 위한 것에 지나지 않는다.[104]

〈보론〉 정의는 그 자신이 개념의 세 가지 계기, 즉 최근류(*genus proximum*)로서의 보편적인 것, 유의 규정성(*qualitas specifica*, 종차)으로서의 특수한 것, 정의될 대상 자신으로서의 개별적인 것을 포함한다. — 정의에서는 우선은 이 정의가 어디서 유래하는지의 물음이 발생하며, 이 물음은 일반적으로 정의들이 분석적인 도정에서 발생한다고 대답될 수 있다. 그러나 그와 더불어 또한 곧바로 내세워진 정의의 올바름을 둘러싼 다툼을 위한 동기가 주어진다. 왜냐하면 거기서 관건이 되는 것은 사람들이 어떤 지각들에서 출발했는가 하는 것과 거기서 사람들이 어떠한 관점을 염두에 두었는가 하는 것이기 때문이다. 정의되어야 할 대상이 더 풍부하면 풍부할수록, 다시 말하면 그 대상이 고찰에 더 많은 서로 다른 측면을 제공하면 할수록, 그 고찰로부터 내세워지는 정의들도 그만큼 더 서로 달라지곤 한다. 그래서 예를 들어 생명이나 국가 등등에 관한 그토록 많은 정의가 존재한다. 그에 반해 기하학은 훌륭하게 정의들을 만들어왔는데, 왜냐하면 기하학의 대상인 공간이 그토록 추상적인 것이기 때문이다. — 그런데 더 나아가 일반적으로 정의되는 대상들의 내용과 관련해서는 어떠한 필연성도 현존하지 않는다. 그래서 사람들은 공간이 존재한다,

---

104. 【다음 절로의 전개】보론에서 말하고 있듯이, '정의는 그 자신이 개념의 세 가지 계기, 즉 최근류로서의 보편적인 것, 유의 규정성(종차)으로서의 특수한 것, 정의될 대상 자신으로서의 개별적인 것을 포함한다.' 대상을 '유와 그 보편적 규정성'에서 파악하면 그것은 정의이다. 그러면 대상의 종차를 그 특수성에서 파악하면 어떻게 될 것인가?

식물, 동물 등등이 존재한다는 것을 받아들여야 하지만, 언급된 대상들의 필연성을 제시하는 것은 기하학이나 식물학 등등의 일이 아니다. 이러한 사정으로 인해 종합적 방법은 분석적 방법만큼이나 철학에 적당하지 않다. 왜냐하면 [8/382]철학은 무엇보다도 우선 자기 대상들의 필연성을 정당화해야 하기 때문이다. 그럼에도 불구하고 사람들은 철학에서도 종합적 방법을 이용하려고 다면적으로 시도해 왔다. 그래서 특히 스피노자는 정의에서 시작하여 예를 들어 실체는 **자기원인**causa sui이라고 말한다. 그의 정의에는 가장 사변적인 것이 간직되어 있지만, 단언의 형식으로 그렇다. 그 경우 똑같은 것이 셸링에게도 적용된다.[105]

### § 230 【특수에서 파악하는 구분】
bb) 두 번째 개념 계기, 즉 보편적인 것의 **특수화로서의** 규정성을 제시하는 것은 어떤 하나의 외면적 고려에 따른 **구분**이다.[106]

〈보론〉 구분에 대해서는 그 구분이 완전할 것이 요구되며, 거기에는 원리 또는 구분 근거가 속하는데, 그 근거는 그에 근거한 구분이 정의에 의해 일반적으로 표시되는 범위 전체를 포괄하는 그러한 성질의 것이어야 한다. 그 경우 좀 더 자세히 하자면 구분에서 문제가 되는 것은 그 구분의 원리가 구분되어야 하는 대상 자신의 본성에서 취해져야 하고, 그리하여 구분이 자연적으로 되어야 하지 단순히 인위적으로, 다시 말하면 자의적으로 되어서는 안 된다. 그래서 예를 들어 동물학에서는 포유동물들의 구분에서 주로 이빨과 발굽이 구분 근거로서 사용되는데, 이러한 것은 포유동물들 자신이 그들의 몸의 이러한 부분들에 의해 서로 구별되고, 그들의 서로

---

105. 어려움은 예를 들어 '자기원인'이라는 실체의 정의와 같은 고유하게 사변적인 정의가 모순이라는 점이다. 셸링이 스피노자의 방법을 모방한 가장 주목할 만한 예는 『나의 체계의 서술』이다. *Werke*, 4:104–212.
106. 【다음 절로의 전개】 마지막으로 대상 그 자신을 그 개별성에서 파악하면 어떻게 될 것인가?

다른 부류의 보편적 유형이 그것들로 환원될 수 있는 한에서 이치에 맞는다.[107] — 일반적으로 참다운 구분은 개념에 의해 규정된 것으로서 여겨져야 한다. 그런 한에서 참다운 구분은 우선은 삼분법적이다. 그러나 그 경우 특수성이 이중의 것으로서 나타난다는 점에서, 따라서 구분은 또한 사분법으로도 나아간다. 정신의 영역에서는 삼분법적인 것이 지배하며, 이러한 상황에 주의를 환기한 것은 칸트의 공적에 속한다.[108]

### § 231 【개별에서 파악하는 정리】

cc) 구체적 개별성에서, 그리하여 정의에서의 단순한 규정성이 하나의 상관으로서 파악되는 데서 대상은 **구별된 규정들의 종합적 관계**이다. — 이것이 **정리**다. 그 규정들의 동일성은 그것들이 서로 다른 것인 까닭에 매개된 동일성이다. 매개 지절을 이루는 재료를 마련하는 것은 [8383]**구성**이며, 저 관계의 필연성이 인식을 위해 그로부터 출현하는 매개 자신은 **증명**이다.[109]

종합적 방법과 분석적 방법의 구별에 대한 통상적인 진술에 따르면, 사람들이 어느 것을 사용하고자 하는 것은 대체로 임의적인 것으로서 나타난다. 종합적 방법에 따르면 결과로서 제시되는 구체적인 것이 전제된다면, 증명을 위한 **전제**들과 **재료**를 이루었던 추상적 규정들은 그 구체적인 것으로부터 귀결로서 분석되어 나올 수 있다. 곡선의 대수학적 **정의**들은 기하학적 진행에서의 **정리**들이다. 그래서 가령 직각삼각형의 정의로서 받아들여지는 퓌타고라스의 정리도 기하학에서 이 정리를 위해 앞서 입증된 정리들을 분석을 통해 낳을 것이다.

---

107. 헤겔은 동물을 이렇게 구분하는 것에 대해 이미 『정신현상학』에서도 언급하고 있다.
108. 자연에서의 사분법과 정신에서의 삼분법에 대한 논리적 설명은 헤겔의 1800년 박사학위 테제에서 자연의 '사각형'과 정신의 '삼각형'의 후예인 것으로 보인다.
109. 【다음 절로의 전개】 § 227에서 분석적 방법의, 그리고 이 절에서 종합적 방법의 의의와 한계를 파악했으므로, 이 둘을 총괄하고 인식은 새로운 단계로 이행한다.

선택의 임의성은 한 방법이 다른 방법과 마찬가지로 **외면적으로 전제된 것**에서 출발한다는 점에 기반한다. 개념의 본성에 따라서는 분석하는 것이 첫 번째 것이다. 왜냐하면 분석이 주어진 경험적-구체적 소재를 먼저 보편적인 추상들의 형식으로 고양시켜야 하고, 그러고 나서 그 추상들이 비로소 정의들로서 종합적 방법에서 선두에 놓일 수 있기 때문이다.

이 방법들이 그것들의 특유한 분야에서 그토록 본질적이고 그토록 빛나는 성과를 거두었다고 하더라도 철학적 인식을 위해 사용될 수 없다는 것은 자명하다. 왜냐하면 그 방법들은 전제들을 지니고, 인식은 지성으로서 그리고 형식적 동일성에서의 전진으로서 행동하기 때문이다. 기하학적 방법을 주로, 게다가 **사변적** 개념들을 위해 사용한 스피노자에게서는 그 방법의 형식주의가 곧바로 눈에 띄게 된다. 그 방법을 극단의 현학으로 발양시킨 볼프 철학은[110] 그 내용에 따라서도 지성 형이상학이다. —— 이 방법들의 형식주의가 철학과 학문들에서 남용되어 온 것 대신에 [8/384]근래에는 이른바 **구성**이 남용되게 되었다. 수학은 그 개념들을 구성한다는 표상이 칸트에 의해 유포되었었다.[111] 이것은 수학이 개념이 아니라 감성적 직관의 추상적 규정들과 관계한다는 것 이외에 다른 아무것도 말하는 것이 아니었다. 그래서 개념을 우회하여 지각에서 *끄*집어낸 감성적 규정들의 진술과 철학적이고 과학적인 대상들을 전제된 도식에 따라 도표로, 더구나 자의와 의견에 따라 분류하는 더 나아간 형식주의가 개념의 구성이라고 불려 왔다. 거기에는 분명 이념, 즉 개념과 객관성의

---

110. 예를 들어 『논리의 학』 *Su.* 6/539를 참조. 헤겔은 거기서 또한 스피노자의 '수학적 방법'이 칸트와 야코비에 의해 이전 형이상학의 사유 방식 전체와 함께 폐기되었다고도 말한다.

111. 『프롤레고메나』 § 4와 7. 그리고 『순수이성비판』 B, 741. '지적 직관에서의 개념 구성'은 셸링의 공식적 방법이 되었다. 그것의 '남용'은 주로 그의 형식주의적인 동료와 제자들에게 돌려져야 한다.

통일 및 이념이 구체적이라고 하는 모호한 표상이 배경에 놓여 있다. 그러나 이른바 구성하기의 저 유희는 오직 개념 그 자체일 뿐인 이 통일을 제시하는 데서는 멀리 떨어져 있으며, 그와 마찬가지로 직관의 감성적–구체적인 것은 이성과 이념의 구체적인 것이 아니다.

그 밖에 기하학은 감성적이지만 추상적인 공간 직관과 관계하기 때문에 방해받지 않고서 단순한 지성 규정들을 공간에 고정할 수 있다. 그런 까닭에 기하학은 오로지 유한한 인식의 종합적 방법만을 그 완전성에서 지닌다. 그렇지만 기하학은 그 진행에서, 아주 주목할 만한 일이지만, 결국 공약 불가능한 것들과 비합리적인 것들*Irrationalitä-ten*에 부딪히는데, 거기서 기하학은 만약 규정 작용에서 그 이상으로 나아가고자 한다면 지성적 원리 너머로 추동된다. 여기서도, 그 밖의 곳에서도 자주 그러하듯이, 용어법에서의 전도, 즉 합리적이라고 불리는 것이 지성적인 것이 되고, 비합리적인 것이 오히려 이성성의 시작과 실마리가 되는 일이 일어난다. 다른 학문들은, 그것들이 시간이나 공간이라는 단순한 것 안에 있지 않은 까닭에 그것들에 필연적으로 그리고 종종 일어나는 일이지만, 자기들의 지성적인 전진의 한계에 도달할 때, 손쉬운 방식으로 일을 처리한다. 그 학문들은 그 전진의 결론을 파기하고, [8/385]자기들이 필요로 하는 것, 종종 선행하는 것의 반대를 밖으로부터, 즉 표상, 의견, 지각으로부터나 그 밖의 어딘가로부터 받아들인다. 자기 방법의 본성과 그 방법과 내용의 관계에 관한 이러한 유한한 인식의 무의식성으로 인해 그 인식은 정의와 구분 등등을 통한 자기의 전진에서 **개념 규정들의 필연성**에 이끌린다는 것을 인식하지 못하며, 또한 자기가 어디서 자기의 한계에 있고, 나아가 자기가 이 한계를 넘어갔을 때도 지성 규정들이 더는 타당하지 않으면서도 조야한 방식으로 계속해서 사용되는 그러한 분야 안에 있다는 것도 인식하지 못한다.

§ 232 【주관적 인식에서 의지적 인식으로의 이행】

유한한 인식이 증명에서 내어 보이는 **필연성**은 우선은 단지 주관적인 통찰을 위해서만 규정된 외면적 필연성이다. 그러나 필연성 그 자체에서 유한한 인식 자신은 자기의 전제와 출발점, 즉 자기 내용의 발견과 주어져 있음을 떠났다. 필연성 그 자체는 그 자체에서 스스로 자기에 관계하는 개념이다. 그래서 주관적 이념은 그 자체에서 자체적이고도 대자적으로 규정된 것, 주어지지 않은 것, 따라서 주관에 내재적인 것으로서의 그것에 도달했으며, 의욕의 이념으로 이행한다.[112]

〈보론〉 인식이 증명을 통해 도달하는 필연성은 인식에 대해 출발점을 형성하는 것의 반대이다. 그 출발점에서 인식은 주어지고 우연한 내용을 가졌다. 그러나 인식은 이제, 즉 자기운동의 결말에서 그 내용을 필연적인 것으로서 아는바, 이 필연성은 주관적 활동에 의해 매개되어 있다. 그와 마찬가지로 처음에 주관성이 완전히 추상적으로 단순한 **타불라 라사**였던 데 반해, 그 주관성은 이제 규정하는 것으로서 입증된다. 그러나 여기에는 인식의 이념에서 의욕의 이념으로의 이행이 놓여 있다. 그 경우 이 이행은 좀 더 자세하게는 보편적인 것의 진리가 주관성으로서, 자기운동하고 활동하며 규정들을 정립하는 개념으로서 파악되어야 한다는 데에 존립한다.

β. 의욕

§ 233 【의욕의 일반적 성격】

---

112. 【다음 절로의 전개】 주관적 인식은 필연성을 추구하지만, 그 필연성은 주어져 있음의 외면적 필연성으로부터 주관에 내재적인 필연성으로 발전한다. 그것은 의욕의 실천, 즉 선과 인식하고 있는 것의 실현으로 나타난다. 이리하여 다음에는 의욕과 선이 고찰된다.

자체적이고도 대자적으로 규정된 것이자 자기 자신에게 동등한 단순한 내용으로서의 주관적 이념이 선이다. 자기를 실현하고자 하는 이념의 충동은 참된 것의 이념에 대해 역전된 관계를 지니며, 오히려 눈앞에서 발견되는 세계를 자기의 목적에 따라 규정하는 데로 나아간다. ― 이 의욕은 한편으로는 전제된 객관의 허무함에 대한 확신을 지니지만, 다른 한편으로는 유한한 것으로서의 의욕은 동시에 단지 주관적일 뿐인 이념으로서의 선의 목적과 객관의 자립성을 전제한다.[113]

## § 234 【선의 활동의 유한성】

따라서 이러한 활동의 유한성은 객관적 세계의 스스로 모순적인 규정들 속에서 선의 목적이 실행될 뿐만 아니라 실행되지 않기도 하고, 선의 목적이 본질적인 것으로서 만큼이나 비본질적인 것으로서, 현실적인 것으로서 그리고 동시에 단지 가능한 것으로서 정립되어 있다고 하는 모순이다. 이 모순은 선의 현실화의 무한 진행으로서 표상되는데, 이 무한 진행 속에서는 선이 오직 당위로서만 고정된다. 그러나 형식적으로 이 모순의 사라짐은 그 활동이 목적의 주관성과 더불어 객관성을, 즉 양자가 그에 의해 유한한 대립을, 그리고 이 주관성의 일면성뿐만 아니라 주관성 일반을 지양한다는 점에 있다. 다른 그러한 주관성, 다시 말하면 대립의 새로운 산출은 이전의 주관성이어야 했던 바로 그 주관성과 구별되지 않는다. 이러한 자기 내 복귀는 선이자 양 측면의 그 자체에서 존재하는 동일성인 내용의 자기 내 상기[내면화], ― 즉 객관이 그 자신에서 실체적이고 참된 것이라는 이론적 태도의 전제(§ 224)에 대한 상기[내면화]이다.[114]

---

113. 【다음 절로의 전개】 의욕은 그것이 향하는 대상이 주어져 있는 까닭에 유한하며, 그 실천 활동인 선도 주관적 유한성을 지닌다. 그것이 어떻게 극복될 것인가?

114. 【다음 절로의 전개】 외부로 향한 선(넓은 의미의 인식)의 활동이 결국은 '자기 내 복귀', 즉 '내용의 자기 내 상기·내면화'이므로, 최초의 생명 활동의 재현이 된다. 따라서 생명과 인식 활동이 통일된다. 이 점이 다음 절에서 음미된다.

〈보론〉 예지Intelligenz에게는 세계를 있는 그대로 취하는 것만이 문제가 되는 데 반해, 의지는 세계를 그것이 마땅히 그렇게 되어야 할 것으로 만드는 것을 향해 나아간다. 직접적인 것, [8/387]발견된 것은 의지에게 확고한 것으로서가 아니라 다만 하나의 가상으로서, 그 자체에서 허무한 것으로서 여겨진다. 여기서 사람들이 도덕성의 입장에서 떠돌아다니게 만드는 모순들이 나온다.[115] 이것은 일반적으로 실천적 관계에서 칸트 철학과 또한 피히테 철학의 입장이다. 선은 실현되어야 한다. 우리는 선을 산출하기 위해 애써야 하며, 의지는 스스로 활동하는 선일 뿐이라는 것이다. 그러나 그 경우 만약 세계가 있어야 할 그대로 있다면, 그와 더불어 의지의 활동성도 떨어져 나갈 것이다. 그러므로 의지는 자기의 목적도 실현되지 않기를 스스로 요구한다. 이로써 의지의 유한성이 올바르게 언명된다. 그러나 이러한 유한성에 머무를 수는 없으며, 의지의 과정 그 자신이야말로 이 유한성과 그에 포함된 모순을 지양하는 바로 그것이다. 화해는 의지가 자기의 결과에서 인식의 전제로 되돌아온다는 데에, 그리하여 이론적 이념과 실천적 이념의 통일 속에 존립한다. 의지는 목적을 자기의 것으로서 알며, 예지는 세계를 현실적 개념으로서 파악한다. 이것이야말로 이성적 인식의 참다운 태도이다. 허무하고 사라지는 것은 세계의 참다운 본질이 아니라 피상적인 것만을 이룬다. 세계의 참다운 본질은 자체적이고도 대자적으로 존재하는 개념이며, 그래서 세계는 그 자신이 이념이다. 만약 우리가 세계의 궁극 목적이 영원히 자기를 성취하는 만큼이나 성취되어 있다는 것을 인식한다면 충족되지 않는 노력은 사라진다. 이것이 일반적으로 성인의 태도이다. 그에 반해 청년은 세계가 단적으로 나쁜 상태에 놓여 있고 세계로부터 비로소 전혀 다른 것이 만들어져야만 한다고 생각한다. 그에 반해 종교적 의식은 세계를 신적 섭리에 의해 통치되는 것으로서, 그리하여 세계는 마땅히

---

115. 도덕적 반성을 떠돌아다니게 만드는 '모순'에 대해서는 『정신현상학』 「정신」 장에서의 '도덕적 세계관'과 '뒤바꿈'을 참조. *Su.* 3/442 ff.를 참조.

그래야 할 바로 그것에 상응하는 것으로서 고찰한다. 그렇지만 존재와 당위의 이러한 일치는 경직되고 과정이 없는 일치가 아니다. 왜냐하면 선, 즉 세계의 궁극 목적은 오직 그것이 자기를 끊임없이 산출함으로써만 있으며, 그 경우 정신적 세계와 자연적 세계 사이에는 후자가 오직 지속적으로 자기 자신에게로 되돌아올 뿐인 데 반해, 전자에는 또한 앞으로 나아감도 발생한다는 구별도 존재하기 때문이다.

### § 235 【생명과 인식의 통일】

그리하여 선의 진리는 이론적 이념과 실천적 이념과의 통일로서 정립되었는바, 선은 자체적이고도 대자적으로 달성되었고, — 그래서 객관적 세계는 자체적이고도 대자적으로 이념이고, 동시에 이념은 영원히 자기를 목적으로서 정립하고 활동에 의해 자기의 현실성을 산출한다. — [8/388]인식의 차이와 유한성으로부터 자기에게로 되돌아오고 개념의 활동을 통해 자기와 동일하게 된 이러한 생명이 **사변적 이념** 또는 절대 이념이다.[116]

## c. 절대 이념

### § 236 【절대 이념론의 임무】

주관적 이념과 객관적 이념의 통일로서의 이념은 이념의 개념이며, 이 개념에는 이념 그 자체가 대상이고, 그것이 객관인바, — 모든 규정이

---

116. 【다음 절로의 전개】 개념의 고찰은 첫 번째 단계의 생명과 두 번째 단계의 인식을 거쳐 개념의 활동으로 개념과 일체가 된 것으로까지 전개했다. 다음은 양자를 통일한 개념의 마지막 발전 단계인 절대 이념이다.

그 속으로 합류해 있는 객관이다. 이리하여 이 통일은 절대적이고 모든 진리, 자기 자신을 사유하는 이념이며, 게다가 여기서는 사유하는 이념으로서, 논리적 이념으로서 있다.[117]

〈보론〉 절대 이념은 우선은 이론적 이념과 실천적 이념의 통일이며, 그리하여 동시에 생명의 이념과 인식의 이념의 통일이다. 인식에서 우리는 차이의 형태 안에 있는 이념을 가졌고, 인식의 과정은 우리에게 이 차이의 극복으로서 그리고 저 통일의 회복으로서 밝혀졌던바, 그 자체로서의 그리고 그 직접성에서의 통일은 우선은 생명의 이념이다. 생명의 결함은 단지 처음에 그 자체에서 존재하는 이념일 뿐이라는 점에 존립한다. 그에 반해 인식은 그와 마찬가지로 일면적인 방식으로 오직 대자적으로만 존재하는 이념이다. 이 양자의 통일과 진리는 자체적이고도 대자적으로 존재하는, 따라서 절대적인 이념이다. ── 지금까지는 우리가 그 서로 다른 단계들을 관통하여 발전하는 이념을 우리의 대상으로 지녀왔다. 그러나 이제부터는 이념이 자기 자신에게 대상적이다. 이것은 이미 아리스토텔레스가 이념의 최고 형식이라고 부른 노에시스 노에세오스(νόησις νοήσεως, 사유의 사유)이다.[118]

§ 237 【절대 이념의 내용과 형식】

절대 이념 안에는 이행도 전제도 없고, 일반적으로 유동적이거나 투명하지 않은 규정성도 없는 까닭에, 대자적으로 절대 이념은 자기의 내용을 자기 자신으로서 직관하는 개념의 순수한 형식이다. 절대 이념이 자기

---

117. 【다음 절로의 전개】 절대 이념은 자기 자신을 사유하는 이념이므로, 고찰은 지금까지 해온 것을 되돌아보며 총괄하는 것이다.

118. 아리스토텔레스가 실제로 노에시스 노에세오스로서 정의하는 것은 신 자신의 노에시스이다. 『형이상학』 Λ 9.1074b33을 참조. 헤겔은 그 문장 자신을 『엔치클로페디』 마지막에서 인용한다. 다른 한편 헤겔은 분명히 이 단계에서 우리의 사유가 '신적'이라고 주장하고 있다.

자신을 자기로부터 관념적으로 구별하는 것이고 구별된 것들 가운데 하나가 자기와의 동일성인 한에서 절대 이념은 자기에게 내용이지만, [8/389]그 동일성 속에는 형식의 총체성이 내용 규정들의 체계로서 포함되어 있다. 이 내용은 논리적인 것의 체계이다. 여기서 형식으로서 이념에 남아 있는 것은 다름 아닌 이 내용의 방법, — 이념의 계기들의 가치에 관한 규정된 앎이다.[119]

〈보론〉 절대 이념에 관해 이야기할 때 사람들은 여기서 비로소 옳은 것이 나올 것이며, 여기서 모든 것이 밝혀져야만 한다고 생각할 수 있다. 물론 사람들은 절대 이념에 대해 내실 없이 장황하게 이런저런 이야기를 늘어놓을 수 있다. 그렇지만 참된 내용은 우리가 지금까지 그 발전을 고찰해 온 체계 전체 이외에 다른 것이 아니다. 이에 따라 또한 절대 이념은 보편적인 것이라고 말할 수 있지만, 이 보편적인 것은 단순히 특수한 내용이 타자로서 그에 대립하는 추상적 형식이 아니라 모든 규정, 즉 그에 의해 정립된 전적으로 충만한 내용이 거기로 되돌아간 절대적 형식이다. 이러한 관점에서 절대 이념은 아이와 똑같은 종교 교의를 언명하지만, 그에게는 그 교의가 그의 삶 전체의 의미를 지니는 노인에게 비교될 수 있다. 아이가 종교적 내용을 이해한다고 할지라도 그에게 그 내용은 다만 삶 전체와 세계 전체가 아직 그 외부에 놓여 있는 그러한 것으로서만 여겨진다. — 그렇다면 인간의 삶 일반과 삶의 내용을 이루는 사건들에서도 사정은 그와 마찬가지이다. 모든 노동은 오직 목표로 향해 있으며, 이 목표가 달성되면 사람들은 이 결과가 자기들이 원했던 바로 그것 이외에 다른 것이 아니라는 것에 놀란다. 관심은 운동 전체에 놓여 있다. 인간이 자기의 삶을 뒤쫓을 때, 그에게 그 끝은 아주 제한된 것으로서

---

119. 【다음 절로의 전개】 보론에서 말하고 있듯이 절대 이념의 참된 내용은 우리가 지금까지 그 발전을 고찰해 온 체계 전체 이외에 다른 것이 아니므로, 내용의 해명은 마무리되었다. 남겨진 과제는 이 내용의 방법, 즉 이념의 계기들의 가치를 규정하는 것이다.

나타날 수 있지만, 그 끝에 총괄되어 있는 것은 삶의 흐름$^{decursus\ vitae}$ 전체이다. — 그래서 절대 이념의 내용도 우리가 지금까지 우리 앞에 지녔던 펼쳐짐 전체이다. 최종적인 것은 전개 전체가 내용과 관심을 이룬다는 통찰이다. — 더 나아가 이러한 것은 그 자체로 받아들여지면 제한된 것으로서 나타나는 모든 것이 바로 그것이 전체에 속하고 이념의 계기라는 점에 의해 자기의 가치를 얻는다고 하는 철학적 견해이다. 그래서 그것은 우리가 내용을 가졌다고 하는 것인바, 우리가 여전히 가지고 있는 바로 그것은 내용이 이념의 살아 있는 발전이라는 것, 그리고 이러한 단순한 회고가 형식 속에 포함되어 있다는 앎이다. 지금까지 고찰된 모든 단계 각각은 절대자의 한 형상이지만, 우선은 제한된 방식으로 그러하며, 그래서 그것들은 전체를 향해 계속해서 나아가는바, 전체의 전개란 우리가 방법이라고 부르는 바로 그것이다.

[8/390] § 238 【사변적 방법의 첫 번째 계기는 시원】

사변적 방법의 계기들은 α) 존재 또는 직접적인 것인 시원이다. 그것은 시원이라고 하는 단순한 근거에서 그 자체로$^{für\ sich}$ 있다. 그러나 사변적 이념으로부터 보면 그것은 개념의 절대적 부정성 또는 운동으로서 판단[근원 분할]하고 자기를 자기 자신의 부정적인 것으로서 정립하는 이념의 자기 규정 작용이다. 그래서 시원 그 자체에 대해 추상적 긍정으로서 나타나는 존재는 오히려 부정, 정립된 존재, 매개된 존재 일반 그리고 전제되어 있음[앞서 정립되어 있음]$^{Vorausgesetztsein}$이다. 그러나 자기의 타자존재에서 단적으로 자기와 동일하고 자기 자신의 확신인 개념의 부정으로서 존재는 아직 개념으로서 정립되지 않은 개념 또는 그 자체에서의 개념이다. — 그런 까닭에 이러한 존재는 아직 무규정적인, 다시 말하면 단지 그 자체에서나 직접적으로만 규정된 개념으로서 그러한 만큼이나 보편적인 것이다.[120]

시원은 직접적인 존재라는 의미에서 직관과 지각으로부터 취해지는데, ─ 이것은 유한한 인식의 분석적 방법의 시원이다. 보편성의 의미에서 시원은 유한한 인식의 종합적 방법의 시원이다. 그러나 논리적인 것이 직접적으로 보편적인 것인 것과 마찬가지로 존재하는 것이기도 하고, 개념 자신이 개념에 의해 자기에 전제된 것인 것과 마찬가지로 직접적이기도 한 까닭에, 논리적인 것의 시원은 종합적 시원인 것과 마찬가지로 분석적 시원이기도 하다.

〈보론〉철학적 방법은 분석적일 뿐 아니라 또한 종합적이기도 하지만, 유한한 인식의 이 두 방법의 단순한 상호병렬이나 단순한 교대라는 의미에서가 아니라 오히려 철학적 방법이 이 두 방법을 지양된 것으로서 자기 안에 포함하며, 그에 따라 자기운동들의 각각의 모두에서 분석적인 동시에 종합적인 것으로서 행동한다는 의미에서 그렇다. 철학적 사유는 자기의 대상, 즉 이념을 오직 받아들이고, 그것을 그대로 내버려 두며, 그것의 운동과 발전을 이를테면 오직 바라보기만 할 뿐인 한에서는 분석적인 태도를 보인다. 그런 한에서 철학적 사유는 전적으로 수동적이다. 그러나 철학적 사유는 그와 마찬가지로 종합적이며 자기를 개념 자신의 활동으로서 입증한다. 그러나 거기에는 [8/391]언제나 고개를 쳐들고 나타나려고 하는 고유한 착상과 특수한 의견을 멀리하고자 하는 노력이 속한다.

## § 239 【사변적 방법의 두 번째 계기는 전진】

β) 전진은 이념의 정립된 판단[근원 분할]이다. 직접적인 보편적인 것은 자체적인 개념으로서 그 자신에서 자기의 직접성과 보편성을 계기로 격하시키는 변증법이다. 그리하여 시원의 **부정적인** 것 또는 최초의 것이

---

120. 【다음 절로의 전개】 사태의 사변적 방법은 사태를 시원 ─ 전진 ─ 결말이라는 발전에서 보는 방법이지만, 그것 자신은 부정적 운동을 한다. 시원은 운동에 따라 다음 절 이하의 것을 산출하는 것이 된다.

그 규정성에서 정립되어 있다. 그것은 하나에 대해 있으며, 구별된 것들의 관계, — 반성의 계기이다.[121]

이 전진은 내재적 변증법에 의해 오직 직접적 개념 속에 포함된 것만이 정립된다는 점에서 분석적인 만큼이나 — 그와 마찬가지로 이 개념 속에 이 구별이 아직 정립되어 있지 않았기 때문에 종합적이기 도 하다.

〈보론〉 이념의 전진에서 시원은 자기를 그 자체에서 자기인 바의 것으로 서, 요컨대 존재하고 직접적인 것으로서가 아니라 정립되고 매개된 것으로서 입증한다. 오직 그 자신이 직접적인 의식에 대해서만 자연은 시원적이고 직접적인 것이며, 정신은 그 자연에 의해 매개된 것이다. 그러나 실제로는 자연이 정신에 의해 정립된 것인바, 정신 자신이 바로 스스로 자연을 자기의 전제로 삼는 그것이다.

## § 240 【세 영역에서의 전진의 세 가지 형식】

전진의 추상적 형식은 존재에서는 타자와 타자로의 이행이며, 본질에서는 대립물에서의 가현이고, 개념에서는 개별자의 보편성과의 구별성인데, 이 보편성 그 자체는 자기와 구별된 것 속에서 연속하고 그 구별된 것과의 동일성으로서 존재한다.[122]

## § 241 【이념론에서의 존재론과 본질론의 의의】

두 번째 영역에서는 처음에 그 자체에서 존재하는 개념이 가현에 도달했

---

121. 【다음 절로의 전개】 사태를 전진으로 파악하는 이 방법은 구별된 것을 끄집어내는 등, 한편으로는 분석적이지만, '이 개념 속에 이 구별이 아직 정립되어 있지 않았기 때문에 종합적이기도 하다.'(주해) 따라서 다음에 전진의 세 가지 형식을 구별한다.
122. 【다음 절로의 전개】 존재·본질·개념의 세 영역에서의 전진을 다시 한번 확인했으므로, 다음은 방법론이라는 절대 이념론의 입장에서 그 전진을 되돌아본다.

으며, 그래서 그 자체에서 이미 이념이다. ― 이 영역의 발전은 첫 번째 영역의 발전이 두 번째 영역으로의 이행인 것과 마찬가지로 첫 번째 영역으로의 돌아감이다. 오직 이러한 이중의 운동에 의해서만 구별은 자기의 권리를 얻는다. [839②]왜냐하면 이 두 구별된 것들 각각은 그 자신에서 고찰되면서 자기를 총체성으로 완성하고, 이 총체성 속에서 자기를 타자와의 통일로 분명히 드러내기 때문이다. 오직 양자의 일면성이 그것들 자신에서 자기 지양되는 것만이 통일을 일면적으로 되지 않게 한다.[123]

## § 242 【사변적 방법의 세 번째 계기는 결말】

두 번째 영역은 구별된 것들의 관계를 그것이 우선은 그것인 바의 것으로, 즉 그 자신에서의 모순으로 ― 무한 진행 속에서 ― 전개하는데, 이 모순은 γ) 차이 있는 것이 개념 속에서 그것인 바의 것으로서 정립되는 결말[끝]로 해소된다. 결말은 최초의 것의 부정적인 것이고 최초의 것과의 동일성으로서 자기 자신의 부정성이다. 이리하여 그것은 이 두 최초의 것이 그 속에서 관념적이고 계기들로서, 지양된 것들로서, 다시 말하면 동시에 보존된 것들로서 존재하는 통일이다. 그렇듯 자기의 **자체존재**로부터 벗어나 자기의 차이와 그 차이의 지양을 매개로 하여 자기를 자기 자신과 결합하고 있는 개념이 **실재화된** 개념, 다시 말하면 자기의 규정들의 **정립된** 존재를 자기의 대자존재 속에 포함하는 개념, ― 곧 **이념인바**, (방법에서) 동시에 절대적으로 최초의 것으로서의 이 이념에 대해 이러한 결말은 다만 시원이 직접적인 것이고 이념은 결과인 것처럼 보이는 **가상의 소멸**일 뿐이다. ― 이것은 이념이란 하나의 총체성이라는 인식이다.[124]

---

123. 【다음 절로의 전개】 전진의 형식인 이행과 가현 각각의 일면성이 구별에서 통일되었으므로, 전진을 총괄할 수 있는 결말에 이른다.
124. 【다음 절로의 전개】 사변적 방법의 세 번째 계기인 결말에 이르며, 시원 ― 전진 ― 결말에서 그 결말이 또한 절대적으로 시원이라는 것이 확인되었다. 방법 자신이 생명의 과정이다. 이것이 확인되었으므로 다음에 이념의 입장에서 논리학 전체를 총괄한다.

## § 243 【이념은 체계적 전체】

방법은 이러한 방식으로 내용의 외면적 형식이 아니라 내용의 혼이자 개념이며, 방법이 내용과 구별되는 것은 오직 개념의 계기들이 또한 그것들 자신에서 그 규정성에서 개념의 총체성으로 나타나는 데 도달하는 한에서만이다. 이 규정성 또는 내용이 형식과 더불어 이념으로 되돌아감으로써 이념은 단 하나의 이념인 체계적 총체성으로서 나타나는바, 이념의 특수한 계기들은 그 자체에서 똑같은 만큼이나 또한 개념의 변증법에 의해 이념의 단순한 대자존재를 산출한다. — 이러한 방식으로 학문은 자기 자신의 개념을 이념이 그에 대해 존재하는 순수한 이념으로서 파악함으로써 종결된다.[125]

[8/393] ## § 244 【이념을 매개로 논리학에서 자연철학으로】

대자적으로 있는 이념이 그것의 이러한 자기와의 통일에 따라 고찰되면 그것은 직관이다. 그리고 직관하는 이념이 자연이다. 그러나 직관으로서의 이념은 직접성이나 외면적 반성에 의한 부정이라는 일면적 규정 안에 정립되어 있다. 그러나 이념의 절대적 자유는 이념이 단순히 생명으로 이행하거나 유한한 인식으로서의 생명을 자기 안에서 가현하게 하는 것이 아니라 그 자신의 절대적 진리 속에서 자기의 특수성이나 최초의 규정 작용 및 타자존재의 계기, 즉 자기의 반영으로서의 직접적 이념이 스스로 자연으로서 자유롭게 자기로부터 떠나도록 결단한다는 것이다.[126]

---

125. 【다음 절로의 전개】 이념도 역시 그 변증법에 의해 시원에서 출발하여 결말이라는 도달점에 이르지만, 그것은 '이념이 그에 대해 존재하는 순수한 이념으로서 파악되는' 과정이다. 그것은 논리학을 넘어서는 것을 대상으로 하는 철학의 개시이다.
126. 【다음 절로의 전개】 이념의 절대적 자유는 이념의 내부에 제약되지 않고 이념을 넘어서는 것이다. 요컨대 '스스로 자연으로서 자유롭게 자기로부터 떠나도록 결단'하는 것이다. 제1부 논리학에 이어서 제2부 자연철학이 이어지게 된다.

〈보론〉 우리는 이제 우리가 그것에서 시작했던 이념의 개념으로 되돌아왔다. 동시에 시원으로의 이러한 복귀는 전진이다. 우리가 그것에서 시작했던 것은 존재, 추상적 존재였으며, 이제부터 우리는 이념을 존재로서 지닌다. 그러나 이러한 존재하는 이념은 자연이다.

# 옮긴이 후기

　이 『엔치클로페디: 제1부 논리의 학』은 헤겔의 『철학적 학문들의 엔치클로페디 강요Enzyklopädie der philosophischen Wissenschaften im Grundrisse』(1830)의 '제1부. 논리의 학'을 옮긴 것이다. 이 『엔치클로페디: 제1부 논리의 학』은 헤겔의 『논리의 학』, 즉 '대논리학'과 구별하여 일반적으로 '소논리학'이라고 불리는 바로 그 텍스트이다. 번역에서는 G. W. F. Hegel, *Enzyklopädie der philosophischen Wissenschaften I*, Werke in zwanzig Bänden 8, Theorie Werkausgabe, Suhrkamp Verlag, 1986을 저본으로 하였다.

　『철학적 학문들의 엔치클로페디 강요』는 헤겔의 하이델베르크 시기의 주저다. 이것은 그의 강의 청강자들을 위한 집약적인 '강요'로서 전보문 형식의 간명한 체재를 갖추어 1817년에 출간되었다. 베를린 시기에 헤겔의 사유가 전개되고 강의가 거듭되는 가운데 이 '강요'는 본질적으로 확대된다. 1827년에 헤겔은 자신의 논리학적 입장이 이전의 형이상학, 경험주의와 비판철학 그리고 직접지에 대해 지니는 역사적 관계에 관한 긴 역사학적 「예비 개념」을 덧붙이고 '본문'의 대대적인 개정과 스스로가 덧붙인 '주해'를 갖춘 새로운 형태로 『엔치클로페디』를 출간한다. 그에 반해 1830년의 헤겔에 의한 마지막 『엔치클로페디』 판본은 약간의 사소한 변화들만을 담고 있다. 하지만 『엔치클로페디』 판본의 역사는 이것으로 종결되지 않는다. 헤겔 사후 제자들에 의한 최초의 전집 판에서 『엔치클로페디』는 편집자들에 의해 다양한 강의 필기록에서 선택된 '보론'이 덧붙여짐에 따라 양적으로 확대되어 각 부가 『논리의 학』, 『자연철학』, 『정신철학』의 세 권의 책으로 되었다. 이러한 『엔치클로페디』는 원래 '강의용 편람'이었지만, 헤겔의 철학 체계 전체를 담고 있는 유일한 저작인 까닭에, 그것에는 헤겔학파의 성전이라는 위치가 부여되었으며, 이러한 『엔치클로페디』의 자리매김과 체계적 이해는 지금까지도 계속 이어지고 있다.

이 『엔치클로페디』의 우리말 번역으로는 지금까지 1830년 판본에 기초한 것(김계숙 역, 『철학 강요』(1955) 등)과 '보론'이 덧붙여진 사후 전집판의 각 부에 기초한 것(전원배 역, 『헤겔의 논리학』(1954), 박병기 역, 『정신철학』(2000), 박병기 역, 『자연철학』(2008) 등)이 출간되어왔다. 그렇다면 이 『엔치클로페디: 제1부 논리의 학』은 약 70년 만에 다시 출간되는 셈이다. 옮긴이로서는 그사이에 이루어진 헤겔 연구의 진전과 헤겔 철학에 관한 이해의 심화에 기초하여 이미 오래전에 이루어진 이 『엔치클로페디: 제1부 논리의 학』의 옛 번역들이 지닌 이런저런 아쉬운 점들을 넘어서는 새로운 우리말 판본이 필요하다고 생각하지 않을 수 없었다.

우리말로 옮기는 작업에서 옮긴이가 세운 원칙은 원문과 거기서 표현되는 헤겔의 사유에 충실하여 그대로 인용이 가능하되 우리말로 자연스럽게 읽어나가며 이해해 나갈 수 있는 번역을 제공하자는 것이었다. 그리하여 옮긴이는 작업에서 독일어 원문에 밀착하려고 하면서도 William Wallace에 의한 영역인 Hegel's Logic(1873), T. F. Geraets, W. A. Suchting, H. S. Harris에 의한 영역인 The Encyclopaedia Logic(1991), 그리고 Klaus Brinkmann, Daniel O. Dahlstrom에 의한 영역인 Encyclopedia of the Philosophical Sciences in Basic Outline, Part I: Science of Logic(2010)도 참조했으며, 저본이 된 주어캄프 판의 편자 주해와 앞의 영역들에서의 역자 주해 그리고 『헤겔사전』(도서출판 b) 등을 참조하여 옮긴이 주해도 덧붙였다. 그리고 § 84 이후에는 헤겔이 스스로 자부하며 강조하고 있는 각 절의 상호 연관 내지는 개념들 사이의 이행 연관을 이해할 수 있도록 야마우치 기요시山内淸, 「헤겔 『소논리학』의 논리ヘーゲル『小論理学』の論理」(그 1. 존재론, 그 2. 본질론, 그 3. 개념론), 鶴岡工業高等専門学校研究紀要, 제44호, 제45호를 참조하여

각 절 번호 옆의 【 】 안에 그 절의 내용을 예상케 하는 제목을 붙이고 각 절의 본문 마지막에는 '다음 절로의 전개'라는 제목의 각주를 덧붙였다.

그렇다면 도대체 왜 지금 『엔치클로페디: 제1부 논리의 학』인 것일까? 또는 '엔치클로페디'란 무엇이고, '논리의 학'이란 무엇인가?

일반적으로 피히테와 셸링 그리고 헤겔로 이어지는 독일 관념론의 역사는 칸트의 초월론 철학적 문제 제기로부터 출발하여 칸트의 이성 '비판'을 '체계'로 실현하고자 하는 철학의 체계 구상들로 이루어진다. 왜냐하면 이성이 자기 자신에 대해 비판의 눈길을 돌리는 초월론 철학적인 반성은, 만약 이성으로서의 이성이 오로지 하나의 같은 것으로서만 생각될 수 있다면, 이제 이성이 사유의 내적 필연성에 따라 가능하게 되는 조건들과 구조 규정성을 해명하는 데서 서로 다른 결과에 도달할 수 없기 때문이다. 그렇다면 철학의 증명 가능한 체계는 오직 하나밖에 있을 수 없다는 피히테와 셸링 그리고 헤겔에게 공통된 확신이란 무비판적이고 교조적인 가정이 아니라 철학적 사유가 자기의 주장을 근거 지어진 인식으로서 제시해야 한다는 직접적으로 명백한 사태를 가리킬 뿐이다. 물론 우리가 잘 알고 있듯이 피히테와 셸링 그리고 헤겔이 실제로 제시하는 철학의 체계는 서로 너무 다르지만, 그러한 사실은 오히려 그들의 공통의 확신에 따른 인식 비판적 관점에서 체계적으로 검토해야 할 과제가 존재한다는 점을 지시한다.

이러한 체계적 관점은 이제 헤겔에게서 '참된 것은 전체다'나 '체계 없는 철학함은 학문적일 수 없다'라는 언명들로 나타나지만, 그것이 헤겔에게 고유한 방식으로 실현된 것이 바로 『엔치클로페디』의 제1부 논리학, 제2부 자연철학, 제3부 정신철학으로 구성된 철학 체계이다. 헤겔은 분명 자연과 정신에서 현현하는 것이야말로 참되고 절대적인 것의 본질에 속한다는 데서 출발한다. 절대적인 것이 절대적인 것이라면 그것은 자연과 정신의 현실적인 것과 분리될 수 없기 때문이다. 그러나 헤겔의 확신에서 그에 못지않게 중요한 것은 정신이 체계의 첫 번째 영역이 아니라는 것이다. 분명 정신은 자연으로부터 전개되며, 따라서 자연이 정신에 선행한다. 그러나 그 자연 자신은 자기를 근거 짓는 이념적 구조를 전제하며, 논리학은 바로 그 이념적 구조를 내용으로 한다. 헤겔은 또한 논리학이 서술하는 이념적 구조를 자연과 유한한 정신의 창조 이전의 신의 본질이라고 표현하기를 주저하지 않으며, 다른 한편으로 신은 세계 과정의 끝에 이르러 스스로를 파악하는 정신의 순수한 개념으로서의 논리적 학문에서 자기 자신의 최상의 개념을 발견한다고 말한다. 바로 이러한 논리와 자연 그리고 정신의 자기 완결적인 삼분법 구조야말로 『엔치클로페디』의 철학 체계다.

그렇다면 『엔치클로페디』의 철학 체계는 철학사에서 플라톤의 이데아 론에서도 확인할 수 있는 객관적 관념론의 체계다. 일반적으로 객관적 관념론은 두 가지 근본 원리를 내세우는 철학적 입장이다. 첫째, 만약 논리적이고 이념적인 것의 절대성이 최종적으로 근거 지어진 것으로 파악될 수 있다면, 오로지 그것만이 현실적이고 절대적인 원리로서 고찰되어야 한다. 물론 여기서 논리적이고 이념적인 것은 한갓 주관적인 사유 원리가 아니라 객관적으로 그 자체의 존재 영역을 구성하는 것으로 여겨진다. 둘째, 그와 같은 이념적인 것은 동시에 존재를 근거 짓는 원리로서 파악되어야 한다. 즉, 그것은 사유와 자연, 사회적 존재를 포함한 모든 존재를 규정하는 선험적인 근본 원리다.

하지만 이러한 객관적 관념론 입장의 헤겔 체계는 과연 내적 필연성을 지닌 것으로 엄밀하게 근거 지어질 수 있는 것일까? 사실 세계란 이성적 전체와는 전혀 다른 것이라는 우리 시대의 회의주의적이고 해체론적인 확신이나 19, 20세기의 경험 과학들의 승리 그리고 헤겔 이후 등장한 유물론, 실존철학, 논리 실증주의, 언어분석철학, 해체주의, 신실재론 등의 수많은 철학적 기획들은 객관적 관념론의 철학적 견해와 더불어 헤겔 철학의 운명을 이미 끝장난 것으로서 확증하고 있는 것이 아닌가?

그러나 우리 시대의 확신이나 헤겔 이후의 다양한 입장들 자신도 주어지는 그대로 곧바로 받아들일 수 있는 것은 아니라는 점을 파악하기 위해 어떤 특별한 통찰력이 필요하지는 않을 것이다. 왜냐하면 모든 입장은 그 자신의 고유한 원리를 스스로 정당화할 수 있어야 하지만, 그것들이 그럴 수는 없는 것으로 보이기 때문이다. 예를 들어 경험을 지식의 유일한 기초로서 고찰하는 경험론의 원리 그 자체가 다시 경험론적으로 근거 지어질 수는 없는 것으로 생각되며, 유기체적 존재와 심지어 정신적 존재마저도 비유기체적 물질의 법칙들로부터 끌어내는 것을 목표로 하는 유물론적인 입장도 자기의 근본 원리인 물질을 다시 유물론적으로 근거 지을 수는 없다고 여겨진다. 그러한 점은 일정한 철학적 견해의 정당성이 결단이나 취미 등에 근거 지어질 수 없는 한에서 심각한 결함이라고 할 수 있을 것이다.

그러나 체계의 출발점과 종결점에 '논리의 학'을 놓고 있는 헤겔의 『엔치클로페디』 체계는 자기의 관점에 대한 근거 짓기를 수행할 수 있는 것으로 생각된다. 왜냐하면 모든 철학에서는 논증이 이루어져야만 하지만, 모든 논증은 필연적으로 그것 없이는 논증이 논증일 수 없는 그러한 전제들을 포함하며, 따라서 철학은 논증 가능성, 즉 논리학을 전제하고, 그리하여 논리학을 자기의 원리로 삼는 철학들도 언제나 이미 논리학을 전제하기 때문이다. 그러므로 논리학은 논리학을 전제하며, 이것은 바로 논리학이 자기 자신을 전제한다는 것을 의미할 뿐이다. 다시 말하면 논리학은 자기 근거 짓기를 통해 자연과 정신의 더는 그 뒤로 물러설 수 없는 정언적으로 타당한 원리로서 나타나는 것이다. 바로 이 점이야말로 '논리의 학'이 헤겔의 철학 체계에서 차지하는 체계적 위상이자 다시 한번 달라붙어 사유의 고투 대상이 되어야 할 이유일 것이다.

19세기 이후 헤겔 철학 연구의 역사는 각각의 시기마다 『논리의 학』으로, 『정신현상학』으로, 또는 『법철학』이나 『역사철학』 등의 실재 철학으로 관심의 초점을 바꿔 왔지만, 옮긴이로서는 이제 위와 같은 이유로 인해, 그리고 지금 신실재론이나 신유물론에 대한 활발한 논의가 보여주듯 철학의 근본 입장을 둘러싼 논쟁이 다시금 불붙고 있는 것으로 보이는 상황에서 한동안 우리 시대의 정신적·지적 지평에서 사라진 듯한 헤겔의 '논리학'에 대한 관심이 다시금 되살아나기를 바랄 뿐이다. 같은 맥락에서 옮긴이는 헤겔『논리의 학』, 즉 '대논리학'의 이른 시일 내의 출간도 이 자리에서 다시 공언하여 스스로의 추동력으로 삼고자 한다.

『엔치클로페디: 제1부 논리의 학』의 출간 작업을 마무리하면서 알게 모르게 이에 관여하고 또 음으로 양으로 옮긴이에게 격려를 아끼지 않은 많은 분에게 감사드리지 않을 수 없다. 그분들 모두를 다 거명할 수는 없지만, 그래도 2015년 즈음에 몇 해에 걸쳐 이『엔치클로페디: 제1부 논리의 학』의 강독을 함께 했던 유대영, 김병철, 최일규, 김인석 선생들께는 특별히 이 자리에 기록하여 그때의 토론이 옮긴이에게 얼마나 귀중했는지 고백하며 감사드린다. 도서출판 b의 조기조 대표와 김장미 선생의 정성과 수고는 이번에도 지극한 것이었다. 그리고 함께 기획위원회를 꾸리고 있는 심철민, 이성민, 문형준, 복도훈, 최진석, 이충훈 선생들의 관심과 격려는 언제나처럼 옮긴이가 일해 나갈 수 있는 자부심의 원천이었다. 이 자리를 빌려 다시 한번 감사드리고 우리 모두의 행운을 빌 뿐이다.

2024년 2월
학의천변 우거에서
이신철

**헤겔**(Georg Wilhelm Friedrich Hegel, 1770-1831)

독일의 철학자이다. 튀빙겐신학교에서 철학과 고전을 공부했다. 주요 저서로는『정신현상학』,『논리의학』,『엔치클로페디』,『법철학 요강』,『철학사 강의』등이 있고, 그의 생전에 이미 헤겔학파가 생겨여러 분야에 많은 영향을 미쳤으며, 현재까지 '법철학', '예술철학', '세계사의 철학', '종교철학'에 관한여러 시기별 강의들이 계속 책으로 새롭게 간행되고 있다.

**이신철**(李信哲)

연세대학교 철학과를 졸업하고 건국대학교 대학원에서 철학박사 학위를 받았다. 서양 근대 철학 전공. 저서『진리를 찾아서』(공저),『논리학』(공저),『철학의 시대』(공저) 등과, 역서로는 피히테『학문론 또는이른바 철학의 개념에 관하여』, 프레더릭 바이저『헤겔』,『헤겔 이후』,『이성의 운명』, 하세가와 히로시『헤겔 정신현상학 입문』, 가라타니 고진『트랜스크리틱』, 그 외에『칸트사전』,『헤겔사전』,『맑스사전』(공역),『니체사전』,『현상학사전』,『세계철학사』(전 9권) 등이 있다.

# 엔치클로페디: 제1부 논리의 학

초판 1쇄 발행 | 2024년 03월 12일

지은이 G. W. F. 헤겔 | 옮긴이 이신철 | 펴낸이 조기조
펴낸곳 도서출판 b | 등록 2003년 2월 24일 제2023-000100호
주 소 08504 서울특별시 금천구 가산디지털2로 169-23 가산모비우스타워 1501-2호
전 화 02-6293-7070(대) | 팩시밀리 02-6293-8080
이메일 bbooks@naver.com | 홈페이지 b-book.co.kr

ISBN 979-11-92986-19-7 93100
값 38,000원